Embracing Defeat:
Japan in the Wake of World War II

擁抱戰敗

〔第二次世界大戰後的日本〕

John W. Dower

約翰・道爾——著　胡博——譯

獻給Howard B. Schonberger

（1940-1991）

他從未喪失和平與民主的理想

目次

三、革命

致謝

本書的準備過程相當漫長，假使沒有以下兩人的鼎力相助，這本書可能永遠無法面世。我的賢內助靖子，不僅協助查閱了大量文獻，而且我們之間在日常生活中的交談，亦成了切磋題旨、甄別差異的重要方式。我們一起做了大量的基礎工作，這絕非客套，而是事實如此。我們共同探究歷史，還一起到過日本和美國的許多地方進行實地考察。儘管這份情義難以報答，這卻是做歷史研究有益的方法。

這些研究工作彙集成了篇幅冗長的草稿，於是我請一位老朋友幫助以擺脫困局。Tom Engelhardt以堅韌的耐力與犀利的批判應戰。他審慎的檢討，由文筆到結構，又由結構，直達本書的論題與概念。他的友情與技能，使得本書有所不同而且更為洗練地呈現在讀者面前。

我還對其他人深懷感激。袖井林二郎，這位麥克阿瑟將軍的日文傳記的作者與占領期日本史的專家，指示我關注到了許多日文文獻。我借鑒了一些他的著述，尤其是他對於普通日本民眾寫給麥克阿瑟的信件的分析，這一點在本書中十分明顯。早先著手此課題時，我曾長期旅居鎌倉，自那時起我就求助於明田川融，以詳查日本的文獻。我還與賀伯特・畢克斯（Herbert Bix）交換過資料，並就天皇裕仁的角色問題進行了多次深有助益的交流。

高尾利數向我推薦了本書所介紹的最重要的資料之一，渡邊清的日記兼回憶錄。艾力士・吉伯尼（Alex Gibney）為我提供了他所拍攝的有關美方起草日本新憲法的極有價值的訪談記錄。村上尚代（音譯，Murakami Hisayo）讓我注意到了現藏於美國馬里蘭大學戈登・普蘭奇（Gordon Prange）文庫的一些頗有意味的材料，這些材料是當年提交占領軍當局審查的日本出版物。她還向我展示了讓我視若珍寶的、加藤悅郎的漫畫集——一九四六年占領期的漫畫史。James Heisig讓我瞭解到田邊元，這位強韌的愛國的「懺悔」哲學家的存在。麥克阿瑟紀念館的James Zobel，找出了許多重要的檔案。多年前，當我開始考察日本從戰爭到和平的演變時，我有幸與秦郁彥主持的日本大藏省「戰後財政史專案」合作一載，現在我的研究尚有賴於當時的一些文獻積累。

某年夏天，承蒙Jerry與Aiko Fisher夫婦的好意，靖子與我曾經隱居在明尼蘇達州Farm Island Lake的一所小木屋中研究經濟政策。我還得到過竹前榮治、松尾尊兊、隅谷三喜男、五十嵐武士、油井大三郎、古關彰一、加藤（安原）洋子、三浦陽一、湯谷英二（音譯，Eiji Yutani）、田中幸（音譯，Yuki Tanaka）、Kozy Amemiya、Laura Hein、Marlene Mayo、David Swain、Frank Schulman、Andy Coopersmith、Peter Grilli、Edward Friedman、Glen Fukushima以及Steve Rabson等人的建議、資料或說明。在麻省理工學院，Abigail Vargus、Jennifer Mosier與Ann Torres所作的學生研究計畫，有助於說明二戰後初期日本各方面的狀況。Leslie Torrance列印了本書的數章文稿，Dianne Brooks與Mabel Chin一直協助我處理事務性的工作，而學校當局在各個方面對我的研究都慷慨相助。在研究初期，我女兒Kana曾經幫我將一些手稿輸入電腦。Ed Barber與Andre Schiffrin分別是我在W. W. Norton和The New Press出版社寬容耐心的良師益友，而Georges Borchardt則是我的組稿人。Barbara Gerr完成了原稿的整理工作。波士頓WGBH電視臺的Sarah Holt與Alan Tolliver，向我出示了為麥克阿瑟將軍拍攝記錄片所收集的照片資料。除麻省理工學院外，本研究的經費還來自日本國際交流基金與亨利．魯斯（Henry R. Luce）基金會的贊助。有好幾次，我獲准使用過東京大學的研究設施。我還要感謝讓我注意到本書初版本中需要斟酌、修訂之處的許多人，尤其是傅佛國（Joshua Fogel）、松山幸雄、三好正雄（音譯，Masao Miyoshi）、小貫山信夫（音譯，Nobuo Onukiyama）、Joy Pratt、馬克．塞爾登（Mark Selden）、佐藤紘彰和斯坦利．溫特勞博（Stanley Weintraub）。

日本有關第二次世界大戰中戰敗以及此後美國主導占領的出版物，不勝枚舉。他們當中有在文獻資料的基礎上進行的優秀的學術研究，也有各式各樣的暢銷文集，內容有當時發表的文章、占領期間向報社的投稿、詳盡的年表、照片、電影簡介、流行歌詞、關於戰爭犯罪與黑市的特集、戰後暢銷書榜單與摘要，等等。正如本書註釋所示，我十分倚重這些日文的出版資料，而對某些特定的論題來說，我認為自己的任務，就是將日本學者的某些發現呈現給英語世界的讀者。在此應當對這些學者加以特別介紹。有關戰爭罪行，最傑出的調查與分析，來自於粟屋憲太郎、吉見義明、吉田裕與大沼保昭。古關彰一發表過有關日方憲法修正的最深切犀利的研究成果。關於投降後初期的大眾雜誌，尤其是「低俗雜誌」研究的專家，當屬福島鑄郎。他的論著，是本書對這一活躍主題進行探討的重要文獻來源。關於占領軍當局的審閱制度，本書列舉的許多實例，引自古川純、江藤淳、松浦總三等人的著述。至於戰後初期日本的電影業，最具價值的典範研究，是平野京子（音譯，Kyoko Hirano）的英文著作。因篇幅所限，本書不再單獨開列參考書目。在本書每章的註釋中，首次出現的各種文獻，皆詳細註明出處。

序言

日本作為現代國家的興起令人震驚：更迅猛、更無畏、更成功，然而最終也比任何人能夠想像的更瘋狂、更危險、更具有自我毀滅性。回想起來，這簡直就像是某種錯覺——一場九十三年的夢想，演變成了由美國軍艦引發和終結的噩夢。一八五三年，一支四艘軍艦的不起眼的美國艦隊（其中兩艘是蒸汽動力的「黑船」）抵達日本，強迫日本實行開放；一九四五年，一支龐大的、耀武揚威的美式「無敵艦隊」再次來臨，迫使日本關起大門。

當年美國海軍准將馬修・培里（Matthew Perry）抵達之時，日本不過是一個資源較為貧瘠的小國。二百年間，日本與外國的交往，在很大程度上一直被封建幕府將軍所禁止。儘管在漫長的閉關鎖國期間，日本經濟在商業化方面已經相當發達，但是日本並未發生工業化革命，在科學領域也沒有任何顯著的進展。縱使歐美人發現這些島民既具異國風情又聰明能幹，然而沒有誰會像拿破崙評價日本的鄰邦中國那樣評價他，前者因為廣袤的疆土、眾多的人口和數千年高度發達的文明，被譽為一頭「沉睡的雄獅」。

一八六八年，持不同政見的武士們驅逐了幕府將軍，建立了以天皇為首的新政府，而此前天皇一直是個高高在上、缺乏實權的角色。事實證明，他們新的民族國家進步很快，不僅學習現代和平時期的統治藝術，而且學習現代的戰爭技術，尤其善於領悟在一個帝國主義世界中的生存法則。正如十九世紀八〇年代流行的一首日本歌曲的歌詞：「國家之間有法則，這是真的，但當時機來臨，請記住，弱肉強食。」[1]當世界的大部分區域置於西方列強支配之下的時候，日本起而效仿西方諸國，並加入了他們的行列。一八九五年，日本帝國的陸海軍迫使中國俯首稱臣。日本在亞洲大陸取得的這一決定性勝利，使中國背負了沉重的賠款負擔，也加劇了從這頭「睡獅」身上割取外國租借地的狂潮。這就是西方人士津津樂道的「瓜分中國」。

戰爭為日本帝國帶來了第一塊殖民地——福爾摩沙島。十年後，在一系列代價高昂的陸地戰爭和一次大獲全勝的海上戰役之後，日本對沙皇俄國的勝利，則為他帶來了國際公認的在滿洲的合法地位，並鋪平了獲取朝鮮作為第二塊殖民地的道路。為籌措對朝戰爭的經費，日本在紐約和倫敦的貸款大增，而西方列強也對朝鮮愛國志士的呼籲裝聾作啞。第一次世界大戰中，日本加入了同盟國的敵對方，侵奪了德國的在華利益，並成為凡爾賽條約的五大戰勝國之一。正是在這次會議上，勝利者們聚集一堂以懲辦德國並重整世界秩序。當時任何其他非白人的、非基督教的國家，都難以想像有資格忝列這種世界強國間的遊戲，並在如此高端的層次上產生影響力；誠然，也沒有人能夠預見到和平安定局面的土崩瓦解就在眼前，畢竟在當時看來，第一次世界大戰是為了結束所有的戰爭而戰。

21

二十世紀二、三十年代，當世界陷入經濟蕭條和動盪恐慌中時，日本的領導者以越來越狂熱的對亞洲市場和資源的支配欲望，回應並加劇了這種混亂無序。「大日本帝國」的版圖像一灘汙跡一樣蔓延開來（在日製地圖上，日本帝國的版圖總是以紅色標示）：一九三一年接管滿洲，一九三七年全面發動對華戰爭，一九四一年，作為控制亞洲南部與太平洋地區戰略的一部分，襲擊了珍珠港。到一九四二年春天，日本帝國已處於版圖擴張的巔峰時期，像一個巨人淩駕於亞洲之上，一足植於中部太平洋，一足深入中國腹地，野心勃勃地向北一直染指到阿留申群島，向南則直取東南亞的那些西方殖民飛地。日本的「大東亞共榮圈」，大致環抱了荷屬東印度群島、法屬印度支那、英國殖民領地緬甸、馬來亞和香港，以及美國殖民地菲律賓，甚至號稱要進一步將印度、澳大利亞、夏威夷納入囊中。歡呼天皇「聖戰」光榮和他忠誠的陸海軍勇士天下無敵的萬歲聲，在日本本土及海外的無數地方響徹雲霄。詩人、僧侶和宣傳家們都齊聲頌揚「大和民族」的優秀與王道的神聖天命。

然而，「大東亞共榮圈」不過是一種狂想，日本人在太平洋戰爭頭半年的幸福幻覺不過是南柯一夢，很快就被自己「勝利的弊病」抵消殆盡。他們已經失去節制，在心理上和物質上都嚴重低估了中國人民抗戰的生命力和資源，並從此陷入與美國的長期戰爭之中。同時他們已經成為自己的戰爭說辭的奴隸，為所謂「聖戰」疲於奔命，盲目信奉「要死於蒙受恥辱之前」，「戰死者的血債需血來償還」，「以天皇為核心的國體神聖不可侵犯」，「馬上就會有一場決定性的戰役扭轉局勢，

22

擊敗『中國強盜』並且阻止『鬼畜美英』」等等。直到日本的失敗命運已經昭然若揭，他的領袖人物還在盡全力說服天皇，堅持不考慮投降。他們已經冥頑不化，只能跌跌撞撞地一意孤行。

美國人以他們向來忽略歷史不易解釋的複雜之處的有趣習慣，對諸如帝國主義、殖民主義與全球經濟的破壞等統統視而不見，聲稱是培里把魔鬼放出了瓶子，而那個魔鬼已經變成了一個鮮血浸透的怪物。從戰爭起初幾個月在中國的南京大屠殺，到太平洋戰爭末期的馬尼拉大屠殺，日本帝國的陸海軍士兵們留下了罄竹難書的殘忍與貪婪的斑斑劣跡。事實證明，這也導致了他們的自我毀滅：日本兵死於絕望的自殺式衝鋒，餓死在戰場上，為不當俘虜而殺死受傷的士兵，並在塞班島、沖繩等地殘殺自己的平民同胞。他們無望地看著燃燒彈燒毀他們的城市，卻一直在聽任他們的領袖喋喋不休地瞎扯什麼「一億玉碎」的必要性。「大東亞共榮圈」最顯而易見的遺跡，只有死亡和毀滅。在中國一地，死者大約有一千五百萬。而日本也損失了近三百萬人口，並失去了他們的整個日本帝國。

在這場可怕的風暴過後，日本進入了一種奇怪的隔離狀態。

他再次從世界舞臺上隱退——不是自願地，而是在勝利者的命令之下；同時也不是孤獨的——像培里進入之前的時代那樣，而是被幽閉在美國征服者那近乎肉慾的擁抱之中。而且，時隔不久就顯現出，美國人既不能也不想放手。始於珍珠港襲擊，終於廣島、長崎原子彈爆炸後日本簽訂投降條約，日本和同盟國的這場戰爭持續了三年零八個月；而對戰敗國日本的占領，則開始

23

於一九四五年八月，結束於一九五二年四月，共計六年零八個月，時間幾乎是戰爭時期的兩倍。在被占領的年代，日本沒有國家主權也就沒有什麼外交關係。幾乎直到占領期結束，日本人不被允許出國旅行；未經占領者許可，進行任何主要的政治、行政或經濟上的決策都是不可能的；任何對美國政體的公開批評都是不容許的，縱然最終持不同政見者的聲音已經難以壓制。

起初，美國人強加於日本的是一整套徹底的非軍事化與民主化構想，從任何方面來講都是一種傲慢自大的理想主義的顯著表現——既自以為是，又異想天開。後來，當離開日本之前，他們又完全逆轉過來，與日本社會中的守舊勢力合作，重新武裝他們昔日的敵人，使之成為從屬的冷戰夥伴。儘管日本戰後最終以一個保守國家的面目出現，然而和平與民主的理念已然在日本落地生根——不是作為假借的意識形態或強加的幻象，而是成為一種生命的體驗與牢牢掌握的契機。他們經由眾多的、經常是不協調的差異性聲音表達出來。

日美之間的這種關係是史無前例的，而戰後任何其他的經驗也無法真正與之相比。德國，日本從前的軸心國夥伴，在被占時期由美國、英國、法國和蘇聯分而治之，缺乏像美國對日本進行單邊控制那樣高度集中的關注。而且德國逃脫了東京投降後的當權人物——道格拉斯．麥克阿瑟(Douglas MacArthur)將軍那救世主式的高漲的熱情。對於勝利者來說，占領戰敗的德國，也不能感受到在日本的異國情調，那完全是一種對異教徒的降伏。毫無疑問，在麥克阿瑟將軍看來，是領受基督使命的白人拯救了「東方」社會。對日本的占領，是殖民主義者妄自尊大的「白人的義務」之最後的履行。[2]

很難找到另外一個兩種文化交匯的歷史時刻，比這更強烈、更不可預知、更曖昧不明、更使人迷惑和令人興奮了。許多美國人，當他們到來的時候，做好了心理準備將面對狂熱的天皇崇拜者所帶來的不快。但當第一批全副武裝的美軍士兵登陸之時，歡呼的日本婦女向他們熱情召喚，而男人們鞠躬如也地殷勤詢問征服者的需求。他們發現自己不僅被優雅的贈儀和娛樂所包圍，也被禮貌的舉止所誘惑和吸引，大大超出了他們自身所察覺的程度。尤其是他們所遇到的日本民眾，厭倦戰爭、蔑視曾為自身帶來災難的軍國主義份子，同時幾乎被這片被毀的土地上的現實困境所壓垮。事實證明，最重要的是，戰敗者既希望忘記過去又想要超越以往。

可以理解，戰後的頭幾年曾被肯定性地描述為日本的「美國式插曲」，或者按照否定的說法，那是一個不尋常的野蠻加強迫的「美國化」時期。無論何種描述，通常強調的是美國的意志強迫性地施加於一片異國的土地。是勝者而非敗者，對這一刻具有決定權。勝利者們獲得了關注的目光，正像他們開始控制戰爭主動權的時候一樣。在絕大多數場合，占領者與他們的構想總是至高無上，與此相反，被征服的國家卻被置於戰後分裂敵對的冷戰氛圍之中，顯而易見必須依照美式邏輯來討論問題。曾經強大的敵手變得渺小了，被打敗的人民成了新的世界舞臺邊緣的影子角色。

24

這樣的敘事並不使人感到意外。同盟國方面的勝利是如此巨大，從而使日本僅僅作為勝利果實被關注，這故事看起來似乎毫不費解。一九四五年八月底，當時仍然處於所謂「美國新紀元」的開幕階段。歷史以一種獨特的占領方式，帶著強制的、遠大的構想逼近了日本這片荒廢的、懺悔的土地，而世界正在朝著令人擔憂的新的方向飛馳。關於這個被完全打敗的、意志消沉的國家，還有什麼比勝利者的占領更重要的事端值得一提呢？對記者們以及後來的歷史學家們而言，美國人將會對日本人做什麼，才是故事最引人入勝之處。直到近來，想像占領是一種雙方的「擁抱」仍然是困難的，而推測失敗者可能對勝利者和他們的構想產生過影響、「美國式插曲」可能加強了而不是改變了戰敗國國內的趨勢，依然是困難的。對於外人來說，想要領會作為日本人生命體驗的戰敗和被占領，自然是十分不容易的事。

然而半個世紀過後，我們可以開始以不同的方式看待這個問題。滿目瘡痍的國土、顛沛流離的人民、衰亡沒落的帝國與支離破碎的夢想，成了我們這個時代的核心敘事之一。當然，我們從戰敗者的眼光來看這個世界，將會學到更多：不僅是悲慘、迷茫、悲觀和怨恨，還有希望、韌性、遠見與夢想。與大多數歷史論著、包括我個人早期的著述採取的研究方式有所不同，在下面的章節裡，我試圖「從內部」傳達一些對於日本戰敗經驗的認識，不僅僅是借助於聚焦社會和文化的發展，更有賴於關注這一進程中最難以捕捉的現象——「民眾意識」。[3]換句話說，我試圖通過還原社會各個階層民眾的聲音獲取一種認知，即：在一個毀滅的世界裡重新開始，到底意味著什麼。對日本人而言，直到一九五二年，第二次世界大戰才真正結束，而戰爭年代、戰敗以及被占領時期，為親歷者留下了難以磨滅的印跡。無論這個國家後來變得多麼富裕，多年來，這些留存的記憶，已經成為他們思考國家歷史與個人價值觀的重要參照。

儘管我們總期望簡化研究物件和問題，但是除卻普遍的對戰爭的痛恨情緒以外，並沒有什麼純粹的或單一的「日本式」的戰敗反應。相反，使人著迷的正是這些反應如此五花八門、多姿多彩。這與華盛頓和倫敦那些「亞洲事務的老手們」的預期實在相去甚遠。他們固守著自己對於「東方人」的成見，認為他們實質上是一群「順從的羔羊」。勝利者們抵達之時，懷揣概括「日本人個性」突出特徵的剪報，其中有些特徵觀察入微，而許多概括不過是漫畫而已。反過來，日本的情報部門也正拿著他們自己的「美國人性格」清單在守株待兔。[4] 然而，他們雙方中的任何人也不曾料到，對於戰敗、從戰爭以及戰時管制中解放出來的反應，是如此千差萬別而又生機勃勃。由於戰敗如此徹底、投降如此地無條件、軍國主義份子如此地臭名昭著、「聖戰」為家庭帶來的不幸如此深具切膚之痛，重新開始，就不僅包括重建地面上的建築，而且意味著反思好的生活和好的社會到底意味著什麼。

在戰敗後的一段時期，處於社會最高層的許多人士，並未表現出對社會公益的任何熱忱。取而代之，他們將注意力集中於如何通過大規模掠奪囤積軍用儲備和公眾資源使自己發財致富。充斥戰時宣傳與行動的有關種族及社會團結的秘訣，似乎一夜之間消失殆盡。警探們對於這種猖狂聚斂個人財富的奇觀痛心疾首（當然不是在他們自己受賄和斂財的時候），而普通百姓也對昔日領導者和同胞們的腐敗墮落深表厭惡。甚至早在勝利者進入日本之前，戰敗的心理，就已經深刻地改變了人們的所思所為。

正是在這種變動不安的氛圍中，美國人開始著手拆除帝制政府的統治壓迫。新的空白留待被征服者們自己動手填補，而他們也往往以出乎意料的方式加以完成。對於社會主義和共產主義構想的支持之眾，超乎美國人的想像，而新興的勞工運動也爆發出了驚人的活力。中層官僚成為重大改革的宣導者。妓女和黑市商販創造了獨特的、顛覆舊習的戰敗文化。出版界的反應則是對文字的如饑似渴：出現了從廉價劣質讀物到銳意批判的書刊，乃至大批西方譯著等全方位的出版物。「愛」、「文化」等音義複合的新概念，成為街談巷議的對象，而形容詞「新的」，幾乎被混亂地用於修飾每個觸目所及的詞彙。私人情誼，取代了舊的國家對公眾道德的強制命令。頹廢派的藝術鑒賞家應運而生，成為廣受歡迎的、對戰時所謂「健全」文藝潮流的批判者。新的英雄被發現和神化，新的名人迅速獲得大眾文化的愛戴。以救世主自居的各種宗教大繁榮，而王位的覬覦者也出現了。成千上萬的普通人，在團體集會上、在給刊物的來稿中，或是像雪片般飛來的寫給占領軍當局的通信中，大膽表述自己的見解。數千萬人發現自己正渴望著像他們的美國領主那樣，理所當然地享受富足的物質生活。

這一切混亂不堪。這一切也充滿活力並且釋放壓抑。在最初的數年間，即使共產主義者也會發現，很容易將占領軍當作「解放軍」來看待。然而，就像戰敗的日本人的活力被低估一樣，占領

26

者的「美國化」實質，也通常被過分簡單化了。戰勝者引入的改革，對於日美兩國來說都是不合時宜的。他們反應出被美國的新政姿態、以勞工運動為基礎的社會改良主義與權利法案的理想主義所嚴重浸染的構想，而這種傾向在美國本土正處於被否定或者受忽視的過程之中。此種構想從未被引入美國在亞洲的其他占領區域，譬如南朝鮮、日本本土南端的沖繩以及琉球群島。在那些地方，嚴酷的戰略考慮占了上風。此外，即便是在早期最富於理想主義色彩的階段，占領者的「美國化」也是矛盾分歧的。而且這種「民主化」的構想，即便是在獨裁統治嚴重的美國國內提出，看來也過於極端。

我們通常認為，一九四五年八月，是區分軍國主義的日本與一個新的民主國家的標誌。這一時刻是一個分水嶺，但是日本從二十世紀三〇年代直到一九五二年，持續處於徹底的軍事政體統治之下也是事實。儘管可以更寬宏大量些，但是麥克阿瑟將軍和他的司令部，就像是新殖民主義的霸主統治著他們的新領地。如同天皇及其臣僚們過去所做的那樣，他們絲毫未受到挑戰或是批判。他們集中體現了所謂的等級制度——不僅是對被戰敗的敵人，而且甚至是在他們自己嚴格的等級體制內部，同時還遵循著所謂白人的規則。占領方式一個最致命的問題是，受日本帝國掠奪迫害最為災難深重的各國人民——中國人、朝鮮人、印尼人和菲律賓人，在這塊戰敗的土地上，既不會被認真對待，也沒有任何有影響力的存在。他們成了隱形人。亞洲各國為打敗日本天皇的陸海軍所做出的貢獻，由於對美國在「太平洋戰爭」中勝利的強烈關注而被忽略不計。按照同樣的邏輯，日本在殖民和戰爭中對亞洲人民犯下的罪行，就更容易被拋諸腦後了。

由於勝利者不具有語言或文化上的溝通途徑進入戰敗者的社會，他們除了通過現存的政府機關實行「間接統治」之外別無選擇。這是不可避免的。然而真正實施起來，這種間接統治導致了某些不和諧的發展。實際上，麥克阿瑟將軍的「垂簾聽政」，依賴於日本的官僚機構貫徹指令，從而產生了一個雙層的官僚體系。當美國人離去之時，本國的官僚集團延續下來，甚至比戰時還要強大。為了意識形態目的，麥克阿瑟也選擇了依靠裕仁天皇，而在天皇的名義之下，整個亞洲都曾被野蠻踐踏。麥克阿瑟甚至走得更遠，他私下勸阻了天皇裕仁身邊的隨員要求天皇退位的質詢，而且公開讚揚天皇裕仁是新民主的領導者。

麥克阿瑟將軍及其親密助手，果斷決定為天皇免除所有的戰爭責任，甚至免除了允許以他的名義發動殘暴戰爭的道義責任，這種美國人的保皇主義簡直令人難以置信。天皇對其國家的侵略行為的積極作用，是無法被忽略的，儘管占領者阻止了對此進行的嚴肅調查。無論如何，天皇的道義責任是無法推卸的，而美國人選擇不是忽略而是否認這一點，近乎是將整個「戰爭責任」問題變成了一個笑話。假使一個以其名義處理日本帝國外交和軍政長達二十年之久的人，都不為發動和領導這場戰爭負起應有責任的話，那麼，還怎麼能指望普通老百姓費心思量這些事情，或者嚴肅地思考他們自己的個人責任呢？

這樣的決定與行為衍生的後果不勝枚舉。勝利者自身的做法，導致了這種自相矛盾的處置方法的制度化，例如所謂「官僚制民主」與「天皇制民主」的產生。同時，與對待天皇的諂媚態度相一致，同盟國對一小撮犯下戰爭罪行的日本高層軍事、文職領導人，也採取了奇妙的處理方式，由在東京的勝利者們進行了一場作秀式的審判。此舉強烈助長了一種大眾傾向：無視大和民族在領土擴張與國家安全的狂熱追求之下，對其他國家和民族所犯下的罪行。占領期過後，外國人將這些情形作為日本具有某種傾向性的證據，他們暗示說，戰勝者理想主義的構想在這些領域失敗了。事實上，這些現象儘管特殊，卻是由日美兩國共同作用產生的。許多今日日本社會的核心問題——其民主的本質、民眾關於反戰主義與重整軍備的強烈情緒、戰爭被記憶和遺忘的方式——都得自戰勝者和戰敗者之間複雜的相互作用。

對許多日本人而言，倘加以回顧，緊隨戰敗之後的那幾年，的確構成了一個不同尋常的混亂而充滿生機的年代。當時，對美國式政治模式的採納，看上去似乎比國家主導的資本主義更有希望，至少人們可以夢想未來日本將會在國際上占據一席之地，而不是在美國的核保護傘下悄悄地重新進行軍備擴張。往日的苦難往往能勾起回憶，而有時懷舊的感傷會使回憶變得甜蜜。近些年來，這種個人記憶被日本國內絲毫未有衰退跡象的出版熱潮所支撐。書籍、文章、期刊專題，持續不斷地從任意可能性的角度言說戰敗與占領時期的經歷，形式包括政策檔輯錄、全方位開掘的學術研究、日記、回憶錄、信件、新聞記錄、照片以至逐日的紀事年表。許多戰後時期成名的社會名流現在才剛剛謝世；而他們每一位的離去，往往會喚起對那個年代尖銳痛楚的記憶，雖然漸行漸遠，卻仍然與現實息息相關。試圖掌握和分享這些是一項令人畏懼的任務，大致說來，是因為總有如此之多可以講述，當然也有如此之多可供學習。

29

日本的某些特質使人們樂於封閉地看待他，而戰後的密閉空間，也極易使人將其誇張地視為「典型的」獨特的日本經驗。不僅是外來者傾向於孤立和隔離日本的經驗，其實沒有人比日本國內的文化本質主義者和新民族主義者，對國民性與民族經驗假定的獨特性更為盲目崇拜了。甚至是在剛剛過去的二十世紀八〇年代，當日本作為全球資本主義的主宰出現時，也是其「日本」經驗的獨特性，在日本國內外吸引了最多的注意。儘管所有的族群和文化都會通過強調差異區分自我、也被他者所區分，但是當論及日本的時候，這種傾向被發揮到了極致。

當然，戰敗後的幾年，確乎構成了一個適當的歷史時刻。然而，正像威廉．詹姆斯（William James）曾經描述過的宗教體驗那樣，在極端的困境中往往才能最好地暴露事物的本質。我發現了有關這整個國家重新起步的不尋常經歷的確切細節和脈絡，但是他們打動我，並非由於他們是外國的、充滿異國情調的，甚至也不是作為日本歷史或者日美關係中有教益的插曲而使我動心。相反地，在我看來最吸引人的卻是，戰敗與被占領迫使日本人盡全力去奮鬥，以異常艱苦的方式來解決最基本的人生問題，並由此反映出令人矚目的人性的、易犯錯誤的、甚至往往是充滿矛盾掙扎的行為方式。而這些能夠告訴我們有關我們自身與我們這個世界的許多普遍訊息。

例如，絕大多數日本人能夠輕易拋棄十五年之久的極端的軍國主義教化，這為我們在二十世紀的其他極權主義政體崩潰中所看到的社會化的限制與意識形態的脆弱提供了教訓。(眾多王室被推翻而日本君主政體屹立不倒，在政治和意識形態方面，這本身就是一個富於啟示意義的題材。)再譬如美國的越戰老兵，如果瞭解到天皇的士兵戰敗歸國後是如何努力向普遍遭遇的鄙夷蔑視讓步的話，定會感到一種熟悉的震驚。同樣，對自身苦難先入為主的成見，使得絕大多數日本人忽視了他們對他人造成的傷害。這一事實有助於闡明，受害者意識是通過何種方式扭曲了集團和族群為自身建構起來的身份認同。對於戰爭罪惡的歷史健忘症，在日本自有其特定的形式，但是將之置於一個更為廣闊的、有關群體記憶與神話製造的背景中來進行觀照，其記憶和遺忘的模式則更加寓意深長。近年來，這些問題理所當然地引起了廣泛關注。在戰敗與戰後重建的混亂環境裡，「責任」常常被提及，因而這並非只是日本這個島國所關心的問題。

當日本人在其歷史中仔細搜求，以便為他們的「新」情況作參照的時候，譬如本土的民主政治基礎、有原則地反抗軍國主義的事例，或者固有的懺悔和贖罪的表示等等，他們提出的例證自然是千真萬確。然而他們所做的，不過是任何人在面對創傷性的巨變時都會去做的。他們在發現——如果需要，甚至發明——某些可以依賴的熟悉的經驗。日常語言本身就是一座橋樑，使許多人不必完全經歷心理混亂，就能夠由戰爭狀態跨越到和平的彼岸。因為許多戰時的神聖詞彙、標語口號，甚至是流行小說，在戰後被證明可以完全適應全新的闡釋或者指代完全不同的客體。再者，將熟悉的語彙賦予新的意義，也是人們將實實在在的變化合理化與合法化的一種方式。

30

當然，人還可以由這些「橋樑」走回去，重蹈過去的覆轍。在當今的日本，新的民族主義者的叫喊甚囂塵上，他們中最狂熱的份子，也恰好瞄準了我們這裡所討論的年代。他們將日本戰敗後的美軍占領時期，描述為一個壓倒性的恥辱時期，當時真正自由的選擇被壓制，而外國模式被強加於日本人民頭上。我個人對於那個時代的活力以及日本在戰後思想意識形成中的推動力的估計，則更為積極一些（儘管留有餘地）。真正重要的，是看此後日本人如何對待自己的戰敗經歷。半個世紀以來，他們中的絕大多數人，始終如一地將其作為檢驗信守「和平與民主」承諾的準繩。「和平與民主」，是戰後日本最偉大的祈禱語。「和平與民主」，也是今天的人們各自塞進迥乎不同的意圖，並且持續爭論下去的護身符式的口號；而在邁向「和平與民主」的奮鬥中，無論觀念論爭，還是沉重的歷史記憶，都不是日本所獨有的。

1 引自George Sansom，*The Western World and Japan*(New York: Knopf, 1965)，p.407。

2 名義上，對戰敗國的占領由所有戰勝國共同實施。有兩個國際組織行使顧問權：一是由十一國組成設於華盛頓的「遠東委員會」；二是設於東京的四國「對日理事會」。麥克阿瑟將軍的正式頭銜是盟軍最高司令官。實際上，對日本的占領由美國操縱。

3 筆者在這裡盡可能避免重複業已在早期著述中討論過的論題，這些著述包括以下相關著作：*Empire and Aftermath: Yoshida Shigeru and the Japanese Experience，1878-1954*(Cambridge: Council on East Asian Studies, 1979)；War Without Mercy: Race and Power in the Pacific War(New York: Pantheon, 1986)；以及*Japan in War and Peace: Selected Essays*(New York: The New Press, 1993)。在最後一本文集中，對戰爭遺產問題的專門探討，請參見「The Useful War」一文；有關美方最高層的戰略計畫，參見「Occupied Japan and the Cold War in Asia」；美日關係的種族與心理維度，參見「Race, Language, and War in Two Cultures」與「Fear and Prejudice in U.S.-Japan Relations」；有關漫畫的研究，參見「Graphic Selves/Graphic Others」；有關日本保守派傳統，參見「Yoshida in the Scales of History」。關於占領的遺產問題，在「Peace and Democracy in Two Systems: External Policy and Internal Conflict」一文中有所闡述，參見Andrew Gordon編，*Postwar Japan As History*(Berkeley: University of California Press, 1993)，pp.3-33。

4 1945年9月4日日本內務省的一份機密情報報告，著重強調了美國人以下的性格特徵(關鍵字皆以英語標示)：(1) Practical，businesslike(實際、務實)；(2) Straightforwardness(坦率)；(3) Speedy action(行動迅速)；(4) Self-conceited mind(自負)；(5) Adventurous spirit(富有冒險精神)；(6) Punctuality(守時)；(7) Vulgarity(粗俗)。此報告收入粟屋憲太郎編《資料日本現代史 2 敗戦直後の政治と社会》(東京：大月書店，1980)，pp.313-17。「投降預備計畫」在日本實際上是不存在的，直到最終時刻，甚至連談論戰敗的可能性都是叛逆不忠的行為。與此相反，在美國方面，這樣的計畫在日本投降前幾年就已經詳細制定出籠。參與者如Hugh Borton，以及Marlene Mayo、Akira Iriye和Robert Ward等學者，這些年籠對此問題都有頗有價值的研究成果發表。

第一部　勝利者與失敗者

第一章　支離破碎的生活

一九四五年八月十五日，正午前的一刻。此後發生的事情將永遠不會被遺忘。相原悠當時二十八歲，是靜岡縣郊區一個農民的妻子。在隨後的幾十年中，這天的情景就像是一部老幻燈片，一部斷斷續續的黑白新聞記錄片，反反覆覆地在她的腦海中浮現。她當時正在戶外勞作，一個報信的人從村裡飛奔而來。他呼喊著天皇將會在正午時進行「玉音放送」，就跑開了。

與這個消息相比，即使是敵國美利堅陸沉到海底的新聞，也不會更令人震驚了。天皇要講話啦！自從繼承天皇之位以來的二十年間，裕仁天皇從未直接向他所有的臣民們發過言。直到此刻為止，最高統治者的話，一直是通過「天皇詔諭」的形式傳達下來的——或是印刷的詔書文本，或是由他人誠惶誠恐代讀的敕諭。

半個世紀之後，相原悠仍然能夠憶起每一個細節。她飛快地跑回村，不斷地默念著《教育勅語》中的一句話，這是每個人從學生時代起就每天背誦、牢記在心的。「一旦危機來臨，」《勅語》上說，「你們就要義勇地為祖國獻身。」她清楚國家的局勢危在旦夕，只能想像著天皇將會激勵每

34

一個日本人，盡更大的努力來支持這場戰爭——實際上，也就是準備戰鬥到死。

村民們已經聚攏在地方上唯一的一台收音機前，這台收音機只能收聽國家電臺那個唯一的頻道，接收品質很差。天皇的講話被劈哩啪啦的雜音包圍著，講話的內容也讓人難以理解。天皇的聲調很高，口氣拘謹而不自然。他沒有用日常的口語，而是用一種非常正式的語言，時不時夾雜著典雅的古語。相原正在人群中跟其他人交換困惑的眼神的時候，她聽到了一個新近因為東京轟炸才遷來此地的男人的自言自語。「這就是說，」那人喃喃道，「日本戰敗了。」

相原覺得所有的力氣都從她的身體裡流失了。當醒過來的時候，她發現自己匍匐在地。在她身邊受到打擊的其他人，也都躺倒在地——她後來這樣描述當時的景象。天皇的聲音消失了，但是收音機還在繼續嗡嗡作響。一位播音員正在播音。他的一句話深深地烙在了相原的腦海中，使她終生難忘：「日本軍隊將被解除武裝並被准許遣返歸國。」

這使相原突然間充滿了希望。她那被徵兵入伍送到「滿洲」的丈夫可能就要回來了！那一整天和整個夜晚，她都在祈禱：「請求讓我丈夫不要自殺。」日本士兵被灌輸了寧死不降的觀念，相原害怕在此非常時刻，她丈夫可能會以自殺作為正當的、道義的回應。

此後三年間，相原一直在為丈夫的歸來而祈禱。直到三年後她才知道，就在她被從農地裡召喚來聽天皇玉音放送的前一刻，丈夫已經在五天前的一場跟蘇聯軍隊的戰鬥中死掉了。終究，戰爭已經永遠地破壞了她的生活。[1]

委婉的投降

數百萬聚集在鄰里間的收音機前恭聽玉音放送的日本人，不是什麼現代的「公民」，而是天皇的臣民。一直以來，正是以天皇的名義，他們支援了自己國家與中國和其他同盟國敵對的長期戰爭。照日本方面的說法，那一向是「聖戰」。宣佈日本投降，四十四歲的天皇陛下遇到了如何以新的辭令取代這種戰爭修辭的挑戰。

一九四五年八月十五日，關島的日本戰俘在聽到裕仁天皇宣布無條件投降後低下頭。(Alamy)

這是個棘手的問題。十四年前，在他即位的第六年，裕仁天皇默許了帝國軍隊對中國東三省，即所謂「滿洲」的接管。八年前，日本以天皇的名義，發動了對華全面入侵。從那時起，裕仁在公開場合，都是以身穿掛滿勳章的最高司令官軍服的面貌出現。一九四一年十二月，他頒佈了對美國和歐洲各國宣戰的詔書。現在，三年零八個月過去了，他的任務不僅是要終止一場失敗的戰爭，而且還不能否定先前日本發動戰爭的目的，也不得承認本國的暴行，又得以某種方式解脫自己對於多年的侵略戰爭所應負的責任。

是裕仁本人首先提出打破先例，直接向他的臣民們發表廣播講話的想法。詔書的內容，直到廣播前一天接近午夜時分，才最終敲定。詔書的起草和交付都承受了巨大的壓力。錄製在密謀中進行，並瞞過了那些反對投降的軍官們。儘管產生於混亂之中，終戰詔書仍然是一份悉心打磨的意識形態精品。[2]

儘管許多人跟相原一樣，理解起天皇的講話來有困難，天皇發出的訊息（同時通過無線電短波傳播到了海外）卻迅速被每一個人所知曉。許多像相原村上的東京人那樣見多識廣的聽眾，向他們迷茫的同胞們解釋著播送內容。播音員們立即以日常口語總結宣言及其要旨。報紙也連忙發行號外，對天皇的詔書加以社論評說。

就像昆蟲嵌入琥珀，天皇《終戰詔書》的字句很快牢記在了民眾意識之中。天皇從未明確地說過「投降」或「戰敗」。他只是簡單地評述「日本戰局並未好轉，而且世界大勢也於我們不利。」他吩咐他的臣民要「忍所不能忍，受所不能受」。這些話在接下來的數月間被無數次徵引。

通過這份詔書，天皇盡力去完成不可能的任務：將恥辱的戰敗宣言，變成對日本的戰爭行為和他個人崇高道義的再次肯定。詔書的開篇，天皇重申一九四一年日本向美國宣戰時他對臣民的訓諭：發動戰爭是為了確保日本的生存和亞洲的穩定，不是出於任何侵略目的而干預他國的主權

一九四五年八月十四日，美國士兵在珍珠港慶賀日本投降的消息。(Photo by Fotosearch/Getty Images)

完整。以此為基調，裕仁對那些「為東亞的解放」與日本合作的國家表示深深的歉意。談到廣島和長崎近期的原子彈爆炸，天皇繼續指出，日本投降的決定完全是一種寬宏大量的行為，從殘暴的敵人手中拯救人類，使之免於滅絕。「敵人第一次殘酷地使用了原子彈來殺戮和殘害大量的無辜者，使慘重的人員傷亡難以計數。」他斷言，「再繼續戰爭不僅可能導致我們種族的滅絕，而且可能導致整個人類文明的毀滅。」通過接受盟軍結束戰爭的要求，天皇宣佈，「為萬世開太平」，是他本人的意圖。

接下去，他以古雅的文辭，將自己塑造為國家苦難的體現和終極意義上的受害者，將他的人民的犧牲說成是他個人極大的痛苦。當他凝神靜思那些死於戰爭的臣民，他們身後留下的遺族，以及現在全體日本人所面臨的非同尋常的苦難，他宣稱，「朕五內俱焚。」對於天皇的許多聽眾來說，這是玉音放送中最令人感動的部分。有的人承認自己被恥辱感和罪惡感所壓倒，未能像天皇期許的那樣安居樂業，是他們令天皇悲傷難過。

在一九四五年的八月喚起這樣的民眾情感，實在是一項巨大的成功。以天皇的名義發動戰爭的後果，是近三百萬日本人死亡，更多的人受傷或重病，國家一片焦土瓦礫。而此時天皇忠誠的臣民們，還被期望能夠體貼聖意，為不能面對這一切從而使天皇苦惱所以惴惴不安。這是天皇第一次直接面對公眾講話，所以收效格外顯著。或許他真的不僅是他們苦難的象徵，還是戰爭失敗最大的犧牲者。毫無疑問，天皇的臣民們必定猜想，此前激勵他們戰鬥和犧牲的皇詔，並非天皇的本意，而是奸佞之臣的斷章取義。正像多愁善感的天皇崇拜者們的解釋，只有現在，人民才終於聽到了天皇真正的聲音。正所謂「密雲衝破浴天日。」[3]

儘管天皇一再強調對「朕之忠臣良民」的信任，並保證與他們「休戚與共」，但還是警誡他們不要在戰敗的混亂和不幸中鬧紛爭。保持一個大家庭般的團結非常重要，要堅信「神聖國家不滅」，並竭盡全力重建國家，既保持日本的傳統，又要與「世界進程和命運」並駕齊驅。

在這些既大膽又小心的言辭背後，隱含著對戰後日本社會劇變的深深不安。數月來，天皇一直被這可怕的前景所困擾。天皇的玉音放送，不僅是一場失敗戰爭的正式的終結聲明，而且是風雨飄搖之際，維持帝國統治、維護社會和政治穩定的緊急戰役的開篇宣言。[4]

38

一九四五年八月十日，夏威夷檀香山的老百姓及服務人員手持宣布日本接受波茨坦宣言的檀香山廣告報，歡樂慶祝。（Alamy）

對於天皇玉音放送的反應千差萬別。有些東京居民一路行進到皇宮，靜靜地站立在一片廢墟的都市風景之中。（美國的決策者們排除了將日本皇宮作為轟炸目標，但有一部分建築還是被不經意地破壞了。）他們跪倒在皇居前的瓦礫上，因未能按照天皇的期望生活而垂首懺悔的照片，後來被當作日本投降瞬間最典型的影像。

實際上，這是帶有誤導性的影像。聚集在日本皇宮前的人相對來說是少數，而各地的普通百姓流淌的淚水，折射出各種與此相去甚遠的群眾情緒：苦惱、悔恨、喪親之痛、蒙受欺騙的憤怒、突然的空虛和目標喪失，甚至是單純因為不幸和死亡的意外終止而產生的喜悅。天皇裕仁的掌璽大臣和親密心腹木戶幸一，親眼見證了人們的這種解脫。他在一則日記中記錄，的確有人在皇宮前歡呼。他心情複雜地評述說，他們顯然是感到如釋重負。[5]

正如相原的祈禱詞所顯示的，預料大批的日本人可能會選擇死亡而不是戰敗的恥辱，並非不切實際。在長年的戰爭中，士兵被禁止投降。他們被告誡說，沒有比投降更可恥的了。當戰火逐漸蔓延到日本本土，平民們也被灌輸了要奮戰到死的觀念，正如諺語所說「寧為玉碎，不為瓦全」。然而，在天皇玉音放送之後，選擇「玉碎」的人實際上比預想的還要少。有幾百人自殺了，其中絕大部分是軍官。這一數量僅相當於德國投降時自殺的納粹軍官的數目，而德國從來就沒有一種能與日本的自殺殉國相比的瘋狂信仰。[6]

實際上，就政府組織來說，八月十五日天皇的重要廣播之後，最迅速、最顯著的行動，莫過於注重實利和自我保全。全國上下的軍事官員和文職官僚們，狂亂地焚毀各種檔案卷宗，非法地搶奪大量軍用物資。儘管天皇的終戰宣言使美國結束了空襲，但據說——這當然有點誇張——幾天後東京的上空仍然籠罩在濃煙火海之中。戰時燃燒彈的地獄之火，換成了焚燒公文檔案的沖天光焰，各界精英們步上他們君主的後塵，全力以赴地掩蓋他們的戰爭罪行。

無條件投降

征服者們沒有看到這些火光，因為同盟國占領軍的第一批先遣隊，直到天皇玉音放送之後的兩個星期才到達日本。跟他們一起到來的，是一位新的專橫的權威統治者道格拉斯·麥克阿瑟將軍，他被任命為同盟國在日本的最高司令官。九月二日，在東京灣美國軍艦「密蘇里」號甲板上所舉行的壯觀儀式上，麥克阿瑟與其他同盟國的九位代表，同日本官員簽署了投降協議。

投降儀式充滿了象徵意味。「密蘇里」是亨利·杜魯門(Harry S. Truman)總統的家鄉，而他有關日本最主要的決議，是在日本的兩座城市投放原子彈，並力主執行

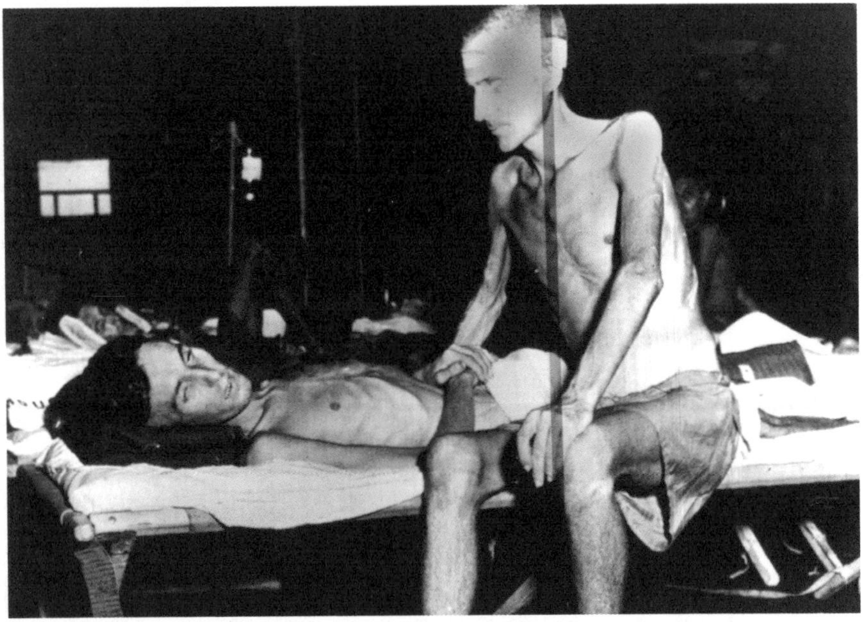

一九四五年九月一日，兩名自福爾摩沙的日本戰俘集中營釋放的英國戰俘，在美國軍艦布洛克島號(Block Island)上，努力從磨難考驗中恢復。(Photo by Keystone/Getty Images)

他的已故前任佛蘭克林．羅斯福敦促日本「無條件投降」的政策。密蘇里號上飄揚的美國國旗，有一面是一九四一年十二月七日日本襲擊珍珠港時，飄揚在當時白宮頂上的。另一面，是從安納波利斯（Annapolis，美國馬里蘭州首府）緊急空運來的三十一顆星的美國星條旗，曾經在海軍准將馬修．培里的旗艦波瓦坦號（Powhatten）上使用過。當年培里的炮艦外交，迫使日本結束了二百多年的封建閉關鎖國。一八五三年，培里由帆船和燃煤冒煙的「黑船」組成的小型混合艦隊，促使日本走上了最終災難性的與西方列強爭霸世界的歷史進程。現在，一百多年光陰荏苒，美國人又以象徵著先進的科學技術與科技立國的龐大海陸空軍隊捲土重來，以培里舊日的旗幟炫耀著對日本的懲戒，這是當年的培里哪怕是在最瘋狂的夢境中也想像不出的。

兩位簽署投降檔的日本官員，一是梅津美治郎將軍，代表日本帝國軍方；一是外務大臣重光葵，代表日本帝國政府。一九三二年，重光葵遭一名抗議日本殖民朝鮮的朝鮮人炸彈襲擊，失去了一條腿。他那笨拙的步態，在顛簸的美國軍艦甲板上，傳達出一種離奇異樣的深刻印象，似乎象徵著傷殘而脆弱的日本。不管怎樣，那些來出席簽署投降檔案的人，站到了那些沒有到場的人的位置上：因為天皇沒有來參加這樣的場合，皇室成員也無一人到場，即使是宮內省也未派員出席。同盟國方面領導人的讓步，引起了戰勝國和戰敗國雙方陣營觀察員們的驚奇。直到戰爭結束，甚至連露骨地擁護日本皇室的美方官員們，如美國前駐日大使約瑟夫．格魯（Joseph Grew），也假裝天皇將會而且應該親自簽署正式的投降文書。而且甚至在日方已經知曉天皇不必親自經受這

一九四五年九月二日，日、美、蘇、英等各國在停靠於東京灣的美國軍艦密蘇里號戰艦上舉辦投降儀式，日本政府官員於此簽署《降伏文書》。（Alamy）

場折磨之後，他們仍然裝作將派一位皇室代表，有可能是皇族血親，來代替天皇簽署投降檔。在九月二日這齣偉大的道德審判劇中，天皇被完全免除在外，對日方來說是令人鼓舞的徵兆。因為這暗示著，勝利者可能願意幫助天皇從最終的戰爭責任中解脫出來。7

在密蘇里號上的演講中，麥克阿瑟雄辯地談到了全人類的希望：「一個建立在理解和信任基礎之上的更美好的世界將會從過去的流血和屠殺中產生，一個致力於人類尊嚴和滿足人類最寶貴的願望——自由、寬容和正義——的世界。」他明確地對他的美國同胞指出，「神聖的使命已經完成」，並告誡說，如果這個世界不學著在和平中生存，現代戰爭的徹底破壞就意味著

「世界末日的來臨」。當談到戰敗國日本時，這位最高司令官宣佈，投降的條款委任了勝利方將日本人民從「奴隸狀態」中解放出來的任務，並要確保這一民族的精力和能量回到建設的軌道上來，即他所說的「縱向發展而非橫向擴張」。這些嚴厲、莊重而充滿希望的話語，以及他寬宏大量的姿態，使得日本領導人又得到了一點小小的安慰，他們仍然在緊張地揣摩，勝利者到底想要對他們做些什麼。[8]

儘管如此，對絕大多數愛國者來說，投降儀式仍然「意味著滅亡」。正如一位出席密蘇里號儀式的美國將軍所言，「儘管日方代表的表情高深莫測，絲毫也未流露他們的情感，」然而「他們的舉止氣度是如此地陰森抑鬱，似乎完全意識到了他們曾經不可一世的帝國，已經付之灰燼，而他們民族的希望和野心業已終結。」[9]未來的命運捉摸不定，國家的恥辱才剛剛開始。這個國家已經完全屈服的感覺，被投降儀式上的戲劇化場景強化了。帝國的海軍早就被摧毀了。除了幾千架搖搖欲墜的以備自殺襲擊的飛機之外，日本的空軍力量——不僅是戰機，而且包括訓練有素的飛行員——實際上也不存在了。日本的商船也都躺在了海底。幾乎全國所有的重要城市都遭到過空襲，天皇數百萬的忠誠臣民無家可歸。戰敗的帝國軍隊，星散在亞洲各地和太平洋的眾多島嶼上。成百萬活下來的士兵正忍饑挨餓、滿身傷病、士氣盡喪。然而東京灣擠滿了幾百艘強大的、閃閃發亮的美國戰艦。在某些戲劇性的時刻，引擎轟鳴，天空會幾乎一下子被大約四百架耀眼的B-29超級轟炸機和一千五百架護衛的海軍戰鬥機完全遮蔽。帝國的土地被一波又一波身強體壯、裝備精良、神氣自信的登陸美國大兵所褻瀆。這支占領軍的數量，很快就超過了二十五萬人。一個在一九四〇年慶祝過他神話傳說中的「皇紀兩千六百年」並自豪於從未被入侵的國家，就要被白人占領了。

在日本人眼中，對一九四五年九月二日無法磨滅的印象，是西方——實質上就是美國——格外的富裕強大，而日本則是不可思議的貧困虛弱。這是一種簡單的觀察，但他承載了巨大的政治含義。東京灣的一幕，就發生在緊接廣島和長崎原子彈爆炸之後，提供了一個觸目驚心的教訓。那就是在美國式民主之下，可能達到怎樣的物質實力和富足。儘管理解這個關於財富與力量的民主等式需要一點時間，但明白日本已經徹底戰敗卻幾乎不需要什麼時間。投降儀式九天後，麥克阿瑟在一次記者招待會上評述說，日本已經降到了「四等國家」的地位，——這種對現實狀況的露骨評價，足以使天皇以降的每一位日本領導人感到痛徹心肺。自從培里准將強迫日本敞開門戶以來，日本的統治者就執迷於成為「一等國家」。事實上，正是出於自己「一等國家」的地位不被承認的恐懼，才激起了日本朝野上下同呼吸共命運，最終向西方宣戰。包括首相東條英機在內的一些人斷然宣稱，假使不能在亞洲建立高枕無憂的絕對統治權，日本就會被降級到「二等」或是「三等國家」的地位。就像一道被重新撕裂的傷口，「四等國家」的說法，立即成了戰後的流行語。
10 這之後不久，麥克阿瑟又以更驚人的口氣說到日本的處境，使人憶起《聖經》舊約全書中憤怒的神。談到日本軍隊被遣散的問題，麥克阿瑟宣稱「他們被徹底打敗和威嚇住了，在投降加於他們國家的嚴重懲罰面前瑟瑟發抖，這是對他們國家深重的戰爭罪孽的報應。」[11]

在此後的幾個星期，勝利者繼續為這個國家的破壞程度而感到震驚。十月中旬，在呈交杜魯門總統的一份概括麥克阿瑟和他的助手們的談話的備忘錄中，總統特使小愛德溫．卓克（Edwin Jocke, Jr.）報告說，「現駐東京的美國官員們驚奇於這樣的事實，日本竟然能夠抵抗那麼久。」實際上，經濟的混亂是如此嚴重，他補充道，在一些美國人看來，原子彈爆炸「是被日本人抓住以結束戰爭的口實，事實上只是加速投降數天而已。」卓克接下來指出，「日本大城市的整個經濟結構已經被摧毀。東京七百萬人口中的五百萬業已離開了這座毀壞的城市。」[12]稍後從華盛頓派來了調查團，由享有盛譽的聯邦戰略轟炸調查團分析專家帶隊，也得出了同樣的結論：投降前對日本繼續戰爭的實力的估計，被過分誇大了。[13]這當然不過是事後的推論，但是他反映出當時普遍的評價，即日本在戰爭結束時的虛弱，遠遠超出了日本國外任何人的想像，也超出了日本國內任何人承認的程度。

實質上，以後幾年所發生的一切，都是在日本徹底戰敗的背景下展開的。絕望、憤世嫉俗和投機主義，在這樣的氛圍中生根蔓延。而恢復力、創造力和一種只有在親歷一個舊世界的毀滅和憧憬新世界的誕生的人們身上出現的理想主義精神，也得到了奇蹟般的張揚。在這樣的環境之中，就不難理解為什麼幾乎沒有人有精力、想像力或意願，去奢談他們在執行天皇的聖戰過程中曾經犧牲的那些生命了。

戰敗的數據

戰爭的創傷是難以精確計算的。即便出動龐大的機構和部門來計算人員傷亡總數和估計物質毀壞的程度，其結果仍然是典型的大雜燴，精確得難以置信的數字下掩蓋著大面積的模糊。在戰敗國日本，用了幾年時間才計算出普遍認可的這次失敗的戰爭所花費的代價。[14]

經常被引用的軍隊死亡人數，截至投降時大約是一百七十四萬，這一數字可能相對準確。另一方面，一旦計入在空襲中死亡的平民人數，評估數字就相當混亂了。如果將一九四五年八月十五日之後日本本土以外與戰爭相關的軍隊和平民死亡數字計算在內的話，情形就會變得更加不明朗。日本戰後的歷屆政府，都傾向於對此棘手問題採取迴避態度。總計可能至少二百七十萬軍人和平民死於戰爭，大略相當於日本一九四一年七千四百萬人口總數的3％到4％。另有數百萬人受傷、患病或嚴重營養不良。一九四五年，接近四百五十萬的復員士兵被認定為傷病，最終大約有三十萬人領到了傷殘撫恤金。[15]

對物質損失所作的大清算顯示，同盟國對日本本土的海戰和空襲戰，毀滅了日本整個國家大約四分之一的財富。其中包括五分之四的所有船隻，三分之一的全部機器設備，四分之一的全部運輸工具和機動車輛。麥克阿瑟將軍的「SCAP」機關（SCAP是盟軍最高司令［部］的首字母縮寫，通常用來指代麥克阿瑟的司令部）將全部代價估得更高，一九四六年初的計算是，日本「損失了總體財富的三分之一，以及

經過一九四五年八月一日B-29超級堡壘轟炸機毀滅後的八王子市。（Photo by © Hulton-Deutsch Collection/CORBIS/Corbis via Getty Images）

全部潛在收入的三分之一到二分之一。」農村的生活水準降到了大體相當於戰前水準的65%，城鎮生活水準則降到了35%。[16]

包括廣島和長崎在內的六十六個主要城市被嚴重炸毀，破壞了這些城市總計40%的地區，至少大約30%的人口無家可歸。在最大的都市東京，65%的住宅被摧毀。在全國的第二和第三大城市大阪和名古屋，這一資料分別是57%和89%。第一支到達日本的美國分遣隊，尤其是那些經歷了從橫濱到東京的幾個小時旅程的隊員，對沿途隨處可見的城市廢墟，如果不感到震驚的話，也至少無一例外都留下了深刻的印象。第一位進入東京的外國記者拉塞爾．布萊恩斯（Russell Brines）報導說「所有的一切都被夷為平地……只有孤零零的一些

第一批進入戰敗國日本的勝利者，震驚於他們面前城市的破壞之慘烈。這是俯瞰當時隅田川邊的東京鬧市區。（Photo by ullstein bild/ullstein bild via Getty Images）

建築矗立在平地上——公共澡堂的煙囪、笨重的倉庫，偶爾還有鐵門緊鎖的低矮建築。」[17]從這片被占領的土地上第一次拍攝的照片和電影膠片，捕捉著這些無盡的殘破的城市街景，傳達給萬里之外的美國觀眾，而他們從未真正瞭解燒毀的城市到底意味著什麼。

然而，即使是置身於這些大面積毀壞的城市景象中，征服者們仍然發現了他們選擇性轟炸政策的奇特證據。譬如，首都的大片貧窮的民宅、小店鋪以及工廠被摧毀了，但是有相當數量的富人區住宅卻保留了下來，以備占領軍的大批軍官們居住。東京的金融區，大部分完整無損，將很快成為「小美國」地區——麥克阿瑟將軍的總部所在地。沒被破壞的，還有戰爭末

47

期駐紮了大多數帝國軍事機構的建築。饒有諷刺意味的是，勝利者隨後將此作為了審判日本首腦戰爭罪行之地。全國的鐵路也仍然能夠或多或少地有效運轉。例如，東京的居民們曾直接乘火車去遙遠的廣島，探視他們的親屬是否在原子彈爆炸中活了下來。在被炸毀的貧民區之外，包括電力和供水在內的絕大多數設施，仍然運轉正常。不管有意還是無意，美國的轟炸政策，至少在大城市，曾經傾向於重新強化現存的財富等級秩序。[18]

一九四五年九月，一個日本士兵走在被夷平的廣島土地上。（Alamy）

當天皇告訴他的臣民從前的戰鬥和犧牲都是徒勞的時候，接近九百萬人已無家可歸。正如一位美國人描述的情景，「在每一個大城市裡，很多家庭擠在搖搖欲墜的小席棚裡，有的試圖睡在通道或地鐵月臺上，甚至人行道上。公司雇員睡在他們的辦公室裡，老師們睡在教室裡」——當然，假使他們足夠幸運，仍然有辦公室或教室可睡的話。每個主要城市的街道上都即刻人滿為患：復員的士兵、戰爭寡婦、孤

48

兒、無家可歸者和失業者。他們中絕大多數只想著如何能夠不挨餓而已。[19]然而，相對說來，他們這些人仍然是幸運的。至少他們是在自己的國家。

或者……歸國？

戰敗之後，約有六百五十萬日本人滯留在亞洲、西伯利亞和太平洋地區。其中大約有三百五十萬人是陸海軍士兵。其餘的是平民，包括許多婦女和兒童。這是一群數量眾多而且被普遍忘卻了的中低階層的人們，他們曾被遣往海外協助建立強盛的帝國勢力範圍。在戰爭結束時，約二百六十萬日本人滯留中國，其中一百一十萬分散在「滿洲」地區。此外，近六十萬軍隊在千島群島和滿洲南部的大連灣旅順口一帶放下武器。超過五十萬人滯留福爾摩沙（臺灣），九十萬人滯留朝鮮，此前福爾摩沙和朝鮮曾分別於一八九五年和一九一〇年成為日本的殖民地。在戰爭結束時，東南亞和菲律賓群島的日本人接近九十萬，絕大多數是軍事人員。此外，還有數十萬的天皇殘餘部隊被困於太平洋諸島嶼。[20]

自然，所有這些人都盼望快點回國，他們的親人也在焦急地等待著他們。然而對許多人來說，回國需要幾年而不只是幾個月的時間，而且成千上萬的人註定會死去，再也見不到自己的

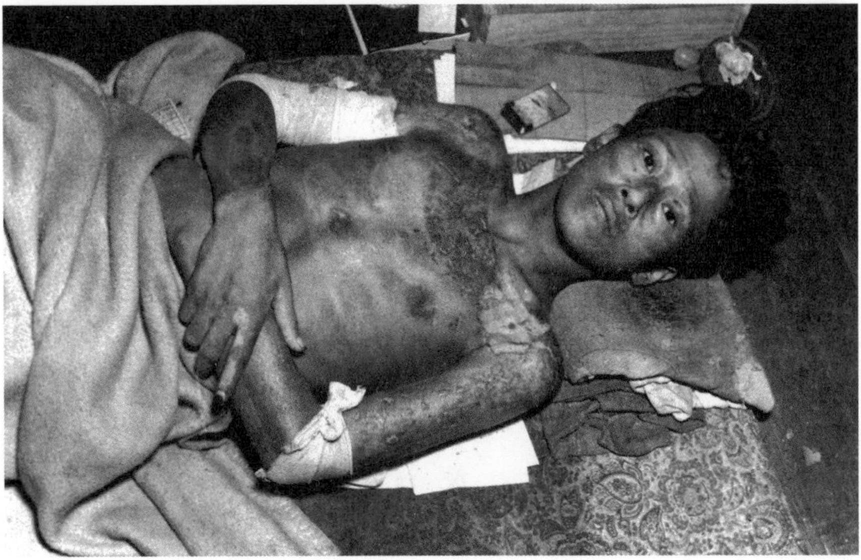

一九四五年八月廣島原爆後的傷亡人員。(Alamy)

祖國。對這好幾百萬人來說，投降，只不過標誌著人生更加動盪不安和殘酷階段的開始。他們成了被戰爭蹂躪的、「解放了的」亞洲的混亂狀況的犧牲品，成了傳染病肆虐的犧牲品，以及勝利的盟軍的虐待物件。

一九四六年九月，天皇廣播之後又過了一年多，超過二百萬的日本人仍然未被遣返回國，而且政府承認大約還有五十四萬人下落不明。[21]

在二戰數不盡的史詩般的悲劇中，這些日本人的命運是被忽略的一章。僅在「滿洲」，據估計就有十七萬九千名日本平民和六萬六千名日本軍人，在投降條約簽訂之後的混亂和嚴冬中死亡。[22]在北中國的「滿洲」和其他地方倉皇離去的日本人，通常只力所能及地帶一點東西，也就是年幼的孩子、隨身物品和很快就會吃完的食物。所有的財產都丟棄了。許多難民走投無路，不得不將最小的孩子留給貧窮的中國農民家庭，孤注一擲地希望，被遺棄的孩子也許更能有機會活下來。23

即使正常地踏上了歸國的路途，也不能保證立即安全地回國。疾病在一隊隊的歸國者人群中蔓延，因而歸國的行程會由於醫學體檢、免疫接種，甚至是隔離檢疫等需要而拖延。就這方面而言，一九四六年春夏形勢尤其嚴峻。四月份，從中國腹地啟程的歸國者被天花的流行阻擋了行程，五月是斑疹傷寒症的發作，六月份則是霍亂大流行。朝鮮南部和印度支那北部、「滿洲」地區也分別於五月和八月爆發了霍亂。24

對於所有戰區的日本現役軍人來說，歸國行程的延遲，往往是因為當地的盟軍首領選擇利用這些戰俘來為戰後的特殊用途服務所致。直到一九四六年末，美國扣留了將近七萬名投降的日本兵做勞工，用於逐步淘汰設在菲律賓群島、沖繩島和太平洋海域的戰時設施。英軍方面，負責從南亞和東南亞遣返大約七十五萬日軍回國，在這些歐洲列強將日本侵略者業已驅逐的區域，他們扣留大量日本戰俘來建設工程，毫不掩飾重建自己殖民權威的意圖。一九四六年中期，他們宣佈將扣留十一萬三千五百名戰俘在當地勞動，直到一九四七年的某時。後來，其中約有一萬三千五百人被移交給了荷蘭，用於重新加強對以前荷屬東印度群島的統治。在馬來亞和緬甸，最後一批日本戰俘直到一九四七年的十月才被英軍放行。25

被中國軍隊俘虜並被迫在中國的內戰中為國共雙方工作或打仗的日本俘虜，總數不明。據報導，投降之後一年多，大約六萬八千名被關押在「滿洲」的日本人仍然在為中國軍隊效力，絕大多數在共產黨一方。國民黨政府方面，在一九四六年的大部分時間，推遲遣返了超過五萬名具有實用技能的日本人。直到一九四九年四月共產黨勝利前夕，相信仍然有超過六萬日本人滯留在共產黨控制的地區。[26]

目前為止，對大批的投降軍隊扣留時間最長、虐待最嚴重的是蘇聯方面。蘇軍於八月八日天皇廣播前一星期參戰，並在「滿洲」和朝鮮北部接受了日軍的投降。美國和日本的權威人士估計，大約有一百六十萬到一百七十萬日本人落入蘇軍之手。而且很快事實證明，許多人被利用來彌補蘇聯因戰爭和史達林肅反運動所造成的人力不足。蘇聯釋放的第一批戰俘直到一九四六年十二月才回到日本。到一九四七年末，總共有六十二萬五千人被正式遣送回國。同期，約有二十九萬四千名在朝鮮北部投降的日本人，通過「非正常」途徑在美國控制的半島南部港口登陸。第二年的五到十二月間，又有大約三十萬人被允許回國。此後歸國的流程再次中斷，公佈的理由據說是因為惡劣的氣候狀況。

對蘇聯的普遍敵意，可回溯至上個世紀之初。早在俄國布爾什維克革命之前，當時沙皇俄國與日本帝國在東北亞就是領土擴張的競爭對手。遣返進程折磨人般拖延的狀況，以及蘇聯方面不願提供戰俘人數和身份確切資訊的做法，加深了這種仇恨情緒。到了一九四八年，還有一點也變

52

得明確無誤：蘇聯拖延遣返是為了對戰俘們進行強化教育，以便讓他們回國後為宣傳共產主義做貢獻。[27]

一九四九年春天，在占領軍領導人的一再敦促下，蘇聯宣佈僅剩九萬五千名戰俘，他們將全部在當年底遣返。依據美國和日本的統計，確切數字應當在四十萬左右。突然之間，超過三十萬日本人的去向成謎。四十多年後，蘇聯終於透露了大約四萬六千名已知被埋葬在西伯利亞的日本人的姓名。全部人數從未能夠查實。[28]

一九五六年十二月三十一日，一位母親和她自西伯利亞的蘇聯戰俘營釋放的兒子重聚。他和他的戰俘同伴抵達日本舞鶴港，他們在二戰末期被俘虜拘留長達十一年。(Photo by Keystone/Hulton Archive/Getty Images)

這些資料的混亂——數十萬士兵、水手和平民就這樣在海外消失——暗示了「戰爭結束」的正式日期，本質上來說對許多日本人毫無意義。年復一年，妻子們、孩子們和父母們等待著他們親人的回還，就像相原那樣，經常是終於盼來了消息，卻是親人已故的噩耗。或者，更糟的是，從此杳無音信。一九五〇年，日本最流行的家庭連載漫畫《海螺小姐》（《サザエさん》），還把一個男孩可憐地等待他的父親從蘇聯歸來作為主題。[29]

那年的四月，麥克阿瑟將軍接到了來自滋賀縣十二萬人的不同尋常的請願，這些人全都是失蹤士兵的親屬。他們還送上了一件非凡的禮物：一幅費時八個月繡成的麥克阿瑟的刺繡肖像，每個請求者都在上面繡了一針。這件驚人的禮物的靈感，暗含了戰爭年代親人的一種象徵性的祝福行為——送給士兵們腹卷(肚兜)，由一千個人每人縫一針。製作與配戴「千人針的腹卷」，是在海外作戰的男人與他們家鄉的親人，尤其是家裡的女人們之間親情的表現。這件禮物附上的短信，感謝最高司令官對確保上百萬日本人遣返的「無盡同情」，並懇請他繼續為仍然滯留海外的人盡力。[30]日本投降四年半之後，大量民眾仍然時時處於悲痛和不安之中，懷著他們破碎的人生可能重圓的憧憬。

難民

從後勤運輸的角度看，遣返過程是一項震撼人心的成就。從一九四五年十月一日到一九四六年十二月三十一日，大約二百艘自由輪、美國軍方出借的登陸艦，以及日本曾引以為豪的艦隊的殘餘船隻，運送超過五百一十萬日本人回到了祖國。另有一百萬人終於重新踏上祖國的土地，則是在一九四七年。[31]與此同時，「反向的歸國」也開始起步，即遣返戰爭中滯留在日本的外國人。勝利者的首要問題，當然是確保在日戰俘的獲釋。這些分散關押在一百多個集中營裡的戰俘們營養不良，有的還得了肺結核。一些人，比如在「大船收容所」裡的戰俘們，受到了嚴重虐待。美國人還獲悉了在日本本土針對戰俘的極端暴行，包括在九州帝國大學進行的活體解剖。到一九四五年十月三十一日，總共有三一六一七名美國戰俘獲釋，並經由馬尼拉回國，在途中有一百八十七人轉入醫院治療。[32]

到目前為止，在日數量最多的外國人是亞洲其他國家的人。大多數是應徵入伍擔任重體力勞動的朝鮮人。到投降時，約有一百三十五萬常駐日本的朝鮮人，其中絕大多數都想離去。到一九四六年的第一周，已經有六十三萬朝鮮人被遣返。那年年底，遣返總數上升到九十三萬人。與此同時，一些在他們本國遭遇混亂和艱辛的朝鮮人，分別進入美國和蘇聯

自滿洲疏散的日本難民孩童，以厚重衣物包裹著身軀防寒。（Photo by Alfred Eisenstaedt/Pix Inc./The LIFE Picture Collection/Getty Images）

的占領地帶，企圖重新進入日本。另有一些海外的朝鮮人，包括很多在日本軍隊中服過役的人，選擇遣返日本，而非朝鮮。遣返在日的亞洲人，還包括遣返超過三萬一千名中國戰俘與合作者回國，這一數目，與當年遣往福爾摩沙的殖民居民的數量大致相等。[33]

在戰爭孤注一擲的最後階段，日本的領導人包括天皇本人，選擇了在一場徒勞但卻異常慘烈的戰役中犧牲沖繩，企圖以此阻止盟軍攻入日本本島。從一九四五年四月到六月的沖繩戰役中，超過一萬美軍喪生。帝國部隊超過十一萬人實質上被消滅，大約三分之一的當地人口——大概有十五萬男人、女人和孩子被殺。遣返，對沖繩人來說，只是標誌著新的痛苦階段的開始。因為在那場戰役之前，大約有十六萬沖繩島居民已經撤退到了日本本島。儘管他們渴望能儘快返鄉，但這是不可能的。沖繩島被毀壞得如此嚴重，甚至已經無法為當地大幅度減少的現有人口提供足夠的食物和住處。於是，在日本本島的沖繩人，成為了另一群難民，被迫住在日本的難民營中，承受不能返家的痛苦和辛酸。[34]

當時位於浦賀港的鴨居收容所的記錄，描繪出赤裸裸的混亂與絕望的狀況。此收容所於一九四五年十一月開始接受從太平洋地區回國的平民，設計安置人數為一千三百人，但很快就住進了三倍的難民，其中半數是兒童。難民營的管理，無力避免營養不良問題。每日典型的菜單，包括每天定量供應少許混合的大米和小麥，早餐是豆醬湯，午餐是煮白菜，晚上煮蘿蔔白菜當晚餐。許多歸國者無處可去。偷盜是常有的事，許多男人靠賭博消耗精力。記者倉光俊夫，在一九四六年一月寫道：共有四位醫生、十八名看護婦和四名醫療助手為這個中心服務，負責儘快將重病號分別送往附近的六所醫院中。儘管如此，每天仍有十五到二十人由於營養不良或其他原因死於收容所中。指派的殯葬隊來不及將屍體運往火葬場，經常不得不將早已咽氣的人擱置一邊，直至屍身變得強直僵硬。[35]

一九四六年十二月，倉光記錄了他與渡邊千鶴子的一次對話。渡邊千鶴子是個七歲的小女孩，是從「滿洲」回國的第一批孤兒中的一員。回國的三十六名兒童，從四歲到十二歲不等，其中二十三人，包括千鶴子，被立即送進了醫院。他們當中絕大多數都生著疥瘡，並且營養不良。有四個孩子得了嚴重的肺結核。渡邊千鶴子的一張照片，曾經出現在許多報導孤兒回國的報紙上。她被挑選出來，是因為她回國的時候，脖子上的肩帶下邊掛著當時常見的白色骨灰盒。倉光找到小女孩的時候，她正端坐在一張成人尺寸的大床上，骨灰盒就在旁邊的擱板上，跟一個小洋娃娃放在一起。他記下了跟小女孩的幾句對話：

「你爸爸死在哪兒？」

「奉天。」

「媽媽呢？」

「葫蘆島。」

「妹妹貞子呢？」

「佐世保。」

這些地名標誌著千鶴子從「滿洲」歸來的漫長旅途中的各個階段。按照日本習俗，因為信仰佛教，所以人死後要授佛教徒的戒名。因為架上的骨灰盒上只有一個戒名，倉光說不上來，裡面到底盛放的是千鶴子父親、母親還是妹妹的骨灰，或者就是他們三人的骨灰摻和在了一起。[36]

在日本投降一年後，雖然身揣親人骨灰的孩子的景象還有新聞價值，但海外歸來的退伍士兵，攜帶死去戰友的骨灰交還倖存親人的場面，則是司空見慣了。對於歸國的平民，骨灰盒也常常出現在他們少得可憐的隨身行李之列。然而，即便是死人的遺骨，有時也未必有明確的歸宿。一九四六年八月一日，據報導在浦賀港靠岸的遣返船冰川丸，帶回了七千具無人認領的骨灰盒。[37]

許多成年人，數年後從海外歸來，發現自己的家已經無跡可尋。城市中的街區整個被夷為平地。父母妻子在空襲中被炸死或者疏散到了鄉下。全國各地，到處是臨時的佈告牌，貼滿手寫的尋找失散家人的啟事，或是提供張貼者本人的訊息。這並不僅僅是投降之後幾個月內的現象。自一九四六年一月始，一檔叫做「復員だより」（「復員者消息」）的廣播節目開播，提供即將遣返回國人員的姓名、船期和登陸口岸的信息。一九四六年六月，當證明這些做法還不夠時，又開播了一檔「尋ね人」欄目。電臺幾乎立即就被每天四五百封的讀者來信和數十通電話詢問淹沒了。到八月份，廣播時間增加到每天兩次，每週五天。有段時間，節目中有一個特別的單元「我是誰？」，專門為迷失家園的歸國老兵進行諮詢。「尋ね人」節目相當成功地完成了他的使命。起初，大約40%到50%的廣播詢問都得到了回復，直到一九五〇年，這個節目還在繼續清理相當數量人員的下落或是死亡聲明。「尋ね人」廣播一直到一九六二年三月三十一日才結束。[38]

受歧視的老兵

當蘇聯遣返的戰俘開始進行共產主義宣傳的時候，他們受到指責已經被洗腦，是故意挑起「軍官和士兵之間的階級仇恨」。[39] 事實的確如此，但是許多從蘇聯以外的地方歸來的退伍兵，也對曾經領導他們戰鬥的軍官既憤激又輕蔑。這種情況在戰爭狂熱而徒勞的最後階段仍被命令血戰到底的士兵中尤其突出。團隊的凝聚力和軍隊的等級秩序，並沒有像宣傳的那樣，在理想化的概念「忠誠」與「和睦」上建立起來，而是建立在獨裁專制、逐級壓迫的高壓政策的基礎上。即使在最好的情況下，上級軍官普遍贏得的不是尊敬而是恐懼，而戰敗則釋放了一直深深壓抑著的怨恨。在極端的案例中，這種仇恨甚至導致了對前任軍官的謀殺。

投降之後，這些情緒第一次得到公開宣洩。一九四六年五月，一位老兵給日本最有影響力的報紙之一《朝日新聞》寫了一封典型的訴苦信，回憶他和他的戰友們在太平洋的一個島嶼上，忍受「地獄般的饑餓」和軍官對他們的虐待。他訴說士兵餓死的比例要遠遠高出軍官，並質問如何才能使戰友的亡靈安息，因為他們實際上是被領導者的暴政殺死的。他引用了古代武士的諺語「拉上一個墊背的去陰間」，這諺語本來是指與敵人同歸於盡的意思。他說，他的絕大部分戰友，死的時候不是希望與敵人，而是與自己的軍官同歸於盡。[40]

59

幾個月後，《朝日新聞》關於一位施虐軍官在戰後被士兵私刑處死的報導，引起了十八位讀者的回應。只有兩人除外，幾乎所有的人都支持謀殺並講述了自己親眼所見軍官階層的殘暴和腐敗。一位在朝鮮服役的士兵，描述了軍官在當地玩女人和酗酒的事。一名水兵痛苦地回憶起他們如何鞭打自己的一位戰友。另一位老兵懺悔說，他經常想襲擊他的軍官，但怕給自己的家庭帶來不幸的後果，只好自己忍著。甚至那兩封批評私刑事件的來信，也採取了辯護的姿態。兩封來信都聲言，並不是所有的軍官都是壞的。[41]

這樣的坦承，在投降之前是不可想像的。他暴露出戰時的宣傳，所謂「一億一心」是多麼昏聵不明。即使是剛毅冷酷的老兵，也往往為歸國後的遭遇震驚不已。那些以歡送會和壯行酒打發他們上戰場的左鄰右舍們，那些給他們寄慰問袋和「千人針的腹卷」的鄉里鄉親們，通常並不歡迎他們的歸來。說到底，他們是失敗者。他們邋遢落魄的樣子，看上去像是對充斥戰時宣傳的英雄理想和英雄形象的嘲弄。

另外，戰敗之後綱紀廢弛，駐紮在日本本土的軍人紛紛逃離守地。有警方的目擊者提供，不少人步履踉蹌地將搶來的軍用物資盡可能多地扛回家，仿佛是「迷途知返」的本能所驅使。即使是神風特攻隊的倖存者，也參與了瘋狂的物資掠奪。他們原本準備在戰爭結束時起飛，以完成他們單程的自殺式使命。有一位飛行員以此來迎接戰敗：他將飛機裝滿軍需日用品，飛到他家附近的一個飛機場，把戰利品裝車運回家，然後再返回將飛機引爆。天皇忠誠的陸海軍官兵們，似乎一夜之間變成了利己主義和離心離德的最壞典型。軍官們和士兵們都趁火打劫，有時是大規模的搶掠。警方報告擔憂，公眾的厭惡，會上升為對軍事和行政領導人的「嚴重不信任、不滿和憎惡」，甚至是普遍的「對軍人的仇恨」。[42]

有時，甚至僅僅是一名退伍兵還活著的意外事實，就可能引起恐慌。一些老兵歸來後發現，他們在很久以前就被宣佈了死亡。他們的葬禮已經舉行過，墓碑也立起來了。按照當時諷刺的說法，他們成了「活著的英靈」。[43]對悲傷的親人們來說，他們的死而復活，可能令人又喜又驚，乃至絕望。有不少這樣的故事流傳著：丈夫歷經數年、飽嘗艱辛回到家，卻發現妻子已經再嫁他人，通常是自己的兄弟或密友。

對於絕大多數原陸海軍士兵來說，最大的震撼，莫過於發現自己歷經千難萬險回到祖國，卻被當作賤民對待。到一九四六年歸國潮蜂擁而至之時，國內的民眾已經持續瞭解到帝國部隊在中國、東南亞、菲律賓，乃至對盟軍戰俘令人髮指的暴行。結果，許多退役軍人發現，他們不僅被看作是沒能完成使命的失敗的群體，而且被假定為參與了不可告人的壞事的個體來對待。在老兵們寫給媒體的信中，反覆提到熟人和陌生人共同投來的譴責的目光。有些老兵開誠佈公地表達了對自己犯罪行為的悔恨。另外的人則聲言自己的清白，抗議把他們當作戰爭罪犯看待的不公。他們辯護說，公眾必須區分士兵或軍人與「軍閥」的區別，後者才最終為戰爭及其行為負責。

一九四六年六月九日，發表在《朝日新聞》上的一封匿名信，記述了這種「還鄉」的冷遇：

> 五月二十日，我從南方地區復員回到日本。我的家燒毀了，我的妻子和孩子失蹤了。物價太高，我僅有的一點錢很快就花光了，我是一個可憐的傢伙。沒有人肯對我說句好話。人們甚至向我投來敵視的目光。沒有工作、受盡折磨，我被魔鬼迷住了心竅。

這「魔鬼」指的是他想犯罪的衝動。寫信的人接下來講述，他如何在黑暗的街道上與一位年輕人搭訕，企圖搶劫他，卻發現攻擊的是一位下班的員警。最終，他的故事有了一個令人振奮的結局。員警沒有逮捕他，而是給了他一百日元和自己的一些衣物，激勵他相信自己克服困難。儘管寫信人仍然沒有妻子、孩子、家庭、工作或金錢，他的信無疑是此後將正直做人的公開誓言。[44]

61

汙名化的受害者

日本戰爭的許多最悲慘的受害者，現在成了這個國家新的被放逐者。儘管有憐惜病弱者的溫和的佛教傳統，儘管有儒教關於社會上下尊卑之間相互義務的說教，儘管有所謂天皇治下的日本人是「一家」的大日本帝國的老生常談，對於那些沒有歸屬於「適當的」社會集團的人來說，日本是一個冷酷的、不友善的所在。這裡沒有對陌生人盡義務的傳統，沒有不求回報的博愛，沒有對遭受不幸的人的寬容，哪怕是發自真心的同情（與暫時的感傷相對而言）。

當然，所有的社會和文化在不同程度上都有其冷酷的一面。但在戰爭結束時期的日本，這一現象尤其突出。所有新出現的「不合時宜」的人群，無一例外都感到了被侮辱的痛楚。他們包括受輻射玷污的廣島和長崎的倖存者，還有戰爭孤兒和街頭流浪兒，被摒棄在「正常」社會之外自生自滅。至於戰爭未亡人，尤其是那些家貧者，在這個自來歧視寡婦的社會中，就更加難以生存。無家可歸的退伍兵或是其他被拋棄的人，擠滿了東京上野公園之類的公共場所。

公眾通常迴避談論受戰爭打擊患上精神疾病的退役軍人問題。儘管歷史上有幾位天皇和幕府將軍也被認為精神錯亂，精神疾患卻一直是個禁忌話題。那些需要幫助的人，通常被幽閉於隱蔽之處或暗室之中。身體的殘障，也會引起公眾同樣的反感。許多殘廢的老兵無法可想，於是挑戰這些禁忌，穿戴整潔在公共場合求乞，公然展示他們身體的殘缺，確切地說，是展示他們的痛苦和酸辛。在東京，直到二十世紀五〇年代末期，還有這樣的流浪者在公共場合出沒。另一些人則由於回國後的冷遇，放棄了求生的努力。有一位在寫給報社的信中說，「我們的生存被損害，傷病的老兵們被遺忘了。」信是從一所療養院發出的，寫信的人講述了他的康復病友們由於絕望而自殺，信的結尾宣佈說，「我自己五分鐘後也要上吊了。」[45]

由於戰爭失敗，又有身心殘缺，殘疾退伍軍人受到了雙倍的歧視。同樣，一旦公眾的感情宣洩過後，年幼的戰爭受害者們也被推進了深淵。戰爭孤兒和無家可歸的流浪兒們，幾乎就被定義成了「不良」兒童。他們被迫在大街上討生活，被當作無可救藥的小罪犯來對待。戰爭結束後許久，政府不僅沒有拿出有效的措施來關心這些兒童，甚至缺乏對這一問題的有力關注。一九四六年六月，厚生省估計全國大約有四千名戰爭孤兒。一九四八年二月的一份報告統計，戰爭孤兒和無家可歸的流浪兒合計為一二三五一〇名。其中，二八二四八人在空襲中失去

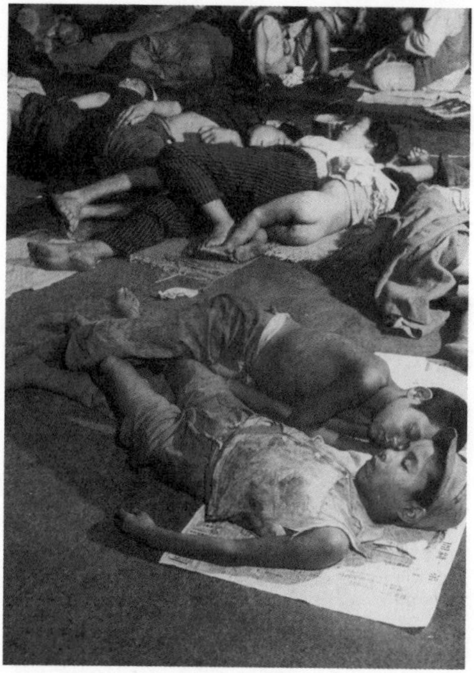
一九四六年，無家可歸的人睡自上野車站的地板上。(Photo by John Florea/The LIFE Picture Collection/Getty Images)。

63

了父母，一一三五一人在艱難的遣返途中成為孤兒或失去與父母的聯繫。一二六四〇人確認為被「拋棄」。令人吃驚的時，另有八一二六六人是在戰爭結束時的騷亂中喪失父母，或與父母走失的。46

這些孩子許多住在火車站、高架橋和鐵路橋底，以及廢棄建築中。他們憑藉自己的智慧生存——擦皮鞋、賣報紙、偷錢包、撿煙頭、非法販賣糧食配給券，還有乞討。一些偷錢包的男孩子被叫做「喀嚓響的傢伙」。（顯然，「喀嚓」是硬幣碰撞聲的擬音詞。）一些十幾歲的女孩子想當然地以賣淫為生。有少數流浪兒，的確憑藉他們的智慧過得不錯。一九四七年四月，在東京警方的一次行動中，圍捕了二百八十五名流浪兒，其中只有七十六人沒有任何營生。當時，大學學歷的白領公務員的平均月工資，大約為一二四〇日元。而流浪兒中有十九人平均每天能掙高達一百日元，另有六十七人每天掙三十到五十日元。47

投降初期最時髦的一句口號，是嚮往日本成為一個「文化國家」。一九四六年十月，一位出身貧寒的有名望的小說家林芙美子，在一份大眾雜誌上討論說，沒有任何對孤兒和流浪兒的困境如此漠視的國家，能夠自稱是有文化教養的國家。48 兩年後，一位因人道主義受到尊敬的著名作家大佛次郎，坦率地就同一問題深入探討。他寫道，一位英國的熟人質問，為什麼日本人對他們街頭的流浪兒無所作為。他對此的第一反應是缺乏財政來源，但經過反省，他認識到原因是缺乏真誠。他在文章結尾寫道，事實上只是，日本人這個民族，缺乏對陌生人的愛心。他自己也不例外。說實話，他只得承認自己不願意接受這些骯髒調皮的孩子，不願費心去教導他們。大佛思考說，或許當談到愛的時候，日本人比別的民族淺薄。49

無家可歸的孩子一般會被驅趕在一起，像家畜一樣被裝上卡車——這可不是個牽強附會的比喻。直接負責圍捕工作的員警或市政官員們，通常會大聲地清點人數。他們不是報一人、兩人……，而是像數動物那樣喊一隻、兩隻……。收容中心往往實行軍事獨裁管制，經常搞體罰。甚至不給有些男孩穿衣服，以防止他們逃跑。在有些地區，這樣的孩子從孤兒院進入正常的教育體系，常常需要漫長的時間。即使他們重返主流社會之後，仍然會因為是無父無母的「收容所來的傢伙」而飽受歧視。50

64

戰爭未亡人，雖然在公眾輿論中享有榮光，但也經常受到忽視和歧視。除非家境富裕，她們都得想方設法，在艱難的時世下養活自己和孩子們。軍隊的津貼早已停止發放，戰時工廠的工作已被取消，成千上萬從海外歸來的男人，以及從其他倒閉的戰時工廠解雇的工人，正在爭奪稀缺的工作崗位。那些有勇氣和力量面對公眾的戰爭寡婦們，在媒體上吐露了她們共同的心聲。一位農村婦女，她的丈夫放棄家族的生意去「為天皇打仗」而失蹤了。她質疑為什麼世界對她和三個孩子們變得如此冷酷。她寫信說，糧食配給停發了。儘管她住在鄉下，卻買不起菜。她每天在家工作到半夜，只能掙到兩日元。而買四公斤馬鈴薯就要三十五日元。一位寡婦問，為什麼在同樣的年月，戰爭未亡人就該忍饑挨餓，而以前的官僚和軍人們卻可以大肆盜用軍需物資。她詢問，難道就沒有辦法讓她拿到一個月的津貼，或者給她一點軍用物品，哪怕只有一條毯子也好？

另一位婦女的丈夫仍然下落不明，她抱怨說，退伍士兵回家還有遣散費，配給糧食和衣物。相反，她和孩子們只能等著餓死。她哀怨地問，當她和像她這樣的婦女還在挨餓的時候，空談婦女參政之類的事情有什麼用處呢？[51]這是一個在許多地區都出現的問題：當人民在千瘡百孔的土地上面對支離破碎的人生景況時，哪裡還談得上表層的、抽象的政治理想呢。

1 相原悠的来信，《朝日新聞》，1994年8月14日。從技術上來說，這並非是第一次對天皇聲音的廣播。1928年12月，在轉播一次閱兵式時發生了一點小事故，不經意將天皇宣讀敕語的聲音廣播了出去。《朝日新聞》，1995年5月16日。

2 作為一般原則，有關天皇行動的日方秘密文獻必須謹慎處理，因為他們是基於天皇近臣的記錄和回憶完成，而這些近臣們總是致力於為天皇的形象增光添彩。關於日本最高層的行動導致天皇玉音放送的最早的官方報導，是由迫水久常於1945年11月向美國占領軍當局傳達的。日本投降時迫水久常任內閣官房長官，並參與了投降詔書的起草。迫水久常強調天皇決定親自廣播投降的消息。參見美國國務院，*Foreign Ralations of the Uninted States*，1945，6:702-8。（以下此基本文獻引用為*FRUS*。）有關這一問題以及關於天皇裕仁的日本資料，最方便的輯錄，是由鶴見俊輔、中川六平編輯的兩卷本《天皇百話》（東京：筑摩書房，1989），尤其是上卷pp.683-99。其中包括終戰詔書全文(697-99)，以及對天皇戰爭發起人角色的確切證詞(690)。詔書文本經過了幾手修訂，其中包括兩位研究中國古文專家的潤飾，他們不僅負責檢查音韻與語法的恰當與否，還建議使用貼切的典故成語，出處同上，pp.684-87。幾十年來，有關日本投降的英文基本文獻只有兩本：U.S. Strategic Bombing Survey, *Japan's Struggle to End the War* (Washington,D.C.: U.S.Government Pringting Office, 1946)和Robert J. C. Butow的Japan's Decision to Surrender (Stanford: Stanford University Press, 1954)。對這些研究批判性的檢討，參見賀伯特・畢克斯(Herbert Bix)，「Japan's Delayed Surrender: A Reinterpretation」，*Diplomatic Histroy*，19.2 (spring 1995)：197-225。

3 有關這一爭論的例證，參見《朝日新聞》社論，1945年8月16日；讀者來信，《朝日新聞》，1945年10月21日；日高六郎，《現代イデオロギー》（東京：勁草書房，1960），pp.230-31。

4 1945年2月有名的《近衛上奏文》曾上奏天皇，表達戰敗後有可能發生革命劇變的擔憂。有關此種恐慌，參見John W. Dower，*Empire and Aftermath:Yoshida Shigeru and the Japanese Experience*，*1878-1954*(Cambridge，Mass.: Council on East Asian Studies，Harvard University，1979)，第7，8章；以及John W. Dower，*Japan in war and Peace:Selected Essays* (New York: The New Press, 1993)一書中的論文「Sensational Rumors，Seditious Graffiti，and the Nightmares of the Thought Police」，pp.101-54。

5 《木戶幸一関係文書》，東京大學出版會，1966，p.137。

6 戰敗之後，據推測陸軍超過300人、海軍約有50人自殺。參見草柳大藏《內務省対占領軍》（東京：朝日文庫，1987），p.16。據另一項統計，從天皇玉音放送到1948年10月，共計527名陸海軍人員，以及少數民間人士，因戰敗的責任感而自裁。參見鶴見、中川編《天皇百話》上卷，pp.714-16。

7 Marlene Mayo，「American Wartime Planning for Occupied Japan: The Role of the Experts，」參見Robert Wolfe主編*Americans as Proconsuls:United States Military Government in Germany and Japan, 1944-1952*(Carbondale: Southern Illinois Press, 1984)，p.34。另可參見Roger Buckley，「Britain and the Emperor:The Foreign Office and Constitutional Reform in Japan，1945-1946，」*Modern Asian Studies*12.4(1978)：557-58，以及重光葵有關這些事件的記錄，參見鶴見、中川編《天皇百話》下卷，pp.23-25。

8 各種正式投降文書刊見載於1945年9月2日《紐約時報》。日方的積極反應被注意到了，可參見日本新聞研究會編《昭和「発言」の記録》（東京：東急エージェンシー，1989），pp.100-1。

9 Walter Krueger, *From Down Under to Nippon: The Story of the Sixth Army in World War II* (Washington D.C.: Combat Forces Press, 1953), p.339.

10 參見《昭和「発言」の記録》，pp.100-1；《紐約時報》，1945年9月12日。接下來麥克阿瑟評論說，日本可能會重新作為亞洲的商業領袖出現，但絕不可能成為世界強國。數周後，五星上將William Halsey（在表達了戰爭「結束得太早，因為留下了太多的日本佬」的遺憾之後）宣佈，如果貫徹執行麥克阿瑟的方針政策，「日本將永遠不會上升到五、六名的位置」。參見《紐約時報》，1995年9月25日。

11 參見美國陸軍部，*Reports of General MacArthur*，volume 1, supplement, *MacArthur in Japan: The Occupation:Military Phase* (Washington, D.C.: U.S. Department of the Army；原文1950年由麥克阿瑟的總參謀部起草，但直到1966年才公開發表），p.131。9月21日，麥克阿瑟的講話再次被廣為徵引，當他告知美國合眾國際社總裁，日本「罪孽的懲罰剛剛開始，將會漫長而痛苦」時，借機重申日本將「永不」可能再成為世界強國。參見《紐約時報》，1945年9月22日。

12 Edwin A. Locke Jr., memorandum for the president, President's Secretary File, Box182, Papers for Harry S. Truman, Truman Library, Independence, Mo. 感謝三浦陽一提供這份備忘錄的副本。

13 美國戰略轟炸調查團被引用最多的一份報告說，日本「必然」將在1945年底之前被迫投降，而且「極有可能」是在11月1日之前，「即使沒有原爆，即使俄國沒有參戰，甚至即使沒有入侵日本本土的計畫或預期」。參見U.S.Strategic Bombing Survey's *Summary Report* (*Pacific War*) (Washington D.C.: Government Printing Office, July 1946), p.26。還可參見調查團報告，*Japan's Struggle to End the War* (July 1946), p.13。這一推定是否正確，仍然有探討的餘地。

14 日本戰爭損失的基本資料，1949年4月發表於經濟安定本部的報告書中，此後被廣泛引用。例如，大藏省財政史室編《昭和財政史—終戦から講和まで》（東京：東洋經濟新報社，1978），第十九卷，pp.15-19。

15 更詳盡的統計資料與評注，參見Dower，*Japan in War and Peace*，pp.121-22。

16 *FRUS 1946*，8:165。亦參見前引之《昭和財政史》，出處同上。以及中村隆英，《日本経済—その成長と構造》（東京：東京大學出版會，1981），p.15。以上各種計算不包括日本亞洲帝國的損失，四十年間他投入了巨大的私人和公共財力資源。

17 Russell Brines, *MacArthur's Japan* (Philadelphia and New York: Lippincott, 1948), p.40. 另參見William C. Chase, *Front Line General: The Commands of Maj. Gen. Wm. C. Chase* (Houston: Pacesetter Press, 1975)，p.127。

18 例如參見前引之Brines，pp.26，39-40，117。

19 Harry Emerson Wildes, *Typhoon in Tokyo: The Occupation and Its Aftermath* (New York: Macmillan, 1954), p.2. 對大阪這類場景的生動描繪，參見由大阪府編輯出版的《大阪百年史》（大阪，1968），p.907。

20 *Reports of General MacArthur*, 1: supplement: 117-30, 148-93；至於帝國各個區域的崩潰情況，參見第148頁圖表。可參照講談社編《昭和二万日の全記録》(東京：講談社，1989)，第七卷，p.274。(以下這部多卷本的昭和時代的逐日記錄被引作*SNNZ*。)

21 *SNNZ* 7: 300。

22 *SNNZ* 7: 132。

23 數百名這樣被拋棄的孤兒，都很貧窮而且只會說中文。1980年代開始，他們由官方資助旅行去日本，試圖與他們的家人重新建立聯繫。即便真的團聚了，他們也是極度痛苦。

24 *Reports of General MacArthur*, 1: supplement: 162, 165, 173, 174, 176.

25 出處同上，pp.158-59，161n，173，178-79。另參見*FRUS 1946*，8:311-12。英方還拖延了從香港遣返投降的日本人。

26 *Reports of General MacArthur*, 1: supplement: 158, 170-76, 191-93.

27 例如1948年11月，從蘇聯遣返日本人的永保丸上發生了騷亂，船上突然唱起了共產主義歌曲，有人發表共產主義演講，開始拒絕與占領軍當局合作。同類事件還在1949年6月和7月間發生過。

28 *FRUS 1946*，8:306；前引之*Reports of General MacArthur*, 1: supplement: 179-91。蘇聯發佈的名單，參見《朝日新聞》月刊1991年7月特刊《鎮魂西伯利亞》。死於蘇聯之手的日本戰俘總數，據估計有5,5000到113,000人。參見Philip West，Steven I. Levine與Jackie Hiltz編，*America's Wars in Asia: A Cultural Approach to History and Memory* (Armonk: M. E. Sharpe, 1998)，p.232。

29 有關這一1950年的漫畫形象，參見長谷川町子，《サザエさん》，第七卷(東京：姊妹社，出版日期不詳)，p.68。

30 袖井林二郎，《拝啓マッカーサー元帥様—占領下の日本人の手紙》(東京：未來社，1982)，pp.173-74。

31 《每日年鑑》，1949，pp.96-97。歸國人員還包括幾千名曾在美國因種族背景被監禁，於戰爭結束時要求遣返日本的日裔美國人。其中除了不能獲得美國公民身份且對祖國保持強烈忠誠的第一代移居美國的日本人之外，還包括許多第二代日裔美國人，他們由於出生在美國，因而具有美國公民身份。這些第二代日裔美國人，大多數曾在日本生活多年，並於珍珠港事件前返回美國。參見袖井林二郎，《私たちは敵だったのか—在米ヒバクシャの黙示録》(東京：潮出版社，1978)，pp.55，73-78。

32 前引之*Reports of General MacArthur*, 1: supplement: 89-115。參見p.108有關九州活體解剖事件，以及p.109有關一些戰俘受到戰俘營下級看守「仁慈」待遇的參考資料。一說，在日本境內共有32624名同盟國戰俘，從總共127所戰俘營中獲釋(pp.102-4)。

33 出處同上，pp.169-70, 173注。

34 出處同上，pp.169-70.

35 倉光俊夫，《浦賀》，《文芸春秋》，1946年1月號。收錄於平凡社編集部編《ドキュメント昭和世相史〈戦後篇〉》，(東京：平凡社，1976)，pp.148-53。(此文集下引為*SSS*)。

36 倉光俊夫，《引揚孤兒》，《文芸春秋》，1946年12月號。收錄於*SSS*，pp.153-59。

37 *SNNZ* 7:280。

38 *SNNZ* 7:274；NHK放送文化調查研究所，《GHQ文書による占領期放送史年表(1946)》(東京：NHK，1989)，pp.58, 69, 73, 76。

39 *Reports of General MacArthur*, 1: supplement: 187注。

40 朝日新聞社編《聲》第1卷，1945-1947(東京：朝日文庫，1984)，p.182。《聲》是《朝日新聞》編輯部讀者來信欄目，此卷是戰後首次出版的讀者來信選集。此文獻下引為《聲》。

41 《聲》第1卷，pp.200-2。

42 粟屋憲太郎編《資料日本現代史》第二卷(東京：大月書店，1980)，pp.38，41，76，82-83，109，175，197。此書是投降之後日本國內報告頗有價值的輯錄。另參見粟屋憲太郎、川島高峰，《玉音放送は,敵の謀略だ。——混沌と疲弊の焦土に立ち,国民はその時》，《This is読売》月刊，1994年11月，p.52。

43 「活著的英靈」(生きている英霊)一詞，引自野田光春，《捕虜の記》，《新潮》1947年1月號。收錄於*SSS*，p.139。戰爭中日軍被俘的人員，通常被通報為已死亡，因為官方政策將落入敵人之手當成是社會的恥辱。因而，不準確的戰死者報告，既有故意也有不知情的誤傳。

44 《聲》第1卷，pp.102-4，152，191-92。

45 《聲》第1卷，pp.266-67。

46 *SNNZ* 7:288-89.

47 1948年5月30日《サンデー毎日》，收入*SNNZ* 7:309。《戦後体験》(東京：河出書房新社，1981：這是《別冊人生読本》雜誌系列中的一輯)，pp.91，96。《鐘の鳴る丘》(《鐘鳴之丘》)，一檔有關戰爭孤兒的廣播節目，提供了多愁善感與忽視共存的清晰證據。儘管1947年節目開播是占領軍當局的命令(靈感源於美國Boy's Town 孤兒院院長Flanagan神父的來訪)，並且由於盟軍最高統帥的堅決主張，得以延續到1950年，但是節目的確受到了相當的歡迎。參見《戦後体験》，pp.83-85。

48 林芙美子的文章，被收錄於文藝春秋社編，《「文芸春秋」にみる昭和史》(東京：文藝春秋，1988)，第二卷，pp.26-34。

49 《朝日評論》，1948年12月；收錄於《戦後体験》，p.134。

50 *SNNZ* 7:288-89。「收容所來的傢伙」，日語為「施設の者」。

51 《聲》第1卷，pp.70-72。

第二章　從天而降的禮物

「你認為你能把日本變成一個民主國家嗎？我不這樣認為。」

——吉田茂首相

「我們可以試試。」

——盟軍總司令部民政局查理斯・凱德斯（Charles Kades）上校 [1]

一九四六年八月，頗有才氣的漫畫家加藤悅郎，為自己創作於美軍占領第一年的插圖集寫了個序言。加藤坦言自己缺乏反對戰爭的勇氣，其實他這不過是種自我掩飾的說法。事實上，他曾全身心地將自己的才華投入戰爭的宣傳。一九四二年，是加藤創作了那幅令人毛骨悚然的戰爭招貼畫：把羅斯福和邱吉爾（或者說是山姆大叔和約翰牛，因為這些個人和國家的稱謂可以互換）描繪為下半身是野獸的傢伙。一把亮閃閃的日本刺刀戳在他們的屁股上。畫的標題是：「彼奴等的死，就是世界和平的誕生日！」

加藤用複雜的比喻來說明這一曖昧的情形。他解釋說，直到投降，他不是用手而是用穿了軍靴的腳在畫畫。自無條件投降的瞬間開始，他的筆又重新回到了手上。也就是說，回到了他正常合理的位置，然而這實行起來卻並非易事。加藤將這本小小的漫畫集獻給大家，當作過去一年他生命的記錄。他選定的題目是《贈られた革命》（《贈予的革命》）。[2] 似乎在一夜之間，加藤所說的野蠻的敵人已經成為解放者，成了一場自上而下的革命的代理人。

加藤所起的題目，捕捉到了占領初期一種普遍的情緒。而且他將這種情緒在幾張紙上精煉地表達了出來。第一幅圖畫的是，一九四五年八月十五日，一對夫婦疲憊地癱坐在地上。女人穿著戰爭年代常見的雪袴，頭戴防空襲火災的頭巾。男人則身穿鬆鬆垮垮的軍服，手裡抓著一根竹矛。一隻救火用的水桶扔在一邊。他們身後是一架收音機，正在播送天皇的終戰詔書。插圖說明是，以竹竿做的長矛來對抗原子彈是多麼愚蠢。人們還未感受到從戰爭到解放的歡樂，就被搞得暈頭轉向了。

第二幅畫，這對夫婦正在取下戰時燈火管制時遮住窗子的黑紙，並將後院的防空壕填平。他們先前確曾認為，那遲早是他們的墳墓。

在簡單地描繪了真正將光明帶回人們生活中的欣慰和喜悅之情後，加藤引入了他的中心主題：一群日本人向天空伸出雙臂，天空中飄滿了降落傘，傘下掛著的籃子上貼著「民主主義革命」的標籤。插圖的標題是「天降る贈り物」，文字說明如下：

67

鋪天蓋地投下的燃燒彈和炸彈突然停止了。然後，從同一片天空，開始降下和平的禮物。這就是所謂的民主主義革命！不流血的革命！

然而，我們日本人，戰敗的日本人，被戰爭搞得精疲力竭的日本人，是如何得到這個禮物的？我們將如何接受他？

後面的漫畫，諷刺而又充滿希望地描繪了戰敗頭一年的生動全景。加藤奚落搖搖欲墜的戰後首任東久邇宮內閣：就像是一個店鋪在打廣告賣商品，卻無貨可賣。他嘲弄「不流血革命」不露痕跡的轉變——軍國主義者穿上「民主」的禮服，政客將戰時的標語口號覆蓋上「自由主義」，右翼的後臺老闆修剪了八字鬍，為的是看上去好像現代工人領袖，學生們把希特勒的肖像換成了馬克思，將《我的奮鬥》換成了《資本論》。

政府和民間的精英們，在加藤所展現的新國家裡確實表現很差。財政和經濟政策，只不過是便於大資本家們在戰敗的混亂中興風作浪。猛烈的通貨膨脹，使社會陷入了焦慮與民主的危機。「劃時代的」選舉法，為一九四六年普選權後的第一次大選鋪平了道路，但卻成了潘朵拉的魔盒（日本的說法是浦島太郎的玉手箱），產生出了原保守派外交官吉田茂為首的反動內閣。在加藤的眼中，難以駕馭的左翼政治力量與這些破產性的政策以及政策的制定者們一樣，都不是什麼值得認真對待的選擇。加藤的一幅漫畫中，社會黨人正在跟共產黨人簽署脫離關係的檔，背景中卻有一位藝伎（象徵傳統的保守黨）在假笑。

加藤也以飽蘸活力與困惑的畫筆，表現日常生活的茫然與困境：街頭的流浪兒抽著雪茄。工人們為經濟停滯的原因雞生蛋蛋生雞地爭吵不休。（「沒有糧食，就沒法挖煤。沒有煤，就造不出肥料。沒有肥料，就沒有糧食。沒有糧食，就沒法挖煤……哇，頭暈啦！」）全副武裝的盜賊破門而入，卻發現沒什麼可偷。（「唉，你可以把空櫃子拿走。」被綁著的家庭主婦說。）黑市商人建議賣春婦們自己成立組織，而黑市本身的出現就是對政治經濟大環境滑稽的戲仿。先前的軍用鋼盔被顛倒過來當作民主的煮鍋叫賣。（「快來買，快來買……便利貨——一旦危機來臨，你就可以馬上再把他當鋼盔用啦！」）一位清瘦的知識份子模樣的小販在叫賣「空洞理論麵包」（沒有內容，但是卻刺激胃口）。一位兩手空空的推銷員，正在為他將來可能拿出的任何玩意兒拉訂單，而且要求預付定金。

在這一切的喧鬧之中，勝利者的革命從天而降。在另一幅漫畫中，美國，正如從天堂伸下的上帝之手，為日本帶來了「自由之鑰」作為禮物，解除了言論的約束和限制。就像從天而來的巨剪一揮，美國剪斷了綁在普通日本人民身上的鐵鍊，並賜予他們公民的自由權利。戰敗前日本的經濟，被龐大的金融和工業寡頭壟斷著。這些財閥剝削榨取人民，使人民不堪重負。麥克阿瑟的總部奮起神威，將千鈞重負從被壓榨的人民背上卸了下來。當日本的領導者還在呼呼大睡的時候，是美國人再一次從天上伸出上帝般的雙手，為饑餓的日本人民送上寶貴的食糧。

「自上而下的革命」

加藤悅郎精通線條勾勒和透視畫法，擁有一種獨特但絕非怪異的日本風格。他對於征服者的刻畫，看上去與美國國內十分相似。關注被占領國日本的美國漫畫家們，通常將勝利者描繪成無所不能、像上帝一樣的形象。事實上，他們經常描畫同一幅「上帝之手」的圖像：小日本被握在盟軍的手掌中，或是接受麥克阿瑟將軍從天而降的命令。更寬泛地說，在占領期及其後，戰勝者和戰敗者都將美國為戰敗國制訂的改革方案，看作是一種強加的「自上而下的民主革命」的嘗試。麥克阿瑟將軍本人很少放過機會，喚起大家對在他庇護下進行的政治、經濟乃至「精神」變革的關注。[3]

這種自上而下的變革，在早期恰恰得到了德田球一的支持。德田是一位熱情如火的共產黨領導人，一直被監禁了十八年。一九四五年十月初，就在他邁出監獄大門前夕，當占領軍的領導者「剪斷了」政治束縛的「鎖鏈」，德田立即寫下了以如下宣言開篇的《告人民書》：「我們向在日本的盟國占領軍表達最深刻的感激之情，他們致力於從法西斯主義和軍國主義手中解放全世界，為日本的民主主義革命開闢了道路。」此後，當冷戰升級，這番言論無疑成了令共產主義者感到尷尬的口實。他們只得勉強將德田的講話進行合理化解釋，強調德田所指的「盟國」至少是將蘇聯包括在內的。[4]

這種做法不過是馬後炮式的修正主義。直到一九四七年之前，無論是左派還是自由主義人士，通常都將勢不可擋的美國占領軍看作是解放軍。在美國之鷹的卵翼下實現「民主變革」的觀念流布甚廣，這種說法幾乎立即成為了一種常見的套語。各式各樣的標語口號，傳達著在征服者的監護之下——事實上，是在他們的命令之下——實行政治和社會改革的理念。除了加藤經常提到的「贈予的革命」和民主的「贈物」之外，日本人流行的說法還有「波茨坦革命」，暗指日本投降的條款，是由美國和其他盟國在一九四五年七月二十六日的波茨坦宣言中提出來的。類似的說法還有「自上而下的改革」。[5]

然而，這些說法並不總是傳達出肯定的意味，因為在許多圈子中，對待民主革命的態度是有所保留的，甚至是完全警惕的。對於保守派而言，這種自上而下的變革充斥著「紅色」實踐的氣味，而德田球一對「解放軍」的熱情擁抱，更加助長了這種疑慮。更為敏銳警覺的評論者們，多贊同河上徹太郎一針見血的諷刺說法。這位超然的文學家在一九四五年十月將美國的政策描述為「配給制的自由」。他的巧妙表達切中要害：由法令授權的民主，本身就具有內在矛盾，而在無條件投降的歷史語境中弘揚自由更具有反諷意味。「配給制自由」的錯位表達效果，在於他使日本人領悟到，他們正在美國人的統治下，繼續經歷著曾在戰時所經歷的配給制。[6]

就連加藤悅郎的歡呼，也包含一絲警戒的意味。他那小小漫畫集的持久魅力正在於，他對民主革命理想的熱情中摻雜著憂慮：這個「禮物」並非是日本人自己掙得的。例如，那幅美國巨剪漫畫的說明是：「鎖鏈被剪斷了——但我們務必不要忘記，我們沒有流一滴血、一滴汗來剪斷鎖鏈。」他的最後一幅漫畫，畫的是一個人懶散地躺在堆滿禮物的屋子裡。漫畫的說明警告：「我們日本人看來已經習慣了享受革命成果的甜蜜，而且極端不想為這珍貴禮物變成我們自身的成果費一點力氣。」

隨著時間的推移，有不少評論家對自上而下的民主革命概念本身所蘊含的被動性和膚淺性給予關注。他們認為，正如戰爭期間普通民眾被軍國主義者和極端民族主義者所操縱利用，民眾現在只不過是在追隨另一套新的領導班子而已。劇作家和評論家山崎正和，一九四八年從「滿洲」歸來時，還是一個中學三年級的學生。他後來回憶起對「所有的一切都是贈予的」深刻印象。民主在這樣的背景下來得「太容易」，從而無法真正在本土紮根。另有一些人洞察到，自上而下的民主助長了令人遺憾的「不負責任的邏輯」，每個人都學會了對上級的指示唯唯諾諾。7

一九四九年末，這種感到民主革命有問題的認識，由民主革命最熱心的支持者之一南原繁傳播開來。南原是東京大學的校長，也是一位基督教徒。作為第一位被允許離開自己被占領的祖國的日本人，南原在華盛頓發表了講話。他將第二次世界大戰概括為一場「精神對精神」、「人民對人民」的戰爭，而這場戰爭暴露出了他的同胞們的嚴重缺點。南原信奉歐洲文藝復興的理想，將之作為確立個人人格與自由探求真理的基礎。他斷言，他的國家現在也不得不經歷「自身的復興」。南原回顧了十九世紀中期向西方敞開大門之後的明治維新，這一早期的改革時代，只是創造了一個現代國家的「外觀」。他只是強調建設國家的實力和擴展國家的財富。人文主義精神，至多也不過是從屬於這些目的。儘管現在「糾正這些錯誤還為時未晚」，但是現在就為一個民主的新日本歡呼顯然還為時過早。南原評論說，「不像是在美國，政治民主在日本還未獲得真正的生命。」反動勢力反攻倒算的可能性也絕非沒有可能。[8]

占領結束後，批評家龜井勝一郎，立即在一份日本國內最暢銷的月刊上撰文，巧妙地表述了如下觀點：被動的革命儘管總比虛偽地做做樣子要好一些，但還遠不是爭取民主的真正奮鬥。龜井寫道，美國占領日本不是要進行徹底的意識革命，而是要強化「殖民地心態」。因而，回首所取得的民主實績，甚至遠不如加藤悅郎的那本小書所表現的當初的期待和理想。在某些方面，美國對日本的占領，讓龜井聯想起外面是絲繩、裡面卻暗藏鐵絲的圈套，或是一套好萊塢的電影佈景。[9]

占領軍提供的最單純、最有效果的「從天而降的禮物」，通常是糖果、雪茄和口香糖，以及隨時隨地的友善態度。在第一批美國大兵到達後的數天之內，「給我巧克力」已經成了向占領者們圍攏來的孩子們的口頭禪。上面的照片是一九四五年美軍第11空中突擊師給站在橫濱臨時郵局前的年輕女孩糖果。(Photo by Three Lions/Getty Images)

占領者們對他們「自上而下的革命」，自然看得更為積極一些。然而在許多方面，即便以他們自認為正義高尚的立場看來，這也是一個理想主義與現實考慮交織、民主主義熱情和殖民者心理不期而遇的歷史時刻，更不用說那些史無前例的方面了。改革者本身就是殖民地的總督。借用一句現成的話來形容，他們是多愁善感的帝國主義者。作為因戰爭勝利而改變了事業軌跡並提升了事業目標的殖民統治者來說，他們具有J. K. 加爾佈雷斯(John Kenneth Galbraith)所概括的「目的高貴的傲慢自負」的性格特徵。[10]

非軍事化與民主化

正式而言，日本從一九四五年八月到一九五二年四月受外國控制期間，稱為同盟國占領日本時期。這種說法不確切。儘管成立了兩個國際諮詢委員會以代表戰勝國處理占領事宜，但他們的影響幾乎可以忽略不計。[11]自始至終，美國單方面決定大政方針，並對有關占領的大事小情發號施令。

因此，是華盛頓的決策者們起草了確立初期占領目標的三個基本檔：《波茨坦宣言》中，由美、英、中三方宣佈了投降條款；《日本投降後美國的初期對日方針》八月底被提交麥克阿瑟，九月二十二日對外公佈；還有一個詳述日本投降後對日政策的全面的軍事指令，也在八月底由參謀長聯席會議以草案形式提交給了盟軍總司令。儘管前兩個檔很快就公佈了，但是作為占領軍領導人的許多基本行動方針的第三個文件，直到一九四八年十一月才解密。12

正像他最高司令官的頭銜一樣，道格拉斯．麥克阿瑟對占領事宜的大權獨攬，正是美國對政策和權力壟斷的縮影。其他盟國不得對麥克阿瑟的權威有所異議。麥克阿瑟屬下插手軍事和民政事務的龐大占領軍，除了象徵性的少數例外（如原子彈爆炸後駐紮在廣島周邊的英澳聯合軍隊），幾乎全是美國兵。此後數年間，拜訪麥克阿瑟及其總部的重要使團，都是從華盛頓而來，而且幾乎清一色是美國人。這種支配形態並非遮遮掩掩。實際上，在八月底呈交麥克阿瑟、九月份公佈的《初期對日方針》檔中，明確規定在同盟國發生分歧的場合，「美國的政策將起決定作用。」

與占領同時進行的頂級戰犯審判，一般正式稱為遠東國際軍事審判，也是個具有誤導性的名稱。審判的確是由各國法官組成的審判團主持，而且審判長是澳大利亞人，但是東京審判實在是一場美國支配下的表演。美國人操縱「國際檢察團」為審判設定訴訟程式，而且他們容許忽視其他國家代表團提出的異議。

三個基本的綱領性檔，以不斷加碼的方式提出的占領目標，是廣泛而野心勃勃的。也就是說，九月份公佈的投降後方針提出的民主化要求，比波茨坦宣言當初實際宣佈的更為廣泛。因而，詳述如何將這一公開方針貫徹執行的那份冗長的、秘密的參謀長聯席會議指示，直到十一月份才真正定稿。這份指令明確要求麥克阿瑟和他的總部，對民主化日程進行細緻有效的管理。

在這一進展的背後，隱藏著華盛頓官僚政治內部爭論和派系鬥爭的複雜歷史。直到戰爭臨近最後時刻，嘲笑「讓日本實行民主化」觀點的美國國務院保守的日本問題專家才發現，自己被更為開明和進步的改革者們否決了。加藤悅郎畫作中空降日本的「民主主義革命」禮物，並非來自那些「處理日本問題的老手們」，而是來自美國陸軍部的一批人，[13]他們是在更為廣泛和激進的意識形態基礎上，構架亞洲的戰爭與和平問題。

波茨坦宣言絕非是枯燥乏味的文件。他保障了日本民族作為一個國家不被奴役或是毀滅，儘管他們將失去其帝國。在投降之日，日本國將被置於軍事占領之下；「嚴酷的正義」將給予戰爭罪犯們以懲罰；那些曾經「欺騙和誤導日本人民征服世界」的人的權力和影響將「永遠」被消滅；將會嚴格執行「公正的賠償」；軍事力量將會「完全解除」；日本經濟將進行非軍事化，但最終將被允許重新進入世界貿易；日本政府將被要求「為復興和鞏固日本人民的民主傾向去除障礙」，並建立言論、宗教和思想的自由以及對基本人權的尊重。當「建立起一個合乎日本國民自由意志的、傾向於和平和負責任的政府」時，占領期將會終結。這最後的一句話，儘管有時被解讀為允許保留天皇制的訊號，實際上是有意措辭曖昧不明。畢竟，天皇的臣民們，從未完全自由地表達過自己的觀點，在當時也沒有選擇他們自己的政府體制的權力。

相比於這些嚴厲而寬大的條款，另外的兩份政策檔增加了幾項目標，將占領從非軍事化和政

75

治改革的溫和演習，轉變成了史無前例的人為的民主化實驗。這些檔明確指示，解除武裝和非軍事化不僅是「徹底的」，而且是「永久性的」。他們還具體闡述了要對那些鼓吹軍國主義或好戰的民族主義的人進行清查，其範圍將會比波茨坦宣言所設想的更加廣泛，甚至將延伸至「經濟領域」。

除此之外，這些指導方針還體現了政策制訂者們的一個強有力的新興觀念，那就是，占領軍領導者應當積極投身於改變日本民眾心理的嘗試。強調這一自負的目標，是源於一種日益增長的緊迫感：日本不僅應當以「民主化」來阻止軍國主義的死灰復燃，同時還要擺脫共產主義影響上升的態勢。根據檔規定，這種再教育方針，不僅要通過媒體積極宣傳美國的占領目的，而且要「最小限度地制約和審查」新聞出版、廣播電影以及個人通信。[14]

這一定稿於波茨坦會議之後的政策藍圖，也將民主化的理想延伸到了經濟領域。一方面，他強調占領軍當局對「日本的經濟復甦或日本經濟的強化」不負任何責任。除了制止可能導致混亂的經濟危機（例如避免饑荒），美國的方針政策要求讓日本自作自受。同時，在波茨坦宣言之後明確規定，推進「對收入進行廣泛分配和對生產交易資料廣泛占有」的政策。為此，華盛頓的決策者們要求「解散掌握日本大部分工商業命脈的產業和金融聯合體」。這等於是對自二十世紀初以來就支配日本經濟增長的老財團和在日本戰爭動員過程中出現的「新財閥」，同時進行直接打擊。在這一反壟斷戰役實施前後，最高司令官還受命促進勞工運動以及大規模的土地改革運動。

這是一個野心勃勃的改革議程。通過消除將日本引向戰爭的軍國主義根源，無理無序的日本將被變成一個和平、民主、遵紀守法的國家。在著名的《初期對日方針》的開篇，占領的最終目標被設定如下：

(1) 確保日本不再成為對美國乃至世界的和平與安全的威脅。

(2) 促進建立尊重他國主權並支持聯合國憲章的理想和原則所反映的美國目的之和平與負責的政府。美國希望此政府應盡可能與民主自治原則相一致，但是向日本強加不受自由表達的國民意志支持的任何政體，並非盟軍職責所在。

這種上意下達的徹底改革合法化的關鍵，就是「自由表達的國民意志」的提出。改革者們所強調的理由是，在日本帝國現行的政治、經濟和社會制度下，人民不可能自由表達所思所想。讓民眾真正自由地表達他們的意志，需要徹底廢除專制體制，即使這難脫企圖向戰敗者「強加」外來的政治體制的嫌疑。此論證邏輯表明，改革要強行創造一個「人民意志」優先的社會，從而根除使日本成為亞洲苦難根源的「戰爭意志」。

占領開始後不久，美國助理國務卿迪安·艾奇遜(Dean Acheson)曾以生硬的措辭表述此意。他宣佈，占領的目的是要確保「改變使日本產生戰爭意願的現存經濟和社會體系，以使戰爭意願不再

77

繼續。」[15]這句彆扭冗長而又雄心勃勃的乏味話，其實簡潔地傳達出了美國人的救世軍意識，正如改革者們描述他們任務時，習慣使用的救世主的簡單比喻一樣。談論根除侵略的根源變成了平常事。最高司令部民政局的一位理想主義者和有權勢的律師查理斯・凱德斯(Charles Kades)上校，在指出日本領導人提出的溫和的投降後改革方案與盟軍最高司令部強迫他們採取的激進政策之間的區別時，巧妙地表達了這一看法：「他們想保留一株生病的樹而剪掉樹枝。我們覺得，為了消除疾病，必須將樹連根拔起。不然我們會發現雖然長出新樹枝，這棵樹還在生同樣的病。」[16]對當時的簡潔表述，即盟軍最高司令部的任務就是貫徹執行日本的「非軍事化和民主化」。

由戰爭的勝利者承擔的這一大膽創新的任務，既沒有法律依據，更史無前例。幾乎未對這樣的一項任務進行任何反省，美國人就開始著手其他占領軍隊從未做過的事情：重建一個戰敗國的政治、社會、文化和經濟結構，並逐步改變其民眾的思維方式。如果說日本人有些不知所措的話，並不使人感到意外。征服者正著手於未知的領域，他們一邊摸索前進，一邊明確他們的偉大任務。起初，他們自己對於這一任務所要施行的具體改革，也沒有一幅清晰的願景。

在一定程度上，這與占領德國的政策具有可比性。事實上，美國自捲入二戰以來就奉行的「歐洲優先」政策，使得德國首先投降必不可免，而這意味著對德國戰敗採用的政策，將會作為起草日本投降後方針的指南。雖然如此，差別仍然引人矚目。當然，最明顯的是，日本完全置於美國的控制之下，而德國被分成了美、英、法、蘇的占領區。

除此之外，日本還屈服於「麥克阿瑟式」的控制，無疑這是一種帶有明顯個人印記的獨特的統治體驗。麥克阿瑟和那些聚集在他麾下的改革骨幹份子們，表現出一種救世主式的激情，這也是在占領德國時所不具備的。而美國的歐洲中心主義做法，也在戰後初期給予了麥克阿瑟的最高司令部以不同尋常的自由。當華盛頓的決策者們集中關注在東歐的對蘇政策和西歐重建時，專橫的麥克阿瑟一直到一九四八年，都像是一個小小的君主統治著他的遠東領地。一九五一年，麥克阿瑟在向美國參議院委員會解釋他在日本所發揮的權威之時，他指出「我不僅像我們的總統在美國本土那樣擁有通常的行政權，而且我還擁有立法權。我可以頒佈法令。」[17]

種族和文化因素也使日本變得特殊。與德國不同，這個被擊敗的敵人對勝利者來說，代表著一種異國情調的、格格不入的社會：非白人、非西方、非基督徒。黃種的、亞洲的、異教徒的日本，慵懶淡漠而又敏感脆弱，喚起了一種在面對德國時不可想像的帶有種族優越感的傳教士般的激情。當納粹主義僅被看作是成熟完備的「西方」社會的腫瘤之時，日本的軍國主義和極端民族主義卻被當作是封建東方文明徹底腐朽的本質反映。對美國的改革者們而言，這場自上而下的民主改革，其近乎肉慾的興奮快感，來自於使一個東方的敵人改變本性，將其轉變成一個至少近似於他們可接受的、健康的、西化的國家。

通過強調以下理由：第二次世界大戰是一場史無前例的破壞性災難，而且任何穩定的新世界秩序都需要打破原有的模式，推行在國際法方面史無前例的占領政策並把日本變成一個「遵紀守法」的西方模式國家的不正常企圖被合理化了。勝利者明白無誤的救世軍氣味，混合了高度的敬畏、希望和理想主義，具有一種創建新的國際行為準則的清晰的自覺意識。[18]對一般公眾而言，這種態度在頂級戰犯審判中表現得尤為明顯。在此過程中，對日、德採取的政策都是建立在同樣的新穎獨創的法律前提之上。依據紐倫堡審判建立的原則，被逮捕的「甲級」戰犯被指控犯有「反和平罪」和「反人道罪」，而這些罪名在國際法中是無先例可循的。東京審判中的荷蘭籍法官洛林（B. V. A. Röling），後來承認了審判程式中的「不公正特徵」和「重大的謬誤」，但是仍然表示確信這些審判對於「人類亟需的法律發展」做出了貢獻。用他的話來說，「國際法，還在繼續探索如何禁止戰爭和如何定義戰爭犯罪行為」。[19]在日本，與此相似的理想主義、傲慢自大和滿懷憧憬，喚起了類似的傳教士的使命感，去創造有可能永久根除「戰爭意願」的新規則。這一點整體上決定了初期的「非軍事化和民主化」政策。

強制性的改革

在這樣強烈的意識形態和情緒化的環境中，戰敗的日本，被種族優越感、功利心以及後來被冷戰吞噬殆盡的理想主義精神的大膽實驗當成了史無前例的實驗物件。這是一項從開始就充滿了自相矛盾的計畫，包括那個「自上而下的革命」的概念。持久的、有生命力的革命通常來源於下層。當然，他們必須最終來自本土社會內部。從沒有真正的民主革命是與軍事專政聯繫在一起的，更遑論新殖民主義的軍事專政，完全就是唯麥克阿瑟的馬首是瞻。

實際上，所有捲入這場正義的討伐運動的美國人都清楚這些矛盾所在，但是這並沒有使他們氣餒。儘管改革者們花費了數月時間才敲定了他們野心勃勃的計畫的全部具體問題，並將此傳達給日本政府。日本官員們詳細研究了《波茨坦宣言》，起初頑強堅持日本接受投降條款的方式是有條件的投降。在這個關鍵問題上，日方得到的乾脆回答是：日本的投降從來就是而且現在還是無條件的。正如日本媒體忠實而苛刻的報導，日本政府不是占領軍當局的對手。[20]美國人意圖的野心之大，最終給全體日本人留下了深刻印象。這就是在東京灣的投降儀式一個多月後，大肆發佈的盟軍最高司令部的兩份指令。

十月四日，最高司令官命令廢除政治言論限制。曾經作為逮捕數千名批評政府者（通常是左翼人士）的依據，《一九二五年治安維持法》被廢止。政府關於集會和講演的限制鬆動了。內務省的特別高等員警組織，即「思想員警」，被取消。內務省和國家員警機構的頭目們被解職。從監獄中釋放政治犯的命令一出，為在長達十八年的監禁生涯中堅守節操的德田球一及其數百名共產主義戰友重返政治舞臺，鋪平了道路。在此命令發佈之前，東久邇宮內閣明確表示釋放共產主義政治犯不可接受。在麥克阿瑟的《人權指令》簽署翌日，東久邇宮內閣集體辭職。[21]

一星期後，新任首相幣原喜重郎，第一次拜會麥克阿瑟並接到了一個簡短的命令，與此相比，之前的指令就顯得溫和多了。除「憲法的自由主義化」而外，日本政府還受命賦予婦女選舉權，促進勞工運動和教育自由化，通過改變「產業壟斷控制」實行經濟民主化，總之，消除日本社會一切的專制統治殘餘。突然之間，推行民主的抽象宣言，變得分外清晰具體。

支持者和批評者都將十月十一日的指令，看作是美國承諾的真正激進的「民主化」進程的信

82

號，而在隨後的幾個月，事實證明他們是對的。自十一月初開始，盟軍最高司令部發起了向巨大的財閥集團的正面進攻，開始強行解散財閥家族籍以控制他們龐大帝國的「持株會社」。最終，「反壟斷」和「排除集中」立法獲准通過，數百個大會社成了指定的分割對象。幾乎與此同時，一項農業土地改革開始了，將在數年內徹底剝奪農村地主階級的特權，破壞農民廣泛受地主剝削的制度，取而代之的是大量擁有小塊土地的自耕農階層。始於九月的逮捕「甲級」戰犯嫌疑人的溫和進程，在一九四五年終也開始加速。

以天皇為中心的極端民族主義份子的大本營、受日本政府庇護的國教神道，在十二月十五日與國家政權分離。十二月二十二日，在盟軍最高司令部的壓力下，日本國會和議會通過了保障勞動者集會權、罷工權、團體交涉權的勞動組合法。在同一個月，杜魯門總統的戰爭賠償特使愛德溫·鮑萊(Edwin Pauley)，主張從日本早已深受打擊的工廠取走大規模的現貨進行賠償。對於保守派來說，一九四六年的新年帶來了更多不祥的消息，包括一系列清查令的開始，將最終禁止大約

二十萬人再擔任公職，其中絕大部分是前軍事官員。

而這只是這場自上而下革命的開始。在其後的兩年間，改革擴展到民法和刑法改革，廢除使男尊女卑合法化的「封建」家族制度，賦予婦女參政權，員警分權化，制定保障工作條件的進步法令，改善教育體制和課程設置，革新選舉制度，以及促進針對中央政權的地方自治。民主革命最大膽和不朽的行動，則是推動日本政府出臺新憲法。新憲法保留了天皇制，但是同時確立了國民主權的原理，保障廣泛的人權。在此憲章精神之下，天皇往昔的臣民成為了現代意義的國民。

新的國民憲章，一九四六年二月由盟軍最高司令部提案，九個月後頒佈。憲法經過了公眾和國會廣泛深入的討論，堪稱此次改革計畫皇冠上的明珠。他不僅將「民主主義化」的基本理念規定成文，而且通過明確禁止日本以武力解決國際爭端，與「非軍事化」的原則完美結合起來。日本帝國的陸海軍已經解散，軍事組織已經廢止。在新憲法序言和憲法第九條之「放棄戰爭」的規定下，日本的和平主義進程正式啟動。這是一個極好的創舉，由麥克阿瑟發動制定，同時與占領軍基本方針確立的目標完全一致。

這些激進的政策，震驚了戰爭結束時大權在握的日本各界精英。假使由自天皇而下的權勢人物們自己制定改革計畫，他們絕臆想不到發動如此激烈的變革。而且假使在戰爭最終階段占領軍真的向日本政府讓步，同意「有條件」投降的話，那麼現在日本政府很可能已經將美國改革者成功攔截。對保守派來說，戰敗時期最首要的任務是避免社會動亂，維持以天皇為中心的「國體」

84

不變，並盡可能使國家經濟恢復元氣。他們拒絕一切有關軍國主義、政治壓制、軍事侵略等「根本性」原因的討論，而選擇將近期的戰爭描繪成由帝國軍隊內部一小撮不負責任的陰謀份子帶來的失常行為。他們繼續爭辯說，這就是原因，不需要徹底的結構和制度改革。相反，所需要做的一切，就是將國家和社會恢復到二十世紀二〇年代軍國主義份子掌權之前的原狀。依靠他們自己的力量，這些文職領導人可能會在戰後對軍部領導者採取溫和的清查行動，或是進行幾項小的改革，旨在防止將來極端軍事行為的發生。22

日本內閣成員公開為被迫執行的嚴酷改革悲歎垂淚，因無力阻止神聖的「傳統」被破壞而心煩意亂。少數保守派領袖，如擔任一九四六年到一九四七年、一九四八年到一九五二年日本首相的吉田茂，甚至向征服者們直率地表達了對日本民主化可能性的輕視。吉田是典型的精英統治論，他認為日本人民不勝任真正的自治，而凡是不承認這一點的人，要麼是受民族優越感之蒙蔽，要麼是被左翼宣傳所催眠。顯然，吉田和他的同僚們，被加藤悅郎描繪的舉國熱烈擁抱美國人「天降的禮物」的壯觀場面嚇壞了。

這是一個不同尋常的歷史時刻，而且是一個不同尋常地充滿變化的歷史時刻，前無古人，而且事實證明，也後無來者。像加藤悅郎一樣，許多日本人真心歡迎這場自上而下的革命。他燃起了他們的希望，照亮了他們的夢想。美國式民主，以允諾空前的個人自由與超出預期的民意表達的方式，打開了日本社會獨裁體制的缺口。

加藤擔憂，戰敗的疲弊，保守派的反彈和「自上而下」的革命概念本身存在的民眾鬥爭的缺失，有可能會妨礙日本將民主革命變為自己的東西。在這一點上，他的擔憂與吉田茂的期待產生了共鳴。沒有人真正知道，未來將會如何。

1 這次交鋒是由Kades在與竹前榮治的一次冗長的會談中提及的，見載於「Kades Memoir on Occupation of Japan」一文（《東京経済大学論叢》148號，1986年11月），p.306。這幾乎成了美國改革者與他們眾多的批評者和懷疑者之間儀式性的交鋒。另一例證參見B. V. A. Röling，*The Tokyo Trial and Beyond: Reflections of a Peacemonger*，Antonio Cassese編（Cambridge: Polity Press, in association with Blackwell Publishers, 1993），p.83。

2 加藤悅郎《贈られた革命》曾收錄於ラッキー文庫系列叢書（東京：コバルト社刊，1946年11月）。衷心感謝Hisayo Murakami提醒我在美國馬里蘭大學McKeldin圖書館的Gordon Prange collection占領期文獻中，注意到這套現已十分罕見的叢書副本。若想查找加藤1942年招貼畫的複製品，請參見John W. Dower，「Race，Language，and War in Two Cultures: World War II in Asia」一文，載Lewis A. Erenberg與Susan E. Hirsch編，*The War in American Culture: Society and Consciousness during World War II*（Chicago: University of Chicago Press, 1996），p.195。加藤戰時畫作的一個精選節本，被收入《加藤悅郎漫畫集》（東京：加藤悅郎漫畫集刊行會，1960）。

3 有關這些「上帝之手」的美國漫畫的實例，可參見John W. Dower，*Japan in War and Peace: Selected Essays*（New York: The New Press, 1993），p.289。Harry Emerson Wilds，一位占領事件的親身參與者，將他的著作*Typhoon in Tokyo: The Occupation and Its Aftermath*（New York: Macmillan, 1954）中的一章，題名為《自上而下的革命》。Justin Williams，作為當時對美國國會政策的監督者，將他的回憶錄命名為*Japan's Political Revolution under MacArthur: A Participant's Account*（Athens: University of Georgia Press, 1979）。

4 Junnosuke Masumi, *Postwar Politics in Japan, 1945-1951*，Japan Research Monograph 6（Berkeley: Center for Japanese Studies, Institute of East Asian Studies, Unifersity of California, 1985），pp.88-89。

5 這些日本詞匯是：贈り物、プレゼント（present）（禮物），ポツダム（Potsdam）革命（波茨坦革命），天下りの改革（自上而下的改革）。可參見久山康編《戦後日本精神史》（東京：創文社，1961），p.7；平凡社編集部編《ドキュメント昭和世相史〈戦後篇〉》（東京：平凡社，1976），p.8（此文獻下引為*SSS*）。

6 河上徹太郎「配給制自由」的諷刺說法，激起了許多自由主義者和左翼人士的批判，可參見*SSS*，p8；日高六郎，《戦後思想の出発》，《戦後日本思想大系》第一卷（東京：筑摩書房，1960），pp.76-79；丸山真男，《後衛の位置から—『現代政治の思想と行動』追補》（東京：未來社，1982），p.114。

7 山崎正和、黒井千次，《わが戦後体験》，《戦後体験》（《別冊人生読本》特別號，東京：河出書房新社，1981），pp.247, 255。關於不負責任的邏輯，參見久山康《戦後日本精神史》中1960年隅谷三喜男、豬木正道、西谷啟治等人的討論，91-96。

8 南原繁，《南原繁著作集》，第七卷（東京：岩波書店，1973），pp.299-317；南原的醒悟以及其後的思想發展，體現在同一著作1957年的初版本序言中，pp.5-10。

9 龜井勝一郎，《敗戦のつらさ》，《「文芸春秋」にみる昭和史》（東京：文藝春秋，1988），第二卷，pp.202-6。這篇文章最初發表於1952年5月。

10 可參見Robert Wolf編，*Americans As Proconsuls: United States Military Government in Germany and Japan, 1944-1952*（Carbondale: Southern Illinois University Press, 1984），又見James C. Thomson, Jr.、Peter W. Stanley與John Curtis Perry編，*Sentimental Imperialists: The American Experience in East Asia*（New York: Harper & Row, 1981）。Galbraith的說法，尤其是指那些通常年輕的經濟計畫擔當官（包括他本人在內），他們掌管著戰時美國經濟的運營。參見Galbraith，*Journey Through Economic Time: A Firsthand View*（Boston: Houghton Mifflin，1994），p.118。

11 與占領事宜相關的兩個基本的國際組織，一是11國組成的「遠東委員會」，設於華盛頓特區；一是美國、澳大利亞、中國和蘇聯4國的「對日理事會」，設於東京。參見*Activities of the Far Eastern Commission: Report by the Secretary-General, February 26, 1946-July 10, 1947*，美國國務院報告2888號，遠東系列之24，1947；*The Far Eastern Commission: Second Report by the Secretary-General, July 10, 1947-December 23, 1948*，美國國務院報告3420號，遠東系列之29，1948；*The Far Eastern Commission: Third Report by the Secretary-General, December 24, 1948—June 30, 1950*，美國國務院報告3925號，遠東系列之35，1950；以及George Blakeslee出色的綜合報告，*The Far Eastern Commission: A Study in International Cooperation, 1945-1952*，美國國務院報告5138號，遠東系列之60，1953。「對日理事會」的4國會晤，往往演化為冷戰辯論術的交鋒，儘管傑出的澳大利亞代表決不輕易屈從美國的意志；參見W. Macmahon Ball的親歷記：*Japan: Enemy or Ally?*（New York: John Day, 1949）。

12 這些檔見載於各種出版物，包括占領期前三年基本的官方文獻：Supreme Commander Allied Powers, Government Section, *Political Reorientation of Japan, September 1945 to September 1948*，volume 2,（Washington, D.C.: U.S. Government Printing Office, 1949），pp.413、423-39。關於麥克阿瑟到底何時接到初期基本方針草案的問題，參見Marlene Mayo，「American Wartime Planning for Occupied Japan: The Role of the Experts」一文，見前引之Wolfe，pp.4、47、468-72（注93、97、99）。至於參謀長聯席會議的秘密指令（被稱為JCS 1380/15），對東京盟軍最高司令部的重大意義，參見Theodore Cohen，*Remaking Japan: The American Occupation as New Deal*（New York: Free Press, 1987），pp.4、10-13。Edwin M. Martin所著*The Allied Occupation of Japan*（New York: American Institute of Pacific Relations, 1948），注意到了這一指令直至1948年11月才解密的事實，p.xi；此書出自美國國務院官員之手，反映了美國官方的立場，並將參謀長聯席會議指令全文JCS 1380/15作為附錄。

13 Wolfe書中Mayo引證詳實的文章（pp.3-51、447-472），對這一點有精彩論述。亦可參見Cohen，pp.3-48；以及Akira Iriye，*Power and Culture: The Japanese-American War, 1941-1945*（Cambridge, Mass.: Harvard University Press, 1981）。

14 Mayo, pp.41, 48.

15 Dean Acheson, *Present at the Creation: My years in the State Department*（New York: Norton, 1969），p.126。

16 參見前引之Kates與竹前榮治的會談，pp.289-90。

17 麥克阿瑟在參議院聽證會上的證言，刊登於1951年5月4日的《紐約時報》。

18 當面對美國作者的大量報導，例如，與二戰中日本的占領政策以及戰後蘇聯在東歐的政策相對照，將占領日本作為美國根本的理想主義與慷慨大度的典型例證時，我們必須謹記日本被占領的特殊性。在軍事安全考慮優先的形勢下，美國並未在朝鮮半島南部和沖繩認真貫徹改革主義的占領方針。日本正好幸運地被排除在了戰後這種高於一切的冷戰安全思維之外。

19 B.V.A. Röling，「The Tokyo Trial and the Quest for Peace」，收入C. Hosoya，N. Ando，Y. Ōnuma及R. Minear編，*The Tokyo War Crimes Trial: An International Symposium* (Tokyo: Kodansha International, 1986)，p.130。

20 《朝日新聞》，1945年9月17日。

21 10月1日，以治安維持法名義被起訴的大約3000人獲釋。其中約800人(絕大多數是共產主義者)曾入獄，其他人曾被軟禁或處以其他方式的拘禁。Joe Moore，*Japanese Workers and the Struggle for Power, 1945-1947*，(Madison: University of Wisconsin Press, 1983)，p.14。關於日本政府反對釋放政治犯的情形，參見Masumi前引書，p.44。

22 占領軍登陸之前，吉田茂曾經簡潔地表述過這一觀點；參見他在8月27日的簡報，引自豬木正道《評伝吉田茂》，第三卷(東京：讀賣新聞社，1978-1981)，p.61。

第二部　超越絕望

第三章　虛脫：疲憊而絕望

儘管美日兩國曾共同陷於最嚴酷的戰爭境地，但在日本人看來，到達東京灣的美國人，仍然像是來自不同星球的異類。不管是過去的經驗還是未來的前景，勝利者和失敗者之間都橫亙著一道不可逾越的鴻溝。美國人，洋溢著自豪和自以為是的信心，滿懷著對美好未來的計畫，卻遭遇到了這樣的民眾——借用敏銳的觀察者和學者鶴見和子機智的話語來說，就是曾經歷過強烈的「全社會性的死亡」的日本民眾。

對於美國人而言，第二次世界大戰開始於一九四一年十二月，結束於三年零八個月之後。與此大不相同的是，對日本人來說，戰爭開始於一九三一年的征服「滿洲」，並在一九三七年擴大為針對中國的全面戰爭。日本人的戰爭之弦已經緊繃了十五年。而在他們的處境越來越絕望之際，最初僅針對年輕士兵要奮戰到死的教化，逐漸擴大為狂熱而盲目地動員全民進行最後的自殺式戰鬥。「一億」日本人都將為保衛神聖的國土而死，正如忘我的「神風特攻隊」（二戰中日本的空軍敢死隊）年輕飛行員所做的那樣。正如左翼批評家荒正人所說，「要確保善男善女們，一旦宣佈無條件投降，立即自覺自願地集體自殺」。或者，如果不自覺自願的話，至少要消極服從。像他們遠在海外的戰士一樣，除了可能戰鬥到死，後方的民眾很難想像自己的未來還有任何其他的可能。[1]

在這種毀滅一切的氛圍中，「解放」對絕大多數日本人而言，其直接意味不是政治性的而是心理上的。投降，以及由此聯想到的盟軍勝利，以及美國占領軍本身，將他們從死亡中解放了出來。成年累月，他們曾經一直做著最壞的打算。然後突然之間，緊張的壓力不復存在。幾乎可以毫不誇張地說，他們重新獲得了生命。對於天皇終戰詔書的正常反應，是震驚到近乎麻木的狀態，通常隨之而來的還有徹底解脫的感覺。但是這種解脫感往往十分短暫。疲憊和絕望隨即接踵而至：這是一種如此深廣的心理崩潰狀態，很快他就讓人普遍聯想到了「虛脫」，一個此前只用於臨床醫學領域的術語。據說，民眾是被這種「虛脫狀態」壓倒了。

戰敗後，許多日本人都陷入了疲憊而絕望的「虛脫狀態」。在廣島這節滿載返家的日本士兵的列車上，這位男性的表情，正強烈地顯示出這種「虛脫狀態」。此照片攝於一九四五年九月。(Photo by © CORBIS/Corbis via Getty Images)

臨近一九四六年年底，一本有趣的袖珍字典的日文校樣，被呈送給了占領當局的審查官，以期獲得正式出版的批准。這本名為《戰後的新語解說》(《戦後の新語解説》)的字典，包含了有關虛脫概念的豐富詞條。字典解釋說，虛脫的本義是一個臨床術語，用來描述個體病人精神或情感上疲憊不堪的狀態。只

89

是在投降之後，他才被廣泛用於刻畫民眾整體性的「心不在焉」和「精疲力竭」的狀態。據這本小字典說，這種失去勇氣的感覺，被普遍認為造成了國家最大的潛在威脅，成為「可能毀滅日本的大敵」。[2]

事實上，從投降前官員們的密報中，已經可以發現這種「虛脫狀態」的集體表徵。在戰爭遠未結束之前，他們就敏銳地發覺了民眾肉體的疲乏與士氣的下降。一九四五年三月東京大空襲之後，當天皇罕見地出宮視察破壞情況時，並沒有得到當地民眾應有的敬意。天皇身邊有危機感的軍人，企圖將此解釋為士氣低沉的徵兆，或是虛脫。[3] 無論是在戰時還是戰敗之後，在一大批有識之士看來，這種集體的疲勞，的確是「最大的敵人」。正像他可以蠶食民眾對天皇的敬意一樣，他也可能阻礙戰後的重建，更惶論在一片焦土之上建設整個民主主義的理想事業了。

饑餓與筍式生活

當然，廣泛持續的疲憊和絕望，最終還是由於物質條件的貧乏。在當時的情況下，美方決定對日本的經濟重建採取不插手的原則是自然而然的事。對於曾帶給別人如此深重災難的戰敗的敵人而言，悲慘的處境被認為正是其應有的懲罰。無論如何，當美國自己的盟國還在為從戰爭的破

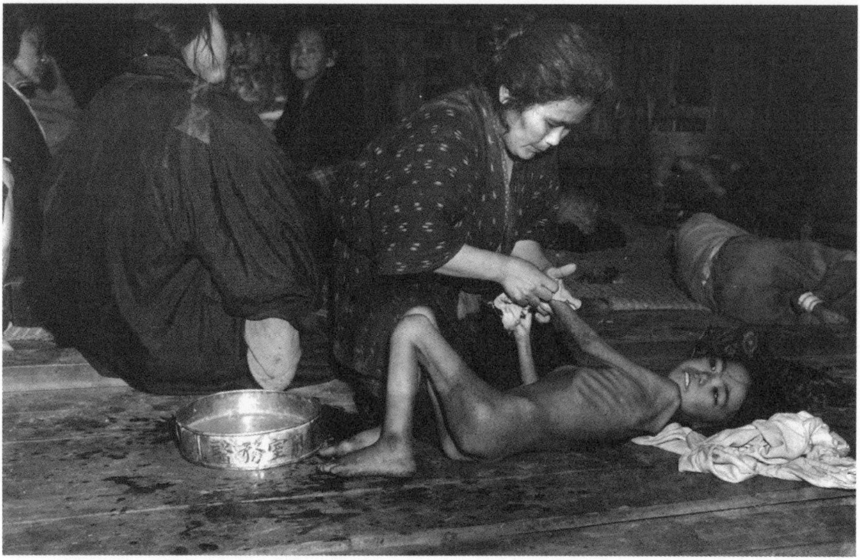
一九四五年四月二十七日，嚴重營養不良的沖繩女孩正在島上的難民收容所，被以海綿清洗身體。此處位於日本的西南部。（Photo by Keystone/Getty Images）

壞中復甦而奮鬥時，奢談幫助日本重建實在是難以想像。而在實踐中這就意味著，美國人發現自己正在一個飽受生產力停滯、物價飛漲之苦的社會中，實行「自上而下的革命」。此後直到一九四九年，日本的政界、機關和公司社團的領導人舉步維艱地等待賠償、「經濟民主化」和改革方案總體上步入正軌之時，絕大多數日本人正在為維持日常最基本的生存全力以赴。僅僅設法將食物擺上餐桌，就成了一項急迫的任務。饑餓與匱乏左右著度過的每一天。

饑餓不單純是戰敗所造成的。其主要原因更在於漫長得令人絕望的天皇失敗的戰爭，再加上嚴重的荒年歉收。投降後領導體制的混亂，官員的腐敗和無能，更使情況加劇惡化。大多數日本人在投降時已經營養失調。甚至在偷襲珍珠港之前，日本部分地區已經出現糧食短缺。到一九四四年，偷盜田里的作物成風，使得警察稱呼這類新型盜賊為「野菜泥棒」(偷菜賊)，這種新的罪行叫做「野荒らし」(毀壞田地)。那一年，大阪縣的官員估計，轄區內46%的經濟犯罪與食物有關。一些創業者組織了非法的「採購部隊」，專門將農產品販賣到城裡去。就在那年八月美軍系統轟炸大城市之前，有這麼一件典型的事例：在鶴見的三菱玻璃廠中，30%的工人被發現因缺乏維生素患上了腳氣病。到一九四五年，糧食短缺已經開始干擾戰爭成效並妨害到社會秩序。全國各地工廠的缺勤率普遍上升，大部分是因為工人們抽出時間到鄉下買換食品。到七月，主要城市的缺勤率已上升至40%以上，糧食問題是導致此現象的主要原因。[4]

到一九四五年中期，盟軍的「經濟扼殺」政策已經將絕大部分日本海軍和商業船隊葬送海底，阻塞了日本通往後方和戰爭前線的運輸線。在東南亞和太平洋戰區，饑餓成了戰鬥人員死亡的主要原因。日本本土的糧食供應，嚴重依賴朝鮮、臺灣島和中國大陸。在偷襲珍珠港之前，從上述地區進口的糧食，占日本稻米消費的31%，食糖的92%，大豆的58%，以及食鹽的45%。戰敗一下子切斷了這些資源的供給。[5]

當戰爭接近尾聲之時，日本任何地方的家庭都很少再以白米為日常主食。最普通的家庭食譜由大麥和薯類組成，甚至這些也陷入短缺。在此情形下，大阪的當權者推薦了一份緊急時期的食譜，從中可見日常生存變得何等艱難。依據當地軍官的一份研究報告，天皇的忠實臣民被鼓勵吃橡子、穀糠、花生殼和鋸末來補充澱粉攝入的不足。（據解釋說，鋸末可以被一種發酵菌分解成粉末，然後以一比四的比例與麵粉混合，做成團子、薄餅或者麵包。）至於礦物質的攝入，人們被鼓勵以食用沏過的茶葉、玫瑰的種子、花和葉子來補足。蛋白質的不足，可以通過食用蠶蛹、蚯蚓、螞蚱、家鼠、田鼠、蝸牛、蛇或是一種由牛、馬和豬血乾製的粉末來補充。研究者們報告說，如果好好消毒，老鼠嘗起來就像是小鳥的味道，但重要的是避免吃他們的骨頭，因為結果證明會使人體重減輕。就在天皇宣詔投降前不久，新聞媒體對這些飲食方法加以推薦介紹，其大字標題為《こうして食えば工夫次第で材料は無尽蔵》（《這樣吃——只要發揮聰明才智，就有取之不盡的食物來源》）。[6]

這一時期，人均攝入的熱量值，已遠遠低於從事輕體力勞動的人每日所必須的數量。一九四六年小學生的平均個頭，比一九三七年的資料要矮。出生率急劇下降。嬰兒死亡率上升。[7]甚至一位上了年紀的人道主義先驅、馬克思主義學者河上肇，戰敗前後的大部分時間也是在憧憬食物。一九四五年七月到九月間，這位老共產主義者為自己寫了一組短歌，抒發他對饅頭（一種先前很常見的豆餡點心）的渴望。[8]一個小女生聽到天皇廣播的第一反應，就是她再也不用跟青蛙大眼瞪小眼了。這指的是打發孩子們出去捉青蛙來吃的實習。看來她所期待的解脫，實在有些早熟。[9]

戰敗不僅是切斷了日本從亞洲獲取糧食資源的途徑。戰敗當年的仲夏時節，上一年收穫的大米也逐漸消耗殆盡。由於帝國內外交困，還有上百萬憔悴不堪的平民和復員軍人將被遣返回國，獲得一次糧食大豐收是至關重要的。然而，由於氣候失調、人手不足、工具短缺和化肥減產，

93

一九四五年成了繼一九一〇年以來最大的荒年，糧食產量比正常年景減少了接近40%。看來眾神真的拋棄了這片「神國」的土地。[10]

官僚和農民也放棄了對國民的責任。大部分農產品立即就轉移到了黑市。謠言四起，據說上百萬人會在接下來的秋冬季被餓死。十月初，農林大臣瞭解到東京僅剩「三天」的大米儲備（還摻上了大豆和豆渣）而十分震驚。這是依據每個成人在不甚活動的情況下勉強存活的需求定量做出的估計。他的同僚大藏大臣告知美國合眾通訊社說，如果糧食進口不立即到位的話，可能將有上千萬人餓死。這一龐大的、而且被過分誇大的資料被深信不疑地接受了。

十月二十八日，媒體公佈了一起具有警戒意義的死亡案例，似乎預示了將要發生的事情：一位名門院校東京高等學校的德語教授龜尾英四郎，死於營養不良。十一月一日，一個新成立的市民團體「餓死對策國民協會」宣佈，東京上野車站的無家可歸者，每天有多達六人死於營養不良或者相關原因。營養不良，或者說營養失調，成了那個時期醒目的詞彙。十一月中旬，據報導，位列東京之後的五個日本最大的城市神戶、京都、大阪、名古屋以及橫濱，共餓死了七三三人。在首都情形是如此混亂，以至於根本沒有一個總的統計資料。粗略估計，戰敗後三個月內，東京死於營養不良的人數超過一千人。[11]

從美國運來的食品，幫助避免了預期的災難，而在此過程中，也提升了美國慷慨好施的形象。當時的一本年鑑描繪美國的食品運輸就如「乾旱天的慈雨」（干天の慈雨）一般。在地方誌的記載中，他們則「在沮喪的府民心裡燃起了希望之火」。食品援助主要是主食，如小麥、麵粉、玉米，豆類、食糖和少量的大米、奶粉，以及罐頭食品，如鹹牛肉之類。食品運輸在幾個援助項目的贊助支持下，一直持續到占領期結束。[12]然而，饑餓仍在延續。儘管大米是名義上的主食，但是許多家庭只是將這種珍貴的主食做成稀薄的米粥。一九四六年中期，一項針對小學生家庭的調查發現，至少每天一頓米粥替代了米飯。對於四分之一的家庭來說，米粥是每餐的主食。菜葉湯是日常的另一種主要食品，還有自製的麵包和團子搭配蒸番薯。典型的災荒食譜還包括橡樹子、橘子皮、竹芋根、米糠團子，以及平常年月餵牲口的麥麩餅。[13]

94

壟斷大眾出版物市場的最大的保守出版社講談社，總體來說對如何由軍國主義宣傳向新的時代話題轉換相當困惑。然而，戰後他最早出版的雜誌，卻迅速及時地對準了食品危機。他以主婦為導向的雜誌《婦人俱樂部》，投降後第一期用大量篇幅談論種植家庭菜園和如何在匱乏時期做出有營養的飯菜。八、九月號的《少女俱樂部》裡有這樣一些文章：《怎樣吃橡樹子》和《讓我們捉螞蚱吧》。對於年輕的少男少女們來說，螞蚱和橡子並非能夠引起他們興味的研究物件，卻是潛在的蛋白質來源。[14]

雖然占領當局和政府做了努力，但持續數年間，哪怕是最基本的糧食收購和發放都是一片混亂。一九四六年二月，為控制大米和其他主食流入黑市，政府採取了由警方執行的「強制供應」措施。由於這些行動常有美方的軍警支援、由軍警的車輛遞送，因而老百姓將此稱為「吉普供應」。儘管政府的新配給系統付給農民雙倍價錢，但是黑市仍然對生產者具有極大的吸引力。舉例來說，六月份黑市大米價格比官方的配給價格高出三十倍。兩年後，黑市價格仍然約相當於官方牌價的七倍半。[15]

城裡人成群結隊地到鄉下尋找食物。很多農民都樂於跟這些從前高高在上的城裡人做實物交易。和服、手錶、珠寶和其他值錢的物品，都被拿來換吃的了，從而誕生了當時一個最著名的說法——「筍式生活」。可吃的竹筍可以層層剝開，「筍式生活」的現象，則指的是城市人層層脫下他們的衣物和其他財物換吃的。相似的說法還有「洋蔥式生活」，就像剝洋蔥時眼睛會因辛辣而流淚一樣，一個人層層剝除先前的所有財物也會心疼掉淚。

對於動盪混亂的一九四五和一九四六年來說，各方面的官方資料基本上不可信或者根本就不存在。然而，有關政府糧食配給的片斷記錄，卻生動地反映了一個在理論上應當保障所有家庭生存的不可預知的系統。一九四六年，東京居民一年中有六個月得不到足額的糧食配給。一九四七年，儘管糧食收成不錯，配給卻更糟糕了。在兩年間，全國各地配送通常都推遲一到兩周。從春末到秋初，大米的配額急劇下降，而代之以各種穀物的粉末。[16]

如果糧食沒有成為一天的主要話題，這一天似乎就不算過完。很快市民團體紛紛出現，抗議政府糟糕的配給制度。在這種方式下，饑餓和匱乏成了民間激進政治運動的刺激物。一九四六年五月，戰後最受歡迎的廣播節目之一，一檔獨創性的觀眾訪談節目「街頭錄音」，是以這樣的方式開播的：在東京的銀座大道上，記者向來往的行人詢問這個新時代最熟悉的話題：「你是怎麼解決吃飯問題的？」據報導，因為無法向學生們提供午餐，許多地方學校只得關閉數星期或者轉只開設上午的半日制課程。直到一九四七年七月，還有一位神戶的老師寫信給報紙說，一位中學生要求降級到小學去，以便能夠分享那裡免費的午餐。公務人員因找糧食果腹而造成的缺勤率上升到15%以上，甚至連東京警視廳也為員工提供每月的「食糧休假」。[17]

與糧食相關的活動和話題深深地吸引著公眾的注意力。一九四六年九月，「吃麵包比賽」開始在小學運動會上大為流行。在這種廣受歡迎的競賽中，選手們必須盡力跑向用繩子吊起的麵包卷，然後不能動手就將他吃下去。不用說，在這樣的比賽中，根本就不會有失敗者。大約與此同時，在橫濱人們已經習慣自己帶飯團參加婚禮，而不是由新婚夫婦擺設婚宴。飯館的剩菜，甚至高級餐廳的垃圾，都成了人們賴以生存的來源。常有受人尊敬的長者因為偷了幾個薯芋而被捕的悲慘新聞見諸報端。一家鼠患成災的旅館的老闆，不得不放棄放置有毒食餌的滅鼠方法，因為人們會撿起餌料吃下去。[18]

按照官方自己的標準，一個成年人每天至少需要攝取大約二千二百大卡的熱量，才能夠維持輕體力活動。而一九四五年十二月，政府的配給量只有此定量的一半多一點。一九四六年中期到一九四七年中期，當配給制度難以支撐的時候，配給量有時下降到僅有定量的三分之一到四分之一強。[19]事實上在此境況之下，人人都違背法律而求助於黑市。直到一九四八年還流傳著這樣的

97

嚴酷笑話，正如一本雜誌的社論中所說，「在今天的日本，只有那些在監獄裡的人才過著不違法的生活」。[20]對於一般的家庭而言，依賴黑市商品生存是種令人畏懼的前景。這不僅是因為黑市物價要高出法定物價許多倍，而且這一切是發生在通貨膨脹節節攀升的情況之下。在這一點上，這些已經喪失安全感的家庭，更是感到被捲入了動盪的漩渦之中。

忍所不能忍

一九四五年十一月七日，《朝日新聞》的大阪版，發表了下面這封題為《我正打算自殺》的信：

我是一名普通的勞動者。我寫這封信的時候正處於生死關頭。現在我的腦海裡一片空白，有的只是對我們無能政府的怨恨。我有五個孩子，我努力工作，甚至在這樣的艱難時世中還設法攢點積蓄。可是政府對於糧食供應的無能，使得情形越來越差，我每月至少有一半時間不能去工作。我為孩子們感到難過，可是，想到我們的孩子們將來可能是國家的有用之材，我只能從黑市上買吃的養活他們。但那支持不了多久，我們已經山窮水盡了。最終，我甚至借了高利貸來買糧食。但是我無法再這麼做了，所以我們已經整整四天沒吃飯了。我妻子昨天完全垮了，有兩個孩子開始神志不清。政府只會說，什麼也不會做。我明白那些達官貴人只顧自己酒足飯飽，但是我們卻只能眼睜睜地看著。而另一方面，那些做黑市買賣的邪惡商人，我們周圍就有兩三個，每年能掙五六萬日元。

最後，我決定自殺。我要以死來譴責無能又無情的政府。我已經拐彎抹角地懇求鄰居和鄰組的組長幫助照看我的妻子和孩子們了。請給我們足夠的食物，以便讓我們能夠工作，就是稀粥也行。像我們這樣沒受過教育的人，不懂得什麼高深的道理，但是我覺得肯定有足夠的大米和麥子。看，只要你有錢，一石、兩石的大米和麥子馬上就能到手。並不是沒有糧食。官老爺們，收起你們幾年來讓別人遭受折磨的麻木不仁，拿出點人心來吧！現在，我第一次感到，日本確實應該是一個四等國家。沒有真正的好政策，他還會淪落為五流甚至六流國家。當這封信送到你們手上的時候，我可能已經死了。我是用剩下的全部氣力寫這封信的。

98

此信署名為「一個勞動者」。編輯在簡短的附言中，敦促寫信的人放棄自殺的念頭，並立即到當地的警察局為自己和家人尋求救助。

讀者的反響在一周之內就刊登了出來。一位讀者評論說，到警察局去，結果只能使寫信的人被當作罪犯對待。另一位讀者贊同說，冷漠的官僚們不會有什麼新花樣。無論戰時還是戰後，當官的都一樣。物價確實高得離譜，但是如果十一月七日寫信的那位老兄還活著的話，他建議他勇敢地活下去。第三位讀者寫道，他讀了那封自殺的信後，整天哭泣。他引用天皇終戰詔書中的話，鼓勵寫信者要「忍所不能忍」。他說，如果還不算太晚的話，請寫信者或是他的家人寄來姓名住址，他想分給他們一些薯芋。[21]

事實上，假使寫信的人真的決心忍所不能忍，那麼他將至少還要面對四年的艱辛與動亂。對於數百萬的藍領和白領家庭來說，直到一九四九年之後，生活或者說僅僅是每日的生存，才恢復到「正常」的狀態。統計資料能夠量化這些年來悲慘的經濟狀況，但是對於個人而言，所付出的代價就不僅僅是所謂身心「虛脫」的狀態，還包括從疲憊沮喪中逃脫出來恢復身心的時間。

在「一個勞動者」給報紙寫自殺信一年零三個月之後，東京以北埼玉縣的一位家庭主婦，向全國性的報紙投書，感歎一成不變的悲慘生活之艱辛。她生動地描繪出了這樣的生活場景：背著孩子，衝鋒陷陣地領取配給的大米和物品；不管走到哪兒，都得撿拾碎柴禾補充家裡的燃料不足；起得最早睡得最晚操勞一整天，卻看不起一場電影甚至買不起一杯咖啡；吃飯時將難得一見的牛肉片或別的好吃的留給家裡其他人；不化妝就出門，仍然穿著磨壞了的鬆鬆垮垮的雪袴；在每日艱辛的生存折磨中告別青春、喪失才智、失掉了一切。她解釋說，這不僅是她個人的自畫像，而且是她周圍絕大多數婦女的可悲命運。[22]

一九四七年十一月初，一樁事件使舉國震驚，將政府關於糧食危機的無能聚焦在恥辱柱上。拖延二十天後，新聞媒體報導了一位三十三歲的法官山口良忠餓死的事實。山口原先是東京地方

一九四五年九月二十一日的帝國城市東京。到處都是飢餓、髒污、為生存持續掙扎的民眾，他們棲身在從未心存戰敗想法的人們當中。照片所示的是一個配給日，日本民眾帶著罐子、袋子在補給站前排隊，他們將領取到配給的豆類，以取代不存在的白米。照片中的母親將她的孩子綁在背上，手持她的補給書，準備領取她十日分量的補給豆類。（Getty Images）

法院負責輕微經濟犯罪法庭的審判官。他審理的案件絕大多數與黑市交易有關。真正牟取暴利的奸商幾乎從未被帶上他的法庭。事實上，他被要求審判的所有犯罪嫌疑人，不過是些絕望的男人和女人，正為生存而苦苦掙扎。

山口的妻子，她本人也是一位法官的女兒，後來回憶起丈夫曾經講過的一個案例：一位七十二歲的老太太，她的兒子沒能從戰場上回來，媳婦也在一次空襲中喪生了。當被捕的時候，老太太正設法變賣自己的財物比如和服什麼的，從黑市上買糧食養活兩個孫子。因為是再次犯法，法官別無選擇，只好將她送進了監獄。

山口法官的小小法庭，正是上演荒

誕人生的國民大舞臺的一角。當企業家、政客和前軍官們正在黑市上大發國難財、政府官員大吃大喝招待他們的美國主子的時候，一九四六年大約有一二二萬普通男女因黑市非法交易罪被捕，接下來的兩年，這一數字分別上升到了一三六萬和一百五十萬。從年輕法官的立場看來，他別無選擇，只能給他們定罪。然而，就連他自己的家庭也得依靠黑市獲取基本的日常用品。在他去世之前半年，一份大眾雜誌發表的短文推斷，如果所有限制黑市的規章制度都嚴密實行的話，全國每個人都得進監獄。23

年輕法官解決這一道德難題的辦法，不是向法律挑戰，而是躬身實踐他。正像他告訴妻子的那樣，以清白的良心履行自己的職責，同時分擔人民的苦難。一九四六年的某日起，他要求妻子不要再給他吃自己配給額以外的食物，儘管妻子可以心照不宣地從黑市上買食物給孩子們和她自己吃。從那以後，家裡從合法管道獲得的絕大部分糧食，尤其是大米，都給了孩子們。山口的遺孀後來回憶，有些日子她和丈夫只是靠喝鹽水度日。山口法官死於一九四七年十月十一日。24

當時對這一事件議論紛紜。山口法官的死亡激起了人們的震驚和讚美，也招致了零星的批評的聲音。例如，將山口法官與蘇格拉底相提並論成為流行趨勢之時，有一位公民提出了異議。他反問說，難道為好的法律奮鬥到死，不比堅守有害的法律而亡更明智嗎？在稍後的一場庭外討論中，最高裁判所（最高法院）長官三淵忠彥指出，儘管山口法官被要求執行的法律效率低下，但其最終目的是有益的，確實是為了抑止黑市行為，使基本生活用品供應更加充足。同時，他也承認，活下去比不違反糧食法規更重要。[25]

無論如何，山口法官富有警示意味的死亡，幾乎沒有改變任何情況。糧食短缺仍在持續。黑市繼續繁榮。失業者處境艱難。物價飛漲到了令人眼花繚亂的地步。一九四八年，婦女們仍然靠撿破爛拾木柴取火，為買一點薯芋要等待數小時。正如有人在那年二月所寫的那樣，主婦們依然抱怨在排成長龍的隊伍中，「蓬頭垢面，穿著磨損的雪袴和骯髒破敗的罩衫……就像髒兮兮的牲口一樣。」無家可歸者仍然因饑餓致死。甚至到了一九四九年的二月，新聞仍然報導說，與前三年每年冬天死亡上百人形成鮮明對比，那年冬天上野車站「僅有」九個無家可歸者死亡。[26]

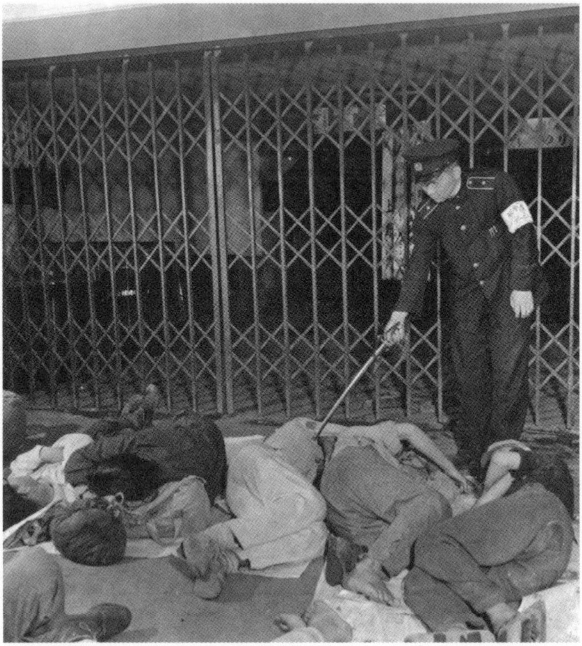

一九四七年一月，日本投降近兩年之後，一名日本警方在東京上野站，查核無家可歸、躺在地上睡覺的民眾。(Photo by FPG/Getty Images)

一九五〇年初，大阪的一位中產階級主婦岡野秋子，為一本婦女雜誌撰文，清晰描述了像她這樣的家庭是怎樣度過「忍所不能忍」的日子的。她的丈夫，一位軍事相關院校的教師，在投降後失業了。但是他很快找到了一份低級職員的工作，月收入三百日元。當時，一升米就要八十日元，因而他們開始靠變賣財物勉強度日。

一九四六年初，當引入「新日元」遏制通貨膨脹的企圖失利，社會秩序一片混亂。雇傭秋子丈夫的公司歇業了，僅留給他九百日元作為遣散費。由於沒有得體的鞋襪，秋子與兩個三歲和五歲的兒子從不敢離家太遠。秋子懷著孕，不可能到外面工作。一九四六年初大米的配給價格上漲了三倍，但是由於原則和貧窮，岡野家儘量不到黑市上買東西。

最後，她的丈夫找到了一份在學校當老師的新工作，月薪三百六十日元。他們沒有什麼別的選擇，只能繼續變賣家當。每月買黑市物品八次，花費大約四百日元。秋子采拾歐芹、胡蒜和羊齒莧補充大米和穀物的不足。肉類和魚根本就買不起，而兩個孩子開始出現營養失調的徵兆。食物成了揮之不去的困擾。秋子關於這一點的記錄極為生動。尤其是小兒子，他的腹部開始鼓了起來，看上去像青蛙。多少次孩子們餓得哭叫起來；多少次一家四口早餐時只分吃數十顆炒豆和茶；多少次她的丈夫沒有吃午飯。這個家庭吃一切看起來可吃的東西：南瓜的葉子和莖杆、番薯的藤蔓、路邊的植物。他們試著養雞，但是小雞也由於營養不良幾乎站立不穩，而且一年半之後才能下蛋。有那麼二十天的光景，他們甚至買不起薯芋，只能靠南瓜度日。當時學校遇到財政困難，她的丈夫再次失業了。這次他只拿到五十日元的解聘費。而且他也開始出現明顯的營養失調症狀，整個身子都腫脹起來。孩子們沒有力氣再哭喊，只能靜靜地躺著。只有新生的嬰兒打破靜寂，發出虛弱的啼聲。

接下來的兩年，情況略有起色。一九四七年，秋子找到了一份在家紡線的工作，有時淩晨三點就起來工作。這種在家的計件工作，如縫紉、捲香菸（往往是用丟棄的煙屁股）等等，是很多家庭的主要收入來源。一九四八年，糧食供應狀況稍有改善，儘管薯芋仍然是家裡的主食。那年丈夫和妻子都病得厲害，欠了許多外債。一九四九年，又一個孩子降生了，魚和肉類終於又豐富起來，儘管房租和糧食價格繼續攀升，維持收支平衡還很困難。一九五〇年初，她的丈夫在一所大學裡謀到了教職。這是戰爭結束後，全家人第一次可以依靠他的收入過活了。秋子寫道，這樣，她終於能夠考慮一下家庭生活的品質，不再僅僅是活著而已。[27]

日本的絕大多數中下層家庭都有類似的故事，其中有一些，至少在講述時，會帶給他們一種拉伯雷式粗俗幽默的快活。例如，要控制腸子和膀胱，常常需要戰術安排。坐數小時擁擠的火車來往鄉間去換東西的人，在途中通常得節制飲食，因為根本沒法上廁所。一大家子擠住在一處沒有給排水系統的房子裡，不得不設法到別處解手。居住擁擠也意味著要暗地裡爭奪稀少的資源。一位年輕的丈夫和他懷孕的妻子後來生動地回憶起將一塊巧克力藏在浴室裡，那是他們唯一能夠分享他而不被嫉妒的親屬們看到的地方。[28]一篇在《讀賣新聞》上連載的流行小說，推出了一個流行語——「土曜夫人」（禮拜六太太），形象地捕捉到了已婚夫婦們的挫折，他們不得不在星期六的夜晚，逃到小旅店這樣的地方，只不過為了獨處一會兒。[29]

更為可怕的是，看來一場瘟疫已經向這個國度襲來。在戰爭時期曾廣為流布的傳染病，現在又在戰敗帶來的污穢、混亂和貧窮中滋生蔓延。一九四五年因赤痢死亡的人數幾乎翻了一倍，超過了兩萬人。一九四五到一九四八年間，據報告超過六十五萬人染上了霍亂、赤痢、傷寒、副傷寒、天花、斑疹熱、猩紅熱、白喉、流行性腦膜炎、脊髓灰質炎或腦炎。據官方報告說，其中有九九六五四人死亡。[30]

肺結核奪去的生命比其他所有疾病加起來還要多。自二十世紀三〇年代中期開始，每年的肺結核死亡率一直穩步攀升。一九三五年，這種疾病致死一三〇七六三人，一九四二年則為一六〇三九八人。憑藉有力證據可以推定，接下來的四年間死亡人數更加龐大。一九四七年，官方統計恢復，據報告有一四六二四一人死於肺結核，而且直到一九五一年，每年肺結核的死亡人數才降到十萬以下。[31]每有一人死於肺結核，就有其他數人被傳染。投降之後，每年感染肺結核的總人數可能有上百萬人。[32]就像受原爆輻射傷害者、肢體殘廢者、戰爭孤兒和戰爭寡婦，或者「第三國人」一樣，肺結核病人也是一種社會恥辱的印記。所不同的是，在這種情形下，疾病的傳染性是他人恐懼躲避的理由，但是社會效果都差不多。通常病人和他們的家屬都遭到所在社區的疏遠和隔離。[33]

絕望的社會學

在天皇終戰詔書廣播之後的第二天早晨，神奈川縣的農民做出了過去一生中從未有過的舉動：他們起床晚了。[34]他們為什麼這樣做？是不是常年的肉體和感情消耗向他們襲來？或者這種集體行為只不過是對戰敗打擊的本能反應？這是不是應當看作無力的「虛脫狀態」的體現？確切地說，農民們的疲乏是因為所有的這一切。

承認戰敗令人痛苦，而且這種痛苦馬上在絕望的言辭中體現出來。人們談論「可恥和不名譽的」無條件投降。對許多人來說，突然面對迄今難以出口的「失敗的戰爭」，讓人發怔。自二十世紀三〇年代初以來，日本人就被教導說，他們參戰是為了最神聖最高尚的目標，為他們的「偉大祖國」和「偉大民族」而戰。他們是一個具有獨一無二的、不屈不撓的「大和魂」的民族，作為「指導民族」註定要打倒西方帝國主義，並且建立「大東亞共榮圈」。

而現在，如何向戰死者交待？在崇高的目的意識完全喪失的人世間，人們如何在身心兩方面生存下去？任何被動員進行聖戰的人民，在經歷了長期的犧牲之後，被告知他們已經被完全打敗、現在必須看勝利者的臉色行事，可能都會有類似的反應。就戰敗後的精神麻木狀態而言，無論「虛脫」這個詞如何難懂，他所描述的日本人沮喪消沉和茫然迷惑的狀況並沒有什麼稀奇。

如果將「虛脫狀態」單純歸罪於戰敗的打擊，將會使人誤入歧途。其實，一種深刻複雜的疲憊，在一九四五年八月十五日之前早就開始了。他是政府濫用民力追逐不可能實現的戰爭目標的結果。在戰爭的最後一年，員警的秘密檔和權威人士的日記中，都充滿了對於戰爭疲倦和士氣消沉的擔憂。[35]同樣地，延續數年的疲憊和失望，與其說是反映了持久的戰敗創傷，不如說是由於投降後領導層的不稱職和徹底腐敗，導致戰時的疲弊進一步惡化。以長遠的歷史眼光看來，日本從戰敗中恢復過來十分迅速。然而，對於平民百姓，戰後的復甦看起來令人苦惱地漫長。

民眾意識到，特權階層在戰敗後繼續像他們在戰時那樣興旺發達而倍感挫折。投降一年零四個月後，一位勞動者憤怒而怨恨地描述了他所在社區兩所高級餐廳周邊的活動。一座擺滿「山珍海味」的西式飯店，官僚、銀行家、公司經理和員警向來是座上的常客。附近的另一家日式餐廳，夜夜擠滿了坐轎車來的客人。而且一旦喝起酒來，他們還會高唱剛剛結束不久的那場戰爭中的愛國歌曲。這位工人說，這跟人民設想將要開創的「民主」社會相差太遠了。[36]

媒體不停地地曝光標誌社會崩潰的所有事件，定期報導警方對無家可歸人員的圍捕行動。一九四七年初，新聞界碰巧發現，現在已經因戰爭罪接受審判的前將軍和首相東條英機的弟弟，就住在大阪難波區的流民中間。臨近那年年底，據報導皇太子的愛犬失蹤了，恐怕已經像許多其他不幸的非皇家犬類一樣，被剁成肉餡擺上了某人的餐桌。身上掛著看板的人，成了戰後迷茫的象徵。尤其是在一九四八年，媒體發現一個在街上蹣跚而行的、身上掛著看板的被遺棄的傢伙，就是另一位昨日的權勢人物——前海軍大將高橋三吉元的兒子。還是同一年，在普通民眾中遲

105

遲徘徊的疲憊，轉換成了針對占領軍當局一項小小的改革措施（引入美式夏時制）的大規模批判。當時這種叫做「夏令時」的令人驚奇的新概念，其做法就是將時鐘向前撥快一小時，純粹是因為延長了「白天」的艱辛生活而遭到反對。人們寧願黑暗來得早些，儘管直到一九五一年的九月，他們才取得廢除夏時制的成功。[37]

克服虛脫狀態的絕望鬥爭中，一項引人注目的、具有象徵意義的行動，是「集團見合」（集體相親）。這是一種青年男女為尋找結婚物件的明確目的而集合在一起的活動。傳統的「見合」（相親），是在兩位相親物件和雙方家長之間安排見面會。在這種相親活動中，通常雙方當事人，尤其是女方很少有最後的決定權。在時代的混亂當中，由於家庭、社區的分崩離析和媒人的短缺，這種個體的相親安排已經艱於實行。正值婚齡的年輕姑娘們發現自己陷入絕境，因為剛剛結束的戰爭，導致了一大批潛在丈夫的死亡。一九四〇年，介於二十到二十九歲之間的人口本來是男多女少，七年後，這個年齡段的女性人口已經超出男性一百萬人。一大批約出生於一九一六年到一九二六年間的女性，面臨的不僅僅是在失去丈夫的情況下，獨力應付戰後的艱難，有些甚至根本就沒有結婚的機會。

這就是空前的「集體相親」奇觀的社會背景。第一次集體相親，是在一九四七年十一月六日，由一份婚慶雜誌《希望》贊助承辦的。在東京多摩川畔的丸子橋附近露天舉行，吸引了三八六位男士和女士。第二年春天在同一地點舉行的第二次集體相親，吸引了四千名以上的參加者，並且時收到了來自現任首相蘆田均和前任首相吉田茂的賀信。同年末，一本著名的女性雜誌，發表了批評家今日出海的文章，記敘在鎌倉雄偉莊嚴的八幡宮舉辦的小型集體相親會。他描述當時的氣氛混合了絕望和相當的公事公辦的意味，尤其注意到婦女們是如何仔細地查看男人們的簡歷，以及她們挑選看來最有吸引力的人選時主動的進攻。今日出海對年輕婦女們在非常的環境中為創造正常生活而奮鬥所表現出的勇氣和活力印象深刻，同時也被似乎攫住了所有參與者的痛苦的急迫感所打動。[38]

新聞界喚起對酗酒、吸毒、暴力以及非暴力犯罪增長的注目，這些是虛脫狀態更為嚴峻的標誌。酗酒，在男性社會中從來就不是什麼稀罕事，現在成了標誌社會瓦解的醜惡現象，部分是因為可疑和危險的成份勾兌的廉價酒到處可尋。「粕取燒酒」（粕取り焼酎），一種極其普遍的用米酒酒糟生產的劣質酒，據說能使絕大多數飲酒者三杯酒下肚，就人事不省。一種叫做「粕取文化」的完整的次文化群落，在這個醉酒世界的周圍發展起來。廉價酒的破壞作用有時迅速而猛烈，尤其是另一種受喜愛的便宜酒「爆彈」（炸彈），他是由甲醇以及各種其他液體調製的混合酒。一九四六年十一月，政府報告說自投降以來，已知有三八四人死於甲醇中毒，而且有理由推斷，大量的人因這種殘酷的醉人之物而永久失明。「爆彈」的威力人盡皆知，他成了黑色幽默的主題。例如，插圖雜誌《朝日畫刊》（アサヒグラフ）登過一幅漫畫：一位瞎眼殘疾的老兵戴著墨鏡，站在路邊的飲食攤前說，「就算是甲醇，也沒關係。」[39]

黑市是甲醇和邪惡的粕取燒酒的主要來源。黑市還成了違禁藥品的主要來源，包括海洛因和冰毒(philopon)，冰毒即甲基安非他命，本來是戰爭中飛行員用來保持不眠的刺激藥物。儘管藥物濫用並沒有在普通民眾中廣泛出現，但是他在作家、藝術家、俳優中盛行，他們是構成「虛脫文化」世界的更為引人矚目的華麗群體。[40]

由於與作家和藝術家的波希米亞式的奔放生活相聯繫，藥物濫用成了時尚頹廢的某種標誌。社會崩壞更令人擔憂的標記，是看起來到處蔓延的貪婪和犯罪。在前所未有的混亂中，所有關於日本獨特的人種和文化的「和」、「美俗」以及社會的「家族」團結的說教，都被證明空洞無物。大規模的腐敗被認為是理所當然的。黑市上的欺詐行為早在意料之中。突然，任何人都可能成為掠奪犯罪的犧牲品。儘管日本軍人曾在海外駭人聽聞肆無忌憚地燒殺姦淫擄掠，戰爭期間日本本土的犯罪率卻有所下降。而戰後，至少通過新聞記錄就可以判斷——這的確也是人民實際判斷的依據——無法無天的行為迅猛蔓延。特定事件因其象徵意味而被大書特書。例如，據報導說，聞名西方的「神風特攻隊」，就是在戰爭最終階段執行自殺式飛行任務的日本「特種部隊」，其剩餘成員轉而進行暴力搶劫。「墮落特攻隊」(特攻くずれ)的說法流行一時，指的就是這種全套的喝酒、玩女人與犯罪的墮落行為。這個世界已經黑白顛倒了。[41]

報刊也刊登搶劫受害人催人淚下的請求。一位懷孕的婦女懇求一個不知名的小偷歸還盜去的嬰兒衣物，因為她無力再重新置辦它們了。與此相似，一個孩子要求竊賊歸還他家被盜的衣物。

據報導說，有些團夥專門搶劫遣返歸來的疲憊的平民和復員軍人，專伺他們離船登岸時下手。[42]手持武器的強盜在街上或者居民家中脅迫他人，成了漫畫家與喜劇演員黑色幽默的好題材。一九四七年的一檔喜劇廣播節目影射，現在持槍、持刀、入室盜竊、武裝搶劫和殺人的人如此眾多，真該像其他工種那樣組織工會了。[43]

這種新的犯罪景象，並不是單純由道德敗壞和失業的男人造成的。有些學生也因為搶劫被捕。一九四六年七月，警方宣佈破獲一起五十餘人的女性犯罪團夥。她們正式分為「賣春組」和「敲詐勒索組」。後者專門搶劫和脅迫其他的妓女。這個團夥的名字漂亮而富於國粹色彩，她們自稱「血櫻組」。[44]

聳人聽聞的謀殺案，加劇了日益增長的社會解體的感覺。一九四六年三月十六日清晨，六十五歲的歌舞伎俳優片岡仁左衛門在家中被殘忍地用斧頭砍死，同時遇害的還有他年輕的妻子、繈褓中的兒子以及兩名女僕，其中一位女僕只有十二歲。原來，殺人者是住在片岡另一棟房屋中的二十二歲的作家，正掙扎在饑餓的邊緣。偵探後來估計他每日的飲食熱量平均只有九百二十大卡。顯而易見，當他激烈抱怨片岡的優雅舒適的生活方式時，與片岡發生了口角。隨即片岡責令他離開住處，作家狂怒之下殺了他們全家。[45]

這件轟動性的殺人事件震驚全國。一個月後憂慮恐懼的氣氛更濃。一位二十四歲的年輕人殺死了自己的父親。他解釋說，這是因為父親拒絕跟他分享從黑市買來的食物。四個月後，員警逮捕了一位曾經被授予動章的復員軍人，他八成曾在中國犯下過暴行。其罪名是誘拐殺害兩名年輕女性。警方很快發現他們手上的罪犯是一位連環殺人犯，至少謀殺了十位婦女。甚至在這樣病態的犯罪行為中，也能發現與饑餓相關的線索。罪犯每次都是用提供食物的方式來誘騙他的受害者。46

警方有關投降後的犯罪記錄則更為平實。以美國的標準衡量，被逮捕的人數還算正常。另一方面，犯罪率與一九三七到一九四五年間的資料相比顯著升高，這是因為戰爭時期進行海外侵略的同時，國內卻加強了專制控制。與二十世紀三〇年代中期相比，殺人案的比率可能沒多大變化，而且如欺詐和貪污等所謂智力犯罪，實際還有所下降。意料之中的是，武裝搶劫、偷盜、買賣贓物明顯比戰前增加了許多。如一九三四年，二一二六人因搶劫罪、七二四九八六人因盜竊罪被捕入獄，而一九四六到一九四九年間，平均每年相應的資料分別是九四八五人和一一七七一八四人。年輕罪犯的數量也出現戲劇性的上漲。一九四九年四月，據報導，全日本一半的重罪（比如謀殺、強姦婦女、武裝搶劫、恐嚇、縱火等），是由八歲至二十五歲之間的罪犯犯下的，犯罪率高得令人擔憂，每兩分鐘就有一起。47

孩子們的遊戲

孩子們的遊戲，可以作為反映時代生活的晴雨錶。在各種消費主義觀念仍遠未到來的時代，孩子們主要依賴自身的想像力生活，他們的遊戲成了衡量成人世界的生動有趣的尺度。不久之前，特別是男孩子們，還以令人心寒的天真無邪玩著戰爭遊戲，就像他們被教導鼓勵的那樣。在遊戲中，他們頭紮束帶，想像自己正駕駛飛機執行任務，事實上，在戰爭中這些飛機再也沒能返航。他們假扮英勇的帝國海軍，實際上，帝國海軍早已被摧毀擊潰。他們手持木制的刺刀長矛，尖叫著向代表羅斯福和邱吉爾的假人衝殺，假裝自己正在從外國鬼子的手中拯救祖國。[48] 戰敗後，孩子們的遊戲不再含有如此明顯的教化意味。本質上，他們只是在模仿他們看到的成人行為。這是一幅發人深省的圖景。

當時孩子們沒有多少玩具可買，儘管戰後流行的第一種玩具富於啟示意味。一九四五年十二月，京都的一位玩具製造商生產了一種不到十公分長的吉普車，售價十日元。貨架上的十萬件產品很快賣光，宣告了玩具工業謹慎的復甦。這種玩具典型的美國風格正合時宜，因為孩子們是以肯定的、不加批判的方式來看待既成事實的，他們欣然接受被占領的事實。吉普車與興高采烈的美國大兵們分發的巧克力和口香糖密不可分，而這是被戰爭破壞的生活中可能聯想到的少有的美好事物。「哈囉」，「再見」，「吉普」以及「給我巧克力」是絕大多數孩子最早學會的幾句英語。他

一名警察於一九四六年四月巡視福岡縣小倉市的黑市。黑市自發性地形成於大都市的外圍，並遍布於經濟受控的二戰後日本。（Photo by Yasuo Tomishige/The Asahi Shimbun via Getty Images）

們還學會了將報紙折成美國大兵柔軟的船形帽，而不是過去那種傳統的武士頭盔。對於上了年紀的、具有民族主義思想的日本人來說，兒童遊戲中的大部分，看起來都是以被占領狀態為樂。

這些遊戲的確是快樂的，畢竟快樂是遊戲的意義所在。但是，成年人看到這些快樂的遊戲，幾乎無一例外地感到悲哀，因為他們如此天真無邪地清晰凸現了戰爭與戰敗帶給人們生活的痛苦。譬如一九四六年初，據說小孩子們中間三個最流行的遊戲，分別是「黑市遊戲」、「潘潘（*panpan*）遊戲」和「民主遊戲」，即模仿黑市交易，假扮妓女拉客，以及模仿左翼示威活動。

黑市遊戲——黑市商販與黑市物資的

112

登場，回想起來，可以看作是一種培養小企業家的教育，但是對當時的大人們而言，只能提醒他們被迫參與非法交易填飽肚子的殘酷事實。「潘潘遊戲」這種模仿妓女拉客的遊戲，更使家長們難以接受，因為「潘潘」是戰後對於那些專做美國大兵生意的站街妓女的一種委婉稱呼。一張一九四六年初的照片上，衣衫襤褸的歡笑的兒童們正在玩這個遊戲——一個頭戴美國兵船型帽的男孩，胳膊上挎著個穿補丁褲子的小女孩。在「示威」遊戲中，孩子們揮舞著紙做的小紅旗跑來跑去。當孩子們長大一些，遊戲漸漸變成了實踐。新聞界留意到，遭取締的妓女中包括年僅十四歲的年輕女孩，而學校裡的男生們與孤兒和流浪兒一樣，很快就學會了當皮條客掙零花錢。他們把美國大兵領到女人那裡。對一些人來說，「你想見見我姐姐嗎？」成了繼「給我巧克力！」之後學會的更高程度的英語詞句。

隨著時間的流逝，遊戲項目也有所擴充。一九四七年中期，一位大阪的老師報告說，他的小學生們看來迷上了擠「火車」的遊戲。他們將教室前面的講臺作為他們的活動中心。在「遣返列車」上，孩子們背上他們的書包，擠在講臺上搖來晃去，然後在「大阪」站下車。而「特別列車」，顧名思義是模仿占領軍人員的「專用列車」，只允許「美人兒」上車。由一位「列車長」判斷誰夠幸運上車。衣服上掉了一粒扣子？不合格。臉上髒乎乎的？不合格。那些通過了這些刁難的孩子，悠閒自在地坐在車上。而那些被拒絕的孩子則羨慕地站在旁邊看。而「普通列車」，每個人都往上擠，推來搡去，抱怨著被踩了腳，大聲地呼救。偶爾，列車長勉強擠在講臺邊上宣佈列車已經擠塌了，每個人都必須下車。這位老師悲歎，那真是一幅令人難過的景象：從模仿戰爭到模擬徹底的混亂。

進入一九四九年後，孩子們繼續以遊戲反映出社會秩序的混亂。在「流浪者」遊戲中，他們假裝無家可歸的流民。這個遊戲得名於德語詞「lumpen」（流氓無產者），起初他是以「lumpenproletariat」（流氓無產階級）的本義進入日語，然後在日常使用中引申為失業的遊民。無法無天的社會氛圍，在「捉賊」遊戲和「戴手銬」遊戲中得以再現。據說，「捉賊」遊戲取代了最為普遍的捉迷藏。夢想一夜暴富的社會心理，在抽獎遊戲中體現出來。可以想見，當時的兒童遊戲還包括買吃食的遊戲，即離家去尋找能吃的東西。[49]

通貨膨脹與經濟破壞

戰後物資短缺的災難，加上螺旋式上升的通貨膨脹持續了四年多，歷時比太平洋戰爭本身還要長。儘管經濟混亂是這場有勇無謀的失敗戰爭不可避免的結果，但是戰後災難的久拖不決，主要是日美雙方政策失誤與徹底的腐敗和經濟破壞所致。政府通過發行「新日元」、強行控制工資和物價以及推行「產業優先」將重建貸款向戰略產業傾斜來抑止通貨膨脹的企圖，不幸被證明十分欠考慮。當戰勝方猶豫不決，拖延最終決定並執行他們主張工業復甦和推進經濟「反壟斷」的既定方針時，資本家和企業經營者也逡巡著不願對生產設備進行可能毫無指望的再投資。而當司法體系每年因小偷小摸將一百多萬人送上被告席之時，絕大多數投機的資本家、前軍官、腐敗的政客和有勢力的黑幫老大卻徹底操縱著這一體系，並且從免稅的黑市買賣中獲益最多。

儘管通貨膨脹的趨勢，在一九四二年底就已經首次顯現，但是直到戰爭的最後數月，花費龐大資金為預期的日本本土「決戰」備戰時，通貨膨脹才超出控制。理論上說，當戰爭結束時，一九四五年的軍事財政預算（一九四五年四月—一九四六年三月）還有七個月的餘額。事實上，在天皇宣詔投降時，這筆預算的大約70%已經支出。剩餘的30%（總計八百五十億日元軍事預算中的二六六億日元），在占領軍抵達之前就被倉卒花掉了，主要是支付給了軍事承包商。[50]

軍用資金和供給物向私人手中的轉移，事實上開始於天皇玉音放送的前一天，並經歷了數個不同階段的發展。八月十四日，鈴木貫太郎內閣集體辭職之前的最後行動之一，就是同意將所有軍用物資移交給地方部隊的司令官處置。這項決定，第二天在軍隊內部以《陸機第三百六十三號》秘密指令的名義發佈，規定戰爭供給應當分發給地方政府、群眾團體、私立工廠以及市民個人。命令規定「作為原則」，這些物品應當免費撥付給地方政府，在其他情況下則進行出售，但是「物品出售無需立即付款。」

八月二十日，美方在馬尼拉向日方投降代表團遞交的《一般命令第一號》中，明確表示所有軍用物資需原封不動地封存。直到麥克阿瑟原定到達的前兩天，這一命令始終被東久邇宮新內閣所忽略。直到此時，儘管秘密處置的命令被取消，日本政府仍然沒有採取任何措施試圖確認或者找回已被處置的軍用物品。毋庸多言，關於他們的去向沒有什麼可以查詢的記錄。在同一時期，日本銀行正致力於為往昔的戰爭供應商們提供大筆貸款，其公開的理由是為了促進他們軍轉民，向「和平」生產過渡。從對這些行為的事後調查中，人們可以得出這樣的印象：在天皇玉音放送後動盪騷亂的兩周內，一大批權勢人物將自己絕大部分醒著的時間都用於掠奪軍需倉庫，從軍事預算或日本銀行手中向承包商和親信們匆忙支付款項，以及銷毀檔。在日本歷史上最危難的時刻，少有文官武將或者主管經理，真誠而富於遠見地投身於為普通大眾謀福利的事業。在這些舊日的精英之中，未曾出現一位仁人志士、英雄人物或者值得稱道的政治家。

據事後估算，日本保有的大約70%的帝國陸海軍庫存，在這首次的騷亂中被搶掠一空，而這些是日本本土五百萬軍隊、海外三百萬軍隊的供給儲備。然而，這還不是全部。投降後數月，占領軍當局又天真輕信地將管理的一大部分保存完好的軍需庫存移交日本政府，指示用於公眾福利和經濟重建。這些物資中的相當部分是建築材料和機械設備，而內務省繼續將其委託給一個由五大財團代表組成的委員會進行處置。這些物品的總價值約合一千億日元。而這些物資很快也幾乎消失得難覓蹤跡。一九四七年八月，一九四六年擔任大藏大臣的石橋湛山，向審查這些醜聞的議會調查委員會提供的證詞可悲地證實，「沒有人知道價值一千億日元的物資到哪裡去了。」

當然，這些物資要麼是被藏到了無數隱蔽的去處，要麼是直接送到了黑市。與此同時，戰敗促使先前封鎖的儲蓄存款迅速流失。戰爭期間，銀行和其他金融機構保管的這些資金，曾被認為是「潛在的購買力」。他們構成的龐大資源（據有關部門估計，有二六四〇億日元）在投降後很快消耗一空，主要是進入了黑市。這種情形並非由於腐敗，只不過是因為普通民眾不得不竭盡積蓄來填飽肚子而已。

由於戰敗帶來的龐大的政府支出，以上這些狀況愈加惡化。可以想見，其中包括的一項支出，就是數百萬軍民的遣返費用。然而，另外一項財政支出，使政府也感到十分意外。直到美國人抵達之後，日方才獲悉，他們將要支付占領軍巨額住宅費和維持費的過半。在占領初期，這項開支令人驚愕地高達經常預算的三分之一。而這並非一次性的負擔。儘管用於駐留美軍的直接開支，下降到只占每年預算較低的比例，但是在接下來的數年間，這仍然是日本政府最大的單項支出。作為一項預算專案，這些支出只得順應占領當局的指令，委婉地掩飾為「終戰處理費」，或簡單記作「其他費用」。51

日本人為維持占領軍付出巨大，在物質和心理上產生的後果，如何強調都不過分。一九四八年，當約三百七十萬個家庭仍無棲身之所時，日本政府卻被要求將每年預算的相當部分，用於向占領者提供住所及設施，而且要確保達到美國人的居住標準。當戰爭寡婦們徒勞地乞求一點救濟的時候，政府卻別無選擇，不得不為滿足美軍將校將徵用的私人住宅改造為「最新式」住所的願望而付費：改造電路和管道，裝潢居室，安裝電話、電爐和衛生間等現代化設備，有時甚至還包括將庭院的池塘改建成游泳池的費用。52 當全國鐵路不堪重負，在一九四五年十二月發生了綁在媽媽背上的嬰兒因車廂擁擠窒息而死的悲劇性事件時，政府仍被要求加掛經常坐不滿的專用車廂，甚至「占領軍專用列車」，供占領軍人員自由使用。很少有美國人會留意到這些「占領費」，但是許多日本人顯然都心知肚明。

在官方控制物價的正規市場，到一九四五年底批發價格翻了一倍，而且此後繼續迅猛增長。占領第一年價格上漲了539％，第二年上漲336％，第三年上漲256％，第四年上漲了127％。一九四六年六月，一升米法定價格二．七日元，一九五〇年三月上漲到六十二．三日元。著名的廣告歌作曲家三木雞郎，以一首滑稽歌曲描繪出這種惡性通貨膨脹的失控情形。歌詞大意是，火車行駛的速度趕不上物價上漲的速度。坐火車每到一站，都會發現橘子的價錢漲得更高了。53

116

自然，在黑市上（有時被開玩笑地稱為「自由市場」）也能觀察到同樣的通貨膨脹曲線，但是程度更甚。如果官定價格的橘子賣光了，那普通百姓就確實只有望洋興嘆了。直到一九五一年末，政府持續對以所謂五大主食（米、大麥、小麥粉、番薯和芋）為首的五十種「基本消費品」黑市價格進行密切調查，粗略反映出黑市的暴利狀況。在投降後半年間，同一消費品的黑市價格飆升至「法定」價格的三十四倍。此後，「自由市場」物價飛漲的情形有所抑止。一九四六年的後幾個月，五十種基本消費品平均比法定價格高出十四倍。一九四七年為九倍，一九四八年下降到不到五倍，到了一九四九年，黑市物價約相當於官方牌價的兩倍。54

然而，生活消費品只是構成了流向黑市商品的一小部分。黑市還經營大量的各種各樣的生產資料：煤、焦炭、汽油、木材、水泥、平板玻璃、榻榻米草席、生鐵、鋼材、鍍鋅鋼、銅板、鋁、錫、電線、電動機、肥料、化學藥品（硫酸、苛性鈉、蘇打灰）、機油、橡膠輪胎、農機具、酒精、油漆、染料、紡織品、紙張等等。55 顯然，這些工業品與那些將自己所種的大米和薯芋送到黑市上賣的農民毫無關係。他們從哪裡來？答案很明顯：從那些盜出軍需物資並且隱匿他們的軍閥、實業家、官僚和政客那裡來。難以置信，物資匱乏持續、通貨膨脹失控、工業重建萎靡不振，而黑市卻欣欣向榮，原因就在於，對那些占據社會有利地位的人來說，這是極為有利可圖的買賣。

直到一九四六年，由眾議院議員、內務省政務次官世耕弘一領導開展了非正式、非官方的調查，大量軍需物資的流失才開始受到嚴厲批評。即便如此，直到一九四七年下半年，這一出賣民眾利益的事件其規模之大才被廣泛知曉。當醜聞揭露之時，調查人員照例抱怨遇到了「極大的阻力」：上至內閣、中央官廳，參、眾兩院議員、臭名昭著的政治掮客和「暴發戶」，下至地方上的低級公務員和員警。實際上，在黑市上出賣掠奪軍需物資所獲之利，相當一部分被用作了政治活動的資金，尤其是，當然絕不僅僅是，用在了與保守黨派相關的政客們身上。

甚至到了一九四七年六月，當眾議院姍姍來遲不情願地成立「隱匿物資相關特別委員會」（退蔵物資等に　する特別委員会）時，起初所謂的調查官們仍然只被賦予有限的職權，而且沒有撥發調查經費。儘管有這些阻礙存在，著名的社會主義者加藤勘十任委員長的這一委員會，至少能夠對掠奪的嚴重後果進行評估。是年底出版的加藤委員會著名的報告書得出結論：「那些偏離正規配給用途轉移走的物資以及由此暴富的人在占領時期無處不在，像癌瘤一樣威脅著這個國家的經濟。」通過「隱匿物資醜聞」這類事件，作為戰後日本政治經濟體制的基礎之一的結構性的腐敗，被發掘出來。

這些被人憑藉地位和特權掠奪的物資顯然價值巨大。畢竟，他們本來是為龐大的本土防衛部隊進行長期「決戰」而儲備的物資。同時，在許多情況下，他們還是可以被無限期隱匿的物資。愛國婦女為協助戰爭捐贈的大量鑽石和其他私人珠寶也在失盜物品之列；從海外帶回的藥品和稀有的貴金屬鈦也失盜了。調查人員想方設法追蹤到的零星的隱匿物資，為公眾展示了這龐大資財的九牛一毛。例如，一九四六年四月，在東京灣的近海發現了隱匿海中的銀塊。近一年後，對一

117

家化工廠的突擊搜查，查獲「十噸萘、二十六噸苛性鈉、四十五噸潤滑油、一百五十噸食用油、十六噸工業鹽、五十噸鋼管、五十噸鋼筋、三十噸鐵板、四十五台電動機，以及其他各種混雜的鐵類、紡織品和橡膠製品」。儘管由於缺乏可靠的記錄，無法確切計算被轉移物資的規模和價值，但是據粗略拼湊的估計，一九四七年他們的價值可能已經超過三千億日元。與當年度政府的經常預算中政府支出總額二〇五億日元相比，其數額之巨是顯而易見的。據另一項計算，被掠奪物資總重量約為三億噸，這當然是粗略估算，但也讓人感性地瞭解到這些物資的實際規模，以及僅僅轉移和藏匿他們所需的龐大的人員數量。儘管醜聞性質極其惡劣，然而卻沒有什麼主要犯罪人被起訴。56

顯然，這些年的經濟混亂和社會困境，絕不僅僅只是這宗大規模的公共財產掠奪案所造成的。由適應戰爭的產業結構遽然轉變為非軍事經濟，就算是在最好的情形之下，也是一項難以實現的任務。海外帝國的永久喪失——這不是指一九四一年到一九四五年間短暫的所謂「大東亞共榮圈」的幻滅，而是在更深刻意義上指包括朝鮮、臺灣、「滿洲」在內的北中國地區等海外領土的日本帝國體制的永久喪失——意味著日本失去了先前經濟成長必不可缺的資源和市場。帝國的喪失，再加上正當海外貿易和外交關係的斷絕，使事態更加惡化。甚至直到軍事占領末期，日本人才獲准到海外旅行。

此外，在一些重要產業比如煤炭產業方面，日本為常年的階級和種族壓迫付出了慘重代價。

到日本投降時，許多最繁重的體力活，尤其是在煤礦，都是由徵募的朝鮮勞工或者中國俘虜承擔。當解放之日來臨，他們全體都從不見天日的地獄中逃了出來。後果之一就是，日本產業重建所需的基礎能源生產，持續低迷難以恢復。到一九四五年底，當務之急的民眾營養不良問題，在工業領域有了對應的新概念「煤炭饑餓」。在許多重要產業，戰敗後生產能力急轉直下。對於大多數產業而言，至少直到一九五〇年，產量才恢復到三〇年代中期的水準。57

所有這一切都加劇了虛脫的狀態。經過長期的戰爭，日本人民已經習慣了被勉勵忍受難以忍受的痛苦。至少，這種激勵傳達出一種明確的意圖：人民被教導要相信他們的國家、他們的文化，相信他們「國體」的危機來自於外國軍隊。但是，被教導在戰後的泥濘中忍受難以忍受的煎熬卻是另一回事，而且議會關於隱匿物資醜聞的報告，很好地解釋了為什麼對於大多數人來說，肉體和精神的疲弊會延續這麼長時間。儘管調查委員會得出結論「許多秘密人物暴得大利，他們是培育黑市的溫床，」然而試圖揭露醜聞和追回被掠物資的行動，在每一級政權都被「詭計和合法阻撓聯手挫敗」。至於從掠奪物資醜行中獲益的權勢人物，「他們戴著民主的面具，但事實上卻在黑市上昂首闊步」，在國家長期的經濟混亂中狂歡作樂。

在這樣的狀況下，一種普遍的受害者意識落地生根實不足為怪，使得許多日本人都覺得自己是戰爭的最大受害者。自身的悲慘境遇，遠比帝國軍隊在遙遠的異國對陌生人實施的暴行記錄更直接、更看得見摸得著。在許多政治理想主義者看來，日常生活的窮困，也為民眾廣泛支持進步改革設置了不可逾越的障礙。一九四六年三月，戰後首次大選前夕，一張著名的新聞照片，成了這一困境的最佳寫照。照片上民眾蜂擁著在路邊的貨攤上購買沙丁魚，完全不理睬站在街頭臨時演講臺上演說的競選政治家。[58]

然而，治療這種悲觀情緒的解藥幾乎無處不在。一九四六年初，詩人崛口大學以如下的詩行，傳達出自己克服疲憊與絕望的心情感受：

國家變得
小而無力，
糧食缺乏
恥辱卻多。
生命易逝
舉目眺望，
高高樹梢
和那天空。[59]

很少有人讀過這首詩，因為他發表在一本新創刊的默默無聞的詩歌雜誌上。然而千百萬民眾都確實以自己的方式停止了悲歎，將目光投向明確的目標。戰敗激起了民眾對現存權威的懷疑和公然憤怒。貧困使許多勞動者變得激進。在許多情況下，無恥的腐敗喚起了有益的非難之聲。諷刺的幽默因絕望而開花。每一個心情疲憊、生活破碎者的故事，同時可能都會伴隨一個充滿活力、希望和成功的催人振奮的故事。隨著舊的員警國家對自由表達限制的消散，湧現的是真正的出版物的洪流。電影工業繁榮發展。電臺廣播又變得活躍起來。知識份子只爭朝夕地全力奔走運動。人們談論新的「愛情」形式，無論是肉體之愛還是精神之愛，同時也談論新的「文化」涵義。「頹廢」本身，則以對舊日正統的激進挑戰姿態粉墨登場。

120

1 鶴見和子對日本人在戰時以及戰後的體驗有深刻論述，參見其*Social Change and the Individual: Japan Before and After Defeat in World War II* (Princeton, N.J.: Princeton University Press, 1996)。荒正人所言，見J. Victor Koschman,「The Japan Communist Party and Literary Strategy」一文, 收入Ernestine Schlant與J. Thomas Rimer編，*Legacies and Ambiguities: Postwar Fiction and Culture in West Germany and Japan* (Washington, D.C. and Baltimore: Woodrow Wilson Center Press and Johns Hopkins University Press, 1991)，pp.175-77。當時即便是反戰知識份子，也傾向於認為「既然我們已經走得這麼遠，那就別無選擇只能奮戰到死」；如參見渡邊一夫日記中對一位友人的記述，《渡辺一夫敗戦日記》(東京：博文館新社，1995)，p.39。渡邊本人曾一度考慮在最終決戰來臨之前自殺。

2 《戰後の新語解説》(出版社不明，1946年11月)，p.71。此書校樣上注有占領軍的審查標記，現藏於美國馬里蘭大學Mckeldin圖書館Gordon Prange文庫。

3 據天皇之侍從武官吉橋戒三所述，參見賀伯特・畢克斯(Herbert Bix)，「Japan's Delayed Surrender: A Reinterpretation」，*Diplomatic History* 19.2 (Spring 1995): 211。

4 大阪府編《大阪百年史》(大阪府發行，1968)，pp.638-42。關於糧食短缺與工廠勞動者的缺勤率，參見Jerome Cohen，*Japan's Economy in War and Reconstruction* (Minneapolis: University of Minnesota Press,1949)，pp.197-98, 274, 342-45。

5 通產大臣官房調查課編《戰後經濟十年史》(東京：商工會館出版部，1954)，p.37。此處所用資料，主要是1939年或1940年的資料。

6 推薦食譜的完整清單，參見前引之《大阪百年史》，pp.642-43。

7 關於當時人均攝入的熱量值，參見歷史學研究會編《日本同時代史 第1巻 敗戦と占領》(東京：青木書店，1990)，p.196；讀賣新聞大阪社會部編《終戰前後》(東京：角川文庫，1984)，pp.122-23；《読売新聞》1946年5月5日；引用數據亦參見John W. Dower, *Japan in War and Peace: Selected Essays* (New York: The New Press, 1993), p.122。1946年兒童平均身高較1937年變矮的情況，參見東京戰後廢墟黒市紀錄會(東京焼け跡ヤミ市を記録する会)、猪野健治編《東京闇市興亡史》(東京：草風社，1978)，pp.80-81；這部有關黑市研究的重要文獻，下引為*TYKS*。

8 平凡社編集部編《ドキュメント昭和世相史〈戦後篇〉》，(東京：平凡社，1976)，pp.55-56。這本有關戰後通俗文化的真實輯錄，下引為*SSS*。

9 《朝日新聞》，1990年8月23日。

10 講談社編《昭和二万日の全記録》(東京：講談社，1989)，第7巻，pp.158，161，212。此文獻下引為*SNNZ*。

11 *SSS*，p.80；*SNNZ* 7:161，166；*TYKS*，pp.12-14。

12 《朝日年鑑》1947年版，p.169；《大阪百年史》，pp.913-14。1946年1月起，美方利用原太平洋地區的軍需物資向日本輸送小麥。大部分小麥被加工成了硬麵包，用以補充大米配給。美方的正式援助，名為GQRIOA (Government and Relief in Occupied Areas，占領地區治理與救濟)援助，開始於1946年7月。1948年，此援助計畫併入以企業為導向的EROA (Economic Recovery for Occupied Areas，占領地區經濟復興）資金專案。這些資金是貸款而非無償援助。由聯合國管理的另一援助計畫LARA（Licensed Agency for Relief of Asia，公認亞洲救濟連盟），曾經向全日本的小學兒童配給脫脂奶粉。GARIOA援助不僅限於食品，還包括原棉、肥料、燃料和藥品等基礎物資。物資援助的具體資料通常說法不一。但是1961年日本通產省認定，占領期間美國對日援助總額高達17-18億美元，其中包括10.5億美元的食品，以及511萬美元的原料和燃料。1962年1月，日本同意以15年為期，返還4億9千萬美元的援助；參見Fuji Bank, *Banking in Modern Japan* (1961; *Fuji Bank Bulletin* 11.4特別號), p.209。當時美國的援助，對緩和日本的糧食匱乏起到了重要作用（儘管比日本政府同一時期為占領軍支付的50億美元「終戰處理費」要少得多）。對日援助不僅實現了GARIOA計畫的基本目標，即「防止饑餓、疾病傳播與局勢動盪（1）明顯地危及占領軍，與（2）持續妨礙占領的終極目的」；而且占到了日本進口總額的大部分。據占領當局的一位前經濟學家估算，對日援助占1947年日本進口額的77%，1948年的67%，以及1949年的59%；Sherwood M. Fine, *Japan's Post-war Industrial Recovery* (New Delhi: Far Eastern Pamphlets #13, 1952), pp.41-42, 57。據另一位SCAP前經濟學家統計，援助物資占到1950年輸入額的58%；Leon Hollerman,「International Economic Controls in Occupied Japan」, *Journal of Asian Studies* 38.4 (August 1979), p.710。亦參見*SNNZ* 7:212, 326；前引之《戰後経済十年史》，p.58；Cohen前引書，pp.477-79, 492-94；U.S. Department of State（美國國務院），*Foreign Relations of the United States, 1946*, vol.8, pp.349-50；大藏省財政史編纂室編，《昭和財政史》（東京：東洋經濟新報社，1978），第19卷，pp.136-37（圖表52）。末文獻為戰後官方財政統計資料的基本文獻，下引為*SZS*。總體而言，美國對日本（乃至亞洲）的援助，遠較馬歇爾計畫對歐洲的直接援助為少；參見William S. Borden, *The Pacific Alliance: United States Foreign Policy and Japanese Trade Recovery, 1947-1955* (Madison: University of Wisconsin Press, 1984)。

13 山岡明，《庶民の戰後〈生活編〉―1945-51年戰後大衆雜誌にみる》（東京：太平出版社，1973），pp.41-46。

14 講談社編《講談社の歩んだ五十年 昭和編》（東京：講談社，1959），pp.560-62。1945年8、9月號的《少女俱樂部》也強調說，女孩們應當繼續穿著雪袴，阻擋美國大兵的性接近。

15 山岡明《庶民の戰後》，pp.34-35。

16 *SZS* 19:140，142-43（表54，57）。

17 *SNNZ* 7:164，166，264，297；高橋紘，p.97；TYKS，pp.65，289；朝日新聞社編《聲》（東京：朝日文庫，1984），第1卷，pp.305-6。末一文獻下引為《聲》。

18 *SNNZ* 7:272，301；*SSS*，p.266；*TYKS*，pp.62，117；Lucy Herndon Grockett，Popcorn on the Ginza: An Infornal Portrait of Postwar Japan (New York: William Sloane, 1949)，pp.186-87。

19 當時成年人每日攝取2200大卡熱量的最低標準，見於日本政府1947年出版的首份「經濟白皮書」。參見前引之《日本同時代史》，第1卷，p.196；*SNNZ* 7:191,323；讀賣新聞《終戰前後》，pp.122-23。

20 《裏の裏》編集欄，1948年3月，收錄於山岡前引書，p223。

21 《聲》第1卷，pp.57-61。

22 《聲》第1卷，pp.268-69。

23 《国民生活と闇法令》，《トップ》1941年4月號。山岡前引書《庶民の戰後》收錄，pp.222-23。

24 讀賣新聞大阪社會部編《終戰前後》，pp.151-71；*SNNZ* 7:114。

25 《聲》第1卷，pp.335-37；朝日新聞社編《〈週刊朝日〉の昭和史》（東京：朝日新聞社，1989），pp.119-20。

26 *SSS*, pp.43-44；針對當時女性之艱難處境的記錄，參見同書p.159。《朝日新聞》1949年2月8日，收錄於*TYKS*，p.323。

27 *SSS*, pp.242-49。亦參見《聲》，第1卷，p.72；*SNNZ* 7:203。

28 *SSS*, pp.162, 163, 197, 199.

29 高橋紘，p.105。

30 前引之《日本統計年鑑》（東京：總理府），1955-1956年版，p.477（圖表269），下引為*NTN*。亦參見*SNNZ* 7:228。

31 *NTN 1955/1956*，p.477（圖表269）；對照*NTN 1950*，pp.440-41（圖表234）。1943-1947年的動盪時期，不僅缺乏肺結核發病率的可靠資料，就連人口出生率與新生兒死亡率的資料也疏於統計。

32 *NTN 1950*，p.436（圖表233）。1948年，僅公共衛生機構報告的肺結核病例，就高達932604例；1949年的數據是907462例。

33 《思想の科学》1990年6月號，p.51（注6）。

34 *SSS*, p.80.

35 John W. Dower,「Sensational Rumors, Seditious Graffiti, and the Nightmares of the Thought Police」, *Japan in War and Peace*, pp.101-54；亦參見Dower，*Empire and Aftermath: Yoshida Shigeru and the Japanese Experience, 1878-1954*（Cambridge, Mass.: Council on East Asian Studies, Harvard University, 1979）一書之第8章「Revolution」，pp.273-303。

36 《聲》第1卷，pp.248-49。

37 *TYKS*, pp.283, 304, 312；高橋紘，pp.106-8。

38 今日出海《集団見合いはいかに行われていたか》，《婦人》1948年7月號；收入*SSS*，pp.231-34。還可參見鶴見俊輔編《日本の百年》（東京：筑摩書房，1967），第1卷，pp.200-2；*SNNZ* 8:121；金谷千都子《集団見合い》，《戦後史大事典》（東京：三省堂，1991），p.415。有關人口資料，參見*SZS* 19:9。

39 *SNNZ* 7:275, 322.

40 *SNNZ* 7:275, 301; *TYKS*, p.329.

41 參見著名作家志賀直哉致《朝日新聞》的信，以及讀者來信的回應；收入《聲》第1卷，pp.107-11。

42 《聲》第1卷，pp.159，197-98，199。

43 《戦後体験》(《別冊人生読本》特別號，東京：河出書房新社，1981)，p.48。

44 *SNNZ* 7:248, 278; *TYKS*, pp.226-27.

45 *SNNZ* 7:230.

46 *SNNZ* 7:230, 290, 294, 308.

47 *NTN 1955/1956*，pp.496-97(圖表279，280，281)；*TYKS* p.3295。

48 如參見はらやすお對兒童遊戲的描繪，《決戦漫画輯》(東京：教學館，1944)。

49 *SNNZ* 7:2, 13, 181, 217,243,308；*TYKS*, p.319；*SSS*, p.266；《聲》第1巻，pp.293-94。

50 有關基本資料，見*SNNZ* 7:214-15。戰後初期的國會議員、經濟學家木村禧八郎對此事的回憶頗堪玩味，參見三國一朗、井田麟太郎編《昭和史探訪》(東京：角川文庫，1985)，第5巻，pp.223-37。日本政府關於軍用物資流入黑市的調查報告之英譯文，參見Supreme Commander for the Allied Powers, *Political Reorientation of Japan, September 1945 to September 1948* (Washington, D.C.: U.S. Government Pringting Office, 1949), vol. 1，pp.311-13，及vol. 2，pp.727-33。亦可參見SCAP月度報告書*Summation: Non-Military Activities in Japan* (由Scholarly Resources, Inc.提供文獻縮微膠片)對日本國會調查的報導，summations 27 (December 1947) -35 (August 1948)，尤可參見summation 27，pp.23-32。除非另行注明，以下論述主要參照後兩種英文文獻。對日本戰後經濟政策之探討，見本書第17章。

51 1946年的財政年度，在會計程式慣例化之前，占領軍費用至少占據了一般會計預算的1/3；參見經濟企畫廳戰後經濟史編集室編《戦後経済史 経済政策編》(東京：大藏省印刷局，1960)，p.73。此後，「終戰處理費」在1947年占到經常預算的2/5 (39.8%)，1948年則占約1/4 (23.9%)。1949年到1951年的這一資料，分別為17.1%、18.4%與14.1%；參見通產大臣官房調查課編《戦後経済十年史》，附錄，p.15-17。占領軍龐大的費用問題，以往經常被忽略，可參見*SZS* 19:186-87(圖表71)；《朝日年鑑》1951年版，p.374；渡邊武《占領下の日本財政覚え書》(東京：日本經濟新聞社，1966)，pp.42-43；前大藏省官員個人的有關回憶，收入未公開發表的《戦後財政史口述資料》，尤可參見第1巻，條目2(p.30)，3(p.17), 5(pp.11，15-16)，6(pp.28-29)。「經常」預算不同於補充預算。

52 儘管日本當時的居住條件對美國人而言確有不便之處，見Russell Brines，*MacArthur's Japan* (Philadelphia: Lippincott, 1948), pp.295-96。1948年日本無住房家庭的情況，參見前引之《戦後体験》，p.64。

53 *SZS* 19:42-43(圖表12)，當時的物價指數，參見19:52-54(圖表17-1，17-2)。亦可參見山岡《庶民の戦後》，pp.34-35；參見三國、井田編《昭和史探訪》中三木雞郎的文章，第5巻，p.285。

54 *SZS* 19: 64-65(圖表22)；《每日年鑑》1949年版，p.536。

55 *SZS* 19: 58-61(圖表20)。

56 有關隱匿物資的價值及規模的粗略資料，是依據國會調查委員會報告書中各處提到的數字推斷而來。在當時的混亂狀況下，官方資料的可信度不高。就隱匿物資醜聞而言，大規模的、蓄意的隱匿行為，顯然使事態更為複雜。同時，由於惡性的通貨膨脹，也不可能對這些物資進行穩定的估值。只能通過展示這些物資相應的規模，以期對醜聞驚人的程度有所認識。

57 *SZS* 19: 90-93（圖表34）。

58 *SNNZ* 7:227.

59 載詩歌雜誌《文芸冊子》1946年1月號，再刊於《朝日新聞》1996年8月16日。

第四章　戰敗的文化

大多數的日本人超越疲憊和絕望，充滿想像力、多姿多彩地重建他們的生活，這是人類不屈的生命力的證明。有些人花費很長時間才做到這一點，有些人數日之內就擺脫了意氣消沉的虛脫狀態，另外有些人壓根就與虛脫狀態無緣，他們在聽到收音機裡沙沙作響的天皇廣播的瞬間，就體驗到了解放感和生機。人們大吃大喝一頓或者吃紅豆飯以示慶祝。他們匆忙從窗子上取下燈火管制的黑紙，讓陽光重新回到自己的生活中。千百萬人開始考慮，沒有了國家的指令，自由的個人生活可能意味著什麼。[1]

121

多年後，一位批評家回憶起這一切，談到了當時社會中突然出現的新的「空間」。[2]人們行為變了，思想變了，遇到了前所未有、甚至也不可能再次經歷的新的狀況。這是一個流動的、自由的和開放的罕見時刻，新的權威模式和新的行為規範正在形成之中。人們痛切地感到，必須重新開始自己的生活。

如果說利己的機會主義行為隨處可見的話，那麼新的機會也到處存在，即能夠以在軍國主義者控制下不可能有的方式行動、言論和思考的機會。當然，美國對日本的占領也是軍事專制，但

122

是在占領初期，他摧毀了先前日本上層的高壓統治，使得民眾情緒和民眾的獨創精神得以空前廣泛自由地表達。由於提倡更多的個人自主性，「日本」作為國家的意味在民眾間產生了變化。八月十五日之前，可以想見，國家是以最空虛教條的概念規定的：什麼是「國體的本義」；什麼是正確的「臣民之道」；在現存的階級和性別等級制度中，謹守「本分」是多麼重要；哪些「墮落」和「腐敗」的外國思想和藝術是被嚴厲禁止的；現實生活中在不同場合該說什麼，不該說什麼等等。

當思想理論家們狂熱地宣揚所謂「一億一心」之時，日本的敵國對於這種宣傳並不當真。在戰爭中，對美國和其他盟國而言，日本人的自我吹噓不過是助長了他們對於這個機器人似的、兇殘的、洗過腦的民族固有的種族偏見而已。令人震驚的是，戰敗顯示了多年來所有的極端民族主義的教化，竟然可以被如此迅速地丟棄。對國家的熱愛存留下來，但是盲信的狂熱和令人麻痹的管制被欣然拋棄。人們以自己的語言和行動，處處證明了對於專制主義國家垮臺的欣慰，以及對多姿多彩的娛樂活動的接受力——至少是包容力。

在早期，擺脫絕望、創造新的空間的最引人注目的表現，發生在所謂「體面社會」的周邊地帶。在那裡出現了與眾不同的戰敗的次文化群，成為令人震驚也使人著迷的舊秩序崩壞與打破因習、特立獨行的新精神的象徵。當然，並非所有的邊緣群體都擁有這樣的魅力光環。許多「第三國人」——朝鮮人、臺灣人、中國人（以及沖繩人，在絕大多數日本人的眼中）——他們在社會邊緣地帶的反抗的生存，少有例外地被主流社會視而不見。3

對大眾意識造成衝擊的邊緣群體，來自三個相互交叉重疊的次文化群落：一是被稱為「潘潘」（*pampan*）的專門接待占領軍士兵的妓女的世界，她們對征服者的歡迎和擁抱著實令人不安；二是黑市，充滿了可怕的活力，引誘人的欲望，踐行著弱肉強食的行為規範；三是酩酊大醉、聲名狼藉的「粕取（カストリ）文化」群體，他們讚美縱欲，並帶來了低俗雜誌和性交易等持久的誘惑。所有這三個邊緣的世界，不僅具體證明了虛脫狀態的混亂和絕望，而且也是以生命力、本能甚至是色情驅使人們超越虛脫狀態的實例。

為征服者服務

在被占領的日本，有兩個事件使人們看清了賣淫的真實情形。一九四六年九月二十九日，《每日新聞》刊登了一位二十一歲妓女的來信。這位年輕女子講述了自己如何從「滿洲」被遣返回國，由於沒有親戚和經濟來源，最終只得在東京上野車站的地下通道中過活的經歷：

> 我住在那裡順便找工作，但是找不到任何事做，連續三天我什麼也沒得吃。然後在第三天夜裡，一個不認識的男人給了我兩個飯團。我趕忙吞了下去。第二天夜裡，他又帶給我兩個飯團。後來他要

我到公園去，因為他想跟我聊聊。我跟他去了。我就是在那時淪落為受人鄙視的「夜之女」的。[4]

雖然當時報紙上時有表達普通人苦悶的來信，這封信還是引起了轟動，儘管是以一種不同尋常的、遲到的方式。一九四七年十二月，受這封來信的激發，一首叫做《流星》(《星の流れに》)的感傷的流行歌曲問世了。這首歌當時並未受到關注。近一年之後，這首歌才開始風靡一時，而他的副歌「誰讓我變成了這樣的女人？」，也開始被當作嚴重的社會問題來對待。就普遍的理解來說，正確的答案不是那些利用窮困年輕女性的低級的妓院老闆和皮條客，而是無能的政府和官僚機構。

從《每日新聞》刊登來信到歌曲發表的這段時間，一家全國性的電臺廣播了對一位十九歲站街女的訪談節目，記錄了有關賣淫的黑暗世界的另一番景象，使公眾大為震驚。一九四七年四月，記者用隱藏的麥克風偷錄了被採訪女孩的談話，她在節目中被稱為「有樂町的阿時」。有樂町是指東京的有樂町，那兒有許多站街女在營業。阿時被描述為那一區妓女的頭目。採訪阿時的記者用生動的語言，描繪出了阿時的形象。他說，阿時個頭挺高，長相動人，穿著寬鬆的水手褲，淺紫色的毛衫，頭髮時髦地用黃色的緞帶束起。她的面容長得很美，皮膚白得近乎透明，眉目如畫，塗著厚厚的口紅。然而記者觀察到，當阿時說話的時候，她有一個令人討厭的撇嘴的習慣，讓人聯想起歹徒的形象。當時的一張照片，抓拍到了阿時撇嘴的樣子。

阿時的話比她本人的相貌還要令人印象深刻：

當然做妓女不好。但是由於戰爭的災難，既沒親戚又沒工作，讓我們怎麼活？……我們中沒有多少人是因為喜歡才幹這個的……但是即便這樣，當我們試圖改過自新找份工作的時候，人們就會對我們指指點點並說我們是妓女……我已經讓好些女孩改邪歸正並把她們送回社會了，但是後來……她們總是（她開始抽泣）被挑剔並被趕了出來，最後只能回到這兒重走老路……你不能相信社會。他們鄙視我們。

九個月後，採訪記者收到了阿時的來信，正如一則墮落與救贖的完美寓言。阿時說她聽到收音機中自己的聲音很受觸動，那聽起來就「像個惡魔」。因此她離開了並另外找了份工作。她又寫道，社會對她仍然很苛刻，她的決心時常都會抵達崩潰的邊緣，但她決定堅持下去。[5]

這些令人傷感的「夜之女」的形象，留下了許多難言之隱，而事情必須如此。因為賣淫交易中的很大部分，就是滿足龐大的占領軍的需求。不得不接待幾十萬盟國軍隊的性暗示令人恐懼，尤其是對那些知曉自己國家的軍隊在他國的暴行、也瞭解日軍強迫別國婦女充當「慰安婦」的龐大數目的人而言。緊隨天皇的投降廣播之後，謠言就像野火一般蔓延，「敵人一旦登陸，就會逐個淩辱婦女」。內務省的情報課，立即意識到了這些謠言與他們自己軍隊海外行為之間的關聯。正如一份警方的內部報告書所述，「那些談論掠奪和強姦鬧得人心惶惶的人，很多就是從前線歸來的退役軍人。」[6]城市家庭被敦促將家裡的女人們送到鄉下避難。婦女們被建議繼續穿著戰爭年代

一九四五年九月，美軍成群在東京RAA（特殊慰安施設協會）內對著女服務生唱「飲酒歌」，RAA是由日本為美國占領軍提供性服務的專門機構。（Photo by Keystone/Getty Images）

像口袋似的雪袴，而不要身著更為誘人的女性服飾。年輕的女孩們被警告不要表現友善。然而即便如此，外國人仍然被想當然地認為會要求性滿足。問題很簡單：誰來提供服務呢？

日本政府毫不遲疑地回答了這個問題。八月十八日，內務省發送了一份秘密的無線電報給全國的員警管區，指示他們為占領軍特設專用的「慰安設施」，而且要以最大限度的慎重來進行籌備。招募這些設施所需女性的任務，應當由地方員警署長調度安排。他需要動員地方上已經從事賣春業的企業和個人。同一天，東京警視廳的高官會見了東京——橫濱地區的「從業者」，向他們許諾了五千萬日元的財政補助金，並達成從業者自行籌集相等數量資金的默契。[7]

翌日，副總理近衛文麿要求警視總監親自指揮這件緊急要務。據說這位前首相近衛公爵，懇請警視總監「保衛日本的年輕姑娘」。然而數日之內，此方針又有了新的變動。曾在馬尼拉會見麥克阿瑟一行、安排投降事宜的使節之一河邊虎四郎將軍回到東京，敦促政府不要直接插手運營這些設施。

此後，政府的角色主要限於正式簽署批准方案並提供貸款融資和警力協助。被勉勵承擔這項任務的從業者，持內務省、外務省、大藏省、警視廳和東京都廳公認的官方扶持通告，募集私人投資。九月六日，政府運營的勸業銀行融資三千餘萬日元，作為政府為這些行動所提供貸款的首期款。大藏省的一位後起之秀池田勇人，在安排政府支持方面發揮了作用，後來他被引述曾說過這樣的話：「用一億日元來守住貞操不算昂貴。」經營者們聚集在皇居前高喊「天皇萬歲！」，公開表達對這次為國效勞的賺錢機會的感激之情。[8]

徵募少數女性作為保衛日本良家婦女貞操的緩衝器，是對付西方野蠻人的一貫策略。在培里船長強迫日本廢除閉關鎖國政策之後，日本就立即特設了為外國人服務的娛樂區。有一位為國獻身的年輕女子，已經在日本近代的神話傳說中被譽為愛國英雄。她的名字叫阿吉，曾被指派給一八五六年上任的第一任美國總領事湯森·哈里斯（Townsend Harris）為妾。一九四五年的賣春業者，以阿吉悲哀而色情的形象自我標榜。他們宣稱，他們所召募的婦女，將是「昭和時代之阿吉」。

讓政府感到意外的是，職業妓女們對成為當代的阿吉不感興趣。一種說法是，她們害怕美國人，那些在戰時宣傳中通常被描繪為惡魔形象的美國人，性器官巨大會弄傷她們。特別慰安所的設立者們由此著手招募普通女性。他們在東京市中心的銀座豎起了巨大的看板《告新日本女性書》，上面有些曖昧地寫著「作為國家戰後處理緊急設施之一端，我們尋求新日本女性的率先協力，參加慰問進駐軍的偉大事業。」還提到工作職位是「女性事務員，年齡十八歲以上二十五歲以下。提供住宿、服飾及伙食。」[9]

絕大多數被廣告吸引來參加面試的女性衣衫襤褸。有些據說甚至光著腳。大多數人都沒有紅燈區的「賣春業」經驗，在被告知將來實際的工作之後，大部分人都離開了。在剩下的女性中，有些人宣佈與食宿有保障比起來，更吸引她們的是「為國」獻身的召喚。畢竟，這其實就是她們一直所受到的愛國的、自我犧牲的教導。截至八月二十七日，東京共有一三六〇名婦女被徵募，她們很快就會被稱為R.A.A，這是「特殊慰安施設協會」的英文縮寫。

翌日，就在最初的占領軍小分隊到達日本時，在皇居前的廣場上為R.A.A.們舉行了一個就職儀式。在儀式上，宣讀了文辭華麗的「誓詞」：

> 邦家三千年，雖山容河相亘古不變，昭和二十年八月十五日之慟哭，乃一時代之結束，為極端之悲痛與無涯之憂苦所縛，將向危險的、無盡的絕望之底沉淪。（中略）

127

一九四五年十月，一名藝伎在張貼門上的告示時，被熱情的美國士兵抱在懷中。(Photo by George Silk/The LIFE Picture Collection/Getty Images)

時機來臨，命令已經下達，由於我等職域所在，作為國家戰後處理的緊急設施之一端，被賦予慰安駐屯軍的艱難事業。此命令重大。而成功則難中之難也。(中略)

由此同志結盟，信念引領我等勇往直前，通過幾千名「昭和的阿吉」之獻身，築起一座阻擋狂瀾的防波堤，共同護持培養民族的純潔，為維護戰後社會秩序之根本，甘當地下之柱石。(中略)

當以一言結束聲明。我等斷非向進駐軍獻媚。我等並未有損氣節或出賣靈魂。我等止不過盡不可免之禮儀，並履行條約中之我方義務，為社會之安寧做出貢獻。我等敢大聲直言，是為護持國體挺身而出。重申此言，以為聲明。[10]

東京共同經營R.A.A.的七個「賣春業」專門團體也發表了聲明。在向「保衛一億日本人血統之純潔以護持國體的偉大精神」忠誠嚴肅地宣誓之後，這些愛國的妓院老闆們以驚人的圓滑適應激變的新時代，流暢地運用時髦辭令宣佈，希望通過R.A.A.，「疏通彼我兩國人民之意志，並為國民外交的平穩發展做出貢獻，為建設世界和平出一份力。」[11]

當天，數百名美國大兵很快抵達東京大森町的一處R.A.A.設施。那裡聚集的少數姑娘是最缺乏經驗的新手。既沒有床、寢具也沒有單獨的隔間，姦淫行為就在沒有隱私的情形下隨處發生，甚至是在走廊上。目擊當時情景的日本人後來的證言都非常憤怒，說這是無恥的「動物的性交」，暴露了所謂美國文明的「本性」。據說，當時的員警署長都為此流淚哭泣。[12]

129

一位缺乏經驗的R.A.A.新人，後來追憶起她第一天的恐怖經歷。她被指派為二十三個美國士兵服務。據推算，R.A.A.女性每天招待美軍數量在十五到六十人之間。一位先前做打字員的十九歲的姑娘，幾乎立即就自殺了。有些女性精神崩潰了，有些人逃亡了。到了九月中旬，這種荒唐的「國民外交」多少變得正常了一些。在作家高見順九月十三日的日記中，記錄了他與一位計程車司機的對話。司機說他看到一個女人就像歌劇裡那樣身穿豔麗的和服，在一處慰安設施門外迎接一個美國兵。她跳起來摟著美國兵的脖子，並用帶日本腔的英語打招呼說「哈囉」。對於日本男性來說，這是使人鬱悶壓抑的一幕。[13]

130

由於東京的大部分市區都在空襲中被燒毀，起初沒有多少地區可以提供慰安設施。九月中

一九四五年十月，美國士兵在酒吧裡和藝伎吵鬧狂歡。（Photo by George Silk/The LIFE Picture Collection/Getty Images）

下旬，東京都防疫課長與謝野光博士（著名女權主義者和詩人與謝野晶子的長子），被占領軍當局約請協助將妓女分配到不同地區，以備美軍軍官、白人士兵或黑人士兵專用。起初，據說被指派為黑人士兵服務的婦女們嚇壞了，直到後來她們發現，很多黑人士兵對待她們比白人士兵更加友善。出於對種族和等級制度的謹小慎微的偏見，一些日本人總結說，這種相對的友善，是因為事實上黑人士兵所受的教養，是將「日本人」當作「白種人」來對待的。[14]

這種「特殊慰安」設施在東京迅速擴張。據說很快就增加到了三十三所。並且在其他二十座城市同樣迅速地蔓延開來。毫不奇怪，他們在美國士兵中廣受歡迎。與其他消費相比，他們很便宜。

由於受到性病蔓延的威脅，美軍當局很快就在接待美國大兵的賣春設施外建起了「性病預防所」。照片中是廣受美軍歡迎的「Oasis of Ginza」（銀座的綠洲），連店名都方便地以英文做為標識。（Photo by Keystone/Getty Images）

對R.A.A.妓女進行短時間拜訪的費用，是十五日元，或一美元，相當於當時日本市場上半包香菸的價格。兩三倍這樣的價錢，就可以購買一整夜的「個人外交」。[15]儘管這些服務未能防止強姦和性侵犯的發生，但念及占領軍龐大的規模，強姦事件的發生率相對較低——幾乎與日本政府的預期一致。[16]

R.A.A.儘管深受歡迎，起初也得到了勝利者們的支援，但是在占領開始的數月後就被廢止了。一九四六年一月，占領軍當局命令全面禁止「公營」賣淫業，公開宣稱他是非民主的也是侵害婦女人權的。但在私底下，他們承認廢除R.A.A.最主要的原因，是占領軍部隊內部性病患者激增。數月後禁令生效時，幾乎90%的R.A.A.婦女性病檢查結果呈陽性。同時，美軍的第八軍，經檢測70%的兵員感染了梅毒，50%感染了淋病。當年的四月，主要是為了治療這些性病，美國才初次將製造盤尼西林(青黴素)的專利許可賣給了日本公司。[17]

先前由R.A.A.招募的婦女們被解雇了，沒有得到遣散費，卻得到了一篇豪言壯語的褒獎，大意是她們「為國效勞」，而且是日本女性「純潔的防波堤」，儘管她們自己的純潔除外。[18]當然，公營賣淫制度的結束，並不意味著賣淫業本身的終結。只是這種買賣進行得更加隱蔽了，而性病仍舊難以控制。雖然如此，這種過渡仍然有其可貴的意義。一張照片珍貴地記錄下了公營賣淫業終結的歷史時刻：在官方認可的傳統藝伎聚集的「浮世」地區的一隅，在外國人專用的慰安設施門外，身著和服的年輕女子們，站在懸掛在牆上的星條旗前，高舉雙臂歡呼「萬歲」以示慶祝。[19]

為回應盟軍司令部禁止公營賣淫業的命令，日本官僚們表現出了罕見的、不同尋常的對人權的細緻尊重。一九四六年十二月，內務省公然宣佈女性有做妓女的權利，而這一點成了各方達成默契、在指定的「紅線」地帶可以繼續從事賣淫業的公開的理論依據。(指定「紅線」區的說法，來自警方在城市地圖上所做的標記。在藍線標示的地區，賣淫行為是被禁止的。)在此後的歲月裡，大約有五萬五千到七萬名女性，——她們當中許多人是「第三國」出身，——在上述區域充當全職或兼職妓女。[20]

132

「交際花」、「專寵」與叛逆女性

這就是潘潘的時代縮影，她們堅強而脆弱的形象：鮮豔的口紅、指甲油、時髦服裝以及有時令人羡慕的曼妙身姿。她們成了與城市夜景、戰後的日本記憶場景不可分離的部分。她們留下的照片，是那個時代最憂鬱哀傷和引人遐思的形象：黑暗中斜立的身影，頭上包著圍巾，臂上挎著手提包，時常點燃或吸著雪茄。她們有許多委婉的稱呼：夜之女、街之女、黑暗之女，但是最常用的還是潘潘。儘管也出現了做美國大兵生意的男妓，但並未引起公眾對他們的注意，他們沒有贏得大眾的想像。21

「潘潘」這個詞的來源模糊，但據說是戰爭時期在南太平洋諸島的美國人用來指代能夠搞到手的女人。一九四八年出版的一本書中說，從南方地區遣返歸國的日本水兵有時也提到潘潘。在美國大兵中，這個詞激起的反應是嘲笑、憐憫、同情、異國情調和赤裸裸的性衝動。當妓女們以潘潘自居時，他傳達出的是同樣混雜的印象：絕望和悽楚的感覺，正如流行的解釋那樣，還有驕傲地公然蔑視傳統規範以及對感官享樂的追求。

儘管「有樂町的阿時」痛苦地談起被「社會」輕視的遭遇，她和她的同伴們在大眾的心目中，仍然看起來大膽和反叛得十分迷人。幽默雜誌《VAN》的時事評論欄暗示過這一點。《VAN》雜誌向一系列的名人提問：「什麼是當今日本社會最古老（最封建）的特色？」以及「什麼是最新的（最民主）的特色？」在一位著名的社會批評家和法國文學學者辰野隆看來，「政治」是當今社會最古老、最無變化的方面，因為他仍然與人民的生活沒有任何有意義的關聯。那麼最新和最民主的呢？辰野回應說，「是潘潘女孩們，因為她們超越了種族和國際間的偏見。」22

這一評論機警而尖刻，即使是只說對了一半。在某些地區，潘潘的生意有嚴密的組織，不僅依據地盤，還依據接待的客人劃分勢力範圍（稱為「島」）。有些潘潘只做日本人的生意，而更多的潘潘接待美國人。在一些地盤上，這種區別很嚴格。那些越界的潘潘，往往遭到別的妓女的辱罵甚至折磨。然而辰野即興的回答，用來嘲弄那些經常打著「民主」旗號的政治騙局倒也合適。他不僅讓人關注在被占領的祖國「國際關係」最隱秘曖昧的表現，而且讓人注意到了其種族的維度。成千上萬的潘潘公開地、適意地與白的、黑的美國大兵為伴。即便被瞧不起，她們也成了對其他種族某種容忍的典範，並以群體的反叛行為標示著不可否認的獨立。

儘管潘潘的生活本質低俗，但是她們與被壓抑的肉體快樂的解放聯繫在一起。這是一個縱情聲色的世界，此前不僅曾經展現在江戶時代後期的游郭之中，而且曾經在民間說話中的好色故事、古代宮廷戀愛物語中的男女調情中被恣情表達。她們在肉慾上的自甘墮落，是對軍國主義者徒勞的禁欲和自製的最尖銳的批判。儘管可能有些男人震驚於她們對性的直率態度，但也頗有些人感受到了其魅力所在。對於眾多的性產業經營者來說，潘潘預告了即將到來的性商業化潮流，這種潮流在他們身後仍將長期繁榮。23

133

年輕女性舉出的成為潘潘的主要理由，反映了這些夜之女曖昧的身份。一項對賣春女的調查發現，她們許多人是戰爭孤兒，或者沒了父親——實際上在經濟和社會安全方面一無保障。相當數量的人是家裡的長女，自認對父母和弟妹的生活負有強烈的責任。然而，同一調查還發現，接受採訪的大多數人是「自願」在婚外失去童貞的，而且許多人並不是由於經濟狀況的絕望而賣淫。儘管有些人將掙來的錢省吃儉用供養自己或家人，其他人則為短暫的歡樂而揮霍浪費，展示出挑戰時代整體貧困的奢侈放縱。對一九四六年和一九四七年警方圍捕的潘潘的調查發現，相當數量的人坦言，只是「出於好奇心」才選擇了她們的生活道路。[24]

警方記錄的被捕妓女的「履歷」，有時以相當可觀的細節傳達出她們對性快樂的坦承。一位十八歲的京都姑娘講述了自己的經歷：前些年在奈良上縫紉學校的時候，一個夏日的夜晚，在公園裡，她失身於一位年輕的美國兵。幾個月後，他們浪漫的關係中斷，她偶然決定成為一名妓女，就搬到了京都幹起了這一行。她絕大多數的顧客都是美國兵。她溫和地告訴員警，如果一位客人長相特別英俊，她往往不收他的錢。除非生病或是住院，她聲稱自己會繼續追求這種生活方式，不會考慮其他的人生選擇。[25]

賣淫通常比絕大多數婦女能夠得到的其他工作報酬好得多，而且職業行話也將潘潘以巧妙的傳統方式傳奇化了。一位妓女不偏不倚地穿梭於顧客之間，則以英語借詞「butterfly」稱之，即「交際花」。也就是說，她看來以自己的方式，成為了一個現代版的「戀上戀愛的女人」。「戀上

134

戀愛的女人」，是十七世紀的大作家井原西鶴的一部著名物語中濫交的女主人公。專做美軍生意的潘潘也被叫做「洋潘」，「洋」字的含義指的是外國的或西洋的。她們是新時代的阿吉，一群叫做「羅紗緬」的女人的現代版。「羅紗緬」指的是，十九世紀中期在剛剛開放的日本的通商口岸，成為外國人妻妾的女性（她們在照片中留存下來的形象，像潘潘們一樣悲哀憂鬱而引人遐思）。只忠於一位美國主顧的潘潘，則以英語借詞「only one」稱之，即「專寵」。這裡古老價值的重新應用確實微妙。正如武士與他的領主、高級藝伎與她的恩主一般，一位潘潘也可以是忠誠的榜樣。美德留存，只是所指代的物件變了。

像過去有教養的高級妓女一樣，潘潘也擁有特殊的才能。以她們的情形而論，最明顯的是以多種語言混雜的英語交流的能力。這種妓女的日語和美國兵的英語混雜的語言，被滑稽地稱為「潘英語」。能運用這種第二語言，不管蹩腳與否，在戰敗後的日本是一種很被看重的技能。成千上萬的日本男人，也在以占領者的語言跟占領者打交道而奮力生存。（他們的洋涇濱英語，有時被嘲笑為「占領軍用英語」）。這樣摩擦就產生了。潘潘跟她的美國兵伴侶臂挽臂，或是興高采烈地坐在他的吉普車裡，籠統而言傷害了國家尊嚴，具體而言刺痛了男性尊嚴。同時，這些女性，成了某種程度上每個人都有份的、令人眼花繚亂的「美國化」現象的突出象徵。潘潘公然地、厚臉皮地向勝利者賣身，而其他人，尤其是作為特權階層結交美國人的日本的「良善」國民，只能象徵性地這麼做。這真是令人不安。

在戰爭的白熱化階段，勝利者通常將日本敵人當作低人一等的生物對待。這幅照片攝於一九四四年十二月，太平洋戰區的美國水兵圍觀一位日本新戰俘「滅虱」。(Photo by National Archive/Newsmakers)

潘潘以她們令人尷尬的方式，成為戰後時期物質第一主義和消費至上主義的先驅者。在那些年的嚴重饑荒和匱乏之中，美國人物質生活的舒適簡直令人難以置信。美國「偉大」，是因為他如此富足。而對於許多人來說，「民主」吸引人，是因為他顯而易見是變得繁榮富裕的方法。在普通人之中，沒有任何群體像潘潘那樣悍然地開發利用勝利者的物質財富。她們是美國陸軍消費合作社(著名的PX)貨品的接收者。而PX在那些赤貧的歲月裡，確實看起來像魔法國的寶庫：不僅堆滿了基本的食品，還有酒和雪茄，糖果和珍饈美味，性感墮落的女性用品，比如口紅和尼龍長襪。

這個「美國」的魅力如何形容都不過分。阿時塗抹得鮮豔的嘴唇和花哨的服裝，不僅是一位妓女的標誌，而且是經歷了戰爭年代枯燥單調的節儉生活之後，美國魔力和時尚秘訣造成的大衝擊的組成部分。潘潘肉慾的形象，是日本人嚮往的好萊塢最近距離的存在。甚至資生堂，戰前具有上流社會傳統的化妝品業的著名製造商，也沾染了他的傾向。資生堂戰後的第一款新品是一種像口紅形狀的「指甲油」。他在與美國大兵為伍的女性中尤其受歡迎。[26]對於被剝奪化妝、燙髮和漂亮衣服的婦女們來說（戰時的口號是「奢侈浪費是敵人」），塗抹一點化妝品，即便是一小會兒，也可能是企圖擺脫絕望和疲乏的令人感動和可以理解的方式。一位女記者回憶說，正當婦女們脫去戰爭年代醜陋的肥大雪袴時，美國人來了，帶來了她們從未見過的長筒尼龍絲襪。她諷刺地評論說，她們的心靈受到了誘惑，據說有些人就是用自己的貞操換回了一雙長筒襪。[27]

征服者的眼光，幾乎立即就開始對戰敗日本的色情化，照片中的美國士兵正目不轉睛盯著日本女性的小腿看。(Photo by John Florea/The LIFE Picture Collection/Getty Images)

捎帶禮物，是占領軍士兵和他們的情人們之間的操作規程。一旦占領軍軍官參與這種個人外交，實施起來就更為慷慨大方。這種交往——既包括性交往，也包括物質交換，其規模數量相當驚人。定期的軍隊換防，持續引進大批新部隊補充二十五萬人的占領軍編制，況且據大家說，在任期內選擇守身如玉的傢伙微乎其微。據估計，占領軍人員花費在「娛樂」方面的幾千萬美金，幾乎半數到了那個年代的阿吉們手上。[28]

當時，潘潘可能是日本西化過程中的一種新現象——「橫向」西化的最明顯的象徵。先前，西化影響對於國家來說是垂直滲透的，幾乎從來都是由精英階層引入。甚至二十世紀二〇年代看起來像是異數的搖擺女郎文化（flapper culture）的盛行，其「摩登男孩們」和「鮑．克拉拉（Clara Bow）女孩們」，也只在閒適的資產階級圈子裡大行其道，而普通人相對未受影響。下層的潘潘，則展示了一種前所未有的現象——「從邊緣開始的」流行西化傾向。無論是從實質上、還是從象徵意味來講，這些堅韌的、生氣勃勃的年輕姑娘，比其他任何人都要接近美國。作為享樂主義的、物質主義的、美式消費文化的先驅，沒有人能夠逾越她們。[29]

連接勝利者和戰敗者之間的無處不在的性關係，對美國人瞭解戰敗國和他的人民產生了深遠的影響。對占領軍中的一些人來說，當地的婦女只是被當作性欲物件而已。這種典型的殖民態度，導致了一起臭名昭著的事件：一輛市郊通勤火車上，所有的日本女性都被美國軍警扣留，並被強制送去進行性病體檢。一句話，每個日本婦女都是潛在的妓女。[30]更令人震驚的是，戰敗國家本身也在蜂擁而來的美國人的頭腦中女性化了。突然之間，敵人被變形了，從一個殘忍野蠻的民族，弱化成了易於操縱和以備享用的可接受的外來民族。此種享用是顯而易見的，潘潘就是其化身。昨日日本還是一個險惡、強大的威脅，幾乎眨眼之間就被變形成為一個白人勝利者可以強加意志於其上的百依百順的女性胴體。同時，占領軍和日本女性之間的「親善」，無論是否賣淫關係，在某些情況下，也成了種族間的喜愛、相互尊重甚至是愛的起點。這也是一種象徵。對各方而言，無論是如何參與其中的，這都是一個不同尋常的文化事件。

黑市創業者

再也沒有絕對神聖的事了，而且每件事看來都相互聯繫在一起。那年月有句風涼話說：女人做潘潘，男人做黑市搬運工。「黑市」和「黑暗之女」這兩個詞的共同之處是，都有一個「黑」字，黑暗的「黑」。一本在戰時宣傳得力，文章和插圖才華出眾的幽默雜誌《漫畫》，以一幅漫畫捕捉到了這兩個世界之間的關聯：一位身穿舊軍服，滿臉髭須的大塊頭惡漢，正在向一位戰戰兢兢的市民搭訕。為他設計的問話是模仿那首關於上野車站貧窮妓女的感傷歌曲：「誰讓我成了這樣的男人？」[31]

然而，在這兩個黑暗世界之間確實有天壤之別。潘潘的王國是高度美國化的，反之黑市，即使美國大兵在其間出入閒逛，也始終完全是屬於日本人。他那來源於黑社會匪幫獨特的行業黑話，與潘潘們的洋涇濱英語，形成了鮮明對照。例如，在大阪的黑市租一個攤位需要交「場地費」，日語叫「ショバ代」。這是黑市隱語將「場所」二字顛倒過來的說法。[32]潘潘的世界基本上是性欲的，只是偶爾摻雜暴力，而黑市幾乎永遠是弱肉強食。男人們攜帶槍支，遊戲規則被強制執行。沒有人會因為顧客長得英俊或者可憐、絕望，甚至餓得要死而白給東西。黑市裡沒有多愁善感的餘地。這些違法行為，常常以面目柔和的委婉說法進行偽裝，不只有「自由市場」的叫法，還有可愛的「露天市場」或「青空市場」的說法。但是無論怎樣掩飾，說到底，黑市仍然是一個心腸冷硬、交易無情的場所。

儘管一般人會低估賣春業所占的經濟地位，但是沒有人不清楚黑市無與倫比的經濟作用。對於許多日本人而言，黑市才是現實的經濟。黑市幾乎與日本投降同時出現。事實上，天皇玉音放送前一星期，《朝日新聞》就曾發表一封來信，以嚴厲的雙關語警告說：逼近的敵人將設法利用「黑暗」，也就是說，利用黑暗的賣淫業和黑市。[33]八月十八日，戰後的黑市迎來了盛大的「開業慶典」。東京的主要報紙都刊載了巨幅廣告《致轉型工廠和企業家的緊急通告》，廣告許諾以「適當的價格」進行銷售，邀請人們攜帶生產的樣品與廣告發佈者關東尾津組聯絡。

小工廠主們蜂擁來到尾津組在新宿的事務所，因為戰爭結束後，他們再也無法靠轉包軍事訂

140

單謀生。尾津組的老闆很快成了新日本最具活力的企業家之一。據市場傳聞說，他鼓勵製造商將軍刀改成餐刀，頭盔改成水壺和煎鍋。兩天之內，他策劃了新宿黑市的開幕。這個黑市由販賣各式雜貨的露天雜貨店和貨攤組成，並打出了振奮人心的標語：「新宿之光」。到九月份，這條標語被做成一幅由一萬一千七百瓦的燈泡組成的巨大看板，甚至在附近的幾個電車站都能看見。距空襲結束僅僅數星期，在燒毀的城市的夜幕中，這面「新宿之光」的巨大招牌，為絕望的人們展示出一幅難忘的樂觀主義景象。起初，這些發展獲得了媒體熱誠的歡迎。[34]

到九月初，各大城市都出現了「青空市場」，而且往往是自發形成的。有時情況是，退役軍人和失業工人到鄉下去，帶回裝滿貨物的背包，就開始立地叫賣。這種自發的商販很快就獲得了一個綽號，叫「立賣」者。一位市場商販講述了他「開店」的經歷：他將一桶活的田雞放到路邊上，買賣就算開張了。他把一些田雞賣了錢，剩下的田雞換回了馬鈴薯粉、飯團、麵包之類。以此為基礎，他的新營生就開始了。據傳聞，一位遣返士兵突然想起將自己穿的褲子賣掉，就幹起了這一行。當然黑市上最黑的故事，還是與大阪的新興市場有關。那裡交易活躍的毛毯和衣物，是從死人身上扒下來的。許多衣物直接來自診療所，上面還沾著肺結核患者咳出的血跡。大阪經營這種生意的商人，互稱「おシャカ」，這是對佛教虔誠信仰的一種殘忍的戲稱，因為「おシャカ」（お釈迦様）是佛陀的意思。[35]

到一九四五年十月，大約有一萬七千個露天市場在日本全國遍地開花，多數是在大城市。僅僅數月之後，單是東京一地，眾多的市場上就有七萬六千個露天店鋪，每個攤位日均接待四十餘位顧客。與此同時是黑市組織的大洗牌，這有時是一個殘酷的過程，通常在教父式人物為首的黑幫領導下進行。在東京，各種幫派之間劃分黑市地盤相當嚴格。新橋地區的市場被松田組控制，淺草區是芝山組，銀座區是上田組，池袋區是關口組，新宿區則由尾津組與和田組控制。[36]

黑幫對大阪「自由市場」的控制，遵循同樣的規則。在那裡組織梅田市場的森本三次，是個格外神氣活現的人物。他樂於認同除暴安良的俠盜傳統。一九四五年末，森本被從菲律賓遣返回國，回到家父親已經去世一個月了。他的父親是地方政壇上一位有權勢的人物。應市議會議長之邀，森本跟他的手下開始整頓梅田市場。他描述梅田市場是個外行們的大雜燴，被一小撮惡棍所把持。用森本的話說，「這是個弱肉強食的冷血的時代。我盡己所能阻止他，但在這個年代做日本人真的很可悲。」森本的工作裝備包括一件皮卡克，一把揣在懷裡的刀和一把掛在腰上的手槍。當員警無計可施的時候，他就自己「照管」局面。不久，有人出高價懸賞他的人頭。很快，大阪黑市的巨大擴張，就遠遠超出了他的勢力範圍。一九四六年七月，大阪市政官員估計，大約有十萬人以黑市買賣謀生。其中約80％是復員軍人和失業工人。在黑市的常規經營者中，60％是男性，30％是女性，剩下的10％是兒童。[37]

在這些市場中有一部分生意，是空襲中無數店鋪被毀的城市小商販們經營的，這些買賣是合法的。另一方面，大量的交易是不合法的。東京松田組控制的黑市，在高峰期可達二千人，是這

141

些交易複雜和不穩定的例證。松田組的勢力始於「恩主」(這是沿用封建時代的說法)松田義一組織小商販們在新橋站周圍集散貨物並開設店鋪之際。有東京都政府和當地員警做後盾，松田開始承擔批准商販交費營業的職責，以及提供實際的服務，如照明、提供衛生設備和垃圾收集等。他更多依靠自己的幫派成員而不是警方來維持秩序。[38]

到一九四六年初，新橋市場一直有十分合理的結構，名義上處於警方的監管之下，通過一個名為「東京露店商同業組合」的協會進行運作。營業執照須由當地員警署簽發，而且通常專門供給符合以下條件的各色人等：戰爭負傷者、戰死者遺屬、殘疾人士、原先的露天商販，以及戰爭中失去店鋪的零售商。新橋市場大約80%的商販，是以此方式登記在冊的。然而據說在東京其他地方，約有80%的營業者從未進行登記。

直到一九四九年左右，黑市一直支配著日本的經濟。照片中的是一九四六年位於東京新橋地區的「闇市」——即黑市。(Photo by Sankei Archive via Getty Images)

市場兼有合法與非法的進貨管道：有來自田舍的農產品，有來自漁村的海產品，還有來自舊時軍隊的儲備品。許多美國貨也

143

流入黑市，往往是由潘潘從客人那兒得來的。商販們也跟占領軍人員做些私下交易。上野的黑市甚至特辟了一條「美國橫丁」，專門買賣這種貨物。很快，經紀人的等級制度也出現了：最上層的經銷商經手數百萬日元的貨物，通過兩到三級的批發商，轉到「卸屋」(批發屋)手中，由「卸屋」直接將貨物交付商販。在這個階梯的每一層，獲利20%到30%是正常的。前期的某些市場上心狠手辣的經營者，每天賺的錢可能達到八千日元。甚至有時被稱作「花生豆」的最普通的小販——這顯然是嘲弄他們像賣花生小販一樣的卑賤地位，每天也能賺到五十日元。在新橋市場，松田組通常依靠一百五十名手下來維持秩序、收保護費之類。他們得意於被受管轄者按舊時的規矩稱為「大哥」，並掙得他們每月的收入六百到一千日元。除黑市買賣之外，松田組還插手建築業，並為占領軍配備和監管日常所需的人手。

黑市交易伴隨著猛烈的競爭。一九四六年六月，在「新橋新生活市場」建設計畫大力宣傳兩個月後，松田組的老闆松田義一被某位原幫派成員刺殺身亡。更有甚者，由於種族關係緊張，爭奪地盤的鬥爭加劇惡化。像賣春業一樣，黑市也有一大批「第三國人」的代表，他們沒有選擇遣返歸國而是留在了日本。組織精良的朝鮮幫和臺灣幫與日本黑幫同台競爭。七月，這些蓄勢已久的矛盾終於爆發為大規模的暴力事件。一場涉及數百名臺灣商販和上千名松田組暴徒的暴亂，波及相鄰的涉谷區，升級為在涉谷員警署附近的槍戰，導致七名臺灣人死亡，三十四人受傷。員警一人身亡，一人重傷。

「澀谷事件」引起了多方面的反響。員警和臺灣人、朝鮮人社團之間早已存在的敵對情緒摩擦加劇。社會針對「第三國人」的偏見加深。公眾對黑市弊端和犯罪率增加的許多憤怒，開始指向非日裔的亞洲人身上。另外，員警在控制黑市方面的無能也暴露出來，使警方受到公眾的嘲笑，引發了員警隊伍士氣的低落。儘管占領軍當局在此事件後試圖加強對黑市的管制，但是他們的努力在很大程度上是無效的。[39]

警方在黑市問題上的表現的確差勁。如果不是徹底的腐敗，至少也是貪污受賄；即使不是完全的無能，至少也是被折磨得焦頭爛額。一個老套的傳聞小故事——被偷的外套案件，巧妙地反映了這種狀況：大阪市政廳的一間辦公室裡有人大衣被偷了。大衣的主人當時一發現情況，就憑正確的直覺直奔當地的黑市。兩個小時後他在那裡發現了自己的外套，售價三千五百日元。他招來了兩位警探，警探們建議他自己跟黑市老闆交涉。於是他只好跟賣自己外套的商販討價還價，商販神態自若地以五百日元的價格將外套賣給了他的主人。當時外套的主人作為市政府的職員，其基本工資每月只有七百日元。[40]

這種自上而下的體制腐敗，很難培養人們對政治的信任感，也不可能使人們對黑市之外的「民主化」進程產生信心。此外，「自由市場」這種公然的弱肉強食的本質，對於日本民眾來說，具有某種類似於休克療法的效果。日本民眾向來被教導相信：作為一個民族和文化，他們具有獨特的「家族」意識，這種意識讓他們相互扶持，牢牢團結在一起。作為一名作家，坂口安吾當日評述說，這個弱肉強食的世界，實在令人感到不尋常。僅僅在數月前還樂於為國捐軀的人，按照戰爭年代的教條說法，打算櫻花般純潔、優美地凋謝的人，現在正無情地欺詐自己的同胞。

後來，一些黑市上的小商販也承認了這一點。正如原來的士兵，無論何時何地回顧起自己見證的恐怖場景或者犯下的暴行，總是滿懷敬畏，就像是在說別人的事情。後來做了新聞記者的古澤公太郎，回想起當戰爭結束，他和他的同學們在臨別之際，充滿理想主義地發誓要為重建祖國努力工作。而半年多的時間，他真正所做的只是掠奪弱者。疲憊的母親領著啼哭的孩子，來找他出賣一件珍貴的和服，而他就會以蟲蛀破舊為藉口殺價。他甚至對自己的一位親戚也這麼做過，儘管他知道親戚家被炸毀了，而且母親臥病在床。「大和民族」的團結無所謂，親屬關係無所謂，政治也無所謂。坂口回憶說，「天皇放棄神聖地位，占領軍發佈自由、民主方針，所有這一切看起來，跟黑市上聚集的那些黑暗的面孔都毫不相關。」

在這種情形之下，許多男人和女人都飲酒過量，正如許多妓女將掙來的錢浪費在墮落享樂上一樣。大阪黑市的一位膽小的商販辛辣地述說：「我討價還價地進貨，然後討價還價地賣掉他們。為了麻痹良心和鼓起勇氣，我們許多商人在做生意的時候都喝粕取燒酒。對我來說，因為膽小怯懦，每天都很艱難，而且受盡了傷害。」一位不那麼懦弱的商販，回憶起一天掙到工人一個月的平均工資時的興奮。沒有人想著為將來儲蓄。畢竟，根本就沒有明確的未來，有的只是無盡的通貨膨脹。因此，從每天掙來的錢中留出夠明天做生意的錢，他和他的夥伴們就會將剩下的錢破費在飲酒嫖妓上。他努力地回想那褪色的記憶，「我喝酒，試著忘記浮萍般漂泊不定的生活。」

有時黑市人生呈現出一種精緻與墮落近乎完美的融合。只要出得起價錢，各種東西都買得到。在一處黑市的一角，定期賺到大錢的商販們，會聚集在一位「第三國人」周圍，那人賣一種邪惡的飲料——飛機潤滑劑用的乙醇和人工甜味劑合成的酒。他供應的下酒菜，任何時候在日本也算得上是珍饈美味——海膽醬拌海蜇。儘管講述這個故事的人負擔不起這樣的奢靡，但他在成為黑市商販之後的半年間，的確想盡辦法繼續不停地喝酒，而且還能活下來將這些經歷告諸後人。[41]

146

還有許多註定不會出現在日本戰後復甦的經典報導中的不光彩故事，也暴露出了完全自私的生存態度。貪婪和頹廢的另一面，是膽大無畏的生命力。黑市上無法無天的傢伙，穿戴著自己偏愛的「三種神器」，以顯示對「良民」社會的反抗精神。他們所謂的「三種神器」——夏威夷汗衫、尼龍腰帶和橡膠底鞋[42]，是對天皇佩戴的神聖象徵鏡、劍、玉不敬的戲仿。黑市商人跑到鄉下接收整列車箱的貨物，在那裡飲酒唱歌直至酩酊大醉。壟斷漁產品市場的商人，駕駛自己的船出海，圍住捕魚船，以兩到三倍的市場價格直接在海上將捕撈品全部吃下。向來被認為是天皇忠實臣民中最謙卑恭順的農民，照樣毫不留情地回絕那些出不起黑市高價的窮途末路的城裡人。這種下鄉進行的艱難交易司空見慣，以至城裡人都熱切地相信，農民們只要將手裡的百元大鈔攢到一

當勝利者們抵達日本時，他們發現這個國家很少有私人汽車。更有甚者，許多汽車不是用汽油而是用木炭作燃料。照片上是一九四〇年拍攝，停在京都平安神宮前等待客人的計程車。（Photo by The Asahi Shimbun via Getty Images）

尺厚的時候，就會召集慶祝宴會。[43]

這個市場的生命力是無可置疑的，做什麼生意的都有：從叫賣美軍兵營和占領軍人員宿舍的剩飯做成的回鍋菜（「殘飯」或「雜燴」），到批發偷盜來的機械和建築材料，乃至放高利貸。他們沒有花費時間奉承美國人，或是進行客套虛偽的閒談。他們以自己獨特的方式，表現得比那些依偎在征服者膝下、裝出正義的嘴臉，暗地裡卻從黑市上大撈好處的著名政治家、資本家和前軍官們更加誠實。

儘管黑市彌漫著日本人和其他亞洲人之間的緊張氣氛，並不時爆發暴力衝突，但是這裡也是他們多少能夠進行日常平等往來的少數場所之一。以日本歷史學家善意的立場看來，窮困的日本人、朝鮮人和臺灣人，以前所未有的方式聚集到黑市上。諸如階級背景、教育程度或先前的職業等因素，在個人交往中影響甚小。儘管民族和國籍問題仍然重要，但是不同民族間的交往也比一般民眾更為普遍自然。如此說來，身處邊緣的黑市商人，或許對社會造成了比他們自身的非法行為更為嚴峻的挑戰。44

更加坦率地說，黑市上勞作的男女，是毫不掩飾的注重實效的物質主義的例證，甚至是勤奮精神的典範。在《朝日新聞》的一封讀者來信中，一個男孩認為當黑市商販沒什麼不好。他的哥哥是黑市商販，每天淩晨兩三點起床，乘坐擁擠的火車，賺點蠅頭小利，勉強維持母親和四個弟弟的生活。他因此很敬佩哥哥。男孩認為，哥哥比那些東奔西跑搞示威或者破壞活動的勞動者更令人感動。他本人中學畢業後，也打算走哥哥的道路。

大約一周後，一位六年級的女生寫信回應說，做黑市生意，並不比參加勞動者抗議活動更令人欽佩。她質疑，如果整個勞動階級都變成黑市商販，那將會發生什麼？她的結論是「我想，政府會為產生這樣的社會而感到有罪。建設新日本的目標，應該是創造一個沒有黑市的國家。」45

無論如何，黑市／自由市場／露天市場的存在，迫使每個人反省自己所處的社會位置。

「粕取文化」

能使怯懦者壯膽、勇敢者瘋狂的粕取燒酒，顯然也使反體制傾向的藝術家變得多產。無論如何，他是那些對頹廢和虛無主義大加禮贊的藝術家和作家們的特別之選。據說，這種劣酒最好捏住鼻子一口灌下。而一種混亂無序的次文化圈「粕取文化」，更是由此得名。事實證明，「粕取文化」是妓女和黑市商販們的世界的一種自然的補充。

粕取文化持續繁榮到二十世紀五〇年代，遺留下了可觀的文化遺產——逃避現實的空想主義、性挑逗的刺激和赤裸裸的低級趣味。這是一個性導向的娛樂活動和氾濫的低俗雜誌支配的商業世界。然而，正如妓女和黑市商販那樣，粕取文化的擁躉們，也表現出從權威和教條下解放出來，使人難忘的激情和活力。這種打破傳統的氛圍，由於酒吧知識份子的出現而更為強烈。這種知識份子有個詼諧的綽號，由日文詞「粕取文化」和英文詞「知識份子」混合而成，叫做「粕取份子」。粕取份子的寫作宗旨，是強行賦予狂亂的頹廢生活方式以所謂意義，乃至哲學意味。拜低俗雜誌以及類似的嚴肅作家所賜，社會邊緣的生活與如下理論糾纏在了一起：頹廢是唯一的真誠和信仰，色情的肉體成了唯一值得崇拜的「體」。在某些這一類的理論公式中，性、頹廢和「愛」簡直就等同於「革命」。

低俗雜誌是粕取文化最曇花一現的產物，最終通常成為所謂的「粕取雜誌」。這個稱謂本身就體現了反體制文化尖刻的幽默態度。粕取雜誌的說法，是一個巧妙的雙關語，是說大部分這些早期刊物都很短命，就像喝粕取燒酒醉得那麼快：三杯燒酒下肚，就會使飲者不省人事；同樣，這些逃避現實的雜誌很少有出夠三期的。（在日文中，儘管「三杯」和「三期」的寫法不同，發音卻是一樣的。由此產生了雙關語「事不過三」。）在此之上，還有更重大的雙層含義：當「粕取文化」讚揚一個享樂的、甚至是獵奇的、沉溺逃避的世界的時候，他們同時也喚起了對人生無常、朝不保夕、權威放逐、正統不再、絕對價值缺席的現實世界更為清醒的感知。46

低俗讀物的出版者，否認任何嚴肅的目的。他們的理念的經典闡述，刊登在一本名為《獵奇》的雜誌的創刊號上。這本雜誌的編者強調，他們沒有「任何啟蒙或教育讀者諸賢的大膽野心，」相反只是想要給那些「努力建設和平國家而身心疲憊」的讀者提供暫時的娛樂。粕取雜誌的封面，通常是性感女人的特寫，偶爾也有成雙成對的情侶，絕大多數時候是白人。第一幅女性的半裸體照片，出現在一九四六年末的《赤與黑》月刊上。到第二年夏季，以裸體或半裸體女人的繪畫做封面圖案，就已經司空見慣了。

大部分占領軍，通過他們的性經歷來看待日本，而日本的年輕男性，則通過閱讀低俗雜誌來進行他們的性幻想。當幾十萬年輕的美國大兵，將隨和友善的妓女看作是這個被征服國家的化身時，大批的日本男性，也正被慫恿著去想像西方的女性，將她們作為色情的對象。從這時起，理想化的、四肢修長身材豐滿的西方女性形象，成為日本男人性衝動的對象，也成為年輕日本女性

149

竭力效仿的目標。

這些低俗雜誌的名目，通常像他們的封面設計一樣五花八門。譬如，《獵奇》雜誌引發了一系列的複製讀物，像《all獵奇》(《オール猟奇》)、《性獵奇》，甚至《獵奇Seminar》(《猟奇ゼミナール》)。借用甚至濫用英文做刊名的包括《All Romance》(《オールマンス》)、《Madam》(《マダム》)、《Cabaret》(《キャバレー》)、《Grotesque》(《グロ》)、《G-Men》(《Gメン》)、《Blood and Diamonds》(《血とダイヤモンド》)、《Venus》(《ヴィナス》)、《Thrill》(《スリル》)、《Who Dunnit》(《フーダニット》)、《Neoliberal》(《ネオリベラル》)、《Pinup》(《ピンアップ》)、《Salon》(《サロン》)和《Number One》(《ナンバーワン》)。《Number One》是東京大學一些缺錢的學生們辦的創收副業。以法文做刊名的有《Chic》(《シック》)，德文的有《Liebe》(《リーベ》)。

還有一份刊物叫做《接吻》(《セップン》)，在某些美國改革者都將接吻作為擺脫過去封建壓抑的自由表達的年代，這實在是一個完美的名目。低俗雜誌的編者們，熱忱歡迎這個天賜的特別禮物，發表了諸如《接吻正名論》(《キス回生論》)之類的文章。然後就聚焦在那些試探占領軍審查機關底線的題目上，繼續挑戰當今時代的壓抑。他們的確常常僥倖過關。一項基於對一六〇〇期「粕取」刊物的調查發現，這類讀物的「關鍵字」包括接吻、脫衣舞、內衣、潘潘和「有閒婦人」、貞節、近親相姦、自慰行為以及寂寞的未亡人。這並沒有什麼啟蒙意義，但是無可否認，他與直到近期還在左右人們生活的為天皇出生入死的奧義大相徑庭。[47]

在被占領的日本，在視覺影像上「為接吻正名」，最初是經由好萊塢完成的。如由迪安娜・達賓（Deanna Durbin）主演的《春之序曲》（*Prelude to Spring*）和葛麗亞．嘉遜（Greer Garson）主演的《居里夫人》（*Madame Curie*）都大受歡迎，部分原因是由於，與投降前的慣例相反，這些電影的接吻鏡頭未經刪節。由於受到這種情形的鼓舞以及占領軍的鼓勵，日本當地的電影工作室，也開始斗膽在他們的作品中添加接吻鏡頭。第一個柏拉圖式的吻，出現在大映映畫的作品中。這部電影有個奇怪的名字《他與她行走》（《彼と彼女は行く》），於一九四六年四月中旬公映。此後又有匆匆一吻，出現在另一部大映作品《黃昏的一吻》（《或る夜の接吻》）中，上映於五月二十三日。翌日，當松竹工作室的《二十歲的青春》（《はたちの青春》）上映時，電影史真正被改寫了。此片有一個男主人公親吻女主角的特寫鏡頭。著迷的觀眾們不知情的是，這瞬間的熱情被進行了淨化處理。銀幕情侶在接吻時，悄悄地將一塊浸透了消毒劑的紗布放在他們的唇間。男主角大阪志郎對於這一偉大事件的回憶，印象最深的就是消毒劑的味道。而女主角幾野道子堅決宣稱，她只是緊閉雙眼完成任務而已。重要的電影雜誌《電影旬報》（《キネマ旬報》）拘謹地評論說，就影片的情節發展而言，接吻是不必要的。儘管如此，形勢發展已不容逆轉。[48]

此後，性商品化的多樣性進展相對平穩。在這點上，一九四七年一月十五日，有可能是一個里程碑式的日子。因為在這一天，發生了兩起象徵性事件。一是，日本歷史上首次西洋式選美比賽，因選出「銀座小姐」而達到高潮。優勝者身高一五八公分，體重五十公斤，胸圍和臀圍分別是九十五公分和八十八公分。[49]另一事件是，更具有想像力的改頭換面的西式表演，「畫框中的裸體」表演，於同一天在東京新宿開幕。這種表演的特殊之處在於，讓女性擺好姿勢站在巨大的仿製畫框中靜止不動，模仿著名的西方繪畫作品。簾幕開啟，模特們保持姿勢數十秒鐘，然後簾幕垂閉，以備模特展示下一幅西洋名畫。

「畫框中的裸體」表演的發起人，是翻譯歌德《浮士德》的桀驁不馴的德國文化研究者秦豐吉。而這次初演被優美地命名為「維納斯的誕生」。據說，熱愛西洋美術的男性觀眾排成了長龍，從表演舞臺一直延伸到五層樓梯下的街道上。表演明星是一位頗具雕塑感的年輕的俄日混血女郎中村笑子，在胸前和腰際輕覆薄紗。第二位名聲大噪的維納斯甲斐美和，則真正半裸上陣。她不僅身材高挑，而且由於不同尋常的白皙肌膚而倍受讚賞。儘管膚色白皙一直是日本舊時女性美的特徵之一，是女性魅力的傳統要素，但是現在看來，膚色白皙顯然使人更接近白色人種。而身材高挑、胸部豐滿則是女性美的新標準。

秦豐吉後來宣稱，他採取凝固的表演方式，有其仁慈的初衷。他解釋說，身材頎長的「維納斯」十分罕見，而且他認為讓腿短的女性跳舞，是不適宜和不討人喜歡的。這話有些招人誤解。因為在第一次世界大戰之後，矮壯結實的合唱團女孩們，早就以其雀躍的舞姿登上了劇場舞臺，而在高級旅館和藝伎屋裡，她們有時還脫衣解帶，為男性客人表演更為放蕩的舞蹈。無論如何，別的經營者並沒有秦豐吉這樣的騎士精神，很快脫衣舞表演以一齣相當平淡乏味的名為《東京罪惡》（《東京フォリーズ》）的時俗諷刺劇首演登場了。此劇的高潮是舞者擺好姿勢，伸手到背後解開上衣。據說是由一位東京大學的學生引進了這一終場亮相。到一九四八年，更為通俗化的脫衣舞演出，在東京的淺草最富活力、最庶民化的「下町」娛樂場所出現。由淺草地區開始，脫衣舞向全國各地傳播開來。

脫衣舞表演，正如他的前身「畫框中的裸體」表演一樣，創造出了新的明星。她們不僅成功風靡大眾，而且迷住了日本一些最多才多藝、最富創造力的藝術家。例如，淺草的一位脫衣舞明星松原「瑪麗」，成了著名作家永井荷風的最愛。「瑪麗」的超凡魅力，顯然不僅僅來源於她舞臺上的舞姿，還在於她不同尋常的經歷。她畢業於一所有名的女子高中，先前曾受雇擔任國會貴族院（一九四七年前的國會上院）的秘書職務。另一位淺草明星志水敏子，被稱為日本的「吉普賽玫瑰」，因為美國最為著名的脫衣舞女「吉普賽玫瑰李」(Gypsy Rose Lee)而得名。「吉

一九四七年前，在東京淺草娛樂場所的美式脫衣舞表演，展示了「民主化」新的側面。照片為一九五五年位於淺草的脫衣舞秀場入口。(Photo by Orlando /Three Lions/Getty Images)

普賽玫瑰」志水敏子幾乎完全是因為她的「白種人」特徵而受到崇拜：有誘惑力的肉體和有魅力的個性。對於多產的木版畫家棟方志功而言，她有著「像女神一樣的胴體」。西洋油畫家小野澤發現，酒館裡的歌舞表演、輕歌舞劇以及脫衣舞等整個粕取文化的環境，最能激發他的靈感。就像圖盧茲—洛特雷克（Toulouse-Lautrec）一般，這些風塵女子成了他藝術的主要題材。50

然而「粕取」反主流文化，儘管顯而易見有借用自西方的元素，但是其根基是本土的。正如黑市一般，這是個征服者永遠也不可能真正進入的世界。這個世界像低俗雜誌的封面一樣花哨煽情；也像黑白照片拍攝的那些酒吧、舞廳、骯髒的小酒館、狹窄彎曲的小巷、混亂的後臺更衣室一樣具有粗糙的質感。征服者的想法對這個世界幾乎毫無影響，這個世界在閃耀奪目的美國大眾文化潮流中載沉載浮。離開好萊塢與大眾流行音樂，「美國」通常只是意味著一支無組織的外國占領軍而已，曖昧地在場，以其自身作為日本沒落的最終象徵。同樣，儘管酒吧間知識份子常常欣喜於從歐洲知識份子傳統那裡引進名詞和術語，但是這些名詞術語，時常只是像異國的殘骸和漂流物一樣漂浮在自我放縱的海洋上。例如*apure*這個詞，是法語詞*après-guerre*（戰後派）的縮寫，起初指代第一次世界大戰之後的一小撮年輕的存在主義者和虛無主義作家，他們認為戰爭劫難包含了所有的絕對價值。然而不久之後，「*apure*」這個詞，開始不加區別地指代任何反抗傳統行為規範的青年人。反傳統文化來自於內部。

頹廢與真實性

放蕩與色情在許多層次上皆有所表現。像谷崎潤一郎、川端康成這樣的大家，在戰時受到書報審查制度的壓制，戰後卻成了官能描寫的行家裡手。處於「文化人」中高尚階層的其他作家，也開始將個人情感描寫放在優先位置。古典詩人川田順，由於在六十八歲高齡奪走了自己弟子的年輕妻子，而名聲遠播。他在一首詩中如此吟唱自己的熱情：「行將就木的老人，戀愛無所畏懼」，而他也確實有豔福，與自己搶來的戀人又親密交往了近二十年光景。51

當這些文學上的愛情、性欲表現，與粕取文化的淫蕩色情傾向產生共鳴之時，三位更為年輕的作家——坂口安吾、田村泰次郎和太宰治，戲劇性地將墮落頹廢和性愛行為與真實性和個人主義問題聯繫了起來。坂口安吾發表於一九四六年四月的評論《墮落論》，對戰時體驗的「幻影的」本質進行了激烈的批判，將他與戰後社會強烈的人性的、真實的頹廢做了鮮明對照。坂口的公眾形象，正如他的主張一樣狂暴放蕩而無秩序。在投降後的歲月裡，他一直服用腎上腺素和其他各式興奮劑，並且在幾張難忘的照片中為後代子孫留下了他的影像。在這些照片中，坂口坐在矮幾旁，幾乎完全埋在由舊報紙、書籍、雜誌、揉皺的手稿、空煙盒、撕掉的信封以及皺巴巴的毛巾或毯子製造的垃圾之中。他身上反穿著一件汗津津的背心，撅著嘴，眼光越過反光的角質眼鏡，悲哀地凝視著照相機鏡頭。他在寫作——當然幾乎都是關於墮落的主題。52

155

156

墮落是坂口的專業；而且，在某些評論家看來，他有關墮落的隨筆抓住了時代的本質，正如日本漫長歷史上任何經典文本一樣光輝燦爛。依照後來評論家的說法，「《墮落論》將人民從戰爭的控制中解放出來，讓他們回歸合理的自我，並給予他們生活的信心。」[53]坂口的吸引力，部分來源於這樣的事實：他坦承戰爭的心理魅力——巨大的破壞具有的催眠般的莊嚴肅穆和人民順從命運的「奇妙之美」。然後，他又以同樣激情的文字對此進行批判。正是在《墮落論》中，坂口指責說，先前矢志像散落的櫻花般犧牲的神風特攻隊飛行員，現在做起了黑市買賣；那些英勇地送丈夫上前線流血犧牲，然後跪在他們的牌位前祈禱的妻子們，其實早就在物色其他的男人了。他宣佈，「自戰敗以來，這個國家的面貌就是純粹單一的墮落」，而在此之中，孕育著真實、真正人性的回歸：

> 與墮落的平凡相比，與他平凡的當然相比，人們順從命運之美，偉大的破壞中的愛情之美，只不過是像泡沫一樣空虛的幻影……
>
> 我們難道不應該承認神風特攻隊的英雄只是個幻影，而人性的歷史開始於他著手經營黑市生意的一霎。難道我們不應該承認那些獻身道義的未亡人只不過是幻影，而人性的歷史開始於一張新面孔撲入她懷中的一刻。或許天皇也不過是個幻影，天皇真實的歷史始於他成為凡人的瞬間……
>
> 日本被打敗了，武士道消亡了，但是人性從墮落、真實的母體中孕育誕生了……

人性不會改變。我們只不過是回歸人性。人墮落了。義士和聖女墮落了。這個進程不可能終止，而終止這個進程就不可能拯救人性。人活著，只有墮落。除此之外，沒有捷徑能夠拯救人性。[54]

這段批評的衝擊力主要在於，他看上去如此單純而正常。儘管「健康」和「健全」是戰爭年代的理論家和審查官們非常看重的詞彙，但是當時以此為標榜的世界，事實上卻是病態的。相反，頹廢和不道德是真實的、現實的，是至高無上的人性。只有從對待墮落的謙虛態度開始，人們才能憧憬新的，更名副其實的道德。坂口的結論是，「我們必須以我們的最大能力，發現自我，並且拯救自我。」只有這樣做，每個人才能夠產生他自己的「武士道」，「天皇制」。坂口以其特殊的方式，確認了道德哲學家和其他知識份子反覆衡量的問題：建立在真正的主體性——個人的真正的「主觀性」或「自律性」之上的社會，有助於對抗國家權力對民眾的教化。[55]

田村泰次郎的作品，則使得坂口的思考更加血肉豐滿。田村在中國作戰七年，對自己祖國「聖戰」造成的恐怖現實不抱什麼幻想。一九四六年下半年開始，田村出版了一系列小說和隨筆，與抽象「思想」、「觀念」的妄想性相對照，頌揚肉體的真實性與可信賴性。其中最引起轟動的作品是小說《肉體之門》(《肉体の門》)。小說的題目成了當時流行的警句，而這部作品也被改編成了戲劇長期上演，於一九四七年在東京初次登臺演出，翌年改編成電影搬上銀幕。

通過頌揚肉體，田村以語言進行了強烈的體制破壞行為，因為他所選擇的語言等於是褻瀆，

157

簡直就是徹頭徹尾的犯上。自十九世紀後半葉開始，所有的日本人都被教化相信最高的敬意物件是國體，或曰以天皇為中心的「國體」，是以兩個漢字「國」和「體」書寫的神秘觀念。自二十世紀二〇年代中期以來，對於國體進行批評是一項重大犯罪。頌揚肉體，而且像田村寫得那麼具有誘惑力，簡直就是批判「國體」，完全是本末倒置崇拜起「體」(肉體)來了。現在唯一值得崇拜的「體」成了「肉體」，個人感官的肉體。抽象的「國體」或者國家沒有意義，而有關的一切愛國的廢話，都是口是心非。重要的是，只有個人的孤獨的肉體，才是勿庸置疑的真實的、可信賴的和根本的。田村解釋說在某種意義上，對於被所謂長期的精神理念傳統壓抑損害了肉體的民族，「肉體之門」就是「近代性之門」。[56]

158

由於追隨田村肉體論的先見性，產生了所謂「肉體小說」的整個流派。但是即使田村不凡的聲望，也沒有超越魅力非凡、悲劇性命運的同仁太宰治。太宰治的生活、工作，甚至他的死亡，都是粕取文化迷人墮落的縮影。與坂口安吾一樣，他也留下了一些生動的照片。一張照片抓拍到他最有代表性的姿態：他坐在兩個而不是一個酒吧凳上，袖子淩亂地捲起，領帶鬆開，手上拿著香菸，後褲袋裡半露出一本雜誌。他長相俊美，而且易於想見，在他從凳子上掉下來之前，他的談話必定也是機智詼諧、妙語如珠。[57]

太宰治出生於優裕的家庭，受過良好的教育，在戰敗之前很久，就開始踏上了通過自我放縱走向自我毀滅的道路。他是在「虛脫」狀態被確認為一種集體症狀之前，就已經疲憊絕望的那些歲月的一個例證。他甚至在太平洋戰爭開始之前就染上了毒癮，而且看起來長期追求並且培養那種自我毀滅的藝術家的神秘。太宰治個人的惡魔性，看來成了戰後時代混亂與頹廢的象徵。天賦極佳而又苦惱透頂，他生活得像個墮落者，然而經常寫作起來卻又像是個天使。他一九四七年發表的小說《斜陽》，哀歎真正的貴族階級的消亡，並公開聲稱要在「愛與革命」的主張中尋找時代的哲學。小說出版一年後，酩酊大醉的太宰治與他的情婦在玉川上水投水自殺，以此作為無所依傍的世界的悲劇象徵，成就了自己的不朽。[58]

《斜陽》是一部缺陷多多而且有欠均衡的小說。他不時陷入感傷的浪漫主義，並且處處點綴著「粕取知識份子」們慣用的空洞的歐式術語和引文。儘管如此，他幾乎一發表就立即成為經典，這不僅是因為他描寫的頹廢和自殺呼應了著者頹廢和自殺的事實而已。沒有作品像他一樣，如此敏銳地捕捉到了時代的失望感與夢想。無論他欠缺什麼，太宰治並不欠缺自憐的感覺，這種自艾自憐與當時社會上彌漫的深深的被害者意識，產生了強烈的共鳴。同時，他發現了沒落和隱私之美，儘管柔弱無力，卻有可能經由愛超越絕望。儘管是乙太宰治式的特有的術語加以表達，這種「愛與革命」的願景還是使公眾產生了共鳴。

在《斜陽》中，「愛與革命」的信條，不是由與太宰治本人十分相似的、年輕的、具有自殺傾向的藝術家身份的弟弟，而是由他的姐姐和子明確說出來的。像她的弟弟一樣，和子拒絕像社會要求的那樣盲目順從地生活。然而，與太宰治不同的是，和子決心活下去而非死亡，接受這一點意味著她自己必須與「這個世界進行鬥爭」的事實。在《斜陽》著名的一節中，和子說過這樣的話：

我從未渴望過革命，甚至對愛也一無所知。直到現在，我們的長輩還在教導我們，革命和愛是最愚蠢、可鄙的事情。在戰爭之前和戰爭中，我們相信情況就是那樣。但是在戰敗之後，我們變得不再信賴我們的長輩們，而且開始感到生活的真正道路，就存在於他們所反對的事物之中。我們開始相信革命與愛，實際上是人生中最美妙的事，而且正因為他們如此美妙，長輩們才頑固地撒謊說他們是酸葡萄。我確信這一點。人是為愛與革命而生。59

儘管太宰治曾偶爾涉足左翼活動，但是他對教條的馬克思主義或更為自由的「民主革命」議程都沒有表現出什麼興趣。在《斜陽》之後的小說《人間失格》中，他無情地奚落了正統的左翼運動。太宰治的半自傳體小說的主人公斷言，單純以經濟原因很難充分解釋人類的行為。他只不過是覺得不合法的左翼圈子的氛圍，比「合法的紳士世界」更讓人舒服而已。60

他對於美國占領日本的態度也同樣刻薄。當美國人的形象在太宰治的作品中出現時，通常只不過是一個不受歡迎的、邊緣的存在。偶爾，譬如在小說《冬的花火》（《冬の花火》）中，他吐露出更深的愛國的憤慨。儘管占領軍的審查官刪除了文本中的過激言辭，且請看下面一段出自女性之口的話（括弧中是被刪掉的部分）：

「我們說戰敗了，戰敗了，但我並不認為是那樣。我們是被摧毀了。消滅了。（在每一個角落，日本國都被占領了，而我們每一個人都是俘虜。）那些沒有發現這可恥的鄉下人都是傻瓜……」

在審查過後的三個月，太宰治悄悄將下面這首含蓄的反美短詩，加進了短劇《春的枯葉》（《春の枯葉》）中，算是嘗到了一點復仇的樂趣：

不是你

不是你

我們期待的

可不是你。

在隨後的作品中，他又摻進了「從此在日本，甚至連馬和狗也都男女同權了」的句子。61既然太宰治同時背棄了馬克思主義和美國式的激進變革，與此相應，那麼他在《斜陽》中提出的「革命」圖景，當然就非常獨特。小說結尾，他的女主人公和子以其散漫的方式宣佈，革命只不過是破壞「舊道德」的反抗的愛，一種超越理解的激情，甚或是從這種激情中衍生出來的悲哀。革命和愛是一回事。對於和子而言，革命就意味著，為她那聲名狼藉的、有點上了年紀的戀人，生養他們的私生子。她在小說末尾的信中宣稱，「那將是我道德革命的完成」。62

161

這並非是每個人都適用的革命信條，太宰治也沒有自命如此。畢竟，他不是出於政治目的，只不過是在表達情感，正如他的作品所顯露的那樣：一種受害者意識困擾下的情感。這是小說顯而易見的主題。和子自殺的弟弟，是人生「小小的犧牲品」。她的邋遢、酒精中毒的情人，有著「犧牲者的面容」。一個高貴的犧牲品」，而她自己絕大部分時間是在嘮叨「活著的極度悲哀」。事實上，小說結束於一封令人吃驚的信函，是和子寫給她那軟弱無力的愛人的。在信中她將革命視同於犧牲，而把犧牲與美等同起來：

> 一個私生子和他的母親。
> 無論如何，我們打算與舊的道德鬥爭到底，而像太陽一樣生活下去。
> 請你，也繼續你的戰鬥吧。
> 革命仍然壓根也沒有發生。看來需要更多、更多珍貴的犧牲者。
> 現在的世界中，最美好的事物就是犧牲者。63

這個段落不僅感傷脆弱、自作多情，而且使人聯想起戰爭年代，那些讚美為了偉大目標而倒下的犧牲者之美的論調。正如太宰治的許多其他作品一樣，這部著名的小說，揭示了「新」、「舊」日本之間痛苦、扭曲的關聯。

許多評論者震驚於受大眾歡迎的作家，如太宰治、坂口安吾和田村泰次郎等人在文學上的發展。批評家河上徹太郎，猛烈攻擊《斜陽》是一部頹廢的作家描寫頹廢的人物而吸引頹廢的讀者的小說。[64]坂口安吾對戰爭強制性的熱情，導致批評家們抨擊他是肯定暴力。田村泰次郎的《肉體之門》，有關屠殺公牛和折磨妓女場面的逼真描繪，也同樣受到了批判，據說是因為表現了與戰時的暴行並沒有本質區別的暴力的誘惑。在一九四九年發表的一篇文筆流暢且高度思辨的文章中，政治學者丸山真男不僅設法論證，「肉體文學」與戰爭年代的異常出版物和以前執著於肉體性的「私小說」同質，而且認為「肉體」文學與當時物欲橫流的「肉體」政治的破產是一回事。丸山評述說，儘管肉體文學可能看起來「肆無忌憚地」誇張人生的污穢，「實際上不過是對平凡世界真實徹底的發掘而已」。在丸山看來，這種狀況是不祥的徵兆。他總結說，「如果我們不想方設法控制肉體文學和肉體政治，那麼談論作為民主和文化國家的日本就是無意義的。」[65]在占領期行將結束時的一九五二年，德高望重的文藝評論家中村光夫，對肉體文學的評價也有這樣的傾向。他宣稱自戰敗以來，日本尚未產生任何獨創性或有價值的文學。[66]

中村這種意氣用事的評價令人懷疑。因為，無論其文學評價若何，這些寫作逃避現實的小說

162

和肉體文學的作家們，這些「頹廢」的傳道者和肉體的哲學家們，這些軟弱的愛與革命的浪漫夢想者們，這些*après-guerre*（戰後派）的存在主義者和虛無主義者們，的確激發了大眾的意識，而且以那些持批判態度的批評家們難以企及的方式，對教條的思維方式發出了質疑。他們充滿活力、打破傳統，而且相當有影響力，儘管學院派的精英們不願承認這一點。他們可能尚未構成日本真正革命性變革的基礎，但是他們對於舊的價值觀念的挑戰，實在是令人難以忘懷。

「婚姻生活」

對於大多數人而言，「肉體」只是一個文學方面的概念。另一方面，性欲卻不是。對夫妻間肉體關係進行重新審視的主流趨勢，並未導致像粕取文化對「健全」的肉體關係的嘲諷和奚落，而是導致了對結婚物件之間「健康的」肉體關係的重新思考。古代日本的詩和散文，謳歌男女之間相互平等分享性愛喜悅的理想。然而，在中世紀的封建時代，封建統治階層逐漸在愛情和婚姻之間劃下了一道鴻溝，性的快樂與婚姻之間也同樣如此。「良家」婦女被教導她們天生就比男人卑下；她們整個的人生就是要服從於三代的男性家長（少時從父、出嫁從夫、老來從子）。儘管男人們有性欲可能是再自然不過的事，但同樣的欲望和行為，對於有教養的婦女來說是絕對不合適的。現代國家的理論家們，將這些封建時代的規範重新進行了仔細的編排，作為「現代」夫婦的行為準則。在夫婦間尊卑關係的私人世界裡，女人至今背負著更為沉重的負擔。女人的宿命就是要成為「賢妻良母」。她最大的義務是侍奉男性支配的家庭。同理，家庭的義務，則是為天皇的國家奉仕。

毫無疑問，尊重夫妻關係中真正的互惠，不僅包括「愛情」，而且還包括相互的性滿足，成了反抗既定權威，並且提升個人情感與個人生活地位的一種方式。戰後初期，這種觀念開始以各種面目出現，包括大量的大眾出版物，不僅強調性交的樂趣的正當性，而且注重獲得性交樂趣的適當技巧。粕取雜誌及時地將提升性滿足的「婚姻生活」話題，確立為一種獨特的商業化的文藝類型。然而，這種發展傾向的推動力，竟然來自於一本有關結婚生活的嚴肅書籍的廣受歡迎。此書登上了一九四六年十大暢銷書的排行榜，並且盤踞了一年多之久。

這一令人驚詫的出版現象，是一本名為《完整的婚姻》（《完全なる結婚》）的書。他是一本翻譯作品，原作是在一九二六年以德語出版的一本臨床醫學手冊，由一位德國產科醫生T. H.范．德．威爾德（Van de Velde）所作。這部大作的一部分，實際上曾在一九三〇年以《完整的夫妻》（《完全なる夫婦》）的題目譯成了日文。他的首位翻譯者是一位共產主義者，首次的出版者是粗製濫造色情書籍的出版社。而這本書很快就以「不健全」為理由，被戰前的檢查機關禁售了。儘管此書被禁，但是他作為一本「性解放」著作的聲望，卻在左翼知識份子中保留下來。在二十世紀三〇年代和四〇年代初，這本書的德文版和英文版，也在醫學院的學生和年輕醫生中間廣為流傳。

戰後《朝日新聞》的一次讀者調查，詢問是否有人會對此種書籍感興趣，引發了一天之內一百多人的回應。此後，范．德．威爾德的著作的完整版，被一群東京帝國大學醫學部的學生們重新翻譯出來。據一位翻譯者的回憶，大學生們抽籤決定誰負責翻譯有關性技巧的露骨章節。隨後一種廉價的、更通俗的刪節本出現了，很快躍升到暢銷書排行榜的第三位。

勿庸置疑，許多讀者受《完整的婚姻》的吸引，是因為它戰前「性書」的名聲，由於它此前的被禁而增加了誘惑力。這本書是范．德．威爾德的第一本著作，執筆於他五十出頭，有了二十年從醫經驗之時。此書的預期讀者，主要是醫學從業者，以及有教養的已婚男士。他的一個基本前提，在當時是非常開明的，即「性是婚姻的基礎」。這本書對日本人性意識最大的貢獻在於，他引起了對於尤其是女性的「性感曲線」的注意，並強調了前戲、後戲和性高潮的概念與實踐。范．德．威爾德的在性交中「男人是老師」的觀念，在今天看來可能已經落伍，但是他對於女性在夫妻生活中的性交感受和性欲的敏銳理解，直到近年仍然看起來令人震驚。*67*

一九四九年，大眾對於婚姻性生活進行坦率討論的需求，被一本新月刊《夫婦生活》開發利用了。這本雜誌的創刊號，成了出版業傳奇性的範例。首印七萬冊當日售罄。第二次印刷的兩萬冊，也很快被搶購一空。那一批雜誌趕製得如此匆忙，以至於有許多本只是在封面的空白背景上印上了雜誌的名稱而已，從而成了收藏愛好者們的珍藏。這通常是集郵者才有的癖好。《夫婦生活》月刊很快達到每期印刷三萬冊。他的成功引起了如此的轟動，據有的說法，他標誌著「粕取雜誌」時代的終結與新的大規模出版時代的到來。儘管《夫婦生活》相當部分的文章還是致力於露骨的性技巧的探討，但是他與先前的低俗色情出版物有了本質的不同。通過將性交與婚姻聯繫起來，《夫婦生活》使性交成為了一種正當行為而不再是偷偷摸摸的活動，而且將男女間的尊重互利和共用性愛樂趣，變成了兩性平等的象徵。[68]

《夫婦生活》的出版者參考借鑒了《性科學》等美國雜誌作為範本，但是他們並非是在日本開拓全新的領域。早在一九三三年，一本由著名作家菊池寬坐陣的戰前雜誌《話》，即開始嘗試介紹有關性愛實踐方面的嚴肅文章。《夫婦生活》本質上是對戰前《話》雜誌不成功嘗試的復興，因而也吸收改造了一些與剛剛過去的年代相仿的論調。正因如此，這本新雜誌強調家庭是社會的基本單位，聽起來與理論家們常年宣導的父權式的「家庭制度」與「家族國家」酷似。然而，通過確認夫妻間和諧互利的性關係對於家庭的必要性，這本雜誌也破壞削弱了舊的意識形態。正如在戰敗後的日本將會一再發生的那樣，言語詞彙似乎沒有什麼變化，但是他們的意味卻發生了戲劇性的改變。

從《夫婦生活》的讀者通信欄可以看到，與低俗的色情雜誌不同，這本新刊物也吸引了與男性讀者同樣多的女性讀者。儘管在創辦初期，《夫婦生活》收到了許多批評信件——據一位編輯回憶，尤其是來自「知識界」的批判——但是大批表示支持的信件像潮水般湧來，既來自已婚男士也來自已婚婦女。這些信件還透露了一個訊息，正如其他各國的人們一樣，很多日本人被性功能不

165

全的擔憂所困擾。男性讀者最普遍的兩種焦慮是性器短小和早洩問題，而女性諮詢最多的問題是能否進行縮陰手術。

儘管創刊目的是嚴肅的，但是事實證明，《夫婦生活》很容易受到粕取雜誌病態的影響。認真和煽情之間的界限很快就模糊不清了，單純的性愛描寫逐漸增加，取代了對性愛互利和婚姻幸福的身心兩方面複雜性問題的真誠探討。與此同時，《夫婦生活》的成功，激發了大批跟風刊物誕生，他們並未對此種類型的雜誌的實質有何增益，只不過確實強化了渴望夫婦間深入的肉體關係的公眾意識。報攤上充斥著標題和內容看起來與新婚夫婦浪漫的生活前景，以及具體的日常生活本身相關的刊物。代表性的雜誌包括《夫婦日記》、《摩登夫婦生活》（《モダン夫婦生活》）、《夫婦世界》、《新夫婦》、《夫婦的寢室》、《夫婦的性典》、《完整的夫妻生活之友》（《完全なる夫婦生活の友》）、《愛情生活》以及《浪漫生活》（《ロマンス生活》）等。[69]

探討嚴肅問題與逃避現實之間界限的模糊，總體而言是粕取文化的典型特徵。對此，一些批評家尤其是左翼批評家提供了一種陰謀說的闡釋。他們認為，「性」是受到占領軍當局和保守派政客鼓勵的，是用來轉移民眾不滿、轉移他們對於真正激進的政治變革與抗議運動的能量的、更為廣泛的「三S」政策的一部分，而其他兩個「S」則分別是指「體育」和「銀幕」，因為無論國產還是進口的電影都具有逃避現實的本質。[70] 依據嚴峻的陰謀說的解釋，性的商業化已被默許（如果不說是鼓勵的話），就像體育賽事和電影一樣，被當作是受到饑餓和困乏、混亂和絕望困擾的社會的有效的安全閥門。在一些人看來是革命性的反主流文化，卻被另一些人認為是反革命的陰謀。

陰謀說的解釋，的確不同尋常的刺耳、自負，帶有精英主義以及被迫害妄想狂的意味。對於粕取文化更為不朽的評價，可以在林忠彥一九四七年拍攝的一幅照片中獲得。照片中是一位身著白色兩件套泳裝的模特，橫陳在高懸於骯髒的火車鐵軌與汙黑的城市街道之上的髒汙護欄上。時代的苦難顯而易見，但同時還有超越苦難的樂觀精神，幽默的、簡直是挑戰般的銳氣。這張照片機智而悲哀，既寫實又做作，既色情又不可思議地純潔。數十年後，他仍然是一幅戰敗文化的難忘的肖像，他所排除在外的和他所描繪的同樣都值得紀念。我們看到這裡沒有美國人，沒有民主說教的政治家，沒有穿軍裝的人物，沒有懷舊的跡象，沒有國家權力的痕跡，有的只是在這戰敗的國土一隅，苦樂參半的生活氛圍。[71]

1 典型的例子，參見1994年8月14日《朝日新聞》的讀者來信：講談社編《昭和二万日の全記録》(東京：講談社，1989)，第7卷，p.128；此文獻下引為*SNNZ*。

2 安田常雄《記憶という自由》，《思想の科学》130號，1990年7月，p.7。

3 流行用語「第三國人」，本身就反映出戰後日本值得關注的種族歧視傾向。「外人」是通常對「外國人」的稱謂，主要指白人，輕蔑意味較少。「第三國人」主要是指日本人以外的亞洲人，尤其是朝鮮人和臺灣人。「第三國人」被認為是第三等人，地位處在日本人和第二等的白人之下。

4 《每日新聞》1946年9月29日；鷹橋信夫《昭和世相流行語詞典》(東京：旺文社，1986)引用，p.111。

5 文藝春秋社編《「文芸春秋」にみる昭和史》(東京：文藝春秋，1982)，第2卷，pp.59-62；此文獻下引為*SSS*。

6 粟屋憲太郎編，《資料日本現代史 2 敗戦直後の政治と社会》(東京：大月書店，1980)，pp.219-20。亦可參見Michihiko Hachiya(蜂谷道彥)著，Warner Wells譯，*Hiroshima Diary: The Journal of a Japanese Physician, August 6-September 30, 1945* (Chapel Hill: University of North Carolina Press, 1955, 1995), p.194。

7 關於戰後日本的　春問題最重要的文獻，是神崎清的《売春：決定版神崎レポート》(東京：現代史出版会，1974)。尤可參閱此書pp.127-62，以及卷末詳盡的年表；在使用這部頗具價值的「報告」中的某些資料時，則須慎重對待。此處論述參照了以下文獻：吉見周子《売娼の社会史》(東京：雄山閣，1992)，pp.185-215；西清子《占領下の日本婦人政策》(東京：ドメス出版，1985)，pp.34-39；*SNNZ* 7:270-71, 313-16；磯田光一《戦後史の空間》(東京：新潮選書，1983)，pp.51-55；東京戰後廢墟黑市紀錄會(東京焼け跡ヤミ市を記録する会)編《東京闇市興亡史》(東京：草風社，1978)，pp.192-217, 218-34。末文獻下引為***TYKS***。

8 前引《東京闇市興亡史》，pp.196-99；吉見周子《売娼の社会史》，pp.185-88, 197-98；神崎清《売春：決定版神崎レポート》，pp.131-33。池田勇人，後來在占領時期擔任大藏相，1960-1964年出任首相，提出日本的所得倍增計畫。本文有關池田的記述，參見《サンデー每日》1949年9月1日。

9 吉見《売娼の社会史》，p.189。

10 《東京闇市興亡史》，pp.200-1。

11 吉見《売娼の社会史》，p.188；西清子《占領下の日本婦人政策》，p.36。

12 神崎《売春：決定版神崎レポート》，pp.136-38；吉見《売の社会史》，pp.193-94。

13 《東京闇市興亡史》，pp.205-8；高見順日記的摘引，參見磯田光一《戦後史の空間》，pp.51-52。

14 住本利男《占領秘録》(東京：毎日新聞社，1952)，第1卷，pp.67-68。

15 《東京闇市興亡史》，pp.207-8；*SNNZ* 7:270-71。

16 據統計，在RAA營運期間，每天約有40起針對日本女性的強姦和暴行，1946年初當RAA關閉之後，這一數字上升到平均每天330起；

吉見《売娼の社會史》，p198。亦參見福島鑄郎《戦後雜誌発掘》(東京：洋泉社，1985)，pp.125-26。對澳大利亞占領軍在廣島強姦和暴行的真實記錄，參見Allan S. Clifton，*Time of Eallen Blossoms*(London: Cassell, 1950)，第20章。

17 *SNNZ* 7:270-71；吉見周子《賣娼の社會史》，pp.196-97, 210-12；神崎清《売春：決定版神崎レポート》，pp.384-86；鷹橋信夫《昭和世相流行語詞典》，p.226；住本利男《占領秘録》，p.67。

18 《東京闇市興亡史》，pp.212-16；磯田光一《戰後史の空間》，p.52。

19 *SNNZ* 7:270。占領期間賣春婦罹患性病的比例，估計為30%-60%。

20 *SNNZ* 7:270-71, 325；吉見《売娼の社會史》，p.198；*TYKS*，p.85；*SSS*，p.223。對賣春婦數量的保守估計，据《朝日年鑑》1947年版的數據，1946年為16000人，p.281；神崎《売春：決定版神崎レポート》的統計，1948年達到38840人，p.386。

21 *SNNZ* 7:271；*TYKS*, p.320。1948年12月，一名男妓襲擊了親自調查東京上野地區賣淫事件的東京警察署長，引起關注，參見神崎《売春：決定版神崎レポート》，p.386。男妓問題乃至日本人與占領軍人員之間的同性性關係問題，仍有待研究。

22 《*VAN*》1947年12月號。收入《戦後体験》(東京：河出書房，1981：人生讀本系列)，p.67。

23 對這種新的縱欲，尤其是電影表現的女權主義分析，參見Joanne Izbicki，「The Shape of Freedom: The Female Body in Post-Surrender Japanese Cinema」，*U.S.-Japan Women's Journal: English Supplement* 12(1997), pp.109-53。

24 *SSS*，pp.223-29；*TYKS*，p.223；《朝日年鑑》1947年版，p.281；吉見《売娼の社會史》，p.210。1947年5月的東京大搜捕中，約有5225名妓女被捕。其中2450人供述賣淫原因為「生活困苦」，另有1263人爽快地承認是出於「好奇」。

25 《戦後体験》(人生讀本系列)，pp.60-61；另一妓女的供述，見pp.61-63。

26 *SNNZ* 7:301.

27 這是《読売新聞》記者末次攝子的評論，收入讀賣新聞大阪社會部編《終戦前後》(東京：角川書店，1984)，p.114。

28 住本《占領秘録》，第1卷，p.70。這部兩卷本的占領「秘史」出版於1952年，是對美軍占領期間無法公開談論的事實的大披露，在當時十分著名。據記者住本利男估算，占領軍人員的個人消費約1億8500萬美元，其中「幾乎半數」通過各種管道到了潘潘們手中。

29 「從邊緣開始的」西化說法的提出，參見*TYKS*，p.242。

30 前引《占領秘録》，第1卷，pp.70-72。

31 《漫画》1948年5月號。

32 對黑市最真實生動的研究著作是《東京闇市興亡史》。黑市情形的概括，參見*SNNZ* 7:282-84。黑市暗語「ショバ代」，見讀賣新聞社《終戦前後》，p.138。

33 朝日新聞社編《聲》(東京：朝日文庫，1984)，第1卷，p.19；亦參見同書中8月15日來信，pp.25-26。

34 *TYKS*, pp.15-17.

35 前引之讀賣新聞社《終戦前後》，p.134。

36 *SNNZ* 7:155, 282-84; *TYKS*, pp.15-22.

37 讀賣新聞社《終戦前後》，p.132, 137-39。

38 此處對松田組活動的概述，是依據一份1946年的報告，收錄於《戦後体験》，pp.75-79。

39 *SNNZ* 7:279, 283-84。1946年初，估計約有16000名「第三國人」從事非法的黑市交易，其中絕大多數是朝鮮人和臺灣人。「澀谷事件」也使得對這些亞洲僑民的司法處置問題成為國際爭端（中國主張對在日居留臺灣人的管轄權，對此臺灣人亦表示認可，同時日本政府也試圖行使其管轄權）。參見「Problems Regarding the Treatment of Formosans in Japan Raised by the Shibuya Incident」，*O.S.S./State Department Intelligence Reports, II: Postwar Japan, Korea, and Southeast Asia*（Washington, D.C.: Microfilm Project of University Publications of America, 1977），reel 4, document 6。

40 《終戦前後》，pp.135-36。

41 《終戦前後》，pp.134, 140-46。

42 *TYKS*, pp.52.

43 *SSS*，p.63；《聲》第1卷，pp.175, 221, 292。

44 *TYKS*，pp.20-22, 33, 93-94, 251-54。豬野健治尤其強調，黑市反映出了自由解放的基本狀態。

45 《聲》第1卷，pp.275-77。

46 在1946年被稱為「粕取（カストリ）雜誌」之前，戰後的低俗刊物也被稱作「ピンク雜誌」（桃色雜誌）或「エログロ雜誌」。「エログロ雜誌」的稱謂，與20世紀20年代末、30年代初流行的頹廢的「エログロナンセンス」文化有關。「エログロナンセンス」一詞，其實就是英文單詞etoric（色情）、grotesque（獵奇）和nonsense（無意義）縮寫的日文發音。戰敗後的頹廢顯然有其戰前的根源。對敗戰後雜誌的基本梳理，參見福島鑄郎《戦後雑誌発掘—焦土時代の精神》（東京：洋泉社，1985年版）。此處對粕取雜誌的分析，在很大程度上參考了福島前引書（尤其是p.163之後的行文）；1967年12月《歴史公論》特別號上《カストリ雑誌文化》一文，pp.40-47；以及*SNNZ* 8:1-3, 36-37。既然「粕取」一詞的字面意思是指日本米酒的酒糟，從中釀製提取劣質的「粕取燒酎」，因而英語世界的學者有時也將與之相關聯的反主流文化與低俗雜誌稱為「the dregs」（渣滓，糟粕）。

47 前引論文《カストリ雑誌文化》，p.42；關於雜誌主題更多類型的探討，參見福島鑄郎《戦後雑誌発掘》，p.190。

48 Kyoko Hirano（平野共余子），*Mr. Smith Goes to Tokyo: The Japanese Cinema under the American Occupation, 1945-1952*（Washington D.C.: Smithsonian Institution Press, 1992），pp.154-65; *TYKS*, pp.155-56; *SNNZ* 7:257.

49 *SNNZ* 8:34.

50 *SNNZ* 8:38-39；尾崎宏次，《国破れてハダカあり》，收入文藝春秋社編《「文芸春秋」にみる昭和史》（東京：文藝春秋，1988），第2

卷，pp.46-47；*SSS*，p.284；*TYKS*，pp.160-61。對「西洋化」的肉體的嚮往，在近代日本早已有之。明治維新之後，熱衷現代化的森有禮等人，甚至提議通過與白種人通婚改良日本人的體格。明治時代的版畫中的理想的日本人形象，不僅著西裝，而且擁有西方式的身高以及身材比例。這一點在日中（1894-1895）、日俄（1904-1905）戰爭的版畫中最為突出，這些畫作中日本人與中國人形象的體格差異，以及日本人形象與俄國人（或其他西方人）的體格相似性非常明顯。同樣，民間版畫描繪明治皇后身著西式服裝的形象，將這位「十分嬌小、優雅、纖細」的女性，「作為西方化的體格與著裝的莊嚴而傑出的典範」；參見Julia Meech-Pekarik，The World of the Meiji Print: Impressions of a New Civilization (Tokyo: Weatherhill, 1986), pp.133, 138, 以及書中收錄的多幅版畫。

51 榊原昭二《昭和語 60年世相史》（東京：朝日文庫，1986），p.99。川田順詩中的「老年之戀」，也成了當時的流行語。

52 此處坂口安吾的照片，取自林忠彥《カストリ時代―レンズが見た昭和20年代・東京》（東京：朝日文庫，1987）。這本攝影集是粕取文化的最佳見證之一。

53 《日本文学の歴史》（東京：中央公論社，1996），第12卷，p.368。Jay Rubin在其重要論文中有引述，參見「From Wholesomeness to Decadence: The Censorship of Literature Under the Allied Occupation」，*Journal of Japanese Studies* 11.1 (1985): 71-103，相關引述見p.77。

54 Ango Sakaguchi（坂口安吾）著，Seiji M. Lippit譯，「Discourse on Decadence」（《堕落論》），*Review of Japanese Culture and Society*, 1 (October 1986): 1-5；原文收入坂口安吾《堕落論》（東京：角川文庫，1957），pp.91-102。

55 J. Victor Koschmann對此「主觀性」做過詳盡辨析，參見其*Revolution and Subjectivity in Postwar Japan* (Chicago: University of Chicago Press, 1996)；「The Debate on Subjectivity in Postwar Japan: Foundations of Modernism as a Political Critique」，*Pacific Affairs* 54.4 (Winter 1981-1982): 609-31；以及「The Japanese Communist Party and the Debate over Literary Strategy under the Allied Occupation of Japan」，收入Ernestine Schlant與J. Thomas Rimer編，*Legacies and Ambiguities: Postwar Fiction and Culture in West Germany and Japan* (Washington, D.C. and Baltimore: Woodrow Wilson Center Press and Johns Hopkins University Press, 1991), pp.163-86。

56 田村泰次郎第一篇深受關注的作品，是短篇小說《肉体の悪魔》，發表於1946年9月。此後，1947年3月他又發表《肉体の門》，5月發表論文《肉体が人間である》。戲劇版的《肉体の門》於當年8月首演，並在接下來的一年中，創造了在東京各劇院700場演出座無虛席的紀錄。東寶映畫拍攝的同名電影於1948年上映，此後小說《肉体の門》又數次被改編成電影。「近代の門」的說法，在田村泰次郎《肉体の門・肉体の悪魔》（東京：新潮社，1968）一書中，奧野健男的解說曾加以引用，p.221。

57 林忠彥《カストリ時代―レンズが見た昭和20年代・東京》，p.144。

58 《斜陽》曾於1947年連載發表，當年12月出版成書。到1948年6月作者自殺時約賣出3萬冊，此後「太宰熱」興起。此書的暢銷成功，參見朝日日誌（朝日ジャーナル）編《ベストセラー物語》（東京：朝日新聞社，1967），pp.44-52。《斜陽》收入9卷本《太宰治全集》（東京：筑摩書房，1989），並由Donald Keene譯為英文，參見*The Setting Sun* (Rutland, Vt.: Tuttle, 1981; New Directions1956初版)。下文中對太宰治作品的翻譯，出自本書作者之手。

59 《太宰治全集》，第9卷，pp.180-81（參照Keene的譯文，pp.114, 124-25）。

60 《太宰治全集》，第9卷，pp.414-20。亦參見Donald Keene《人間失格》的英譯文，*No Longer Human*（Rutland, Vt.: Tuttle, 1981; New Directions1958初版），pp.65-70, 73。此處的關鍵字「illegitimate」（不合法）與「legitimate」（合法），Keene教授翻譯為「irrational」（非理性）與「Rational」（理性）的意思。

61 磯田光一《戦後史の空間》，pp.37-38；Rubin前引之論文，p.95-96。

62 《太宰治全集》，第9卷，p.236（參照Keene的譯文，pp.129, 131, 172-75）。

63 《太宰治全集》，第9卷，pp.208, 218, 237（參照Keene的譯文，pp.142, 150-51, 174-75）。

64 河上的話，尾崎秀樹曾在分析公眾對《斜陽》的接受程度的文章中引用過，收入朝日日誌（朝日ジャーナル）編《ベストセラー物語》上卷，pp.44-52（引文見p.47）。

65 Masao Maruyama（丸山真男），「From Carnal Literature to Carnal Politics」，*Thought and Behavior in Modern Japanese Politics*（Oxford: Oxford University Press, 1963）, pp.245-67。當時其他著名的自由主義和進步批評家的批判，參見清水幾太郎〈機械時代〉一文，載《思想》1950年8月號。1951年8月《思想》關於大眾娛樂的特別號上，還刊有清水的另一篇文章。對這些發展脈絡的概述，見Toshihiro Tsuganezawa（津金澤聰廣），「Postwar Trends of Studies in Japanese Popular Culture」，*Occasional Papers*, East-West Center, University of Hawaii (1966) : 19-23。

66 中村光夫的論文，載《文學》1952年6月號，文章概述參見Rubin前引文，pp.75-76。

67 對《完全なる結婚》的分析，參見朝日日誌（朝日ジャーナル）編《ベストセラー物語》上卷，pp.16-24。德文原書名為*Die Volkommene Ehe: Eine Studie uber ihre Physiologie und Technik*。

68 駒込公平《〈夫婦生活〉始末記》，收入《「文芸春秋」にみる昭和史》，第2卷，pp.322-31；此文概述，參見*SSS*，pp.288-92。亦參見福島《戦後雑誌発掘》，pp.180-86。

69 福島《戦後雑誌発掘》，p.189。

70 福島《戦後雑誌発掘》，pp.105, 177-78。

71 此照片見林忠彥《カストリ時代―レンズが見た昭和20年代・東京》封面。

第五章　語言的橋樑

語言是重要的。如同堤壩毀於驚濤，戰敗的日本被語言的狂潮所席捲。粕取雜誌與頹廢文學，不過是這條資訊大河中的幾股湧流。語言使人們活躍生動起來。他們跨越語言的橋樑，從過去走向未來。

熟悉的語言和口號緩和了戰敗的衝擊，使人感到一種與過往相連的寬慰，即便這些語言的意思與戰前相比已經完全顛倒。諷刺戰敗的笑話十分流行，成了消除絕望感的武器。歡快、深情的抒情歌曲照亮了人們的生活，鼓舞著未來的希望。收音機普及到每個家庭，帶來了由美國改革者精心引導、豐富多彩到令人吃驚的新節目。然而不協調的政治宣傳也充斥其中。嚴肅出版物盛行，傳播著自由主義和左翼的思想，還有各式各樣的譯著，足以使舊日的思想理論家們氣急敗壞、咬牙切齒。

從戰爭用語到和平用語的轉換，成為整個社會從戰爭向和平轉變的混亂過程的一部分，往往揭示出「從戰爭到和平」的本質。先前的刀劍武器製造者開始生產刀叉餐具，鋼盔被改造成了煮鍋。一個製造機關槍的工廠，進行了重新設計以便生產縫紉機。出版商們，面對嚴重的紙張短缺，想出了利用以前製造風船爆彈（氣球炸彈）的工程，生產廉價的再生紙。到一九四六年末，神戶元町著名的商業街，利用以往飛機製造場的金屬和防彈玻璃等原材料，進行了充分的再建。

在這個過程中，昔日的敵人完全成了新的目標。原來一直為生產軍用鏡頭服務的光學技師，設計了一種以占領軍士兵為目標顧客的「ベビー・パール」（Baby Pearl，小珍珠）相機。先前為中島飛行機（現在更名為富士重工業）制造戰鬥機的設計師，根據美國的軍用摩托模型，並利用「銀河」轟炸機尾翼的機件，生產出了一種小型摩托車「ラビット」（Rabbit，兔子）。昨天被目為怪異、不適的美國式的嗜好習慣、禮儀風俗，今天在日本小企業家們眼中卻大放異彩。在日本投降後一年之間，大約就有四百家公司在生產口香糖。

戰敗後僅數月間，迎合征服者節日需求的新買賣就開張了。到一九四五年十一月，小企業家們已經通過配給系統獲得了足夠的紙張，來滿足美軍士兵對異國情調的聖誕賀卡的需求，以便他們發出「來自東京的問候」。大約總共印製了五百五十萬張賀卡，大多都是日本傳統木版畫冬日景色的複製品。對美國大兵以及他們在美國的親友們來說，現在的情形與幾個月前相比，簡直是天壤之別。現在的日本風景處處點綴著寺院神社，不再到處是烈焰硝煙；雪中撐著陽傘的優雅藝伎，替代了藏在熱帶叢林中的猿人。

美國士兵對香菸的需求，幾乎立即得到日本政府的滿足，因為政府有煙草專賣權。政府特地生產了三種占領軍專用的新品牌，都是用羅馬字做招牌：Rose（玫瑰），Salon（沙龍）和Gion（祇園，京都著名的歌舞伎町）。本土的釀酒商，幾年前還在為最初日本大勝「鬼畜美英」舉杯相慶，現在也很快推出了一種醇香的美酒，貼著友善、可靠的標籤：「白蘭地六年佳釀．占領軍用特別釀製」。[1]

家庭主婦們也熱誠歡迎進駐，哪怕不是占領軍大兵們本人，至少也是他們的詞彙和食物進駐了廚房。一九四六年中期，大米配給取消，宣佈了「食麵粉時代的到來」。大阪的一家電氣公司回應挑戰，推出了一種廣受歡迎的用具「ホームベーカー」，即日式英語「家用烤爐」。這種器具由一個內鑲金屬薄板的粗糙木箱，連接電線而成。倒入奶油麵糊或者玉米粉（這可是承蒙美國的糧食援助，使日本人獲得新口味的大事件），然後就成了——儘管家用烤爐有時出人意料地飛濺藍色的火花，那也會被認為是美的享受。最初的廣告詞宣稱，這是「廚房文化的第一步——一台不需要木炭、瓦斯或電爐的麵包機。」[2]

當然，做麵包是生存所必需的。同時，他也是日本民眾社會的西化滲透於每個角落的小小例證。另一個例子是製衣業的繁榮。很快，裁製西式服裝不僅成了一門吸引人的實際技能，而且成了從戰爭年代的單調貧乏與反西方主義中解放出來的象徵。裁縫學校、時尚雜誌、五花八門的服裝設計書，像花朵在廢墟中綻放。一九四六年初，當設計師杉野芳子決定重新開辦她的女子縫紉學院時，她只準備了三十張報名表。到了學員報到的那一天，她震驚地發現，在學校的大門外，「一千多名」婦女正耐心地在寒風中排隊等候。像杉野這樣的連鎖學校，迅速遍及全國。美國婦女色彩豔麗、樣式大膽的「醒目服飾」，成了多少有能力消費時尚的日本女性風行的裝束，以及那些仍然窮困的日本女性的夢想。[3]

對戰敗的嘲弄

隨著對和平生活的迅速適應，出現了許多機智詼諧的說法。日本軍服，在戰敗數年後依然是日本男子的穿著，被重新命名為「敗戰服」。同樣，軍靴成了「敗戰靴」。到一九四五年十月，日式的黃銅煙斗已經在黑市上出現了。煙斗，據說是日本戰後生產的第一樣產品，大約十公分長，有一個很小的煙鍋，是用機關槍的子彈夾和高射炮的炮彈殼做成的。他們流行的名稱叫什麼？當然是——「敗戰煙斗」。[4]

這種冷嘲熱諷，幫助日本人減輕了戰敗的痛苦和恥辱。而且，嘲笑戰敗的確成了即席的日常功課。沒有什麼是神聖的。感傷的童謠被歪曲傳唱，最甜美的童謠「夕焼け小焼け」（大落日，小落日），歌詞被篡改成了「大闇小闇」（大黑市商人，小黑市商販）。一篇十四世紀著名的落書——《現在京都流行什麼》，被改頭換面，變成了東京眼下不安定生活的寫照：從持槍的歹徒和變色龍式的官員，到「一削就斷的鉛筆」和「一擰就彎的螺絲」。[5] 眾所周知的陳詞濫調，被惡意地進行廢物利用。「感謝我們的戰士」，這句戰爭年代最虔誠的話，一夜之間成了對日本陷入今日之困境的懷恨的、憎

171

惡的批評。以一種不尋常的、冷酷的舊瓶裝新酒的做法，《朝日畫刊》(アサヒグラフ)周刊在一九四六年正月號上刊登了一幅照片：廣島上空的蕈狀雲，附上了一個現成的老標題：「從謊言中浮現出真實」。這種對不講信譽的意識形態理論家與軍部領導人顯而易見的蔑視，十分典型。[6]

每年的新年慶典，成了嘲笑戰敗的絕好時機。因為自古以來，日本有新年玩紙牌遊戲的習俗。伊呂波紙牌，就像是字母和單詞的配對遊戲，如A是apple(蘋果)，B就是boy(男孩)，然而卻有更加寬泛巧妙的對應。比如，A對應「所有(All)發光的不一定是金子」。按照發音，日語可以被劃分為大約五十個基本音，這就意味著，每個新年，語言滑稽大師們可以對當今世相進行多達五十種的諷刺挖苦。

這些笑話、雙關語和諺語很難翻譯成英語，但是他們卻為艱難時世中許多人帶來了輕鬆快樂，尤其是戰敗後的伊呂波紙牌的遊戲規則，與戰爭年代的莊嚴隆重相比，形成了如此具有諷刺意味的對照。有幾個例子或許可以傳達出些許這樣的感覺。對「す」這個音，戰時的伊呂波紙牌，用一句口號「前進日本，光耀地球」來對應，並配上一幅在晴空下迎風飄揚的太陽旗圖案。與此相對照，戰敗初期，代表「す」這個音的成語是「道義低下，戰爭喧嘩」，紙牌圖案是兩個衣衫襤褸的遣返士兵在相互鬥毆。與此類似，戰時代表「お」音的，是愛國標語「母親參加國防婦人會」，紙牌圖案是一個男孩跟媽媽揮手再見，手里舉著一面小國旗。在戰後的版本中，與「お」音相配的話是「父母和孩子全都營養失調」，紙牌圖案是一對瘦弱的母子，手拉手。誰看到這樣的語句和圖畫，都會流露出悲哀、苦澀的笑意。

隨著日本被占領的延續，這種戰敗笑話的語言遊戲迎來了一個又一個新年。譬如，一九四六年的一套漫畫紙牌，用一句大膽放肆的「神風(特工隊)吹不起來了」表示「か」音。一年之後，在失控的通貨膨脹過程中，出現了「か」音的另一富於靈感的對應版本：「窮時偷盜，富時揮霍」。一九四八年的新年，「れ」音也有精妙的諺語配對：「知禮方為文化人」，其中的玄機在於相配的插圖中，畫中一位美國大兵正在神社前鞠躬。[7]

從天上投下禮物的勝利者們，從沒有真正想到，會有如此流行的關於戰敗的玩笑存在。但是這種諷刺的智慧本身，並非一定是針對勝利者的目標。當然，這樣的破舊立新，也絕非是對某些「民主」訊息的敵視。只不過是發出自己獨有的聲音罷了。

172

光明、蘋果和英語

在裕仁天皇戰爭動員下的國度裡，是不能容忍諷刺文學的，也很少有輕鬆娛樂的空間。這可以幫助解釋，為何戰敗後對解脫和希望最初的、最受歡迎的表達，竟然涉及到對一隻蘋果——禁果的絕對輕浮的讚歌。

戰敗後數周內，一種樂觀的情緒就浮現在出版業、電臺、流行音樂和電影當中。媒體繼續在談論「虛脫」，但是同時開始關注當今和想像中未來的「光明」。的確，對「光明」和「新」的強調，成了對所有黑暗和失望最普遍的修辭療法。當「粕取」文化的提供者和消費者，談論通過頹廢尋找到真實性的時候，其他人則通過強調「光明」、「純粹」、「解放」的「新生日本」的前景，來批判剛剛逝去的往昔。

在這些年來的許多回憶中，當時希望降臨的那一刻，可以被精確地追溯到一九四五年十月十一日。那天又一部不引人矚目的電影上映了。這部電影有一首旋律輕快的主題曲《蘋果之歌》（《リンゴの唄》），抓住了每個人的心。這首歌開始的歌詞很空洞：

我唇邊的紅蘋果，
藍天默默地望著。
蘋果不說一句話，
但蘋果的感覺明白不過。

然後是反覆句「蘋果可愛，可愛的蘋果」，隨後是三小節極為拖遝、更加空洞的歌詞。歌曲結尾：

173

讓我們唱蘋果之歌好嗎？
如果兩人一起唱，多快活。
如果每個人都唱，就會越來越快樂。
讓我們彼此傳遞蘋果的感覺——
蘋果可愛，可愛的蘋果。

《蘋果之歌》，開啟了一位年輕的女演員並木路子的演藝生涯。路子在戰爭年代的經歷，跟她的許多崇拜者一樣不堪回首。她的母親在一九四五年三月十五日的東京空襲中，被燃燒彈燒死。而她本人在空襲之後，被從隅田川救起。她的父親和兄長一去戰場而不歸。她在松竹電影劇團是個新人，對她本人來說，永遠也忘不了拍攝現場時那個蘋果的滋味。當時，一個蘋果五日元，而一個年輕女演員的月薪只有一百到三百日元。

並木路子的突然成功，使她成了從艱難時世中掙脫出來的偶像。在演唱會上，她邊唱歌邊向她的觀眾們拋擲蘋果，而觀眾們會想方設法接住他們，就像是伸手接住幸福一樣。觀眾們的熱情被激發出來，當食物是高於一切的考慮時，看到有吃的東西而精神振奮，一點也不令人吃驚。當然，除了美味的暗示之外，這首歌以其輕快無聊放鬆了人們的心靈，那令人難以忘懷的紅蘋果、藍天空的意象，給人們沉悶單調的心理狀態增添了一抹亮色。事實上，這首歌的每一位評論者，都提到了歌曲力圖傳達的「明快」的感覺，甚至是「非凡的明快」。《蘋果之歌》的狂熱，作為戰後樂觀主義的催化劑，是否應當得到如此過度的讚揚，已經是題旨之外的事情了。他作為光明浮現（伴隨著精疲力竭一道）的完美例證，成了那個時代的符碼。對於千百萬日本人來說，過去是黑暗的，現在是嚴酷的，未來則會倍加光明。[8]

有時，這種樂觀主義的表達是精心炮製的。戰後的出版商，通常會特意供給他們的讀者歡快、娛樂的書籍。電影和嚴肅文章的文體風格，也從黑暗轉向光明。甚至有些實際工作，比如教英語，也被精心地與強調積極性的清晰哲學結合起來。《來，來，學英語》（《カムカム英語》）是一檔非常著名的日間廣播節目，始播於一九四六年二月一日，不僅是因為他的會話課程，而且由於他歡快的主題歌而出名。下面是他的歌詞，配合著歡快的日本舊童謠的旋律：

來，來，每個人——
你好，你好嗎？
你吃點糖好嗎？
一，二，三，四，五，
讓我們一起唱支快活的歌，
唱啊，啦啦啦。

此節目的講解人平川唯一，後來解釋教育節目採用此主題歌的不同尋常的決定說，其動機在於一種熱切的渴望，希望這首歌有助於培育新日本的自信心。他回憶說，「在戰後黯淡的日本社會裡，我們不可能唱軍國主義歌曲，我們需要一首唱起來自信的英語歌，使每個人感到更光明。」

平川唯一的課程，設計初衷是在傳達一種好心情的同時，在日常生活中培育對民主實踐的欣賞。這種教學法，也幾乎還是停留在黑暗和光明二元論的見解之上。正如他自己所言，「我想在那些歲月裡，只有當光明到來，人們的心變得亮堂，而且開始積極樂觀地看待未來，才可能重建日本。我真的害怕日本會垮掉，假使情況繼續下去，人們甚至忘了怎麼笑，不知道要做什麼⋯⋯所以，當我被要求做一檔英語節目的時候⋯⋯我把他當成是上帝給我的一次莊嚴的機會，使日本變得光明」。一切證據表明，「來，來，學英語」達到了平川的期望。節目連續播出了七年，而且有五百七十萬個家庭經常收聽，隨同節目印製了五十萬套課本。從一九四六到一九五二年間，節目收到了五十萬封聽眾來信。平川唯一本人，成了非常受人尊敬的名人。[9]

這些光明、民主的社會景象，與戰爭年代意識形態理論家們的沉悶說教形成了鮮明的對比。然而戰時說教和價值觀的某種彈性，使得人們有可能在追求光明的新希望的同時，不至於目迷五色。語言——曖昧、感性和召喚式的最為俗套的話，實際上成了人們從軍國主義的過去向和平的未來過渡的橋樑，同時又仍然保持了親切感、連貫性，甚至是某種一體性。

「光明」本身就是一個好例證，無論是其詞彙、意象還是涵義——明亮、光輝，照耀的旭日、明晰的目標、純粹的動機，在戰爭年代曾無處不在。比如，一九四一年七月，對中國開戰的四周年之際，政府以數不清的標語口號，激勵日本人民堅持到底。這些口號包括：「一億人戰，光明強大。」一九四三年一句更為簡潔有力的口號，號召日本人「消滅美英，建立光明的世界版圖」。層出不窮的標語口號，試圖在戰場和後方灌輸光明的姿態和信心，並將日本塑造為全亞洲光明的希望。（「亞細亞之光」，就是日本在東南亞使用的宣傳口號之一。）當尾津組的老闆開設「新宿之光」黑市時，他對於從戰爭到和平時代的過渡，真可謂駕輕就熟。[10]

作為日本最大的出版商和對戰事的熱心支持者，講談社同樣通過強調積極的方面應對戰敗。據一位編輯回憶說，講談社決定，人們真正想看和需要讀的，不是關於戰爭正面的、深刻自我反省的大部頭，而是「娛樂的小說、愉快的小說、明快的小說」。然而講談社的班子，不過是在重蹈他長期以來的出版方針路線而已，避免嚴肅認真的社會批判和政治批判。一九三一年，日軍侵占「滿洲」後，正是這家出版社，採用了這樣的口號：「光明正義，盡我所能」。[11]

戰時的修辭用於戰後的客體物件時，被證明相當富於彈性，因為他們在很大程度上，本來就是建設性和理想主義的。日本人尚未出發去打仗時，高喊著「軍國主義萬歲！侵略萬歲！」他們宣稱，他們是為和平與安全、共存與共榮、他們國家和全亞洲更加光明的未來而戰。勝利的同盟國、粕取份子階層和政治左翼通常宣佈，這些全是謊言。然而，更為普遍的反應則是：戰時的宣傳說教，反映了正當的甚至是高尚的理想，但是在追求理想的過程中，我們悲慘地被領導者欺騙和誤導了。以這種觀點看來，這樣的想像成為了可能：或許那麼多人曾願意為之獻身的理想，也可能會協助一個繁榮與和平的新國家誕生。至少可以辯解說，這些為國奉獻的言論主張，並不僅限於戰爭中為國盡忠而已。[12]

一九四七年初，一位小學一年級老師提供了如下例證：同樣的詞語或文本，在戰敗前後可以有如何不同的解釋。他向新聞界描述，兒童文學經典、戰時宣傳家們喜愛引用的「桃太郎」故

176

事，如今在他的課堂上是如何被運用的。在戰爭年代，桃太郎被看作是一個國家主義的寓言：一位神聖、精幹的日本英雄，從魔鬼（英美敵人）的手中拯救了國家，並且帶著戰利品——敵人的寶物，凱旋而歸。這位教師寫道：戰後的孩子，如今相比魔鬼而言，更關心的是寶物；而且由於戰後的課本裡沒有插圖，使得他們總在揣測寶物是什麼。孩子們推斷說，肯定是錢和食物。當被問到該如何處置寶物時，他的學生們討論得不亦樂乎，這本身就與戰爭年代的課堂形成了鮮明對照。最終三十八票贊成，兩票反對，孩子們討論決定，寶物應當平均分開，並且分發給窮人。[13]

這些戰爭年代遺留下來的政治宣傳標語、政治意象、甚至是完整的文本，在本質上既非進步也非反動。然而，這種熟悉的語言的連續性傳達出某種穩定感，在沉重的壓力之下與不尋常的巨變面前，他起到了心理安慰劑的作用。有時剛剛過時的言語措辭，與戰敗後新的議程十分吻合，可以精確地合榫。戰敗初期最常見的兩個口號：「建設和平國家」與「建設文化國家」，復活了戰

177

圖為筱田義正的桃太郎傳記。這個在日本家喻戶曉的民間傳說，故事內容是桃太郎一路上用糯米糰子收容了小白狗、小猴子和雉雞，大家同心協力消滅了鬼怪。（國立國會圖書館）

時宣傳的兩大關鍵性主題「建設」與「文化」，並且將其轉化為創建民主主義、反對軍國主義原則之國家的召喚。全國各地的學童們，將這些口號作為書法課作業的一部分，不斷重複摹寫。甚至年輕的皇太子明仁也加入了這種訓練。[14]

由於這些反戰觀點，反映了成千上萬為戰爭所苦的日本老百姓的心聲，「建設」和「文化」這樣的字眼，是如何牢固根植於戰時言論的，就很容易為人所忽略。儘管第二次世界大戰中，日本最大的戰鬥口號，就是「建設大東亞共榮圈」。日本對中國和西方同盟國的戰爭，也一直伴隨著這樣的口號，譬如「集大和一心為建設」，「人人奉獻為建設」。同樣，二十世紀三〇年代與四〇年代早期的標語口號炮製者們，也大打「文化」牌，通常與明亮、光輝的意象相聯繫。「日出之國，優秀文化」，是中日戰爭中的典型口號。珍珠港事件之後，意識形態理論家們甚至更加直白地強調，日本發出強大的、新生的文化之光。一九四二年，「皇道文化，東亞之光」的戰鬥口號登場。同年，另一口號宣稱，日本正處於創造「與光榮歷史連結的新文化」的過程之中。15

政治宣傳的標語，就像是一隻手提箱，總是等待著騰空舊玩意兒，裝入新物件。

熟悉的新世界

戰時標語口號最常用的懇切字眼，比如「協力」、「竭力」等等，也成了戰後為重建、和平、民主或者新日本而奮鬥的政治宣傳的主要用語。然而，這種「嶄新」的措辭本身，卻最多地暴露出了許多「新的」口號和說教，實際上是多麼陳舊和熟悉。這種對新的崇拜無處不在。僅在出版界，戰後的頭三年就有超過一百家新出雜誌，在他們的刊名中使用了代表「新」的字眼，不管是「新」這個字，還是其形容詞形式「新しさ」（新的）。許多雜誌，在刊名中甚至使用了表示「新」的英文詞「new」。從這些雜誌感興趣的話題中，可以揭示他們是如何熱切憧憬「新」的祝福。其中，

178

讀者們可以迎來一個新時代、新文化、新民主、新教育、新地理、新歷史、新希望、新勞動、新生活、新電影、新會社員工、新學校、新詩、新體育運動、新路、新女性、新世界、新生民主佛教、新文學、新俳句、新式婚姻、新自治、新世紀、新自由、新自由人、新社會、新科學、新農民、新農村、新青年、新員警、新式家族、新式美容，甚至新的幸福之星。[16]

然而，正如戰時口號「與光榮歷史連結的新文化」所顯示，「新」，像文化和光明一樣，一直是日本帝國意識形態的核心概念之一。但是這種對於變化的重視，由於西方宣傳和日本自己竭力強調戰前文化和政策的「古老」、「傳統性」或者「不變」的方面，而往往被遮蔽了。事實上，革新是戰爭年代的核心理想之一，正如迅速變革，一直是千百萬日本人自十九世紀中葉以來的口號。

從日本的立場看來，戰爭歲月是一種擺脫現狀的嘗試——克服世界經濟恐慌並趕超西方更先進的工業經濟。一九三一年後，由於國家動員「總力戰」(全面戰爭)，而且戰時宣導的「建設」目標明顯是革新主義的，人民生活發生了急劇轉變。在國際方面，這種觀點，正如納粹的「新秩序」，被凝煉地概括為「東亞新秩序」，或者是「新東亞」。在內政方面，革新主義的觀點，體現在一九四〇年第二次近衛文麿內閣提出的「政治新體制」和「新經濟體制」的理念之中。理所當然地，天皇陛下的臣民被期望歡呼雀躍地擁護新的政策。正如一九四一年的一句口號所言：「新體制——永展笑顏」。[17]所有這些，為戰後改革的必然性甚至需求提供了理由，使得人們接受起來更加容易了。

總而言之，「變化」本身具有慣性。日本人並不習慣於維持現狀。相反，從一八六〇年的明治維新時代起，他們就捲入了變化的風潮。戰爭年代在各個方面，都表現出加速的進程。危機感增強了，對現狀的不滿也加深了。當戰爭在災難和徹底戰敗中結束，顯而易見「新秩序」和「新體制」的構想是完全失敗了。不言而喻，看來對新民主體制和在世界政治經濟格局中新的地位的追求，還得繼續下去。

這一點並不複雜難解，只是通常被忽略了：革新和破除舊習的力量，與對傳統的敬意、對權利的順從一樣，都深深植根於日本人的意識當中。幾乎整整一百年，日本人被訓練著要預見並適應急劇的變化。當第二次世界大戰結束時，他們已經準備停當——不僅是由於戰爭的恐怖和顯而易見的失敗，而且是過去長期訓練和戰時猛烈的國民教化的結果——以繼續對「新」日本的探索。換言之，這完全是日本「傳統」的做法：在投降後不久就集結有識之士，參與到「『改變世界』的座談會」中來。」[18]與先前大不相同的是，人們將會選擇如何定義這個新的世界。

在其他的許多方面，將以前熟悉的言辭和先入之見加以轉化，也緩和了從戰爭到和平的過渡之緊張。戰後對於「忍所不能忍」的堅守，源於日本的弱國意識和受害者意識，先前曾出現於中日戰爭和太平洋戰爭中，拋開其現代化的偽裝，可以追溯到西方列強的炮艦外交和不平等條約強迫日本擺脫封建的閉關鎖國時代。戰時妖魔化的「鬼畜美英」的提法，使人能夠輕易理解戰後新妖魔化的轉移——改革主義早期激進的「軍國主義」、「極端民族主義」和「封建餘孽」提法，或是此後

179

「邪惡的共產主義者」，以及左翼眼中「邪惡的美帝國主義者」的說法。戰時對「至純」的強調，則導向了戰後淨化、清除和矯正的價值趨向。正是在這樣的社會情境中，不但對於最高層戰爭罪犯的審判和軍國主義、極端民族主義份子的清查，而且全面的改革主義政策對政治和社會上「封建的」和「軍國主義的」殘渣餘孽的清除，都獲得了民眾廣泛的支持。甚至「陰謀論」，在戰爭與和平年代之間，也具有某種安慰的、至少是熟悉的連貫性。戰敗之前，日本人被灌輸說，他們的痛苦一方面源自西方帝國主義的陰謀，另一方面則是由於狡猾的共產主義者。只需稍微轉念一想，日本民眾就不難得出結論，真正的陰謀家是日本自己的軍閥而已。

更多顯而易見的過去的、尤其是軍國主義時期之前的遺產，促進了民眾情緒微妙的轉換，有助於民眾懷著某種延續性和希望考慮未來。例如，保守派與進步的反軍國主義者，都會指出許多戰前時期的「民主」先例：一八六八年的《五條御誓文》，明治新政府宣誓一掃封建時代的「陋習」。受英美激發的「文明開化」和「自由民權」理念，在十九世紀七、八十年代繁榮昌盛起來。君主立憲的實踐早在一八九〇年就已經開始，二十世紀一、二十年代出現了政治上更為多元化的時代，即裕仁天皇父親的統治時期「大正之春」。對更為激進的人來說，戰敗和保守派暫時的混亂局面，為左翼傳統的復興提供了契機。一九四六年五月一日，當二十五萬人在皇居前的廣場上集結，宣言慶祝日本的第十七個勞動節，也不過是對一九三六年以來被壓制的傳統的恢復而已。

以各種各樣的方式，語言和歷史，功莫大焉地成了協助民眾投身於「新」日本前景的資源。

出版狂潮

儘管投降後的數月甚至數年間，真實的饑餓占據了多數人的心思，但是其他的饑渴也困擾著他們。其中引人注目的，是超出標語口號的炮製之外的、對言論的渴望。在軍國主義和極端民族主義份子的統治下，言論自由受到了激烈的壓制。通過審查的精神食糧少得可憐。儘管有巨大的困難，出版業是戰敗後日本最初復興的商業領域之一。

這一領域的發展令人印象深刻。出版業的繁榮表現了知性精神和企業家精神的勝利，因為審查制度和物資匱乏仍然困擾著出版者們。在軍事占領下，相當可觀的題材皆被劃為禁區，包括對同盟國及其政策的批判，以及對任何被勝利者視為軍國主義或極端民族主義價值觀的讚美。許多印刷工廠被毀，啟動資金又短缺。資金不足，是想要從事出版行業的人最常見的難題。直到一九五一年，紙張仍然嚴重短缺，並且受制於複雜繁瑣的配給制度。儘管如此，出版業的復興仍然迅速而充滿活力。[19]

枯燥無味的統計資料，傳達出對印刷鉛字的饑渴感。戰爭結束時，日本大約有三百家出版社。八個月之後，上升到將近二千家。一九四八年達到巔峰，大約有四千六百家，半數以上沒有捱過第二年的行業不景氣。雖然如此，一九五一年當軍事占領接近尾聲，仍然大約有一千九百家出版社在營業，超出一九四五年八月的六倍。[20]

181

至於雜誌，由於出版狀況實在混亂，確切數字無法統計。許多期刊在戰敗的混亂中暫時停刊，但數周或數月之後，又重新擺上了報攤。另外有些刊物，曾被軍國主義者禁刊，戰後又恢復起來。還有些雜誌，通過迅速地改頭換面，實現了從戰爭到和平的轉變。例如，昔日的《戰時女性》，成了《婦人畫報》；《戰時青年》重新命名為《建設青年》；《戰時經濟》乾脆俐落地解除管制，成了《投資經濟》；而《戰時醫學》依照戰後慣例，成了《綜合醫學》。本著同樣的精神，《經國》變成了《新時代》；《兵器技術》快速轉化成了《和平產業》；而《機械工之友》經歷了不可思議的改換，以《新論》的名目重新登場。一家戰時宣傳機構「青年文化協會東亞文化圈社」，當然需要有技巧地變臉，竟然以「新日本建設文化連盟」的名義重新露面，並且將他本社的帝國主義旗艦刊物《東亞文化圈》換掉，給新刊物取名為《文化》。他敦促讀者加入遍佈全世界的「同志」行列，「驅逐」身外和心內的「文化之敵」。21

有些雜誌名稱的變更，就像是女性在婚姻解體後，重新用回少女時代的娘家姓名。一九四三年，當講談社決心盡全力獲得「思想戰」的勝利時，其發行量龐大的雜誌《King》(《キング》)，被改成了《富士》(最富於召喚性的國家主義的象徵之一)。投降之後，《King》的刊名又重新啟用。這種現存雜誌的停刊、復刊和改名引起的混亂，加上真正的新興刊物的遽然出現和同樣突然的消亡，情形變得愈加複雜。同時，許多以地方讀者為目標的小型雜誌，在全國的出版統計中受到忽視，其實有些品質頗高。22

據估計，從日本投降到一九四五年年底，有近二百種不同的雜誌出現在全國各地的報攤上，其中有六、七十種是新創刊的雜誌。一九四六年上半年，至少增加了四百種刊物，其中大約85%是新刊。此後，刊物的數量呈指數性增長。單是一九四六年一年，約有一一四種專門的女性雜誌。從日本投降到一九四九年末，占領軍總司令部的審閱部門，審查了大概一萬三千種不同的刊物。同期，日報的發行量從一千四百萬份，增加到了二六六〇萬份。在這一領域，盟軍最高統帥部熱心的審查官們，一九四五到一九四九年間，共計審查了大約一萬六千五百種不同的報紙。[23]

書籍的出版，同樣顯示出未受「虛脫」狀態的影響。到一九四五年底，將近出版了一千種新書，其中包括許多在軍國主義時代受到鎮壓的作者的書和題材有禁忌的書。截止一九四九年下半年之前，被呈交盟軍最高統帥部審查機關的書及小冊子的總數，接近四萬五千種。據盟軍最高統帥部的統計，一九四五年十一月到一九四八年四月間，約有一三六七種外文著作被翻譯出版，達到每兩天出版三種以上的譯本。與人們的預期相反，在美國主導的占領體制下，美國作者的書只占全部書籍的一小部分(7.6%)。作者名單真正是世界性的，法國作者的著作有三百五十種，德國二九四種，俄國二五一種，英國一九四種，美國一〇四種，中國四十三種，義大利三十七種。餘下的九十四種著作，來自其他多個國家。[24]

儘管相當一部分的戰後出版物逃避現實而且曇花一現，但是也有許多嚴肅和理想主義的刊物。從這一點看來，戰後的新雜誌和復刊雜誌的《發刊辭》，頗具史料價值，因為多數時候，他們的表述早於占領軍當局改革議程明確之前。「民主」仍然懸而未決，人們的認知，僅限於泛泛瞭解波茨坦公告和麥克阿瑟將軍初期的政策聲明而已。然而，正如對這些早期《發刊辭》抽取的隨機樣本所揭示的那樣，出版界超越政治立場，毫不浪費時間地推出了他們自己對於仍然模糊的民主理念的展望。

在這方面，《協力新聞》的編者們相當典型，他們在戰後處女號上開始著手重新定義國家的目的。這是一份可以追溯到大正時期的面向勞動者的刊物，原先的刊名是《奬工新聞》。他在戰爭時期，致力於鼓吹勞動者協助支持國策。更名後的首期《復興指針號》，發刊於九月一日，即在密蘇里號上舉行投降儀式的前一天。以舊形象為新目的服務，他的封面上複製了四年前日本發動對美作戰時的一幅畫面：人民跪拜在皇居前的廣場上。當然，他打出了新的字幕：「我們已經哭夠了，現在讓我們微笑著站起來吧」。本期的特寫紀事是編輯與一位著名的眾議院議員鶴見祐輔的對談，直率而刺激的標題是：《世界改變了！一問一答——對日本作為偉大的文化國家之再生與對過去總懺悔的思考》。

作為保守派對戰敗的典型反應，《協力新聞》告訴他的讀者們，沒有什麼經驗是沒有價值的，甚至包括戰敗的踉蹌尷尬的現實。日本，美國，全世界都應當從大東亞戰爭中吸取教訓。的確，為著未來的和平與繁榮著想，整個世界都必須進行「反省」(這是當時流行的詞彙)和懺悔。至於日本人，只能戰慄敬畏於天皇結束戰爭的寬仁之心。同時，必須承認「一億國民」的全體性，而不只是讓東

183

條英機等軍國主義者承擔「戰爭犯罪者」與「戰敗責任者」的罪責。

《協力新聞》的編者激勵讀者傾注全心於未來。他們認為，「首先，我們需要比美國人多工作三到五倍的時間」，更加努力學習，更加善於創造。戰前，據說日本在科學與工業領域比美國落後二十年。現在，科技的差距可能擴大到了三十到五十年，同時在「政治、經濟和文化」領域也存在著巨大的差距。

儘管面對追趕美國的艱難任務，但是只要一億國民能夠成功將萬邦無比的歷史和文化與適應現實的靈活性相結合，就有希望到達光明的未來。在這裡，這份先前的戰時宣傳刊物的編輯們發現，保留一些他們舊時的宣傳言論是可行的：「我們的神國日本，在三千年的青史與冠絕世界的國體之下，擁有頭腦聰明、絕對忠誠和道義的人民。儘管我們的環境、素質堪為典範，但是有必要吸收美國和世界其他國家的長處。同時我們也必須擺脫過去的『模仿追隨主義』，儘量做到日本的、日本人的。於此，我們確信戰敗的日本，能夠在文化上勝過戰勝的美國，甚至在許多方面能夠教導英國。」25

這種在戰敗的屈辱中，妄圖保住一點名譽和自尊的態度，在當時是常見的。同樣平常的，是坦率地承認失敗和必須重新開始。面向年輕女性的雜誌《藝苑》，一九四五年九月復刊號的編輯後記，其坦白和真誠就十分典型：「我們曾經確信是正義的戰爭失敗了，我們編輯的關於勝利的文章成了廢紙，而我們年輕的編輯們陷入了絕望。你們讀者肯定也是如此。既然你們相信戰爭，獻

184

身於後方的事業流血流汗，不計寒暑、青春和夢想，想必你們受到的打擊更大」。此後編者便直接宣告，「明日之日本」的緊迫要求，不允許沉淪於困惑混亂之中。年輕人尤其面臨這樣的任務和職責，建設「新日本文化」，建立一個「文化的和平的國家」。其他的女性雜誌則有點五花八門。翌年三月創刊於大阪的地方雜誌《新椿》，強烈支持波茨坦公告建設民主和平國家的理念。其發刊辭歡呼，從日本放下武器的那一刻起，女性「從一切中」解放了出來。並且號召，從學問中剔除非科學因素，從社會行為的方方面面消除不合理。[26]

戰前一份標題平淡的《經國》雜誌，戰敗後躍躍欲試地更名為《新時代》，也積極探討日本今後面臨的難題。編輯宣稱，是昭和不負責任的領導者，背叛了明治和大正的光榮傳統。民族道義的頹廢和民族驕傲的喪失，是戰敗的主要原因，正好藉此進行真切的反省。這次的戰爭可以被看作是反映國民美與醜的一面鏡子，最顯而易見的醜惡，是封建殘餘、不合理性與反科學態度，這倒是很符合美軍聲明中對日本弊病的指摘。儘管如此，《新時代》再生的編輯者繼續指出，日本國民未能完全理解和吸收「近代文明」。現在到了他們實行的時候了，而且他們應當以自身的能力——自治的創造力贏得自由，而不是僅僅依靠占領軍。編輯們的結論是，「即使是在這條佈滿荊棘的艱難之路上，也有光明和希望，在這一意義上來說，新時代是解放的時代。」[27]

其他的雜誌甚至更加激烈地批判過去。《新生》，一本典型的新生刊物，宣佈「虛偽和狡猾的藉口在今天再也不起作用了。舊日本被完全徹底地打敗了。我們必須心中銘記這一點，並且從這

185

裡邁向一個新生的日本。」《新生》，事實上正是一本新雜誌的名字，創刊於十一月，封面畫是一個高大的美國兵，正在幫助一位上了年紀的日本婦女背重擔。雜誌的卷首語號召脫去舊的桎梏，直視「戰敗日本真實的姿態」，並且以真正的批判精神直視一切社會現象，但是同時又重申對祖國的熱愛決不動搖。[28]

到戰敗當年的年底，在讚美變化的合唱聲中，左翼出版物聲音嘹亮。十二月創刊的《人民》，一份最不遺餘力地批判戰時知識界參與戰爭合作的刊物，辛辣地公開抨擊軍閥、地主、財閥和以天皇為中心的官僚體系。他的編輯宣言，「日本人民正在戰爭的廢墟上受苦受難，但這也是有史以來他們第一次從壓迫中解放出來。他們付出了巨大的犧牲，但是頭一次，日本的歷史轉移到了人民的手中，如此，那麼一切都是值得的。」同盟國對日本統治者的痛擊，被形容為「世界送給熱愛和平與民主的日本人民的珍貴禮物」。像當時大多數評論者一樣，《人民》的編輯認為，探尋日本本土的民主萌芽，從政治上和精神上來說都勢在必行。他們呼籲，關註明治初期「自由民權運動」以及二十世紀初無產階級運動中「對民主的熱望」。[29]

大多數聲援這些見解的年長的編輯和著作者，都是戰前折衷的知識份子傳統的產物，他們曾經認真吸取馬克思主義和自由主義思想。對他們來說，戰敗意味著對戰時被打斷的批判主義傳統的恢復，在有些情況下，這一傳統比日本的大部分敵人所認為的還要長久。《改造》月刊就是如此，他與同樣著名的《中央公論》一起，一直堅持到一九四四年中期，被天皇政府處分停刊。

對鉛字的渴望，被生動地捕捉在了一九四七年七月的這幅照片之中。讀者們睡在東京神田的岩波書店門外，等待購買哲學家西田幾多郎的新版全集。人們在發售預定日之前三天就開始排隊，兩天之中，排隊人數增加到大約二百人。（Photo by The Asahi Shimbun via Getty Images）

當一九四六年一月《改造》復刊時，它的卷首論文是著名的馬克思主義者森戶辰男的《平和國家的建設》（《平和国家の建設》）。復刊的評論說，儘管人們很自然地會將自己國家的行為視為正當，但從客觀的立場看來，顯然日本過去的態度和行動是「一大團黑暗的野心」，尤其是在對待中國問題上。[30]

《改造》的復甦，與另一本由岩波書店出版的優秀進步月刊《世界》的出現相得益彰。講談社是出版面向大眾消費的讀物，而岩波書店則是以知識階層為物件，出版嚴肅書籍的書店。的確，「岩波文化」和「講談社文化」，已經成為區別精英出版與大眾出版分野的常用語。西方許多偉大作家的作品，包括馬克思和十月革命前的俄國作家的作品，戰敗前都曾經由岩波書店翻譯出版。他們中的有些書在戰時被查禁了，而大多數作品在戰敗後重新成為岩波書店的暢銷著作。相當數量的日本最尖銳的批評家和進步知識份子，已經成為岩波書店穩定的作者群體，或者很快聚

186

集到了岩波書店周圍。

即便是在新舊雜誌創刊、復刊的洪流之中，《世界》的面世也是引人注目的，他的發刊辭很能代表自由主義與左翼的見解。這份新刊物認為，投降是有史以來未曾有過的恥辱，前途的黯淡、混亂和痛苦顯而易見。同時，戰敗暴露出戰爭的「無理、虛偽、欺騙和非正義」，為日本人民在立足現實、面對真理的基礎上新的開始提供了可能。解除了武裝，喪失了土地，經濟自由受到限制，國民被隔絕，他們別無選擇，只有努力創建一個「宏大光明的道義和文化」的世界。聯想到聖經中的比喻，《世界》的編者描述這是「突破窄門」。他們說，前方的路崎嶇坎坷，但同時卻是條光榮之路。如果戰爭經驗暴露出「我們國家文化的無力，道德的空虛，文化人知識階級的怠慢、怯懦和不負責任」，那麼前方的救贖的任務則是，發展出讓全世界都為之讚賞的文化和道義。

到《世界》創刊之時，美國的占領目的已經公開闡明。《世界》的編者將其總結為民主、對個人的尊重、言論宗教自由與世界和平。然後著意強調追求這些理念，不是由於勝利者的命令，而是「因為他們是建立在人性和普遍的正義的要求之上」。雖然任重道遠，但最重要的任務是建構一個基於社會公正和國民意志的社會。只有這種社會能夠防止專制和獨裁再次在日本出現。[31]

這些觀點和情緒——痛苦，熱誠，嚴於自我反省，燃燒著理想主義的激情，在投降之後的數百種雜誌中都有所表達。

187

暢銷書與死後成名的英雄

戰後最初評價很高的暢銷書，是一本英文會話小冊子，構思於天皇玉音放送的當日。主意是一位叫小川菊松的出版人想到的。這一令人驚異的成功故事，很快在出版界傳為佳話，並且將全國最暢銷出版物的記錄，一直保持到一九八一年。

據說，當小川菊松聽到天皇玉音放送時，他正在一次商務旅行的途中。來不及擦乾眼中的淚水，他就登上了返回東京的列車，立即開始盤算如何在變化的新形勢下發財致富。等到火車停靠東京站時，他突然想到了好主意。正如無數靈感降臨的情形一樣，事情說到底就是如此簡單：日本一被占領，人們將會急需一本日常英語會話的小冊子。他就賣這個。

小川菊松本人顯然沒有出眾的英語才能，他將創意賣給了出版社。然後他和他內行的合作者們，選取了兩本戰爭年代的會話書作為底本。一本是曾被證實在許多不同的占領情形下都很有效的中日文手冊（似乎沒有人理會這一情形的黑色幽默）。第二本是日泰文手冊。究竟是在一天之內還是三天之內完成了這本小書的全部底稿，說法不一。總之無論如何，這本《日美會話手帳》（《日米会話手帳》）確實是在小川菊松流淚的一個月之後就問世了。它有三十二頁，而首印三十萬冊幾乎立即告罄。

到一九四五年底，這本小冊子賣出了三百五十萬本。在全日本，人們都翻開了這本手冊的第一頁，準備迎接他們的征服者。上面寫道：

188

Thank you！

Thank you awfully！

How do you do！

這些英語詞句，不僅配備了日語譯文、用羅馬字標注了讀音，而且還用日文片假名進行了注音。這倒挺有靈感，片假名注音不是精確的、正規的注音方法，卻是為日本人的發音習慣著想。手冊付梓之前，小川菊松倒是和他的合夥人在酒吧裡跟一位喝得醉醺醺的英美人士交流了一個晚上（一說，是三個晚上）。因而，當遇到第一位美國大兵的時候，日本人就能夠準備好用日式英語說道：

サンキュー（San kyu）！

サンキュー　オーフリ（San kyu ofuri）！

ハウ　ディ（Hau dei）或者是ハウ　ディ　ドウ（Hau dei dou）

最後這句，很明顯，是從英語口語的「Howdy」與「Howdy-do」來的。32

對日本文學界來說值得慶幸的是，這本令人驚詫的小小出版物，並沒有成為後來暢銷書的典範樣式。儘管文藝批評家傾向於認為這一時期的文學作品價值低，但當時出版界的狀況，卻被證實是一個不同尋常的開放時期，不乏對根本性問題進行的廣泛探討。在曾被軍國主義者禁入的各個領域，學術氣氛都大為增強，包括馬克思主義學術研究，也經歷了強大的復興。曾受到軍部壓制或審查的優秀文學家，諸如永井荷風、谷崎潤一郎、川端康成、大佛次郎等人，重新聲名大噪。

從一九四六到一九四九年的「十大」暢銷書，全都傳達出這樣一種印象：作者的世界性和主題的嚴肅性都是無與倫比的，普通市民也表現出對思考人性和社會的責任等永恆問題的作品的關注。正如一位評論家所言，這些作品在最廣闊的意味上表現出對「生」的關心。[33]即便回顧起來，早期的暢銷書排行榜總是令人稱奇。例如，戰後的讀者，立即群體轉向了最偉大的近代作家夏目漱石（他逝世於一九一六年）。夏目漱石的作品集的幾個新版本，都位列一九四八年的「十大暢銷書」排行榜。在這不穩定的歲月裡，夏目漱石的主要魅力在於，他在探詢親密的個人關係中的堅定的坦白直率。愛情事件構成了夏目漱石許多小說的精髓，包括受人尊敬的《心》（《こころ》）。夏目漱石熱，看來反映的並不是戰爭前後的近代歷史時期的懷舊之情，而是對新興的個人的痛苦和安慰的嚮往。在一九一四年的一次著名演講中，夏目已經有力地論說了保持與國家相對的「個人主義」精神的需求。作為一位小說家，他是一個有力的描繪者，描述在遭受無情的狂熱變化的國家中，保持個人的平衡和完整是多麼不易。在他短暫而又驚人多產的寫作生涯中，男人與女人之間的愛戀——痛苦、衝突而又不可抗拒，是他後期作品最為關注的問題。

189

在夏目漱石的世界裡，愛總是比社會需求放在更高的位置上，即使他意味著社會放逐，個人的苦惱，或是自我的毀滅。比如《從此以後》（《それから》）的主人公，通過將自身完全投入到「順從天意，卻違背人定之戀愛」中，成了英雄（而且是悲劇的）人物。[34] 描述一對離群索居的夫婦的婚姻生活的《門》，告訴讀者，「當寒冷難以忍受，他們在彼此的懷抱中找到了溫暖，只能相互依存。」[35] 在這一點上，這位文學巨匠的寫作，契合了現在占據許多日本人心思的對私生活的關切。他們也是一個有力的提醒，現在男人和女人們面臨的知識和心理危機，並非完全是前所未有的。相反，這只是一個持續的困境的最終階段——如何在一個創傷的、不可抗拒的「現代化」和「西方化」時代，定義和斷言個人的身份和個性。夏目漱石以無與倫比的敏銳細膩，探討了這些問題。

夏目漱石絕非是唯一在這些暢銷書排行榜上保持超過一年記錄的作者。引人注目的是，有幾位其他作者也有類似情況。除了范・德・威爾德（Van de Velde）關於婚姻關係的書之外，「十大暢銷書」還包括其他三種外國作品的譯本：讓・保爾・薩特（Jean Paul Sartre）的《嘔吐》（*Nausée*）、安德列・紀德（André Gide）的《架空會見記》（*Intervues Imaginaires*）和艾瑞克・馬里亞・雷馬克（Erich Maria Remarque）的《凱旋門》（*Arc de Triomphe*）。有趣的是，沒有美國作者進入「十大」排行榜，直到一九四九年瑪格麗特・蜜雪兒（Margaret Mitchell）的《風と共に去りぬ》（*Gone with the Wind*，中譯名《飄》）出現。薩特和紀德是僅有的兩位沒在一九四七年「十大暢銷書」排行榜上再次出現的作者，儘管對於存在主義的興趣在知識份子中間仍然火熱。雷馬克的小說，像夏目漱石的作品集一樣，在接下來的三年中，始終是最暢銷的書。

190

除了夏目漱石的作品之外，一九四六年暢銷書排行榜上的日本著作，還包括森正藏的《旋風二十年》，是對日本的戰爭和破滅道路的新聞式的記錄；永井荷風的《掰腕》(《腕くらべ》)，一本描寫花柳界競爭的小說，寫於戰爭中，當時卻未能出版；馬克思主義學者先驅與早期的日本共產黨員河上肇的自傳，河上在戰爭結束後數月就辭世了；一位著名的哲學家、死於獄中的三木清的評論集《哲學筆記》，由他先前出版過的隨筆構成；還有被以間諜罪處死的尾崎秀實的獄中書簡集。暢銷書榜上有四位日本作家已經過世，他們當中只有夏目漱石親眼目睹了自己的作品大受歡迎的景象。

悲慘的戰敗帶來了特殊的文化危機：舊的、國家主義的英雄被顛覆了，但是誰能取代他們的位置呢？教科書不得不重寫。郵票不得不重新設計。出版界必須提供新的祖國之子的典範。在這個問題上，河上肇、三木清和尾崎秀實的暢銷書協助滿足了要求。這三人有不少共同之處。他們都與馬克思主義和共產主義有聯繫，儘管他們的知識背景並不相關。他們每人都因為政治原因坐過牢。他們都是有原則的人，體現出獨立思考與自治的品性，這種品質在一個大多數人都完全甚至是狂熱臣服於獨裁政府的國家中，十分罕見而且令人崇敬。

幸運的是，他們的文筆都相當好。河上肇和尾崎秀實尤其是優秀的文體家，而三木清在他的遺著《哲學筆記》中，以他的哲學家同儕們罕見的深入淺出的語言，傳達了他對傳統、天才、領袖、道德、「意識形態與病理學」、「構築世界的視點」的見解。此外，這三位作家的確對日本讀

191

者有吸引力，因為他們是犧牲者，即使在某種意義上，他們正是現在發現他們有魅力的同一批人的犧牲品。

三人中最年長的河上肇，早在一九一六年就廣為人知。當時他發表了一篇尖銳抨擊經濟剝削的《貧乏物語》，這一主題在三十年後重又引起了強烈的興趣。由於從事共產主義活動，在一九三三到一九三七年間河上肇被捕入獄，在八年的中日和太平洋戰爭期間，他從公眾的視線中消失了。他並沒有大聲反對他國家的侵略行為，但是他也沒有像他往日的許多左翼同志們那樣，積極呼應天皇的事業。本來，他已經不見了，當戰敗之後他再次通過寫作大聲疾呼的時候，就像是一位傳奇人物突然的死後復活。一小股「河上肇熱」出現了，包括文章、詩作、書信、獄中回憶以及雜文等都相繼出版。

其中最引人注目的是多卷本《河上肇自傳》的問世。這部自傳秘密寫於一九四三到一九四五年間，一九四六年二月開始在一本進步刊物上連載，最終分四卷出版。這部自傳被不遺餘力地讚揚為在日文世界前所未有，堪與盧梭的《懺悔錄》和歌德的《少年維特之煩惱》等史詩媲美。但是這位老革命沒有機會見證他自己被完全神化，正如一位批評家所稱揚的「選擇了困難道路的真理的追尋者」。他死於一九四六年一月三十一日，享年六十七歲，恰好就在他自傳的首次連載問世之前。[36]

四十八歲的三木清之死，則更為令人震驚。一九四五年九月二十六日，他因病死於獄中。三木清死於戰爭結束六周之後，美國占領軍當局釋放政治犯生效之前。作為一名折衷主義的哲學家和社會批評家，他因窩藏共產主義友人於一九四四年被捕入獄。一九二二到一九二五年，三木曾在德國學習，在那裡與卡爾・曼海姆（Karl Mannheim）相識，並且受到馬克思主義思想與馬丁・海德格（Martin Heidegger）方法論的影響。一九三〇年，他曾因同情共產主義被暫時逮捕過。他的知識追求，使他試圖將存在主義與宗教信仰調和起來，日益關注日本的思想體系，尤其是與他同時代的傑出的哲學家西田幾多郎的思想（西田尋求西方哲學理念與佛教禪宗的洞察結合起來），並且傾倒於十三世紀果敢挑戰習俗的宗教領袖親鸞的教義。然而二十世紀三〇年代末，三木清以日本「泛亞主義」使命的辯護者的形象出現，一九四二年赴菲律賓任日本陸軍報導員。他致命的決定——庇護逃亡的共產主義友人，更多是個人行為，而非意識形態行為。像河上肇一樣，三木清對於戰敗後讀者的魅力，多半來自他對知識的探求、他的思想境界，以及他人格的力量。[37]

在遺著暢銷書的三部曲中，當然最有意味的莫過於尾崎秀實。尾崎曾是位有名的新聞記者，尤其精通亞洲事務。然而在戰後將他捧上天的著作，卻是很私密性的——他在獄中寫給妻女信函的選集，從一九四一年十月被作為共產國際的間諜逮捕，到一九四四年十一月四十三歲時被處以死刑為止。尾崎曾是著名間諜理查・佐爾格（Richard Sorge）在日本最主要的聯絡人。在珍珠港事件之前，佐爾格的報告曾經供給蘇聯有關日本戰略思想的無價情報。尾崎是戰爭期間唯一因叛國罪被正式審判並且處死的日本人。一九四五年八月十五日之前，他在國人眼中是一個可惡的叛國者，而此後則成了更具傳奇色彩的英雄與殉道的烈士。

憤世嫉俗者可能會將尾崎的遭遇，作為公眾情緒輕浮無常的例證，但是沒人能夠否認這些書簡本身出奇的魅力。他們所營造的奇妙氛圍，被濃縮在了這本集子飽含感情的題目之中：《流星般的愛情》（《愛情はふる星のごとく》），這個題目是由一封書簡而得名，在信中尾崎寫道：「我活著深深感受到了無處不在的人類之愛。真摯的愛就像是明亮閃耀的星星，映照在我的生命之中。」被處死的間諜的魅力，顯然是在共產主義學說本身之外。

儘管尾崎秀實曾經通過與佐爾格的聯絡為共產國際服務，但是他從未加入過日本共產黨。這並未阻礙戰後日本共產黨將他看作一位「鋼鐵般的共產主義者」。然而當日共試圖宣稱尾崎是自己人時，卻遇到了強勁的競爭。尾崎具有革命與烏托邦思想，認為從這場戰爭中將會產生新的社會主義的世界秩序，這一點勿庸置疑。獄中書簡中對此說得很清楚，同樣這些作品也很容易使其他景仰者將尾崎視為一位偉大的「人道主義者」，這可根本不是令共產主義者愉悅的標籤。

尾崎的信從罕見的親密距離，揭示了一個世界主義者對知識與道義的深思。被捕後，他貪婪地廣泛閱讀文學、政治、經濟和歷史著作，包括歌德（Goethe）的著作和馬基維利（Machiavelli）的《君主論》（*Prince*）。司法當局曾經準備讓他起草改變信仰的「聲明」，由此尾崎將自己浸淫於日本的經典之中。當行刑日臨近，他變得日益對禪宗發生興趣。然而，毫無疑問，這些出版的書簡最大的魅力在於，他對於妻子、女兒所貫注的愛，對與天皇制的「家族國家」相對的真實的、小家庭的熱

193

愛。

在被捕之前，尾崎秀實並非是個忠實的丈夫，他從不跟妻子英子分享他的思想，或者告訴她自己的行動。英子對丈夫的間諜工作毫不知情，直到尾崎被捕入獄。在獄中書簡中尾崎自己承認，由於他的秘密工作，他並不想要孩子。[38]夫婦兩人只有一個女兒楊子，在父親被捕時楊子十二歲。當然，鋃鐺入獄導致尾崎追逐女性生涯的結束，卻使他與妻子和女兒開始了智力與感情上的親密聯繫。三年之中尾崎的數百封獄中書簡，都是寫給妻子和女兒的。在這些書簡中，尾崎毫不隱瞞地傳達他的思想和情感，坦率地表達他的愛情。這可不是典型的「日本」男人的行為，但是這些書簡公開分享情感和智慧的程度，卻使許多男人和女人欽佩和羨慕。

事實上，這些書簡廣受歡迎也表明了另外一種跡象，即戰爭和戰敗如何為提升珍視私人情感打下了基礎。直到日本投降，國家及其意識形態理論家們一直在指示，個人主要的愛應當是愛國心或曰對國家的愛，最終表現為效忠天皇陛下。直到投降之前，父母、妻子以愛國熱情高高興興送兒子和丈夫去打仗、男人樂於為天皇獻身的官方神話，一直長盛不衰。後來才有材料逐漸披露：陸海軍士兵在兵營收到家鄉來信，在黑暗中哭泣；將死的士兵用盡最後一口力氣，大聲呼喚的是母親的名字，而不是天皇陛下。在這樣的社會情境下，尾崎的獄中書簡，即便是在描繪全球革命與世界和平的宏偉圖景時，仍然可以被解讀為對私生活重要性的確認。這些獄中書簡的坦率、摯愛和睿智，成了夫婦、父女之間吸引人的「技巧」的典範，簡直就是與范·德·威爾德迥然

194

不同而又同樣解放地強調分享和互惠的互文。

尾崎的出版商，正如威爾德的出版者一樣，並未自視清高到對戰後出現的愛與浪漫的大眾市場視而不見。《流星般的愛情》的出版商小森田一記，其本人就在戰時的審查制度中深受其苦。他湊巧還做過三年的女性雜誌編輯，敏銳地瞭解「愛」這個詞在女性中至高的召喚力。書的標題，跟當時的許多流行歌曲完全合拍，顯然是小森為吸引女性讀者特意而為。另一方面，共產主義理論家們，強調尾崎對自由、和平和無產階級革命的愛，儘管他的寫作，顯然也包括思想，實際上與工人階級少有關涉。尾崎被處死三年後，共產黨人舉行了紀念集會，他們將紀念演講錄命名為《偉大的愛情》。[39]

然而，除了共產主義者所強調的革命的愛，與尾崎在家庭關係與知識探求中所呈現的更為私人的、人性的愛，還有第三種更微妙的愛，與尾崎聯繫在一起。對一位往日的叛國者來說，這蘊涵了一種引人入勝的變形：尾崎日益被視為一位真正的愛國者，一位比自以為是的極端民族主義者和狂熱的愛國主義份子更加深沉、更加真實地熱愛自己祖國的人。畢竟，那些叫囂熱愛日本的人，實際上卻把日本引向了災難，然而尾崎卻是極少數足夠明智、足夠獨立並且有足夠勇氣，與他們對抗到底的人之一。尾崎對祖國的愛，超越了對天皇崇拜的教條，超越了對剝削人的、心胸狹隘的統治精英們的政策的默認。那些在戰後強調尾崎愛國的人發現，有一位不可思議的人物，曾經早於他們做過類似的評價。一九四四年宣判尾崎死刑的法官高田正，在秘密審訊後私底下說起，他不僅視尾崎為一位有理想、有道德的人，而且是一位愛國者的榜樣。很難想像，這些話會出自一位死刑宣判官之口。[40]

通過不同的方式，尾崎非凡的品格展示了一種榜樣，一種在非常時期日本人的榜樣。他滿足了大眾的需求，一面是日本苦難的偶像，另一面則是希望的象徵。從自由主義或者左翼的立場看來，尾崎像兩百萬士兵和千百萬平民一樣，是殺人如草芥的、軍國主義國家的犧牲品。然而，相對於受害者的具體身份而言，受害者的具體感受顯然不那麼受人關注。此後，尾崎的妻子和女兒，將會在保持尾崎的聲名方面起到積極有效的作用。作為烈士的遺孀和遺孤，她們僅憑自己的身份，就能提升公眾對犧牲的關注度。

同時，像任何真正的殉道者一樣，尾崎對他的景仰者來說，成了希望的象徵。他關於世界革命與終極的「大同世界」的觀念，帶有驚人的烏托邦性質。在戰敗的絕望中，他極易被當成是許多日本人正在摸索嚮往的那個「光明的」新世界的動人幻象，以致於三年間，《流星般的愛情》始終位於暢銷書排行榜上。[41]尾崎的未亡人在為一九四六年初版簡寫本《獄中書簡》作序時，凝練地傳達出了這種情緒。她序言的題目，就像這部書名本身，喚起了時代的夢想和希望：《我堅信黎明即將到來》。[42]

195

女作家與犧牲者

女性作家也為早期的暢銷書榜增輝不少。戰敗後日本放映的最早的好萊塢電影之一，是《居里夫人》(*Madame Curie*)，由葛麗亞．嘉遜(Greer Garson)主演，根據這位著名科學家的女兒伊芙(Eve)所寫的傳記改編。一九四七年，由於影片廣受歡迎，傳記本身的譯本，也登上了「十大暢銷書」榜。居里夫人在一個迄今為止「男性的」知識份子領域所取得的輝煌成就，本身對女性就是極大的鼓舞，她成功的故事，對渲染性別平等問題，具有不可估量的效果。然而這故事還是可以想見的最高尚的羅曼司，不僅包括瑪麗．居裡與科學家丈夫皮埃爾之間的夫婦之愛，還有他們對偉大思想的平等分享。

一九四七年，一位真正的日本女性的名字，也出現在暢銷書排行榜上。宮本百合子，是位多產的作家與不屈不撓的激進活動家。她年輕的丈夫宮本顯治，是少數拒絕放棄信仰的戰前共產主義者之一，因而自一九三三年到一九四五年十月，一直被監禁獄中。作為被獨裁政府逼迫與丈夫隔絕的女性，宮本百合子成了犧牲和苦難的化身。作為一名忠實的妻子，她不僅等待丈夫獲釋，而且積極分享丈夫激進的政治見解，她同時是男女愛情與女性解放的具體體現者。

超越她著名的婚姻之上，宮本百合子的驚人才華與巨大能量，使她僅憑藉自身就成為一位具有超凡魅力的人物。一九一六年，年僅十七歲的大學生百合子，就是一位有名望的作家，她出版了一部名為《貧困的人群》（《貧しき人々の群》）的小說。從一九二七年起，百合子在海外度過了三年，大部分時間是在蘇聯。一九三二到一九四二年間，她因左翼活動五次被捕入獄，在獄中的時間超過兩年。一九四二年，由於發熱虛脫並且陷於昏迷，她才獲釋出獄。後來百合子身體狀況一直欠佳，導致一九五一年她過早離世，年僅五十二歲。

戰後，儘管宮本百合子身體虛弱，還要無休止地為共產黨的組織活動操勞，她仍然設法寫出了一連串廣為人知的文章、故事和小說，生動體現了左翼人士對戰敗以及混亂的舊政權予以回擊的狂熱能量。《播州平野》，是百合子對日本投降後自身活動少有掩飾的記錄，一直是對戰後景象最著名的描摹之一。這部中短篇小說在主題和風格上，皆是由黑暗轉向光明，由絕望轉向希望，由混亂無序轉向目的堅定。《風知草》，這部最暢銷的作品，描寫了百合子與宮本顯治重新團聚後的激情歲月，他們以極大的樂觀主義投身到共產主義活動中去，為創建一個真正的新日本而奮鬥。數年後，百合子寫給她獄中丈夫的數千封信件的選集出版了，受到評論界的好評，題目為《十二年的信》（《十二年の手紙》），堪稱尾崎秀實《獄中書簡》之女性主義與人權運動的翻版。[43]

隨著時間的推移，占領軍當局的審查官開始允許出版者在出版戰爭資料方面享有更大的自由。希望的想像與和平的夢想，找到了更為煽情的新的表述方式。一九四八年，當A級戰犯審判終於接近尾聲，出現了三本暢銷書，萬花筒般地提供了關於犧牲者意識問題的不同的圖景。一本是太宰治的《斜陽》；一本是杜斯妥也夫斯基（Dostoyevsky）《罪與罰》的日譯本；第三本是永井隆的

《遺孤人間》，後者是占領軍當局最早允許出版的有關原子彈爆炸的書之一。永井隆，一位年輕的科學家，因長崎的核輻射而生命垂危，以他對核毀滅與未來救贖的反省打動了日本人。他對自己死後年幼的兒女將有何遭遇的沈思，成為了第二年的另一本暢銷書《長崎之鐘》（《長崎の鐘》），在經過盟軍最高統帥部審查官反覆刪改之後終於出版。

像長崎的許多日本人一樣，永井隆是一位基督徒。諷刺性的巧合是，他還是一位放射醫學的大夫，在長崎原子彈爆炸之前就曾受過輻射沾染。他的妻子死於原子彈爆炸，而他自己則於一九五一年去世，年僅四十三歲。因而他作為科學家、基督徒和受害者，能夠以一種獨一無二的視角對核時代進行書寫，他在生命後期面對原爆痛苦的耶穌受難般的經歷，使他在有生之年，贏得了「長崎的聖人」的稱號。羅馬教皇曾嘉許過他。海倫·凱勒（Helen Keller）曾到他的病床前慰問，裕仁天皇也曾親自駕臨探望。一九五〇年，《長崎之鐘》被拍成電影，電影主題曲流行一時。

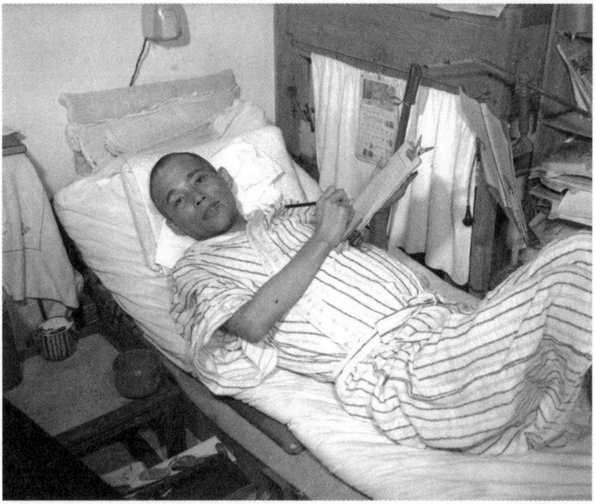

信奉天主教的科學家永井隆，一九五一年因核輻射去世。永井由於撰寫了思考核時代意味的眾多著作，被推崇為「長崎的聖人」。永井的妻子死於長崎的原子彈爆炸。在永井留下的照片中，他經常躺臥病榻。（Getty Images）

197

永井隆的看法接近於神秘。本質上，他將廣島和長崎的原子彈爆炸，看作是耶穌基督想要使世界恢復理性的行為。第二顆原子彈落到一個有長期基督教傳統的城市，只能使他更為確信神的干預。在一段典型的啟示錄風格的文字中，他質詢道，「難道長崎不正是被選擇的犧牲者，正如沒有瑕疵的羔羊被宰殺，作為完全燒毀的祭品放上神壇，以彌補第二次世界大戰中所有國家的原罪麼？」

激進的日本人發現，這樣的宗教宿命論雖然說不上昏庸愚昧，但是並不合口味，然而即便是他們也不能否認，永井隆對和平主義情緒在日本崛起的貢獻。同時，永井隆飽含感情的文章，他戲劇般地殉道式的慢慢死去，以及這些有關原爆體驗的作品的遲遲出現，恰好是在勝利者對日本的反和平、反人類罪行展開審判裁決之時，實質上助長了日益增強的受害者意識。在此情境下，戰爭本身成了最大的「施害者」，當日本人具體化身為在原爆毀滅的城市中瀕死的聖人般的父親／醫生／科學家之時，就以現代戰爭最典範的犧牲品的面目出現了。這就為日本人悲慘受害與高貴犧牲的熟悉意識，找到了新的象徵。那　在這樣的氛圍中，電影版《長崎之鐘》的主題曲，交由創作感傷軍歌的著名作曲家古關裕來完成，就並不令人吃驚了。[44]

一九五〇年，當諾曼・梅勒(Norman Mailer)《裸者與死者》的日譯本出版並迅速成為暢銷書時，日本讀者首次獲知了一位美國軍人對於太平洋戰爭不加掩飾的看法。然而，梅勒這部粗獷堅毅的傑作，卻在一部戰爭中死亡的大學生們的遺書選集面前黯然失色。這部遺書集由進步知識份子編選，題目很有召喚性：《聽，海神之聲》（《きけ わだつみのこえ》）。這一將戰爭語言轉化為和平語言的非凡實踐，其靈感源於一種信仰：這些從戰爭內部發出的隱秘的資訊，將會被解讀為對和平的動人的呼喚。這部書信集很快上升到排行榜的前幾名，而且幾乎立即成為了一部同名電影的腳本。

《聽，海神之聲》及時開啟了一扇雙向的大門，敞開過去，又通往未來。戰死者家屬成立了「海神會」（わだつみ會），這本書也在接下來的數十年間一再重印。全書總共包括約七十五通信函，由自由主義與左翼的學者組成的編輯委員會精心挑選。他們有文采，有反思，有內涵，而且出奇地哀婉動人，因為讀者知道這些年輕人將在實現他們顯見的諾言之前就會死去。儘管他們是在軍事審查下寫的信並且過了關，有時還刻意迎合為祖國獻身的使命，但是在他們的信中，仍然透露出潛在的生之渴望，而非對死亡的嚮往。這本選集壓倒一切的基調，是一種生命的浪費感和悲劇的損失感。《聽，海神之聲》被輯錄為一篇反戰宣言，由於他的出現正當朝鮮戰爭爆發、美國決定讓日本重整軍備以及反美「和平運動」在日本興起之時，大大提升了其反戰的衝擊力。

表面看來，將戰時書寫轉化為和平宣言，很像是將「再建」、「光明」、「文化」、「新」等戰爭口號繼續運用於和平年代。其實，這種選集的出版情形要複雜得多。無論編輯者的意圖為何，《聽，海神之聲》使一種十分接近於軍國主義者虛構的犧牲形象，變得不朽。他們都是純潔的年輕人。他們的死是高貴的。他們不應當被挑剔，的確不該指責他們沒有反抗軍國主義。是他們的死，而不是那些可能被他們殺死的人，博得了關注，而且真的是悲劇性的。其實，在這個對戰爭的封閉性視野中，沒有非日本人的受害者在場。更有甚者，正是由於學院派編輯們的階級偏見，凸現這些年輕人的文采，他們作為精英大學生的社會地位，才使得他們的死如此引人矚目。這些年輕人被選做哀悼的對象，因為他們善於表達，而且因為很容易聯想到他們是日本未來的領導者。

在永井隆的作品中，主要是依據戰爭對日本的破壞性後果，而對戰爭進行理解和批判。《聽，海神之聲》的編輯者們從一開始就明瞭，他們所承載的意識形態的曖昧含混，因為他們的選集向有前例。這不是第一次，甚至不是第二次出版精英的學生兵們的書信了。一部相似的選集，被命名為《在遠方的山河》（《はるかなる山河に》），於一九四七年出版，曾經銷售約七萬冊，後來因受到使戰爭思想永存的批判而絕版。這本選集，專門揀選了日本頂尖大學——東京帝國大學學生們的信件，來源基本上是一九四四年間定期發表在東京帝國大學報紙《帝國大學新聞》上的信函。

事實上，儘管一九五〇年書信集的編者，也留心在他們的選集中收錄其他大學學生的信件，儘管他們有熱切的反戰和反軍國主義的意圖，但是他們都不能真正擺脫過去的歷史。甚至是書信集的題目，也傳達出對過去的曖昧不明的、無言的迴響。《聽，海神之聲》，就是一句軍國主義者喜好引用的召喚性的名言，出自八世紀的一部偉大詩集《萬葉集》[45]。這些語言的橋樑，對於維持身份認同和生活目標是如此至關重要，的確可怕，因為他們承載了一種曖昧不明的轉換。人們利用他們來逃避過去，並且向新的目標邁進。同時，他們也包含了某種可能性，甚至是誘惑，那就是——重蹈覆轍。

1 講談社編《昭和二万日の全記録》(東京：講談社，1989)，第7卷，pp.155, 167, 227, 237, 267, 281, 287, 325；東京戰後廢墟黑市紀錄會(東京焼け跡ヤミ市を記録する会)編《東京闇市興亡史》(東京：草風社，1978)，pp.16, 34-35, 112-13。這兩種文獻下引為*SNNZ*與*TYKS*。感謝曾為占領軍工作的Herbert Passin，向筆者講述有關酒的趣聞。

2 *SNNZ* 7: 281.

3 *TYKS*, p.43; *SNNZ* 7: 198-99.

4 *TYKS*, pp.34-35; *SNNZ* 7: 167.

5 朝日新聞社編《聲》(東京：朝日文庫，1984)，第1卷，pp.253, 264-65。亦參見*TYKS*所引「東京的寫照」，pp.55-57。另一首被歪曲篡改的歌曲是《元寇》，(這首歌在黑澤明愛國主義的大後方電影《最美》中意義重大)，歌詞由抗擊外國侵略者變成了斥退乞丐。

6 例如，可參見《協力新聞》1946年1月號對各式諺語的運用。

7 敗戰後充滿寓意的紙牌遊戲，包括有些純粹就是政治諷喻，參見《いろはかるた(別冊太陽 日本のこころ 9)》1974年冬號，pp.85, 87, 102-4；《協力新聞》1946年1月號(儘管刊名像報紙，其實這是一份「短命」的進步刊物)；《漫画》1947年1月號；《日本ユーモア》1948年1月號；收入每日新聞社編《昭和漫画史》(東京：每日新聞社，1977)，1936-1945年及1946-1950年部分，未標註頁碼。

8 有關戰敗初期的所有文化史著作中，幾乎都提到了《リンゴの唄》。例如，參見平凡社編集部編《ドキュメント昭和世相史〈戰後篇〉》(東京：平凡社，1976)，pp.265-278[下引為*SSS*]；*TYKS*，pp.50-51；*SNNZ* 7:155, 203；《戰後体験》(東京：河出書房，1981)；《別冊人生読本》系列之一，pp.55-59；日本新聞研究會編《昭和「発言」の記録》(東京：東急エージェンシー，1989)，pp.104-5。

9 竹前榮治《戦後デモクラシーと英会話 カムカム英語の役割》，收入思想的科學研究會編《共同研究・日本占領》(東京：德間書店，1972)，pp.131-146。竹前榮治是占領時期日本學界的資深學者，他本人深受這一廣播節目的影響。亦參見*SNNZ* 7:207。

10 戰前與戰時標語口號的概覽，參見森川方達《帝国ニッポン標語集—戦時国策スローガン・全記録》(東京：現代書館，1989)。

11 講談社編《講談社の歩んだ五十年 昭和編》(東京：講談社，1959)，p.562；森川《帝国ニッポン標語集》，p.81。亦參見福島鑄郎《戰後雑誌発掘—焦土時代の精神》(東京：洋泉社，1985)一書對講談社1945年11月號《講談倶楽部》雜誌的摘引，pp.102-3。

12 例如參見遣返士兵的來信，朝日新聞社編《聲》第1卷，pp.102-3, 107-8。

13 《聲》，第1卷，p.262。對戰爭年代的「桃太郎故事模式」的分析，參見John W. Dower，*War Without Mercy: Race and Power in the Pacific War* (New York: Pantheon, 1986), pp.251-57。

14 對戰後「文化」概念的引申論述，參見平野健一郎《戦後日本外交における〈文化〉》，收入渡邊昭夫編《戦後日本の対外政策》(東京：有斐閣，1985)，pp.339-66。

15 森川《帝国ニッポン標語集》，pp.14, 15, 45, 93；亦可參見同書pp.17, 41, 84。

16 此處借鑒了美國馬里蘭大學McKeldin圖書館Gordon Prange文庫中，有關占領期出版物的未公開發表的期刊索引。

17 森川《帝国ニッポン標語集》，p.18；亦可參見同書pp.15, 24, 33, 80, 85。

18 《協力新聞》1946年1月號。

19 本書第14章將探討出版審查制度。有關出版物資匱乏的問題，參見講談社編《講談社の歩んだ五十年 昭和編》，p.559；亦可參見鹽澤實信《昭和ベストセラー世相史》（東京：第三文明社，1988），p.114。

20 *SNNZ* 7:192-93；福島《戦後雑誌発掘》，p.52；鹽澤《昭和ベストセラー世相史》，p.114。

21 福島《戦後雑誌発掘》，pp.40, 260-62。

22 《講談社の歩んだ五十年（昭和編）》，pp.509-10；福島《戦後雑誌発掘》，pp.90-97。

23 福島《戦後雑誌発掘》，pp.23-24, 53-55；*SNNZ* 7:192-93；奧泉榮三郎編《占領軍検閲雑誌目録・解題》（東京：雄松堂，1982），此文獻是對美國馬里蘭大學McKeldin圖書館所藏日本占領期受占領軍審查出版物文庫的導讀。

24 《日本統計年鑑 第7回（1955-1956）》，p.459圖表257；奧泉榮三郎編《占領軍検閲雑誌目録・解題》，pp.23, 25。有關譯著的數目，參見Nicholas J. Bruno未公開發表的會議論文，「Press Reform in Occupied Japan（1945-1952）」，1989年10月21日Mid-Atlantic Region Association of Asian Studies第18次年會。資料包含的出處，見Press and Publications Branch, Civil Information and Education Section, in the SCAP archives in the National Archives（Box 5256, folder 12）。

25 福島《戦後雑誌発掘》，pp.199-201。這一珍貴文獻，收錄了戰後初期許多雜誌的發刊辭和目錄（pp.199-527）。

26 福島《戦後雑誌発掘》，pp.202-3, 376-79；有關《女性》雜誌的論述，亦可參見同書pp.55-57。

27 福島《戦後雑誌発掘》，pp.218-23。

28 福島《戦後雑誌発掘》，pp.242-47。

29 福島《戦後雑誌発掘》，pp.264-67。

30 福島《戦後雑誌発掘》，pp.279-82。1944年，對《改造》與《中央公論》的壓制，參見同書pp.82-85。

31 《世界》1946年1月號，pp.4-6。有意思的是，《世界》的發刊辭，並未像進步派與左翼通常那樣提及戰前的抵抗運動，而是引述了保守的明治《御誓文》，作為日本本土存在民主傳統的重要例證。

32 鹽澤《昭和ベストセラー世相史》，pp.97-100；*SNNZ* 7:155；朝日日誌（朝日ジャーナル）編《ベストセラー物語》（東京：朝日新聞社，1967），上卷，pp.7, 145。1981年，這本會話手冊的暢銷記錄被黑柳徹子的《窗邊的小荳荳》（《窓ぎわのトットちゃん》）所打破。1946-1987年間的十大暢銷書目，收錄於鹽澤《昭和ベストセラー世相史》，pp.264-74。

33 見田宗介《現代日本の精神構造》（東京：弘文堂，1965），pp.72-85，尤其是pp.77-79。亦可參見植田康夫《現代の出版》（東京：理想出版社，1980），pp.156-59。

34 參見《それから》英譯本，Norma Moore Field: *And Then*（Putney Vt.: Tuttle, 1988），p.187。

35 參見《門》英譯本，Francis Mathy: *Mon*(Putney Vt.: Tuttle, 1972), p.34；對照pp.61, 127, 134-36, 169。

36 前引之《ベストセラー物語》，上卷，pp.25-34。

37 1947年，三木清初版於1941年的另一部文集《人生論筆記》(《人生論ノート》)，取代《哲學筆記》(《哲學ノート》)登上了暢銷書的排行榜。

38 Chalmers Johnson，*An Instance of Treason: Ozaki Hotsumi and the Sorge Spy Ring*(Stanford: Stanford University Press, 1964), p.36。這部著作是對尾崎秀實的思想與活動的透徹研究。

39 《ベストセラー物語》，上卷，pp.36-37；Johnson，pp.205-6。

40 Johnson, p.198；對照pp.201, 214, 286。

41 尾崎秀實的烏托邦理想的絕佳例證，參見Johnson，pp.195-96。

42 《ベストセラー物語》，上卷，p.35。尾崎秀實是黑澤明戰後第一部影片《我於青春無悔》的主人公的原型。

43 對宮本百合子《播州平野》的「女性主義—人道主義」視角的深入分析，參見Susan Phillip，「Beyond Borders：Class Struggle and Feminist Humanism in *Banshū Heiya*」，*Bulletin of Concerned Asian Scholars* 19.1(1987):56-65；亦參見Noriko Mizuta Lippit，「Literature, Ideology and Women's Happiness: The Autobiographical Novels of Miyamoto Yuriko」，*Bulletin of Concerned Asian Scholars* 10.2(1978):2-17。

44 《ベストセラー物語》，上卷，pp.71-80。永井隆的《長崎の鐘》有英譯本。參見William Johnston，*The Bells of Nagasaki*(Tokyo: Kodansha International, 1984)。亦可參見Paul Glynn，*A Song for Nagasaki*(Hunters Hill, N.S.W., Australia: Catholic Book Club, 1988)。永井啟示錄式的宣言，見Glynn前引書，p.117。

45 《ベストセラー物語》，上卷，pp.108-17。本書第16章將對這些書信集進行深入分析。

第三部　革命

第六章　新殖民主義革命

在日本人看來，「自上而下的革命」並非史無前例。自十九世紀中葉以來，統治精英們就一直在敦促民眾進行產業化、現代化和西方化，訣別過去，成為新的男人、新的女人，成為新誕生的民族國家的新國民。從一八六八年開始，政府就明確以歐洲為導向的「文明開化」為目標，貫徹了廣泛的改革措施。自十九世紀八〇年代起，國家在天皇制更為保守的、自上而下的庇護之下，積極推進現代國家的形成。甚至二十世紀三〇、四〇年代的軍部和文官的獨裁者們，也曾在革新主義與革命的名義下，實行他們的帝國主義與軍國主義的政策。

麥克阿瑟將軍的超凡魅力，在戰敗的日本人心中，正如他的權威一樣崇高。(Photo by Keystone/Hulton Archive/Getty Images)

依靠強制下達的專制主義指

令而戲劇化地改變現狀，這並非是什麼新鮮事。這一點有助於解釋——儘管只能部分地解釋——為何美國人的改革措施能夠奏效。麥克阿瑟將軍，作為典型的美國人，輕易成為了日本政治盛典中的主要角色：新的君主，藍眼睛的幕府將軍，家長式溫情的軍事獨裁者，浮誇而又極度真誠的歌舞伎男主人公。麥克阿瑟以全副精神扮演著這一角色。正如天皇和江戶時代的將軍們一樣，他安坐在他的司令部裡，從不與人民大眾接觸，僅允許高官賢達前來晉見，驕橫地頒佈法令，而且絕不容許批評。

204

作為殖民總督的勝利者

這位最高司令官從未真正看到過他所蒞臨主政的日本。自他到達東京的那一刻起，他的活動就限定於每日早晚的通勤路線：從他位於舊美國大使館的住所到附近的前第一生命保險大廈裡的盟軍最高統帥部的辦公室。他從不與日本人交際，而且，據他親近的一位人士觀察，「只有十六位日本人跟他說話超過兩次，而且他們之中的任何一位職位都不低於首相、最高裁判所長官或是最大的大學的校長這一類的人物。」麥克阿瑟將軍的傍晚，大部分都在觀看好萊塢電影中度過，尤其是西部片。間或他也觀看一些由美國軍方攝影師拍攝的關於日本的新聞記錄片，使他至少在

205

銀幕上跟他所統治的國家保持關聯。

五年中，麥克阿瑟將軍的活動就像一架節拍器那樣可以預知。在一九五〇年六月朝鮮戰爭爆發之前，他僅離開過東京兩次，對馬尼拉和漢城進行了短期訪問。正如一九四六年以前的明治天皇一樣，麥克阿瑟以親切的、家長式的語氣談起，上千萬日本人在他的庇護之下的感受與成就，卻從未與他們有過哪怕是最輕微的有意義的接觸，從未親自觀察過他們實際的生活情形。這位將軍憑藉崇拜發跡，深信「東洋的精神」樂於「奉承勝利者」，並且假定只要他一說人民就會相信，民主就會落地生根。而事實的確如此。大批日本人的反應是，最高司令官真偉大，民主真偉大。[1]

麥克阿瑟在被占領的日本是無可爭議的最高領主，他的下屬們則都是小小的殖民總督。總司令部活動的核心，位於東京市中心未被轟炸的地段，在那裡美國的軍事和文職官員們（一九四六年早期大約有一千五百人，一九四八年一月上升至三千二百人），操縱著由充滿活力的參與者希歐多爾．科恩（Theodore Cohen）恰如其分地概括的「新的政府之上的政府」。這一超級政府解釋並推進基本的政治、經濟、社會和文化政策，同時推行「非命令與命令具有同等強制力」的斡旋藝術。即便是總司令部的中層人員向日本官員進行的提議或者勸告，雖然從理論上來說並非命令，但是仍然會被有效執行。麥克阿瑟的副官法比昂．鮑爾斯（Faubion Bowers），如此描述這位專橫的將軍：實際上他專心致志於「要求、主張、強制、禁止與刺激」的政策與時常「變得滑稽」的基本行為模式。[2]在占領過後，當日本官僚當局表現出擅長這種「行政指導」之時，美國人反而指責，這種習慣是日本人的癖好。這種新殖民主義革命的獨裁主義的遺產，是很難被承認的。

總司令部超乎尋常的中央集權，不僅依靠遍佈全國的文職與軍職人員實現，而且還由教育體制和日常文化直接干涉，因而更加完備。勝利者敏銳地意識到，富於意義的民主化，不僅僅涉及簡單地促進法律和制度的改革。同樣重要的是，正如最初的一位占領方針的規劃者所言，要「觸及每一位日本人，重塑他的思想與感情的方式」，以提升對自由與民主更為深刻的認識。[3]

為達成這一目的，占領當局設計創造了一套教育網路，以觸及日本的每一個男人、女人和孩童。他們派遣美國人組成的小隊，主要由男人組成，間或也有一些婦女，深入各地社區，提供民間的美式公民教育。到一九五〇年左右，他們要求所有學校的教科書必須譯成英文，以備他們審查認可方能使用。[4]他們極力影響大眾媒體，消極的辦法是通過審查制度，積極的辦法是主動在報刊發表的文章、電臺廣播的節目以及電影院放映的國內外電影中進行宣傳。

顯而易見，以專制的方式實現民主，在每一個層次上都十分困難，而且很容易被占領軍當局人員所濫用，因為他們突然發現自己擁有了在自己的國家永遠不可能夢想掌握的權力。一樁接一樁的案例，證明了這種權力可以多麼地誘人。只舉一個小小的例子：為確保在廣播電臺這一至關重要的媒體中只有「民主」一種聲音，占領軍當局選擇由國營廣播電臺（當時命名為「NHK」，效仿CBS和NBC），永久性地壟斷全部廣播頻道。他們對這種自上而下的統籌規劃如此固守己見，以至於到了一九五〇年，總司令部還在故意妨害作為競爭對手的商業電臺的發展。改革者們相信，只有通過這樣嚴密的控制，典型的「日本佬」才能被塑造為美式民主上好的複製品。[5]

這種殖民總督角色的職責，遠遠超出了制定政策本身。龐大的占領軍部隊——包括軍官和他們的家屬，最高統帥部的文職人員及其家屬，加上最終接近一百萬的普通美國大兵——構成了一個特權集團、特權階級和特權種族。他們組成了一個在日本的「小美國」，的的確確存在於東京的中心地帶；而且他們實行明確的種族隔離政策。歲月荏苒，當冷戰升級、核軍備競賽加劇，歐洲列強努力在東南亞重建自己的勢力範圍，共產主義者在中國顯然已經獲勝，而戰爭在朝鮮爆發——美國人在戰敗國日本的統治卻巋然不動。一九四七年新憲法生效，日本人從理論上成了公民，不再只是他們天皇陛下的臣民。然而事實上，他們卻繼續是占領當局的臣民。

毫無疑問，許多占領者表現出感人的理想主義與慷慨大度的精神。美國大兵們因為他們隨時的友善與自發分發巧克力和口香糖的舉動而聞名。有些美國人表現出對日本文化嚴肅認真的興趣，以及對陌生人的責任感，這是他們的日本鄰居所不熟悉和感覺吸引人的地方（或者有時只是感到古怪）。他們送不相識的人去醫院，而且做好事不圖回報。他們單純地施行善舉，不計報酬，實事求是。[6]

占領者還給予他們的新臣民以可觀的實惠，例如：青黴素、鏈黴素、血庫，以及名副其實的公眾圖書館。還有比如教授一些實際的技術與品質管制的統計方法等，這些終將對日本的經濟重建產生極大的價值。在彼此尊重的基礎上，一些美國人和日本人建立起了各式各樣親密的個人關

207

係。然而說到底，這樣的關係之所以令人印象深刻，恰恰部分是因為，這是對軍事占領下不可避免的不平等雙邊關係的挑戰。而且即使是這樣親密的個人關係，也通常有賴於美國文化優越性的假定。極少有例外，所有交際幾乎都是以征服者的語言界定和進行的。

對美國人優越性的日常提醒是無處不在的。在戰敗國出現最多的一句話，往往張貼於公眾場所，並在無數的公共或私人場合中被重申，那就是「根據占領軍的命令」。事無巨細都要由總司令部的訓令管理支配，並且被冗長繁瑣的文書工作以及相關的具體處理所拖延。眾多的商店、劇院、賓館、建築物、列車、地區，以及像高爾夫球場這樣的休閒設施，被標明日本人「禁止入內」。最高統帥部的普通軍官和文職官員，他們在美國只可能過著平凡的中產階級生活，在日本卻住著從房主那裡徵用來的高級住宅，這實在算不上尊重別人權力和財產的令人信服的例證。他們可以雇傭三個、四個、五個甚至六個僕人，都由日本政府掏腰包（廚師、男僕、女僕、花匠、保姆以及洗衣女工，被認為是一份理想的僕役名單）。法比昂．鮑爾斯，這位狂熱的歌舞伎迷戀者，設法得到了兩位私人廚師，一位做西餐，另一位烹飪日本菜。他後來沉思說，「我和我認識的幾乎所有占領軍人士，都極端自大和傲慢，並且對我們的權力無所不用其極。」7

東京市中心幾平方公里未被轟炸過的地區，成了眾人皆知的「小美國」。從一九四五年十二月開始，耶誕節的裝飾每年都出現在那一片街道，幾乎是與最高統帥部的指令命令日本國教神道與國家徹底政教分離的同時出現的。美國國旗在外國人接管的無數大廈上飄揚，與此相反，懸掛日本國旗日之丸（美國大兵俗稱的「肉丸子」）卻被嚴格限制，而且唱日本國歌也是被禁止的。一九四八年六月，橫濱的一位日本男子因為不適當地懸掛國旗，被判處拘役六個月。[8]

成千上萬的美國人，在小美國地區工作和娛樂。他們將街道和建築重新命名（例如，那兒有一條麥克阿瑟林蔭大道和一座Ernie Pyle戲院），到處塞滿了吉普車、軍用汽車以及從美國船來的新式轎車。一幅日常圖景完全反映出了日美之間的關係：在繁華的日比谷街頭，一位美國軍警和一位日本警官共同指揮交通，日本員警總是跟在美國員警之後打信號。據一位美軍上校的妻子回憶，在小美國地區「我們可以從一端走到另一端，總是有美國面孔或是美國汽車映入眼簾。」這賦予占領者們一種親近感和安全感，而且與周邊「殘灰冷燼破銅爛鐵綿延堆積數十裡的荒地」，形成了鮮明的對照，在那裡他們的臣民正嘗試著重建自己的生活。[9] 對有些人來說，這兩個世界之間的鴻溝無可逾越，而且理當如此。一位在占領當局擔任文職雇員的女士，肆無忌憚地回憶說，「對我來說，在我們光輝明亮的占領軍宿舍、辦公室和鐵路客車之外的世界，擠滿了從尼伯龍根式的東方魔界中鑽出來的扭曲醜陋的生物。我時常想，自己必定是狠狠地盯著他們，就像他們目瞪口呆地注視著任何一位征服者主子一樣。」[10]

當日本人仰賴黑市得以生存，美國人卻在美國陸軍消費合作社與物資供應所購買琳琅滿目的日用百貨乃至奢侈品。那位上校的妻子回憶道：「在消費合作社門外，總是擠滿了日本人。他們觀察顧客們進進出出，將鼻子壓扁在櫥窗上朝裡張望，靜靜地、敬畏地凝望著陳列的貨物：紀念品、糖果、照相機、奶昔、鞋子、羊毛衫、絲質和服以及貨真價實的東方古玩。」衣衫襤褸的旁觀者們，靜靜地看著美國人滿載著「十五磅重的肉塊、五十磅重的米袋以及大大小小的水果和蔬菜罐頭」搖搖擺擺地走出來。偶爾，這位官員的妻子在往吉普車上裝食物時，會故意將幾塊新鮮的烤麵包碰落在地，以便於那位好像總是在場的、瘦小而眼神空洞的男孩，撿起來並匆匆逃離。甚至連芥末也是一加侖罐裝的，顯然超出了一個普通美國家庭的需求。但是「僕人們會拿勺子舀著吃掉，而不會讓他壞掉。」法比昂・鮑爾斯每天清晨都會被一位僕役長造訪並被詢問：「您需要什麼嗎？」在他花樣翻新的重述中，他是這樣回答他的僕役長的：「十八隻雞和三整隻火腿！」鮑爾斯解釋說，他的應酬款待很多，但是許多供應也「填進了那些饑餓的歌舞伎藝人們的腹中」。11

正如在任何殖民飛地一樣，占領軍中的某些人士擁有過分的權利。麥克阿瑟深為器重的助手考特尼・惠特尼(Courtney Whitney)，戰前是他的私人律師，以陸軍上校的軍銜竟然擔當起盟軍總部民政局局長之職，而且在以下方面都發揮了決定性的影響力：監督日本政府公職人員的整肅、天皇與帝制政策、憲法修訂以及一切有關內閣、國會、選舉制度、法庭和行政的事務。與之相匹敵，甚至有過之而無不及的威廉・馬誇特(William Marquat)少將的權利。在作為麥克阿瑟仰賴的助手嶄露頭角之前，他曾是一位職業拳擊手、新聞記者和專攻防空戰略的下級軍官。被任命為經濟科學局局長之後，馬誇特擔當的職責不亞於全面指揮財政、經濟、勞動和科學的發展，包括解散財閥控制的公司以及促進經濟發展的非集中化。日本政府的各個主要財政和經濟機構都要向他的部

210

門彙報，包括大藏省、商工省、日本銀行、經濟安定本部、新設立的勞動省、商工會議所乃至於新成立的通產省。[12]

在這個命令系統的末端，二三十歲的美國年輕人，既缺乏實際經驗又不懂日語，卻被授權教導年長很多的日本人如何履行職責並且重整思路。這些根本不懂外語的人，依據英語水準判斷與他們交往的外國人的智力，並嘲笑別人說英語的瑕疵。被控告對日本人犯了罪的美國人，交由他們自己的政府審訊，不必在地方法庭出庭，而他們的罪行也不會在媒體披露。當然，對於外國領主們的任何批評都在被禁止之列。公眾媒體既不允許對最高統帥部的政策方針提出異議，也不允許對任何同盟國進行負面報導，甚至不許提到自身是在這樣的限制之下運作的。

儘管與日本軍隊在其亞洲占領區的行為相比，勝利的同盟軍通常要自律得多。但不可避免的是，襲擊和強姦事件仍有發生。此類事件都未在媒體曝光，甚至不少案件也沒有報警。受害人根本就不相信可能得到公正的賠償。占領期結束後，發行量龐大的雜誌紛紛刊登文章揭露美軍人員的強姦罪行，而日本男人們也憤恨地回憶起在公眾場合無端遭受的暴行。[13]占領軍有關人員，包括外國記者，通過贈與日本女人罐頭、巧克力、尼龍絲襪、香菸和酒等禮物去享受性的樂趣，羞辱並激怒著日本男人。美國大兵們自以為是深諳「寶貝桑小姐的世界」的行家裡手，而且他們認為這個帶有種族色彩的稱呼很有趣，開玩笑說這使他們對日本有了獨特的「見解」。還有一些人以蔑視的口吻說起「東洋妞」。混血兒成了占領時代一種無法言說的悲慘故事——既難以得到外國父親的承認，又總是被日本人排斥和放逐。14

正是在如此種種罄竹難書的情形之下，自上而下的民主革命的矛盾清晰地顯現出來：雖然征服者鼓吹民主，事實上他們卻依仗律令行事；雖然他們擁護平等，自己卻組成了神聖不可侵犯的特權階級。他們改革主義的議程建立在如下假設之上：西方文化及其價值，實質上一律要比「東洋的」高級。同時，征服者與被征服者之間幾乎所有的交流，都發散著白人至上主義的氣息。儘管占領日本是在獨特的「美國式」的打破舊習的歷史氛圍中進行的，然而在某種意義上，這不過是一直伴隨著西方列強的世界擴張、帶有種族差別的家長式的溫情主義的新形態而已。像他們的殖民主義者前輩一樣，勝利者們滿懷著顯而易見的「白人的義務」的使命感。他們談論著對臣民們進行啟蒙教化的職責。在他們看來，自己承擔著種族、信條和文明的重任。他們傲慢自大，而且令人羨慕地沒有自我質疑的煩惱。

勝利者和失敗者之間的關係當然不會對等，但是這種不平等混合了獨裁主義的習慣，這是美國行事慣例的重要部分，根本無視日本的現狀。首先，日本承受的占領軍美式的行政組織，本身就是以難以想像的、極其嚴格的等級方式建構起來的。畢竟，麥克阿瑟的司令部，是一個軍事官僚機構，與民主制衡的原則根本對立。官兵之間的階級區分明確，而每個人在司令部的指揮系統中的「固有位置」，都有精確的規定。婦女被排除在這個統治機構的中樞之外。黑人則被隔離並且歸入下級職位。

212

獨裁主義統治的工作模式與占領軍政權貫徹指令的方式相結合，則使問題變得更加複雜。與在戰敗德國採取直接的軍事統治相反，占領日本是「間接」實現的。也就是說，通過現有的政府機構進行操作，從而蒙受了日本戰敗之前兩種最不民主的政治體制相互依存所造成的影響：官僚體制和天皇制。就改革的基本議程自身而言，依靠已經存在的政府機構的決定，是在最後關頭才正式形成的。直到占領軍到達前夕，麥克阿瑟和他的班底還在代號「黑名單」的秘密指令下運作，以便建立直接的軍事統治。這些計畫在《日本投降後美國的初期對日方針》檔中改變了，檔明確規定「最高司令官將通過日本政府機構及諸機關，包括天皇陛下在內，行使許可權，以便滿意地達成促進美方目標實現之目的。」15

這種根本方針的改變背後的基本宗旨，是出乎意料的實際理由：占領軍缺乏語言能力和專門能力進行直接統治。原則上，假使得到華盛頓上司們的正式許可，最高統帥保留改變現存政府機構、讓天皇裕仁退位、甚至廢除天皇制的權利。實際上，這些選項從未被認真考慮過。儘管日本的軍事組織被消滅，鎮壓性質的內務省解體，但是官僚體系本質上被原封不動地保留了下來，天皇也被保全了下來。美國殖民總督們如此倚重本土的官僚階層來貫徹他們的指令，以至於在盟軍最高統帥部的庇護下，日本的官僚機構實質上獲得了比他們在戰時的國家總動員的巔峰時期還要大的許可權和影響力。16

最終，作為這個新的民主國家至高無上的象徵，麥克阿瑟專橫的個人角色，將被轉移回那位

213

天皇身上，他的統治貫穿起這些年的壓抑、戰爭和殘暴；而且即便是在占領軍撤離之後許久，最高司令部的「超級政府」式的操作方式仍然會延續，終將通過官僚機關的那些官僚們保留下來。儘管如此，當這些以銳意改革的總督大人的姿態蒞臨的勝利者們離去之後，日本終將成為一個不同的國家。只有像喬納森・斯威夫特（Jonathan Swift）（《格列佛遊記》的作者）那樣充滿想像力的人，才能做到對這樣不可思議的政治和意識形態的回環往復進行正確的理解。而這還只是事情的一個方面而已。

對「猿人」的重新評價

對日實行民主化的設想，是對戰時的美國宣傳進行大大修正的結果，當時美國媒體無一例外地將所有的日本人描述為孩童、野蠻人、虐待狂、瘋子或是機器人。在最普遍的非人化比喻中，日本人被描繪成猿，「患黃疸病的狒狒」，或者最常見的就是「猿人」（monkey-men）。不像有所謂「好的德國人」的說法，公眾意識中缺乏所謂「好的日本人」的概念。戰時美國對超過十萬日裔美國公民和居民的強制收容，幾乎沒有引發什麼抗議，就是此種敵意的明證。當德國被打敗，納粹集中營曝光之後，在美國陸軍部拍攝的教育影片《向東京進發》（*On to Tokyo*）中，美國陸軍總參謀長喬治・馬歇爾將軍（George C. Marshall），特意強調日本人的「野蠻行徑甚至超出德國人之上」。僅僅在日本投降前數周，美國陸軍部《瞭解你的敵人——日本》(*Know Your Enemy—Japan*) 一片中，日本人還被無情地描繪為毫無個人特徵的民族，就「如同一張底片洗出來的照片一模一樣」。17

這些事實，使得一場民主革命並不那麼令人充滿希望。一旦美國的政策從殺掉「猿人」轉而變為將他們改造成民主國家的公民，那麼，就不僅需要對日本人進行再教育，也需要對美國公眾進行再教育。戰爭時期貶低性的和非人化宣傳的陳詞濫調必須加以糾正。例如，當美國仍然假定在戰敗的日本將強制實行直接的軍事統治時，在加州民政事務駐軍基地受訓的美國人使用的教材，其中有這樣的內容：

> 在戰爭的白熱化階段，日本人通常被視為背信棄義、殘酷暴虐和狂熱盲從的「猿人」。
>
> 在不同的時期，他們的個人甚至是集團，的確曾表現出這樣的特性，南京大屠殺、巴丹死亡行軍和偷襲珍珠港事件就是證明。這裡並非是想為日本人辯護或者開脫，需要強調的是，如果想像所有的日本人主要都是「猿人」類型，則是錯誤的。這就如同將所有的美國人描述為通常都參與暴民的私刑、黑幫犯罪和種族騷亂一樣。

民政事務指導員繼續解釋說，「對日本人性格較為現實、平衡的認識」，不妨將他們的背信行為視為一種西方觀念的極端體現，即「愛情和戰爭是不講手段的」。在這點上，日本人只不過是

214

走得太遠了，而且他們不理解或不讚賞西方式的公平競賽的精神。至於說到戰爭中日本人的殘暴行徑，可以理解為長期受壓抑者的突然爆發。用軍用手冊上的話來說，就是「溫順、謙恭的小日本，一旦穿上軍裝，受過無情的訓練並任其發洩的話，由於生平第一次有機會表現自我，很可能就變得完全瘋狂，沉溺於脫離常軌的恐怖兇暴的放縱之中。」然而事實上，被輕蔑的「猿人」，與其他民族的差異並非如此之大：

> 他們還有其他的性格特徵：誠實、有創造性、勤勞、節儉、勇敢、好鬥、正直。當然也有例外，個體之間依據性格、性別、年齡、社會地位、收入以及職業等的不同會有所差異，日本人平均表現出的性格特徵，則與其他國家的其他民族大致相同。[18]

美國讀者尤其是被賦予占領使命的軍人使用的其他教材，也同樣盡力傳達「小日本」是跟他們自己差不多的人的觀念。一九四五年十一月，當美國陸軍部發送一部教育短片《我們在日本的任務》(*Our Job in Japan*)給盟軍最高統帥部，以便為占領軍部隊放映時，占領軍軍官們要求刪改影片，因為他還是蹈襲戰時對日本人危險而不值得信任的描繪。此片的修訂版於一九四六年初上映，日本人發動的「令人厭惡、猥褻的」戰爭的恐怖影像被削弱了。影片結尾數分鐘的一組鏡頭，拍攝的是友好的美國人與有魅力的、真誠的日本婦女和孩子們在一起交流的場景。[19]

215

《我們在日本的任務》是以這樣的觀察開始的：日本人是「被訓練遵從領導者」的民族。勝利者遇到的麻煩，可以用一句話表述：日本人的頭腦，既可以「製造麻煩」也可以「明白事理」。觀眾們先是看到一位日本男人頭部剖面圖的特寫鏡頭，然後看到頭蓋骨中充滿了海綿狀的大腦，這個影像逐漸放大，直到巨大的人腦占據銀幕的中心，漂浮在無數其他更小的大腦所組成的背景之上，就像是擠在盒子裡的許多豆子。解說員的畫外音：「我們的問題存在於日本人的頭腦裡。日本有七千萬這樣的頭腦，在物理性質上與世界上的其他大腦沒有區別，實際上都是與我們頭腦的同樣材料構成的。這些頭腦，就像我們的頭腦，可以做好事（此時，畫面出現一位白鬍子老人，看上去像是在基督教堂裡），或是做壞事（這時銀幕上是一幅著名的戰爭暴行照片：一個日本人將一個跪著的金髮士兵斬首），這些都取決於輸入頭腦中的思想觀念。」

貫穿影片的始終，那個巨大的人腦反覆浮現，告知美國大兵觀眾們這樣的資訊：戰爭中日本人可怕的行為模式，都是「軍閥」和「軍事集團」的教導所致。通過將古老的神道信仰變成現代教化的武器，軍國主義者們使那個頭腦中充斥著「古老的噩夢」和「古老的仇恨」，「血腥的神話傳說和異教的迷信」，「黑暗的過去的咒語」。當解說提到「一個古老、退化、迷信的國家」時，畫面上出現了民眾在佛寺外燒香的場景。

在戰時的宣傳片中，標準的做法是通過表現日本人「最為奇特的」行為所造成的不和諧的蒙太奇鏡頭，傳達出敵人的異質性。譬如拍攝季節祭祀和傳統舞蹈場景，人們穿著奇異的服飾，伴奏音樂使西方人聽起來既單調又刺耳。《我們在日本的任務》沿襲了這一慣用技法，但是解說者頑強的聲音，持續強調的卻是另外的一個基本主題：所有的日本人都被灌輸相信，「天照大神創造日本人，去統治世界上其他所有的民族」。此觀點被認為是如此重要，以至於也被列印在了銀幕上。事實上，儘管日本領導人從未企圖「征服全世界」，這卻是美國戰爭時期最主要的宣傳，而且他們也不打算此時加以更正。與此相反，他被斷定是「販賣到日本人頭腦中的」最基本的理念。然後接下來，這一點又明確了勝利者的任務。解說員吟誦到：「今天，這個同樣的頭腦中還存在這一問題，我們的問題。這需要我們的時間，這需要我們的努力。但是我們決心讓他們瞭解這樣的事實：這是日本最後的戰爭。」作為強調，最後的這句話再次占據了整個銀幕。

216

對戰敗國日本轉而實行非軍事化的方針政策已經在進行之中，影片突然變得抒情起來，這的確反映了盟軍最高統帥部對更為積極的見解的需求。影片中放映著微笑的美國大兵與身穿和服的女子交談，她們不再在奇異的舞蹈中旋轉，也不再用鼻音歌唱。大兵們與誠摯認真的日本男孩一起讀書，從娃娃般漂亮的日本女孩手裡接過鮮花。解說員宣佈，美國人會警惕並且強硬地對付狡詐的騙子，「但是對於那些正直的人、真誠的人、的確想要明白事理的人而言，他們將會獲得所需的每一個機會。同時，這些民眾，這些正直的好人，正指望我們幫助他們證明，我們的觀念比日本的觀念更好。」美國大兵們被告知，他們的任務是只需要顯得自然真誠即可：

通過自然真誠的展示，我們就能證明什麼是我們所說的美國方式，或曰民主，或曰簡單的、古老的金科玉律般的常識，是一種多麼不錯的生活方式。我們就能證明，大多數美國人並不想擺佈別人，即便是當我們恰好處於領先地位之時。我們就能證明，我們確信每個人都應當得到公正的待遇，無論種族、信仰或是膚色（這時，兩位美國黑人士兵的形象掠過銀幕，黑人形象在此前或此後的影片中再未出現過。）

《我們在日本的任務》簡直是對美國「白人的義務」式的正義使命的完美詮釋，更不用說那種高潔的宣教精神了。影片概括說，這是美國的使命，讓日本人讀到、談到和聽到真理，而且「當他們讀到足夠的真理，當他們聽到足夠的真理，當他們對真理有了足夠的親身體驗，他們就能以一種建設的、和平的方式自己生活。」當銀幕上自由的鐘聲敲響，解說員做了總結陳辭：

我們來，是為了讓日本人的頭腦清醒地認識到，從現在起，我們已經再也不能忍受這些血腥野蠻的行徑。我們來，是為了讓日本人的頭腦清醒地認識到，現在是明白道理的時候了——現代的、文明的道理。這就是我們在日本的任務。

這部電影的許多膠片，除去結尾一片廢墟的被占領的日本的影像，都是從以前的戰時影片中剪輯出來的。與《瞭解你的敵人——日本》這樣的宣傳片比較，顯而易見本片刪除了對天皇的批

217

判，顯示出盟軍最高統帥部的信心——天皇的頭腦也是能夠進行民主化改造的。然而這部電影的最驚人之處，除了他不斷怪異浮現的大腦圖像，則在於他根本性的樂觀信念：既不是血統、文化也不是歷史驅使日本走向戰爭，而是近年來政府的社會統治和思想教化使然。因而，再教育事實上看起來也就不是那麼難以達成的任務了。日本投降後四個月，週刊《星期六晚郵報》(*Saturday Evening Post*)上一篇文章的題目，簡潔地捕捉到了這一新的觀念：「The G.I. Is Civilizing the Jap」(《美國大兵以文明教化日本佬》)。20

專家與順從的畜群

通過將日本人刻畫為「被訓練遵從領導者」的民族，美國陸軍部的影片，接續了對日本的民主發展頗有微辭的保守派觀點。在那些聲稱對日本有專門瞭解的英美精英人士看來，這一觀察實質上就是真理。這些專家中的許多人擁有這樣的邏輯：任何自上而下推行民主革命的觀念，都是荒唐可笑的。幾乎毫無例外，這些「舊日的日本派」首當其衝地輕視普通日本人自我統治的能力。

在華盛頓，迄今為止最著名的戰時日本問題專家是副國務卿約瑟夫．格魯(Joseph Grew)，他是一九三二到一九四一年間的駐日大使。一九四五年五月，格魯告訴杜魯門總統，不可否認天皇制是封建制度的遺留物，「長遠看來，我們在日本最好的期望是發展君主立憲制，過去的經驗表明民主在日本不會成功。」尤金·杜曼（Eugene Dooman），一位日語專家以及格魯的日本事務的關鍵性顧問，同樣強調日本是「一個共同體社會，是一個階層社會，社會結構的上層確定意圖和目標，下層民眾遵從之。」天皇處於社會階層的最高位置，作為「日本民族人種連續性的活證明」，擔任著提供社會一體性的凝聚力的至關重要的角色。約瑟夫·百倫坦（Joseph Ballantine），美國國務院另一位頗具影響力的精通日語的專家，認為提出新的日本政治領導的理念是滑稽可笑的，因為普通日本人只不過是「惰性的並且受制於傳統」。[21]

英國的亞洲問題專家們也同樣倨傲。例如，在日本投降之前，享有盛譽的英國皇家國際問題研究所（Royal Institute of International Affairs），發佈了一份有影響力的報告，將日本民眾稱為「順從的畜群」——這是當時的標準說法，並且表達了對「日本人運作民主制度的能力深切的疑慮」。在占領日本的初期階段，以講一口完美的英語而聞名的日本前駐英大使幣原喜重郎組閣。駐日的英國代表趁此時機，向英國外務部拍電報說，日本人「像任何非洲部族一樣，完全不適於在現代世界中實行自治，然而卻更加危險。」[22]

這種觀點，在新聞記者和學者的著述中流傳甚廣，他們也都是有名望的亞洲事務專家。這反映出問題的複雜性，而不僅只是對「順從的畜群」或者「巨大的蜂房」（這是對日本民眾的另一種寵物式的比喻）的自我種族中心主義的輕蔑而已。許多西方專家，尤其是外交官，在自己相當一部分的職業生涯中，周旋於日本的上流社會圈子。當他們輕蔑地談論普通日本人的自治能力時，不僅反映出他們自己的精英主義傾向，而且也反映出他們的日本友人們反覆表達的對天皇制的崇敬之情以及對「大眾」的可怕的輕視。23

假使這些昔日的亞洲專家當道的話，引入民主革命的理念早就會因嘲笑而夭亡。實際發生的是，這種嘲笑被另一派專業人士的見解撥轉了方向。他們是強調日本「民族性格」的「適應力」的行為科學家，以及自由派與左派的策劃者和政策制定者。他們真誠地相信，民主價值的本質和要求的普適性。儘管行為科學家與自由派以及左派之間的觀點有對立，前者強調「日本人的獨特性」，後者注重民主的「普遍性」，但是二者都為民主制度可以真正在日本紮根提供了樂觀的依據。

戰爭時期對行為科學家的動員，吸引了相當一批英美的人類學家、社會學家、心理學家和精神病學家進入情報分析和心理戰爭的研究領域。到戰爭的最後一年，他們的工作已經推導出如下結論：日本人的性格是鐘擺式的，可以從一個極端轉向另一個極端，從而能夠由狂熱的軍國主義，轉向某種真正的民主主義。有關這一主題，在秘密機關的諜報書中有無窮無盡的闡釋，所有報告本質上都是在想方設法將個人的臨床心理學發現，強行推廣為對日本民族的整體性見解。

有一個典型的例子，可以證明此種思想將會導致何種後果。一九四四年十二月，美國作戰新聞處（OWI）準備的一份例行公文評述說，「日本的文明模式，看起來最接近於神經強迫症的臨床症狀。」據說，這種強迫症明顯表現為日本人對「儀式與禁忌」的關注，受虐狂，受挫折的暴力性反應，以及「全體性的行為僵化」。涉及占領軍未來的政策問題，這份診斷書最為意味深長的「實際的結論」，包含在OWI調查員提出的疑問之中：「是哪些個人和社會集團設定了思考和行為的模式，以利於其他日本人加以模仿？」[24]

對這種疑問的現實反應有幾種類型。最有名的當數OWI的情報組成員、文化人類學家露絲·本尼迪克特（Ruth Benedict）的分析：日本人據說依照境遇狀況或者特殊的倫理而行事，這與所謂的西方傳統的普遍價值有悖。同一個人在某些情境中可能是禮貌寬容的，而在另外的情況下則可能粗暴冷酷。關鍵取決於社會關係和個人在每個情境中的指定任務。而在例外的境況中，任務和限制未被規定，個人沒有價值核心，沒有明確主體化的自我可以憑依。

分析進一步指出，更為顯著的是，日本人對權威的順從反應。這是社會科學家對「順從的畜群」更為謹慎的說法，而且這將很快為在天皇的庇護之下推進民主政策的合理化提供良好的基礎。OWI的分析家們，比如後來學術聲名卓著的克萊德·克拉孔（Clyde Kluckhohn）和亞歷山大·萊頓（Alexander Leighton），他們主張，作為日本至高無上權威的天皇，根本上就是個空虛的容器而已。就像天皇可以作為極端民族主義的化身被供奉一樣，他也可以變身為某種帝制民主的象徵被追隨。這一切似乎都已經被美國處置日本戰俘的經驗所證實。許多日本戰俘都是被強行抓捕，或是在傷重、失去知覺的情況下被俘，因而無法頑抗到底或者實施自裁。然而，作為戰俘，他們很

220

快對逮捕他們的人表現出馴良和順從，甚至協助向他們昔日的戰友起草勸降書。這些經驗使分析家們更加確信，通過一種權威、實例和象徵操作的巧妙組合，勝利者們可以提供一種「民主」模式，儘管溫和，卻可能是戰後日本人所尋求仿效的目標。

這種修正過的謹慎的樂觀主義很快就受到了挑戰。以事後諸葛亮的眼光回溯起來，太平洋戰爭的最後半年，不僅充分暴露了天皇政府的殘暴愚行，而且無益地延長了衝突，反而激起了華盛頓方面出臺更為激進的占領政策。假使日本在一九四五年初就投降的話，就像天皇被身邊某些顧問所強烈敦促的那樣，日本不僅可以躲過空襲、原子彈爆炸以及超過百萬民眾的死亡，還很可能避免自上而下的占領期革命。在一九四五年初，並沒有在戰敗的日本引進民主革命的計畫。那些當時仍然控制投降後計畫的舊日的日本派，頂多期待的是穩健的改良議程而已。

更為進步、更少種族歧視和文化侮辱意味的建議，最終形成了對日本投降後的政策。這些建議來自於幾個相互間有所交疊的集團：擁護羅斯福新政的自由主義者，左翼和更為親中而非親日的亞洲事務專家。隨著戰爭進入最後階段，羅斯福新政的擁護者們，在國內事務上的影響力逐漸式微，因而將他們的信念寄託於民主理想、民主渴望和民主政策的普適性上。這種「普適性」認定，各國的民眾在根本上都是一樣的，而理想的政府只有一種，即所有人在法律面前一律平等。同時，擁護新政者支持的民主化的基本原理所包含的要素之一，就是經濟民主。實際上也就意味著，積極鼓勵勞工組織，反對經濟力量的過分集中，並致力於確保更為公正的社會財富的分配政策。另外，當然新政的擁護者們也不介意扶持干涉別國內政，以達成他們的目標。[25]

正當擁護羅斯福新政的自由主義者們盡力淡化日本文化的局限性之時，一種更為激進的分析思路，引起了對日本底層存在的真正的民主潛力的注意。這種觀點見諸於左翼出版物比如《美亞》（*Amerasia*）還有太平洋問題調查會（Institute of Pacific Relations）的期刊《遠東文摘》（*Far Eastern Survey*）和《太平洋事務》（*Pacific Affairs*）上。左翼人士公開譴責支持天皇和保守派官僚的綏靖政策。同時，他們為下層社會群體的革命潛力鼓掌歡呼。而在舊時的日本派眼中，下層民眾不具備民主能力，更壞的是，卻很容易受到共產主義的煽動影響。

按照《太平洋事務》著述頗豐的編輯者畢恩來（T. A. Bisson）的觀點，真正的「自由主義者」是這樣的日本男女：「他們曾經領導過一九四一年前被鎮壓的政黨、工會和農會」，而且「曾經公開地、毫不含糊地反對戰爭，可能由於魯莽坐過牢，飽受摧殘。」畢恩來強調說，只有這樣的日本人，才能夠建立真正「植根於民眾意志並致力於民主和平」的新秩序。」[26]年輕的左翼研究者安德魯·羅斯（Andrew Roth），於一九四五年九月出版《日本的困境》一書，這本書有時被呼為占領初期激進改革者們的「聖經」。羅斯在書中同樣強調，真正的民主潛力，在於工人、農民、被徵兵入伍的學生、小店主、政治犯、曾經被變得殘忍而又醒悟的退伍老兵，以及從前在中國的戰俘，他們受到過日本共產主義者，如延安的岡野進（野阪參三的化名）和重慶的鹿地亘等人，「反法西斯主義」再教育的影響。[27]

隨著太平洋戰爭進入最終階段，這樣的觀點在政府和新聞界更加突出。同時，日本專家日益被視為日本保守派主張的代理人，以及被戰前日本的特權階層過分優雅柔順的手段灌醉和迷惑的人。在美國國務院，這種對「日本派」的批評，首先來自與中國事務相關的人士的發難。這些「中國派」，對日本文職官僚的批判更加嚴厲，對打破日本統治階級掌控的組織制度，釋放下層的民主力量的可能性更為樂觀。除了其他的保守觀點，他們還斷然拒絕日本派將財閥領袖描述為「穩健的」實業家，並強調現存的經濟制度本身就是「戰爭根源」之一，應當被連根拔除。

最廣為人知的「中國派」觀點的公共發言人，是歐文．拉鐵摩爾（Owen Lattimore）。他是一個卓越的、有點辛辣的中國與中亞問題的學者。拉鐵摩爾是個背景顯赫的人物：在約翰．霍普金斯（Johns Hopkins）大學任教，戰前是《太平洋事務》的編輯者，珍珠港事件後為美國作戰新聞處工作，而且是美國國務院的常備顧問。普通讀者對他的瞭解，是由於一九四五年他出版的一本簡短的、帶有論爭性的著作《亞洲的解決》（*Solution in Asia*）。在書中，他痛徹批判了「日本派」。在他看來，戰後亞洲「唯一」的解決方案，就是日本徹底的民主化，連同全亞洲領域的經濟實力最大化。不然的話，日本遲早會重蹈剝削掠奪式的、帝國主義政策。日本賠償是提升全亞洲經濟水準的手段的第一步，日本經濟的非集中化則是另一重要手段。[28]

當然所謂「日本派」和「中國派」，只是在展望日本民主前景的複雜鬥爭中，使用的象徵性的稱謂。大部分論爭是在華盛頓的幕後發生的，而且直到大戰結束前數周，事情才發展到緊要關

222

頭。當時，對格魯以及他的追隨者們的批判派，在美國國務院取得了勝利，並獲得了美國陸軍部的支持。一位陸軍部長助理約翰 J. 麥克洛伊（John J. McCloy）與批判派們有同感，由他主持對日基本方針的修改和定稿工作。這種勢力消長的變化，反映出官僚體制內部更為廣泛的政策鬥爭，也部分地與羅斯福總統逝世後的權利交替有關。29

標誌著保守的日本專家失去權威的時間，可以被精確鎖定。一九四五年八月十一日，迪安・艾奇遜（Dean Acheson）取代格魯成為副國務卿，而艾奇遜旋即發表的關於根除將日本導向「戰爭意願」的勢力的評論，反映出他對於更為激進的改革主義者們的認同。日本派視為奇恥大辱的是，美國國務院為麥克阿瑟指定的第一位政治顧問，是一位中國問題專家小喬治・艾哲遜（George Atcheson Jr.），而非國務院的資深日本事務專家，比如杜曼（Dooman）或者百倫坦（Ballantine）。此後數年間，定期往返於華盛頓和東京之間的顧問團，總是由精選的情報專家構成，其中卻難覓日本專家的身影。

在東京的盟軍總司令部，日本專家也同樣顯著地缺席。最高司令官本人，以他獨特的方式給出例證。從許多方面來看，麥克阿瑟都是一個最具種族優越感的人，喜好不同尋常地概括所謂「東方」人格。一九四五年十月中旬，一位訪問東京的特使向杜魯門總統報告：「（麥克阿瑟）將軍聲明說，東方人具有一種自卑情結，使得他們在戰爭勝利時會『像孩子般的殘忍』，在失敗時則會像奴隸般地順從和依賴。」然而與此同時，麥克阿瑟也能慷慨豪邁、不著邊際地讚揚「種族的特性」，甚至在戰爭中，他也經常從容地闡述「在此後的一萬年間，太平洋周邊國家的十億居民，將

223

會決定人類的歷史進程」。

這位最高司令官除了戰爭之外，並沒有對日本像樣的直接經驗。也沒有證據表明，他廣泛涉獵過有關日本的書籍，除了情報機關的報告書以外。他的確跟學識淵博的、非精英主義的學者交談過，比如加拿大歷史學家和外交官諾曼（E. H. Norman），但是多數「交談」，最終都會變成他的個人獨白。鮑爾斯觀察到，麥克阿瑟幾乎從不詢問他的部下有關日本的問題，而且他當然也不從日本人那裡尋求情報。麥克阿瑟經常宣佈，他僅有的領路人，是華盛頓、林肯和耶穌基督（前兩位的畫像裝飾在他東京辦公室的牆上）。而且從本質上看來，他是以這樣的假定進行操作的：他們四個人一起，再加上天皇的幫助，就能將日本「民主化」。儘管可以將麥克阿瑟的這種信念歸為偏見、假設和陳腐的豪言壯語的混合，但是他卻沒有受到日本或亞洲問題專家們的干擾。事實上，他的確使麥克阿瑟以一種近乎救世主的熱誠，全身心地投入到占領初期「非軍事化和民主化」的課題之中。[30]

麥克阿瑟在東京的「超級政府」，徹底反映出對特定的地域專家的嫌惡。查理斯．凱德斯（Charles Kades）上校，是一位在盟軍總部民政局擔任要職的、典型的新政擁護者，他所在的民政局關係重大，參與新憲法的起草等要務。凱德斯後來坦率地談起自己有關這方面的背景，他回憶說，「我根本沒有任何關於日本歷史、文化或神話的知識。我對日本一無所知，除了知道戰爭中的暴行，以及他們在中國和東南亞的領土擴張。我所知道的知識，絕不比一個人從報紙上的日本新聞中所能瞭解到的更多。」[31]

雖然也有例外，但是基本上凱德斯的情況是典型的。確實，在日常運營層面，統帥部似乎刻意排斥那些哪怕是對日本事務具有些微資格的人。數千名在戰爭中為擔任軍政任務而受過日語和日本文化訓練的美國人，常常發現自己被派遣到了日本以外的地方。麥克阿瑟和他的手下不想要他們。而那些實際到達了日本的人，有的被調遣到沖繩，簡直是美國版的被流放到古拉格(gulag)集中營，在那裡美國的策略是迴避改革，取而代之的是盡力將曾經戰爭肆虐的群島，改建為攻不可破的軍事基地。再不然，這些會說日語的聰明而熱心的傢伙，會被派往橫濱的第八師團，擔任最基層的占領軍任務：地方民間事務。無論他們的最終任職如何，他們都被排除在了制定政策的重要崗位之外。正如最高統帥部內的通天人物希歐多爾·科恩(Theodore Cohen)所言，「他們被完全排除出了東京。」最高統帥部沒有利用這些新進的日本問題專家，而是操作了一場集中的「內部的」人員補充運動，將戰爭結束時滯留日本的無數「律師、銀行家、經濟學者、產業技術人員」，以及其他專業人士羅至麾下。[32]

一位在德國出生並且在德國受教育的法學家阿爾弗雷德·歐普勒(Alfred Oppler)，應聘監督日本全部民法和刑法修訂的棘手任務。他本人的任職，足可視為這一排除法則的完美產物。當被一位陸軍上校接見時，歐普勒主動坦承，「儘管我精通歐洲事務，但是我對日本的情況毫無所知。」他的情形真是再幸運不過了。上校回答說，「噢，那樣正好。如果你對日本瞭解得太多，你可能就會有成見了。我們不喜歡日本問題的老手。」[33]

1 Faubion Bowers，「How Japan Won the War」，*New York Times Magazine*，1970年8月30日；Bowers，「Japan, 1940-1949: A Tumultuous Time Remembered」，*Japan Society Newsletter*(New York)，1995年10月；Geoffrey Perret，*Old Soldiers Never Die: The Life of Douglas MacArthur*(New York: Random House, 1996)，著重參見p.488。麥克阿瑟有關「奉承勝利者」的言論，是在1951年4月美國參議院聯席會議的聽證會上發表的，全文刊載於1951年5月6日的《紐約時報》。

2 Bowers(1970)；Theodore Cohen，*Remaking Japan: The American Occupation as New Deal*，ed. by Herbert Passin(New York: Free Press, 1987)，pp.100-1。據Cohen觀察，最高統帥部的高層行政人員到1946年4月約有500人，1948年1月則接近900人。

3 Edwin M. Martin, *The Allied Occupation of Japan*(New York: American Institute of Pacific Relations, 1948), p.47。Martin在早期改革方針起草中的重要作用，參見Cohen前引書，pp.34-36，42-47。

4 例如，可參見大阪府編《大阪百年史》(大阪：1968)，p.1257。

5 NHK放送文化調査研究所，《GHQ文書による占領期放送史年表(1946)》(東京：NHK，1989)，p.67；日本放送協會編《放送夜話〈続〉—座談会による放送史》(東京：日本放送協會，1970)，pp.13，23，27；講談社編《昭和二万日の全記録》(東京：講談社，1989)，第9卷，pp.176-78(此文獻下引為*SNNZ*)。關於「日本佬」與占領軍的媒體方針，參見Marlene Mayo「The War of Words Continues: American Radio Guidance in Occupied Japan」一文，收入Thomas Burkman所編*The Occupation of Japan: Arts and Culture*(Norfolk，Va.: Douglas MacArthur Foundation, 1988)一書，pp.45-83。

6 有一部不為人知的富有洞察力又機智詼諧的回憶錄，即Margery Finn Brown，*Over a Bamboo Fence: An American Looks at Japan*(New York: William Morrow, 1951；由Charles Tuttle1954年在東京出版)，尤其可參見此書第5、6章。

7 Faubion Bowers，「Discussion」，見前引之Burkman(1988)，pp.203-4。戲謔模仿「被解放的」日本人對「占領軍命令」的任何要求都奴性地順從，可參見1948年2月的幽默雜誌《漫画》，pp.4-5。

8 懸掛日之丸事件，參見鶴見俊輔等編《日本の百年》(東京：筑摩書房，1967)，第1卷，pp.279-82。

9 Cohen，p.101；Brown，pp.15-20。

10 Lucy Herndon Crockett，*Popcorn on the Ginza: An Informal Portrait of Postwar Japan*(New York: William Sloane, 1949), p.186。這部日本占領期當事者的回憶中，充斥著罕見的種族主義的漫罵，尤其是此書的第19章。

11 Brown，pp.16-17；Bowers(1988)，p.203。

12 在*Remaking Japan*一書的第5章，除此之外，Cohen還簡明概括了總司令部的其他特徵。

13 例如，可參見朝日新聞社編《〈週刊朝日〉の昭和史》(東京：朝日新聞社，1989)，第2卷，p.296。

14 「Babysan」(寶貝桑)，是Bill Hume在20世紀50年代初創造的廣受歡迎的漫畫人物，目標受眾是在日本的美國大兵。Hume在占領後出版的漫畫集，名為*Babysan's World: the Hume'n Slant on Japan*(Tokyo and Rutland, Vt.: Tuttle, 1954)。日美混血兒的最大的保護者是澤田美喜。澤田是出身日本上流社會的女性，1947年2月她在火車上看到了一個具有半黑人血統的死嬰。此後，澤田矢志撫養日美混血的棄嬰。1948年2月，澤田開辦了一所這樣的孤兒院，名為Elizabeth Sanders Home，主要通過變賣私產維持運營。最終，她幫助許多孩子移居巴西。參見鶴見等編《日本の百年》，第1卷，pp.293-96，以及Elizabeth Anne Hemphill，*The Least of These: Miki Sawada and Her Children*(New York and Tokyo: Weatherhill, 1980)。

15 1945年8月2日，麥克阿瑟的司令部接到最初的「黑名單」指令，要求日本投降後實施直接的軍政統治，直到8月30日美軍登陸日本時才變更指令。參見Walter Kreuger將軍對相關軍事計畫的披露，*From Down Under to Nippon: The Story of the Sixth Army in World War II*(Washington, D.C.: Combat Forces Press, 1953)，pp.335-38。麥克阿瑟可能在數日前得悉指令變更，參見Marlene Mayo，「American Wartime Planning for Occupied Japan: The Role of the Experts，」收入Robert Wolfe編，*Americans As Proconsuls: United States Military Government in Germany and Japan, 1944-1952*(Carbondale: Southern Illinois Press, 1984)，著重參見pp.470-72(注97)。

16 T. J. Pempel在「The Tar Baby Target: 'Reform' of the Japanese Bureaucracy」一文中，探討了改革對日本的官僚機構無甚影響的觀點，此文收入Robert E. Ward與Yoshikazu Sakamoto所編*Democratizing Japan: The Allied Occupation*(Honolulu: University of Hawaii Press, 1987)，pp.157-87。對官僚機構的延續性乃至占領期內權利擴張的經典個案研究，參見Chalmers Johnson，*MITI and the Japanese Miracle: The Growth of Industrial Policy, 1925-1975*(Stanford: Stanford University Press, 1982)。

17 關於二戰中日本與美國敵人相互間的想像，參見John W. Dower，*War Without Mercy: Race and Power in the Pacific War*(New York: Pantheon, 1986)，以及Dower，「Race，Language，and War in Two Cultures，」*Japan in War and Peace: Selected Essays*(New York: The New Press， 1993)，pp.257-85。

18 這一指南，在John La Cerda，*The Conqueror Comes to Tea: Japan Under MacArthur*(New Brunswick: Rutgers University Press, 1946)一書中有詳細引述，pp.31-33。

19 盟軍最高統帥部對原影片的批評，參見La Cerda前引書，p.48。

20 與影片*Our Job in Japan*相呼應，美國陸軍部還拍攝了一部*Your Job in Germany*，由Theodore Geisel(後來因創作兒童讀物「Dr. Seuss」而聞名於世)編劇。這部影片對戰敗敵人的描繪，是從慣常的「壞的德國人/好的德國人」的套路出發，立場十分嚴厲。在此片中，德國人的歷史而不是德國人的大腦，被認為是德國侵略之根源：這個現代國家的歷史，就是不斷地發動戰爭，並且向其他民族製造田園牧歌式的文化假相。影片強調說，事實上，每個德國人都支持過納粹；而且每個德國人，尤其是青年人，都是將來潛在的復仇主義份子。這種對德國人及其未來復興的更為嚴峻的描述，與*Our Job in Japan*一片中的日本人形象，形成了典型對比。這種處理上的差異，部分是因為影片*Your Job in Germany*拍攝於德國戰敗後不久，而*Our Job in Japan*的最終版本，則是在日本投降後半年才完成的。此外，還可能有Geisel本人的影響(他曾為美國陸軍部創作過一部關於日本的更為冷酷的影片*Design for Death*)。*Saturday Evening Post*上的文章，發表於1945年12月15日。

21 關於Grew，參見美國國務院，*Foreign Relations of the United States, 1945*，vol.6, p.545（May 28, 1945）；關於Dooman與Ballantine，參見Mayo（1984），pp.32-33，50。Grew與「日本民眾」，參見Cohen前引書，pp.16-20。Waldo Heinrichs, Jr.，*American Ambassador: Joseph C. Grew and the Development of the United States Diplomatic Tradition*（Boston: Little, Brown, 1966）；以及Howard B. Schonberger，*Aftermath of War: Americans and the Remaking of Japan, 1945-1952*（Kent, Ohio: Kent State University Press, 1989），第1章，尤其是pp.21-28，38。Cohen注意到許多美國的日本問題專家，都對日本成為民主國家的能力表示懷疑，著重參見Cohen前引書，p.478（注13）。

22 Royal Institute of International Affairs，*Japan in Defeat: A Report by a Chatham House Study Group*（Oxford: Oxford University Press, 1945）。強調日本人「順從的畜群的本能」的觀點，總是出現在情報部門的評估報告中；參見「Anglo-American Outline Plan for Psychological Warfare Against Japan」（C.C.S. 539/4）of May 1944, box 3, Bonner Fellers papers, Hoover Institution, Stanford University。有關「非洲部族」的評價，在不少論著中皆有引述，可參見Roger Buckley，「Britain and the Emperor: The Foreign Office and Constitutional Reform in Japan, 1945-1946」，*Modern Asian Studies* 12.4（1978）:567。

23 Grew的多部在日日記以及其他文獻，對此表露無疑。本人也曾經探討過這一問題，參見*Empire and Aftermath: Yoshida Shigeru and the Japanese Experience, 1878-1954*（Cambridge, Mass.: Council on East Asian Studies, Harvard University, 1979），pp.104-12。對日本下層民眾抱有同情態度的「昔日的日本問題專家」，是加拿大外交官、歷史學家E. H. Norman。「巨大的蜂房」的說法，出自一本供美軍占領軍人員「內部」使用的、長篇大論式（雙欄，103頁篇幅）的極其有趣的指南：U.S. Army, *Guide to Japan*（CINCPAC-CINCPOA Bulletin No. 209-45；扉頁上署期1945年9月1日，但是可能印刷於1946年4月），p.65。

24 H. M. Spitzer，「Considerations of Psychological Warfare Directed Against Japan」，December 9，1944，Office of War Information files（美國作戰新聞處檔案），Record Group 208，Box 443，entry 378，National Archives（美國國家檔案），Washington, D.C。感謝Amy Richards使我有緣得見這份文件。有關「民族性格」的分析，參見Dower（1986），尤其是pp.118-46。

25 Theodore Cohen在其回憶錄中將新政的影響作為主線，而且將回憶錄之副標題擬為*The American Occupation as New Deal*，尤可參照此回憶錄pp.32-48。Charles Kades後來總結說，做一個「徹底的新政擁護者」，要堅信政府應當干預危機，必要時引入激進措施，但是必須在自由、競爭的資本主義社會框架下進行。Kades的這些言論，見於Gibney與Jigsaw Producions攝製紀錄片「Reinventing Japan」時對Kades進行的訪談（未發表），program 5 in the 1992 Annenberg/CPB series *The Pacific Century*；非常感謝Alex Gibney向我展示這些訪談記錄。參見 Kades與Gibney的訪談，第2冊，pp.15-16。

26 T. A. Bisson,「Japan as a Political Organism」, *Pacific Affairs*, December 1944, pp.417-20。亦參見「T. A. Bisson: the Limits of Reform in Occupied Japan」，Schonberger前引書，pp.90-110。

27 Andrew Roth，*Dilemma in Japan*（Boston: Little, Brown, 1945）。Roth和Bisson，以及新聞記者Mark Gayn，對占領初期的分析頗有洞見，曾經皆被牽連進1945年中的所謂「《美亞》間諜案」，此事涉及竊取美國政府的機密檔；參見Harvey Klehr與Ronald Radosh，*The*

Amerasia Spy Case: Prelude to McCarthyism(Chapel Hill: University of North Carolina Press, 1996)。隨後，太平洋問題調查會，成了美國政府在20世紀40年代末期與50年代初期反共迫害的主要目標。

28 Owen Lattimore，*Solution in Asia*(Boston: Little, Brown, 1945)。1945-1946年，Lattimore作為賠償使節團的重要顧問赴日。20世紀50年代初，他成了麥卡錫主義者在亞洲調查的主要目標。

29 美方在日本投降前的計畫和政策的複雜鬥爭，參見Cohen前引書，第2、3章(pp.14-48)；Akira Iriye，*Power and Culture: the Japanese-American War, 1941-1945*(Cambridge, Mass.: Harvard University Press, 1981)；Mayo(1984)，pp.3-51，447-74；親歷者Hugh Borton的兩篇重要記述：「Preparation for the Occupation of Japan」，*Journal of Asian Studies* 25.2(1966)：203-12，以及「American Presurrender Planning for Postwar Japan」，*Occasional Papers of the East Asian Institute*，Columbia University(1967)。戰時與戰後初期許多有關日本的情報書和意見書，頗具分析價值。

30 Edwin A. Locke, Jr.，Memorandum for the President(總統備忘錄), October 19, 1945, box 182, President's Secretary file(總統秘密檔案), Papers of Harry S. Truman, Truman Presidential Library；關於「種族的特性」，參見《紐約時報》，1951年5月6日；有關麥克阿瑟「在此後的一萬年間」的引述，參見Walter Millis編*The Forrestal Diaries*(New York: Viking, 1951)，pp.17-18；麥克阿瑟辦公室牆上所掛照片，參見Bowers(1995)；Perret前引書，p.482。

31 Kades與Gibney的訪談，第2冊，p.61。

32 Cohen前引書，p.104。

33 Alfred C. Oppler, *Legal Reform in Occupied Japan: A Participant Looks Back*(Princeton, N.J.: Princeton University Press, 1976), p.12.

第七章　擁抱革命

敗戰後，小林正樹受到美國軍方的拘留，在沖繩服了一年的勞役。當他終於被遣返之後，眼前的政治景象讓他大吃一驚。他回憶說，「日本變得極端民主化，每個人都朝著民主化的方向前進。每個人都奔向民主化的人道主義的自由與組織活動。」小林正樹，後來成了一名卓越的反戰的、人道主義的電影導演，他對日本人這種突發的擁抱民主的熱情，有著深刻的疑慮。他評論說，「這種盲目因襲的態度，看上去就跟戰前一樣，只是那個時候人們是熱烈地追隨軍部。我並不認為日本人的意識的變化必然是惡的，而是變化的方式有問題。」[1]

從不同的觀點，吉田茂也表達了對「民主革命」深刻的保留態度。強硬的、能講英語的吉田茂，在戰後不久擔任了日本外務大臣和盟軍最高司令官的主席聯絡擔當官。一九四六到一九四七年間，吉田茂曾經組織了一界不幸的聯合內閣，一九四八年下半年，他又以更為穩定的權力基礎和效率，重掌首相之職。由於在占領期說過的一句保守主義者的名言，吉田茂獲得的名聲比他掌權的時間更為長久。這句妙語是，吉田茂一旦想到盟軍總司令部（GHQ），他心中的念頭都是「快點回國去吧（Go Home Quickly）！」[2]

與吉田茂的願望相反，美國人繼續留駐日本。而且與吉田茂的預期相反，他和他的保守派同僚們發現，徹底取消改革議程也是不可能的。新殖民主義的革命，確實強制日本的統治機構引入了進步的改革，並且以制度固定下來。即使保守派和進步派都在懷疑，民眾力量卻因為占領軍的民主化政策得到解放，表現得活力旺盛、多姿多彩、不屈不撓，甚至有些激進。儘管吉田茂直到一九五四年末都在執政，並且為戰後日本保守主義的復活立下了汗馬功勞，但是他在回顧自己的政績時卻心懷懊悔。吉田茂在評述他的內閣無可避免地默認改革議程時說，「我自忖曾有這樣的想法：無論需要修改什麼，等到日本恢復獨立之後都能改正。然而一旦事情已經決定，想改變可就沒有那麼容易了。」[3]

226

擁抱最高司令官

小林正樹所擔憂的、外國人所嘲諷的「順從的畜群」的心態，用日本人的話說，更像是個褒義詞。尤其是在農村地區，這個大多數人賴以生存或者根基所在的地方，這種順應大勢的態度完全是「醇風美俗」。一種強烈的對上下等級和自身地位的敏感，是這種意識的要素之一，但是不是全部。順應意識，還應該指向一個由價值、行為和象徵構建起來的令人熟悉而且感覺舒適的文化世界。被盟軍總司令部禁止的日之丸和國歌，就是與這個「醇風美俗」的世界聯繫在一起的。此外還有村祭、盆踴、傳統的婚喪儀式、感傷的流行歌曲、茶道、武道、孝行、勤勉、對長者的敬意、女性的美德、對「義理」與「人情」間糾葛的傳奇美化，外表和「面子」的顧慮以及對「和」的尊重等等。對天皇感傷而卑屈的態度，就是這種民眾意識的一部分。因而在許多情況下，這也是質疑過度西化或過分無為的知識階層的一種健全的民眾精神。[4]

當獲悉這種態度和習慣可能會妨礙某些計畫中的改革時，一位盟軍總司令部的科長回應說，「讓他們改變社會習俗好了。」[5]當然，這說起來容易，做起來難。但是更大的問題是，需要何其廣泛地改變「社會習俗」，才能為勝利者自上而下的革命打好真正的草根基礎。正如學者日高六郎所言，儘管這種「古老的意識」看起來對民主化而言，並不一定特別適合，但是他也不是天生就反動到不可救藥。結果是，對勝利者和他們政策自發的民眾回應，要比任何人預料的更加充滿活力，在意識形態上也更加曖昧不明。

這一點，戲劇化地反映在直接寄給麥克阿瑟將軍或者盟軍最高統帥部的民眾來信中。在整個占領時期，每天都有數百封的民眾來信，儘管有些涉及有組織的請願或是寫信活動，但是絕大部分都是自發的個人行為。實際上，所有這些通信都被占領軍人員閱讀和分析過。許多信件被翻譯，或者至少概括成英文，而最終有三千到四千封信進入了麥克阿瑟將軍的個人檔案。被普通日本人熱誠歡迎的總司令對和平與民主的樂觀精神，相當部分可能就是來源於閱讀這些不尋常的（並

227

且被仔細篩選過的）信件。

這一通信事件有一個短暫的序曲。一九四五年八月三十一日，在對麥克阿瑟抵達日本進行鋪天蓋地的新聞報導的同時，東久邇首相的言論幾乎引起了同等的關注。東久邇敦促他的同胞，通過直接給他本人寫信，表達他們的希望和關注的問題。儘管這是政府為了平息怒火、抑止抗議的措施的一部分，然而卻是對民眾意見空前的徵求活動。數天之內，每天有四五十封信和明信片直接寄到首相官邸。十月一日，據《每日新聞》報導，信件最高達到了每天一三七一封。

十月五日，東久邇內閣的倒臺，阻斷了湧向首相的信件洪流，但是信件的洪流本身並未停息。相反，他很快直接湧向了最高司令官和他的班子。盟軍最高統帥部的記錄，並沒有統計占領第一年收到的信件情況，當時的信件數量最為龐大。據官方記錄，從一九四六年九月到一九五一年五月，同盟國翻譯通譯局（ATIS）閱讀並處理了四四一一六一封信函和明信片。這些信件來自各行各業，有些是用英語寫成，絕大部分是用日語寫就。大多數來信者都具名，而且寫得感情熱烈。袖井林二郎教授對一些通信樣本進行了意味深長的編輯和分析，評價說這是歷史上被征服者與征服者之間無與倫比的交流。最終，自發的來信者，約占到日本成年人口的0.75%。[6]

當最高司令官審閱這些通信時，確實能滿足他的虛榮心，因為寫信者都滿懷崇敬，而且信中充滿對他的慷慨大度的各式各樣的感謝。致信者頌揚他「神一般高尚的仁慈」，並且稱呼他是「活著的救世主」。青森縣的一位老人來信說，他每日早晚都膜拜麥克阿瑟的肖像，就像他以前膜拜

229

一九四八年，當麥克阿瑟被作為共和黨候選人，提名競選美國總統時，許多日本人，包括這家樂觀地起名為「瞬間建築社」的老闆，抓住時機表達他們對最高司令官及其政策的愛戴。(Getty Images)

天皇的神像一樣。神戶地區的一個地方文化協會，製作了一幅日式風格的「基督山上垂訓圖」，呈獻給麥克阿瑟，並且附信說將軍的領導，就如同畫上莊嚴神聖的時刻。[7]麥克阿瑟被頌揚有佛祖般的慈悲心腸，被比作孔子《論語》中的「有朋自遠方來」。他因為從戰爭的夢魘中解放了日本人民而備受崇拜，由於為外國占領下心懷忐忑的國民帶來希望和幸福，而受到頂禮膜拜。[8]普通男女向他懺悔自己過去軍國主義的罪孽，仿佛他是牧師一般。他們向麥克阿瑟吐露心底最深切的恐懼和希望，仿佛是面對心理醫生。他們將麥克阿瑟視為這些年來一個偉大的、變幻莫測的詞彙——「愛」的化身。他們的信一再地談到和平與民主，彷佛這兩個詞彙本身就是護身符，會帶來好運。最高司令官可能會由於他令人敬畏的權力，而被人與天皇相提並論。然而，顯然他被認為更平易近人，更可能直接拉近關係。這對於許諾民主願景的獨裁主義統治來說是自相矛盾，同時也是挑戰。

麥克阿瑟還收到許多禮物，他往往都欣然受之。儘管向長者或是恩人送禮是日本的傳統習俗，但是向這位外國大君主進貢的數量，遠遠超出從前軍部高官們收受的贈禮。有些贈品質樸而迷人。一位漁夫在一九四八年仲夏的暑熱中寫信給麥克阿瑟說，他一直冥思苦想如何向將軍表達衷心的感激之情：「由於你卓越的思想和才能」，才使日本人有可能達成「甚至是長年血戰都不可能實現的成就」。在信的結尾，漁夫自忖他所能做的，只有分享他所知道的最棒的美味——鯰魚。他以捕魚為生，現在正是鯰魚「最肥美」的季節。漁夫盼望著收到回信，以便麥克阿瑟何時方便跟他一起捕鯰魚並且同嘗美味。與此相比，獻給麥克阿瑟的最精心、最正式的禮物，是一套手工的織錦和服與腰帶。從一九四六年十一月起，刺繡匠人獨自在京都的下鴨神社內，窮三年之功完成了這件作品。他每日祈禱，最終織了七千萬針完成了他的傑作。這次，隨禮物附上了神道的祈禱文，「作為我們七千萬國民純潔的心的象徵」，獻給麥克阿瑟將軍。顯然，織物的每一針就代表著一個日本人。[9]

在活蹦亂跳的鯰魚與奢華絢麗的織錦緞的映襯之下，令人眼花繚亂的各式各樣的禮物和邀請函向最高司令官湧來。他收到過玩偶、燈具、陶器、漆器、竹製品、封建時代的書、書籍、盆

230

栽、盆景、動物毛皮、鎧甲、刀劍，還有繪畫和雕塑，有時包括他個人的肖像或者雕像。當占領開始時，麥克阿瑟六十五歲了，他的年紀不僅為他增添了賢者的光環，而且使來信的人們都真誠惦念他的健康長壽。他收到了數不清的藤條和手杖，還有一條束腹帶。人們送來當令的水果和鮮花，還有各種各樣的吃食：蘑菇、茶、小豆、蓮藕、山芋、醃鮭魚、風乾栗子、大豆、蜂蜜、稻米和年糕

一位日本麵包師乞求准許前往，為最高司令官烤製生日蛋糕，他的請求被接受了。日本北海道的一群原住民阿伊努人，捕殺了一頭鹿，向麥克阿瑟獻上鹿皮和鹿茸，「作為對他為我們國民保衛疆土，並給日本帶來建立在法律與秩序基礎上的民主社會的感激之情的象徵。」一打活的母雞被送來了，成了「大使館農場」的一部分。一隻頭上羽毛有黑色十字架紋樣的金絲雀，被作為吉祥的禮物送來了。兩卷製作於一九三五年的掛軸，據說是用漢字草書寫就的整本《聖經》，也被作為禮物送上。一位因新憲法頒佈欣喜不已的國民，寄給將軍一把扇子，他用蠅頭小字將整部《憲法》寫在了扇子的正反面。一位十歲的少年，天天給美國種子繁育的南瓜記生長記錄，並為麥克阿瑟將軍手抄了一份。他父親畫了一幅成熟了的南瓜的油畫，他母親寫了信，全家人一起表示謝意。大多數情況下，這些禮物都是對最高司令官感激之情的樸素表達，並不是在純粹的日本社會關係中，準備特定贈儀精心表達互惠與信賴的意思，也不像是日本皇家或者政界、財界的名人，向麥克阿瑟及盟軍總司令部的其他官員贈送禮物，背後有著精明的政治考慮。10

231

大多數寄給麥克阿瑟及其司令部的信函、明信片與陳情書，除表達來信者的希望之外，也寫下了他們關心的具體問題。半數以上的信件，涉及家人或熟人的海外遣返問題。許多信件關注特定的經濟問題和政策。一少部分然而百分比驚人的直接寄給總司令部的信件中，涉及指認寫信人確信應當被逮捕、肅清甚至是應當作為戰爭罪犯受到審判的人。當地居民揭發在戰爭中壓制民眾的官員。高中生和大學生指責軍國主義的教師。前帝國軍人自發揭露曾經虐待盟軍戰俘的人員。某些組織，包括宗教派別，被指責為助紂為虐的極端民族主義團體。告發他人不僅包括過去的行為，還延伸到了現在的問題。他們抱怨對地方員警行動的不滿，揭發與囤積居奇、黑市買賣、貪污腐敗和暴力行為有關者的姓名。未按照盟軍最高司令官命令上交私藏家傳刀劍的人遭到舉報，懷有「反美」或「反民主」情緒者被告發。如果僅憑這些無情的信件推斷，很可能會得出這樣的結論：昨天愛國的日本人，現在變成了向占領軍告密的眼線。另一類令人吃驚的信件，是迫切要求日本被吞併，或者成為美國的永久殖民地。一些這樣的來信者斷言，否則民主改革將很快破滅。11

有時候情形看起來並不美妙。一位ATIS的翻譯，是祖籍沖繩的日裔美國人，他告訴袖井教授，閱讀這樣的信件，真的使他輕蔑日本人。許多人覺得，他們看起來就像是風向標，隨風倒。然而，他們也倒向了各自不同的方向。千百萬人願意向新的當權者公開表達他們觀點的事實，本身就是一個不容忽視的轉變。儘管來信通常對占領政策表示支持，這些普通民眾也毫不猶豫地提出批評和建議。許多來信都懇求保護天皇。少數信件寫的是血書，或者至少印上了血手印。更少

232

數的人，建議廢除天皇制。一位來信者寫道，天皇是日本最大的利己主義者。另一位斷言，天皇是個「吸血鬼」。一位小學教師直率地抱怨說，審判戰犯，暴露出美國明目張膽的雙重標準。一位極度怨恨的來信者說，審判怎麼都不過分，他相信至少有十萬軍國主義份子應當被處以絞刑。一位員警認為，應當僅限於清查先前的特別高等員警（思想員警）的高官。相反，另一位來信者敦促，對公務員的清查，應當擴大到市、町首腦一級。舊地主階層，公開非難最高司令官的土地改革沒收土地充公的本質。有些人建議，改革議程應當在地方一級更加積極有力地推行。贊同占領當局理念的人，認為有必要注意美軍的暴行。一位貧窮婦女鼓起勇氣向最高司令官抱怨：不間斷地飛往美國的航班，在她們居住區的上空飛過，噪音帶來的恐怖的空襲記憶，都快把她逼瘋了。有些寫信者的確瘋狂，比如一位藝術家，他獻給麥克阿瑟一幅描繪耶穌、聖誕老人、天狗和山林小妖精共同特徵的繪畫。還有些再清楚不過的馬屁精或是心術不正的傢伙。畢竟這一信件的洪流，至少樹立起又一個以自我表現的新方式，填充不尋常的戰敗「空間」的活力榜樣。

這些信也暗示了占領的潛在的——有時也不那麼隱蔽的——性的維度。正如美國本身一樣，麥克阿瑟被日本男女民眾認為是縱然寬大卻占據優勢的男性的存在。甚至被認為是具有啟蒙精神的《朝日新聞》，也以某種天主教式的說法，稱麥克阿瑟為「我們的父」。麥克阿瑟的司令部也分享了這種男性的身份。在寫給最高司令官與總司令部的信中，不難分辨出那種持久的依賴心理。而許多寫信者顯然分不清楚接受麥克阿瑟、接受家長制的權威與接受民主之間的區別。在這點上，最露骨的是一些女性寫給麥克阿瑟的獨特來信，被困惑的專家們分析為「我想為你生孩子」的類型。在這裡，擁抱征服者的願望，如果不能在現實中達成，至少是在字面上實現了。[12]

知識份子與悔恨共同體

與普通民眾的這些時常很不成熟的自我表達相對照，知識份子對戰敗的反應，則是以明顯的理論思考展開的。儘管內部存在許多衝突的差異性，但是知識階層少有例外地採取了「進步的文化人」的姿態，並且在民主與解放的大旗下重新集結起來。他們當中最有影響力的一位人物丸山真男，喚起了對他與他的同行們特異身份的關注。「進步的文化人」不僅是一種新的提法，而且在日本來說也是獨一無二的，並沒有「反動的文化人」或者「中立的文化人」的相對應的說法。[13]在這個時代做一名受人尊重的知識者，就需要成為一名民主革命的傳道者。

這對知識階層來說，是一次戲劇性的轉變，因為他們之中曾經反戰的僅是鳳毛麟角。儘管占領當局對軍國主義者和極端民族主義者的清洗，最終只涉及數百名學者和作家，但是事實上到二十世紀三〇年代中期，戰前大多數的自由主義者和左翼知識份子放棄了他們的信仰。無論如何，他們支持過戰爭。[14]為數不多的幾百名共產黨員拒絕脫黨變節，繼續保持了對日本帝國主義的批判立場——在獄中，偶爾是在蘇聯或者中國共產黨控制的區域。只有屈指可數的幾位學者，在戰爭年代沒有被極端民族主義潮流衝昏頭腦，聲望大增，比如經濟學家有澤廣巳與大內兵衛。二十世紀三〇年代後期，有澤和大內因為左翼思想被帝國大學開除。與在德國堅持原則、反抗國家社會主義（納粹主義）的少數精英知識份子、左翼人士、教會人員和軍官們相比，同時期的日本並沒有對應者。實際上，在一九四五年八月十五日之前，日本知識份子的作為鮮有值得稱道之處。對許多受到「醇風美俗」教化的普通日本人而言，投降之後突然出現的知識份子、政治家和許多其他公眾人物對民主與非軍事化勝利滔滔不絕的讚美，帶有偽善和投機主義的意味。「進步的知識人」顯然對他們新的激進主義有不同的講述。他們不無道理地強調說，這表現了二十世紀二〇年代後期與三〇年代早期受到鎮壓的自由主義與馬克思主義的復甦。然而除此之外，許多知識份子進步與激進的政治實踐，反映出後來丸山真男所謂的「悔恨共同體」形成的特徵。

對許多像丸山真男這樣的學者和文化人而言，戰敗與被占領，包含著對未來欣喜的期待，還摻雜著對過去深深的悔恨，一種政治上和智識上的解放感，伴隨著未能抵制哄誘、未能反抗可怕的國家權力的良心自責。在知識階層中間，政治和意識形態問題，就這樣徹底地與悔恨和自我批評糾纏在了一起。無論集體或個人，許多人公開懺悔他們未能堅持立場、反對鎮壓和侵略的罪責。正如丸山真男所言，他們決意重新開始，並且將占領軍當局「配給的自由」，變成對非軍事化和民主化的自發的擁抱。[15]

無論在智識方面還是心理方面，馬克思主義都對悔恨共同體的知識份子具有特殊的魅力，甚至是對像丸山真男這樣的人來說也是如此。儘管他們折衷取捨歐洲的知性傳統，並且與共產黨人保持一定距離。對大多數進步的文化人來說，馬克思主義提供了理論與「科學」的框架，看起來通過運用封建主義的殘餘、資本主義的矛盾、虛偽意識和統治階級陰謀的觀點，就能夠深入洞察並且闡釋近期的這場災難。這與美國關於日本「戰爭意志」的結構分析一致，並且給出了更為準確和公式化的見解。馬克思主義也支持革命的樂觀主義。在馬克思主義者看來，戰爭暴露出明治「革命」的不完善性，而戰敗和盟軍對日本的解放，無疑加速了向民主的、最終是社會主義社會的不可避免的轉變。

236

對戰爭最有原則的抵抗，來自於執著的共產主義者，這一事實使得戰後這些共產主義者具有了相當高的社會地位。當德田球一與其他數百名共產主義者從獄中獲釋，他們成了這個舊日英雄形象皆轟然倒塌的社會裡，一夜成名的英雄。同樣，一九四六年一月野阪參三從中國歸來，吸引了大批民眾。他也得到了英雄般的歡迎，據說甚至有保守派們參加。數月之內，野阪就在占領軍主導下實施的戰後第一次總選舉中當選為國會議員。戰敗賦予了這些共產主義領導人超凡魅力，使他們沐浴在高潔和敏銳的政治性的光輝之中。基於同樣的原因，戰敗幫助確立馬克思主義與共產黨自身成為明確的、現世的、普遍的理論源泉，超越了帝國主義國家破壞性的、排他的價值。社會各個領域中的人們都以某種形式接受馬克思主義，成了戰敗初期日本社會景觀的生動特色，並且使大多數占領政策的美國規劃者們驚詫不已。他們未曾料到，擁有特權的整個知識階層有如此強烈的熱情，會嘗試推進超越資產階級民主界限的革命。這些知識份子中，有些人追求更為激進的解放，結果陷入了論爭的泥潭，但是許多人超越了公式化的馬克思主義，開始提出根本性的問題：「近代的自己」、「近代的自我」或者「近代人之確立」。這些問題被認為是任何真正的民主革命的基礎。他們熱心主張，沒有明確的自我意識或者「自律的主體性」，就不可能期待個人與國家對立，保護民主的價值。既然日本文化未能確立起自律的近代自我的典範，知識份子便轉向歐洲，俄國和蘇聯，以及美國，尋求可資效仿的個人和理念。[16]

在日本尋求「近代的自己」的身份的過程中，可謂屢受創傷：承認自己的失敗經驗，否定自身的歷史和文化，向本身實行壓制、資本主義和戰爭行為的西洋世界找尋效仿的典範。縱然如此，對於悔恨的知識階級而言，外國的效仿對象依然有無窮魅力。在不同程度上，許多普通民眾也感受到了這種魅力，同樣分享了這種堅定不移走向「不可避免的」歷史進步的陶醉之感。然而正如常見的情形，知識份子本身喚起了對他們世界大同的激進主義與那種安於現狀的平民情緒之間出現的鴻溝的注意。一位顯而易見的「進步文化人」清水幾太郎，批評有關戰敗的論著，總是趨向於「或多或少以社會科學為立論基礎，並且傳達出『萬事現在皆能解決』的樂觀主義的基調」。在清水幾太郎看來，普通讀者通常會感到與這些認識大有距離，而且對罪與責問題的認識更加矛盾。[17]

無論他們的象牙塔看起來距離老百姓多麼遙遠，知識份子對社會卻是影響深遠。許多戰後最有影響力的經濟學家，包括享有盛譽的有澤廣巳與大內兵衛，都是在馬克思主義或者新馬克思主義的理論框架之內運作。勞資關係研究的頂尖專家也是如此，例如未來的東京大學校長大河內一男。戰後歷史學、經濟學和政治經濟學領域最激烈的學術論爭，是在戰前馬克思主義經濟學論爭的兩個主導學派所建立的基礎上展開。整個學術體系，比如權威的東京大學經濟學部，向全國的優秀學生實行馬克思主義與古典派經濟學、新古典派經濟學折衷混合的教育。[18]

在自然科學界，著名物理學家阪田昌一等研究者和理論家，在諸如「民主主義科學者協會」這樣的新組織中變得十分活躍。這一組織的成員，致力於利用科學達成民主主義與和平主義的目標。此協會宣稱，「研究並且普及對民眾有用的真正的科學」，「竭誠協助國民諸鬥爭。全國民眾正熱切期盼這樣的協助。」幾乎在立刻之間，科學家們開始出版諸如《我們的科學》和《民主主義的科學》這樣的讀本，向更為廣泛的大眾開展普及教育。[19]

文藝界也刮過「革命」意識的狂風。最著名的事件是，一九四五年末，大約一百位作家在東京有名的神田書店街集會，宣佈「新日本文學會」的成立。許多著名作家都是發起人之一，而且他們立即制定出激進的活動方針。新日本文學會的宗旨是「團結所有民主主義的文學者，為民主主義文學的發展而奮鬥」。他清楚地強調，曾經與「帝國主義戰爭」積極協作的作家不受歡迎。組織者邀請了三二二位政治審查過關的作家入會，其中有一七三人同意入會。

這些作家想像「民主主義文學」本質上應當是國際性的，尤其是應當對這些年來受到日本侵

238

害的中國和韓國民眾作出回應。新日本文學會發行的月刊《新日本文學》的創刊號，成了「八月十五日的記錄」特輯。在稍後的一期上，批評家小田切秀雄宣稱，二十五位著名作家負有「戰爭罪責」，引起了大騷動。其他的新文學雜誌也參與了揭露和批判。例如，一九四六年間，《文學時評》開設了一個固定專欄《文學界的糾彈》，致力於揭發著名文學家的戰爭責任。像中野重治這樣的著名作家，率直表達了在外國占領體制下利用即存的國家機構進行統治以期實現革命轉變的困難，但是仍然對民主基本框架的確立與新的「民眾文化」的形成抱有樂觀態度。20

正是在這樣的思想氛圍中，迎來了嚴肅出版物的復興。「悔恨共同體」的世界大同主義的傾向，在出版者匆忙推出的外國著作的廣泛性上反映出來。僅試舉一例，在新創刊的雜誌《世界》的早期刊號上，就宣傳介紹過包括托爾斯泰、高爾基、契訶夫、杜斯妥也夫斯基、歌德、巴爾扎克、紀德、馬爾羅、佛朗士、司湯達、柏拉圖、康德、史賓諾沙、盧梭、亞當斯密、黑格爾、馬克思、恩格斯、列寧、斯賓格勒，以及其他許多作者在內的新版和重新發行的舊版譯著。以這種方式，馬克思主義，在深深根植於馬克思主義本身並且由此受益良多的日本知性傳統的公共議論場域中重新登場。

知識界對戰敗與民主化反應的多樣性和熱情，遠遠超出英美「舊日的日本派」所能相信的限度。實際上，這些專家們的表現，跟一小撮日本的「老自由主義者」沒什麼兩樣，日本的老自由主義者們曾被期望對民主改革積極協助，但是他們的通常所為卻如同吉田茂一般，並非如此。這些專家對日本知識階級的構成、他們的個人背景與學術背景，以及他們對戰敗和解放可能的反應都毫無頭緒。在這一點上，為戰後政策引入更為激進路線的非專家們，以他們對民主改革的「普遍」魅力的更加抽象和意識形態化的假想，倒是與日本知識界同氣相求。

然而，即便是支持羅斯福新政的自由主義者和左翼人士也未能預見，許多日本知識份子會深受「悔恨共同體」感情的影響，也許他們會發現歐洲的思想，包括馬克思主義，對重新定義知識份子的責任是如此關鍵。同樣也沒有人真正預料到，知識份子的思考，如此迅速地通過媒體滲透到了廣泛的民眾中間。這種「進步的」知識人的熱情超出了美國的預期，並且與美國主流知識份子的行為大相徑庭。占領當局因而也做出了回應。當總司令部中更為激進的改革論者培育並且支持左翼知識份子之時，警惕的反共主義者卻將左翼知識份子打入黑名單並且等待時機，直到冷戰情緒使得總司令部內部的改革論者不再信賴他們。

239

草根的參與

更為教條主義的左翼觀點在心理上認為，全體日本國民確實必須經由他們指導，才能實現民主革命。這一左翼的或曰共產主義的前衛觀念，建立在民眾是落後的並且需要指導的前提之上。

在這一點上，左翼精英主義者與征服者，或者想要在天皇的庇護和光環之下保持權力的保守派，沒有多大差別。麥克阿瑟的總司令部、不情願附和麥克阿瑟的改革議程的日本保守派勢力、「進步的文化人」以及日本共產黨，他們都以不同的方式，成為天皇制民主的實踐者。

談到知識者對共產主義的忠誠態度，事實上悔恨共同體有其特定的天然的心理成因。正是因為如此之多的知識份子感到自己戰前的變節以及對軍國主義的迎合有罪，所以他們通常抱著決不重蹈覆轍的忠誠信念，來對待戰後要求與黨中央委員會的見解保持嚴格一致的共產黨。像麥克阿瑟及其總司令部一樣，共產黨堅決要求黨員無條件服從本黨民主革命的正確路線。這種紀律性壓制了黨內批評，並且將許多悔恨共同體的知識者變成了新的教條和權威的信奉者。21

儘管左翼有關辯證法否定與矛盾的言說，可能會使普通民眾敬而遠之或者昏昏欲睡，但是知識份子宣導解放和個人價值的人文主義見解，的確引起了民眾意識與文化的共鳴。全國性報紙的讀者來信，反映出全國性的對「民主化」意義的關注。占領初期《朝日新聞》的一封讀者來信，經常被後來的著述所引用。這封信暗示了當外國的日本問題專家將他們在東京上流社會不可能見識到的日本民眾當作「順從的畜群」不屑一顧時，他們對日本現實的理解是多麼荒謬不實。信的內容如下：

看樣子美、英、中、蘇四國，尤其是美國和英國，強烈希望日本成為民主國家。如果將民主理解

240

為人類理想主義的解放，那麼沒有人會反對。然而問題是，作為一個有三千年的歷史傳統和後進的資本主義國家，日本將會有什麼樣的民主形態。

僅略觀美國和英國的政治體制就可看出，有不同的民主形式是不可否認的。這也適用於蘇聯和中國。因而，我關心主持占領事務的美國瞄準事事遵從美式民主的目標並非好事。

必須承認，甚至是日本的封建領導者，也不會單靠封建性來維持自己的權力。他們也會考慮到日本國情的發展，並適應形勢做出調整。很可能只視美式民主為民主的美國的好意，會將日本引入不幸的境地。我們已經受夠了言論桎梏的束縛，如果在擺脫舊枷鎖的同時，又加上了美國式的新桎梏，日本將會十分可悲。這樣的擔心也許太婆婆媽媽，但是我希望能促成各位有識之士對此的思考。[22]

一些接受占領軍改革議程的日本人，嚴厲批判他們的日本同胞擁抱「民主」時的淺薄姿態。有名的佛教禪宗解說者鈴木大拙致信《朝日新聞》，讓讀者警惕先前支持軍國主義的著名佛教領袖，現在突然以民主的傳道士自居。[23]一位家庭婦女來信表示擔憂，婦女選舉權被賦予得太快，婦女們還不能完全領會他的意義所在。[24]一位女性作家受到別人奚落，因為她先是對戰時的軍國主義領導者不吝讚美，然後突然轉向去讚揚美國軍人。[25]電臺的諷刺節目，用先前戰後紙張短缺的笑話，極力諷刺翻新政治招牌的人導致了紙張短缺。一位喜劇演員驚呼，情形如此糟糕，人們在舊的宣揚「八紘一宇」(四海一家)的戰時佈告的反面，就刷上了「民主」的標語。[26]

241

如此之多的人幾乎一夜之間，成了美國的崇拜者以及「和平」與「民主」的使徒。這種倉卒轉變當然有大量可笑可歎之處。玩世不恭者玩起這種轉變的遊戲很是拙劣，只是翻新招牌、更換包裝，很容易成為諷刺的對象。更麻煩的是，日本民眾對勝利者的反應，看起來都有些不可救藥的天真、隨遇而安或曰淺薄。甚至在遭受原子彈爆炸的長崎，居民們也是帶著禮物歡迎第一批美國人的到來。（他們將玻璃匣子盛著的日本偶人，贈給了放射能影響科學調查團的領導者。）稍後他們又協助駐留美軍舉辦了「原爆美人」選美賽。有一套連環漫畫，以給兩位漫畫人物起名「小民主」（與此相反，保守派的語言遊戲，則是利用日語的諧音，將Demo-cracy變成了「民主—苦」）的方式，歡迎民主的到來。有個請願團體寫信給麥克阿瑟，感謝他為日本帶來了民主，並請他命令當地一位頗有資格卻不願參選的公民競選。27

儘管這些插曲很容易被視為民主革命無根無源的證據，但是同樣容易注意到的是，持續的、令人著迷的關於「民主的傳說」開始出現。媒體不知疲倦地講述這些生動的事件，使得草根民眾思考擁抱民主到底意味著什麼。有時這些故事簡直就是喜劇。譬如，一位澡堂老闆由於燃料短缺，只能隔天輪流開張男浴室和女浴室。有一天他發現自己的計畫破產了。在男澡堂開張的當天，來了一位老年婦女，她開始更衣並且拒絕出門，因為日本現在男女平等。她通俗潑辣地叫罵著，「你說什麼呢！跟過去不一樣啦，現在可是男女平等啦！」28

有些個人對自己權利的堅持，則不同尋常地嚴肅認真。戰後不久，水戶市高等學校的學生引發了全國的關注。他們聯合抵制授課，迫使實行「軍國主義的恐嚇教育」的校長辭職。在東京，一所高等女校的女學生製造了轟動性的事件。她們公開譴責男校長貪污腐敗，並要求課程改革。她們的行動是一種雙重挑戰：不僅是學生對老師，還有女性對男性的反抗。這一事件帶動了多所高校的自發抗議，要求軍國主義的學校當局和教師辭職，並且增加學生的權利。一九四五年十一月，東京、京都、名古屋和九州的大學生，開始成立學生自治組織，奠定了戰後學生運動的基礎。[29]

一九四五年八月二十五日，戰前的婦女運動的領導人召開會議，檢討運動方針。一個月後，她們向政府請願，要求婦女參政權，恰巧是在麥克阿瑟將軍頒佈這項基本的人權指令之前。十一月的第一周，首個全國性的婦女運動組織成立了。戰後消費者運動可以追溯到當年的十月九日，當時大阪的十五位婦女成立了「主婦會」，這是大米消費要求的發端。同月，東京員警病院的護士們，成立了最初的女性勞工組織，並且獲得增加工資交涉的勝利。一九四六年四月，首次婦女具有參選權的國會選舉舉行，有六十九位女性候選人，其中三十九人當選。[30]十月，戰敗後最初的男性工人的自發暴動，發生於朝鮮人和中國人的煤礦工人中間，旋即被日本煤炭工人跟進效仿。[31]自十月開始，全國的新聞業界也發生了劇變，普通雇員向高層經營者和編輯者施壓，要求他們辭職，以謝戰爭罪責。在全國的四十四家新聞機構發生了大規模的組織改革，包括讀賣、朝日和每日新聞社。[32]

許多新的民主化的嘗試是在地方上發生的，並未引起新聞報導的足夠重視。例如，一九四六年夏天，橫濱因為戰事中斷了五年的夏祭活動恢復，婦女破天荒第一次被准許加入扛抬御輿的行列，從而進入了男性壟斷的祭祀活動的核心，由此進入了傳統上婦女因為被認為身心不潔淨而被摒除在外的神道領域。以這樣的方式，一向珍視的慣例與過去的「醇風美俗」一起，從社會下層開始發生微妙的改變。[33]同時，關於民主革命熱烈的草根議論，也在不引人注目的出版物上進行著，如地方報紙、學校校報、企業或社團通訊。大量的政治意見交流活動，也在地方集會、小組討論等新的美式討論會以及民意測驗中展開。就像《每日新聞》所言，民意測驗是「加速新生日本的民主化」的又一途徑。在數月之內，人們被徵求了從天皇制到町內會等各種問題的意見。然而，他們卻從未被問及對占領本身的看法。[34]

收音機也使大眾對政治的參與達到了新的水準。一九四六年三月，一般的家庭平均每天收聽節目五小時，使得無線電波成了至少像報紙鉛字一樣重要的資訊工具和政治化的手段。戰爭年代曾經飽受爭議的一檔廣播節目《真相箱》，在巔峰時期，每週收到一千到一千二百封讀者詢問信件。人氣很高的《放送討論會》節目，其特色是就特定話題各領域的專家在全國各地巡迴，回答聽眾提出的數以千計的問題。[35]

政治選舉的候選人，通常由NHK提供廣播時間宣傳政見。一九四六年四月總選舉前夕，約有兩千名候選人利用了這一機會。一九四九年的一項民意測驗揭示，壓倒多數的選舉權人，都是「通過廣播來選擇候選人的」。[36]所有廣播節目的新策劃中，反響最熱烈的是「のど自慢素人音樂

244

會」(「業餘歌手音樂會」)。這個節目不太可能帶來什麼名利，但是他的創辦是基於空前的、純粹的、相當善意的平等精神。在戰敗之前，普通人能夠在國家電臺上一展歌喉是不可想像的。現在，參賽者從四歲孩童到耄耋老人，都彙集到一起向全國民眾展示自己。37

這樣的草根行動，以進步的知識者所理解的概念來衡量，可能未必是「革命的」，甚至未必是「政治的」，但是他們卻悄悄地推翻了舊的等級體制，反映出民眾對往往是具有自發創造力的更為開放的社會的接受能力。而談到擁抱民主的表現，他們還只不過是冰山的一角。

改革的制度化

給最高司令官寫信並且參加當地座談討論的男女民眾，並非是在脫離現實的「真空狀態」中談論和平與民主。他們生活在一個直接觸及日常生活的激烈的制度變革的世界中。舊的法律被廢止，包括民法和刑法在內的新的法律頒佈。獨裁統治的基礎結構從根本上遭到破壞。農地改革幾乎摧毀了地主與佃農的剝削制度。選舉制度改革強化了參眾兩院制的立法機構的政治許可權。憲法修改第一次確立了主權在民的原則，提供了甚至比美國憲法更加廣泛的人權保障，並且將反對軍國主義的理想作為國家憲章的核心。勞動法改革，使勞動者獲得了前所未有的基本權利。教育改革使學校課程自由化，促進了男女同校的平等主義，並且擴大了上大學接受精英教育的機會。民法典的改革結果，消除了家長制的家族制度的合法基礎，並且加強了女性在離婚和繼承權等重要領域的地位。

這些變革，不僅為民主的繁榮發展創造了舞臺，而且使日本人自身參與了建造這一舞臺的過程。事實上，所有基本的改革，都是由大批日本的官僚、專家以及週邊顧問貫徹執行或者鼓動提議的。他們的努力常常是創造性和建設性的。日本改革推進派的自發的貢獻，可以得到方方面面的證實。例如，監督修訂民法典的阿爾弗雷德·歐普勒(Alfred Oppler)，放權讓日本人自己決定是否完全廢止得到法律認可的男性占支配地位的「家族制度」。歐普勒回憶說，他的部下從未命令或是敦促徹底廢除古老的家長制，只是「熱切關注日本人如何將其與新的憲法原則相適應。他們做的比我們期望的更徹底。」

與其他占領軍官員一樣，歐普勒發現，戰敗的打擊刺激了日本人對「根本的價值觀的重估」，甚至激起了一種「褻瀆先前所崇拜的，崇拜先前所褻瀆的」徹底破除舊習的欲望。在占領初期，美國方面的改革熱情，與日本方面「開明地容許改革」的積極姿態互為呼應。在這樣的大環境下，歐普勒與他的同事們宣稱，他們「盡最大的努力不把日方命令得團團轉，而是與他們平等地一起工作。自由地討論、相互說服和達成妥協，而不是命令與服從。」[38]

這樣的宣言當然不能單從字面上理解。日美關係實質上是不平等的，甚至是表面上的自由交

245

換意見，總司令部官員的建議不容忽視的默契也依然存在。然而，就連希歐多爾・科恩（Theodore Cohen），這位善於運作「任何命令都不得強制執行」的高手，也承認日本人的積極協助起到了非常重要的作用，偶爾甚至還超出他們主管部門的職責範圍。一九四五年十二月的《勞動組合法》，第一次使勞動者獲得了組織工會、團體交涉和罷工的權利。這一法律的制定，幾乎全部是著名法學家末弘嚴太郎領導的一個特大型諮詢委員會的功勞。委員會的構成如下：三位厚生省官員和兩位學者組成的作業委員會；包括熱誠的共產主義者德田球一在內的三十位成員組成的運營委員會以及代表大學、企業、政黨、官員、社會事業家和勞動者的一百三十人構成的全體委員會。同樣，一九四七年九月設置的勞動省，「從一開始，就是日本人自己的規劃。」甚至第一飯店的一位女侍應生，也在勞動實踐史上留下了自己的足跡。她成功建議將戰時稱為「勞動獎勵事務所」的勞動者雇傭機構，變更為「職業安定所」。她與總司令部的政策制定者之間的確切關係無考，或許不尋根究底就是最明智的做法。[39]

戰後有關勞動的立法中，最有進步意義的一樁，是一九四七年的《勞動基準法》。這部規定勞動條件的法律的制定過程，首先要歸功於一位有些不可思議的發起者——昔日的思想員警寺本廣作。一九四六年夏天，寺本未經通報就出現在素不相識的科恩的辦公室，帶來了一大部勞動保護法案的草稿。原來，寺本廣作是厚生省勞動基準課的課長。他和他的部下們已經為這一草案工作數月。這一法案並非總司令部管轄的職責範圍，同樣他在日本政府的課題中也不占據重要位置。

在科恩對這一故事的生動描繪中，《勞動基準法》的制定，成了日本中層官員支持民主化改革的光輝例證。

其實，寺本利用了戰後的混亂狀況，說服方方面面的實業家、官員和政治家相信，總司令部要求有強力保障工作條件的規定。在這樣的掩護下，他和數名部下組成的小小團隊，在恢復被軍部擱置的戰前勞動法規以及詳細分析國際勞工組織規定慣例的基礎上，幾乎獨力起草了全面的勞動保護基準法。直到寺本廣作出現在科恩的辦公室之前，總司令部對此法案一無所知。然而一旦這位意料之外的主動者取得了占領軍勞動局的支持，寺本廣作就能夠告知日本方面的利害關係者，他們沒有選擇的餘地，只能贊同附和美國人的願望。有時候情況很棘手，看起來這遊戲就要露餡了，但是最終這個偷偷摸摸的改革者小團體達到了目的。這一法案甚至包括一項女性生理休假的條款，被科恩的「工資與就業條件科」的美國女主管認為是史無前例，有些多餘而瑣碎。但是條款規定保留了下來。新基準法的第一條強有力地傳達的個人價值觀念，成了今日大家公認的民主革命的基礎。他宣佈，「工作條件，必須滿足勞動者作為有價值的人的生活的必要需求。」這似乎並不是人們能夠期望從一位昔日的思想員警口中聽到的話語。40

一方面是命令與「說服」手腕的複雜較量，另一方面則是真誠的合作與自發的協助。這種情形在教育領域尤其突出。直到占領結束，最高統帥部的「民間情報教育局」一直嚴密監視教育領域的民主化推進。結果，文部省從戰前的天皇制極端民族主義的嚴格監督者，變成了戰後日本最系統和最熱心的「和平與民主」的擁護者之一。沒有人翻新招牌比教育家們更為狂熱，當然這伴隨著文部省內部不絕於耳的責罵之聲。在這裡，占領當局通過允許自由意見的表達和對真正解放的追求，又一次打開了壓抑體制的缺口。這對教育者和被教育者雙方的影響都是不可估量的。

在可以使用新的教科書之前，學生們一直被要求在他們老師的指導下檢查教科書，並且將所有被認為是讚美軍國主義、國家主義或者不太民主的章節，統統用墨筆塗掉。這種「塗墨」作業，其實在占領軍進駐日本之前，就由日本政府自己開始了。對學生們和老師們來說，這是一項內心感受複雜的任務：既是對昨日的神聖教導的否定儀式，又是對廣泛認可之事進行思考批判的實踐鍛煉。在戰爭中失去了父親、哥哥和叔叔的由利初（ゆり・はじめ），戰爭結束時才十三歲。他像許多孩子一樣，永遠難忘這種「塗墨」的經驗。在橫濱的家被空襲炸毀之後，由利初被疏散到了鄉下，在當地上中學。學校很窮，需要學生自己抄寫上課用的國語課本。占領軍進駐之後，被認為最具有國家主義色彩的三門功課：修身、日本國史和地理（授課中讚揚日本帝國的海外擴張），被中斷授課數月。同時，文部省和出版社正適應時代需求，加緊趕製新課本。其間，由利初被要求將他自己辛辛苦苦抄寫的國語課本「塗墨」。這種經歷令他飽受創傷。被塗黑的課本，讓他覺得「反常而怪異」，但是這一插曲留給他持久的思考：接受了的知識可以動搖，而教育本身並不是絕對的事情。數十年後，栗田亘回想起同樣的經歷，「我們將塗黑的書頁，對著太陽照，如果還能看出字跡，我們就再塗上一層墨水。那天，我第一次被互不相容的價值觀的混亂狀態所困擾，從那之後這種感覺就一直存在。」[41]

激烈的教育民主化運動的要旨，體現在《新教育方針》之中，一九四六年五月由文部省頒佈。多位學者應召起草原文，然後由文部省整理簡化，頒發給全國的教育者。此方針聲明，新制度的目的，是為建設「民主和平的文化國家」做貢獻。為此，發展「教育者之間自律的、合作的態度」就勢在必行。基於此精神，教師和教育管理者被號召，要對導致戰爭和國家悲慘現狀的社會缺陷進行深刻反省。

《新教育方針》指出，明治時期以來的近代化，注重西方文明的物質方面，但是忽略了其背後的基本精神。日本人「學會了如何使用火車、輪船和電器，卻沒有充分發展製造出這些器物的科學精神。」同時，戰爭和戰敗的發生，是由於日本人沒有對「人性、人格和個性」的適當尊重。未能培養出理性的批判精神，導致軍國主義和極端民族主義抬頭。而「在此意義上，戰爭責任必須由全體日本人承擔，必須為他們的罪行向世界深刻道歉」。謝罪只有通過貫徹執行《波茨坦宣言》和占領軍當局的命令而實現，從而建設一個新的民主國家。在實現這一任務的過程中，教育者擔負著重要職責。《新教育方針》詳細闡述了「建設新生日本的根本問題」，教育者的使命共分六章：㈠日本的現狀與國民的反省；㈡去除軍國主義與極端國家主義；㈢人性、人格和個性的尊重；㈣提高科學水準及哲學的、宗教的教養；㈤徹底的民主主義；㈥建設和平的文化國家與教育者的使命。第七章則詳細闡述了教育者的任務：個性尊重的教育、公民教育的振興、女子教育的提高、科學教養的普及、體育的改善、藝術文化的振興以及勤勞教育的革新。

儘管許多文部省官員可能是被迫闡明和推進這項改革議程，但是《新教育方針》中貫穿的「反省」（那個年代喜愛使用的詞彙）的說法，也帶有他們自身思考的啟示。比如，此方針提出，日本是個國家，然而並未形成真正的社會。因為日本人對國家秉忠誠之心，懂得如何做好家庭的一員，但是個人的感覺較弱，缺乏更廣泛意義上的公共道德。這與當時「進步的文化人」確立自律的主體性的論爭相一致。只是在《新教育方針》中，這一表述以更為平實的語言，進入了日本的課堂。[42]

249

這本占領初期的手冊的徹底的改革主義風格，被文部省支持或批准的其他出版社大批複製，包括學校教科書在內。一本典型的小學課本《少年少女的民主讀本》（《少年少女のための民主読本》）指出，在當今世界，民主主義的理念超越了政治，延伸到經濟和日常生活的領域。學生們被教導，自由應當被尊重，但是要與自私自利相區分。自由必須與責任一起行使。平等是民主主義的核心概念，但卻不應與「同一性」相混淆。平等意味著機會均等。

《少年少女的民主讀本》，直率地記述日本的被占領狀態。「日本現在促進民主，是因為同盟國的命令我們不得不這樣做嗎？」這是課本上的是非題，以小學生易於理解的話表述出來：「與《波茨坦宣言》相一致，同盟國正盡力使日本早日實現民主，並且重回世界的懷抱。然而，即便沒有同盟國的說法，如果我們看看人類的歷史，成為民主主義的國家、民主主義的國民，也是人們真正應該走的道路。」課本接下來介紹，和平主義，是日本和其他國家促進文明並且成為「學問、藝術和道德」兼備的文化國家的最佳手段。[43]這與高深的知識份子雜誌《世界》在其創刊號上所闡述的思想，並無二致。這毫不奇怪，因為這些新教科書的許多作者，都是自由主義和左翼的學者，他們就是「悔恨共同體」的成員。

幾百萬學生日常接觸這樣的思想觀念，並且在與他們經歷過的軍國主義秩序大不相同的、自由洋溢的課堂氛圍中吸收這些思想。教師們所受到的戰敗打擊，往往異常慘痛。直到投降的瞬間，他們一直是天皇制正統的教練軍人。現在一夜之間，他們被告知不但要改變思想，而且還要以過去同樣的熱情教授新的正統教義。自然，個體的反應千差萬別。一些老師通過諷刺挖苦和苦惱的自嘲，用師生間更加民主的交流方式，介紹新的課本內容和思想。有人回憶起他的中學老師說，「我們今天學習什麼呢？既然我們有民主，我必須問問你們的意見。」[44]然而，大多數教師都能很快適應新的境遇。他們中的許多人，面對失敗的戰爭有一種切膚之痛的責任感，因為如此之多的人死去了，白白死去，都是他們的學生。

許多教師心中充溢對年輕學生死亡的悲痛，常常被自己鼓勵他們走上毀滅道路的罪惡感所壓倒，因而熱衷擁護和平與民主的理念。他們新產生的激進主義思想，又被眼前面臨的貧困悲慘的生活環境所強化。教師們大舉成立工會組織，似乎是對過去盲目服從國家的彌補，他們普遍採取與國家權力對決的姿態。最強大的教師工會組織——日教組，與共產黨關係密切。到一九四八年，滿懷焦慮的最高統率部官員，巡迴於全國各地的學校之間，消除「紅色」運動的影響。[45]

250

戰後初期教育改革的理想主義氛圍，在一本一九五一年出版的、受到高度評價的學生作文集《回聲學校》（《山びこ学校》）中可見一斑。編輯者無著成恭，是山形縣一所小型中學二十歲出頭的年輕教師。這本暢銷書收錄了四十三位學生三年間寫作的散文、詩和報告。無著老師和他的學生們，成了著名的師生間理想關係的象徵。而他的學生們的作文，成了全國普及「日常生活的作文」的教學運動的著名例證。

作文集出名之後，媒體群集到無著老師的小學校，眾口一詞地報導那裡開明、民主的教學氛圍。那裡的中學生只有大約10%能夠繼續升學，但是每個人都讚揚年輕的老師對他們的好奇心與進取精神的培養。這些貧窮的鄉村少年和他們的良師益友，感動了整個日本。一位學生後來回憶，當這位新來的老師第一次談起「現在日本的民主萌芽是從美國借鑒而來，還不是我們自己的產物」的時候，他是多麼地震動。無著老師對日常生活的作文的重視，是基於他的信仰：教育的目的就是「培育社會變革的力量」。從前的學生回憶說，由於背負著農地改革引發的混亂和嚴酷的日常生活的重擔，當地的學生家長並不總是感激無著老師的所作所為，但是他對學生和當地民眾總體上的影響和衝擊，卻是長久存在的。[46]

251

日常語言的民主化

日本教育制度的美國化，從大量新的借詞的出現中就可見一斑。カリキュラム（curriculum，課程）、ガイダンス（guidance，指導）、ホーム・ヘーム（home room，本班教室）、ホーム・プロジェクト（home project，家庭作業）、コース・オブ・スタディ（course of study，學習課程）、クラブ・アクティビティ（club activity，社團活動），所有這些混雜的外來詞和概念，都成了日本教育界的日常語言。[47]然而，這些輸入詞彙不過是新的課堂環境的一小部分，就像正規的學校制度的改革，只是當時徹底的民主主義的教育改革的一部分。一九四七年開始，在幫助成年人「學習民主的意識、習慣和生活方式」的明確目的下，成人教育專案被引入。[48]更有甚者，伴隨理解戰敗與民主化的新世界的精神而來，數以百計的借用語進入了日本社會，日語的總體性質也發生了永久的變化。

日常語言的革命在日本歷史上有兩大先例。古代和中世的日本社會，曾經由於採用漢字書寫系統以及大規模借用中國的文獻和概念，產生了深遠的變化。十九世紀中葉，封建的日本對外實行門戶開放，導致另一個貪婪借用知識的時代的到來。這次主要是借用歐洲，還有美國。現在，對外國思想和習慣的第三輪消化吸收又開始了。出版社以其固有的活力，立即著手編寫外來的新概念的目錄，每年刊行流行新語的解說手冊。

通常這些手冊都是東拼西湊、編排平庸，涵蓋了各個領域，既包括意義重大的詞條，也有無足輕重的小詞。大眾文化領域的美國化，在日本化的英語借詞詞條中一目了然，如pinup（招貼），jitterbug（爵士樂迷），boogie woogie（搖擺舞），whodunit（偵探小說）。一九四八年的版本包括下面這些重要的英語借詞，*alibi*（藉口），「*casting vote*」（決定票），*ecstasy*（入迷），*scandal*（醜聞），*up-to-date*（最新的），*Achilles' heel*（阿喀琉斯之踵）以及*Amen*（阿門），還有四個意味深長的俚語詞：*baloney*（胡扯），*corny*（粗俗），252 *hot*（熱門），*phony*（假冒）。「Dark horses」（黑馬）不經翻譯就直接進入了日語，「ハバ・ハバ」（Hubba-hubba）一詞很流行，雖然他的本意是男女之間眉目傳情，但在日語中卻有了迥然不同的「快點，快點」的意思。

奇異的和製英語新詞彙，也不時躍然紙上。マネー・ムーン（Money-moon）就是這樣的創造，意思是「以金錢為目的結婚者的蜜月」。英語借詞「bestseller」（暢銷書）也有一個對應詞セックス・セラー（sex seller），指的是色情書籍。新的辛辣的俗諺成語也層出不窮。其中奇妙的「五せる」，即對官員有懷柔意味的「五讓」辭曰：「讓他們吃，讓他們喝，讓他們抓錢，讓他們抱女人，讓他們裝腔作勢。」這個琅琅上口的俗語，如此不敬而且直白，是對傳統的「尊官」說教的露骨諷刺，傳達出當日痛快淋漓的打破舊習的風氣。

這種新語詳解手冊多數是袖珍版本，攜帶方便。他們整體上生動地展示了流行的言語是 253 如何被匆忙而又根本性地修訂著。讀者可以查詢大量的借用語、翻譯語、日本自造的新語以及復活語（軍國主義者禁用語），他們不同程度地捕捉到了變化的新時代的精神。在這些新語詞典中，

「Open shop」（自由雇傭企業）、「Closed shop」（工會會員雇傭企業）與「picket」（糾察）、「scab」（工賊），「class consciousness」（階級意識）與「social revolution」（社會革命），「feminism」（女權主義）與「feminist」（女權主義者），「public opinion」（民意，輿論）與「popular sovereignty」（主權在民），「four freedoms」（四大自由：言論的自由、信仰的自由、免於匱乏的自由和免於恐懼的自由）與「transgression of human rights」（踐踏人權）等詞彙成對出現。[49]

時髦新詞層出不窮的另一面，是先前隨處可見的言論和標語口號的驀然消失，如「八紘一宇」、「報國」等。直到戰敗，「報國」一直是使用頻率最高的詞彙之一，幾乎可以跟任何行為沾邊，如「產業報國」讓人聯想起「愛國的產業奉獻」，「言論報國」則意味著「為國盡忠的公開言論」等等。現在，「報國」與許多說法一起被悄悄埋葬。不知何故，一九四八年的一本新語手冊的編輯竟能躲過占領當局的審查，談到這些戰時的常用語，已經「隨著廣島和長崎的居民一起」讓原子彈炸成了死語廢語。編纂者還說，迄今為止，最為流行的新詞是「民主化」。實際上，「如此民主的狀態，如果不穿著民主化的制服，甚至得不到定量配給。」[50]

顯然，這些辛辣的時代記錄的產生，是「民主化」自身的結果。但是這本身也說明，占領軍自上而下的革命的制度化，的確存在某些問題。

1 引自1994年Peter Grilli製作記錄片*Music for the Movies: Toru Takemitsu*(武滿徹)時對小林正樹的訪談，參見Linda Hoaglund的譯文，*Positions* 2.2(Fall 1994)：382-405。

2 袖井林二郎、竹前榮治編《戰後日本の原點—占領史の現在》(東京：悠思社，1992)，上卷，p.184。

3 吉田茂《大磯随想》(東京：雪華社，1962)，pp.42-43。亦可參見吉田茂，「十年の歩み」(音譯)，《每日新聞》，1955年8月9日。以及J. W. Dower，*Empire and Aftermath: Yoshida Shigeru and the Japanese Experience, 1878-1954*(Cambridge, Mass.: Council on East Asian Studies, Harvard University, 1979)，第九章，pp.305-68。

4 以「醇風美俗」意識為核心的戰後保守主義的梳理，參見日高六郎《現代イデオロギー》(東京：勁草書房，1960)，pp.229-59。

5 Harry Emerson Wilds，*Typhoon in Tokyo: The Occupation and Its Aftermath*(New York: Macmillan, 1954)，p.19。

6 此處有關日本民眾來信的論述，主要是參照袖井林二郎，《拝啓マッカーサー元帥樣—占領下の日本人の手紙》(東京：大月書店，1985)，第1章。同時也參考了美國國家檔案館所藏信件：「Subject File 1945-1952」，Civil Intelligence Section，Security Division，Assistant Chief of Staff，G-2，RG331(boxes 232-236)；以及麥克阿瑟紀念館(Norfolk, Va.)所藏信件：「Personal Correspondece from Japanese, Koreans and Others, 1945-1950」，RG10(boxes 172-174)。關於1949年12月到1951年6月　日本民眾致信最高　部的分析，參見岡本公一、塚原哲也，《占領軍への投書に見る占領末期の日本》一文，收入日本現代史研究會編《戰後体制の形成》(東京：大月書店，1988)，pp.251-74；文中有依據信件主題編制的詳細分類(p.252)。日本民眾寫給麥克阿瑟的一些早期信件，為當日的美國記者獲悉；參見Richard Lauterbach，「Letters to MacArthur」，*Life*，1946年1月14日，pp.4，7。

7 參見袖井林二郎前引書，pp.171，191，261。

8 例如，參見袖井前引書，pp.84，256。麥克阿瑟收到許多佛教徒的繪畫和雕像，描繪其神性、智慧與仁慈。

9 袖井前引書，pp.49-51，174-75。

10 關於送給麥克阿瑟的禮物，參見袖井前引書，第7、8章。這些禮物的數量和種類驚人，遠遠超出了此處所提到的。

11 有關這些來信的詳細的分析統計，散見於最高統帥部內部的情報報告書中，如民間情報局(CIS)的定期刊物*Occupational Trends: Japan and Korea*；如其中的no.25(June 2，1946)，pp.13-14。其他類型的信件，這包括表達反共或反朝鮮的情緒；參見前引之岡本、塚原《占領軍への投書に見る占領末期の日本》，pp.258-60，266-68。

12 此處所舉的各種例證，多引自袖井教授的《拝啓マッカーサー元帥樣》一書。「我想為你生孩子」的歸類，出自Grant Goodman，他當時擔任這些信件的譯者(袖井前引書，pp.141-42)。

13 丸山真男，《後衛の位置から—『現代政治の思想と行動』追補》(東京：未來社，1982)，pp.120-21。

14 據估計，在受清洗的20萬人中，僅有268名學者與作家；參見袖井前引書，pp24。

15 參見丸山前引書《後衛の位置から》，pp.113-19。

16 關於「近代的自己」的論爭的早期例證，是1946年4月1日《人間》雜誌上的討論，pp.150-66。本書第5章論述夏目漱石、河上肇、三木清、尾崎秀實等人，相當程度上是源於對他們明確的自我意識和自律的主體性的認識。

17 清水幾太郎的評論，見載於《東京新聞》1946年4月17日，收入日高六郎前引書，p.249。

18 關於有澤廣巳等人的重要作用，參見Laura Hein，*Fueling Growth: The Energy Revolution and Economic Policy in Postwar Japan* (Cambridge, Mass.: Council on East Asian Studies, Harvard University, 1990)。有關戰前馬克思主義的論爭，參見Germaine Hoston，*Marxism and the Crisis of Development in Prewar Japan* (Princeton, N.J.: Princeton University Press, 1986)。

19 引自金原左門、竹前榮治編《昭和史一国民のなかの波瀾と激動の半世紀》(東京：有斐閣選書，1982)，p.290。《我們的科學》等書名，出現在1946年3月《文学時標》雜誌的廣告中。

20 《新日本文学》1946年3月號，尤可參見其發刊宣言，pp.62-65；小田切秀雄《文学における戦争責任 の追及》，《新日本文学》1946年5、6月號，pp.64-65；中野重治《批評の人間性》，《新日本文学》1947年6月號，pp.2-9；福島鑄郎《戦後雜誌発掘》(東京：講談社，1985)，pp.110-12；講談社編《昭和二万日の全記録》第7卷，p.225。末文獻下引為*SNNZ*。

21 丸山真男在《後衛の位置から》一書中，詳細論述了對共產黨紀律「教條般的」遵從，是由於戰前變節的經歷，p.117。

22 《朝日新聞》1945年9月12日。江藤淳曾引用過這封信，參見他對占領的保守的批判著作《忘れたことと忘れさせられたこと》(東京：文藝春秋，1979年)，pp.58-59。

23 朝日新聞社編《聲》(東京：朝日文庫，1984)，第1卷，p.158；這一《朝日新聞》的讀者來信選集，下引為《聲》。

24 《聲》，第一卷，pp.116-17(1945年12月24日)；亦參見pp.70，132。

25 讀賣新聞大阪社會部編《終戰前後》(東京：角川文庫，1984)，p.114。

26 平凡社編集部編《ドキュメント昭和世相史〈戦後篇〉》，(東京：平凡社，1976)，pp.307-11。總司令部忽略了這個笑話的諷刺意味，竟審查認定此節目是「右翼的」。同樣，可參見1946年4月號《人間》雜誌對1941年12月8日鼓吹「聖戰」者的諷刺，以及對1945年8月15日的「民主」的嘲弄，《昭和世相史》，p.156。

27 Stafford L. Warren，M.D.，「The Role of Radiology in the Development of the Atomic Bomb」，收入Kenneth D. A. Allen編，*Radiology in World War II* (Washington, D.C.: Surgeon General's Office, 1966)。此書是*Medical Department of the U.S. Army in World War II*系列中的一部，該書第890頁有調查團和偶人的合影留念；Joanne Izbicki，「The Shape of Freedom: The Female Body in Post-Surrender Japanese Cinema」，*U.S.-Japan Women's Journal: English Supplement*, 12(1997)，雜誌第109頁刊有「原爆美人」選美賽的照片；東京戰後廢墟黑市紀錄會(東京焼け跡ヤミ市を記録する会)編《東京闇市興亡史》(東京：草風社，1978)，p.137；袖井前引書，pp.285-86。

28 鶴見俊輔等編《日本の百年》(東京：筑摩書房，1967)，第1卷，p.197。

29 *SNNZ* 7:160，263-64；歷史學研究會編《日本同時代史 第1卷 敗戦と占領》(東京：青木書店，1990)，pp.230-31。

30 SNNZ 7:154：《日本同時代史 第一卷》，pp.231-32。戰敗之後，內務省的男性官員立即主張引入婦女參政權。這一事例，被認為是當日最少引起日方抵制的改革之一。參見草柳大藏《內務省対占領軍》(東京：朝日文庫，1987)，pp.40-41；《朝日新聞》1995年5月25日。

31 Joe Moore，*Japanese Workers and the Struggle for Power, 1945-1947*(Madison: University of Wisconsin Press, 1983)，pp.33-41。

32 前引之《日本同時代史 第一卷》，pp.263-64。

33 前引之平凡社編集部編《昭和世相史》，p.266。

34 如參見《每日新聞》的民意測驗：1945年11月12日(政府選舉)，1945年12月23(町內會)，1946年5月27日(新憲法)，1946年12月16日(吉田內閣)；以及《朝日新聞》的民意調查：1945年12月5日(農地改革)，1945年12月9日(天皇制)，1946年8月5日(吉田內閣與政黨支持)，1946年12月9日(家庭收入與日常開支)。

35 NHK放送文化調查研究所，《GHQ文書による占領期放送史年表》(東京：NHK，1989)。關於每日收聽時間，見p.25；《真相箱》節目，見pp.38、44、47、64、69、76、78、93、118-19、127；《放送討論会》，見pp.35、65、75、107。亦可參見Russell Brines，MacArthur's Japan (Philadelphia: Lippincott, 1948)，pp.243-46。

36 日本放送協會編《放送夜話〈続〉—座談会による放送史》(東京：日本放送協會，1970)，pp.85、89。

37 SNNZ 7:201.

38 Alfred C. Oppler，*Legal Reform in Occupied Japan: A Participant Looks Back*(Princeton, N.J.: Princeton University Press, 1976)，pp.116-17、318；還可參見pp.74、149、156、172、222、233。

39 Theodore Cohen，Remaking Japan: The American Occupation as New Deal (New York: Free Press, 1987)，pp.100、214-15、236-39。

40 Cohen，pp.231-33。有關這位日本中層官員(寺本廣作)此舉的動機，Cohen的分析道出了事情的真相。Cohen總結說，寺本廣作「在戰爭結束數周後，就考慮起草全面的勞動保護法。哪怕當時破敗的經濟能夠承受得住，此事也似乎根本不在日本政府的考慮之列。但是寺本認為那正是時候，當時極端保守派受挫，自由派的雇主明白必須保障工人將來有更好的生活，而許多工廠正停工閒置，任何事情都不可能使情況更糟糕了。最終，只要我們真的想使日本民主化，寺本就可能得到SCAP的支援。這真是深謀遠慮」。一位前內務省的「思想員警」竟然懷有如此進步的改革思想，事實上並不像初看上去那樣反常。其實戰時的官僚機構中有一批所謂的新官僚，或曰「革新官僚」，他們擁有堅定的改革志向，其中許多人在戰後的勞動改革、農地改革、財閥解體、地方自治以及教育改革等領域做出了貢獻。他們對勞動政策改革的貢獻，參見Sheldon Garon，「The Imperial Bureaucracy and Labor Policy in Postwar Japan」，*Journal of Asian Studies* 43.3 (May 1984)：446-48；Gardon，*The State and Labor in Modern Japan* (Berkeley: University of California Press, 1987)，pp.235-37。更詳盡的評述，參見John W. Dower，「The Useful War」，*Japan in War and Peace: Selected Essays* (New York: The New Press, 1993)，pp.9-32。

41 參見由利初（ゆり・はじめ）的文章《教科書の敗戦体験》，載《思想の科学》1969年4月號；收入《戦後体験》（《別冊人生読本》特別號，東京：河出書房新社，1981），pp.39-44；Wataru Kurita（栗田亘），「Making Peace with Hirohito and a Militaristic Past」，*Japan Quarterly* 36（1989），p.188。日本政府下令從教科書中刪除軍國主義的內容，始於1945年8月26日；參見Yoko Hirohashi Thakur，「Textbook Reform in Allied Occupied Japan, 1945-1952」（美國馬里蘭大學博士論文，1990），p.146。

42 文部省，《新教育指針》（東京：文部省，1946年5月）。此文獻之節選，收入海後宗臣、清水幾太郎編《資料・戦後二十年史 第5》（東京：日本評論社，1966），pp.9-15。本人還要感謝明田川融教授提供給我《新教育指針》的前言與開頭章節的副本，他是從曾經擔任公立中學教師的祖父的檔案中找到上述材料的。在尚未受到美方明顯的直接影響之前，日本文部省的戰後方針，由新任命的前田多門文相於1945年9月15日頒佈。彼方針強調三大目標：護持國體、建設和平國家與發展科學；前引之《資料・戦後二十年史 第5》，p.2。對戰後初期教育發展的概述，參見*SNNZ* 7:298-99。相關的學術著述，多強調日方在戰後教育改革中的主動性之重要。參見Gary H. Tsuchimochi，*Educational Reform in Postwar Japan; The 1946 U.S. Educational Mission*（Tokyo: University of Tokyo Press, 1993）；亦參見Edward R. Beauchamp與James M. Vardaman, Jr.編，*Japanese Education Since 1945: A Documentary Study*（Armonk, N.Y.: M. E. Sharpe, 1994）。

43 篠原重利《少年少女のための民主読本》（東京：国民学芸社，1947年7月），pp.1-32。此文獻見於美國馬里蘭大學McKeldin圖書館的Prange Collection文庫。

44 前引之《教科書の敗戦体験》，p.43。文學者渡邊一夫在1945年9月12日的日記中記錄，聽說一位小學教師告訴他的學生長大後要當兵向美國人復仇。這位老師教導說，如果美國大兵給他們糖果，他們應當把仇恨埋藏在心裡並說「謝謝」；參見串田孫一、二宮敬編《渡辺一夫敗戦日記》（東京：博文館新社，1995），p.85。

45 對教師們的反應的總體性批判，參見《日本同時代史 第一卷》，pp.228-30。

46 佐藤藤三郎，《山びこ学校ものがたり—あの頃、こんな教育があった》，《歴史公論》1977年12月號，pp.50-56。作為當　對山神學校（山びこ学校）積極反應的例證，可參見《朝日新聞》1951年6月的文章，收入朝日新聞社編《「週刊朝日」の昭和史》（東京：朝日新聞社，1989），第2卷，pp.223-38。

47 大阪府編《大阪百年史》（大阪：1968），p.1257。

48 大阪府編《大阪百年史》（大阪：1968），p.1260。「成人教育」的釋義，參見《現代用語の基礎知識〈1948年版〉》（東京：時局月報社，《自由国民》特別號十四號），p.134；新新聞學協會（新ジャーナリズム協会）編《時局新語辞典》（東京：精文館，1949），p.100。

49 《戦後の新語解説》（該書出版者不明，出版日期應為1946年11月，藏於馬里蘭大學McKeldin圖書館的審查制度檔案中）；前引之《現代用語の基礎知識〈1948年版〉》；《時局新語辞典》；新語研究會編《新語辞典：時のことば》（東京：天龍堂書店），1949）；《戦後用語辞典》，載《歴史公論》1977年12月，pp.153-68。

50 《現代用語の基礎知識〈1948年版〉》編者前言。

第八章　實行革命

戰後流行的大雜燴式的新詞語，許多都與激進的政治活動有關。最早出現的兩個術語是「統一民主戰線」和「民主人民戰線」，指的是構想中的日本共產黨與社會黨的攜手聯合，最終卻未能實現。這種語言風格與富有煽動力的表現，引起勝利者的震驚完全可以理解。日本之外的人，很難想像戰敗的敵手除了對勝利者屈從之外，還能有什麼其他作為。更何況，大多數美國人從自己國內的民主經驗出發，真誠地認為激進的政治運動完全超出了界限。

「糧食五一節」，似乎是另一項由左翼發起、對精心控制的自上而下的革命造成威脅的運動。這是發生於一九四六年五月十九日的一場抗議政府陷入危機的糧食配給制度的全國性示威遊行。自一九二〇年起，日本的勞動者每年都慶祝「五一國際勞動節」（一八八九年由國際社會主義者勞動聯盟，即第二國際所設立，作為對勞動者團結的呼籲。），直到一九三六年被政府禁止。戰爭結束後，慶祝活動在傳統的五月一日這一天恢復，而「糧食五一節」，則是這種表達團結與抗議的傳統活動連帶的創舉。同月，大學生們也宣佈了他們自己的「學生五一節」。這一切都使征服者們感到困惑。

「生產管理鬥爭」也使他們感到困惑。從一九四六年開始，這種情況月復一月地持續。在這項大多是自發的工廠運動中，白領與藍領勞動者一度掌握了企業的經營權，在經營者不在場的情況下，繼續堅持生產。

回顧說來，勝利者由於未在日本經濟重建中承擔積極的角色，顯然無意之中助長了旨在推進政治的自由化和社會改革的激進行動的風行。實際上，在這種放任政策下，生產停滯、物價飛漲。工人階級當然易於接受左翼的一系列訴求，而一大批學者和媒體也匆忙表明對激進改革的支持。如果說，戰敗的破滅，後果之一是導致了精疲力竭的虛脫狀態，那麼另一後果則是對「和平」與「民主」的衷心希求，而第三個結果則是對由啟蒙先鋒領導的自下而上的革命的期待——這種革命正是馬克思主義者長期以來所宣導的。據辯稱，這一目標可以無須暴力和流血就能實現。其挑戰則是如何將征服者的民主革命和平地轉換為社會主義革命。

可愛的共產黨與激進化的勞動者

在戰敗後的混亂之中，早期的改革舉措，比如釋放政治犯、共產黨的合法化以及制定像一九四五年十二月《勞動組合法》這樣強烈同情勞工的法律，在實質上都保障了比勝利者所預見或希冀的更為激進的運動的出現。由於獲得了組織結社的自由，社會黨和共產黨迅速登上了政治舞臺。由於獲得了成立工會、團體交涉和罷工的自由，勞動者以令人震驚的速度和活力投身其中。無論社會黨的左派還是中間派，都在選民和勞工運動中獲得了重要的支持，新重組的日本共產黨，博得了無數媒體的關注，而且在工會組織中勢力大增。

一九四六年一月中旬，眾望所歸的領袖野阪參三，從他長期逗留的中國共產黨的根據地回到日本，日本共產黨的訴求變得更為寬泛。野阪歸來立即冷靜地表示，順應占領軍的改革議程與人民的願望，推進和平的革命。當野阪還在博多港至東京的列車上時，他就發表了著名的創建「可愛的共產黨」的聲明。「可愛的共產黨」的說法，如此矛盾搭配的修辭使一些在場者深感駭異，同時卻令更多的人感到魅力無窮。野阪參三抵達東京的共產黨本部，被看作是一件名人盛事。（一家報紙困惑地報導說，無論是身著和服還是西裝的年輕女性，都像追星族在劇場門口守候明星一樣，等待野阪的到來。新聞報導複述當時熱情的場面：「太棒了！每個人都揮舞著紅旗！真是妙極了！」）在野阪歸國後的首次公開演說中，他談到了目睹日本遍地廢墟所造成的衝擊。他警告說，特權階級、保守官僚與「軍國主義者和戰爭罪犯」仍然是民主化的極大障礙，並向他熱心的聽眾們強調：創建民主的人民戰線，「在今天，絕不只是意味著試圖通過顛覆資本主義來實現社會主義。」作為將戰時的軍國主義宣傳用語轉而用於戰後新的意圖的絕好例證，野阪嚴厲譴責了「所謂的愛國主義者」毀滅了國家，並宣佈「我們共產主義者是真正的愛國者和真正的民主主義的護衛隊。」翌月通過的共產黨綱領，顯然受到了野阪的影響，綱領宣稱「日本共產黨，將通過和平與民主的方法，實現現在進行中的我國資產階級民主革命，作為當下和根本

256

的目標。」

野阪參三本人還緩和了共產黨先前關於天皇制的強硬立場，他提出，儘管有必要反對作為「國家制度」的天皇制，但是天皇作為宗教領袖的更為廣泛的問題，可伺真正的人民民主體制建立之後，交由民眾投票選舉解決。野阪最初於一九四五年四月，在延安與中國共產黨人在一起時，提出了這一主張。是年二月，約四萬人出席聽取了野阪對民主人民戰線本身(而不僅僅是日本共產黨)作為「新的意味的愛國戰線」的構想。[1]

儘管在一九四六年四月的總選舉中，野阪參三與其他四位共產黨人當選為議員，但是日本共產黨的最大影響力並非在於議會政治場合，而在於組織工會和動員群眾的抗議運動。共產黨、社會黨左派與右派，三方之間發生了爭奪主導權的猛烈鬥爭，最終共產黨成功掌握了大約三分之二的工會勞動者。考慮到工會運動的迅猛擴展，這的確是一次重大的勝利。到一九四五年底，工會會員達到三十八萬人。一個月後，這一數字又增加了超過一百萬人。到一九四六年底，加入工會組織的工人數量上升到大約五百六十萬人，一九四八年中，這一數字達到約六百七十萬人的峰值，當時非農業勞動人口中超過半數都加入了工會組織。[2]

由於通貨膨脹同樣深刻地影響著白領和藍領勞動者，當時這兩個階層之間的工資差距正在縮小。其後果之一就是白領階層廣泛地加入工會組織。因為公共部門的工資級別比起私營部門要落後得多，所以公務員們對共產黨的較具攻擊性的主張更易接受。新加入工會的勞動者們，毫不猶豫地利用他們新獲得的權利進行團體交涉並舉行罷工，導致在整個占領期勞資糾紛事件頻發。從一九四六年初到一九五〇年底，勞資糾紛記錄約六四三二起，涉及一千九百萬勞動者，其中包括三〇四八起罷工事件，有近五百萬勞動者參與。大多數糾紛集中於薪酬問題，並且得到了相當迅速的解決。[3]

工會迅速組織起來的社會基礎，實際上是由於戰爭年代勞動者作為「總力戰」動員的一部分，被按照會社、產業乃至全國的層面組織起來。一旦戰爭年代愛國奉仕的理由被摧毀，這些既存的工會組織和全國的聯合團體，很容易被政治左翼動員起來。同時，更令人震驚的是，生產現場勞動者的激進化，推動了正式工會組織以外「生產管理鬥爭」的過激運動。由於缺乏共產黨或是社會黨方面的正式支持，「生產管理」運動，看來代表了草根層面真正激進的反資本主義思潮的出現。單個企業的雇員們，大多自主行動起來，接管他們所在的事務所、工廠或礦山，拋開企業主或管理層繼續經營。

當初，「生產管理鬥爭」是一種激進的戰略，其本身並非目的所在。勞動者們通過奪取生產的控制權，而不是通過罷工或停業，要脅管理者答應他們的要求。最初轟動一時的「生產管理鬥爭」事件，包括讀賣新聞、京成電鐵和三井美唄煤礦事件，都發生於一九四五年後半年的數月間。結果是勞動者的要求得以實現，從而也就放棄了他們所奪取的管理權。然而，事情很快變得明顯，這一戰略具有爆炸性的含義。奪取企業常常反映出勞動者方面相信：企業主和經營者們暗中蓄意破壞經濟復興，希冀這會促使美國人放棄他們的民主計畫。通過維持生產，工人們把自己看作是渴望協助解決經濟危機的人。除此之外，他們的接管行為也顯示出日益成長的信心：他們能夠做出基本決策，而先前這被視為管理者獨有的特權。對某些激進主義者來說，在戰敗的日本，生產管理運動似乎是新生「蘇維埃」出現的信號。

毫無疑問，這一運動戲劇性地挑戰了資本主義關係中勞資雙方涇渭分明的界限，在投降時期的混亂和匱乏之中，極大地吸引了旁觀者的注目，而並非僅僅是像看上去那樣簡單：工人接管一批工廠。工人們維持生產的努力，往往獲得公眾的支持。在許多事件中，他們居然成功地增加了產量，從而既證明了自身的管理才能，又證實了被他們排擠到一邊的經營者和所有者的不稱職或者蓄意破壞。成功自有後來人。一九四六年一月，有十三起「生產管理」事件被報導，二月有二十起，三月三十九起，四月五十三起，五月有五十六起。每月有成千上萬的工人參與其中，主要集中於東京地區和機械工業領域。此後事件的數量開始下降，但還未達到使政府和企業界安心的水準。從一九四六年六月到一九四七年二月，每月平均約有三十起「生產管理鬥爭」事件發生。[4]

日本政府與盟軍統帥部，不失時機地譴責勞工和左翼嚴重干擾經濟復興。這一招十分陰險。工人們的要求幾乎始終是合情合理的，只不過是想在經濟混亂時期獲得最低生活保障。儘管工會組織善於利用新獲得的罷工權利，然而大多數罷工持續期都很短。實際上，他們最流行的戰術是「二十四小時罷工」。SCAP的統計資料顯示，到一九四八年七月，僅有一個月例外，罷工中

「人日」（即一個人一天完成的工作量）數量的損失，從未超過全部可用人日總數的1%。[5]另有些許作業時間由於生產減速或其他戰術而損耗，但較之於資本方囤積戰略物資、向黑市轉移貨物和故意的延遲行為，簡直可以忽略不計，更不用說與政府處理財政和經濟危機的無策無為相提並論了。無論如何，真正的問題在於，「自下而起的革命」的威脅，是否真正超出了舊有的勞工運動和選舉政治的界限。

「紅旗的海洋」

一九四六年春，革命浪潮更加高漲。經過曲折複雜的幕後操縱，吉田茂於五月二十二日首次組閣。後來他滿懷感慨地談起，自己在「一片紅旗的海洋」中就職的情形。[6]吉田的回憶實在是毫不誇張。他所崇拜的「日之丸」旗被占領軍當局所禁止，短時間內取而代之的，就是街道上飄揚的紅旗。

吉田清楚記得的紅旗，主要是與工人而非共產黨本身聯繫在一起的，從四月十日總選舉前夕開始飄揚在大街小巷。婦女首次獲得投票權，選民們面對的是至少代表三六三個政黨的二七七〇名候選人。數百名保守派政治家被清理出局。儘管半數以上的候選者隸屬於五大政黨之一，但是

259

95％的候選人是從未擔任過公職的新人。保守派候選人有明顯的優勢，他們繼承了被清除的前任政治家們的選舉地盤，而左翼候選人還在為建立新的支持基礎而努力。[7]

總選舉前三天，由六十九個工農團體和四十五個文化團體發起的集會，吸引了大約七萬人聚集到東京市區的日比谷公園。這次集會是旨在推翻反動的幣原內閣而召集的「人民大會」。由運輸業工會提供的五十多輛大卡車，將參加集會者從東京各區載往會場。國鐵工會的成員安排臨近縣的農民免費乘車前往。朝鮮人勞動者有自己的工會組織，他們派遣了數千人與會。據《朝日新聞》報導，日比谷公園甚至連樹上都站滿了人，到處紅旗招展，標語「林立」。

《朝日新聞》感情洋溢的報導，使得示威活動聽上去更像是日本中世紀戰爭紀事中的戰鬥場面，儘管標語佈告上的口號明顯是當代的：「打倒幣原內閣——有錢人的擁護者和人民之敵！」「建立人民政府，結束饑餓！」「經由人民之手的民主憲法！」自由主義者如石橋湛山，也加入到共產黨和社會黨的演講者中間。他後來很快升任為吉田茂內閣飽受煩擾的大藏大臣。民眾激烈地質問他，叫喊著他應當下臺，除非是與保守派斷絕關係。各項決議在鼓掌和歡呼聲中通過，包括經由「民主革命」推翻政府。

受此次集會的激勵，約五萬民眾繼續行進到首相府邸請願。警方聲稱，在後來發生的混亂對抗中，有幾名員警負輕傷。當民眾衝破大門，開始向首相官邸進發時，員警也開槍了。儘管未造成嚴重傷亡，但還是導致配備有裝甲車和架設在吉普車上的機關槍的美國憲兵隊介入，以恢復秩

261

序。由德田球一率領的十三人代表團，最終被允許進入首相官邸並且提出要求。但是幣原首相本人直到第二天下午才召見他們。在會見中，德田告訴幣原，說他如此肥胖，絕不可能是靠政府限定的每月五百日元的國民收入限額過活。抗議者們的言辭變得如此嚴苛，上了年紀的幣原首相驚惶失措，最終逃離了會見室。[8]

總選舉的結果，將一批所屬各異而又毫無組織的議員選舉到國會，直到最終吉田茂才拼湊成立聯合內閣，致使即將去職的幣原留任達六個星期之久。當政治家們忙於爭論、討價還價之時，糧食配給制變得更加混亂無章，民眾的不滿在「五一國際勞動節」的紀念活動中得到了創造性的宣洩。五月一日，全國各地的主要城市都發生了集會遊行。據警方記錄，參加集會的人數是一百二十五萬人，但據組織者方面推定，集會人數是這一數字的兩倍。東京的參加者人數令人震驚，多達五十萬的男人、女人和孩子，湧進了皇居前的廣場。

此前一天，一位橫濱的工人在日記中簡短記述：「昨天是天皇的生日，並非節日。但明天的國際勞動節，我們將休假一天……世界變化真大啊！」新聞報導傳達出同樣的認識變化。《朝日新聞》的版面，上面的標題是「與世界一致的、歷史的國際勞動節」；中間的標題是「百萬勞動者大團結」；下面的標題則是「向民主日本努力前進」。一位富於同情心的美國左翼記者馬克·蓋恩（Mark Gayn），親眼目睹了這一事件。在日記中，他將其描繪為連續不斷地歌唱和不同尋常地洋溢著熱情和歡樂的一天。蓋恩寫道：「儘管天空是灰色的，但這是一次歡快的集會。到處充滿了熱情和我在日本從未見到的自信。」在別的場合，他也提到「充滿不可思議的歡樂的一天，或許是戰爭囚徒重獲自由時的那種明亮的喜悅。」蓋恩評論說，紅旗使人聯想到勞工運動，而不是叛亂。當他通過翻譯詢問一位工人為什麼示威時，被告知「因為我相信民主國家的主權應當屬於人民。」諸如「讓我們吃飽才能工作」的標語口號，一如既往地喚起著對糧食危機的關注。其他人則呼籲「即時結成民主人民戰線！」性別平等的新認知，在諸如「男女同工同酬」等標語口號中體現出來。[9]

對《朝日新聞》倍感興奮的時事報導員來說，這些事件表現出「向建設民主日本邁出的強有力的一步，像鳳凰從戰爭災難中重生」。組織國際勞動節慶典的執委會，自認為是承襲波茨坦宣言和同盟國對日政策的精神進行活動。而這一點，事後被證實過於天真。在顯然是為SCAP和同盟國準備的信函中，組織者們以這樣的言辭開篇：

> 我們向同盟國採取解放日本國民、賜予他們自由、保障工農權利的措施，表示最深摯的謝意。受此鼓舞，我們希望根除封建的、獨裁的壓迫；基於日本國民的真正意願建立人民政府，決不再次破壞世界和平；實現政治、經濟和社會環境不再威脅國民的生活；並且成為世界公認的和平民主國家。

信函接下來逐條詳細說明「官僚、資本家、地主和其他的利益集團」如何妨害這些目標的實現，從而揭露他們是「民主革命真正的敵人」。[10]

五月十二日，東京世田谷區下馬一帶的居民舉行了小規模的索要大米配給的「區民大會」。這成了本月第二個「五一節」——「糧食五一節」的靈感來源。野阪參三出乎意料地出現在現場，或許是被「可愛的」革命的新精神感染而過於興奮，他令人震驚地宣佈，除了直接向天皇請願別無他法。這一想法得到了其他演說者的贊同。一系列決議被通過，並將作為「國民之聲」一同呈交給裕仁天皇。於是下馬的示威活動參加者分裂為兩隊，一隊向世田谷區政府請願，另一隊則向皇居進發。

在皇居他們與皇宮衛士發生了小型的非暴力衝突，此後一一三名舉著零星的紅旗的男人、主婦和孩童，被准許進入皇宮地界，向一位宮內省的代表遞交他們的要求。時代真是變了！在這次史無前例的闖入事件中，他們真的檢查了皇宮的御膳房，在那兒他們自然發現了一般家庭的飯桌上看不到的食物。他們的行為，鼓舞了面臨配給問題的東京其他地區的「糧食示威」活動，並成為引燃一周後「糧食五一節」的星星之火。

當世田谷區被指派的地方官員謙卑地上書天皇，請求對此次無禮事件的原諒時，當地居民則迫使他們辭職，並要求繼任者當由選舉產生。這是草根民主意識的一次重大表現。因為在戰前的政治體制下、甚至早在軍部掌權之前，獨裁控制就通過指派官員形成的密集網路，貫徹到每個居民區。現在當地居民，包括強大的家庭主婦軍團，不僅不服從權威，還竟然要求改變他。

263

「糧食五一節」當天，大約二十五萬人聚集在皇居前的廣場上。後來，由於這一事件此廣場被命名為「人民廣場」。儘管一直有女性參加這樣的示威活動，這次出席的家庭主婦和孩子們，與教師率領的女學生隊伍，仍然格外引人注目。一位背著嬰兒的虛弱的母親，向群眾訴說她所在的居民區已經兩周得不到大米配給了。她說由於只能「喝米湯和吃野草做的團子」，她根本沒有乳汁給孩子哺乳。當她向群眾講話的時候，孩子的哀泣聲通過擴音器陣陣傳來。一位五年級的男孩也同樣發自內心地控訴。他告訴人們，他渴望補上被戰爭打斷的學校功課，但由於糧食危機導致授課時間縮短，這變得不可能了。德田球一對天皇的揶揄贏得了喝彩：「我們在挨餓。而他怎麼樣呢？……可能天皇只會說，「啊，是那樣嗎？啊，是那樣嗎？」[11]

然而，五月中旬發生的這些事件，其意識形態矛盾混亂。最大的原因是，民眾的抗議運動，竟然採取了上奏天皇的形式。五月十九日通過的決議，很快整理成向天皇的正式請願書。在請願書中，天皇依然被傳統地尊為「君主」、「最高權力者」，被恭請對民眾的意願進行適切處置。請願者們申述，請求天皇採取措施，排除導致日本瀕於饑餓和毀滅邊緣的腐敗的政治家、官僚、資本家和地主。作為對他們的取代，天皇應當支援包括工人、農民、社會主義者和共產主義者的聯合戰線。[12]

自下而起的革命，其思想概念的混亂狀況，在這次陳情書中生動地體現出來。天皇當然毫不令人意外地拒絕接受。正如在寫給麥克阿瑟將軍的私人信函中，經常矛盾地混合著對自由民主的讚頌與奉承話一樣，自認的左翼們，也以其不可思議地向絕對的權威天皇進行傳統請願的方式，玷污了這次要求創建民主的人民政府的運動。德田球一可能會因為他對天皇的小小揶揄而自得其樂，但更大的諷刺則是，共產黨在激烈衝突的時刻，竟然選擇了擁戴君主制的做法。

考慮到請願發生的時代背景，對「最高權力者」天皇的請願活動，就更加顯出異樣：宣告國民主權的新憲法草案剛剛頒佈；第一次承認男女平等普選權的總選舉剛剛實施；在產業領域工人們公然挑戰傳統的勞資關係；女性作為一支政治力量登上歷史舞臺；學生們則要求擴大自治；人們第一次自由地公開談論、傳播關於天皇的玩笑。而左翼的領導者們卻選擇了在此時機，謙恭地向天皇請願，恭請他解決糧食危機，批判腐敗官僚，並對民主革命事業進行指導。世界民主革命運動史上，鮮有如此滑稽荒唐的一幕。

裕仁天皇最後的反應早在意料之中。五月二十四日，在他自劃時代的投降時刻以來的首次廣播中，他重申對國民團結的要求。正如他在戰爭中一直所做的那樣，天皇表達了他對人民疾苦的深切關注。他總結說，值此艱難境地，「朕切望國民實行家族國家的傳統精神，來應對困境，勿念一己之利害，在重建祖國的道路上努力前進。」這完全是老套的言辭，二十年來的戰爭和壓抑期間一貫如此。當日天皇的廣播重播了三次。[13]

對於戰後初期的大眾運動來說，其意識形態的矛盾混亂是意料中事。出人意料、並且帶來比示威者錯位的維護君主制的做法或是天皇了無新意的空泛言辭更為嚴重的後果的，則是最高統帥的嚴厲態度。在日本建立民主政府的過程中，日本人民可以一定程度「採用武力」的問題，在《投降後初期的對日方針》的政策檔中，就已經明確闡釋，是有章可循的。這保證了當發生針對根除封建的專制主義傾向的行為時，只有在威脅到占領軍安全或者其他基本的占領目的之場合，最高統帥才能干預其事。14

一九四六年五月的示威活動，遠未達到如此界限。的確是發生了一些混亂的行為：首相的官邸連同他本人的尊嚴都受到了些許傷害。當然皇宮的御廚房也被平頭百姓的闖入玷污了。儘管最終有數百萬人參與了遍及全國的集會和抗議活動，卻沒有發生破壞和嚴重的暴力行為，沒有發生死亡事件或者嚴重的傷害事件。更沒有對占領軍的安全和權威造成任何的威脅。儘管如此，但是五月二十日麥克阿瑟認為時機已到，他警告日本人民「日益增長的有組織領導的集團暴力行為的傾向，造成了對日本未來發展的重大威脅。」

最高司令官的警告令，譴責了「少數搗亂份子的過激行為」，這一在日語中被譯為「暴民デモ」的字眼，帶來了對半年前由最高統帥下令廢除的《治安維持法》中所使用語言的冰冷記憶。字典對「暴民」的定義為「暴徒，聚眾鬧事者，叛亂份子」，「デモ」則是來自英語的借詞，即「demonstration」(示威)。四、五月間發生的民眾風潮，儘管自身充滿矛盾，但仍然是民眾反抗腐敗無能政府的歷史性的象徵，卻被以這樣恐嚇性的字眼，蒙上了暴民統治的汙名。

馬克．蓋恩在他的日記中寫道，「這一聲明產生了令人震驚的效果，我回想不起任何美方的動作曾召致過如此巨大的反響。他使工會本部和左翼政黨事務所大為惶恐，也使保守派陣營毫不掩飾地歡呼雀躍。」第二天，麥克阿瑟召見還在苦苦思慮組閣事宜的吉田茂，並許諾額外的美國糧食援助以抵制饑餓。翌日，一直以來意氣消沉的吉田茂宣佈組閣成功。[15]

這只是勝利者在實現民主革命是否許可的手段之間劃下明確界限的一個信號，而他們最終傾向了保守派一邊。當麥克阿瑟和裕仁天皇一前一後發表聲明之際，對日理事會東京會見的美國代表，同樣抓住五月抗議運動的時機，打響了同時針對蘇聯與日本民眾運動的反共戰役，認定他們之間秘謀勾結。甚至是對五一節集會組織者呈交同盟國方面的信件，美國代表也毫無理由地斷言，有從一種「外國語言」翻譯而來的痕跡，即暗示這是俄國人寫的信。這種輕慢、污蔑的方式，很快成了拒絕任何真正激進的民意表達的慣常做法。[16]

這種嚴厲打壓的保守傾向，在有名的「標語牌事件」中表露無遺。在此事件中，「糧食五一節」的許多曖昧之處都有所展現：來自社會底層的自發運動，向天皇哀告的同時對天皇絕妙的嘲弄以及美國人自身對天皇的崇敬之情。涉案的標語牌，是一塊由精密機械廠工人、共產黨員松島松太郎書寫並帶到示威現場的粗糙的佈告牌。佈告以半文半白的語言，戲仿天皇莊嚴的口吻寫道：

詔書
國體得以維繫，
朕飽食終日。
你們人民，饑餓死去。
——欽此

標語牌的另一面，有一段不太經常被引用的話：「為什麼不管我們怎樣拼命工作都得挨餓？答案就是，裕仁天皇！」[17]

這份天皇詔書的仿作詼諧放肆，無論松島與其工廠的共產黨團體是如何想出來的點子，都表明了一種跡象，即經過數十年的以天皇為中心的思想統治之後，人民表現出來的有益健康的破除偶像的精神。但是政府卻不這麼認為，而是於天皇「家族國家」敕語發表的當天，以不敬罪（舊刑法七四條）簽署了對松島的逮捕令。值此之際，刑法典的修訂正在盟軍司令部主持下進行，而是否保留戰前不敬罪的條款仍然爭執不下。標語牌事件，成了保守派政府能夠在何種程度上隔絕對天皇批評指責的試金石。[18]

對大多數接受了國民自由權利思想的日本人而言，事情總是出人意表。這一事件再次讓人回想起《治安維持法》的恐怖年代。占領軍當局竟然允許開庭審理此案。當美國人最終要求日本政府將不敬罪的條款從刑法中去除之時，他們卻允許對松島進行審判。松島於六月二十二日被起訴。十月，顯然是迫於最高司令部的壓力，起訴的罪名改為「損毀名譽」。十一月二日，東京地區法院判定松島松太郎有罪，並處八個月監禁。但在第二天，松島就由於新憲法頒佈和天皇實施恩赦被開釋了。

松島松太郎對有罪的判決提起了上訴。一九四七年六月，上訴法庭裁定，松島的確犯有不敬（而非毀損名譽罪），但是已經因為天皇恩赦被免於執行。當這位倒楣的舉標語牌的人，試圖向最高裁判所（最高法院）提起上訴時，訴狀卻於一九四八年五月被駁回。理由是恩赦使他的公訴權無效。從天皇方面看來，這不失為展示天恩宏大惠及最不知恩義的臣民的絕妙例證。但是對大多數民眾而言，標語牌事件，更像是暗示新的天皇制民主邊界的指示牌。[19]

取消自下而起的革命

當麥克阿瑟以申斥「少數搗亂份子」為大眾運動降溫之時，民眾運動並未完全凍結。「糧食五一節」一周之後，東京地區約二十所大專院校和專門學校的上千名學生，以「學生五一節」的名義，發起了第三輪「五一節」示威。他們不僅呼籲教員、學生和職員的大學自治，還號召學生們在搜查「戰犯教授」活動中發揮積極作用。以某種傲慢的姿態，這些天之驕子們也證實了他們與「大眾」在民主革命中的團結一致。[20]

「學生五一節」所選擇的日期，體現出日本民主化進程中一項持久不變的特徵，即出於運動成功的考慮，以某種方式與日本國內運動的先例聯繫起來。五月一日的集會，是借日本慶祝「國際勞動節」十七周年之際舉行的。導致糧食五一節達到頂點的「索米」運動，使人回想起第一次世界大戰後的米騷動，當時由家庭主婦們抗議糧食不足引發的全國規模的抗議運動，宣告了「大正民主時代」的到來。與此相似，「學生五一節」所選擇的日期，是著名的「滝川事件」十三周年紀念日。在那次事件中，京都帝國大學的滝川幸辰教授，因為自由主義思想遭到驅逐。在這些學生示威運動中，湧現出的反軍國主義思想和對既定權威的懷疑姿態，導致了翌年激進的學生組織全學連(全日本學生自治會總連合)的創立。

儘管美國的食品輸送避免了五月中旬預期的嚴重的糧食危機，但是其後持續破壞性的通貨膨脹，無情地抵消了工人們贏得的每一次工資增長。一九四七年初，據國鐵工會推算，國鐵工會成員的平均工資只夠承擔家庭生活費用的四分之一。[21]在此情形之下，工會活動家即使是在麥克阿瑟發佈警告之後，仍然在工會組織方面獲得了驚人的成功。反共產黨系的社會黨領導下的日本勞動組合總同盟，以及對手共產黨系的全日本產業別勞動組合會議(簡稱產別)，皆創立於一九四六年八月。兩個月後，產別領導動員了全國範圍的「十月鬥爭」。在這次運動中，由於勞動爭議損失

「人日」（勞動者一人一天的作業量損失），首次也是唯一一次，超過了理論上全勞動產出量的1%。這次鬥爭的一個契機，是由於政府解雇大量國鐵工人和其他部門的公務員。繼之而來的是，日本勞動史上最大的事件——一九四七年二月一日的總罷工計畫。

起初，由於受到共產黨系工會所代表的三百萬工人與中立派及反共系勢力的支援，總罷工計畫是「和平革命」激進構想的分水嶺；最終這一事件卻成為了左翼反美主義的轉捩點。依照計畫，罷工期間政府機關和主要產業都將關閉，除占領體制賴以運營的必要部門以外，通信業務也將停止。罷工策劃者承諾，將不會妨害糧食輸送，而國鐵也將繼續為占領軍提供服務。當二月一日逐漸臨近，全國的緊張氣氛愈加濃厚。甚至連偏遠的鄉村地區，也出現了支援罷工的佈告。「青年隊」組織起來以保護罷工；對共產黨的支持日增；在國鐵的列車上，出現了號召打倒吉田政權的標語。

一月三十日，當勞動組合指導部與政府之間的交涉完全決裂時，總罷工的趨勢看來在所難免。翌日午後，麥克阿瑟將軍進行干預，宣佈他不允許「訴諸如此致命的社會武器」。由此，「二·一大罷工」變成了政治傳說。保守主義者們在五月二十日麥克阿瑟警告「少數搗亂份子」時，還只是歡欣鼓舞，至此則欣喜若狂。工會領袖公然灑淚，他們中的激進者，現在已經苦澀地將美國視為善於欺騙的真正的「人民」民主之敵。

左翼對美國勝利者是偽善者大於解放者的新見解，由伊井彌四郎令人難忘地傳達出來。伊井是日本全官公廳勞組共同鬥爭委員會（簡稱全共鬥，意即全國政府機關和公共企業機關職員工會）議長，他關於最高統帥干預的見證說明，成了戰後日本勞工運動史上無法磨滅的痕跡。據伊井所述，他於一月三十一日夜，被盟軍司令部經濟科學局長馬誇特（William Marquat）少將召見，並被命令簽署中止罷工的聲明。伊井反問道：「這叫什麼民主？」他聲稱日本的工會組織是民主的，政策決議由大多數人投票決定。因而他沒有權力取消計畫好的罷工。伊井徒勞地向馬誇特盡力保證，罷工者並未企圖妨害占領軍事務或是糧食輸送。此時，馬誇特明顯發怒地拍著桌子，七、八個美國憲兵沖了進來，揮舞著手槍以示威脅。這時輪到伊井被激怒了。他質問美國人為何以暴力相要脅，並大喊：「日本工人不是美國人的奴隸！日本工人不是傻瓜！」當冷靜下來之後，馬誇特命令憲兵離開，並找來另一位工人領袖，勸告伊井說，許多工會已經決定放棄罷工了。伊井此時才同意起草聲明中止總罷工。聲明當場就被翻譯成英文並且得到了馬誇特的批准。當身影總是無處不在、熱情洋溢的、激進的德田球一突然出現在NHK放送局，喃喃說出「停止罷工」的時候，伊井彌四郎雖不情願然而別無選擇的結論得到了確認。

在伊井彌四郎最為黯然的時刻，他仍然盡力傳達出誠實和希望的印象。在廣播取消罷工的聲明時，伊井對馬誇特批准的文本進行了改動。伊井召告他的勞工支持者們，人常常不得不進二退一。他向「工人和農民」高呼萬歲。他聲音嘶啞、飽含深情地流淚。身穿軍用短上衣的伊井，一隻手拿著眼鏡，擦去眼中淚水的照片，將他極度的苦悶留在了民眾的記憶之中。他的許多聽眾也哭

270

泣了。當然，這也被後來的左翼敘事建構成了神話：「無盡的憤怒的淚水，工人們本能地對日本政府和美國人感到憤怒。」數年後，伊井彌四郎將此稱為重要的時刻，由此，美軍占領當局「只是在口頭上拿民主欺騙日本民眾」變得一清二楚。儘管一九四七年四月的總選舉產生了短暫的社會黨領導的聯合內閣，而且工會成員的數量持續增長，但是對「二．一總罷工」的鎮壓，卻標誌著勞動者作為平等的一員分享「民主」權利的可能性開始終結。22

並非只有盟軍司令部和日本保守派對共產黨抱持不信任的態度，工會和左派的領導人也相互對立，從而分裂為共產黨員、同情共產黨者、各色社會民主主義者和充滿敵意的反共主義者等各種幫派。至少，日本共產黨對占領初期「和平的民主主義革命」運動的貢獻，具有雙刃性。毫無疑問，共產黨人在鼓舞和組織民眾力量、對抗反對改革的日本政府和拖改革後腿的企業方面，比任何其他勢力團體發揮出了更加有效的指導力量。然而與此同時，激進的左翼也常常蔑視政治民主的「資產階級」性，並且表現出貶低由最高統帥推進的政治和公民權利重要性的傾向。

「糧食先於憲法」，是一九四六年五月大眾鬥爭中日本共產黨打出的旗幟。考慮到饑餓和飛漲的物價，對於平民生死攸關的狀況，這種主張是可以理解的。然而，他卻反應不出對政治民主制度化的積極承擔。與其戰前的立場相一致，日本共產黨更加傾向於關注打倒「封建遺制」或「反動政府」，而不是對權利的創造和擴張。無論在黨外還是黨內，日本共產黨都很難說是多樣性見解的支持者。這一自命為真正的人民民主運動先鋒隊的集團，實際上卻損害了真正有效的、具有廣

日本共產黨在戰後合法化，從最初歡呼占領軍為「解放軍」，轉而成為批判占領政策「倒行逆施」的重要力量。日本共產黨強大的號召力，在此照片中可見一斑。本照片拍攝於一九四九年七月六日，日共領袖德田球一向二戰後遣返歸國的日本士兵發表演說。(Photo by PhotoQuest/Getty Images)

泛支持基礎的民主聯合政權的出現。而另一方面，任何其他的進步團體，無論自由主義者或是社會主義者，其擁有的激情勇氣和使命感都無法與這個時代「可愛的日本共產黨」相提並論。23

當時經濟形勢繼續惡化，可預見的惡性循環相繼發生。共產黨人和工會的急進派變得更加具有戰鬥精神，對盟軍總司令部日漸敵視，使得美國人越發傾向於放棄改革、接納保守派官僚。占領體制日趨保守化，反而驅使激進派的鬥士發表更加強硬的聲明和採取更為敵對的行動。起初，最高統帥部開始在公職人員內部搜集不受歡迎的「赤色份子」名單，很快這些名單引起了高度重視。一九四八年夏，占領當局的勞動政策逆轉，取消了公務員的罷工權利。而公務員由於在薪金低廉、解聘危機方面首當其衝，往往站在激進工會最前衛的位置。與此同時，占領軍當局在幕後不懈策劃，在工會工人內部推出惡毒的反共主義的「民主化」運動。

到了一九四九年，「赤狩」(逮捕赤色份子)成了占領下新的流行語，以日本式的英語恰如其分地表達為「レッドパージ」。起初軍內部稱之為「排除搗蛋份子」，在占領當局官員、保守派政治家、日本政府官僚和企業經營者的密切協助下進行，主要目的是在企業和產業層面解散激進的工會組織。為此，一九四九年末至一九五〇年六月二十五日朝鮮戰爭爆發期間，公共部門大約有一萬一千名工會活動家被解雇。戰爭開始後，「赤狩」擴展到了民間私營部門(包括大眾傳媒)，至一九五〇年底導致另外一萬到一萬一千名左翼雇員被解雇。與「赤狩」並行的是「赦免」，那些先前由於積極支持軍國主義和極端民族主義而被「永遠」開除的物件，重新恢復公共活動。[24]

一九五〇年一月，野阪參三自認作為「可愛的共產黨」政策的責任人，甘願受到蘇聯控制的「共產黨和工人黨情報局」(一九四七—一九五六)嚴厲的公開批判，日本共產黨陷入一片混亂。五月十八日，日本共產黨中央委員會經政治局批准，發表了富於戰鬥精神的五十二頁長文。對共產黨抱有敵意的記述者，恰如其分地將其概括為舉行「『可愛的共產黨』的葬禮」。對共產黨員和激進派而言，其後的事態發展迅速而且具有災難性。五月三十日，美軍陣亡將士紀念日典禮在皇居前的廣場上舉行，由於共產黨的示威而被迫中斷。在構成占領印象速記的富有象徵性的行為中，這一次走得最遠。在意圖破壞占領的日美間的首次暴力衝突中，四名美國人遭投擲石塊和毆打，為此八名日本示威者被逮捕。共產黨機關報不計後果地刊登了他們的照片，並讚譽他們是「愛國者」。六月六日，麥克阿瑟命令日本政府將日共中央委員會二十四名成員全部「開除公職」。翌日，他將開除對象擴大到了共產黨機關報的十七位編輯人員。儘管共產黨及其機關報未被查禁，但主要領導人包括德田球一和野阪參三在內，在占領期間都被迫轉入地下活動。德田球一設法逃亡中國，六年後在那裡逝世。25

儘管最終被邊緣化，但是左翼以重要而持久的方式，對勾畫日本民主化的輪廓做出了貢獻。正如在歐洲的大部分國家，各種版本的馬克思主義已經成為政治思想和政治實踐活動的有機組成部分，而激進的或者異端的觀念，已經在日常生活中見慣不驚。考慮到工會和左翼在動員大眾運動方面大獲成功，儘管他們遭到了削弱，但是仍然成為不可小覷的政治力量。在經濟方面，其後果之一就是產生了與美國模式迥異的資本主義形態。日本有影響力的經濟政策決策者，往往在精英大學中受過馬克思主義或新馬克思主義的著名經濟學者的薰陶，贊同國家積極干預經濟的必要性和訴求。保障工作安定和消除經濟差距的政策目標，在日本被廣泛接受。而企業的經營和管理者，雖然避免激進的、獨立自主的工會運動的出現，但是他們與工會領導人合作，促進與「企業內工會」之間勞資關係的協調，正面應對工會方面的諸多要求。

儘管占領軍當局的「倒行逆施」，幫助確立起日本國內保守派的政治家、官僚和企業家的統治權，致使他們的支配地位一直持續到二十世紀末的今天，但是共產黨和社會黨人繼續在國會當選，並且在有關公共政策的議論場合獲得注目。他們成為日本默從美國冷戰政策的最為明確的批判者，同時也是（此處絕無反諷之譏）其後數十年間，占領當初非軍事化和民主化理念的最為堅定的擁護者。

1 藤原彰編《日本民衆の歴史〈10〉占領と民衆運動》（東京：三省堂，1975），p.61-62；野坂參三《野坂參三選集 戦後編》（東京：新日本出版社，1976），pp.3-19；社會運動資料刊行會編《日本共産党資料大成》（東京：黄土社，1951），pp.52-56；歷史學研究會編《日本同時代史 第1卷 敗戦と占領》（東京：青木書店，1990），pp.221-23。

2 這些官方資料見於多種文獻。如大河内一男《戦後日本の労働運動 改訂版》（東京：岩波新書，1961），p.75；亦參見日本共產黨調查委員會編《占領下日本の分析》（東京：三一書房，1954），pp.205-7。後一文獻是日本共產對占領的正式批判。

3 大河内《戦後日本の労働運動 改訂版》，p.41；日本共產黨調查委員會編《占領下日本の分析》，p.207。

4 有關生產管理鬥爭的基本英文文獻，是Joe Moore，*Japanese Workers and the Struggle for Power, 1945-1947*(Madison: University of Wisconsin Press, 1983)，本書第104頁對此有全面統計。還可參見大河內《戦後日本の労働運動 改訂版》，p.48，以及《朝日年鑑》1947年版，pp.234-35。

5 Miriam Farley, Aspects of Japan's Labor Problems (New York: John Day, 1950), pp.82-85, 97.

6 Shigeru Yoshida（吉田茂），The Yoshida Memoirs: The Story of Japan in Crisis (Boston: Houghton Mifflin, 1962), pp.75, 200, 228。有關吉田茂懼怕左翼的更為寬泛的背景，參見J. W. Dower，*Empire and Aftermath: Yoshida Shigeru and the Japanese Experience, 1878-1954* (Cambridge, Mass.: Council on East Asian Studies, Harvard University, 1979)，第8章。

7 Junnosuke Masumi, *Postwar Politics in Japan, 1945-1955*, Japan Research Monograph 6 (Berkeley: Center for Japanese Studies, University of California, 1985), pp.96-97.

8 講談社編《昭和二万日の全記録》（東京：講談社，1989），第7卷，pp.238-39；此文獻下引為*SNNZ*。亦可參見Moore，pp.170-77，以及原始文獻Mark Gayn的Japan Diary (New York: William Sloane, 1948)，pp.164-69。

9 Gayn，pp.196-200；*SNNZ* 7:250-51；歷史學研究會編《日本同時代史 第1卷》，pp,226-27。

10 書簡的全文，參見對日理事會的議事錄，收入Moore前引書，pp.178-79。

11 *SNNZ* 7:260；Gayn前引書, pp.226-31。

12 文件的全文，參見朝日日誌（朝日ジャーナル）編《昭和史の瞬間》（東京：朝日新聞社，1974），第2卷，p.160。亦參見*SNNZ* 7:258-60。

13 朝日日誌（朝日ジャーナル）編《昭和史の瞬間》，p.166。天皇玉音放送的全譯文，見載於SCAP盟軍司令部，*Summation: Non-Military Activities in Japan* 8 (May 1946), p.31。

14 美方《投降後初期的對日方針》中的關鍵部分如下：「此方針乃利用而非支持日本現有之政府形態。日本人民或政府發起的旨在消除其封建專制傾向的政府形態之改變，將得到允許和支援。如果上述改變之完成，涉及日本人民或政府對反對者動用武力，最高統帥將只在必須確保占領軍安全及其他一切占領目標達成之時，進行干預。」

15 Gayn，p.231。麥克阿瑟的聲明之全文，收入Moore前引書，p.184；亦可參見盟軍司令部民政局，*Political Reorientation of Japan, September 1945 to September 1948*（Washington, D.C., 1949），第2卷，p.762。GHQ內部製作的機密然而廣為散發的諜報報告書中提到，「五一節慶典盛況空前。他們展示了占領當局給予日本人民的新的自由與工人階級的政治活力，倘加以適當引導，可以成為日本民主重建的潛在力量」。在「法律與秩序」的條目下，此報告書記錄「儘管示威者人數眾多，內務省報告說全日本絕無暴亂或秩序混亂發生。」至於麥克阿瑟的警告令，據說「民眾整體的情緒十分平靜。發生了零星的暴力行為，但是性質皆不嚴重。然而不能排除形勢惡化的可能性。於是5月20日，最高統帥為防止極少數搗亂份子發動暴亂與進行人身威脅而發出強烈警告。警告令占據了日本媒體的突出位置，並且收效顯著。此後群眾遊行的數量大幅減少」；*Summation: Non-Military Activities in Japan* 8（May 1946），pp.29-30, 37。

16 Moore, pp.179-80。

17 *SNNZ* 7:260。根據某些紀錄，松島所在的會社與「日本共產黨」的字樣，也出現在標語牌上，如參見朝日日誌（朝日ヅャーナル）編《昭和史の瞬間》，p.166。標語的最後一行（「欽此」）是手寫體，因而並未仿冒天皇的玉璽。

18 並非只有松島的標語牌嘲弄天皇。一名年輕的女示威者，當時揮舞著一條製作粗糙而又措辭粗魯的標語，大意是說「嘿老頭，如果我沒得吃就得死，可我不買快死的」；*SNNZ* 7:257。

19 《戰後史大事典》（東京：三省堂，1991），p.804；*SNNZ* 7:260, 266, 281, 302, 308, 312。總司令部在這件事情上的立場，參見Alfred C. Oppler，*Legal Reform in Occupied Japan: A Participant Looks Back*（Princeton, N.J.: Princeton University Press, 1976），pp.74, 165-68。

20 三一書房編集部編《資料戰後學生運動》（東京：三一書房，1968），第1卷，pp.51-52。亦參見*SNNZ* 7:263。

21 歷史學研究會編《日本同時代史 第一卷》，pp.193-98,213。

22 Moore對中途夭折的二．一總罷工前後工人運動的發展有詳盡論述，參見Moore前引書，pp.185-243。關於總司令部的敵對立場，參見Theodore Cohen, *Remaking Japan: The American Occupation as New Deal*（New York: Free Press, 1987），pp.277-300。有關日文文獻，參見勞動運動史研究會編《占領下の労働争議》（東京，勞動旬報社，1972），pp.9-69，尤其是pp.48-55；以及佐藤一郎《二．一スト前後》（東京：社會評論社，1972），p.241。伊井對事件的回顧，參見《世界》1951年月號二．一總罷工回想特集。其中的一幅著名照片，收入*SNNZ* 8:45。

23 《朝日年鑑》，1947年版，p.103；歷史學研究會編《日本同時代史 第1卷 敗戦と占領》，pp.220-28，236-38。

24 與此相關的背景，參見Dower前引書，pp.306-68。1948年，「赦免」一詞已經成為當時的基本用語；參見《現代用語の基礎知識〈1948年版〉》（東京：時局月報社，《自由国民》特別號十四號），p.29。

25 日刊勞動通信社編《戰後日本共産党主義運動》（東京：日刊勞動社，1955），pp.55-60；社會運動資料刊行會編《日本共産党資料大成》，pp.391-95。Rodger Swearingen與Paul Langer, Red Flag in Japan: International Communism in Action 1919-1951 (Cambridge, Mass.: Harvard University Press, 1952; Greenwood Press再版，N.Y., 1968)，pp.199-212。

第四部　民主

第九章 天皇制民主：楔入

直到日本投降，天皇一直是國民教化的最高的獻身對象。每個奔赴戰場的士兵都隨身攜帶著《戰陣訓》，開篇是：「夫戰陣者，乃基於大命，發揮皇軍之神髓，攻必取，戰必勝，遍宣皇道，使敵仰御稜威之尊嚴而感銘之處也。」襲擊珍珠港之前四個月，一本重要的小冊子《臣民之道》（《臣民の道》）出版。執筆的御用理論家不厭其煩地強調，天皇是天照大神的直系子孫，日本是神統治的國家。「皇國臣民之道需排除自我功利之思想，第一要義乃奉仕國家，以扶翼天壤無窮之皇運。」忠與孝是帝國最高之美德，《臣民之道》極力譴責「個人主義、自由主義、功利主義和唯物主義」敗壞了醇風美俗。天皇裕仁神聖不可侵犯。天皇領導的戰爭是聖戰。天皇所體現的德行是唯一的而且是永恆不變的。[1]

然而事實證明，天皇裕仁也善於隨機應變。當他身邊忠心不二的臣子紛紛被問責、開除公職、追訴戰爭罪行乃至處以極刑之時，天皇本人卻仰賴天助，具體而言是有賴於麥克阿瑟將軍相助，終能全身而退，毫髮無損。天皇在日本侵略行徑中所扮演的角色，從未被認真追究。甚至連為以天皇的名義或者在天皇准許下進行的鎮壓和暴力行為承擔道義上的責任，都受到了美國人的

278

勸阻。當天皇身邊的人提出天皇退位的可能性時，最高統帥也斷然拒絕。實際上，占領軍當局選擇了不僅將天皇個人從以天皇的名義進行的聖戰中解脫出來，而且將天皇重新置於了新生民主國家的中心。

天皇的這種魔法般的變身，在政治和思想上產生了深遠的影響。正義被肆意拋棄。有關戰爭責任問題的嚴肅追究被引入歧途：既然國家政治和精神的最高領袖對最近的事態發展都不負責任，那麼何以指望他的普通臣民能夠自我反省？戰後的政治意識變得混亂不堪。儘管由最高統帥部起草的新憲法，將天皇重新定義為「國家的象徵與國民統合的象徵，其地位是基於行使主權的日本國民之總意」，但是維持天皇制與重新神化裕仁個人——這本來是兩回事，儘管經常被混為一談——卻嚴重損害了國民的主權地位。通過這位「象徵的」君主，世襲特權得到了重新肯定，同時天皇依然是這個國家父權制至高的標誌。儘管在日本早期也曾有過女天皇的統治，然而戰勝者僅准許日本延續男子繼承王位的近代傳統。此外，天皇仍然是所謂的人種的純粹性與文化的同質性的體現者。

從這一角度看來，「國民統合」實際上是表達舊有「家國」思想的新形式。和諧與等級被認為在價值上高於競爭和個性，新的天皇象徵仍然體現著十九世紀和二十世紀初所發明的「大和民族」的特性，從而排斥朝鮮人、臺灣人、中國人、高加索人等一切外來人種成其為「日本人」。拋開宗教和國家的正式分別不談，天皇仍然是日本本土神道的大祭司，在皇宮中舉行深奧的儀式，並前往伊勢神宮向他的神的祖先稟告。所有這一切仍然讓他成為種族隔離和血統民族主義的最高偶像，體現著想像中的、使日本人有別於並優越於其他民族和文化的所謂永恆本質。

以君主統治年數來紀年的年號制，在當今日本一直保留了下來，（這一特殊「傳統」始於十九世紀中葉）。因而始於一九二六年裕仁天皇即位的「昭和」時代從未中斷，無疑是過去的根基的連續性的曆法宣言。[2]昭和時代一直持續到一九八九年才終結，直到這位戰前意識形態理論家們供奉的從前的「現御神」（以人的姿態存在的神），終於在八十九歲高齡過世。以日本曆法計，裕仁天皇逝於昭和六十四年，占領期（昭和二十年到昭和二十七年）不過是他統治時期中短暫的插曲。對於保守派而言，這是貶低戰敗時期重要性的絕好方法，而天皇本人晚年也一直強調，日本的價值觀沒有變化。[3]

天皇制具有不可否認的巨大魅力。即便日本共產黨一涉及天皇問題，也會跌跤、出醜。然而當日本戰敗之時，天皇制，當然還有裕仁本人，正處於極端的危機狀態。日本的精英份子們在其一生中，目睹了世界上許多看起來偉大強盛的君主制的崩潰，這通常發生於戰爭結束之時。而在日本國內，破除舊習者敢於公然嘲笑天皇。在戰勝的各同盟國內，要求將裕仁作為戰爭罪犯進行起訴的呼聲很高而且持續不斷。甚至是強力擁護天皇制的外國人士，如前駐日大使約瑟夫．格魯（Joseph Grew）也確信，至少天皇無法推脫簽署宣戰詔書之責。日本投降後數月，格魯仍然設想「裕仁將不得不退位」。[4]天皇近側的許多顧問也畏懼這確將成為現實，因而到一九四六年，日本政府主要致力於不但護持「國體」，而且確保現任天皇在位。

吉田茂在其自傳中，讚揚麥克阿瑟是日本的「偉大恩人」，這不是指他帶來了民主的禮物（對此吉田抱有相當的保留態度），而是指最高司令官在空前的危難之中，維持了君主制並擁護令人敬畏的現君主。[5]吉田是對的：盟軍最高統帥在這些事務上的影響力是決定性的。回想起來這也是可以預見的，因為最高司令官有關處置天皇的政策，早在投降之前就確立了。

心理戰與「天子」

麥克阿瑟戰時司令部的心理戰專家們，自然是全神貫注於當前的軍事目標，而非戰後的計畫。雖然如此，他們提出的加速前線日本軍隊投降並破壞日本本土士氣的建議，卻是建立在對戰後也不曾變更的敵人行為模式分析的基礎之上。這些戰時研究的幾位關鍵人物，將會陪伴麥克阿瑟抵達東京，並繼續為有關天皇的事務出謀劃策。

在這一點上，沒有人比邦納・費勒斯（Bonner F. Fellers）准將的影響力更為重要了。他是麥克阿瑟的軍事秘書和心理戰行動的負責人。費勒斯早年是位日本人心理分析專家，一九三四至一九三五年以陸軍上尉銜，進入設立於Fort Leavenworth的司令部與總參謀部的幕僚學校。在那裡，他完成了一份名為《日本兵的心理》（*The Psychology of the Japanese Soldier*）的研究報告，此報告頗具先見之明，而費

280

勒斯本人也一直堅守此立場。在報告中，費勒斯早在四年前就預見了日美戰爭的爆發，甚至預言了一旦戰爭形勢惡化，日本將採取自殺式的神風特攻隊戰術。日本人的忠心和軍紀的嚴明使他感銘於內，尤其是與第一次世界大戰中美軍臨陣脫逃的高比率形成了鮮明對照。他總結說：「在思想方式上，今日之日本人與美國人差異如此之大，宛如一直生活於不同的世界，分隔了數百光年之遠。」他順便述及，日本人將西方式的民主看作是「一時的性格」。一九四四年夏，當麥克阿瑟的司令部開始嚴正敦促日本人在戰場上投降時，費勒斯制定了《日本解答》(*Answer to Japan*)，這份報告實際是他的「心理學」研究的修訂版，並被用作同盟國情報人員的指南。另外，費勒斯繼續向軍界的熟人們散播他昔日的論文。一九四四年他向其中一位提及：「今天我仍然可以對此研究一字不改。」[6]

儘管費勒斯可以接收到大量的原始的和經過加工處理的情報素材，包括在戰場上繳獲的日軍公文、信函和日記，報紙和廣播的譯稿，戰俘的供詞，此外更不用說還有各式諜報機關的報告，然而他在很大程度上卻依賴於隨手可得的英文出版物。實際上，他宣稱「現有的關於日本人心理研究最好的書」，是十九世紀末二十世紀初的一部經典著作：小泉八雲的《日本：一個解釋的嘗試》(*Japan—An Attempt at Interpretation*)。[7] 費勒斯及其研究人員依據這些內部資料與公開出版物對日本人心理描繪的輪廓，至少在內容上具有一致性的優點。因為依據大多數官方文件，一旦麥克阿瑟的部下們將觀點寫成了報告書，就會不斷地在其後的報告中蹈襲。單單通過不斷的重複，早期的不確定的看法，很快就會被罩上真理的光環。

到一九四四年中期，費勒斯闡明了對天皇的角色的看法，此後這一說法在本質上一直沒有變更。麥克阿瑟有關天皇的政策，顯然不是對戰敗後日本真實狀況的任何嚴肅調查的結果，而是來源於他自己司令部的一位業餘的心理學家和人類學家所作的戰時分析。他後來在占領初期的聲明和決定，最早的腳本都可以在費勒斯及其部下的政策建議中發見。

作為一條基本規則，麥克阿瑟的宣傳專家們注意實行避免因為攻擊天皇而激怒敵人的戰時方針。[8]這與一般的美國戰爭方針相一致，後者禁止針對皇宮的軍事襲擊，甚至是口頭上中傷裕仁天皇的宣傳。雖然這種克制表面上的理由是：日本人對天皇具有宗教性的敬畏，如果天皇受到攻擊，日本人甚至更易於頑抗到死，其實除此之外還有其他考慮。一九四四年七月，戰略作戰局(O.S.S.)的一份內部報告稱，「除掉現任天皇的意願值得懷疑。天皇個人更傾向於穩健派，將來可能會產生有用的影響。」[9]

像O.S.S.與其他情報機關一樣，在戰爭的後半段，麥克阿瑟的司令部相信天皇掌握著不僅是日本投降而且還有戰後變革的關鍵。如費勒斯及其部下所言，目標就是要通過說服日本人「軍國主義份子」不僅愚弄了他們，而且背棄了他們的聖主，從而在軍部領導人和天皇(及其臣民)之間「釘入楔子」。一句話，西方的宣傳家們預備介入重新建構天皇的形象，將天皇與近二十年來以其之名、在其治下並且由其積極協力的日本帝國的諸政策相分離。

有一次，費勒斯坦承「作為天皇和公認的國家首腦，裕仁不可能逃避戰爭罪行。他是太平洋戰爭的一部分，而且必須被看作是太平洋戰爭的挑起者。」[10]然而在他的《日本解答》的結論中，他發出了迥乎不同的聲音。他指出，天皇將不僅對影響日軍投降不可或缺，而且還是戰後組建和平傾向政府的精神核心。這一政府被假設將由現已年長的保守派精英們組成，包括那些早在軍國主義份子上臺之前就已執掌大權的貴族的襲承爵位的子孫們。這一結論值得大段徵引，因為歷經一年時間和數百萬人的戰死之後，將由費勒斯重提這些見解，以助麥克阿瑟論證保留天皇制還有裕仁在位的正當性：

對於東方的持久和平而言，日本完全的、無條件的投降是不可或缺的因素。只有經過徹底的軍事災難和由此帶來的混亂後果，日本人民才能從他們是高人一等的優越民族、註定要成為亞洲霸主的狂熱說教中醒悟過來。只有戰敗及巨大傷亡的刺痛，才能使人民相信軍國主義體制是可以被打倒的，他們狂熱的領導階層將他們引向了災難之路。

日本人在肉體和精神上都是頑強堅忍的。但是在對日本本土人民極端痛苦折磨過程中的某一時刻，希望冷靜的保守派能夠頃刻之間看到光明，並及時拯救自我。

一敗塗地的戰爭結局將使所有人明瞭，軍國主義份子愚弄了他們的人民。

但這不是全部。要讓民眾意識到，軍國主義份子背棄了他們神聖不可侵犯的天皇的信賴。他們將天子，帝國的神聖統治者，引向了毀滅的懸崖。那些欺瞞天皇的人不能在日本存在。當這種意識出現，長期潛伏的保守派，日本的寬容的勢力，將可能會發揮出真正的價值。他們可能會有充分的領導能力掌握政府，做出必要的讓步，以保有殘存的日本列島、日本人民和他們的天皇。由天皇許可的和平，將會得到全體的接受。以這種方式，我們的對日戰爭，有可能在必需完全毀滅日本之前得以終結。

在和平條款上決不能手軟。然而，廢黜或是絞死天皇，將會引發全體日本人極大的激烈反應。絞殺天皇對他們而言，就相當於對我們來說把耶穌釘死在十字架上。所有人將像螞蟻一樣奮戰到死。軍國主義份子的地位將被無限鞏固。戰爭將會過度拖延。我們將不得不付出更為慘重的傷亡代價。

我們中有些人鼓吹對全體日本人的屠殺，實際上是種族滅絕。亞洲戰爭已經帶來了如此之多的痛苦，帶走了如此之多的生命，對日本人而言任何命運已皆不足懼。可是，一旦日本的武裝軍隊被摧毀，軍閥倒臺，人民徹底知悉戰爭的恐怖，就有把握停止屠殺。無辜受死的平民越多，生者的感覺就會越痛苦、越持久。我們執行屠殺的青年一代將會精神失衡。這將有悖於我們的基督教信仰。

美國人必須引導而非追隨事態的發展。在恰當的時機，我們將允許在天皇及其臣民與東京的軍國主義份子雙方之間「釘入楔子」。如果我們對敵人了若指掌並巧妙處置，將會避免數年的浴血奮戰。當日本被完全打敗之後，美國式的正義必須應當成為道義和光明所在。

只對天皇負責的獨立的日本軍隊，是對和平的永久威脅。但是天皇對其臣民的神秘掌控和神道信

283

仰的精神力量，適當引導則不一定造成威脅。如果日本完全戰敗，軍閥倒臺，天皇可能成為促進善與和平的力量。

日本政府必須要有權力分散、相互制衡的組織體系。天皇周圍的領導層必須是非軍人的自由主義傾向的文官。武裝組織必須僅限於維持國內治安的員警部隊，由非軍人的當局負責。（中略）

一旦東京的軍國主義勢力滅絕，日本軍隊被摧毀，天皇治下的自由主義政府成立，極度悲傷、人數減少但是更為賢明的日本人民，就能開始他們人生的重新定位。[11]

這種對天皇潛在的正面作用及其事實上對日本人心理極端的「精神」支配力的滿懷敬意的評價，將成為戰後對日政策的基石。一九四五年春，麥克阿瑟的司令部在馬尼拉召集了英美聯軍心理戰人員會議。在那裡，費勒斯和他的部下們將可資聯軍利用的「日本人行為模式」，扼要歸納為十五條要點：「自卑情結、輕信、群體型思維、歪曲事物的傾向、自我吹噓、強烈的責任感、超常的攻擊性、野蠻、頑固、自我毀滅的傳統、迷信、重視體面、多愁善感、對家、國的忠愛和天皇崇拜。」[12]馬尼拉會議沒有在討論天皇問題上耗費時間，但卻提出了諸如「將天皇歸還於人民」的對敵宣傳口號。「楔入」策略得到了認可，並同意在「適當的時機」，利用天皇「促進達成我們的目標。」一次，英國太平洋艦隊的海軍情報官員鄭重提議，將聯軍戰艦外舷繪上天皇的肖像，以阻止神風特攻隊的自殺式襲擊。[13]僅是想像一下如此這般聯軍艦隊的景象（以及在英美本土放映的新聞記錄片中這將會是如何情形），就足以令人打退堂鼓了，但這卻足以說明天皇問題在這些人心目中的重要性。

有關天皇的最為激情的評論，來自陸軍上校西德尼·馬士伯（Sidney Mashbir）。他是同盟國翻譯通譯局（ATIS）局長，也是費勒斯信賴的副手之一。在一次口頭發言的記錄（注：此記錄中包含以括弧補足的部分，然大意不變）中，馬士伯宣稱「殺掉天皇是極大的愚蠢行為，天皇僅是兩千五百年來的瀆神行為（近親結婚）的產物。你不可能通過殺掉天皇消除日本人的天皇崇拜（天皇只是日本人祖先崇拜體系的一環而已），正如你不可能通過否認耶穌的神性而毀滅基督教一樣。」針對某一提問，馬士伯的回答強調，「的確要依賴他們對天皇的盲目追隨」。[14]

回顧馬尼拉會議，其參與者被直言不諱地告知，「西方邏輯組織嚴密，與日本人的心理不調和」，日本人完全沒有能力理解美國式的民主。在這次會議上費勒斯分發的一份秘密資料，明確表述了這一點：

> 日本人自認為是神，不知道也完全不能理解以下所列的民主或美國的政治理想：
>
> (1) 我們的《獨立宣言》。
> (2) 我們合眾國的憲法。
> (3) 大西洋憲章。
> (4) 對人種、宗教的寬容精神。

(5) 無公正裁判就不可處罰的原則。
(6) 反對奴隸制。
(7) 個人的尊嚴。
(8) 對人民絕對的信賴。15

日本投降的前月，麥克阿瑟司令部的心理作戰部門，有機會通過短波廣播直接向日本本島實行楔入戰術。馬士伯上校在起草和發佈一系列日文廣播中起了關鍵作用，而他的方式直率到了粗暴的地步：「軍國主義份子」或曰「軍閥」打破了他們對天皇的「神聖誓言」，「並陷祖國於災難」或是「允許災難降臨天皇的國度」而受到嘲諷痛罵。馬士伯的提問富於煽動性：「日本的軍官是否能夠像要求戰士那樣，完璧般地忠誠奉仕於天皇？」同盟國的使命是「驅逐一度掌控日本人民的軍閥魔鬼」，讓臣民們達成重新接觸瞭解天皇的意願。（馬士伯的廣播，有時聽上去就像是他要向天皇的核心集團求職一般。）16

費勒斯的日本觀要比他的副手精練、複雜得多。在日本投降後的一封私人信函中，他傾吐自己「從一九二二年就愛上了日本」。這種情緒對於經歷過太平洋戰爭的美軍軍官而言自然十分難得，而費勒斯對那場可怕戰事的反應很能說明問題。一九四五年一月，當有位陸軍上尉報告說，美軍通常在戰場上殺死企圖投降的日本人時，費勒斯以戰術理由對此進行了譴責。既然美國人空投傳單敦促日本人投降，他覺得「事關國家的榮譽，我們要實現我們的承諾，尤其是對待敵人。另外，我們需要俘虜，因為他們總能吐露實情，而情報能夠救人的命」。然而，當談到美軍對日本城市的密集轟炸時，他對此進行了無條件的批判。在一九四五年六月十七日的一份內部備忘錄中，費勒斯將此形容為「全部歷史上對非戰鬥員最殘忍和野蠻的屠殺行為之一。」[17]當亞洲戰爭迫近其悲慘結局之時，他仍然直率地認定這是一場種族戰爭。他在日本投降前一周寫道：「歐洲的戰爭是政治的和社會的戰爭」，然而「在太平洋地區則是種族戰爭」。要實現和平的構想，必須認識到「白種人作為東方領主的時代結束了」。他堅持「美國人在東方的地位，不能建立在白種至上論的基礎上」。「東方人必須被置於與我們完全平等的地位……。必須打破以人種為理由的禁忌。」[18]

費勒斯與日本的上層階級有個人關聯。最親密的聯繫是他的堂姊妹格溫(Gwen)嫁給了日本外交官寺崎英成。在日本戰敗之後，寺崎受日本皇室託付，為費勒斯及其他GHQ官員充當聯絡員，極大地推動了天皇周邊與占領軍最高層之間的意見協調工作。麥克阿瑟沒有這樣的私人紐帶，但是他在珍珠港事件之前作為現場指揮官駐留菲律賓的經驗，同樣使他相信，未來亞洲將會對世界局勢的制衡起到支配作用，因而對西方人來說，著手糾正過去的不平等關係至為重要。既然他有這種先見之明，同時又認定亞洲在文化和政治上落後，麥克阿瑟理所當然地認為，遠東國家仍然得由他這樣的權威人物引導而進入這一新的時代。至於說到戰敗的日本，這種見解自然就會導致利用天皇實行強有力的雙重統治的設想。

麥克阿瑟在實際被任命為同盟國占領軍的首腦之前許久，就已經接受了楔入策略。據他的私人醫生、有時也是他傾吐心事的知己羅傑·埃格伯格（Roger Egeberg）回憶，一九四五年五月在馬尼拉，將軍指著自己的胸膛，「說他想實現為日本帶來民主的和平。更有甚者，他認為天皇不過是被東條英機和軍閥們所俘虜，他們才真正應當為戰爭負責，而裕仁天皇則有助於永遠改變日本的統治結構。」八月六日，廣島原子彈爆炸當天（但在原爆消息抵達之前），麥克阿瑟在一次非正式的記者招待會上，描述天皇是「名義上的元首，但卻不是傀儡」。當還在馬尼拉為他的日本新任使命做準備時，麥克阿瑟告訴馬士伯上校，「我絕不想在日本人心目中貶低天皇，因為通過他，有可能維持完全的統治秩序」。他還希望天皇於他抵達日本之後來訪。而密蘇里號投降儀式的次日，就由馬士伯向日方轉達了這一邀請。[19]

淨化天皇

天皇的終戰廣播，事實上是日本宮廷和政府聯手「護持國體」的一系列宏大戰略發動的信號。七個小時之後，鈴木貫太郎首相向全國廣播演說，「陛下為拯救萬民並為人類的幸福和平做貢獻計，聖裁決斷終止戰爭。陛下仁慈之聖明，本身就是對國體的護持。」這位老邁的退役海軍大將繼續發表宣言，舉國應向天皇「真誠謝罪」，這是因未能贏得戰爭的勝利而謝罪。「無論何種境地，不管生死與否，我們作臣子的本分，就是輔佐天壤無窮之皇運」。[20]

這齣以天皇為主角的新戲，其華麗的主旋律在戰敗之後的聲明中有細緻的演繹。當天皇被描繪為一位寬宏大量的和平使者之時，他的全體臣民則承擔罪責，不為軍國主義的興起與侵略，卻為未能贏得聖戰而歉疚。日本人被分成了天皇與其他全體國民兩部分。當論及戰敗責任，突然之間最低賤的草民與身上掛滿勳章緞帶、最顯赫的官員們變得平等了。在追究責任問題上，守舊派急匆匆地支持可以想像得到的最純粹的民主。

在麥克阿瑟抵達日本之前的兩周，公眾人物不斷重申這些主旋律，公眾媒體則大加唱和。八月二十八日，全體（天皇除外）責任論發展到了完美的表述。鈴木貫太郎之後繼任首相的東久邇宮稔彥王，在記者招待會上宣佈，「一億國民總懺悔」是重建國家關鍵的第一步。九月四日第八十八回帝國會議開幕，東久邇首相不惜盛讚天皇「為拯救國民出離苦境而樹立恒久和平」鋪平了道路。首相大歎「為引起陛下如此憂心操勞我們深切反省」。[21]假使外星人聽到這樣的演說，將很容易認為裕仁天皇是在一九四五年八月才登基，正好及時終止了可怕的戰爭。何況除了天皇，任何其他人的感覺都無關緊要。

外務大臣重光葵，代表天皇和政府簽署投降文書，在占領軍進駐之後的八月末的慘澹日子裡，為天皇盡忠不遺餘力。在美國人面前，他讚揚天皇是天生的和平主義者（正如費勒斯在戰時報告書中所言），並警告說，任何廢除天皇制的企圖，都會召致國民革命蜂起。同時，他向天皇深思熟慮地建議，順應不可避免的改革浪潮。九月一日在長時間拜見天皇時，重光葵以「臣 葵」之名上奏了一份備忘錄，其內容相當於「楔入戰略」的日本版。

重光葵向天皇保證，波茨坦宣言的要求具有靈活性，不包含任何妨礙日本重建的事項。近來日本的失誤，是由於明治維新之後，天皇之心與國民之心的一體性喪失，而軍部乘機插入天皇與臣民之間所致。真正的「我國本然之精神」本質上是民主的，包括尊重基本人權以及思想、宗教和言論自由。波茨坦宣言要求的民主，將在天皇之思與臣民之心重歸一體時實現。「帝國」應當比明治初期加倍的熱情致力於民主改革。翌日，重光葵為自己忠臣的角色寫了兩首短歌。其中一首，他以君主的「盾牌」自況。在另一首中，他期待一旦國家繁榮，由於他是投降檔的簽署者而受人們輕蔑的日子終將會到來。[22]

誠然，重光的議論有些讓人難以相信的感覺。似乎天皇的忠良臣僕昨日還在宣揚的反對民主的「臣民之道」，不過是一時失言而已。假使一個月前，重光有勇無謀地公開宣稱國體與西方式民主是和諧一致的話，十有八九他會被送進監獄（或者精神病院）。而且十有八九天皇會默認他的消失，正如天皇默認彈壓那些以其名義批判政府政策、教義的人一樣。然而，在戰敗的新形勢下，天皇對他的外務大臣的見解表示同意，並記在心上以備將來之用。

九月三日，重光葵將他要做君主的「盾牌」的新誓言付諸行動。在秘密會見中，重光當面向麥克阿瑟提出了天皇無罪和軍國主義份子陰謀論的主張。這次會見重光葵的直接目的，在於說服最高統帥放棄對日本實行直接的軍政統治。他告訴將軍，「我皇室在歷史上始終是和平主義者」，裕仁天皇也不例外。天皇反對近來的戰爭，一直致力於尋求和平，並為終結戰爭起到了決定性的作用。重光葵強調天皇理解波茨坦宣言的諸條件，並完全支持其用意。另外，天皇享有他的臣民的「絕對崇拜」。由此，盟軍最高司令部實施波茨坦宣言最簡易的方法，即「奉天皇之命由日本政府」實行間接的統治。[23]

重光葵的話立即得到了麥克阿瑟的認可，當這位外務大臣還坐在將軍辦公室裡的時候，麥克阿瑟就已下令放棄直接軍事統治。（重光不知道，最高司令官已然接到華盛頓准許間接統治的指令。）這是一場「協議計畫」的開端。日本政府的舊高官和高級軍人向占領軍當局「簡要說明」天皇起先並未介入戰爭，正如後來流行的說法，天皇直到出席御前會議的六位文武大臣僵持不下時，才插手打破僵局，並成為投降的決定性因素。而占領軍方面也加以呼應，積極鼓勵天皇的近臣們繼續將天皇塑造為和平主義的統治者形象。[24]

重光葵隨後被以「A級」戰犯嫌疑起訴，他因推進日本的侵略外交的罪名成立，被判處監禁，最終成為了保衛天皇皇位的盾牌。

信函、照片與備忘錄

昭和天皇並非是一位雄辯之人，他甚至連普通會話也未能應付裕如。他有智慧，但似乎並不善於反省。他作為王位繼承人所受的教育，顯然是嚴苛而教條的，或許這正是因為他的父親大正天皇心智無能的緣故。他向來非常自信，但從不顯露出過分的傲慢。他總是小心謹慎，神經質地關注細節。戰敗之前沒有證據表明，「民主」會引起他任何真正的興趣，除了可能使局勢失控的威脅之外。另一方面，有充分證據表明，他傾向於專斷。無論戰前還是戰後，遇有必要他總是包攬施政的主導權。

天皇對於戰爭的缺乏自省，在九月九日他寫給其長子，十二歲的皇太子明仁的一封罕見的短信中流露出來。外人可能會想像，在這種時刻，這樣的交流應當既有深刻思考又富於實效。這種反省在日本傳統著作中不乏先例，但是卻並非裕仁天皇所長。他寫給兒子的信既晦澀難懂又枯燥無味。正如當時大多數的官方說教一樣，他關注的不是戰爭的起因，而是「戰敗的原因」。在這非常時刻最私密的信件中，天皇強調的是軍部近臣的失策，根本就沒有提到重光葵熱切鼓吹的所謂民主理想。

裕仁解釋說，日本戰敗是因為「我們國人」太輕視英美人了。軍部過於強調精神而忽視了科學的力量。儘管明治天皇手下不乏得力的名將，而當今時代他自己的大臣們卻未能把握大局。他們

290

只知進卻不知退。天皇總結說，如果戰爭繼續，他將無法保全「三件神器」(鏡、劍、玉)，而大多數國民將遭殺戮。因而，他忍悲吞聲，接受戰敗「以保留國民之種」。[25]

這看上去或許有些奇異：天皇在批評軍部不理性的同時，卻如此動情地關注三種神器。但他確曾在為投降苦惱之時，不厭其詳地談論這些神器，而且在次年春天向侍從口述他的戰爭記憶時又如法炮製。神聖的鏡、劍、玉讓裕仁如此著迷，看來不僅因為他們是正統和威嚴的象徵，而且還是維持建國神話、追溯皇統起源的神器。三種神器是具體體現日本精神的最珍貴器物，而談論他們與前述「國民之種」的難堪表達一樣，是傳達天皇作為神聖皇統繼承人的表達方式。天皇從未，即便是在四個月後著名的《人間宣言》中，也未曾否定自己是天照大神子孫的神話。[26]

從另一份珍貴的私人文件——皇太子日記中，我們可以找到當時宮廷周邊有關戰敗原因的更為神秘有趣的解釋。在其父皇的終戰廣播不久，明仁盡職盡責地記錄了日本戰敗的兩個根本原因：物質的落後，尤其是科學發展的不足，與個人的自私自利。年輕誠懇的皇儲明白寫到：單個比較起來，日本人要優於美國人，但在團體較量上，美國人占優勢。因而未來的關鍵在於發展科學，以及學習像美國人那樣整個國家融洽合作。對於利己的西方人與集團性的日本人，其文化誤讀竟至如此！[27]

天皇的信和皇太子的日記都是私人記錄，多年來公眾對此並不知情。而另一方面，「楔入策略」的偉大計畫、妖魔化軍部、將天皇塑造為和平主義者並建立天皇制民主，卻是大肆公然的行為。美日雙方都利用公眾媒體，實現他們最終趨同的目標。例如九月二十一日，麥克阿瑟告知美國合眾國際社，由於保留了天皇，從而「使美國無數的生命、金錢和時間免於損失」。[28]三天後，《紐約時報》頭版以《裕仁在會談中譴責東條英機偷襲珍珠港並表示現在他反對戰爭》為題，破天荒地刊登了對天皇的「訪談」。此訪談主要是基於天皇對事先提問的書面答覆而成。這些答覆中最引人注目的一條，實際是由重光葵的外務省起草的，讓天皇堅稱「他無意使自己的宣戰詔書在日本襲擊珍珠港時，被前首相東條英機以如此方式使用。他說自己希望東條在必要時以正常、正式的方式宣戰。」在此訪談的補充紀要中，天皇最信賴的顧問木戶幸一解釋聲明說：「裕仁事先並不知道襲擊珍珠港，他是後來從宮中的收音機廣播上聽說的」。[29]

這是掩飾之辭，但卻正是麥克阿瑟司令部的「楔入策略」論者想要聽到的。數周後，呈交給天皇機敏的侍從次長木下道雄的一份秘密報告，表明了這樣的回答實際上是多麼地誤導他人。寫報告的軍部武官總結說，「顯然，作為統治者，他（天皇）應當為國家的戰爭負責，除非他是機器人。」這位武官指出，關於開戰問題，裕仁天皇知情並下令戰爭準備、艦隊部署、艦隊任務，決定最終時刻與美國外交斡旋一旦成功則開拔艦隊並制定開戰時間等等，正是天皇責任的證據。

天皇沒有想到的只是（包括東條英機，任何人都沒有料到）：在美國政府接到華盛頓的日本大使館正式斷交的通知之前，珍珠港襲擊就發生了。斷交通知沒有及時送達的原因，竟然是荒唐的人為過失：大使館職員打字的時間太長了。除去這個未能預料的、無疑使突襲看起來尤為「卑劣」的緣故，裕

292

仁預先十分明瞭珍珠港作戰概要，這正是選擇星期天（「安息日」）發動奇襲的原因。與廣為引用的《紐約時報》「訪談」傳達的印象相反，他是在完全瞭解軍部企圖的情況下，簽署了開戰詔書。30

然而，據洩露的實情卻是，一些政府機構並未參與拯救天皇的戰略，尤其是內務省。內務省在投降後六周、美國人到達一個月後，仍然支配員警機構和施行審查。九月二十九日，當天皇在《紐約時報》的會談被日本媒體報導時，內務省官員試圖壓下這些冒犯性的新聞報導。他們反對國內報刊登載天皇有關珍珠港事件的聲明，並非是以失實為由，而是因為挑出自己的近臣之名使之承受公眾批判，有損天皇的尊嚴。據主管審查的官員的說法是「不昧」（不適當）。

就是在如此的背景之下，整個日本遭遇了下面的這幅照片。刊登在同一張報紙上的這幅照片，堪稱整個占領時期最著名的視覺影像。他使天皇的「訪談」大為失色，使內務省的審查官大為震驚（這真是讓檢查人員足夠難受的一天），也成了他們試圖召回這些報紙的另一原因。照片拍攝的是麥克阿瑟與天皇並肩站立在將軍府邸，誰更大權在握，從照片上看起來一目了然。最高司令官身穿卡其布襯衫，敞著領口，未佩戴勳章，雙手放在臀後，雙臂略微叉腰，姿勢有點隨意。他的個子高出天皇不少，天皇則身穿常禮服，僵硬地站在他的左側。甚至是兩位領導人年齡上的差距，也增強了將軍資歷上的優勢。麥克阿瑟當時六十五歲，裕仁天皇四十四歲，是年輕得足以做他兒子的年紀。

這次發生在九月二十七日的會晤，其提議通常被歸功於吉田茂。另一方面，馬士伯上校宣稱，是他在投降儀式的第二天向日本外務省的岡崎勝男轉達了邀請。[31]無論如何，拍照是由麥克阿瑟提議的，而決定將其公之於眾，則顯露出他長期致力於公共關係的敏銳觸覺。這張照片建立起了麥克阿瑟廣為人知的權威形象，同時也表明了他對天皇的接納。還有一個未曾料到的效果，最高司令部禁止內務省試圖召回刊登照片的報紙，使新聞自由藉此得到確認。

當時總共拍攝了三張照片。其中兩張由於兩位主角未擺好姿勢而不能用（其中一張，麥克阿瑟閉眼了，而天皇張著嘴；另一張天皇還是張著嘴）。快門一閃所攝下的偶然情形，往往記錄了我們對於重大事件的理解。僵化的天皇崇拜者，如內務省的審查官們，立即將報上登的照片視為駭人的犯上不敬。實際上從任何方面看來，照片上所顯示的身高、姿勢、年齡和場所，的確使天皇處於下風。審查官們對畫面的解讀是正確的，但是缺乏想像力。這張照片標誌著一個重要時刻的到來：大多數日本人徹底理解了他們已經被打敗，現在是美國人說了算了。同時，還有一點被審查官們和過度緊張的極端愛國主義者所忽略，照片明白地展示了最高司令部對天皇的接納，他們將會站在天皇的一邊。[32]

會見安排低調，並未在麥克阿瑟的辦公地點舉行，而是在原美國大使館建築中他的私人寓所。天皇乘坐他那輛定製的勞斯萊斯，身著正式的燕尾服、頭戴禮帽於十點準時抵達，還出乎意料地隨行帶來了幾車衛兵和侍從。而美方僅有少數幾個人目睹了天皇的到來，其中包括費勒斯和狂熱的歌舞伎愛好者法比昂・鮑爾斯（Faubion Bowers）。據鮑爾斯後來描述，兩位帝王的初次會見，有點像歌舞伎的場面，或者英國劇作家吉伯特(Gilbert)和作曲家沙利文(Sullivan)的輕歌劇《日本天皇》中的場景。費勒斯和鮑爾斯向天皇敬禮，天皇陛下鞠躬還禮，並與他們握手。然後鮑爾斯接過了天皇的禮帽，此舉似乎是向懷著可怕的預感到來的天皇發出警示，他的一切都將要被拿走了。

正在此時，麥克阿瑟突然出現，「用他那打動所有在場的人的閃亮的金子般的洪亮嗓音說道，『非常、非常歡迎您的到來，先生！』」這是鮑爾斯第一次聽到將軍稱別人為「先生」。最高司令官伸出手緊握天皇的手，同時天皇深深地躬身還禮，以至於握手禮就在他的頭頂上方結束。然後麥克阿瑟火速將天皇請進室內，僅有皇室通譯奧村勝藏同行，留下費勒斯和鮑爾斯兩位尷尬地招呼束手無策的宮廷侍衛們。鮑爾斯提起歌舞伎的話頭，後來他還可能談到了牛仔競技表演。費勒斯提到自己曾作為埃及國王法魯赫的隨行人員，並說起沿著尼羅河獵鴨的經歷，一位侍從問他是否願意到皇宮地面上獵鴨。這幾句閒談，後來竟引出向盟軍司令部高官們

295

這張著名的照片，攝於一九四五年九月二十七日麥克阿瑟將軍與裕仁天皇初次會見之時。在日本報紙上發表時，曾引起轟動。快門一閃，確定了麥克阿瑟的權威以及他將支持天皇的事實。

連連發出參與「皇室獵鴨」的邀請。[33]

將軍與天皇在一起大約呆了四十分鐘，而原則上雙方都同意對會談的詳細內容保守秘密。後來這兩位又會見了十次，每次會談內容都保密。顯然，麥克阿瑟一方甚至對會談內容都未作記錄，而日方翻譯的記錄除去三次例外，一直都未公開。[34]通過這些舉動，最高司令部有效維護了圍繞著天皇寶座的「菊幕」，甚至增強了天皇的神聖超越之感。事實上，此後的數月間，占領軍當局通過拒絕批准對天皇戰爭責任的認真調查，甚至禁止詢問天皇本人他的忠良臣下們將被審判的相關事由，從而將「菊幕」拉得更為緊密。

對九月二十七日重要會見內容的保密，使得雙方可以提供各自的說法。麥克阿瑟利用此機會，美化天皇的形象，稱其為「日本第一的紳士」。他告訴副手們，裕仁曾提出由自己承擔戰爭的責任，後來又將這種英雄主義的敘事在自傳中公開發表。[35]數日之內，日本方面公佈的消息也有唱和同工之妙。內務省的發言人，巧妙地奪回了因天皇照片事件丟失的顏面，聲稱麥克阿瑟給天皇留下了「極其深刻的印象」，天皇自稱對迄今為止的占領進程「十分滿意」。發言人還強調，麥克阿瑟將軍「表示占領的平穩進行，實有賴於天皇的領導能力」。此說法及時在西方媒體上加以披露，而且從未受到盟軍司令部的反駁。[36]

正如麥克阿瑟常常講到的許多故事一樣，他宣稱天皇自願承擔戰爭責任的說法，看來至多是對天皇實際發言的有創意的修飾。因為，天皇的通譯奧村勝藏隨後的詳細記錄，終於在三十年後問世了。會見記錄與日本內務省發佈的情況相近。從這份在非公開前提下作成的會議記錄看，天皇從未提出自己承擔戰爭責任，反倒是最高司令官的表現有逢迎之嫌，滿懷敬畏地對「陛下」表示親善，並在言談之間表現得格外關切。

根據奧村的記錄，很難說清是誰拜會誰，儘管麥克阿瑟顯然主導著談話。在彼此交換過開場的客套話之後，將軍切入了通過原子彈爆炸生動展示現代戰爭之恐怖的冗長獨白。然後，簡直像天皇終戰詔書的回聲一般，他讚揚裕仁終止戰爭的「御英斷」，使日本人民免遭了不可估量的災難。顯然是針對那些呼籲天皇應作為戰爭罪犯受審的世界輿論，麥克阿瑟悲歎那些從未真正經歷過戰爭的人們的「仇恨和復仇的情緒」，尤其指出美、英、中國媒體的公眾輿論「令人遺憾的」刺耳之音。

依據奧村的記錄，此處天皇插話聲明，他曾想極力避免戰爭並遺憾最終發生了戰爭。麥克阿瑟抓住時機強調說，他十分理解天皇如此希望和平，並體諒天皇在公眾強烈地倒向另一方向之時，將其引向正確方向的困難。麥克阿瑟莊嚴說道，只有歷史能夠評價他們——等他們過世許久之後。考慮到天皇周邊對裕仁在世即將受審判的憂懼，這確實安慰人心。此時天皇再次開口。不用說，天皇聲明他和他的臣民深切理解戰敗的事實，他將盡其所能履行波茨坦宣言的約定，在和平的基礎上重建新日本。

於是，最高司令官向天皇表示了敬意，並確保在占領政策方面的協助以為回報。麥克阿瑟讚賞天皇的「御稜威」（這是奧村的翻譯，意即天子廣大無邊之威德），一聲令下，兵士皆放下武器投降，是為明證。麥克阿瑟說，這對於天皇面對今後的目標而言是種鼓舞。奧村引用麥克阿瑟的話，「不用說，沒有人比陛下更瞭解日本和日本人民了」。將軍鼓勵天皇將來通過他的侍從長或是親自選定的其他官員，向他傳遞任何建議，並保證為這些溝通保密。在略微談了一些其他話題之後，天皇告辭並表示希望此後有更多機會與麥克阿瑟會晤。最高司令官也表達了見到天皇的榮幸。

據宮中側近的人士所言，會面之前，裕仁一直緊張不安。鮑爾斯注意到，當他抵達的時候一直在發抖（前一天《紐約時報》的記者採訪時，也觀察到了同樣的情況）。會見結束離去的天皇精神振奮，明顯更加放鬆自信，他當然有理由如此。天皇立即告知木戶幸一有關麥克阿瑟對他的讚揚，木戶也感到無限欣慰。正如事後木戶的記載，如果沒有這次會見，維護天皇免受戰爭罪行的指控將非常困難。翌日，皇后將宮內栽培的菊花與百合花束贈與麥克阿瑟夫人。到下一周，麥克阿瑟夫婦收到了天皇夫婦贈送的精美的飾金漆器文箱。37

假使皇室私下對盟軍最高司令部的消息知情的話，他們定會狂喜不已，因為宮中的願望與司令部的意圖，沒有根本的分歧。十月一日，麥克阿瑟通過費勒斯准將收到一通簡短的訴訟摘要書，清楚表明最高司令部無意認真追查裕仁在以其名義進行的戰爭中的真正角色。摘要認定以下「事實」：天皇簽署宣戰詔書並非是行使自由意志；天皇當時「欠缺對實情的正確認識」；他冒著生命危險促成投降。摘要以蹩腳的法律措辭，得出一句「結論」，即「如果欺瞞、威脅或強迫的存

297

在，足以證明（天皇對戰爭的）否定意圖，則民主法庭不能宣告天皇有罪」。摘要以如下「勸告」收尾：

a. 為了和平占領、日本復興、預防革命和共產主義，必須收集一切圍繞宣戰詔書及其後天皇的立場而開展的欺瞞、威脅或強迫的事實；

b. 如果這些事實足以確立對天皇的辯護，但是仍然無法打消那些常規的疑慮的話，則應採取積極行動，避免將天皇作為戰爭罪犯提起控訴。[38]

298

第二天，費勒斯准將為麥克阿瑟單獨準備了一份長長的備忘錄，更為詳盡地說明，為何收集這些減輕罪行的「事實」勢在必行。費勒斯備忘錄的提出，早於總司令部的《人權指令》，早於日本言論自由的許可，早於政治犯獲釋，早於對「戰爭責任」的最基本問題的明確規定，早於對輿論動向的認真調查，也早於日本人「國民主權」提法的合法化。備忘錄全文如下：

日本人對他們天皇的態度通常讓人難以理解。不像基督徒，日本人沒有上帝可以交流。他們的天皇是民族活的象徵，體現著他們祖先的美德。他是民族精神的化身，不容許犯錯或是犯罪。對他的忠誠是絕對的。儘管沒有人怕他，所有人都對他們的天皇虔誠地敬畏。他們不接觸天皇的聖體，不直視他的天顏，不與他對話，不踐踏他的影子。他們對他卑屈的臣服，是由宗教的愛國感情支撐的自我犧牲，其深度對西方人來說是不可思議的。

接受天皇與國民或官吏同等的觀念，是一種褻瀆。將其作為戰爭罪犯審判，不僅是對神明的不敬，而且是對精神自由的否定。

一九四一年十二月八日，天皇簽署開戰詔書，是他當時作為主權國家的元首擁有簽署之權利，是其職責使然。來自最上層的可靠情報，可以確定戰爭並非出自天皇本意。他親自說過，他無意將開戰詔書像東條英機那樣使用。

任何國家的人民都擁有選擇自己政府之固有權利，這是美國人的基本觀念。如果日本人有此機會，他們將選擇天皇作為國家的象徵性元首。大眾特別熱愛裕仁。他們覺得他親自向民眾講話，使他前所未有地與他們貼近。他願望和平的終戰詔書，使他們滿懷喜悅。現在他們知道他不是傀儡了。他們感到天皇的存續，不是得到他們有資格享有的自由政府的障礙。

在實行我們不流血的進駐之時，我們在軍事上利用了天皇。天皇的命令，使七百萬士兵放下武器並被迅速解散。天皇的行動，使數十萬美國人避免傷亡並使戰爭之終結比預定大為提前。因而，在大大利用了天皇一番之後，讓他因戰爭犯罪受審，對日本人來說，無異於背信棄義。此外，日本人覺得波茨坦宣言中無條件投降的要點，意味著保存國體，包括天皇。

如果天皇因戰爭罪行受審，政府機構將會解體，大規模暴動在所難免。國民將默默忍受除此之外的其他任何屈辱。儘管他們被解除了武裝，混亂和流血還是會發生。那就必須派遣大規模的軍隊與數

299

千名的行政官員。占領期將被延長，而且我們會失去日本人的信賴。

美國的長遠利益，需要與東方保持在相互尊重、信任和理解基礎上的友好關係。最終從至高無上的國家利益的重要性看來，不能使日本懷有持久的怨恨。39

總司令部對拯救、利用天皇的承諾是堅定的。燃眉之急是打造利用價值最高的天皇形象。鑒於當時同盟國陣營中公眾輿論的反對聲浪，看起來這是個棘手的挑戰。總司令部十分清楚美國國內對天皇的深切憎惡。當華盛頓的決策者們傾向於將天皇視為具有號召力的「擺設」，既可以利用於戰爭，也可以輕易為和平所用之時，輿論主流對這些主張卻不見容。終戰前六周進行的一項蓋洛普(Gallup)民意調查顯示，70%的美國人支持絞死或是嚴懲天皇。九月十八日，美國參議院也加入了國民的呼聲。十月十六日，麥克阿瑟接到參謀長聯席會議指令，「迅速展開對裕仁參與並導致日本侵犯國際法的所有證據的收集工作」。直到一九四五年底，美國對改革甚至完全廢除天皇制的政策問題，尚未有定論。同時，由多國組成、作為占領日本之顧問委員會的「遠東委員會」，延遲到一九四六年初才成立。由在戰爭中日本敵對方的中國、澳大利亞、菲律賓和蘇聯代表組成的遠東委員會的成立，使反對天皇制的緊急協調行動成為可能。東京的占領軍當局，深切關注事態進展，感到在外部壓力使他們束手之前，迫切需要改變天皇的形象。40

在此氛圍下，費勒斯以及其他人，毫不猶豫地向皇室擁護派提供個人的鼓勵和建議。接近十月底，費勒斯竟然提醒一位私交甚密的日本中將，天皇對偷襲珍珠港的責任，對美方而言仍然是「最重要、決定性的」問題，敦促他拿出為天皇「全面辯護」的好辦法，幫助麥克阿瑟應付美國及其他國家的公眾輿論。顯然，這一接觸立即被報告給了內閣書記官長：「麥克阿瑟與費勒斯都對陛下極有好感」，並將「設法在不使天皇困擾的情形下解決難題」。假使這些左右歷史的暗箱操作建議在當時為人所知，將會成為一時之醜聞。41

在接下來的數月間，保皇派和他們的美國支持者，為如何最好地保護和利用天皇笨拙地奔波起舞，有時聽錯節奏，經常踏錯節拍。然而最終他們的勾結合作卓有成效，為天皇披上了新的衣裝，保證了他的人身安全，並將天皇的寶座安置於新的民主國家的中心位置。在此進程中，皇室周邊與占領軍上層之間，培育出公然的、驚人的親善深交。日本皇室帶頭行動，善於發揮長才，很快就抓住了美國人對貴族華麗排場的熱愛之情，定期邀請占領軍高官們參與宮中優雅的娛樂消遣。由藝伎陪侍的宴飲成了與占領軍中級官員交往的最佳場所，但是招待占領軍高層的上流活動，則優雅精緻得過分。捉螢火蟲、到皇宮看櫻花、挖竹筍，欣賞宮中傳統的御前武道表演，甚至偶爾的獵野豬。然而最受歡迎的，莫過於被邀請參加宮中的獵鴨活動。十一月四日，二十位GHQ高官首次被邀請前往獵鴨。此後數年間，有時這樣的獵鴨招待多達每週兩三次。麥克阿瑟將軍本人，從未屈尊參與獵鴨或任何其他此類活動，但是其夫人和幼子亞瑟卻欣然前往。正要將天皇最忠誠的臣僕處以絞刑和監禁的東京戰犯審判的審判長與美方的首席檢事也欣然前往。42

301

日本皇室的獵鴨，與西方用獵槍將野鳥斃命的活動完全不同。客人們在皇室的獵鴨場集合，在那裡野鴨（綠頭鴨）、水鴨和其他獵禽已經被引誘到下過米餌的狹窄溝渠和水道。宮廷侍衛出迎來客，轉達天皇的熱忱歡迎，並簡要說明如何捕捉野鴨。每位獵人手持一張看上去像是捕魚的大網埋伏等候，直到獵場看守人給出信號，大家就進入滿是進食的野鴨的水道。客人們網住受到驚嚇試圖飛走的禽鳥，然後再集合移入另一條水渠。

正如一位美軍少將所描述，「我們四、五個人從水渠兩側突進，高舉著網。這時鴨子們直往起飛。我們猛撲下去，當鴨子經過的時候，手中的網嗖的一聲揮過去，通常就能逮到一隻。我個人的平均擊中率是60％。跟誰比都是好樣的」。從獵人手中逃脫的鴨子，有時會被獵鷹撲中，那可真是與宮廷氣氛相稱的優雅高貴的一擊。等到揮網運動結束，客人們轉到附近的建築中休憩，坐在日式的矮桌旁，品嘗日本米酒。宮中的大廚，為他們在小巧的木炭火盆上烤著片好的鴨肉。[43]

對許多盟軍將校和文職高官而言，日本皇宮中的獵鴨，是他們在異國土地上短暫的貴族生活中最值得回憶的瞬間。在這種活動中或者其他場合，他們甚至可能期望得到一件飾有日本皇室菊花紋章的小禮物。當美國媒體得意並熱心於將日本「美國化」之時，日本人正靜靜地、巧妙地使美國人日本化。

這是征服征服者的挑戰。

1 《戰陣訓》於1941年1月向日本軍隊全體士兵發佈。此書所引的英文譯本，是日本在菲律賓的軍隊發放的官方（英文）譯本。《臣民の道》的官方（英文）譯本，作為附錄收入Otto B. Tolischus的*Tokyo Record*（New York: Reynal & Hitchcock, 1943）一書，pp.405-27。

2 1946年12月5日，日本政府宣佈繼續使用年號制。參見講談社編《昭和二万日の全記録》（東京：講談社，1989），第7卷，p.324。此文獻下引為*SNNZ*。

3 可參見高橋紘，《陛下、お尋ね申し上げます》（東京：文春文庫，1988），pp.212，217。

4 Grew的見解，見於其1945年10月25的信。在Masanori Nakamura的*The Japanese Monarchy:Ambassador Joseph Grew and the Making of the「Symbol Emperor System」, 1931-1991*（Armonk, N.Y.: M. E. Sharpe, 1992）一書中有全文引述，p.85。

5 John W. Dower，***Empire and Aftermath: Yoshida Shigeru and the Japanese Experience, 1878-1954***（Cambridge, Mass.: East Asian Studies Research Center, Harvard University, 1978），p.321。

6 除非另行注明，此處所引Bonner F. Fellers的論文，現藏美國史丹佛大學的胡佛研究所。「The Psychology of the Japanese Soldier」與「Answer to Japan」兩篇論文，存於此文獻檔案box 1，Fellers的談話見於box 3。

7 摘自Fellers1944年12月31日信；見Fellers文獻box 3。

8 「Psychological Warfare Against Japan, SWPA, 1944-1945」，p.6。亦參見「Basic Military Plan for Psychological Warfare Against Japan」，1945年4月12日，p.18；見Fellers文獻box 3。

9 Office of Strategic Services（戰略作戰局）, Research and Analysis Branch, R & A No.2395,「Objective H」（1944年7月28日）。這份簡短的備忘錄的影印件（出自U.S. National Archives, Diplomatic Branch），存於日本大藏省的檔案中。

10 Fellers，「Basic Military Plan for Psychological Warfare Against Japan」（4月12日），p.19。

11 Fellers,「Answer to Japan」, pp.22-23.

12 Fellers，「Basic Military Plan for Psychological Warfare Against Japan, with appendices and minutes of the Conference on Psychological Warfare Against Japan」，Manila，1945年5月7-8日，pp.2-3, 7-10, 14；Fellers文獻box 4。關於早期10條要點的版本，參見戰略作戰局（O.S.S.）文件「Basic Military Plan for Psychological Warfare in the Southwest Pacific Theater」，署1943年6月9日，出處同上。亦可參見1944年8月2日重新修訂的「Basic Plan」，p.1，出處同上。（許多的此類文件，也被歸入胡佛研究所 Fellers文獻box 1的「U.S. Army Forces in the Pacific, Psychological Warfare Branch」中）。

13 Fellers，「Basic Military Plan for Psychological Warfare Against Japan」（5月7-8日），pp.10, 11, 13,18, 22, 31-32。

14 Fellers，「Basic Military Plan」，p.32。Fellers將Mashbir視為他的三位「最傑出的日本心理與語言權威」之一；參見Fellers文獻box 3中1944年12月19日信函。Mashbir怪異言行的記錄，見Sidney Forrester Mashbir，*I Was an American Spy*（New York: Vantage, 1953）。

15 Fellers，「Basic Military Plan for Psychological Warfare Against Japan」（4月12日），pp.7，15。

16 這些廣播稿的英文版，播送於1945年7月19日—8月13日之間，收入Mashbir前引書，pp.354-68。

17 這些關於愛上日本、如何對待企圖投降的日本兵的評論，參見麥克阿瑟紀念館(Norfolk，Va.)所收藏Bonner Fellers文獻，前者見於RG 44a, box 4, folder 23；後者見於box 1, folder 5，及box 6, folder 9。Fellers批評轟炸日本的備忘錄，見於胡佛研究所所藏Fellers文獻，box 3。

18 Fellers1945年8月7日的備忘錄，現存於胡佛研究所的「U.S. Army Forces in the Pacific, Psychological Warfare Branch」分類文獻中，box 1。

19 Robert O. Egeberg，「How Hirohito Kept His Throne」，1989年2月19日《華盛頓郵報》；亦收入Stephen S. Large, *Emperor Hirohito & Shōwa Japan: A Political Biography* (London and New York: Routledge, 1992), pp.135-36。D. Clayton James, *The Years of MacArthur* (Boston: Houghton Mifflin, 1975), vol. 2, pp.773-74。Mashbir前引書，pp.308, 333。1946年1月末，英國外交官與日本問題專家George Sansom密報MacArthur，天皇「自始至終都是傀儡，完全是個『Charlie McCarthy』(美國大受歡迎的廣播節目*Edgar Bergen and Charlie McCarthy*中的木偶)，他既非宣戰者也非終戰者」；參見Roger Buckley，「Britain and the Emperor: The Foreign Office and Constitutional Reform in Japan, 1945-1946」，*Modern Asian Studies* 12.4 (1978)，pp.562-63。

20 引自賀伯特・畢克斯(Herbert Bix)，「The Shōwa Emperor's 'Monologue' and the Problem of War Responsibility」，Journal of Japanese Studies 18.2 (1992)：302。這篇頗有價值的文章，利用了1989年裕仁去世之後披露的許多日本資料。

21 引自Ōkubo Genji，*The Problem of the Emperor System in Postwar Japan* (Tokyo: Nihon Taiheiyō Mondai Chōsakai, 1948)，p.9；亦可參見賀伯特・畢克斯(Herbert Bix)前引文，p.303。

22 重光葵的談話，參見鶴見俊輔、中川六平編《天皇百話》(東京：筑摩書房，1989)，下卷，pp.27-29。

23 前引之《天皇百話》，下卷，p.33-37。

24 對天皇在終戰時所擔當的更為曖昧的角色之分析，見賀伯特・畢克斯(Herbert Bix)，「Japan's Delayed Surrender: A Reiinterpretation」，*Diplomatic History* 19.2 (Spring 1995): 197-225。

25 《天皇百話》，下卷，p.39-40。

26 天皇關於王權的苦惱，參見寺崎英成與Mariko Terasaki Miller編，《昭和天皇独白録 寺崎英成・御用掛日記》(東京：文藝春秋，1991)，p.126；亦參見藤原彰、粟屋憲太郎、吉田裕等，《徹底検証 昭和天皇「独白録」》(東京：大月書店，1991)，pp.16-17。

27 木下道雄《側近日誌》(東京：文藝春秋，1990)，pp.48-49。此書是天皇的侍從次長木下道雄的日記，價值難以估量。

28 《紐約時報》，1945年9月22日；可比較Buckley前引書第562頁注釋所引倫敦泰晤士報。

29 《紐約時報》，1945年9月25日；《天皇百話》下卷，p.47。當時，紐約時報記者Frank Kluckhohn通過翻譯與天皇交談了十分鐘。Frank發現，在這次史無前例的訪談中，竟然規定他「不許提問」。

30 木下《側近日誌》，p.34。木下在11月8日的日記中記錄了這份報告。亦可參見藤原彰〈統帥權と天皇〉一文，收入遠山茂樹編《近代天皇制の展開》（東京：岩波書店，1987），p.219。實際上，當時日本新聞界已經明確報導，裕仁天皇批准向同盟國宣戰並知悉襲擊珍珠港的計畫；可參見1945年10月9日、27日《朝日新聞》。

31 《天皇百話》下卷，pp.42-44；Mashbir前引書，p.333。松尾尊兊《象徵天皇制の成立についての覚書》，載《思想》1990年4月號，p.8。亦參見松尾關於天皇與麥克阿瑟首次会見的深入分析：《考証 昭和天皇・マッカーサー元帥第一回会見》，《京都大學文學部研究紀要》二九卷，1990年3月，pp.37-94。

32 《天皇百話》下卷，p.47。這次會見及照片如何成為徹底投降與戰敗的象徵的例證，參見渡邊清《砕かれた神—ある復員兵の手記》（東京：朝日選書，1983），p.32。

33 Faubion Bowers，「The Day the General Blinked」，《紐約時報》，1988年9月30日；Bowers訪談的日文版與英文版，分別參見《読売新聞》1988年1月27日的日文版與英文版。

34 日本宮內廳和外務省對天皇與麥克阿瑟11次會見紀錄的公開非常慎重；參見秦郁彥《天皇の親書》，載《文芸春秋》1978年10月號，pp.381-82。儘管如此，日方有關1945年9月27日（下文將論述）、1946年10月15日以及1947年5月6日會見的記錄已經公開發表。

35 Bowers,「The Day the General Blinked」; Douglas MacArthur, Reminiscences (New York: McGraw-Hill, 1964), p.288.

36 《紐約時報》，1945年10月2日。

37 奧村的會見紀錄，參見兒島襄《天皇とアメリカと太平洋戦争》一文，《文芸春秋》1975年11月號，pp.115-19。天皇的反應，參見木戶幸一《木戸幸一日記》（東京：東京大學出版會），下卷，p.1237。亦參見前引松尾論文（1990年4月），p.10。

38 10月1日的摘要是由John Anderton起草的，亦收入麥克阿瑟紀念館的Bonner Fellers文獻中：見RG 44a, box 1, folder 1。

39 1945年10月2日Fellers致最高統帥備忘錄，藏於胡佛研究所的Fellers文獻，box 3。此備忘錄亦收入William P. Woodard，*The Allied Occupation of Japan, 1945-1952, and Japanese Religions* (Leiden: E. J. Brill, 1972)，pp.360-61。

40 有關天皇的國際輿論狀況，參見Kiyoko Takeda，*The Dual Image of the Japanese Emperor* (New York: New York University Press, 1988)。美方的考慮，參見Nakamura前引書。與此相關的美方檔案，見U.S. Department of State series *Foreign Relations of the United States* [*FRUS*]。尤其參見*FRUS 1945*，vol. 6，pp.497-1015，及*FRUS 1946*，vol. 8，pp.85-604。有關民意調查，亦可參見Buckley前引文，p.554；Hadley Cantril編，*Public Opinion, 1935-1946* (Princeton, N.J.: Princeton University Press, 1951)，p.392。

41 太田健一編《次田大三郎日記》（岡山市：山陽新聞社，1991），p.118；前引賀伯特・畢克斯（Herbert Bix）（1992）文章中亦有引述，pp.329-30。文中提到的日本中將是原口初太郎。這段插曲一直不為人所知，直到昭和天皇去世之後，原內閣書記官長次田大三郎的日記發表。亦可參見賀伯特・畢克斯（Herbert Bix），「Emperor Hirohito's War」，*History Today* 41 (December 1991)：18。

42 高橋紘、鈴木邦彥，《天皇家の密使たち—占領と皇室》（東京：文春文庫，1981），pp.53-58。

43 Wm. C. Chase, *Front Line General: The Commands of Maj. Gen. Wm. C. Chase: An Autobiography* (Houston: Pacesetter Press,1975), p.146-47。

關於獵鴨活動的照片，參見「Imperial Duck Hunt」，*Life*，1946年1月7日，pp.96-98。

第十章 天皇制民主：從天而降的途中

當普通的日本人被直率地問及他們是否想要保留天皇和天皇制時，壓倒多數的回答都是肯定的。最初，大多數人單是被問及這個問題都會深感震驚。因為在一九四五年十月之前，這一質問本身就是大不敬，更遑論否定性的回答。後來的民意調查繼續顯示出對存續天皇制度的強烈支持，但是這具有誤導性。因為如果依照Fellers的解釋，與戰時普遍存在的熱狂崇拜與深切敬畏相比，情形已經大不如前了。以一種奇妙的方式，天皇的投降詔書刺破了對天皇的崇拜。當「聖戰」結束時，對天皇這位大司祭和往昔的「現人神」的崇拜也終結了。當時的警方報告以及其他證據表明，許多人對天皇制的態度，仿佛已經只是其命運的旁觀者了。

成為旁觀者

使費勒斯(Fellers)和其他西方分析者如此迷醉的天皇崇拜，看來很大程度上只是事情冠冕堂皇的表像，即日語所說的「建前」。一旦戰敗成為事實，軍事國家崩潰，普通日本人流露出的對於天皇制和所謂國體的「本音」(真實情感)，更近乎於和緩的依戀、聽任甚至是漠不關心。這種對天皇制的超然，反映在戰時及戰後內務省完成的機密報告之中。投降之前的警方報告，揭示出警方不斷上漲的憂慮：隨著戰況的惡化，不敬事件增多了。報告書顯示，甚至孩童都被認為是煽動言行的肇始者。在某個案例中，員警認定犯了不敬罪的少年，從報紙上剪下天皇的照片，仿照戰死者骨灰盒的模樣，將他掛在自己的脖子上。警方卷宗中另一神經質的記錄，則是在東京空襲開始後不久，警方注意到孩子們在快樂地唱一首期待皇宮也被燒掉的童謠。[1]

這些不吉的預兆使人神經緊張，不僅由於其自身的原因，還因為保守派們清楚，歷史並不站在他們一邊。十九世紀中葉，就像是脫去破舊的衣服一般，日本人輕易拋棄了七百多年歷史的封建幕府將軍制和武士社會。從一八六八年開始，從裕仁的祖父明治天皇開始，日本只經歷了不到一個世紀的近代天皇統治。在日本歷史上，還沒有其他政權、其他領導人，歷經裕仁統治時期這樣的毀壞與災難。其他任何人，都沒有為外國的占領軍打開大門。這些顧慮可使人心神不安。

具有世界視野的保皇者們，也十分清楚二十世紀君主政體的死亡率之高。中國的帝制，據說順應「天命」且歷經兩千年之久，於一九一一年垮臺。第一次世界大戰，見證了一度強盛、令人敬畏的德意志帝國、奧匈帝國、沙皇俄國以及土耳其帝國的倒臺。當日本人考慮他們天皇制的命運時，在戰敗的義大利，君主政體正風雨飄搖。一九四六年六月，義大利薩伏伊王室，據稱是歐洲最古老的王室（而且是以「神的恩寵人民的意志」進行統治），其存續被全民公決所否定。環顧日本國內外，考察歷史與現實，天皇擁護者們有足夠的理由懼怕，戰敗即便不導致對天皇制的公然敵對，至少會使大眾對皇宮裡那個遙遠的人物的命運不再關注。

占領者的活動開張之後，思想員警繼續運作了相當一段時間。八月、九月以及十月初的內部報告，有充足跡象表明，儘管對大規模反對天皇制的恐懼並無必要，漠不關心的情形則又另當別論。這並不意味著過去的擔憂很快就會煙消雲散。九月初，憲兵隊的一份機密報告，預見到了各種各樣的「意識形態混亂」問題，包括西方自由主義影響下的「主權在民思想」和「金權萬能思想」。滋賀縣的員警報告稱，「戰爭結束前後，一般民眾對軍隊、當政者的不信任和反感增強，尤其是對天皇的不敬言行有增加傾向，正在銳意視察取締之中」。九月的一份報告，在處理東久邇首相聲稱裕仁對偷襲珍珠港沒有責任的民眾反應時，總結說有見識的人都懷疑這種說法。民眾發現很難將天皇無責任的景象，與天皇下令開戰或是當時大肆宣揚的天皇是終戰的關鍵人物的說法調和起來。2

卷帙浩繁的警方報告也詳細記錄了有關天皇的謠言：他在戰敗廣播後因心力交瘁而駕崩；他

因面部神經痙攣臥病不起；他自殺了。有謠言說他已經退位，有些說法還挺詳細逼真：由於是戰爭責任人，他讓位給了年輕的皇太子明仁，但明仁已赴美深造。明仁不在位期間，由裕仁之弟秩父宮親王攝政。皇宮前已豎起了絞刑架，顯然是為天皇準備的。更令人吃驚的是，國民情緒調查的結果顯示，對大多數國民而言，天皇在他們關心的視線之外，等於不存在。沒有跡象表明，一般老百姓會注意他。如果注意到了，也不過是漫不經心的看熱鬧的心態：皇宮前面有絞架？後來呢？[3]

儘管警方報告表達了對普遍的「針對軍方和官方領導人的嚴重不信任、失望和反感」的關注，實際上天皇卻罕見地不被包括在批評物件之列。一旦提到天皇，甚至是社會主義者和共產主義者也表現克制，敬意就更別提了。[4] 對執迷於維持「國體」的天皇制支持者而言，情形因而既充滿希望又潛藏著不祥。正好借民眾「對軍部的憎惡」(警方檔中的另一用語)，自然輕易地實施費勒斯及其助手們鼓吹的在天皇與「軍國主義者」之間楔入的政策。同時，各階層民眾迅速墜入貪欲、反社會的行動以及宿命論的心理狀態表明，日本人的效忠之心，實際上真的可能是「時過境遷」。就連最老實的無家可歸者，也擠住進了神社寺廟，據說就在神殿上晾曬尿布。[5] 儘管他們可能沒打算否定天皇制，但是多疑之人可能會認定，神聖之所已蕩然無存。

美國的一些田野調查分析者，對形勢有類似的評價。一九四五年十二月中旬，東京首都圈管轄的情報部隊得出了這樣的結論：「據觀察家判斷，尤其是日本的中產階級認為，關於天皇退位對日本人產生的影響，同盟國是擔憂過度了。據稱，至多可能會發生一些示威遊行，特別是在農村地區，但是很快就會過去。相比於天皇的命運而言，人們更關注糧食、住房的問題。」十二月二十九日，天皇發表「人間宣言」的前兩天，同一支情報部隊報告說：「有消息來源稱，許多人已經達到這樣一種狀態：無論天皇在位與否，對他們來說都無關緊要」。元旦天皇發佈詔書的四天後，他們評述說，「國民普遍正在接受天皇只是凡人的觀念。據收到的報告顯示，受過高等教育的年輕一代，不再以從前那樣強烈的尊敬態度看待天皇。過去三個月來，天皇甚至成了許多笑話中的『笑料』。」此後不久，美國戰略轟炸調查團做了一項調查，詢問日本人當他們聽到日本戰敗時的感受。比例驚人的普通民眾對天皇持旁觀態度，只有4%的人選擇了「為天皇擔憂，為天皇感到恥辱，為他悲哀」。6

有關天皇的笑話和無禮言辭，表明了對天皇的敬畏並非像天皇的支持者或費勒斯和麥克阿瑟所認為的那樣的又一小小徵兆。將軍與天皇的著名合影問世之後，裕仁甚至成了占領期最淫穢的笑話中的笑柄。這個笑話基於天皇不宜被提及的一個雙關語：事實是天皇自稱的「朕」，與俚語中男性生殖器官（チン）的說法同音。這個粗俗的笑話說，為什麼麥克阿瑟將軍是日本的肚臍眼呢？因為他就在天皇（チン）上面嘛。7

民眾層面上的其他事態發展，也表明天皇大約並非不可替代。例如二月份，SCAP的地方情報員報告說，下關地區流行一種謠言，大意是天皇的祖先來自印度，因而他「不是日本人」。據說島根縣的寺廟裡有記錄可以證明。「真相揭露」的後果是，「一些下關居民表示他們希望有一位日本的總統，而不是有印度祖先的天皇。」[8]

這是有趣還是令人不安，得看是站在何種立場而言。這一時期還有一件更加廣為人知的真實事件：十幾個自稱是皇位的正當繼承人和天照大神真正子孫或化身的人出現。關注這一系列天皇或女神的冒充者，成了那個窮乏年代使人們輕鬆的消遣之一，而竟有這麼多五花八門的自稱天皇或女神的人士引人關注：在岡山出現的「酒本天皇」，鹿兒島的「長浜天皇」，新　的「佐渡天皇」，高知的「横倉天皇」。愛知縣竟出現了兩位自稱天皇的人，「外村天皇」和「三浦天皇」。

一九四五年九月，自稱是菊花紋章的天皇寶座所有者的最有趣的一位，首次將其主張提交給了GHQ，並於翌年一月成了街談巷議的話題。此人是來自名古屋的五十六歲的雜貨店老闆熊澤寬道。他特別引人注目的原因是，其主張基於可追溯到十四世紀早期的皇統譜系之爭，當時皇統分裂為南朝和北朝。裕仁源於北朝系統，但有重要證據表明，熊澤自稱所屬的南朝更具合法性，應當繼承皇室正統。

很快，熊澤寬道的三位親屬聲稱熊澤是真正嫡系的事實，為熊澤的挑戰加油助力，而媒體對這一事件的持續關注，似乎也成了裕仁的權威失落的另一表現。熊澤寬道巡迴全國，得到了一小撮人的支持並引起相當多的人的好奇。他博得的人氣，加上他精神振奮的公開演說表明，至少對於某些日本人而言，占據著第一生命大廈的勝利者，比現在正占據著皇位的天皇更有魅力。這位自稱天皇的人說，「我認為裕仁是個戰爭罪犯」，很快他又接上一句（不知是出於政治家的精明還是真正的信仰）：「麥克阿瑟是神國派來日本的使者。」在這些自封的「天皇」中，熊澤寬道的挑戰，向現代天皇制賴以存在的所謂太古以來連綿存續的「萬世一系」的神話，投下了深刻的懷疑。[9]

這個萬世一系的神話可以追溯到天照大神——天皇許多獨有的祭祀儀式都是圍繞此進行，卻很快受到草根們以另類方式的挑戰。神道作為國家宗教的廢止指令，為民眾宗教的復興敞開了大門。戰前被《治安維持法》以不敬為由壓制的一些宗教，重新成為精神皈依的活力中心。創價教育學會重建為創價學會，大本教復興為愛善苑，天理教以本道之名再興。被邊緣化了的神道系的諸分支團體，也以各種形式開始重新獨立活動，其中有從戰前的靈友會分裂出來的立正佼成會和長生之家。

儘管這些復興的宗教許多都充滿活力，但是他們卻在兩種戰後新興宗教面前相形見絀。這兩種宗教都由女性創立，她們自稱與天照大神有特殊關聯，並許諾她們的信眾以現世的利益。璽宇教由長岡良子創立，她自稱為璽光尊，聲稱自己是天照大神再生，並預言將發生一系列的天地變異，以糾正世界的混亂。璽光尊引入了傳統的「世界新生」的千年王國說，她的信徒中有相撲界的傳奇人物前橫綱雙葉山和圍棋大師吳清源。一九四七年，長岡的新宗教引發了新聞界的矚目。當時警方以違法私藏糧食為由，搜查璽宇的設施，有不少員警被雙葉山撂翻在地。

另一種新宗教，是天照皇大神宮教。戰爭結束之前三天，由山口縣的一位農婦北村小夜創

307

立。一九四四年北村聲稱有神靈附體，使她能夠直接收到天照大神的神諭。北村通過吟唱說教，推行一種忘我狀態的「無我之舞」。她嚴厲批判包括天皇在內的一切權威者，數年之內就吸引了三十萬以上的信徒。[10]

按照日本的說法，戰後宗教的繁盛期，最終被稱為「神最繁忙擁擠的時期」。天皇的支持者們繼續堅持，天皇是國民信仰不可動搖的中心，但無數的人卻在別處找到了精神的慰藉。

308

回到人間

為天皇穿上新衣並將他轉換成和平與民主之象徵的運動，在幾個方面同時展開。為避免天皇在日益逼近的東京審判秀中受起訴，他們進行了莫大的努力。儘管天皇正式被免於戰爭罪責的起訴直到一九四六年才真正實現，但是在此之前，天皇已經脫去了他大元帥的軍服換上西裝，開始了一系列最終幾乎遍及全國的巡幸。有關天皇退位的提議，其中有些就來自宮中，很快被壓制下去了。憲法對天皇的地位做了大幅修訂，剝奪了他的公職權力。在一份順應時務的宣言中，天皇對自身神格的否定，成功滿足了外國批判者的預期。[11]

這一系列行動中的最後一項，是以元旦全國報紙登載《關於新日本建設之詔書》（《新日本建設に　する詔書》）的形式完成的。這是自八月十五日以來，天皇首次正式向臣民講話，但其強大的衝擊力則是發生在海外。這就是眾所周知的「人間宣言」，發表之後立即受到英美的熱烈歡迎。天皇的「神格的否定」，被看作是他對構成戰前天皇崇拜與極端民族主義核心的神的血統的虛妄性的真誠否定。12

發表宣言的主意，並非如預想是出自天皇的貼身顧問或SCAP高官之手，而是源自一位移居國外的英國審美家和一位美國中層軍官。另外，作為傳統的日文文本，宣言也缺乏西方人所期待的那種全面的「神格的否定」的內容。運用深奧難解的謎一般的語言，裕仁天皇巧妙地僅從天國下降了一半。主要是由於天皇親自干預起草宣言，宣言為天皇制攫取了主動權，將其與「民主」等同起來，這種「民主」既不是植根於勝利者的改革政策，也不是源自於民眾的積極能動，而是溯源到了裕仁的祖父明治初期的《五條御誓文》。元旦宣言精彩地預示了，天皇的新裝將會是如何五彩雜糅。他將會被如何看待，那就全憑觀賞者的眼光了。

對西方人尤其是基督徒而言，「天皇崇拜」的觀念是褻瀆神明的。將天皇說成是「天子」，通常在英語中的說法即「神之子」，大有將天皇與耶穌等同的嫌疑。美國人對此深表關注。早在一九四四年，著作繁多的傳教士威利斯・拉莫特（Willis Lamott）在其暢銷書《日本的罪與罰》（*Nippon: The Crime and Punishment of Japan*）中，就探討過天皇需要「否定其神格」。美國作戰新聞處的分析家們，也在戰爭結束之前得出了相似的結論。在美國哥倫比亞大學實施民意調查的專家們同樣得出結論，必須廢除「天皇崇拜」。一九四五年十一月，一位有傳教士背景的會說日語的年輕軍官奧提斯・卡裡（Otis Cary），趁天皇之弟高松宮訪問之際，大膽向其提出個人建議，天皇應公開否定自己是神。十二月中旬，另一位傳教士家庭出身的年輕專家，在美國國務院以此為題做成備忘錄。賴世和（Edwin O. Reischauer），這位後來的著名的日本研究者與駐日大使，向最高司令官建議說，「應當盡一切努力使天皇自願以言行向其臣民證明，他是與其他日本人或者外國人無異的普通人，他自己並不相信皇族神的起源或是日本與其他國家相比具有不可思議的優越性，而且除了政府的政策之外，並沒有什麼另外的『聖旨』」。[13]

此外，宗教和國家、神權和世俗的權威關係問題仍然懸而未決。最高司令部禁止將神道作為國教普及的禁令，明確指的是「將神道義和信仰歪曲為軍國主義和極端民族主義的宣傳，以蒙蔽日本國民並將其誘向侵略戰爭的意圖」。這種有害的思想包括「由於家世、血統或特殊的起源」，因而認定天皇比其他國家的首腦優越，日本國民比他國國民優秀的信仰。[14] 雖然神道禁令打擊了極端民族主義的核心天皇崇拜思想，但他並未引發批評，事實是，平民對此沒有多大興趣。當然宮內更關注其暗示的含意。十二月二十二日，天皇與少數身邊人士聽取了一位日本學者的闡釋，被告知，像禁令那樣企圖用現世的語言來談論神鬼之事，就如同想「用剪刀剪斷煙霧」一樣白費力氣。從而他說服天皇相信，發佈聲明平息天皇的神格問題，有助於消除外來的干擾。[15]

有一小隊人馬已經為這樣一份聲明工作了數周之久，這一計畫源於民間情報教育局（CI&E）

310

的特別諮詢委員陸軍中校哈樂德・亨德森（Harold Henderson）與英國的雷金納德・H・布萊斯（Reginald H. Blyth）博士的一次偶然交談。這兩位都是日本問題專家，對日本的文學和文化都有著學術關注。亨德森生於一八八九年，二十世紀三〇年代曾旅居日本，學習日本語言和藝術。他曾在哥倫比亞大學教授日語，出版過一本頗受矚目的介紹俳句的書《竹帚》（*The Bamboo Broom*）。戰爭期間，他為美國政府管理日語教學專案，並參與製作新幾內亞與菲律賓戰線敦促日本士兵投降的宣傳傳單。

布萊斯比亨德森小九歲。第一次世界大戰期間，布萊斯因反戰而拒服兵役，度過了兩年鐵窗生涯。他第一次捲入與日本有關的事務是在一九二六年。當時，他在朝鮮漢城的日本殖民大學京城帝國大學任教。布萊斯日語流利，與英國妻子離了婚，娶了一位日本婦女，出版了獨創性的比較文學研究《英語文學中的禪與東洋古典》（*Zen in English Literature and Oriental Classics*）。布萊斯戰爭期間滯留在日本。在其一九四一年的著作中，曾評價亨德森的俳句選是「一本小小的傑作」。這兩位顯然有許多共通之處。十月，布萊斯前往CI&E謀求翻譯職位。然而，很快他就發現了更為合適的機會：在負責皇族和貴族教育的東京名校——學習院得到了教職，並擔當日本宮廷與GHQ之間的聯絡人。[16]

日本政府官員相當倚重與GHQ人員的非正式接觸，以此探知占領軍的政策風向。無論皇室還是其他省廳機構，盡皆如此。由於占領軍當局的民間情報教育局（CI&E）事務，涉及民主化推進的思想觀念問題，成了宮中情報收集和遊說活動的主要對象。有時，通過奢侈的遊興節目和高價的禮物達成意見交換與獲得美方的支持活動之間，很難劃清界限。通常這種互動都是光明正大的，然而，對於日本宮廷來說，沒人能比得上布萊斯的才幹。17

布萊斯的活動是每週訪問CI&E一兩次，總是乘坐政府的公車前往。亨德森是布萊斯定期的聯絡者之一。十一月下旬，亨德森顯然是在無意之中開啟了那次決定歷史命運的談話。當時就二十世紀三〇年代成為以天皇為中心的軍國主義的支柱的一八九〇年《教育敕語》，他談了自己的看法。亨德森評論說，在和平與民主能夠生長之前，必須清除日本的國家優越和天皇神聖的錯誤觀念。他沉思著說道，或許，這可以通過新的天皇敕語來實現。

第二周布萊斯再次拜訪CI&E時，出人意料地告知，他已經將建議傳達給了宮中的聯絡人，並得到回話說天皇非常願意遵從。但日方希望在宣言的確切內容方面得到進一步的指示。當時CI&E局長肯·戴克(Ken R. Dyke)准將不在，因而在布萊斯的堅持下，亨德森同意親自起草一份宣言的樣本。於是午休時間，在第一生命旅館自己的房間裡，亨德森躺在床上手拿拍紙簿和鉛筆，想像自己是否定自身神格的日本天皇寫下了宣言。無人見證這創造性的場面，但是這種美國人奇妙的冒昧放肆和漫不經心，聽上去卻很真實。

亨德森和布萊斯都將這份匆忙草就的「午休文本」，完全看作是非正式的意見。然而，讓亨德森震驚的是，一兩天後布萊斯帶回了一個「可笑」的要求和一枚「重磅炸彈」。首先，應宮內大臣的要求，亨德森和布萊斯燒掉了亨德森的草案。然後布萊斯自己提供了一份草案，要點基本都

311

是依照亨德森的草稿，並要求亨德森提交給他的上司。亨德森將他拿給了戴克准將，戴克又立即呈交給麥克阿瑟。兩位將軍都對宮內官員考慮發表這樣的聲明，表示既驚且喜。而布萊斯火速回轉，將他們的歡迎態度回饋給他的宮中聯絡人。實際上，亨德森和布萊斯都成了天皇的槍手，但此後所發生的事情，更令人震驚。[18]

布萊斯的草案被他學習院的同事們譯成了平易的口語體日文，而這成了日本方面秘密商討天皇「人間宣言」的基礎。直到年終，整個內閣被召集評議詔書草案，從學習院院長到天皇本人，共有十餘人參與其事。由於害怕極端民族主義者的激烈抗議，他們警覺地保守機密。有一次，其情景比燒掉亨德森的備忘錄還要滑稽。當時的外務大臣吉田茂，在男廁所裡秘密收到僅供內閣成員參閱的未完成的宣言稿。看來沒有人對在這樣的場所交換有關天皇神格的物件是否合適提出過質疑。[19]

元旦頒佈的天皇詔書，顯然就是布萊斯草案的日文譯本。他保留了亨德森和布萊斯提議的精髓，但卻以更加含蓄、莊嚴的形式巧妙地展示出來。當把最終聲明與以布萊斯草稿為基礎的最初文本加以比較時，其微妙之處就顯而易見了。布萊斯的文本以「有新的理想的新世界，以人性高於國民性為偉大目標」的希望開頭。在第二段，他以一段幾乎是逐字照搬亨德森草稿的文字對天皇的神格進行否定，聲明「我們國民與國家之間的紐帶，不是基於神話和傳說，不是基於日本人繼承了神的血統、比其他民族優越、註定要統治他們的錯誤觀念。而是憑藉千百年來由獻身與愛鑄造的信賴和忠誠」。

在第三段，布萊斯的草案強調對家族、國家的忠誠，「在所有宗教的、政治的信條中，一直是日本國民最顯著的特徵」。然後繼續闡釋，「正如我們對國家的忠誠要高於對家族的忠誠一樣，讓我們對人性的忠誠超越我們對國家的忠誠。」第四段是面對今日之苦難，並寄希望於日本重建為自由國家，將「為人類的幸福與繁榮做出自己獨特的貢獻」。總之，布萊斯的文本明確宣佈，「陛下完全否認對他自身人格的任何神格化或神話化。」[20]

兩位外國人起草的文本受到宮中肯定的理由，是顯而易見的。肯定天皇與其臣民之間存在「千百年來的獻身與愛」，簡直就與二十世紀三〇年代廣為流傳的天皇神話無甚差異。直到十九世紀的後半期，普通日本人對天皇還幾乎毫無意識，而皇室則對普通百姓不是漠不關心就是瞧不起。布萊斯讚揚忠誠是日本人至高、永恆的美德，簡直就是對歷史的誤解，儘管顯而易見，他之所以選擇強調忠誠，不過是號召超越純粹的民族主義、「忠誠於人性」的手段。

當時天皇的正式地位仍然懸而未決，宮中不可能期待SCAP的友善意願有更加明確的表示了。但這並未阻止他們對布萊斯的草案做出實質性的修改。最終版本保留了布萊斯對家國的傳統忠誠以及談到有必要擴展這種精神為「人類之愛」的說法。這樣，保留了英文版的基本觀點，但又有微妙的保留：不再將對國家的忠誠的地位，明確置於對人類的義務之下。

另外，修改草案還增加了對近來的「危險思想」、現在更發展為觸目驚心的「思想混亂」的警

313

告。天皇強烈批評了這一點。「拖延的戰爭以失敗告終，我國民有流於焦躁或沉淪失意之傾向。詭激之風漸長，道義之念頗衰。為思想混亂之兆，甚堪憂之。」布萊斯的草稿中並無此言，但這卻是天皇的支持者們心頭所想。

最富戲劇性的改動，是元旦詔書的開頭。他全文引用了一八六八年明治天皇統治之始發佈的《五條御誓文》。明治天皇之孫裕仁現在宣佈，這將成為捨棄「舊有之陋習」、創造致力於追求和平與豐富文化的新日本之基礎。（詔書中沒有提到民主。）對許多保守派而言，這才是元旦詔書的精髓所在。《五條御誓文》將會成為基準和護身符，他是歷史的和心理的支柱，他們可以通過他宣告「新日本」堅實地植根於過去之中。21

將詔書的重心從「否定神格」轉換為強調明治時代的御誓文，是天皇個人的授意。22 通過這簡單的改訂，他達成了許多目的。他模糊了明治國家獨裁的、神權政治的、帝國主義的本質；他為新生的戰後體制增添了日本固有的（十九世紀中葉的）古老色彩；他無視（除了模糊提到「舊有的陋習」之外）植根於其祖父時代，並形成他自身統治特徵的壓制和以天皇為中心的有害的國民教化；他公然與以幣原、重光、吉田為代表的「穩健派」和「舊自由主義派」結盟，正如他曾公然與軍國主義份子結盟一樣。更重要的是，他削弱了詔書否定神格的公開目的。在此過程中，天皇使自己成為了《五條御誓文》的擁護者，而在其統治的前二十年間，他絕少提及、也從未將其提升到國體的基準的高度。

314

在天皇此後的宣言中，肯定《五條御誓文》的理想成了「首要目的」，而神格問題成了「次要目的」。他的強調不僅被麥克阿瑟所支持，還得到了加強。據裕仁說，他只不過是打算以提到御誓文為開場白，因為所有受過教育的日本人對此都很熟悉。然而當麥克阿瑟看到這一草案時，裕仁被告知將軍（御誓文發佈時麥克阿瑟十四歲）不僅讚賞明治天皇「達成之偉業」，還敦促全文引用《五條御誓文》。23

剪不斷，理還亂

現在御誓文成了詔書的開頭，「人間宣言」被湮沒在文本之中。在天皇的親自參與下，文本被重新改寫為文言，刪除了布萊斯草案的早期白話譯本中明確提到的「神化」天皇與明確否定天皇和日本人是「神的子孫」（最初草案為「神之子孫」，暫定案中為「神之末」）的信仰的部分。在最終宣言中，先前的關鍵段落被刪減了四分之三，正式的英文版本如下：

朕與國民同在。朕永遠樂於分享國民之喜與悲。朕與國民間的紐帶始終由相互的信賴和愛而形成。他們並非基於單純的傳說和神話，也並非基於天皇是神、日本國民比其他種族優越並註定統治世界的錯誤觀念。

天皇極力淡化「否定神格」的重要性，因為他說這實質上是安撫西方人的必要的語義遊戲。一九四五年末，他曾在問題浮現的時候，爭辯說他從不是西方觀念中全知全能的「神」，也不是日本人通常對「神」的曖昧觀念所理解的「神的存在」。當然他此前也從未反對被當作神來看待。例如，裁縫們從不敢碰觸他威嚴的身軀，未帶上手套的醫生或其他人也是如此，除了他的妻子。他與通常的人類接觸幾乎完全隔絕。事實上，天皇日常的舉手投足之間，都昭示了他的超凡之處。

天皇現在選擇與閣僚們以最拐彎抹角的方式討論這件事，就是其典型做法。他借聽來的逸聞趣事，尤其是十七世紀初期後水尾天皇的事例做參照。這是個簡單的、近乎過分簡單化的故事，天皇是從擔任他的神道義顧問的學者那裡聽來的。後水尾患了水痘，但作為在位的「現御神」，不允許有人對他實行艾灸（一種用燃燒物體的尖端烙灼皮膚的流行療法）。於是他只得退位。（皇家典籍中許多類似的逸聞之一，是說有位天皇退位是為了縱情吃他喜愛的蕎麥麵條，而不必總吃專供君王食用的「神聖」的白米飯。）裕仁顯然向幣原首相和文部大臣前田多門都複述過後水尾的故事，以證明自己對亨德森和布萊斯提案的支持是正當的。裕仁天皇認為，是應當平息這些荒唐事的時候了。[24]

所有這一切的含意，當然要比水痘和麵條複雜深遠得多。然而事實上，問題又並非如此神秘難解。天皇樂於否認他從來不是西方意義上的「神」，甚至也不是日本人更加曖昧地理解的神，但他不願意否認他是天照大神的子孫，正如八世紀的古代神話歷史所敘述、明治天皇的憲法所宣言、他作為神道的最高神官執行的全套儀式所象徵、以及二十世紀天皇制宣導者令人作嘔地所重申的那樣。25

在「人間宣言」不得不提交新聞界的前兩天，事情發展到了頂點。除了建議全文引用《五條御誓文》之外，麥克阿瑟還對呈交給他的英文版草案做了一處明確的改動。針對文本中「日本人是神的子孫的錯誤觀念」，最高司令官說，不應當是指「日本人」，而是「天皇」。現在，在這千鈞一髮的時刻，天皇周邊的人士不得不考慮，應當如何措辭以表達此意。事實證明，還需要更多的「障眼法」式的修正。

在這點上，布萊斯草案的修正版，寧可保留了直截了當否定天皇和日本人是「神的子孫」(神之子孫、神之末)的說法。然而，天皇的侍從次長木下道雄認為這難以容忍。十二月二十九日，他勸說天皇，即便否定日本國民是神之子孫或許還可接受，但是說天皇源自神的血統是「錯誤的觀念」則完全不能容忍。為能自圓其說，他提議採用深奧難解的表達方式，否定天皇是「現人神」或「現御神」。天皇全心全意地贊同這一改動。

初期草案中「神的子孫」的字句現在被刪除了。最終版本只是否定了日本人比其他民族「優越」和天皇是「現御神」或「現人神」。「現御神」並非全然是個意味不明的字眼，但也不是個日常用詞。他自然比正式的英文譯本中「deity」(神，神性)這樣平實的字眼深奧得多。戰時的軍國主義者用

316

這個古色古香的複合語（「現御神」這三個字，字面意義就是「看得見的尊貴的神」，日語發音很特殊）來神化天皇，即使是受過高等教育的人也難以認識這個詞，或者了然其含意。

比如，據木下道雄日記載：外務大臣吉田不知現御神的意思，被木下憤然斥為愚者。侍從次長還困惑地發現，十二月三十日當詔書的准最終版本被提交內閣之際，「現御神」的漢字旁邊被標注了讀音，以助閣僚們理解其意。簡而言之，日文版中的「神格的否定」，要比正式的英文版或是早期版本中模糊得多。無論當日或以後，天皇從未明確地否定他所謂神的血統。他不可能這麼做，因為他的整個世界都是建立在這個神話理論的譜系之上。26

天皇沒有廣播元旦詔書。詔書發表在報紙上，並附有幣原首相的謹識。縱然受過教育的人可以理解詔書的內容，詔書的最終文本還是典型地經過了古典學者的修改潤飾，以天皇詔敕專用的艱深文言表達出來。另一方面，首相的注解則是口語體，依照慣例，將會被當作對天皇詔書的官方解讀。這也是「障眼法」式的修正的又一例證，因為首相特意強調了明治時代日本的民主存在。他總結說，「謹奉聖諭，建設徹底的民主主義、和平主義與理性主義的新日本，以慰聖懷。」其重點不過是老調重彈：迄今為止，國民未能順應天皇的期盼。首相竟然對天皇的否定神格隻字未提。27

美國人對元旦詔書的反應相當積極。《紐約時報》發表社論說，裕仁天皇以此宣言「使自己成為了日本歷史上偉大的改革者」（而且在此過程中，對「混亂的宗教」神道給予了致命的打擊」）。麥克阿瑟將軍也同樣不吝讚美。他昭告天下，天皇以其宣言「擔負起了指導日本國民民主化的責任。他將會牢固遵從自由主義的路線。」突然之間，最高司令官把裕仁看作了民主化的領袖，並暗示「未來」他將繼續如此。[28]

私底下，一些曾經真誠相信戰時說教的忠誠臣民，震驚於天皇披上的新衣裝，感到被出賣了。然而，卻沒有發生一起詔書的起草者們所恐懼的右翼暴力行為。文部大臣前田吃驚地發現，自己只聽到一位來訪的老者向他訴苦。[29]看來絕大多數人都能從容應對「人間宣言」，並未加以重大關注。現在媒體可以用從不被允許的方式自由評論天皇的人格了，而通過這種管道，裕仁的確以更加親密、更加「人性」的方式貼近大眾了。

許多讀者可能會在天皇的《新年和歌》中，發現比元旦詔書更為重要的訊息。為迎接每年的新年到來，皇家慣例將舉辦命題和歌詠習會，皇室與庶民皆可參加，由宮中召集專家評審。新年之初，評價最高的作品將會與天皇以及顯貴們的和歌一同發表。這確實是業餘歌人的最高榮譽。體味苦澀戰敗的那年十月，發佈的翌年的歌題為「松上雪」，一個關於忍耐之美的經典意象。天皇自己的和歌，於一月二十二日在全國發佈，全詩如下：

英挺的松樹
承受著積雪重壓

318

然而其顏色
卻並不會被改變
人民就像他一樣[30]

這是反抗意願的絕妙表現，讀到他的人很少會忽略其中的含意。當一切塵埃落定之後，天皇的「顏色」並未「改變」。他的臣民們的顏色也不會改變。[31]

1 這首童謠唱道：「第一座橋塌了/第二座橋塌了/皇居下面的二重橋塌了/最後皇居也燒了」：鶴見俊輔、中川六平編《天皇百話》(東京：筑摩文庫，1989)，上卷，p.571。其他冒犯天皇的例證，參見同書上卷，pp.566-79：亦可參照John W. Dower，「Sensational Rumors, Seditious Graffiti, and the Nightmares of the Thought Police」，收入Dower，*Japan in War and Peace: Selected Essays*(New York: The New Press, 1993), pp.101-54。

2 粟屋憲太郎編，《資料日本現代史２ 敗戦直後の政治と社会》(東京：大月書店，1980)，pp.87, 246, 336-37：亦參見pp.40, 194。

3 《資料日本現代史》第2卷，p.248：粟屋憲太郎、川島高峰，《玉音放送は、敵の謀略だ》，《THIS IS 讀賣》月刊，1994年11月號，pp.64-65。有關絞架的謠言，參見1980年10月粟屋憲太郎與渡邊清的談話，《資料日本現代史》第2卷插頁。反皇室思想的其他案例，散見於警方的報告中，參見粟屋編《資料日本現代史》第2卷，p.198, 205, 218, 229, 246-48, 251-52，同書第3卷，p.169。政府對此情形十分警戒，特地增員4000人守衛皇居：《朝日新聞》1945年10月27日。

4 粟屋編《資料日本現代史》，第2卷，pp.38, 197：第3卷，pp.89-94。

5 Masanori Nakamura(中村政則)，*The Japanese Monarchy: Ambassador Joseph Grew and the Making of the*「*Symbol Emperor System*」*, 1931-1991*(Armonk, N.Y.: M. E. Sharpe, 1992), p.176。

6 Civil Intelligence Section, SCAP, *Occupational Trends: Japan and Korea*, January 9, 1946(pp.4-5); January 23, 1946(p.18); January 30, 1946(p.18). U.S. Strategic Bombing Survey, *The Effects of Strategic Bombing on Japanese Morale*,(Washington, D.C.: July 1947), p.149：粟屋《資料日本現代史》，第2卷，pp.121-35。

7 袖井林二郎、福島鑄郎編《マッカーサー—記録・戦後日本の原點》(東京：日本放送出版協會，1982)，p.158：鷹橋信夫《昭和世相流行語辞典》(東京：旺文社，1986)，p.89：Akira Iwasaki，「The Occupied Screen」，*Japan Quarterly* 25.3(July-September 1978): 320。即便是在戰爭年代，也有軍人對天皇言辭不敬。例如，武藏丸戰艦上的老水兵，公開抱怨天皇視察軍艦時只賞賜給每個士兵少許米酒「太小氣」：參見前引之粟屋與渡邊的談話，《資料日本現代史》第2卷。無論在戰敗前還是戰敗後，稱裕仁為「小天皇」的都大有人在，這是個親切的稱謂，但卻顯然不敬。

8 Civil Intelligence Section, SCAP, *Occupational Trends: Japan and Korea*, Febuary 27, 1946(p.15).

9 講談社編《昭和二万日の全記録》(東京：講談社，1989)，第7卷，p.200：此文獻下引為*SNNZ*。「熊澤天皇」的故事，刊登於1946年1月18日的美軍報紙*Stars and Stripes*以及1月21日的*Life*雜誌，pp.32-33。熊澤自稱是南朝後龜山天皇的第十八代子孫。1951年1月，熊澤曾經試圖與裕仁天皇打官司，但是他的訴訟請求遭到駁回，理由是天皇不能成為訴訟的對象。南朝與北朝的皇統合法性之爭，曾經在1911年成為爭論的議題。解決方式是政府做出了一個曖昧的決定，看似承認南朝皇統的主張，但卻維持裕仁祖父明治天皇所在的北朝皇統的合法性。

10 *SNNZ* 7: 190-91.

11 1946年4月3日，遠東委員會免除對裕仁天皇的戰爭犯罪起訴；6月18日，遠東國際軍事法庭公開作出同樣的裁決。同年6月12日，美國國務院、陸軍部、海軍部協調委員會正式撤銷有關「裕仁處理」方針的議程。

12 此詔書的官方英譯本，參見U.S. Department of State，*Foreign Relations of the United States 1946*, 8:134-35。

13 William P. Woodard，*The Allied Occupation of Japan, 1945-1952, and Japanese Religions*(Leiden: E. J. Brill, 1972)，p.251；這份包含文獻附錄的頗有價值的資料，出自負責占領軍宗教事務的前SCAP官員之手。Otis Cary，*War-Wasted Asia: Letters, 1945-46*(New York: Kodansha International, 1975; 隨後再版為*From a Ruined Empire: Letters—Japan, China, Korea, 1945-46*, pp.272-88)；12月18日Reischauer的備忘錄，參見Nakamura前引書, pp.109-10。戰時美國人對天皇以及日本人心理狀態的一般性分析，參見Willard Price，*Japan and the Son of Heaven*(New York: Duell, Sloan & Pearce, 1945)；Alexander H. Leighton, *Human Relations in a Changing World: Observations on the Use of the Social Sciences*(New York: Dutton, 1949)；Alexander Leighton與Morris Opler，「Psychiatry and Applied Anthropology in Psychological Warfare against Japan」，*American Journal of Psychoanalysis* 6(1946):20-34, 收入Robert Hunt編，*Personalities and Culture: Readings in Psychological Anthropology*(Garden City, N.Y.: Natural History Press, 1967), pp.251-60；Clyde Kluckhohn, *Mirror for Man: The Relation of Anthropology to Modern Life*(New York: McGraw-Hill, 1949)；《天皇百話》上卷摘錄五百旗頭真所言，pp.581-603。

14 關於廢除神道為國教，參見Wilhelmus H. M. Creemers，*Shrine Shinto After World War II*(Leiden: E. J. Brill, 1968)。12月15日的神道禁令，收錄於Creemers前引書，pp.219-22。亦可參見Helen Hardacre，*Shintō and the State, 1868-1988*(Princeton, N.J.: Princeton University Press, 1991), pp.167-70。

15 Hardacre前引書，p.137；木下道雄《側近日誌》(東京：文藝春秋，1990)，pp.83-84。

16 關於Henderson與Blyth，參見高橋紘所寫木下道雄《側近日誌》編後記，pp.333-41。

17 Blyth的角色，在木下的日記中清晰地浮現出來。宮內與美方的某些「聯絡」，是由過去曾深深捲入軍國主義與極端民族主義活動的人擔任的，現在這些人物又竭誠向GHQ高官們提供宴飲遊樂、女人和日本的刀劍、和服、珍珠以及照相機等禮物。其中的兩位後臺老闆，在木下的日記中，自稱是所謂「美國清教徒俱樂部」(American Puritan Club)的成員，與CI&E上層有著切實緊密的聯繫；參見木下《側近日誌》，pp.91-97, 352-55，以及吉田裕《昭和天皇の終戦史》(東京：岩波新書，1992)，pp.65-72。

18 見Creemers前引書，pp.121-32，尤可參照pp.223-25(「Henderson的草稿」)；Woodard前引書，pp.250-68, 315-21(這份資料依據的是「Henderson的草稿」及訪談)。

19 儘管日方的文獻，無論是原初的記錄還是事後的追記，都樂於對草案的起草過程進行描述，但是這些歷史敘述之間有時是相互矛盾的(有些追憶，是故意混淆視聽)，已經不可能復原當初的歷史情形。除上文引述的文獻之外，這可參照松尾尊兊《象徵天皇制の成立についての覚書》，《思想》1990年4月號，pp.11-18；高橋紘、鈴木邦彥，《天皇家の密使たち—占領と皇室》(東京：文春文庫，1981)，pp. 81-84；1962年的文章，收入《天皇百話》下卷，pp.199-210；前田多門1962年的回憶，收入同書下卷，pp.211-26，亦參見文藝春

秋社編，《「文芸春秋」にみる昭和史》(東京：文藝春秋，1988)，第2卷，pp.18-25；木下《側近日誌》，pp.88-96。

20 Blyth草案的英文版，收入松尾尊兊前引文，pp.13-14，內有少許語法錯誤，應當不是正式版本。

21 《五條御誓文》全文如下：「一、廣興會議，萬機決於公論。二、上下一心，盛展經綸。三、官武一體，以至庶民，各遂其志，勿使人心倦怠。三、破除舊有之陋習，一本天地之公道。五、求知識於世界，大振皇國之基業。」至此，強調《御誓文》的重要性被完全確立起來。1945年8月29日，在廣受矚目的記者招待會上，新任首相東久邇宮曾吟誦五條御誓文作為結語；記者招待會的記錄，收入日高六郎《戦後日本思想大系》(東京：筑摩書房，1968)，pp.53-58。

22 《天皇百話》下卷，pp.208, 218-20；木下《側近日誌》，p.89。

23 1977年8月23日会見　者　裕仁的回憶，收入高橋紘《陛下、お尋ね申し上げます—記者会見全記録と人間天皇の軌跡》(東京：文春文庫，1988)，pp.252-54。亦參見高橋紘所寫木下道雄《側近日誌》編後記，pp.345-46。

24 木下《側近日誌》，p.84；參見《天皇百話》下卷前田多門的敘述，p.218；Woodard前引書，pp.253-54, 266。

25 參與起草「人間宣言」的日本人都認為，宣言無損於天皇的地位，而且他們準備好了反駁的說辭，即外國人完全誤解了日本人對其君主的看法。他們主張，天皇從未被看作西方意義上的「神」。這種說法是真實的，但也十分詭詐。從歷史上來看，天皇(以及早期的女天皇)曾經充當過各種變幻的角色：最早的巫師與農耕儀式的司祭；8世紀時達到權力巔峰的宗教領袖；此後的高度文明的權威，儘管在漫長的封建時代，天皇經常無權、無錢且被挾持。8世紀成書的《古事記》與《日本書紀》，是日本最早的神話紀事，記錄了從天照大神以降的天皇世系，而皇家典範也鞏固了天皇大祭司的地位。登基儀式是為了表明天照大神與後繼的統治者之間的神聖關聯，而天皇前往拜謁天照大神的伊勢神宮或傳說中首位天皇神武天皇(天照大神的子孫)在奈良的陵寢，則被看成是向皇家的神聖先祖致敬。直到19世紀中葉，普通的日本人假使真的知道天皇的存在，其實也漠不關心。除了一小撮知識份子外，多數精英人士也對此少有關注。

這一切在裕仁的祖父明治天皇統治的漫長時期(1868-1912)發生了改變，因為此時天皇制被創造性地「復興」為現代民族國家意識形態的「機軸」。在明治時期偉大的政治家伊藤博文的直接指導下，現代天皇制被明確地創造成了西方猶太教—基督教傳統在日本的對應體系：8世紀的神話歷史被復活成了政治信仰；迄今仍廣為流布的民間宗教神道，當時成為國教，約有12萬座神社被置於皇室的直接控制之下。(例如，可參見英文文獻Emiko Ohnuki-Tierney,「The Emperor of Japan as Deity (Kami)」, *Ethnology* 30.3 (1991): 199-215。)最具重要意義的是，明治天皇被宣佈為活著的神(「現人神」或「現御神」)。對明治時期的政治家們而言，他們打造這位新的崇拜對象，並且仔細體察西方的模式，顯然是要野心勃勃地創造與西方猶太教—基督教傳統中「全能的上帝」類似的偶像(參照Ohnuki-Tierney前引文，p.204；Woodard前引書，p.370)。這些偽宗教性的表述，皆被寫入1890年的明治憲法。此憲法宣佈天皇「神聖不可侵犯」。這一規定的確切含義，在與憲法同時頒佈的權威性的《憲法義解》(伊藤博文著)中闡釋如下：

開天闢地之時，確立神聖皇位。天皇實乃天神至聖。英明神武超乎全體之臣民。須崇而敬之，不可褻瀆。天皇當尊重律法，然律法無權約束天皇。非惟不得對聖躬不敬，指斥言議亦不可犯之。

在裕仁天皇統治期間，明治憲法中神權統治的獨裁理念才得以充分實現。裕仁所受之教育乃信仰國家主權，而且私底下他贊同將他本人喻為國家的最高「頭腦」（這一比喻也用在伊藤博文的《憲法義解》中）。從他1926年即位到二戰結束，無論其個人想法如何，昭和天皇確乎順從地接受了神格化的儀式與說辭。效忠天皇的哲學家們莊重闡明，與歐洲的君權神授或中國的「天命」不同，天皇本身就是「神君」，他的旨意乃「神諭」。（參照Creemers前引書所引哲學家和辻哲郎的說法，p.118）。天皇忠誠的臣僚們在人人必讀的官方文本，如1937年文部省發行的著名的《國體の本義》中對此進行了闡述，謹慎而明確地解釋了天皇不是西方意義上的全知全能的神（上帝），而是具有獨特的日本式的含義：

天皇乃以皇祖皇宗之御旨統治我國之現御神。供奉現御神（明神）或現人神，非如所謂絕對的神、全知全能的神之意味，乃昭示天皇為皇祖皇宗之神裔，天皇與皇祖皇宗御一體，永久為臣民、國土生成發展之本源，當示以無限之敬畏（參見Creemers前引書，p.123）。

不同的日本人對此中含義的理解千差萬別，但是無人不曉「天子」不僅統治臣民而且超凡入聖。在裕仁替他有精神疾患的父王攝政期間，依據1925年通過的《治安維持法》，否認天皇是神是大不敬的罪名。天皇雖然對各項事務廣泛發表意見，卻從沒有為那些因此而入獄的人說過隻言片語。二戰期間，日本的許多基督復臨安息日會教友與聖潔會基督徒因為拒絕承認天皇不同於常人而被捕。1942年的內閣秘密會議上，東條英機首相嚴肅聲明「天皇是神……而我們，無論如何位極人臣，不過是常人而已」。與以往的說辭一脈相承，天皇8月15日的投降廣播（玉音放送），亦被稱為終結戰爭的「聖斷」。

帶頭保衛裕仁天皇與「維持國體」的高官們，大部分都是Joseph Grew、George Sansom等英美權貴所欣賞的親西方的「穩健派」。他們無一例外都將天皇看成神。當重光葵在獄中得知天皇將被免於戰犯起訴時，高興地大叫「日本國民將天皇當作神來崇拜是完全正確的」（《天皇百話》下卷，p.130）。幣原喜重郎首相即便是在起草「人間宣言」之時，還虔誠地提到天皇的「神格」（參見Woodard前引書，p.254；「神格」一詞，確曾出現在Blyth草稿的早期日譯本中，儘管這正是天皇陛下所應當否定的）。

26 木下《側近日誌》，pp.89-91；《天皇百話》下卷，p.202。

27 松尾尊兊前引文，p.17。

28 1946年1月2日《紐約時報》。關於麥克阿瑟，參見Government Section, Supreme Commander Allied Powers, *Political Reorientation of Japan: September 1945 to September 1948*（Washington, D.C.: 1948）, vol. 2, p.471；Woodard前引書，p.268。麥克阿瑟私底下也喜歡給天皇戴高帽。他曾告訴民政局局長也是他最信賴的助手Courtney Whitney准將，「天皇對民主理念的領悟，比任何跟我打過交道的日本人都要徹底」；參見Courtney Whitney，*MacArthur—His Rendezvous with History*（New York: Knopf, 1956）, p.286。幸好麥克阿瑟沒跟多少日本人打過交道。

29 《天皇百話》下卷，p.224。

30 加瀨英明《天皇家の戦い》(東京：新潮社，1975)，p.207。

31 1947年天皇的新年和歌，恰好描繪了重建的意象。全詩如下：「天欲曉/晨曦沐水戶/依稀傳來搗砧聲」。當1948年新年來臨之際，裕仁天皇重拾戰敗後他首篇詩作的主題。這一次，天皇陛下發表了兩首詩作。一首吟誦海岸邊的松樹，迎著四季猛烈的海風傲然挺立。另一首描繪孤獨的園中四季常青的松樹，即便冬日來臨也不變色(天皇詩作的英譯版，見1947年1月24日、1948年1月2日《紐約時報》，收入Arthur Tiedemann編，*Modern Japan*修訂版(New York: Anvil/Van Nostrand, 1962)，pp.184-86)。

天皇「人間宣言」的發表，並未立即終止戰後教育體制中有關天皇崇拜教育的某些舉措。例如直到1946年4月6日，文部省才頒令聲明，無須再向學校中供奉的「御真影」(天皇像)敬禮；7月才正式廢除學校中供奉「御真影」的聖所(奉安殿)。到了1946年9月29日，文部省才決定停止在學校典禮上頌讀1890年的《教育勅語》。儘管如此，仍然規定學生在課上學習《教育勅語》(以天皇為核心的德育之重要文獻)，因為他包含「真理之言而並非只是出自天皇之口」。參見美國國務院之秘密報告「Progress in the Field of Education in Japan since the Surrender」，December 9, 1946, pp.27-28；此秘密報告之縮微膠捲，見*O.S.S./State Department Interlligence and Research Reports, II—Postwar Japan, Korea, and Southeast Asia*(Washington, D.C.: University Publications of America, 1977), reel 3, number 28。

第十一章　天皇制民主：迴避責任

在天皇自天而降的途中，對日本領導人的戰爭罪行進行審判的機構也在緩慢形成。起訴和逮捕在難以預料的時間一波波到來。九月十一日，宣佈了對第一批戰犯嫌疑人的逮捕，接著是不祥的平靜，直到十一月十九日第二批逮捕令發佈。十二月的第一周，許多軍部高官和官僚們被添加到了「A級」戰犯嫌疑人的行列，包括前首相近衛文麿和天皇身邊最親近的內大臣木戶幸一等人。十二月六日，杜魯門總統任命的首席檢察官約瑟夫．基南(Joseph Keenan)，帶領四十名部下抵達東京。兩天後，麥克阿瑟為日益臨近的審判設立了國際檢察局(IPS)。依照日本曆，這一天正是珍珠港襲擊四周年。一九四六年一月十九日，SCAP宣佈，遠東國際軍事法庭正式成立。至於哪些被告將首先被帶上法庭接受審判，直到三月十一日才宣佈。審判開始於五月三日。直到此時，最高統帥部和國際檢察局在理論上仍然有可能起訴裕仁天皇的戰爭罪行。

面臨退位

在宮廷圈內，天皇是戰爭罪犯的觀念自然是不可想像的，但是天皇應當對戰爭和戰敗承擔一定責任的想法，卻是被認真考慮的。在最高統帥部表明其立場——堅決反對除利用裕仁之外的任何政策之前，天皇本人曾有過這樣的考慮。八月二十九日，在勝利者踏上這片神國的土地的前一天，天皇對木戶幸一談到了退位的問題，認為可以將此作為免除他忠誠的大臣和陸海軍將領們的戰爭責任的方法。木戶告知天皇這並不可取。九月中，在天皇知情的情況下，天皇的內叔父東久邇宮率內閣秘密討論其退位事宜。儘管有些閣僚力爭天皇對戰爭並不負有憲法責任，但有其他大臣強調，天皇對國家、戰死者和戰爭遺屬負有戰敗的道義上的責任。[1]

十月的第一周，東久邇首相私下會見了他的侄婿裕仁，並勸其退位。東久邇宮表示，願意放棄自身的皇族地位。據稱他的提議被駁回了，理由是「時機未到」。幾周後，裕仁語調平淡地告訴他的侍從次長說，萬一退位的話，他希望找到一位有才能的研究者，協助他的海洋生物學研究（這是數年前，天皇為樹立其真正「現代人」的形象，自己選擇的學問領域）。[2]

一月四日，有關戰爭罪行的公眾輿論升溫，對煽動軍國主義和極端民族主義的任職者開始大範圍的「徹底的」清查。天皇讓木戶幸一的繼任者侍從長藤田尚德調查，時下最高司令部是否希望他退位。藤田對此表示反對。裕仁一直熱心於研究歷代天皇的先例，一月下旬他讓學者為他講授

320

宇多天皇讓位之事。宇多天皇於八八七至八九七年在位，於三十一歲時退位。裕仁還將英王室看作是現代皇室禮儀的參考典範，讓官員扼要彙報英王退位的慣例。[3]

天皇退位的話題很快洩露給了媒體。一九四五年十月下旬，近衛公爵公然提起天皇退位的可能性，然後又迫於內閣壓力發表了修正聲明，引起騷動。近衛公爵不同尋常地直率表示，天皇在未能迴避與美國的戰爭以及未能儘早終結戰爭兩方面，都負有重大的個人責任。翌年二月二十七日，這一話題再次躍入公眾的視野。據《讀賣報知》報導，前首相東久邇宮向一位美聯社記者透露，最高層正在認真討論天皇的退位問題。如果裕仁自己選擇退位，將會得到皇室全體的支援。數日後，東久邇宮直接告知日本新聞界，他個人曾經敦促侄婿裕仁考慮退位的三個「適當時機」。儘管第一個時機「當投降檔簽署之時」已經錯過，另外兩個適當的時機還未到來。照東久邇宮看來，裕仁應當在憲法修正之時或是占領期結束、和平條約締結之日考慮退位。新聞界甚至推測最有可能的是天皇之弟高松宮攝政，直至皇太子成人。[4]

《讀賣報知》聳人聽聞的報導，倒是與宮內省樞密院的緊急會議上提出的觀點一致。會上，天皇三十一歲的幼弟三笠宮，間接敦促天皇為戰敗負責。三笠宮力勸，政府和皇室總體上必須超脫「舊式的思考」，「於今採取大膽的行動。」厚生省大臣(後來的首相)蘆田均當時在場，他在日記中寫道，「似乎每個人都在思考」三笠宮的話，而「天皇陛下憂慮的臉色從未如此蒼白。」[5]

儘管如此憂慮，天皇顯然大約正是此時決定不退位。他對侍從次長木下道雄說，他懷疑任何人有資格接替他的位置。他的三個兄弟，高松宮曾是公然的「參戰派」，秩父宮體弱多病，三笠宮太年輕缺乏經驗。（三笠宮現年三十一歲，比裕仁一九二一年攝政時的年齡大十一歲）。天皇告訴木下，他遺憾叔父不大注意面對新聞界的言辭。[6]

政治和思想領域的著名人士們，開始發言支持天皇退位。新近任命的東京帝國大學校長，自由主義者、基督教教育家南原繁，在總體上對天皇制進行了善意的評價，但是主張裕仁應該因道義原因退位。輔佐近衛起草明治憲法修正案的保守的憲法學者佐佐木惣一，也以道義的理由贊成天皇退位。嚴格的保守派哲學家田邊元，對佛教概念「懺悔」進行了深入的闡釋，希望天皇引退而成為貧與無的象徵。他還敦勸將皇室財產用於救濟貧困的人。[7]

對裕仁退位最轟動的公開呼籲，是著名詩人三好達治的一篇文章。這篇文章發表於一九四六年六月號的《新潮》雜誌。三好達治解釋說，他並非是認同東京戰犯審判的支持者們對戰爭責任的看法，即對侵略和暴行負有直接的、政策決定上的責任，但是也不接受天皇支持者們所推出的熱愛和平而又無助的仁慈君主的形象。他強調說，問題在於，「這並不僅是戰敗的責任問題」。三好以不同尋常的強硬口氣，譴責天皇「對自身職責甚為怠慢」，並且「負有對戰場上為他捐軀的忠良將士背信的責任」。

三好宣稱，天皇曾是大元帥，卻未能制止軍閥者流的橫行。天皇以家長的口吻呼臣民為「赤子」，卻驅策明知道將會失去控制的陸海軍士兵赴死。作為國家元首，他現在應當由自己承擔起

322

這場災難的責任，樹立道德的典範。天皇在戰時的統率，無論在大勢判斷、臨機應對、起用人才、體察民情，還是把握時機終止戰爭方面，都是無能的。既然天皇已經宣佈自己不是「現人神」，那麼他現在就應當按理像個凡人那樣退位。[8]

假使占領軍當局選擇敦促裕仁退位的話，顯然不會有任何不可逾越的障礙存在。天皇近側的人士也承認這一點。而且可悲的是，公眾將如同接受戰敗本身那樣，輕易接受天皇的退位宣言。保守派則會將天皇的退位正當化，並且借此對天皇制的道義的高潔再次加以確認。天皇制民主仍然會在新君主的統治下發揚光大，而裕仁悲慘的昭和時代（如此反諷的命名，「昭和」兩字原本意味著「光輝與和平」）將會落幕，「戰爭責任」問題則會顯得一片光明。

當然，麥克阿瑟及其助手對局勢有不同的理解，並且對日本方面表明了自己的立場。十一月二十六日，原海軍大將、總理大臣、天皇的心腹米內光政，懇請麥克阿瑟對天皇退位發表見解，最高司令官回復說，此舉並無必要。[9]一個月後，宮中與最高司令部之間的日本聯絡官報告說，民間情報教育局（CI&E）局長戴克（Dyke）准將建議，為轉移公眾注意，天皇可以離開東京，將宮廷移到京都。十九世紀中葉以前，那裡一直是皇家的傳統地盤。翌日，三位與民間情報教育局有關係的日本人，給侍從次長木下道雄帶來了一份值得注意的、長長的備忘錄，總結了戴克准將有關「皇室的問題」的見解。檔開篇就坦率主張，維護天皇對於建設民主的日本是絕對必要的。[10]

一九四六年三月初，侍從次長被告知，費勒斯（Fellers）將軍擔心天皇周圍的「可笑之人」，給予天皇壞的建議。這大概不僅是指皇室的異端人物東久邇宮和三笠宮，還包括給天皇安排關於宇多天皇退位與英國國王退位講義的宮廷顧問們。[11]在麥克阿瑟有關天皇的陰謀中，經常作為重要的解圍人物出現的費勒斯，曾經露骨地告知日本方面，他們可以保留天皇制並且應當讓裕仁在位。當時費勒斯告訴前任海軍大將米內光政，天皇是占領軍當局「最好的協力者」，「只要占領繼續，天皇制就應當存續」。費勒斯則對此進行了進一步的闡釋，強調天皇對於阻止蘇聯領導的「全世界的共產主義化」的重要性，並且告訴米內大將，「非美國的思想」正甚囂塵上，甚至在美國上層，要求逮捕裕仁接受戰犯審判的呼聲依然具有影響力。

依照日本方面的會談記錄，費勒斯此後敦促米內，對迫近的戰犯審判中被告們的證詞進行敲定，以確保天皇無虞。據記錄費勒斯說了以下的話，「如果日本方面可以向我們證明天皇完全無辜，則最合適不過。我想即將到來的審判，為此提供了最佳時機。尤其是要使東條英機在審判時承擔一切責任。換句話說，我想讓你們使東條說下面的話：『在開戰前的御前會議上，我已經下決心力爭開仗，即使陛下反對向美國宣戰。』」以東條為首的「A級」戰犯被告，被切實要求誓死捍衛他們的天皇，當然並非在戰場上，而是在法庭上。米內欣然答應前去通報資訊。[12]

三月二十日，費勒斯邀請寺崎英成、寺崎的妻子（費勒斯的堂姊妹）格溫（Gwen）和他們的小女兒晚宴。飯後，身為天皇近侍的寺崎，直率地詰問麥克阿瑟對天皇退位的想法。費勒斯先是注意指出自己不能為麥克阿瑟代言，然後強調說，麥克阿瑟是天皇「真正的朋友」。他告訴寺崎，麥克阿瑟

324

將軍近來已經知會華盛頓方面，假使天皇被起訴，日本將陷於混亂，屆時就需要大幅度增加占領軍的規模。即使天皇對戰爭負有「技術上的」責任，他仍然抱持這樣的觀點。至於說到退位，可能還會圍繞繼位的各種問題引發混亂。因此，費勒斯相信麥克阿瑟不希望裕仁退位。寺崎詢問，最高司令官是否可以公開表達自己的立場，以制止新聞界「不謹慎的所謂天皇退位論」，從而使日本國民感受到「烏雲」散去，重見「天日」。費勒斯回應說，這將甚為困難。[13]

費勒斯向天皇的近侍透露的，是麥克阿瑟發給美國陸軍參謀長艾森豪（Dwight D. Eisenhower）將軍的機密電報的要旨。在這封回應華盛頓要求調查天皇戰爭責任的電報中，麥克阿瑟全力以赴地為天皇辯護。一月二十五日，最高司令官致電艾森豪，「調查已經實施」，未發現過去十年間裕仁與日本的政治決策相關連的證據。麥克阿瑟將天皇描述為「日本國民團結的象徵」，並且警告說，如果天皇被起訴，日本將遭受「極大的動亂」、「分裂」，「數百年都難以完結的……民族間的仇殺」。政府機構將會崩潰，「開明的實踐將會停止」，游擊戰將會打響，引進現代民主的所有希望將會破滅。而一旦占領軍離去，「將會由被損害的大眾中產生某種共產主義路線的強力統治。」

這可不是令人欣慰的前景，而且想要在此混亂中維持秩序的話，麥克阿瑟宣稱，在未來的若干年中，他需要引入數十萬名行政官員，此外還至少需要一百萬人的軍隊。如果說這份熱切的電報是對十月二日費勒斯呈交最高司令官的備忘錄的重述，那麼這種世界末日論式的描述口氣，則是他人無法效仿的。儘管直到四個多月後，遠東國際軍事法庭才公開免除天皇的戰爭責任，但是

325

麥克阿瑟的電報，事實上標誌著日本國內認真考慮這一問題的終結。[14]

在戰犯審判正式開始之前，最高統帥部、國際檢察局（IPS）和日本官僚們在幕後操作，不僅防止裕仁被起訴，而且歪曲被告們的證詞，以確保沒有人會牽涉到天皇。原海軍大將和首相米內光政，遵照費勒斯的建議，顯然警告過東條英機不要以任何方式歸罪於天皇。然而，這種決定審判性質的日美協作還遠不止此。日本宮廷和政府的高官與最高司令部協作完成戰爭嫌犯名單，最終以「A級」戰犯嫌疑逮捕百名著名人士（其中僅有二十八人被起訴），並且在公判期間監禁於巢鴨拘留所，讓他們獨立宣誓保護其君主不負任何戰爭的責任。[15] 一九四七年十二月三十一日，這種緊密維持的日美協同作業，為東條英機的法庭證言所證實。東條暫時偏離了天皇無辜的既定協議路線，提到了天皇的最終決定權。美國主導的「檢察當局」立即作出安排，秘密指導東條，讓其撤回證言。[16]

與這種積極干預相應的，則是最為簡單的戰術：不作為。儘管收到了指令，無論最高統帥部還是國際檢察局，都未開展有關天皇推動侵略戰爭的調查，也未針對天皇的政治、軍事和意識形態作用，對檔證據進行細密的文本分析。沒有人認真拷問天皇辯護者所宣稱的，天皇的行為受到他作為「立憲君主」的自覺的嚴格限制。實際上，明治憲法規定了天皇在軍事上的「統帥權」，多數的日本侵略行為，都是在閣議之外，僅由軍部和最高司令官（天皇）參與的會議所決定。[17] 儘管最高統帥部的大門始終為天皇的辯護者們敞開，但是卻禁止對原日本政府的高官進行涉及天皇的嚴

326

肅審問。當宮中最堅持真相的近衛公爵批判天皇的戰爭責任時，美國方面反應恐懼。一位英國官員報告說，「一位美國將軍會晤近衛數次，對我描繪他就像是只耗子，準備出賣任何人以保全自身，甚至不惜將他的主子天皇稱為『主要的戰爭罪犯』」。事實上，由於麥克阿瑟司令部的全力支持，檢察當局發揮了天皇的辯護人的職能。[18]

這些將天皇剝離於任何戰爭責任的努力，超出了天皇自身的期望，導致失去了利用他澄清歷史記錄的機會。當A級戰犯審判的正式開端日益臨近，天皇顯然以為，他將最終被要求親自說明戰時的政策決定過程。無論出於何種動機，三月十八日至四月八日期間，他花費八個小時向近侍口述「獨白」，講述在他的統治下主要政策的決定。這些回憶決不是承認他個人的戰爭責任。相反，他趁機將災難性決策的責任推到了他的臣下身上。與此同時，這份空前的獨白，提供了天皇對最高層人物之性情、決策程式和具體決策的詳盡資訊。

當時，除天皇之外的每位日本高層領導人，都遭到了國際檢察局的審訊。看起來，勝利者自然也想探知天皇獨一無二的內部情報，而「獨白」事實上是天皇為預期的詢問準備的彩排。當獨白透露之時，首席檢察官約瑟夫·基南已然通告他的各國任職人員，天皇是禁區，如果他們不同意這一點，那就「立馬回國」。麥克阿瑟的反間諜頭目費勒斯和查理斯·威洛比(Charles Willoughby)將軍，看來只是將宮中提供的有關天皇告白的資料掩藏了事。[19]

成功赦免天皇戰爭責任的行動毫無限度。裕仁不僅以無辜的面目出現，擺脫了任何可作為戰犯起訴的正式行為，他還被打造成了近乎聖潔的人物，甚至對戰爭不負有道義責任。對於玩世不恭的現實政治家們來說，這是輕而易舉的任務。埃裡奧特・索普(Elliott Thorpe)准將，一位負責天皇人身安全及編制最初的戰爭嫌犯名單的情報專家，困惑地回顧起自己過往的行動。他回憶說，自己全力支持保留裕仁天皇在位，「因為不然的話，我們就只剩下混亂了。宗教沒了，政府沒了，他是唯一的統治象徵。現在，我知道他曾經有所染指，他並不是無辜的小孩子。但是他對我們有極大的利用價值，因為這樣的理由我才建議老頭子(麥克阿瑟)留下他。」對於思慮更深的內部人士來說，這樣的實用主義就更令人苦惱。例如，在一九四六年初寫給杜魯門總統的長篇報告中，美國國務院駐東京代表喬治・艾哲遜(George Atcheson)直率地陳述他的主張：「天皇是個戰爭罪犯」，而且「如果日本想要實現真正的民主，就必須廢除天皇制」。儘管如此，艾哲遜也相信，在當前的局勢下，維持天皇制、免除裕仁的戰爭責任，才能避免社會的混亂和最好地發揮民主。他大膽進言，天皇退位可能是將來的善策，但是最好推遲到憲法修正實現之日。[20]

此後不久，艾哲遜就在一次飛機失事中殞命，沒能見證後來的天皇退位風波。儘管一九四六年九月日本政府正式宣佈天皇現時無意退位，但是他退位的可能性在此後兩度重現。一九四八年，當東京審判臨近判決之時，天皇的道義責任問題被舊事重提。早在宣判之前就已經明瞭，裕仁的忠良臣僕們顯然將被處死或監禁。天皇將會作何反應？在一本大眾雜誌發表的討論中，日本最高裁判所(最高法院)長官三淵忠彥與憲法學者佐佐木惣一、自由主義評論家長谷川如是閒坦率交換了意見。三淵和佐佐木惣一致認為，天皇應當在敗戰後就承擔起戰爭責任。在大阪進行的民意調查顯示，四分之一以上的被調查者贊成裕仁立即或在適當時機退位。據其他推測，假使舉行投票，大約將有50%的民眾支持天皇退位，如果天皇自己表示出退位意願的話，這一數字將會高出許多。事實上這些事情正在政府高層進行討論，謠傳裕仁本人也甚為矛盾心情所苦。[21]

美國人照常要壓制天皇退位的主張。一九四八年七月，儘管費勒斯已經退休，並且於一年多之前就離開了日本，他還是火速給寺崎寫了一封私人信函，表達他對「美國新聞頻繁言及陛下退位」的警戒。他斷言，天皇退位「將會是所有共產主義者的勝利，尤其是俄國人，他們認為號稱只要天皇在位就能實現日本民主化的主張是天真幼稚的。」天皇退位「將會是對麥克阿瑟占領當局的沉重打擊，因為元帥的占領政策，最大限度地成功利用了天皇個人的威信和領導力。」更有甚者，裕仁的退位，還會揭露精心培育起來的天皇無罪的整個奧秘：

> 他的退位，尤其是與戰犯宣判的時機重合的話，在世人眼中，將會視陛下如同軍閥。這當然是完全不正確的。他將會使這個國家（美國）剛剛開始抱持天皇沒有戰爭責任的印象的公眾輿論發生逆轉。退位，會將陛下在歷史上的地位固定為同情戰爭罪犯的立場，放棄王位，則成了他同情他們的姿態……
>
> 今天日本正在接受西方文明的巨大影響。她需要，實際上是必須，只有陛下能夠給予的安定的力量。天皇是必將出現的新生日本的重要組成部分。他必須幫助日本重歸世界大家庭。

日本的保皇派也不可能超過這份對「陛下」的敬意，但是費勒斯對此問題的熱情在美國人中間並不罕見。十月末，前首相蘆田均告知艾哲遜的繼任者——美國國務院駐東京代表威廉·西博爾德（William Sebald），天皇確實在考慮退位。西博爾德立即使麥克阿瑟關注此事，並在一封「個人的極其機密的」信中，向華盛頓的上級轉達了令人吃驚的資訊：麥克阿瑟擔憂，在日益迫近的軍事法庭判決的壓力之下，裕仁可能不僅考慮退位，甚至會自殺。他和麥克阿瑟一致認為，無論如何，退位「將會直接有利於日本的共產主義並導致動亂」，而且麥克阿瑟聲明，一旦他見到天皇，「他將會告訴天皇任何退位的想法不僅荒唐可笑，還會導致對日本國民的嚴重傷害。」西博爾德急速向寺崎傳達了同樣的資訊，聲明他相信這是「華盛頓的立場」，也是最高司令官的見解。

認為裕仁可能在東京審判判決之時自殺的想法，是對裕仁天皇的性格不甚知之。（西博爾德同意裕仁有自殺的可能性，「尤其是因為天皇既是東方人又是日本人」）。不管怎樣，十一月十二日在一封極端機密的私人信函中，天皇讓麥克阿瑟安心。他告訴最高司令官，他已經重新決定，打算與國民一道，為日本的國家重建與推進世界和平而努力。[22]

當占領期於漫長的三年半之後結束時，天皇面臨他的心腹老友木戶幸一曾經告訴他要一直準備著的時刻。木戶在一九四五年十二月離別天皇入獄之時強調說，皇室的榮譽，要求裕仁負起敗戰的責任，但是只有當占領軍撤退、和平條約締結、日本恢復主權之日，才是履行責任的適當時機。一九五一年十月，仍在服刑期間的木戶幸一，在日記中記錄了他曾經給天皇寫信，重中以上觀點。他忠告說，退位是「服從真實」的行為。他將安慰包括被處刑的戰犯家人在內的戰爭遺屬，並且「對以皇室為中心的國民團結作出重大的貢獻。」木戶寫道，如果天皇未能把握此次時機，「最終結果將是唯獨皇室不承擔責任，這將導致莫名的情緒滋生，可能會種下永久的禍根。」[23]

木戶幸一對天皇的戰爭責任的見解，與大多數日本人一樣，是內心的真實想法。天皇應當「為戰敗」承擔責任。他應當清算歷史，並向以他之名發動的戰爭中受苦、死去或失掉親人的臣民謝罪。以此方式，他將會清除在日本歷史上最恐怖的時期中沾染在天皇寶座上的血跡。

然而時運往復，這次並沒有麥克阿瑟這樣的鐵杆兒人物撐腰。十一月，消息傳回木戶那裡，天皇正認真考慮退位，並且再次受到周圍人士的鼓勵。結果什麼也沒有發生。在迎接盼望已久的主權回歸的致辭中，天皇表明了他繼續在位的意向，絲毫也沒有提到他個人的戰爭責任，儘管在原先的文本中包含了「朕為敗戰的責任向國民深為致歉」的表示。為何謝罪的言辭最終被刪除？因為，據說天皇被一位顧問的巧妙設問所說服：「現在陛下還何須以如此強烈的語氣謝罪呢？」[24]

天皇的巡幸與「現人」

當有關天皇退位的陰謀逐漸顯露，保守派精英與最高司令部協同展開了大規模的宣傳活動。借用一句現成的話，就是將天皇由「現人神」轉變為「現人」。天皇被認為應當巡遊全國，真正紆尊降貴到他的臣民中間，與貧窮、饑餓、悲慘不幸的人打成一片。這種巡遊，日語稱為「巡幸」，不可避免地帶有天子巡行或是「威嚴的天皇的訪問」的色彩。他們還標誌著所謂「與大眾溝通的天皇制」的開始，從此，天皇由君王轉變成了名人。

天皇花費不菲的地方巡幸貫穿整個占領時期，最終裕仁涉足了除沖繩之外的所有都道府縣。這位先前僅作為「現人神」供千百萬人瞻仰的君主，跨著有名的白馬、身上掛滿勳章的大元帥，現在突然出現在他們身邊，拼命地試圖跟從未打過交道的各色人等交談，穿著新式服裝（身著西裝打著領結、頭戴呢帽）曳腳而行。到一九五四年八月巡幸結束時，天皇一行共費時一六五日，行程三萬三千公里。這些巡幸背後是精明的籌畫。因為事情不可能如此湊巧：天皇蒞臨廣島的時間，恰好是珍珠港襲擊的六周年。這大概是玩了一個雙重象徵的小把戲，以某一行為抵消另一行為的影響。後來他還訪問過長崎，出現在因核輻射而奄奄一息的暢銷書作家永井隆的床前。

對刻板、拘謹的裕仁而言，巡幸是一次不同尋常的重大任務。以計畫之中以及意料之外的方式，他們對確立新的天皇形象貢獻巨大。有關「君臣一致」的炫耀說辭，從未看起來如此可信。在那些貧乏的歲月裡，天皇將富貴繁華拋諸身後，穿著打扮就像是一名會計師或者小鎮的校長，盡力與民眾對話。當然，這是巡幸的目的：釘入楔子，使天皇與國民融合在一起，並使大眾對天皇的崇拜世俗化。同時，裕仁天皇對巡幸任務的淡定和任勞任怨，也使他意想不到地，成為了國民痛苦和犧牲的親切象徵。他們時常對他充滿了同情。

儘管巡幸確切由誰發起已經無從查考，但是後來宮內省的高官入江相政指出，戰敗後不久，裕仁個人考慮要到臣民中去。那年的十二月八日，一些普通民眾自發地幫助清理皇宮的地面，後來竟然發現天皇跟他們有了些許交談。元月一日，在關於天皇元旦詔書的新聞報導中，《朝日新聞》形容天皇為「溫柔的紳士」，並且提出天皇有必要與公眾進行更為有效的交流。兩天後，《朝日》又發表了關於英國王室與公眾有效互動的報導。[25]

裕仁自從一九二一年以皇太子的身份訪問英國以來，就對英國王室的風格印象深刻。一九四五年底，他的顧問給他提供了一本英文插圖版的有關英國王室的書。其中有國王與民眾在一起，甚至下到礦井參觀礦工工作的照片。這本書是由學習院院長山梨勝之進介紹給宮內省的，山梨勝之進還是雷金納德．布萊斯(Reginald Blyth)進入宮廷圈的介紹人。[26]不知這本書是否來自那位熱心信奉禪的英國人布萊斯，但是他很快就成為讓天皇證明其人間性的行動中的主要仲介人物。

這位遠離祖國的英國人寫了一份備忘錄，在一月十三日翻譯並呈交天皇。他陳述現在時機已成熟，是天皇向麥克阿瑟積極建議，提出自己未來行動方案的時候了。布萊斯強調，「天皇必須在精神上統帥國民，而不是僅僅在政治上統治他們。他必須表現出對國民的真正關注，不僅是頒佈詔敕，還要親自與國民接觸，告訴他們自己的見解，激勵他們的自豪感，鼓舞他們的愛國心。」具體而言，天皇應當巡行全國，訪問煤礦（插圖本的魅力！）和鄉村，傾聽民眾、與民眾交談，向他們詢問。

他應當吐露心情，釋放出人性的聲音，並且要求品嘗他們的食物……他應當告訴日本人，他們仍然具有偉大民族的潛力，並將為世界文化做出自己獨特的貢獻，尤其是就文學、宗教和生活方式而言。27

從一九二六年登上皇位到戰爭結束的二十年間，裕仁天皇擔任了日益顯著的公共角色：脫韁的軍國主義國家的大元帥和攻不可破的意識形態核心。他最難忘的公開露面，是騎著他那匹駿馬「白雪」檢閱帝國軍隊。(Photo by PhotoQuest/Getty Images)

日本有句諺語，「你可以看藩主，看將軍則會瞎眼，而天子根本看不見。」對於拘泥古板的宮內官員來說，讓君主屈尊真正與庶民融合的想法是不雅的，更別提天皇還有可能遭到共產主義者刺殺的恐怖想法。但是天皇積極接受布萊斯的提議，而麥

裕仁天皇的巡幸始於一九四六年，足跡最終遍佈除沖繩之外的所有都道府縣，使他與臣民有了空前的接觸。他謙遜的平民服飾和對民眾舉帽致意的習慣（這樣的手勢在戰敗之前完全不可想像），成了天皇作為往昔的「現人神」宣告「人性」的新形象的重要組成部分。（Photo by Alfred Eisenstaedt/The LIFE Picture Collection/Getty Images）

克阿瑟將軍則在背後給予巡幸以熱心的支持。[28]

明治時代再次提供了先例。一八七二年到一八八五年間，明治天皇在全國各地先後六次出巡，動員民眾支援以天皇為中心的近代國家的建設。明治與裕仁兩位君主的公開出行，有一點驚人的相似，都是在國內動盪混亂、激進思想高漲而天皇制岌岌可危的情形下進行的。無論裕仁從祖父的出巡先例中看出了什麼，這樣的全國巡幸在他自己的治內都是從無先例的，更不用說這與裕仁內向的性格以及他剛強超然的教養不符。[29]

裕仁天皇完全沒有準備好與普通人交際，結果反而成了極大的公關優勢。

他嘗試交談時如此結結巴巴而且不安，激起了公眾對這個與世隔絕而又脆弱的靈魂的同情。近乎窘迫的笨拙，也強化了他無與倫比的純潔無罪的形象。天皇儘管明顯地不適應卻仍然想要甚至渴望巡幸的心意，更加證明他是一位真正獻身於臣民的君主。他的不擅交際，使他顯得如此人性化，同時又超凡脫俗，真正是「精神的」存在。30

天皇的不安還引起了民眾的罪惡感。直到戰爭結束，日本人一直受到教化，要為推進國家理想的每個失敗向天皇謝罪。天皇的巡幸以奇妙的方式，使自我批判與謝罪的大眾心理復甦並且重新聚焦。顯然，天皇巡幸是為民眾著想。同樣明顯的是，這對天皇來說並非易事。一種情緒油然而生：人們應當像過去那樣，因導致了陛下的困窘和不便而謝罪。這是對天皇崇拜的變形，儘管究竟是否與「民主」相關完全是另外一回事。正如一句陳腐的比喻，通過從「雲端」降下，踏上他的臣民所立身的這同一片燒焦的土地，天皇也將曾經驕傲的國家之衰落的困境個人化了。他幾乎是有些奮不顧身地，盡力去撥響民族主義悲哀而屈辱的心弦，至少是觸發國民的悔恨之情。正如他在壓倒優勢的白人占領軍中，保持一個日本人的權力的鮮明形象。

帶有偏見的西方記者卻很少同意這樣的看法。他們更著迷於先前超凡入聖的天子與現在的普通人之間的對照。正如美聯社的羅素．布萊恩斯(Russell Brines)所描述，天皇的臣民們突然發現「他個頭矮，瘦弱，削肩膀，協調性很差，好像經常要跌倒的樣子。他下巴很小。他說話的調門很高，談話內容毫無意義。他的臉上有很多痣，日本人認為這是幸運之印。除了短硬的口髭之外，

334

他的鬍鬚散亂，時常需要剃除。厚厚的角質眼鏡保護著他虛弱的視力。他的衣服淩亂不整，鞋子已經磨損。他實在需要一名機靈的男僕。」布賴恩斯注意到，天皇向歡呼的人群致意，時常舉起他的軟呢帽，不斷點頭，「仿佛唯恐再次面對沉默」。[31]

天皇的笨拙尷尬，顯然從他最初的巡幸開始就是如此。一九四六年二月十九日，他訪問了橫濱的工廠和黑市。他說，黑市「有趣」。翌日，他訪問了遣返者援護局，詢問了官員兩個問題。第一個是，「當軍人和平民遣返者回到日本，他們有何感受？」第二個問題是，如何做才能使臺灣和朝鮮的舊殖民地臣民「帶著真正的感謝」回到家鄉。這些「對話」由ＮＨＫ公共電臺錄音，於二月二十二日播出。節目錄下了天皇獨特的口頭語，對任何回答他的回應都是：あっ、そう（啊，是那樣嗎？）。正如ＮＨＫ的新聞解說員所言，天皇的動作和語言如此僵硬，就好像剛從箱子裡出來一樣。[32]

天皇吸引了大批群眾。他們茫然地望著他，在個別場合還會流淚。他們將充滿感情的信和詩歌寄給報紙。他們為「衝破烏雲重見天日」喜出望外。他們將天皇的浴湯裝進瓶子保存，撿拾他走過的地面上的鵝卵石。甚至號稱共產主義者的人，也發覺自己揮舞著當時已經被禁止的日之丸旗。[33]儘管隨著時間的推移，據說天皇與庶民在一起的不適應得到了緩解，他的言辭也變得更為流暢，但是事情並非一帆風順。巡幸開始近兩年後，他到廣島的發言竟然是「這裡看起來遭到了相當大的破壞。」[34]

336

簇擁包圍天皇的人群不僅僅是日本人。外國記者和美國軍人也醒目地點綴其間。這種情景在天皇初次訪問橫濱時就出現了。當時美國大兵包圍了天皇的汽車，爬上車蓋，爭著跟他握手。「靠近天皇」顯現出對美國人也像對日本人一樣具有傳染性。如果說日本人和美國人潛在的感情有所不同，他們確實如此，但是他們仍然具有共同的特性：面對君主的敬畏與面對名人的陶醉。

更加令人震驚的是，美國人在巡幸儀式中扮演的正式的、幾乎是封建的角色。無論天皇走到哪裡，他都有美國兵的保護，包括做先導的美國憲兵隊，就像是天皇的儀仗兵。這種保護是應日本政府的要求，擔心激進的左翼或右翼會對天皇發動襲擊，其實那些襲擊從來也不曾實施。然而最高統帥部應邀提供的，遠遠超出了對天皇身體安全的護衛。美國以最具體可見的形式，證明了對天皇制和裕仁個人的支持。所有這一切，是從退位議論甚囂塵上以及天皇理論上依然可以被起訴戰爭罪行時就開始的。一位三年級小學生寫的作文，捕捉到了天皇巡幸中的這一特殊的方面。這位小學生寫道，歡迎的人群擠在道路兩旁，首先出現的是一輛吉普，接著是肩扛來福槍的美國憲兵……然後才是天皇。有時群眾陷入混亂，天皇的美國護衛兵就將吉普車開到混亂的人群中，或是朝天放空槍以清理道路。[35]

在所有的驚奇和興奮之中，天皇的巡幸還引發了某些健康的不敬行為。天皇的「啊，是那樣嗎」，成了無所不在的口頭禪，而巡幸本身也成了著名的「救世的三コウ」之一。這個笑話是源於「コウ」這個日語發音，在當時極有影響的三個新聞事件中的同時出現：一是「璽光尊」的狂喜的新宗教；二是最初由國會議員世耕弘一暴露出來的軍需物資隱匿醜聞，三是天皇巡幸本身。一九四六年十月，天皇的名古屋之行，竟然添加了滑稽的隨行者。當時在天皇車隊的末尾，出現了一輛不明身份的車輛。他的乘客不是別人，正是當地自稱真正的皇統繼承人的「熊澤天皇」。[36] 狂歡的因素總是潛伏在莊嚴的表像之下。

在巡幸過程中，天皇成了聞名遐邇的「掃帚」，而且在左翼漫畫中被描繪成了鬃刷頭——因為天皇預期的所到之處，皆被打掃得乾乾淨淨。當天皇認為自己正在視察民生疾苦之時，他其實只是被帶到了整潔漂亮的地方參觀。在天皇預定經過之地，房屋重建、道路重修。河流被疏浚清理。天皇的留宿之處一塵不染。通道上鋪設了席子，在預定視察的稻田旁搭起了看臺。最高司令部的一份報告說，在天皇儀仗經過的道路沿途，「拱廊樑柱上常常裝飾著花枝」。為確保不使天皇看到真實情況不惜花費鉅資，有時甚至到了使地方財政破產的程度。[37]

當巡幸逐漸成為常態之時，地方上的政治家為提高威望，開始懇請天皇前往巡幸。在巡幸行列的隊尾，有時多達上百名宮內省官員會追隨這位新的民主的象徵同行。隨員中的腐敗份子，會利用巡幸地方之機，索取黑市大米或者其他的「禮物」供己私用。（即使貴族階級也感受到了糧食的短缺。）[38] 部分是由於這樣的放縱和腐敗行為，天皇巡幸於一九四八年初一度暫停。到此時，天皇已經毫無疑問地成為了與戰爭年代的「現人神」不同的人物，儘管他仍然具有某些非凡的特質。英文的《日本時報》（*Nippon Times*）發表了《天皇裕仁——他將日本結合在一起》（「Emperor Hirohito—He Holds Japan Together」）

338

一文，傳達出這樣的訊息。文章為如下事實拍手喝彩：「十分幸運，現在天皇自身的人性化的努力，沒有被任何困難所妨礙」。在列舉了人間天皇的眾多才能之後，報紙指出「並不是每個人都能夠用腳趾頭給自己扇扇子。裕仁天皇不僅展示了這樣的絕技，而且能夠在游泳的時候這樣做。他還能在雨中單手打著傘游泳。」39

天皇的巡幸在一九四九年春再度開始。即便在當時，情形也不盡由皇家的威嚴所支配。宮中的侍醫小島憲陪同天皇巡幸四國的時候，就發現了這一點。在宇和島市，天皇的隨行人員住宿在為天皇此行修葺一新的旅館中，由於天皇偶感風寒，決定不進行沐浴。在此情況下，按照慣例隨行人員可以使用為天皇備好的浴湯。於是小島和另一位醫師同僚泡進了浴盆。正當他們泡澡的時候，水突然排乾了，剩下他們兩人在空澡盆裡瑟瑟發抖。這是樁古怪的意外事件，實情是旅館企圖把泡天皇浴盆的機會賣給當地的顯貴們，來收回修繕費用。因為當地的顯要們如市長、議長之流，都希望在天皇泡過澡的熱湯中沐浴一番。當天皇因故未能洗浴時，焦急地等候在外面的地方政要們甚為憤怒，於是他們拔掉了浴盆的塞子。小島憲凍感冒了，並且發了好幾天的燒。40

一九五一年十一月，天皇巡幸京都就沒那麼有趣了。當時占領期臨近終結，對冷戰狀態下日本的再軍備以及與美國結盟的問題正展開激烈辯論。京都大學激進的學生們，準備了一封尖銳質詢的公開信呈交天皇，並在天皇面前不唱國歌而唱起了《和平之歌》。這是對天皇巡幸的首次公開的抗議行動。學校拒絕將學生們的請願信遞交給天皇，並以行動缺乏節制為由，對八位學生實施了無限期停學的處分。[41]對於任何回想到一、二十年前壓制「危險思想」的人來說，新的天皇制民主，看來的確植根於過去的歷史之中。

一個男人的《破碎之神》

一九八三年，一本名為《破碎之神》（《砕かれた神》）的書出版，這是一本對天皇突然從神變身為凡人、從聖戰的至高象徵轉而成為「民主」的曖昧象徵，進行獨特而辛辣的批判的書。這是一本從一九四五年九月到一九四六年四月的日記，著者渡邊清，當時是一位沒有受過什麼正規教育的復員兵。在戰敗那年的十一月，渡邊剛滿二十歲，但是他並沒有開心地慶祝自己的生日，他是一個由於被天皇出賣的憤怒而毀掉的人。[42]

渡邊十五歲時加入海軍。一九四二年，戰爭局勢開始對日本不利，他參與了導致日本大敗北的馬里亞納海戰。渡邊從正在沉沒的戰艦武藏號上奇蹟般地生還，而他的戰友們大多已葬身海底。他屬於最早一批解散的日本軍人，大約在天皇玉音放送的兩周後，回到了故鄉神奈川縣的鄉村。與別的復員兵不同，他兩手空空地回到家，沒有帶回什麼搶掠的軍用物資作為戰利品。他因此備受母親的責備，拿他跟鄰居家更務實的退伍兵們相比。

作為一名年輕的戰士，渡邊熱切地、無條件地崇拜天皇，正如麥克阿瑟的心理戰專家們在行動分析表中對一切「天皇崇拜者」的描述一樣。他堅信天皇說過的關於「聖戰」的每一個字，並且期望戰死疆場。當戰敗之時，在他服役的戰艦上以及後來家鄉的村裡都有謠言說，天皇將被處死。渡邊想當然地以為天皇會自殺。在他看來，這是為戰敗負責並免受敵人之辱的當然的做法。當此事並未發生時，渡邊猜想天皇可能是在等待時機，以免加劇戰敗的混亂。或許天皇打算等他的陸海軍士兵們大都復員之後再退位。天皇不以某種方式對那些因為服從他的命令而戰死沙場的人負責，實在是令人難以置信。

渡邊的日記始於九月二日，東京灣舉行投降儀式的當天。渡邊看到甚至連日本艦艇上都飄揚著敵人的旗幟，不禁心痛欲裂。他寫道，沒有什麼比這更屈辱的了。回家已經四天的他幾乎不願動彈。他甚至不跟家裡人一起吃飯。當盟軍部隊湧入東京，他感到那些泥濘的軍靴，就踐踏在他的心上。東條英機的自殺未遂令他感到厭惡，而天皇初次訪問麥克阿瑟，更給予了他難以承受的打擊。看到那張著名的照片上，兩位領導人像朋友一樣並肩站立，他只想嘔吐。打擊他的還有最終的事實：「和天皇一道，我們真的戰敗了。」他的絕望超乎尋常，因為他只是想不明白，為什麼天皇沒有羞恥感。渡邊寫道，「天皇自己丟掉了神聖和權威，在敵人面前像狗一樣點頭哈腰。」因而，對他來說，「天皇陛下今日已死。」

其後數月間，渡邊成了個鬼迷心竅的人：被出賣的感覺折磨這他，他為自己的憤怒而恐懼。

340

他發現自己無法再相信任何事、任何人，包括他自己。如果天皇真的不想打仗，那他為什麼簽署宣戰詔書？為什麼他試圖將珍珠港事件的責任轉嫁給東條英機？為什麼他不直說是他命令這樣做的？新聞媒體也使他震驚。報紙昨天還在鼓吹「聖戰」的口號，現在卻談論什麼軍國主義者、官僚和財閥的共謀。渡邊贊同地寫道，有人說新聞當中只有訃告是真的。

突然之間，媒體讚揚美式民主與「昨日之敵變今日之友」蔚然成風，使渡邊感到備受捉弄。假使友誼真的如此重要，為什麼起先他們還要開戰？為什麼他還得冒死去打仗？面對政府宣傳的「一億總懺悔」（當時是十月初），人們該做如何感想？因為每個日本人都對戰敗進行懺悔沒有意義。另一方面，那些對戰爭負有直接責任的人，包括天皇，向國民懺悔才會有意義。

一位女性的熟人告訴他，他完全錯了。天皇曾經是個傀儡，不應該為以他之名所做的一切負責。與麥克阿瑟的合影，不過是「表演」。然而，渡邊像許多沒受過多少教育的年輕士兵一樣，從未懷疑過天皇是神、是可以完全仰賴的至高德行的化身，對他而言，這樣的真相太難接受。到了十月中旬，渡邊如此怒火中燒，以至於開始幻想燒掉皇宮，將天皇倒吊在皇宮護城河邊的松樹上，用橡木棍毆打他（就像帝國海軍中懲罰水兵那樣）。他甚至想像將天皇拖到大洋之底，讓他看看自己命令開戰的結果：那數千具葬身海底的屍骸。他看到自己抓著天皇的頭髮，將天皇的腦袋往海底的岩床上撞擊。他覺得自己就要瘋了。

十月下旬，渡邊考慮應當對天皇制進行公民投票表決。他承認，大多數日本人會支持天皇。

渡邊全然反對逮捕天皇，因為那只是由勝利者進行的復仇審判。在渡邊的村子裡，人們已經開始將麥克阿瑟當作新天皇或是淩駕於天皇之上的新的君王來談論。他們的善變使渡邊厭惡。他的日本同胞們只管眼下誰最有權力就向誰靠攏。人們不斷地嘮叨「時代變了」，但是渡邊不想跟這樣淺薄的實用主義沾邊。

十一月七日，渡邊記錄下了他對人人迷戀的、甜膩的「蘋果之歌」的嫌惡。數日之後，他發現天皇穿上了看起來像是鐵道員工的新制服。他想，這預示著皇室確信，天皇不會再被逮捕或是退位。但是天皇自己是怎麼想的呢？渡邊揣測道。月中，他聽到一位村官宣講「聖戰」實際上是如何變成侵略戰爭的，不由得回想起這位先生從前支持戰爭的演說。

當最高司令部開始逮捕主要戰犯時，渡邊記錄下了自己的反對意見：日本人應當自己進行這樣的審判。十一月下旬，他聽聞天皇去了靖國神社，參拜以天皇之名發動的戰爭中死亡的將士。他猜想那些死者的靈魂會如何出迎天皇，然後他下結論說，不可能有這樣的靈魂存在。因為如果有的話，他們早就將天皇詛咒至死了。幾天後，渡邊聽說新的天皇像將分發到各個學校。這讓他憶起武藏號沉沒的那天，他眼看一位軍官將沉重的、神聖的天皇像緊緊抱在懷中，躍入了大海。聖像的重量肯定使他葬身海底。

當渡邊看到一位共產黨人張貼海報，號召推翻天皇制的時候，他不禁嘲笑語言的變幻莫測。戰爭中，通常將對天皇的忠誠之心稱為「赤心」。現在，他發現自己同意張貼海報者的意見，他意識到自己開始擁有一顆完全不同性質的「赤心」。十二月初，他決定一切由自我判斷，再也不毫無批判地接受他人所言。

十二月十五日，廢除神道為國教的指令發佈當天，渡邊被五個歹徒痛打了一頓，他們輕蔑地叫他「退伍老兵」。負傷在床，他幻想自己又回到了武藏號戰艦上，以四十六公分口徑的炮彈對著全日本狂轟濫炸。他記下了這樣的詛咒：

什麼是天皇？
什麼是日本？
什麼是愛國心？
什麼是民主？
什麼是「文化國家」？
所有這些，所有這一切都去吃屎。
我呸！

十二月二十一日，一位從橫須賀來的熟人看望了渡邊，並質問他自己如此盲目相信天皇的責任。那人留給渡邊兩本書，是馬克思主義的人道主義者河上肇寫的《近世經濟思想史》與其經典著作《貧乏物語》。他還給了渡邊三包鴻運(Lucky Strike)香菸。渡邊將美國煙捲扔進了河裡，但是這兩本書卻帶他進入了一個新的世界。

一九四五年的最後一天，渡邊在日記中寫道：最高統帥發佈了日本民主進程報告書，宣稱神道國教廢止令摧毀了支持天皇制的最後的邪惡之根，從而一個個地清除了封建要素。渡邊評論說，只要天皇還在，這就是個謊言。最高統帥的聲明，使他聯想起戰時日本大本營發佈的宣言。元月一日，天皇發表《人間宣言》之日，渡邊讀完了河上肇的經濟思想史。他發現寫馬克思的那一章尤其發人深思。

當渡邊讀到他原以為是退位聲明的天皇元旦詔書時，他再次變得怒不可遏。他感到頭暈目眩，「冷血」從腳下直往上沖。他感到像是要「吐出」他的憤怒。他尤其感到激憤的是，天皇否認他自己曾是「現御神」。裕仁就像是在跟國民做遊戲，仿佛這只不過是「狐與狸的變身比賽」(譯者注：狐與狸是日本民間故事中的狡猾者形象，善於變幻成人的形象來騙人)而已。

詔書對「詭激之風」與道德的衰退發出警告，也使渡邊震怒不已。如果不是天皇，誰該為引發這樣的狀況負責呢？渡邊評述說，封建領主會在城池陷落時承擔責任。船長會在船隻沉沒時負起責任。他備受打擊：無論是八月十五日還是元月一日的詔書，都沒有一行字提到「朕應當承擔責任。朕謝罪」。當報上發表麥克阿瑟讚揚天皇在日本的民主化進程中扮演了領導角色時，渡邊反駁說這是自相矛盾，就像沒有甜味的糖一樣。真正的民主化只能由人民創造。這就是為什麼

343

*democracy*被譯為民主主義（這四個漢字的字面意義是，人民—主權—主義）。對一名只受過八年正式教育、不久前還熱烈崇拜天皇的人來說，渡邊在憤怒的驅使下，經歷了漫漫征途。

《人間宣言》一經發表，渡邊就開始深入思索自己盲信天皇的責任。他表達了對共產黨放棄「打倒天皇制」的失望。同時，他厭惡地聽到一位鄰居告訴他的父親，日本應當成為美國的第四十九個州。他回憶，這個男人曾經東奔西跑，催促周圍的人與「鬼畜美英」戰鬥。一月下旬戰犯審判的正式通告使他困惑，儘管中國人和東南亞人審判日本人看起來是正當的，然而一旦牽扯到美國人，情勢就不那麼明確了。他同意襲擊珍珠港是錯誤的，但他納悶：投放原子彈的人，為何能夠輕易地指責日本是「和平與人道之敵」。

一月下旬，渡邊讀完了河上肇的《貧乏物語》。他非常讚賞這本書，但對其中的某個觀點有異議。河上在書中提到，有商店向貧苦的佃農女兒們銷售昂貴的化妝品，以此為例批判對窮人的剝削。但是對渡邊這樣的鄉下孩子而言，貧窮的鄉村女孩，完全可以有變得像其他年輕女孩一樣漂亮的願望。二月一日，他記錄了聽聞河上肇訃告所受到的衝擊。這位老學者是一位真正的導師，他使渡邊看清了自己曾經盲從的道路。渡邊寫道，「無知是最可怕的事情。」

二月初，渡邊震驚於最高司令部所公佈的皇家的巨額財產。他從未將天皇與金錢財貨聯繫在一起。他感到這是對自己無知的另一揭示。渡邊繼續對自身的戰爭責任問題進行著激烈的思想鬥爭。他開始承認這場戰爭是侵略戰爭的事實。儘管他當時沒有意識到，他確信他的無知並不能抵消他的責任。經歷了數百萬人的死亡、流血犧牲以及此後的戰敗，才使他認識到了這一點。現在渡邊考慮的不僅是曾在他身邊死亡的戰友，還有他射殺美國人的那無數發炮彈。二月中旬，一位親戚鼓勵他重返校園，他對此進行了嘲諷。「學問、藝術和文化」，既然不能阻止這樣一場侵略戰爭的發生，那麼一切看起來都毫無意義。

二月二十二日，渡邊讀到或者聽說了天皇與一位從塞班島復員的士兵的談話。「仗打得激烈嗎？」天皇問。「是的，很激烈。」士兵答。「你幹得很賣力。當時可真艱難，」天皇接著又說，「今後繼續努力。好好做人，沿著正確的道路前進。」渡邊又一次陷入了失望之中。他想，或許天皇完全缺乏他人所具有的正常的責任感。他就不能至少說一句，「我很抱歉使得你如此艱難」？

使渡邊迷惑的是，人們如此輕易就接受了天皇揮動帽子的巡幸，他將之部分歸罪於媒體未能堅定地面對天皇的戰爭責任。流行的做法，是將戰爭責任歸罪於軍國主義者和大財閥，而將天皇視為他們的犧牲品——一個「可憐的機器人」或是一個「真正的和平主義者」。渡邊推測，既然新聞界自身曾經追隨逢迎軍部，那麼或許這正是他們推卸自身責任的策略之一。他繼續揣度天皇的行為對全體國民造成的「心理影響」。渡邊擔憂，如果全國都效法天皇，國民最終的指導準則就成了「連天皇都逃脫責任，無論我們做過什麼，我們也沒有必要承擔罪責」。

三月八日，渡邊記錄了他對新發表的憲法修正草案的思考，對天皇有能力如此迅速地完成從

「神」到「人」再到「象徵」的轉變大為驚奇。他苦澀地叫喊，一個沙丁魚頭也許是更好的象徵。幾天後，他與一些從中國戰區回來的比他年長得多的退伍老兵有過交談。他吃驚地聽到其中一個在中國犯下的暴行，而且顯然毫無悔恨之意。是否這個人的不負責任，正是天皇不負責任的反映？假使他曾被送到中國，是否他也會滿不在乎地參與如此行徑？

三月中，渡邊在路上與一個美國大兵發生了爭執，那個美國大兵挽著一個穿紅衣、塗鮮豔口紅的日本女人。由於不肯讓路，渡邊碰了女人的胳膊，於是美國兵踢了他，兩人動了拳腳。人群聚攏來，四個日本員警終於將他們拉開。渡邊被帶到員警署受訓誡。他以前從未距離敵人這麼近。美國人的體味就像是野獸，他得出結論，「毛唐」(多毛的野蠻人)的稱謂真是恰如其分。第二天，他仍然怒氣衝衝，回憶起那些拒絕日本男人的菲律賓婦女，有些甚至開槍射擊日本兵。她們令人難以忘懷。而那些時髦的英語詞——*thank you*，*hello*，*good-bye*，*okay*，*I love you*——使他厭惡。

四月初，渡邊以前的小學老師告訴他，儘管日本戰敗令人悲哀，但是在某種程度上輸掉戰爭也是好事。否則，日本人哪裡能夠夢想得到民主呢。先前正是這位老師鼓動他年輕的學生們踴躍參戰，渡邊懷疑老師是否想到了這些。幾天後，渡邊記錄了一起事件：一位早已被認定死亡的士兵返回家鄉，發現妻子和他的弟弟在一起，已經有了七個月的身孕。眼淚和暴力繼之而起，這個男人只好逃到親戚家去了。

四月二十日，渡邊離開故鄉的村子，前往東京工作。他聽說現在誰都可以給天皇寫信了，於是出發前就寫了一封。渡邊稱呼天皇用的是普通人稱「アナタ」(你)，這在戰敗前是不可想像的。渡邊寫道，他曾經遵照天皇的命令浴血奮戰，但是自從戰敗以來，他失去了對天皇的所有信賴和希望，因而他希望斷絕他們之間的關係。他呈上了一張明細表，列出了服役期間他從帝國海軍得到的所有軍餉以及他能夠記得的所有物品——明細表很長，逐條記錄了食品、服裝和其他的物品。據他計算，總價值為四二八一日元零五錢。在信中，他附上了一張四二八二日元的支票。

「這樣，」信的結尾說，「我就什麼也不欠你的了。」

1 木戶幸一《木戶幸一日記》(東京:東京大學出版會,1966),下卷,pp.1230-31;賀伯特・畢克斯(Herbert Bix),「The Showa Emperor's 'Monologue' and the Problem of War」,*Journal of Japanese Studies* 18.2(Summer 1992):304。

2 木下道雄《側近日誌》(東京:文藝春秋,1990),pp.12,160。

3 高橋紘、鈴木邦彥《天皇家の密使たち—占領と皇室》(東京:文春文庫,1989),pp.40-45。侍從次長木下道雄在他的日記中對此表示反對。參見木下《側近日誌》,p.225;亦參見Bix(1992),p.333。

4 《朝日新聞》1945年10月25日;秦郁彥《天皇的親書》,載《文芸春秋》1978年10月號,p.376;*New York Times*(《紐約時報》),1946年3月4日。

5 蘆田均《芦田均日記》(東京:岩波書店,1986),第1卷,p.82;此節日記被詳細徵引於賀伯特・畢克斯(Herbert Bix),「Inventing the 'Symbol Monarchy' in Japan, 1945-52」,*Journal of Japanese Studies* 21.2(summer 1995):338。

6 木下道雄《側近日誌》,pp.160,163-65。

7 天皇退位問題,參見Masanori Nakamura,*The Japanese Monarchy: Ambassador Joseph Crew and the Making of the*「*Symbol Emperor System*」*, 1931-1991*(Armonk, N.Y.: M. E. Sharpe, 1992),pp.118,175。久山康「Postwar Japanese Thought: 1945-1960」一文,對田邊元的觀點有所概括。此文摘錄自久山康《戦後日本精神史》(東京:創文社,1961)。亦可參見本書第16章對田邊元的論述。

8 三好達治的這篇名文,收入鶴見俊輔、中川六平編《天皇百話》(東京:筑摩文庫,1989),下卷,pp.323-31。英文版的詳細摘要,可參見前引書畢克斯(Bix)(1992),p.314。

9 高橋紘、鈴木邦彥《天皇家の密使たち》,p.35。

10 木下《側近日誌》,pp.94,97-99。Dyke還提出了其他的建議,如送皇太子去美國學習;一旦糧食危機減緩,公民對天皇制進行投票表決等。

11 木下《側近日誌》,p.167。

12 3月6日Fellers與米內光政的會談備忘錄,大概是由米內的翻譯Mizota Shūichi所記錄,在前引之畢克斯(Bix)(1995)中有引述。3月22日,Mizota還為另一會談做了記錄,會談中Fellers指認「非美國思想」的頭子就是Benjamin Cohen,「猶太人和共產主義者」。Cohen曾是羅斯福新政的顧問之一,當時與國務卿James Byrnes走得很近。

13 木下《側近日誌》,pp.222-24;高橋、鈴木《天皇家の密使たち—占領と皇室》,pp.38-39。

14 U.S. Department of State(美國國務院),*Foreign Relations of the United States, 1946*,vol.8,pp.395-97。

15 例如,可參見重光葵對「巢鴨幫」的論述,鶴見、中川編《天皇百話》,下卷,pp.123-28。

16 田中隆吉《かくて天皇は無罪になった》,初發表於《文芸春秋》1965年8月號,後收入文藝春秋編《「文芸春秋」にみる昭和史》(東京,文藝春秋,1988),pp.84-91。日本前陸軍少將田中隆吉在東京審判中作證,他與首席檢察官Joseph Keenan的個人關係密切。田中是

說服東條英機改動證詞的仲介人。亦可參見東條英機有關天皇的審訊證詞的摘錄，《天皇百話》，下卷，pp.115-22。還可參見本書第15章。

17 藤原彰〈統帥権と天皇〉，收入遠山茂樹編《近代天皇制の展開（近代天皇制の研究）》（東京：岩波書店，1987），pp.195-226；家永三郎《戦争責任》（東京：岩波書店，1985），pp.37-47。這一問題的論爭，可參見秦郁彥與小島升關於「天皇『獨白錄』的徹底研究」的談話，1991年1月號《文芸春秋》，pp.142-44。

18 引自Roger Buckley，「Britain and the Emperor: The Foreign Office and Constitutional Reform in Japan, 1945-1946」，*Modern Asian Studies* 12.4（1978）：565-66。最高統帥部與國際檢察局開脫天皇的熱情，竟然發展到了審查或是故意忽略可能觸及天皇戰爭責任的材料。例如，法庭起訴的主要的原始材料之一，就是前掌璽大臣木戶幸一的日記，此日記是瞭解日方內情的寶典。當日記被譯成英文供審判之用時，有些章節被認為可能對天皇構成傷害而刪除了事。更為臭名昭著的是，對木戶的多次秘密審訊，獲得了累計達800餘頁的英文審訊記錄，最終卻未被檢方提交。原因是唯恐這位小心謹慎的天皇心腹對昔日決策過程的某些供述，無意中牽連到天皇。參見粟屋憲太郎《東京裁判と天皇》一文，收入日本現代史研究會編《象　天皇制とは何か》（東京：大月書店，1988），pp.35-36。

19 美國維吉尼亞州諾福克（Norfolk）的麥克阿瑟紀念館關於Bonner Fellers的文獻中，藏有寺崎英成（Terasaki Hidenari）的一份12頁的備忘錄，未注明日期。此備忘錄概括了裕仁天皇對自1927年以來所有事件的看法，顯然出自天皇向近侍口述的「獨白錄」：RG 44a, box 4, folder 23（「Terasaki, Terry & Gwen」）。亦參見Arnold C. Brackman，*The Other Nuremberg: The Untold Story of the Tokyo War Crimes Trail*（New York: William Morrow, 1987）, p.78；畢克斯（Bix）（1992），pp.358-60。1989年裕仁天皇去世後，長期未公開的天皇「獨白錄」，與有關裕仁的其他史料、論著紛紛出版面世，前引之畢克斯（Bix）（1992）對此有切實分析，此書徵引了許多其他的日語文獻。天皇「獨白錄」及其評注，參見寺崎英成與Mariko Terasaki Miller編著，《昭和天皇独白録 寺崎英成・御用掛日記》（東京：文藝春秋，1991）。從獨白錄看來，裕仁對在他的支持下上演災難性的政策應擔負的個人責任缺乏反省，但也顯示出他對某些臣子十分信任，如在戰犯審判中被訴為「共謀說」首犯的東條英機。
日本歷史學界對裕仁「獨白錄」的自我粉飾以及SCAP開脫裕仁責任的觀點，進行了矯正。參見藤原彰《昭和天皇の十五年戦争》（東京：青木書店，1988）；藤原彰《天皇と戦争指導》，載《科学と思想》71號（1989年1月），pp.676-93；秦郁彥《裕仁天皇五つの決断》（東京：講談社，1984）；千本秀樹《天皇制の侵略責任と戦後責任》（東京：青木書店，1990）；山田朗《昭和天皇の戦争指導》（東京：昭和出版，1990）。亦參見Kentarō Awaya（粟屋憲太郎），「Emperor Shōwa's Accountability for War」，*Japan Quarterly* 38.4（October-December 1991）: 386-98。此外，關於這些問題的英文論著，可參見Peter Wetzler，*Hirohito and War: Imperial Tradition and Military Decision Making in Prewar Japan*（Honolulu: University of Hawaii Press, 1998）。

20 「Oral Reminiscences of Brigadier General Elliott R. Thorpe」, May 29, 1977, RG 49, box 6（麥克阿瑟紀念館，Norfolk, Va.），P.8；U.S. Department of State, *Foreign Relations of the United States*, 1946, Vol.8, pp.87-92，著重參考pp.90-91。

21 《憮然たる世相の弁》，《週刊朝日》1948年5月16日，收入朝日新聞社編《「週刊朝日」の昭和史》(東京：朝日新聞社，1989)，第2卷，pp.110-121，重點可參看p.112。吉見義明《占領期日本の民衆意識--戦争責任論をめぐって》一文，載《思想》1992年1月號，pp.91-93。秦郁彥《裕仁天皇五つの決断》，pp.386-87。亦可參見1948年6月的原始文獻，收入麥克阿瑟的侍從武官Laurence E. Bunker的文獻，RG 5, box 77, folder「OMS Correspondence」，麥克阿瑟紀念館。

22 Fellers寫給寺崎英成的信，署1948年7月8日，見於RG 44a，box 4，folder 23，麥克阿瑟紀念館。關於Sebald，可參照1948年10月26、28日信，RG5，box 107，folder 2，麥克阿瑟紀念館；William J. Sebald與Russell Brines，*With MacArthur in Japan: A Personal History of the Occupation*(New York: Norton, 1965)，pp.161-65。亦可參照秦郁彥《裕仁天皇の五つの決斷》，pp.386-92；Nakamura前引書，pp.114-15。鶴見、中川編《天皇百話》，下卷，pp.141-50(摘自Sebald回憶錄)，383，405-9，414。

23 木戶的這一材料是由粟屋憲太郎發現的，初次披露於1987年；英譯文參見畢克斯(Bix)(1992)，pp.315-16。

24 Nakamura前引書，pp.114-17；粟屋憲太郎《東京裁判論》(東京：大月書店，1989)，pp.37-38, 160, 195-97。占領後廢除了冒犯君主罪(不敬罪)的律法，但是禁忌仍然存在。隨著裕仁年事已高與日本國運的昌盛，質疑裕仁個人的戰爭責任，似乎更加「不合時宜」。當然曾經與裕仁有過密切接觸的許多人，都等到裕仁過世才公開他們的日記或備忘錄。因而，1989年初裕仁去世後，學術界與新聞界對其戰爭角色與責任問題的公開探討上升到了新的高度。

裕仁本人對這些問題極其草率的看法，在1975年10月31日他首次訪美歸來的那次著名的記者招待會上表露無疑。當時一位日本記者詢問他對「戰爭責任」問題的看法，裕仁回答：「考慮到今天發言的場合，我並未對這些問題多做準備，因此不太明白你的問題而不能作答。」天皇還表達了迄今未能巡幸沖繩的遺憾(沖繩曾因其戰爭策略被毀，後來又在他的積極支持下，在占領結束後淪為新殖民地性質的美國軍事基地)。裕仁溫和地說，沖繩「過去曾經有各種各樣的問題」，但是他希望沖繩居民未來能夠做得好。記者招待會上最惡名昭著的時刻，或許是當天皇被問及如何看待廣島的原子彈爆炸之時，廣島迄今他已經巡幸過三次。裕仁對原子彈空投表示遺憾，他為廣島的民眾感到難過，但是既然這發生在戰爭期間，是「無法避免的」。昭和天皇至死都未在道義上有所懺悔。此次記者招待會的實錄，參見高橋紘《陛下、お尋ね申し上げます》(東京：文春文庫，1988)，pp.226-27；亦參見前引之《天皇百話》，下卷，pp.636-37。

25 前引之高橋、鈴木《天皇家の密使たち》，對天皇的巡幸有詳盡報導，pp.210-61(尤可參見pp.210, 213, 216,241)；亦可參見畢克斯(Bix)(1995)，pp.346-59。木下《側近日誌》11月29日之條目，提到天皇說起近來的關西之旅(在那裡裕仁拜謁了他傳說中的祖先「神武天皇」之陵墓，「神武天皇」乃天照大神天孫之孫)，並且欣喜於此行極大改善了他與國民之間的關係，p.64。亦參見講談社編《昭和二万日の全記録》(東京：講談社，1989)，第7卷，pp.218-19；此文獻下引為*SNNZ*。

26 高橋、鈴木《天皇家の密使たち》，pp.211-12。

27 Blyth備忘錄的英文原文，收入木下《側近日誌》，pp.111-13。

28 岸田英夫《戦後巡幸のプロモーター》，載1956年6月26日《週刊朝日》，收入朝日新聞社編《「週刊朝日」の昭和史》（東京：朝日新聞社，1989），pp.14-15。據日方的巡幸策劃人大金益次郎說，麥克阿瑟將軍是唯一的完全支持天皇巡幸的權勢人物。

29 明治時期，天皇的巡幸是為了平息「自由民權運動」。19世紀80年代早期發生的一系列暴動，使「自由民權運動」達到高潮。昭和天皇身邊的人士，也早就强調了他巡幸的「任務」性與對民生的真切關注；參見大金益次郎的言論，鶴見、中川編《天皇百話》，下卷，p.294；*SNNZ* 7:218；高橋、鈴木《天皇家の密使たち》，p.218。

30 參照大金益次郎所言，前引之鶴見、中川編《天皇百話》，下卷，pp.295-97，309。當時的眾多文獻都確證了這一印象。

31 Russell Brines, *MacArthur's Japan* (Philadelphia: Lippincott, 1948)，pp.82-83。

32 高橋、鈴木《天皇家の密使たち》，pp.219-21。

33 大金益次郎所述，《天皇百話》，下卷，pp.296-99。民眾的各種反應，參見吉見義明《占領期日本の民衆意識--戦争責任論をめぐって》，pp.94-99。朝日新聞社編《聲》（東京：朝日文庫，1984），第1卷，pp.85，102-4，239，254-55。

34 Brines前引書，p.91。

35 前引之岸田英夫《戦後巡幸のプロモーター》，pp.10，14。

36 有關熊澤天皇的趣聞，參見畢克斯（Bix）（1995），p.348。

37 「天皇是掃帚」的漫畫，載《真相》1947年9月號，收入Sodei Rinjirō（袖井林二郎）的文章，「Satire under the Occupation: The Case of Political Cartoons」，此文見於Thomas W. Burkman編，*The Occupation of Japan: Arts and Culture* (Norfolk, Va.: General Douglas MacArthur Foundation, 1988)，pp. 93-106。GHQ的報告，參見畢克斯（Bix）（1995），p.352。一位投身於地方女性事務的占領軍人員Carmen Johnson，在其日記中記錄了她對地方上灑掃以待天皇巡幸的驚奇（「人們忙著清理河道。石頭移走了，垃圾清除了。我認為石頭將被洗刷乾淨並且重新放好」）；參見其著述*Wave-Rings in the Water: My Years with the Women of Postwar Japan* (Alexandria, Va.: Charles River Press, 1996)，p.113。Justin Williams及其他學者，注意到了天皇巡幸給地方財政帶來的災難性影響；見Justin Williams，*Japan's Political Revolution under MacArthur: A Participant's Account* (Athens: University of Georgia Press, 1979)，pp.55-56。

38 高橋、鈴木《天皇家の密使たち》，pp.234-36。

39 此文獻收入Lucy Herndon Crockett，*Popcorn on the Ginza: An Informal Portrait of Postwar Japan* (New York: William Sloane, 1949)，p.239。

40 前引之《天皇百話》下卷，pp.419-22。

41 《天皇百話》下卷，p.429。

42 渡邊清《砕かれた神—ある復員兵の手記》（東京：朝日選書，1983）。不清楚渡邊的日記在出版前是否經過刪改以及做了哪些刪改。感謝高尾利數教授向本人推薦了這一非同尋常的文本。

第十二章 憲法的民主：GHQ起草新的國民憲章

一九四六年初，事實上是突如其來地，麥克阿瑟將軍開始著手所謂「或許是占領中最重要的一項成就」，即以新的國民憲章取代一八九〇年施行的《明治憲法》。[1] 美國人早就對《明治憲法》不以為然，認為他與負責任的民主政府的健康發展相抵觸。這種批評見解在美國政府的內部調查與政策檔中多有闡發。日本投降前後，美軍所使用的《日本指南》(*Guide to Japan*)中，對該觀點也有難得的生動表述。《指南》告訴讀者，初期的明治政府由舊薩摩、長州藩出身的舊武士階級所支配，這些寡頭執政者向西方尋求憲法範本，並產生了這樣的雜交產物。《指南》斷言，「《明治憲法》是以普魯士專制政治為父本，英國議會政治為母本，由薩摩和長州的助產士接生的雌雄同體的生物。」[2]

一九四六年為這個雙性生物變性的手術，包括捨棄他以之為基礎的德國獨裁主義的法的模式(這也是向來大多數日本法律專家所受的訓練)，並置換為植根於英美法傳統的基本理念的憲章。一九四六年三月

346

347

六日，新憲法草案作為日本政府的自創性成果被公佈，隨後提交國會審議採用。實際上，憲法草案原本是由GHQ民政局人員，在東京的「第一生命」大廈為期一周的秘密會議上以英文擬就的。參加這項非同尋常任務的美國人，稱他為我們的「憲法制定會議」。如GHQ的內部備忘錄所指出，他們將舊的明治憲法掏空，僅留下「結構和標題」。然後將舊殼重新填入英美和歐洲的民主理念——甚至不止如此。在新的憲法下，日本還放棄了發動戰爭的國家權利。

從未有現代國家建立在如此外來的憲法基礎之上，也沒有比這更為奇特的君主制、民主理想與和平主義的結合。更少有像這部憲法一樣，外來文獻被完全內化吸收，並將得到強烈擁護的例證。儘管他帶有征服者的清晰印記，而且使日本的保守派們大為震驚；儘管實際上他也有自己的兩面性，但他以令人矚目的方式，植入了民眾對和平與民主的熱望。[3]

為雌雄同體的生物變性

憲法修正的根據，是波茨坦宣言中幾項含意不明確的條款。其中第六項聲明，「必須永遠消除那些欺騙和誤導日本人民征服世界者的權力與勢力。」首先，這為戰犯審判與大規模開除參與軍國主義和極端民族主義活動和團體者的公職提供了依據。然而，他還可以解釋為，要求確立防止將來政府濫用權力的憲法保護。第十項要求「日本政府為日本國民間民主傾向之復興強化去除一切障礙。應當確立言論、宗教和思想自由，以及對基本人權的尊重。」相關的第十二項還許諾「只要前項諸目的達成，並建立順從日本國民自由意志、有和平傾向與負責的政府，同盟國占領軍即從日本撤離。」[4]

麥克阿瑟與他在東京的班底，以這些條款為基礎，並受到華盛頓後來重申占領的總體目標是「修正日本政府封建的、獨裁的傾向」的指令所激勵，得出結論：如果不根本改變日本的憲法體系，他們的任務就無法達成。[5]一九四六年一月初，華盛頓的決策者們向麥克阿瑟拍發了批判日本憲法體系缺欠的機密電報，要求改革日本「統治體系」，實現真正的參政權、國民對行政的支配權，加強民主選舉的立法機構（議會），保障基本的人權、擴大地方自治。意味深長的是，華盛頓的意見，比SCAP內部的主流觀點還要激進得多：電報勸告「應當鼓勵日本人廢除天皇制，或是沿著更為民主的方向對其進行改革。」[6]

儘管在東京的美國人確信憲法修正的必要性，但是當初麥克阿瑟的方針是，舊憲法的任何修正案須由日本政府自行提出。即便如此，仍然存在著明顯的矛盾：美國人命令日本人通過憲法修正，以他們「自由表達的意志」採納民主。此外，他們還假裝戰後的保守派內閣就是真正代表國民意志的政府，其實任何人，包括SCAP、日本民眾，以及走馬燈般更迭的日本政權本身，誰也不會相信這一點。

348

SCAP當初仍然做出了此情形下最適宜的舉措。到一九四五年十月，美方私下和公開告知日本方面，希望進行憲法修正。後數月間，占領軍官員等待日方回應，並未試圖強行干涉。結果是民眾迅速領會了美方的意圖。私人團體和政黨都著手起草和發表憲法草案，有些草案內容相當自由開明。媒體懷著興趣追蹤報導這些活動，而GHQ也緊密關注新聞報導的動向。與此形成對照，日本政府的行動像烏龜一樣遲緩，即便是當美國人向他們重申之時，也對波茨坦宣言的表述不予理睬。在日本方面提出的所有憲法修正案中，政府草案的公布日期是最遲的，內容也是最遮遮掩掩的。日本國民對內閣憲法調查委員會的起草案頗多嘲諷，而GHQ借此時機自己召集了大膽創新、秘密的「憲法制定會議」。關於憲法修正案問題，日本保守派是自掘墳墓。

正式而言，美國人實際上分別著手了兩起憲法調查。一起成了悲劇，另一起則成了一場鬧劇。悲劇始於十月四日，當時麥克阿瑟親自鼓勵時任東久邇內閣國務大臣的近衛公爵，實施關於憲法修正的調查研究。數日後，喬治·艾哲遜(George Atcheson)與近衛詳細商討了這一計畫。儘管東久邇內閣在近衛會見麥克阿瑟的翌日辭職，近衛仍然認為自己是受任命的憲法修正問題的推進者。在艾哲遜和最高司令官的熱情支持下，他與天皇探討了憲法修正問題，在皇室的庇護下推動調查，並召集了一小隊憲法專家進行協助。近衛對待他的新任務很認真。以貴族講求舒適的一貫排場，他甚至自己出資租下了箱根一所旅館的三樓，以確保他的團隊不受干擾地工作。顯而易見，憲法修正現在成了天皇的事業。新聞界報導說，憲法修正是由天皇主導推動的。

349

儘管近衛的官方立場曖昧不明，但他本人實在是一位極有影響力和個人魅力的人。從一九三六年到一九四一年的關鍵時期，他兩度出任首相，極大地提高了威望，最終也導致了他個人的幻滅。一九三七年，在近衛首相任內，日本發動了對中國的「殲滅戰」。一九三八年還是在他任職期間，日本宣佈所謂的「東亞新秩序」，一九四〇年近衛政權使日本締結了與納粹德國和法西斯義大利的軸心國同盟。一九四五年近衛被指定為戰爭犯罪嫌疑人實在並不出奇，令人驚訝的是麥克阿瑟和艾哲遜——美國在日本的軍方和官方的兩位最高代表，最初都將他作為推進憲法民主化的最適當人選。

十一月一日，麥克阿瑟的司令部公開宣佈與近衛的專案脫離關係。這麼做有實際的理由，但卻不能減輕背叛的痛楚。近衛成了包袱，因為他將被作為戰犯起訴正日益明確。GHQ內部的秘密備忘錄和輿論對近衛批判的高漲，都使這一點顯而易見。另外數周以來，幣原內閣變得難以駕馭且心懷怨恨，正對在內閣的許可權之外進行重大的憲法修正的事實加以指責。

近衛公爵的公關與自我宣傳的才能，導致了事態的危機，而在此過程中，透露出了天皇政治的錯綜複雜。十月末，在一次激發事端的記者會見中，近衛暗示天皇可能退位。近衛還提及他與麥克阿瑟的會談，並揭露最高司令官曾以「十分決然的口氣聲明自由主義憲法的必要性，並建議我在此運動中擔當指導。」SCAP曾經樂於造成天皇主導憲法修正的印象。近衛直率的揭露，顛覆了這一偽裝。

350

儘管出現了這次失態，近衛的調查仍然繼續進行。十一月二十二日，他上奏天皇《帝國憲法改正綱要》，詳細列出了二十二項具體問題和懸疑事項。他首要關注的是，明確天皇的許可權以及防止以天皇之名濫用權力的方策。但近衛的建議也顯示，他仔細傾聽了由助手或是美方線人處獲悉的許多具體問題。他的首要觀點是，「天皇有統治權並行使之，但須特別明確是依萬民翼贊之旨而行。」既然「今日戰敗之災難」，主要是由軍部濫用權力而起，在近衛看來，還有必要明確軍部從屬於內閣和國會，因而從屬於「國民的意志」。

至於人權問題，現行的憲法下，人權總是被「在法律規定的範圍內」這樣的字眼所限制，近衛對這樣的批判表示理解。他建議，「應當明確表示，國民的自由優先於法律。」近衛進一步提議，刪除非常事態下暫時停止國民權利的特權條款。迄今為止僅對天皇負責的國務大臣，今後應當也對帝國議會負責，並應確立選舉總理大臣的固定程式。公爵還提案廢止精英式的、超出議會權力之外的貴族院（樞密院）。

實際上，這是近衛憲法調查的終結。近衛《綱要》的官方版本從未發表，儘管一個月後，《每日新聞》登載了其精確文本。看來近衛的提案並未給SCAP官員們留下深刻印象。縱然曾有過關於天皇退位的挑撥性發言，近衛公爵仍然為天皇履行著微妙的職責。他出色的公共宣傳活動，協助重新打造了天皇獻身和平而非致力於軍事的形象。

SCAP對近衛自作主張的暫時容忍，強化了美國人將滿足於穩健的憲法修正、打算在天皇特權與選舉政治之間搞平衡的印象。這種印象是誤導性的。此後承擔憲法修正的日本政府官員，由於未能領會SCAP比近衛的構想更激進的變革要求，付出了慘重的代價。近衛公爵本人沒能等到遊戲的結束。十二月六日，他的名字與其他八人一起，出現在正式的甲級戰犯嫌疑人名單上。十日後，預定逮捕日當晚，近衛服毒自殺。7

「明治男」們的難題

日本政府更為滑稽的憲法修正鬧劇，始於十月二十五日，當日幣原內閣設立了自己的憲法問題調查委員會。一位具有廣泛政治與行政經驗的極端自信的法律學者松本烝治，被任命為委員長。作為一名商法而非憲法的專家，松本是由吉田茂外相極力推薦上任的。儘管在未來動盪激變的數月間，松本的公正尚且完整無損，但其自信卻遭受到了意想不到的試練。8

對幣原、松本和吉田這樣的權威人士而言，憲法修正是個輕率的概念，不過是美國人一時衝動的想法，而起初他們也並未拿麥克阿瑟的聲明認真當回事兒。私底下，幣原首相對近衛公爵和木戶幸一都說過，憲法修正既不必要也非所願。在他看來，只要對明治憲法做出更加民主的解釋就足夠了。在公開場合，首相的說法也是一樣。十月十一日在會見過最高司令官之後，他迂闊地告訴新聞界，憲法修正並無必要。[9]「憲法問題調查委員會」的名稱，本是故意迴避提及「修正」、「改正」等字眼，松本還特意提醒每個人不要忽略這一暗示。他宣佈，「委員會的意圖不一定是要修正憲法，他的調查目的是決定是否需要進行修正，如果是的話，則明確修正的諸要點。」[10]這可不僅僅是虛張聲勢。數年後，當一切塵埃落定，松本沮喪地吐露真情，「我們以為可以按照自己所願處理問題。我們甚至以為可以對（既存憲法）不作更動。」畢竟，波茨坦宣言不是說過嘛，日本可以順應「日本國民自由表達之意志」選擇將來的政府形態？[11]

這種想法的天真幼稚很快就帶來了切膚之痛，但在當時，這是上層階級的男人們的性格理所當然的反應。像近衛公爵一樣，他們都是生於明治時代的特權階級男性。對他們而言，明治憲法的精髓，即主權在於「神聖不可侵犯的」天皇，是不容褻瀆的聖域。另外，從第一次世界大戰開始後的十年間，這些守舊派們見證了議會政治與「大正之春」的繁榮，根本無須任何憲法的修正。由此他們認為，既存憲法是足夠靈活變通的法律文獻。儘管軍國主義者濫用了憲法，反軍國主義的文官當然還可以重新加以糾正，而無須篡改基本的原理。事實上，他們的想法也並非一無是處。在新憲法實際生效之前，包括農地改革、婦女參政權、勞動組合法以及經濟民主化等廣泛的改革政策，已經在現有憲法體系下付諸實施。但問題的癥結在於，真正可能實現日本民主化的，既非舊憲法，也非「穩健派的」舊式文官精英，而是新的改革主義的盟軍領主，外來的美國人。在他們眼中，一旦他們離去，缺乏阻止系統重蹈覆轍的憲法保障。這是日本的保守派們完全未能領會

352

的。

儘管對憲法修正持懷疑態度，幣原和松本仍然設置了包括十七位委員的權威委員會，其中有多位著名的法律學者。雖然獨斷的松本傾向於一個人背負重責，經常獨立運作，但在十月二十七日到翌年二月二日期間，委員會召集了二十二次秘密會議。[12]就這樣一支權威雲集的團隊而言，他也集合了驚人的缺陷。幣原首相顯然沒有給他的諮詢委員會任何有關憲法修正的基本原理或是政治利害方面的認真指示，而委員會成員自身似乎也完全不受軍事占領下明白無誤的權力現狀的影響。他們完全未能把握美國修憲思想背後的法律和哲學根據，甚至拒絕詢問。除了不顧波茨坦宣言和投降條款的存在，他們還未能考慮到勝利的同盟國陣營中眾多國家是如何看待日本的，並將在日本恢復主權之前對日本有何要求。

最有趣的是，這些飽學之士表現得根本不關心千百萬普通日本人將如何理解「民主」，以及期望或接受什麼。實際上，他們憲法修正的唯一參照，就是明治憲法本身。他們不僅無視其他的憲法模式，而且也未屈尊檢視當時民間發表的憲法草案。[13]松本委員會的天真認識和精英意識，被證明是自身的災難。委員會作為島國的自滿心態和短視的專家意見的可悲例證，在歷史上留下了自己的身影。

一九四六年二月中，在延遲地認識到漫不經心態度的愚蠢並為重新獲得憲法修正進行了徒勞努力之後，松本嘗試說服占領當局，在此問題上東西方之間存在根本的分歧。他在致GHQ的備忘錄中寫道，「法律制度非常像是某種植物。如果從本國的土壤中移植到外國，就會退化甚至死亡。歐美的有些玫瑰品種，在日本種植，就會完全失去香氣。」[14]這種東是東、西是西的即席論調，看似對玫瑰評頭論足，不過是些轉移注意的話，因為這裡面牽涉的問題，絕非白人的植物不適合種在東方的土壤這麼簡單，也非是「西方」與「東方」文化簡單衝突的問題。這是歐美兩種法的思想體系之間的基本對立問題。簡而言之，這些專家基於德國立法和行政法與德式的「國家機構論」的立場，在很大程度上對美國的重視人民主權和人權不感興趣。[15]

松本管理委員會十分得力。一旦他和他的同事們接受了憲法修正不可避免的觀念，他們採取了有名的「松本四原則」作為指導方針。十二月八日在眾議院答辯公佈如下：(1)天皇總攬統治權的大原則不可變更；(2)擴大議會的決議權，並相應對天皇大權進行限制；(3)國務大臣承擔一切國務責任，同時，國務大臣對議會負責；(4)強力保障人民的自由和權利，考慮對自由和權利侵害的賠償方法。

委員會提議對明治憲法中有關天皇的條款僅作一語之更改，由「神聖不可侵犯」改為「至尊不可侵犯」。委員會採用的所謂松本草案，最終增加了十項修正條款，但這處關乎天皇的微小的語言變動，雖然在委員們的心目中十分重大，但對其他人來說不過是形式而已，成為這些修正案極端保守性的象徵。[16]至於波茨坦宣言一再強調的基本人權，松本委員會只是提出修正案，宣佈日本臣民的自由與權利除「法律規定情形之外」不得侵犯。正如GHQ內部的批評家很快指出的，這正好是戰敗前日本執行的「依法」對人權和自由施行壓制。[17]

與近衛不同，松本堅決拒絕瞭解SCAP的希望。一位未被納入松本委員會的精通英美法的學者高木八尺，警告松本其草案將會被拒絕。當高木敦促松本與GHQ協商時，他被唐突地打發了。松本回應說，「憲法改革應當是自發的和獨立的。因而我看沒有必要探明美國人的意圖或達成事先的諒解。」[18]幣原首相也從未費心去詢問麥克阿瑟的確切想法，這本來是件容易的事。在至關重要的憲法修正問題上，勝者與敗者根本未作溝通，直到從保守派的立場看來，一切都太遲了。

這些政府高官和著名學者未能揣測美國的要求，可以說是一九四六年之前日本精英人士對美國認識局限性的頗具啟示意味的注解。因為他們顯然是具有世界大局觀的人物。幣原首相是親英派，他的英語好得出奇。據說，他手頭常備的是莎士比亞與彌爾頓的著作。吉田茂擔任外交官的最終職務是駐英大使，同樣作為「老自由主義者」而聞名。松本也英語嫻熟，先前不僅在學術領域(東京帝國大學)享有盛譽，而且還在議會政治(貴族院)、官僚行政(南滿洲鐵道與法制局)、內閣(商工大臣)擔任過要職。依照他的一位崇拜者的說法，他甚至「在年輕時頗有點像是社會主義者，」最終成了「全心全意的自由主義者」。[19]

然而，被稱為親英派或「老自由主義者」，並不意味著他們也強烈親美或是對美國有深切的瞭解。實際上，有幾位在美國研究過憲法的法律專家，並未被邀請參加松本的委員會。而最著名的

355

關於「自由主義」憲法理論和美國憲法的日本參考書，對波茨坦宣言特意強調的人權問題，只是順帶做了泛泛的解釋。戰敗前日本最有名的「自由主義」憲法理論家美濃部達吉的著作，是這一盲點的絕好例證。在一九三〇年代，美濃部被極端民族主義者攻擊，從東京帝國大學退職，並被剝奪了帝國議會的議席。原因是他的理論——天皇是政府「機關」而非神聖超越的存在，被認定是對國體本質的歪曲。然而美濃部的著作，也透露出對美式自由主義思想至關重要的人權問題缺乏關注。他有名的明治憲法研究著作第五版，出版於一九三二年，僅以二十七頁的篇幅（總篇幅六二六頁）論述臣民的權利義務問題。在稍早的一本專門研究「美國憲法的由來及其特質」的書中，美濃部只用八頁篇幅略述了整個《權利法案》。[20]

沒有必要揣測一旦有參與憲法修正論爭的機會，被迫害的美濃部會如何行事，因為他的確獲得了這樣的機會。他是松本委員會的一員，而且時刻都在獨立發表個人見解。他激情而直白地爭辯說，沒有必要急於修改明治憲法。而且無論如何，國家在外國占領狀態下，這麼做是不合適的。在他看來，近年來諸問題的發生不是由於明治憲法有缺陷，而是由於憲法的真正精神被扭曲。他根本不認為明治憲法下的天皇地位是什麼問題，他指出西洋憲法也稱君主是「神聖的」和「不可侵犯的」。[21]

民眾對新國家憲章的積極性

松本委員會被掃進了歷史的垃圾桶，主要是因為文官精英們堅持專制與反民主，而大多數的普通人卻表現出善於接受美國人推進的民主。譬如，許多人樂於放棄明治憲法神格化的天皇崇拜。松本委員會修正案確定之際發佈的調查，只有16%的受訪者希望不變更天皇的地位。[22] 明治憲法下被否定人權和主權的民眾，歡迎改善自身狀況的機會。GHQ的高官已經認真指明，這有兩種方式。第一，由民間團體和個人提交多種憲法修正案，包括自由主義的和進步的提案；第二，當松本委員會的修正案發佈之時（當時那可是轟動一時的獨家新聞），媒體在民眾的強力支持下，批判其反動性。

除近衛與松本的修正案之外，在一九四五年秋到一九四六年三月間，至少還有其他十二種憲法修正案提出。其中四種來自於政黨，按發表時序為：共產黨、自由黨、進步黨和社會黨。大日本弁護士會連合會（日本律師聯合會）參加了憲法論爭，提倡限制天皇特權、擴大議會許可權、廢除貴族階級並導入國民投票制度。民間團體和個人也提出了幾種修正案。其中最有影響的當屬憲法研究會提案。憲法研究會由自由主義和左翼知識份子構成，包括兩位傑出學者大內兵衛和森戶辰男。在戰爭年代二人因異端見解從東京帝國大學被開除。另一民間團體憲法懇談會，是以稻田正次的個人思想為基調，儘管他還包括其他成員，如令人尊敬的富於經驗的國會議員尾崎行雄。[23]

356

某些個人也參與了這些憲法審議，最有影響力的莫過於高野岩三郎。進步的知識者高野參與社會黨和憲法研究會草案的制定，還個人發表了重要的憲法草案。社會黨長老，受嚴重歧視的賤民群體（戰敗前稱為「穢多」，戰後稱為部落民）的領導者松本治一郎，給出了更為激進和異質的提案。他提議「日本共和國聯邦」，各「共和國」（九州、關西、關東、東北）都將有自己的總統和內閣。[24]

這些提案中僅有共產黨和高野的提案，提倡全面廢除天皇制。然而，即使支持保留天皇制的其他一些提案，也要求大幅削減天皇的許可權。憲法研究會的草案明確提出，主權所在由天皇轉移到國民，將天皇的職能限定為「國民委任的國家禮儀之專司」。[25]社會黨人在是否廢止天皇制問題上有分歧，最終支持天皇制的存續，其所支持的天皇許可權事實上皆為禮儀之範疇。儘管社會黨直到二月中旬才公佈其憲法草案，但「作為象徵的」天皇的基本概念，在GHQ的美方官員採用此概念之前，就已經納入社會黨的審議之中。[26]憲法懇談會本質上採用英國「議會」的概念，規定「日本國的主權源於以天皇為首的國民全體」。[27]保守派團體如大日本辯護士會連合會和日本自由黨，強調保留天皇，但也表示支持限制天皇特權。甚至名實相違的進步黨，日本主要政黨中的最右翼者，也要求「擴大和強化議會的許可權，使議會參與運用大權」。[28]

一些非官方的提案，包含了自由主義的人權條款。一九四五年十一月日本共產黨公佈七項《新憲法構成綱要》，其中第五項規定「人民享有政治的、經濟的、社會的自由，並確保其監督批評議會及政府的自由。」第六項規定「人民的生活權、勞動權和受教育的權利，應當由具體設施加以保障。」這些頗有深意的條款，顯然是根據一九三六年蘇聯的「史達林憲法」改寫而成。[29] 社會黨的提案，與高野岩三郎的個人提案以及他幫助打造的憲法研究會草案一樣，不僅明確保障「言論、集會、結社、出版、信仰和通信的自由」，還保障經濟權利，諸如「對老年人生活受國家保護」，以及性別權利，如保障婚姻中「男女享有同等權利」。[30]

由於公佈時間早和自由主義的內容，憲法研究會的提案得到了GHQ民政局的特別關注。畢竟，他代表了比「穩健派」或「老自由主義派」顯然更為民主的日本人自身的觀點。他的作用還在於，引起了對明治憲法形成的契機和思想根源的注意。憲法研究會的提案指出，在繪製日本的未來構想時，並沒有單一的日本歷史、傳統或文化可資利用。日本的近代經驗可以有多樣化的解讀，關於創造日本自身的民主，也可以得出各種各樣的教訓。民眾對新憲法的積極熱情，透露出他們對過去和未來的想像，與舊憲法的維護者們所拼命捍衛的大相徑庭。

那些崇拜明治憲法的人，自然傾向於將其作為萬世不滅的以天皇為中心的價值觀的體現。事實上，明治憲法誕生尚不足六十年，代表的是一小撮精英求助於德國為他們新興的單一民族國家尋求憲法模式的結果。天皇成了德國式的專制主義日本化的載體。在選擇這條道路時，明治時期的政治寡頭們拒絕了政府之外提出的更為自由主義的憲法草案，如最著名的「自由民權運動」產生的草案。

憲法研究會從明治時期的反政府運動中汲取靈感，受到了引入日本的更為自由、激進的西方思想傳統的影響。高野岩三郎本人就是典型的例證。高野生於一八七一年，比明治憲法和現代天皇制的存在年長十八歲。他始終認為這一新「國體」是悲劇性的事件。他在公布個人的憲法草案之際發表的評論《被囚的民眾》(《囚われたる民衆》)中，明確指出了這一點。高野在這篇文章中，詳述了在明治憲法下，民眾如何成為天皇制的囚徒。他認定自己的思想受到了自由民權運動的重要影響。高野在喚起對明治初期激進運動的注意方面並不孤獨。憲法研究會參與者中唯一可稱為憲法專家的鈴木安藏，也頗受明治初期共用民主制運動的啟迪。一九二七年，鈴木因激進思想被清除出京都帝國大學經濟學部，此後他致力於自由民權運動思想的研究。其實，高野和鈴木所做的，也是保守派文官們以截然不同的方式在做的：喚起對十九世紀末期日本固有的「民主」傳統的關注。31

對占領軍當局而言，這種對歷史的批判的利用，比玫瑰移植的議論要有說服力得多。尤其是當局這些改革推進者中，至少有某些人通過加拿大外交官諾曼(E. H. Norman)的學術研究，曾經知悉過這樣的觀點。諾曼是西方歷史學家中研究日本近代國家形成的先驅。諾曼恰好作為在此重要時期加拿大政府駐日本的代表，於一九四五年九月初會見了鈴木安藏，並鼓勵他展開對「國體」的批判研究。32

民政局對憲法委員會草案的贊成傾向，在邁洛·羅威爾(Milo E. Rowell)中校為民政局長惠特尼(Courtney Whitney)准將準備的機密備忘錄中表露無遺。羅威爾後來成為新憲法起草的重要參與者。羅威爾評述憲法研究會的提案仍然忽略了某些權利，包括對法律執行機關的制約和對刑事被告人的保護。然而，他在總體上讚揚了草案的「顯著的自由主義的諸規定」，包括人民主權，禁止因「出生、身份、性別、人種以及國籍的歧視」，貴族制度的廢除以及對勞動者廣泛的利益保障。有些條款尚需補足，但草案是「民主的和值得接受的」。[33]

數星期後，與此情形相對照，松本委員會的草案以出人意料的形式發表，引發轟動。一月份的最後一天，《每日新聞》記者西山柳造在松本委員會召開秘密會議的房間見到了憲法修正草案。他「借」走了草案並迅速回到報社。他和同事們將草案拆開，趕忙分頭抄寫。然後他將草案重新裝訂好並悄悄地還了回去。他倒是做得禮數周到，但松本的團隊已經不再需要他了。現在委員會成員們想要多少份秘密草案都沒問題，只要買到二月一日的《每日新聞》就成了。

當時對《每日新聞》的獨家報導性質有一些誤解。民政局官員認為是日本政府故意走漏消息。惠特尼准將向麥克阿瑟描述這是吉田外相的「觀測氣球」。[34]通常《每日新聞》偷竊、公開的版本（記者們在抄寫之際有些細小的錯誤），還被誤認為是委員會最終提交的版本。事實上，這一版本的私下反應並不像委員會實際預備提交給GHQ的草案那麼保守。

即使這樣的一個版本，也被廣泛嘲弄為虛飾、象徵性（做做樣子）、反動與完全脫離時代的氛圍和要求。《每日新聞》的社論是對這一問題的公平看法的範例。社論說，大多數人確實對政府的草案深感失望，他「只是尋求維持現狀」。草案像是「見習律師草擬的文書……全無新國家構成所必須的識見、政治才能與理想主義」。憲法修正「不僅是個法律問題，」還是「極端重要的政治行為」。松本和他的同事們表現得完全「不理解日本正處於革命時期」。[35]

SCAP的接管

日本政府為執迷不悟、不知變通付出了代價。經過二月一日至三日間的一系列迅速決議，麥克阿瑟及其民政局的頂級助手們做出結論，日本政府沒有能力提交滿足波茨坦宣言要求的憲法草案。SCAP不得不親自指導。[36]這一大膽決定，再次表明與日本人和美國政府相比，麥克阿瑟所行使的非同尋常的權力。二月一日，元帥的部下完成了一份備忘錄。他們在一周內斟酌有關日本投降的基本文件，得出結論：最高司令官具有「為變革日本的憲法構造可以採取任何自認為適當措施的無制約許可權」。[37]翌日，麥克阿瑟指示民政局準備修正事項大綱，以指導日本政府。二月三日，他判斷說，日方的頑固官員更適合由詳細的憲法典範做指導。

這些步驟不過是民政局不同尋常的一周的序曲。二月四日，根據秘密記錄，惠特尼召集部下並告知他們，「下周民政局將召開憲法制定會議。麥克阿瑟將軍委託民政局擔負為日本國民起草新憲法的歷史重任。」日本的新憲法將基於麥克阿瑟宣稱的三項重要原則。惠特尼將這三項原則草草記下，帶到了會上。三原則如下：

I

天皇處於國家元首的地位。

皇位世襲制。

天皇的職務和權能將基於憲法行使，並為憲法所示的國民基本意志負責。

II

廢止作為國家主權的戰爭權力。日本放棄以戰爭為手段解決本國紛爭乃至保持本國的安全。日本的防衛和保護，依靠的是打動當今世界的崇高理想。

不批准成立日本海陸空軍。日本軍隊不被授予交戰權。

III

日本的封建制度將終結。

貴族的權力除皇族外，以現存者一代為限。

華族今後不再享有國民、市民之外單獨的政治權力。

預算模式仿照英國制度。38

361

那麼將這幾條稀疏的指導方針制定成憲法的時限是多久呢？惠特尼告知他的部下，草案將於二月十二日完成並準備供麥克阿瑟審批。

占領期再沒有哪個事件比這更能體現麥克阿瑟的宏偉手段了。他的助手們巧妙地分析盟軍和美國政府的基本檔，以確認他囊括無遺的許可權。他抓住關鍵時機，以誰也夢想不到的方式下達了指令。換了與他實力相當或是相近的任何人，也不會建議甚至想像得到，美國人會代日本起草憲法。這些豪言壯語式的原則：君主立憲制、絕對和平主義與廢除封建制度的宣言，與他委任部下的細節一樣具有典型性。在麥克阿瑟心目中，最高司令官與最高的存在（上帝）之間向來僅有一線之隔。而在二月初的重要時刻，他幾乎將二者之間的差別完全消除。[39]

但是為什麼，在數月謹慎控制，不對日本政府施壓之後，麥克阿瑟如此迅速果斷地決定採取行動？他為何不讓日本人建立自己的民主政府，尤其是當日本人獨立的民主之聲鼎沸、大有希望之時呢？就在麥克阿瑟指示民政局製備憲法的當日，民意測驗顯示，大多數日本人支援修正憲法，並希望選舉自己的組織研究這一問題。[40]假使如波茨坦公告所言，占領的目的是為創造與「日本國民自由表達之意志」相一致的更為民主的社會，那就不應當無視這些調查表明的草根民主發展的前景。為什麼在這個節骨眼上，SCAP要代替日本政府制定憲法草案呢？

答案在於數月來頻繁出現的有關天皇地位的考慮。麥克阿瑟的立即行動是因為他相信，這樣主動出擊對保護天皇至關重要。也就是說，他的動機在很大程度上，與他採取行動所對抗的極端

362

保守主義者的基本考慮是一致的。天皇的地位問題，作為最高司令官原則的第一條出現，並非偶然。這是他的首要考慮。放棄戰爭和廢除封建制度是第二位的，是麥克阿瑟認為獲取世界各國支持、保留天皇制度和天皇本人的必要條件。這不是否認麥克阿瑟對日本「非軍事化和民主化」的承諾，因為他在這些方面也以救世主自居。然而，這齣憲法修正匆忙上場的高潮戲劇，其動機在於麥克阿瑟感到，日本政府的極端保守主義傾向，正危害到保守主義者最為珍視的目標。[41]

惠特尼准將在二月四日下達指令時，向部下點明了這一點。他解釋說，GHQ推出憲法草案的最終期限是二月十二日，是因為日本高官預定當日與他進行非正式會談，商討還未正式提交GHQ的憲法草案。二月四日的會議記錄記述，「惠特尼將軍預計日本方面的草案將會具有十分強烈的右翼傾向。無論如何，他打算說服日本外務大臣及其同僚，保住天皇和他們自己殘存權力的唯一可能，就是接受和批准一部決定性的向左轉的憲法。」[42]

這一論點成了其後與日本政府代表多次磋商的主題。日方被一再告誡，接受「麥克阿瑟草案」的基本模式，他們就能夠避免可能完全廢除天皇制的更為激進的修正案。此時是一九四六年初，麥克阿瑟確信皇室正面臨來自兩個方面的深刻威脅：首先是來自日本國民的威脅。高野岩三郎和共產黨憲法草案體現出的「共和」思想，隨著時間的推移只會越來越強大。其次是來自日本外部的威脅。勝利的同盟國陣營中具有強烈反天皇傾向的各國，很快就會干涉到憲法的修正。

外部威脅的問題突然提上了日程，多國組成的「遠東委員會」（FEC）正即將成立。事實上，一

363

月三十日，籌備「遠東委員會」的「遠東諮詢委員會」委員們在東京會見了麥克阿瑟，並詢問了憲法修正的進展狀況。FEC預定在二月末正式開始運作，而在二月一日其部下預兆不祥地向麥克阿瑟報告說，「您對憲法修正的決策權，在遠東委員會公示自己在這一問題上的決策之前，尚不會受到實質性削減。」這份備忘錄還提到，此後麥克阿瑟關於憲法改革的指令，還可能被四國聯合的對日理事會的任一成員國所否決。對日理事會預定在FEC成立稍後開始在東京運作。突然之間，對天皇及天皇制抱有敵意的國家，其許可權將有可能淩駕於麥克阿瑟之上。43

在此情勢之下，麥克阿瑟面對的突如其來的挑戰所要做的是，在FEC真正開始運作之前，制定出憲法草案公開審議，既要滿足波茨坦宣言的要求，又要存留天皇制。在民政局完成憲法草案之後，惠特尼准將及其部屬試圖向松本和他震驚的同僚們解釋草案背後的根本原因，天皇制的存續一直是他們關心的首要問題。因而，當美方草案首次向日方披露之時，惠特尼不厭其煩地強調了這一點。他告訴松本及其同僚：

> 最高司令官頂住讓天皇接受戰犯調查的日益增強的外部壓力，堅決地捍衛天皇。他如此保衛天皇是因為，他認為這是正義的事情，並將在此過程中繼續竭盡全力。但是，先生們，最高司令官並不是萬能的。無論如何，他感到接受這些新的憲法條款，將可能確保天皇安然無恙。他感覺這將使你們從同盟國手中獲得自由的日子儘早到來，還能使日本國民儘早獲得同盟國要求的國民的基本自由。44

364

這些重要意見最終甚至得到了吉田外相這樣的人物的接納，而吉田被惠特尼和其他人視為「內閣中最反動的份子」。五月吉田就任總理大臣，後來他特意向保守派的同僚們解釋說，在戰敗與被占領的狀況下，憲法修正不是個法律觀念問題，而是關係到國家存亡、皇室安泰以及占領儘早結束的實際的政治問題。45

GHQ的「憲法制定會議」

民政局立即召集「憲法制定會議」。第一生命大廈第六層的跳舞廳成了他們集體作業的場所，點綴著幾組辦公桌。二十四位官員——十六位武官和八位文官，被指派在一周之內將麥克阿瑟的三項基本原則擴充為血肉豐滿的國家憲章。

工作組很快分成了一個指導委員會和七個專門小組，其中包括四名女性。他們在隨後的數天內高強度地工作，通常早晨七點到七點半左右開始，一直持續工作到午夜。用一位參與者的話來說，被借用的跳舞場就像是「一個巨大的牛欄」。專門小組與指導委員會之間持續不斷地進行溝通。惠特尼以及通過他獲知情況的麥克阿瑟聽取工作組的進展情況直到深夜。時間如此緊迫，以至於沒有誰真的有空閒去思索一下，他們正在承擔如此大膽創新的任務。46

儘管起草委員會的許多成員都是穿軍裝的，但是卻沒有一個職業軍人。他們之中除惠特尼准將外，還有四位律師：陸軍上校查理斯・凱德斯（Charles L. Kades），指揮官小阿爾弗雷德・哈西（Alfred R. Hussey, Jr.），陸軍中校邁洛・羅威爾（Milo E. Rowell）和陸軍中校弗蘭克・E・海斯（Frank E. Hays）。另外還有波多黎各的前眾議員和地方長官蓋伊・斯沃普（Guy J. Swope）司令，剛在普林斯頓大學取得行政學博士學位的密爾頓・埃斯曼（Milton J. Esman）中尉，北達科他州的報紙編輯和發行人、海軍中尉奧斯本・海格（Osborne Hauge），華爾街的投資家、陸軍上尉弗蘭克・瑞佐（Frank Rizzo），民間諜報機關專家、海軍少校羅伊・瑪律科姆（Roy L. Malcolm），社會學教授、陸軍中校皮耶特・魯斯特（Pieter K. Roest），商學教授、陸軍中校西塞爾・蒂爾頓（Cecil Tilton），駐外事務官員、海軍少尉理查・普爾（Richard A. Poole），中國史專家賽勒斯・匹克（Cyrus H. Peake）博士以及有戰前滯留日本經歷的新聞記者亨利・愛默生・懷爾茲（Harry Emerson Wildes）。[47]他們的政治立場，從保守的共和黨支持者到民主黨的新政支持者，頗有分歧。惠特尼堅定地站在前者的隊伍中，指揮委員會的頭兒和這個團隊的真正領導者查理斯・凱德斯（Charles Kades）上校，則是自豪的新政擁護者，他在羅斯福政府中具有豐富的實務經驗。

起草委員會中的少數人曾經接受過軍政訓練，而且對日本稍有瞭解。然而除了匹克與懷爾茲之外，委員會中真正對日本有認識或經驗的人是比特・西羅塔（Beate Sirota）。西羅塔是一位二十二歲的猶太女性。她出生於維也納，在孩提時代隨父母遷居日本。當時她的鋼琴家父親在東京音樂學校任教職。直到十二歲，西羅塔在東京上了六年德國學校。後來她的父母認為德國學校「太納粹」，讓她轉學到了美國學校。十五歲高中畢業時，她的日語已經相當流利，並且還懂其他四門外語。到她進入第一生命大廈六層的「牛欄」裡的時候，她已經從米爾斯學院畢業。戰爭中她曾在美國對外廣播新聞處和美國作戰新聞處工作過，在那裡她寫日文稿甚至親自播送日語的宣傳廣播稿。她還擔任《時代》雜誌的特約日本通訊員。戰爭年代，她的雙親滯留在　井沢度過了窮乏的歲月。西羅塔從兒時與日本孩童和僕人的接觸，還有那些時常來拜訪她父母的女性、藝術家和知識份子身上，切實地感受到了既存憲法下個人自由受侵害之苦。戰敗後回到日本時，她在民政局得到了對弱勢政黨和政治中女性地位進行調查研究的工作。[48]

西羅塔分配到了關於人權的小組，而她幾乎偶然的在場，為GHQ的「憲法制定會議」提供了罕見的視角：一位年輕的、勇敢的、理想主義的、相當具有世界視野的歐洲猶太女性，調和了日美兩種文化背景，尤其是對壓抑和迫害問題有著敏銳的感覺。另一個更難以捉摸的偶然性的例子，是關於年輕的海軍少尉理查・普爾（Richard A. Poole）的任命。他是掌管起草有關天皇新條款任務的兩人之一。儘管普爾沒有什麼特殊的資格，但是他出生在橫濱，而且他的生日跟天皇是同一天。[49]松本及其同僚對這樣的分派和行動毫無所知。假使他們能夠向這個熱情狂亂的舞場偷窺的話，他們焉能不悲從中來，哭得肝腸寸斷。

這支美國團隊的非軍事背景，造成了完全不分等級的工作氛圍，身處其中軍銜被忽略了，大家暢所欲言。凱德斯幾乎得到了所有部下的高度評價。據大家所言，他是個傾聽意見的天才，能夠最大限度地引人發揮才能，並能明確把握大局。他還對「日本問題老手們」的精英論調抱持新政擁護者的懷疑態度。這種態度在他與普爾之間的一個小玩笑中顯露出來。既然普爾年僅六歲半時就離開了日本，凱德斯告訴他說，「我猜你還行」。這種有所指的諷刺挖苦，很可以說明為何美國人能夠如此打破舊習，推出激進的憲法修正案。正如普爾後來所言，「大體而言，讓那些在舊日本文化中浸淫未久、有完全新鮮的一套或許因此而不怕嘗試新觀念的人，來實施對日本的占領是健全的做法。」50

比特．西羅塔在批判GHQ的行動「傲慢自大」時，其觀點甚至更為堅定。她回憶說，她從未感到自己是在試圖通過協助修憲教導日本人。她和周圍的每個人寧可強烈地相信，他們是在參與創造一個大多數日本人渴望而從自己的領導者那裡得不到的更少壓抑的社會。就西羅塔而言，這種良知是基於對日本婦女不同尋常的共鳴，再加上對她們法律上和婚姻生活中所受壓抑的個人經驗。她也見識過「思想員警」的活動，因為他們經常光顧她父母的家，從傭人和廚子那裡榨取有關客人的資訊。（甚至從他們那裡收集參加晚宴的日本客人和外國客人的座位名牌）。儘管西羅塔的個人經驗不同尋常，但她的態度卻是典型的。在第六層的「牛欄」裡，理想主義的集體精神超越了政治上的分歧，參與者們後來稱其為「人文」精神，即一種身負特殊使命以消除壓抑並實現民主制度化的共通判斷。51

這種精神具有感染力。雖然無法被精確計量，但是此種精神的存在至關重要。他們的起草作業，往往按照君主立憲制的完美形式可能具有的最寬容、最自由主義的向度做出解釋。同時，民政局的憲法制定會議還受到最高司令官三大原則之外的許多聲明與規範的寬鬆指導。波茨坦宣言是其中之一；編號為「SWNCC228」的關於「日本統治體制改革」的美國官方指導方針，也是其中之一（SCAP於一月十一日收到此指令）。[52] 與聯合國創設相關發佈的諸原則以及民間團體和個人發表的各種憲法草案也受到關注。數年後，凱德斯特意駁斥了那種認為GHQ草案「完全是從龐大的民政局產生的龐大固埃式的巨人」的看法。相反，他堅持認為，「日本方面提供的情報最為有益」。[53] 另外，起草委員會還在匆忙之間徵集了所有能夠得到的外國憲法的英文版本。比特・西羅塔徵用了一輛吉普車到各大學的圖書館四處借書，以免讓人注意到她從單一的地方借用過多的資料，她總共大約借閱了十到十二冊文獻資料。[54]

在這至關重要的一周當中，麥克阿瑟的帝王氣概以最微妙的方式表露無疑：他完全不插手部下每日的起草工作，但卻總是清楚他們在做什麼。他允許部下自由裁奪對他申明的基本方針的具體解釋。在此過程中，他的三大原則得到了重新審議和進一步的提煉。這樣的時刻，職位低下的部屬擔負起了將麥克阿瑟的抽象思考具體化的責任，生動地展示了無名之輩可以像著名人物一樣刻下自身的歷史業績。

例如，凱德斯的團隊將麥克阿瑟有關天皇的生硬指示做了根本性的轉換，寫成了新憲法序言之後的第一章。負責重寫這一節的二人起草小組——海軍少尉普爾和另一位下級軍官小喬治・納爾遜（George A. Nelson, Jr）中尉，簡直忽略了麥克阿瑟含意不明的頭一句話：「天皇處於國家元首的地位」。這些年輕人與指導委員會一起，還以最高司令官從未提及的方式對天皇進行了重新定義。他們將天皇描述為國家和人民團結的「象徵」。隨後凱德斯及其團隊明確申述了主權完全在於國民的理念。在日本的語境中，這是一個革命的觀念。[55] 以這樣的方式，民政局團隊不僅加強了最高司令官的指示，而且推行了這些指示可能具有的最自由主義的解釋。同時，他們還將有關天皇的核心問題做出了與憲法研究會草案提議相類似的表述。

以與此相類似的方式，只是含糊命令「日本的封建制度將終結」的麥克阿瑟的第三條原則，成為了保障代議制與廣泛的國民自由和人權詳細條款的基礎。新憲法明確列舉「國民之權利與義務」的章節，迄今仍然是世界上最自由主義的人權保障規定之一。主要是由於比特・西羅塔的努力，新憲法甚至保障了「兩性的本質的平等」，這一點在美國憲法中都未給出明確規定。[56] 起草委員會還不揣冒昧地緩和了麥克阿瑟有關日本非軍事化的措辭和意圖。凱德斯個人承擔起了此項條款的修正責任，他認為將軍斷然放棄「作為國家主權的戰爭權力……乃至保持本國的安全」過於武斷。他解釋說，任何國家都有權維持自身的安全，通過保有某種形式的憲兵、海岸警備隊等，抵禦內在的紛爭與外來的威脅。於是凱德斯毅然將放棄戰爭條款的第一項修正為「廢止作為國家主權的戰爭權力。永久廢棄以威嚇或使用武力為手段解決與他國的紛爭。」同條款的第二項否定了交戰權以及保持海、陸、空軍，基本上遵從了麥克阿瑟的指令所言。凱德斯故意曖昧地保留了

369

「為保持自身安全」適度再軍備的可能性，並由此埋下了此後數十年論爭的火種。[57]

憲法放棄戰爭的條款是SCAP「楔入戰術」的輝煌例證，昨日還與戰爭結合的國家主權，今天卻成了正式與激進的反軍國主義關聯的國家主權。然而，這其中包含的不僅僅是政治操作的技巧，還有放棄戰爭的理想本身巨大的吸引力，以及近年歷史上的確切先例。他反映出近二十年前當世界還未陷入災難性的戰爭之時，以一九二八年的凱洛格—白里安公約（Kellogg-Briand Pact，巴黎和約）為標誌的世界性的和平構想。正式以「關於拋棄戰爭的條約」而聞名的凱洛格—白里安公約，為GHQ草案放棄戰爭的言辭提供了最為明確的範式。

凱德斯上校早就是凱洛格—白里安理想的崇拜者，幣原首相與蘆田均、吉田茂等閣僚皆為外交官出身，不可能不熟悉放棄戰爭條款的慣用語言。[58]實際上，和平的構想正在他們的周圍復興。一九二八年日本曾參與簽定凱洛格—白里安公約，而日本對其原則的違背，正由當時東京戰犯審判所起訴的被告人的主要罪狀顯露出來。在此情形之下，凱洛格—白里安公約放棄戰爭的和平表述，在言辭和法律方面都成了一柄雙刃劍：新憲法草案中的放棄戰爭條款，在保護天皇的同時，卻也拔劍出鞘，砍倒了他往昔的文武高官。

理想主義與文化帝國主義的考察

SCAP突然決斷制定一部「典範」憲法，意味著對舊憲法「修正」設想的全面否定和廢棄。現在突然之間，既未經內部討論也未向公眾發表，既存憲法就被宣佈缺陷如此嚴重，以致必須捐棄其全部內容。只有「修正」的說法保留了下來。新的現實是要以新憲法取代舊有憲法，這簡直與松本委員會的觀點完全對立。與松本委員會完全是在明治憲法的框架內修修補補的作業相反，民政局團隊僅僅感興趣於將現存憲章作為反面教材，提醒日本的誤入歧途。他們根本未浪費時間對既存憲法做逐項仔細的研究。

然而，美國人在第一生命大廈舞廳內徹底改造的日本，並不被認為是美國的小型複製品。凱德斯後來堅持說，在起草委員會拼湊新憲章之時，並未對美國憲法多予參考。[59]畢竟，這是天皇制包裝下的英式內閣制度的代議政體。即便如此，美國式民主的政治理想與同盟國的諸項宣言，最終也在新憲法中留下了鮮明印記。日本憲法的序言部分尤其如此。這是對美國獨立宣言、葛底斯堡演說、美國憲法以及戰時的兩大宣言——大西洋憲章與德黑蘭宣言的回應與共鳴。[60]

很難想像還有比這更振奮人心的任務，可以交付給這些滿懷政治理想的聰明（大多數也很年輕）人了。實際上，美國人得以書寫的是全新的歷史，儘管其背景上雕刻著日本皇家的菊花紋章作為裝飾。而日常審議的秘密議事錄也顯示出，他們不僅具有強烈的共同目的意識，還具有高度的技術

371

才能和專業的討價還價的能力。起草委員會的律師們沒有一位是憲法方面的專家，正如松本是一位商法專家一樣，這並未使他們躊躇不前。但是，他們卻不允許自己陣營內部基本的意見分歧，這一點很快就顯現出來。當他們的行政管理專家、陸軍中尉埃斯曼干擾憲法起草進程、批判起草計畫執行的草率性和秘而不宣時，埃斯曼忽然發現自己收到了一張為期五天的「休息與娛樂」休假許可證，而且立即生效。在同僚們秘密地突飛猛進剷除封建殘餘之時，埃斯曼卻在日光消磨時間考察德川幕府創始者宏偉的陵廟。等他返回之時，起草工作已接近尾聲，儘管他還來得及為最終草案盡綿薄之力。新憲法採納了埃斯曼關於行政省廳之上設立法機關的提案。61

埃斯曼關於憲法制定過程的保留意見未能見容，不是因為這些意見太保守，而是由於他們不現實。沒有人會表示異議：一周時間對於達成目前的任務來說過於倉卒，但是這一時間表是最高司令官下達的命令。埃斯曼批評起草計畫的秘而不宣，他希望通過積極徵集「致力民主的日本學者」的支持和專門意見，使此任務的日美合作更加名副其實。他相信，由此產生的草案將真正反映大眾的民主情緒，並能更加堅實地植根於日本文化和社會。然而，正如起草時間的倉卒一樣，秘而不宣也是麥克阿瑟的命令。在最高司令官更為宏大的構想下，制定中的憲法不僅要向日本政府保密，還要向全世界保密，包括華盛頓的決策機構、占領當局內部的反對者，以及集結於遠東委員會的同盟國陣營的多個國家。

儘管埃斯曼的日光之旅有利於其他人憲法草案起草作業的加速，但是他們的確自認為滿意地解答了後世評論家將提出的質疑：他們是否種族中心主義？他們是否文化帝國主義者？經過爭論，他們的答案是：在現代世界中，主張「政治道德法則的普遍性」是適當和必要的。這一說法最終添入了GHQ憲法草案的序言當中。那麼，試圖強加日本如此自由主義的思想是否賢明和切實可行？對於這個特定的問題，他們的回答是日本政府而非日本國民在抵制這樣的變化。如果日本國民不情願美方的提案，稍後他們總可以對憲法加以變更。62

在「憲法制定委員會」的指導委員會審議各起草小組回饋的各種提案時，上述議論時有抬頭。當有人指出，「基於美國政治經驗和思維的理想憲法與日本現政權的運作和過去的經驗之間的顯著差異」時，凱德斯承認這種差異的存在，但其立場卻是：「美國政治的意識形態與最良好或最自由主義的日本憲法思想之間」不存在同樣的差距。另有一次，委員會中兩位最為行事謹慎的成員提議，應對憲法修正設定嚴格限制，一九五五年之前不許可任何憲法修正案。他們的理由是「日本國民尚未做好民主政治的準備，我們陷入了為想法難以理解的國民制定自由主義憲法的令人不安的境地。」凱德斯及其指導委員會很快駁回了此項主張。他們聲稱，憲法的前提是負責任的選民，而且憲法被規定為「不僅是合理的、永久的同時還是易於變通的檔，具備簡明而非複雜的修正程式。」63

對於他們正在完成的事業，起草者們的認識無疑有些曖昧。大多數人(並非全部)似乎理所當然地認為，他們是在為日本起草真正的憲法——一部理想的「典範」憲章，而並非只是樣本或指

372

南。但他們誰都不清楚，他們的草案在得到帝國議會承認之前，將會加以怎樣的變更。有一次，他們甚至表達了對日本政府可能「全盤」否定GHQ草案的憂慮。[64]從一開始，幾乎每一位參與憲法制定的美國人都假定（事實證明並非如此），無論日本國會最終採用什麼樣的憲法，都得經由日本人的審閱。而且即便是被採用，也要隨著時間的推移，在必要時加以修正。[65]

二月十日，在召集憲法制定會議六天之後，惠特尼准將把全新的憲法草案呈交給了最高司令官。惠特尼指出，草案是民政局成員深思熟慮的共通見解的具體表述，「幾乎全面代表了美國的政治思想」，而且是考慮到日本憲法的歷史發展過程並對美國和歐洲憲法的基本原則進行認真考察的結果。他評述說，草案展示出對憲法相關事項的先進思考，但同時並未打破既有之慣例。GHQ憲法草案不僅確立了政治的民主，還確立了經濟的、社會的民主，而且可以說具有強力的、健全的中庸特徵。正如惠特尼所言，「他構成了政治思想從極右向左派的大幅度回轉，然而卻未屈從於極左的激進觀念。」[66]

麥克阿瑟以其特有的高姿態，僅對呈交的草案做了一處變更，刪除了對《國民基本人權宣言》（人權法案）的修正限制。二月十一日，恰逢日本的紀元節（建國日），麥克阿瑟批准，將GHQ的草案成果提交給了對事態發展一無所知的日本政府。[67]

1 Douglas MacArthur, *Reminiscences*(New York: McGraw-Hill, 1964), p.302.

2 *Guide to Japan*(CINPAC-CINPOA Bulletin No. 209-45, September 1, 1945), p.35.

3 關於戰後日本憲法制定的文獻數量龐大。有關的珍貴的日英雙語史料集，是高柳賢三、大友一郎、田中英夫編《日本国憲法制定の過程》(東京：有斐閣，1972)，全二卷。此文獻收錄了Milo Rowell檔的英語原文。Rowell是最高統帥部的官員，曾參與憲法起草並在最高統帥部承擔起草新憲法的過程中，匯總與實際進程相關的大多數內部檔。以下的許多論述都是基於這些原始資料。此文獻下引為*TOT/RP*。

1957年到1964年間，日本著名法學家高柳賢三領導日本的憲法調查會，對戰後憲章的起源、問題和前景進行了大量的聽證。調查會公佈了約4萬頁篇幅的記錄和檔案。調查會的大部分調查報告有英文版本。參見John M. Maki編譯，*Japan's Commission on the Constitution: the Final Report*(Seattle: University of Washington Press,1980)。對憲法制定過程的種種看法的概述，參見此書pp.220-31。此文獻下引為*JCC/FR*。高柳賢三對調查結果的簡要回顧，參見其「Some Reminiscences of Japan's Commission on the Constitution」一文，收入Dan Fenno Henderson編，*The Constitution of Japan: Its First Twenty Years, 1947-1967*(Seattle: University of Washington Press, 1968)，pp.71-88。對20世紀五、六十年代保守派修憲運動的概括，參見Henderson此書中H. Fukui的論文「Twenty Years of Revisionism」，pp.41-70。

西方對1946年日本憲法起草的開拓性研究，是1952年美國哥倫比亞大學Theodore H. McNelly的博士論文，「Domestic and International Influences on Constitutional Revision in Japan, 1945-1946」；此論文有許多對日本基本史料的有價值的翻譯。經過此後多年的研究，McNelley教授對日本憲法制定過程的解析，集中體現在他的「'Induced Revolution'：The Policy and Process of Constitutional Reform in Occupied Japan」一文中，收入Robert E. Ward與Yoshikazu Sakamoto編，*Democratizing Japan: The Allied Occupation*(Honolulu: University of Hawaii Press, 1987)，pp.76-106。此書還收錄了其他三篇相關論文：Robert E. Ward，「Presurrender Planning: Treatment of the Emperor and Constitutional Change」(pp.1-41)；Tanaka Hideo(田中英夫)，「The Conflict between Two Legal Traditions in Making the Constitution of Japan」(pp.107-32)；以及Susan J. Pharr，「The Politics of Women's Rights」(pp.221-52)。在早期的一篇文章中，Robert Ward極端苛刻地批評了強加憲法給日本人的專橫姿態，得出結論此憲章「完全不適合絕大多數日本民眾的政治理想或經驗」；參見「The Origins of the Present Japanese Constitution」，*American Political Science Review* 50.4(1956)：980-1010。亦參見Hideo Tanaka，「A History of the Constitution of Japan of 1946」，Hideo Tanaka與Malcolm D. H. Smith編，The Japanese Legal System: Introductory Cases and Materials(Tokyo: University of Tokyo Press, 1976)，pp.653-68；以及Tatsuo Satō(佐藤達夫)，「The Origin and Development of the Draft Constitution of Japan」,分兩次發表於*Contemporary Japan* 24.4-6(1956)：175-87和24.7-9(1956)：371-87。憲法修正過程中，佐藤在日方內部扮演了重要角色，他的日文著述被McNelly(1952)和Ward(1956)所徵引。

Alfred Hussey參與了GHQ的憲法起草過程，他的記錄熟諳內情，頗有見地，收入Government Section，General Headquarters，Superme

Commander for the Allied Powers,*Political Reorientation of Japan: September 1945 to September 1948*(Washington, D.C.:U.S.Government Printing Office, 1949)，vol.1，pp.82-118：幾份重要文件亦收入此書，vol.2，pp.586-683。此文獻下引為*PRJ*。本章及本書第13章，還利用了Alex Gibney對美方參與憲法起草者的訪談記錄,以及他本人1992年的紀錄影片*Reinventing Japan*(Program 5 in the Annenberg/CPB series *The Pacific Century*)的成果：這些有趣的訪談，由Gibney先生慷慨提供，以下引為*GI*。Charles Kades在「The American Role in revising Japan's Imperial Constitution」一文中,提出了他個人對當時事件的看法，文章載*Political Science Quarterly* 104.2(1989)：215-47。Kades對往事的回憶，還見於與竹前榮治的長篇訪談錄：「Kades Memoir on Occupation of Japan」，《東京経大学会誌》一八四號(1986年11月)，pp.243-327：尤可參見pp.272-85有關憲法修正的部分。Gibney的訪談系列中，也包括與Kades頗有意味的長篇訪談。Justin Williams雖未參與憲法起草，但是負責GHQ與日本國會之間的聯絡，他的回憶錄中有幾章專門談到新憲法問題，*Japan's Political Revolution under MacArthur: A Participant's Acoount*(Athens: University of Georgia Press, 1979)，pp.98-143。

關於新憲法的制定過程，近來日本學界最優秀的研究成果是古關彰一的《新憲法の誕生》(東京：中央公論社，1989)。這部力作的英文版，由Ray A. Moore編譯，參見*The Birth of Japan's Postwar Constitution*(Boulder: Westview Press, 1997)。該書英文版出版於本書定稿之時，故本書所引皆為日文原版。本書還借鑒了Shoichi Koseki(古關彰一)教授的兩篇英文著述：「Japanese Constitution Thought: The Process of Formulating the 1947 Constitution」(1987年12月美國歷史協會年會提交論文，未發表)：以及「Japanizing the Constitution」，*Japan Quarterly* 35.3(July-September 1988)：234-40。有關新憲法是勝利者向日本人强加外來的憲章的見解，最有影響力的著作，是江藤淳《一九四六年憲法》(東京：文藝春秋，1980)。對憲法日語文本與英語文本差異性的考察，參見Kyoko Inoue，*MacArthur's Japanese Constitution: A Linguistic and Cultural Study of Its Making*(Chicago: University of Chicago Press, 1991)。該著作附有日英雙語的參考文獻目錄，雖不盡完全但是頗有價值。

4 Ward(1956)，pp.982-83; *PRJ* 1:89-90.

5 波茨坦宣言之後，美方支援憲法修正的基本指令有三：(1)《投降後美利堅合眾國的初期對日方針》(1945年9月6日)：(2)JCS 1380/15(1945年11月3日)：(3)SWNCC 228(1947年1月7日)。末一指令於1月11日交付SCAP，參見U.S. Department of State, *Foreign Relations of the United States, 1946*, vol. 8，pp.99-102：此文獻系列下引為*FRUS*。亦參見the February 1, 1946 memo to MacArthur in *TOT/RP* 1:94。GHQ內部對日本既存憲法的批判，參見「Rowell report」of December 6, 1945, in *TOT/RP* 1:2-25：*PRJ* 1:82-88, 92, 112。

6 *FRUS 1946* 8:99-102(SWNCC 228).

7 近衛22條綱要的英譯，參見McNelly(1952)，pp.382-86。對近衛行為的詳細考察，參見McNelly(1952)，pp.22-61：古關彰一《新憲法の誕生》，pp.8-29;以及Dale Hellegers，「The Konoe Affair」，收入L. H. Redford編，*The Occupation of Japan: Impact of Legal Reform*(Norfolk, Va.: General Douglas MacArthur Foundation, 1977)，pp.164-75。與當時日本國內的事態發展遙相呼應，1945年10月26日，《紐約時報》發表了著名的遠東專家Nathaniel Peffer的來信，信中指出SCAP與近衛文麿的關係十分「奇特」。幾乎與此同時，E. H.

Norman正在起草一份全面指控近衛戰爭責任的內部報告。

8 有關松本委員會的論述，參見古關彰一《新憲法の誕生》，pp.59-80；McNelly(1952)，pp.62-117。至於松本的背景與個性，參見Tanaka(1987)，p.112；Koseki(1987)，p.25(注23)。

9 Hellegers, p.170; McNelly(1987), p.77.

10 Tanaka(1976), p.656.

11 *JCC/FR*, p.69; Tanaka(1987), p.107; *TOT/RP* 1:xxviii.

12 關於松本的獨斷專行，參見Koseki(1987), p.6。委員會召集了7次全體大會和15次工作會議；古關彰一《新憲法の誕生》，p.64。有關委員會的成員，參見*PRJ* 2:603-4。

13 古關彰一《新憲法の誕生》，pp.75-76。

14 *TOT/RP* 1:358；亦參見*PRJ* 1:106。

15 對此問題的犀利分析，參見Tanaka(1987)；亦參見前引之Satō，p.371。

16 Satō，pp.180-81; Tanaka(1987), p.110.

17 *TOT/RP* 1:84；亦參見*PRJ* 1:100。

18 Tanaka(1987), p.130注48；*JCC/FR*, p.69；古關彰一《新憲法の誕生》，p.75。

19 *TOT/RP* 1:338。本人曾在以下兩種著述中，論述過吉田茂與親英派和「老自由主義者」的問題：*Empire and Aftermath: Yoshida Shigeru and the Japanese Experience, 1878-1952*(Cambridge, Mass.: Council on East Asian Studies, Harvard University, 1979)；以及論文「Yoshida in the Scales of History」，收入*Japan in War and Peace: Selected Essays*(New York: The New Press, 1993)，pp.208-41。

20 Tanaka(1976)，pp.656-57；Tanaka(1987)，pp.112-15。Tanaka(田中英夫)教授業已論述，此種情況十分典型。戰前有關美國憲法的另一基本文獻，是藤井新一1926年的巨著，808頁的篇幅中僅有6頁談到人權問題。

21 例如，參見1945年10月15、20、21、22日《朝日新聞》上美濃部的見解，亦參見前引之Williams的回憶錄，pp.119、131；McNelly(1952)，pp.144-5、275-76。

22 前引之古關《新憲法の誕生》，p.153。

23 起初，稻田正次提出使日本成為「解除武裝的文明國家」的憲法條款，但是後來又遺憾地取消了；古關《新憲法の誕生》，p.57。

24 McNelly(1952)，pp.149-50。各種憲法提案，參見McNelly(1952)，pp.118-53、387-403；古關《新憲法の誕生》，p.30-58; *PRJ* 1:94-98。

25 McNelly(1952)，pp.145。

26 古關《新憲法の誕生》，p.51；McNelly(1952)，pp.139-40。

27 McNelly(1952)，p.152。

28 McNelly(1952)，pp.132-34。

29 McNelly(1952)，p.120；Koseki(1987)，p.3。

30 McNelly(1952)，p.141, 401-2。

31 古關《新憲法の誕生》，pp.35, 46, 58；Koseki(1987)，pp.3-5。

32 高野岩三郎與其同人還研究了美國、蘇聯、魏瑪和瑞士的憲法。對憲法研究會的全面考察，參見古關彰一《新憲法の誕生》，pp.32-45；McNelly(1952)，pp.144-46。至於Norman的作用和影響，參見John W. Dower編，*Origins of the Modern Japanese State: Selected Writings of E. H. Norman*(New York: Pantheon, 1975)。

33 *TOT/RP* 1:26-41；備忘錄並未指明是憲法研究會的提案，但實際上是。對照Koseki(1987)，p.8注18；Tanaka(1976)，p.655。

34 *TOT/RP* 1:42；Tanaka(1987)，p.128(注16)。

35 古關《新憲法の誕生》，pp.68-74；Tanaka(1976)，p.658；Tanaka(1987)，p.120；*TOT/RP* 1:xxiv。《每日新聞》的文章與發表的憲法草案的譯文，見*TOT/RP* 1:44-75。

36 當時GHQ內部對松本委員會案的絕密評論，見*TOT/RP* 1: 40-44, 78-90；*PRJ* 1:98-101, 2:605-16。

37 *TOT/RP* 1: 90-98-44；*PRJ* 2:622-23；Kades(1989)，pp.220-22。只有天皇退位的情況，才會使麥克阿瑟的職權受限。他將被要求與參謀長聯席會議協商解決。

38 麥克阿瑟的指示，在許多文獻中都有記述；參見*PRJ* 1:102；*TOT/RP* 1:98-102；*JCC/FR*, pp.72-73；Kades(1989), pp.223-24；Kades(1986), pp.277-78。Whiteney用鉛筆在一本黃色拍紙簿上記錄下了這著名的「三項原則」，Kades隨後列印了出來。Kades以為這是麥克阿瑟的手跡，但也認為有可能是Whitney所寫，因為他們的筆跡很相似。

39 Kades後來的評論十分精闢：「假如不是麥克阿瑟的魄力，可能根本不會起草這樣的檔案」；Kades訪談(*GI*)2:19。麥克阿瑟對自己的行為進行了正當(而不坦白的)辯護，聲稱他是「小心翼翼地」遵從美國政府的指示，參見1946年5月4日麥克阿瑟致參謀長聯席會議的冗長電文，*FRUS 1946*，8:220-26。當GHQ憲法草案隨後以日本政府提案的面目出現時，美國國務院駐東京代表大為震驚，見*FRUS 1946*，8:172-74。GHQ開明的憲法草案，自然對認為日本人不能實行民主的英美保守派的日本通們造成了衝擊。華盛頓的決策者也表示擔憂：日本人民在政治上還不夠成熟，無法擔當新憲法賦予的責任並且可能由此導致混亂，從而助長「官僚政府的回歸」；參見據美國國務院秘密報告複製的縮微膠片集：*O.S.S./State Department Intelligence and Research Reports*(Washington, D.C.: University Publications of America, 1977), reel 2, entry 23。英國外交官George Sansom是優秀的日本文化史學者，他對憲法草案的酷評為「idiotic」(白癡般的)；參見Roger Buckley，*Occupation Diplomacy: Britain, the United States, and Japan, 1945-1952*(Cambridge: Cambridge University Press, 1982)，p.68。

40 *JCC/FR*, p.68.

41 *TOT/RP* 1:xxv, xxix-xxx。占領終結後，麥克阿瑟本人著重強調這一點。例如，在回應日本憲法調查會領導人高柳賢三的質詢時，麥克阿瑟直截了當地回答「維護天皇制是我不變的目標。對日本政治、文化的留存而言，他是內在的和必要的。妄圖消滅天皇個人從而廢除天皇制的邪惡舉動，是對日本成功復興最危險的威脅。」參見*JCC/FR*，pp.73-74；高柳賢三前引書，p.79。日美研究者一致認為，憲法第九條背後的主要動機，是為緩和因維持天皇制所招致的批判。例如，參見秦郁彥、袖井林二郎編，《日本占領秘史》(東京：朝日新聞社，1977)，第2卷，pp.8-11；秦郁彥《史録日本再軍備》(東京：文藝春秋，1976)，pp.47-78；Theodore McNelly,「General Douglas MacArthur and the Constitutional Disarmament of Japan」, *Transactions of the Asiatic Society of Japan*, third series, vol. 17(1982), p.30。

42 *TOT/RP* 1:102-4.

43 *TOT/RP* 1:xxv, xxix-xxx, 90-98(esp. 94-98); *PRJ* 2:622-23.

44 *TOT/RP* 1:326-28。此後，這些意見被再次明確地傳達給日方；出處同前，1:334-46, 372。

45 *TOT/RP* 1:374；古關《新憲法の誕生》，p.204-205；吉田茂《世界と日本》(東京：番町書房，1963)，pp.94-99。

46 關於起草委員會與人員安排，參見*TOT/RP* 1:110。Kades談到了相關工作日程，*GI* 2:22。「牛欄」的比喻，出現於Milton Esman的訪談(*GI*)，p.20。有關GHQ「憲法制定會議」的主要文獻為*TOT/RP*。許久之後(1947年12月16日)，Ruth Ellerman根據當時官方秘密的會議記錄，整理了一份詳細的日程摘要，參見Williams的回憶錄，pp.108-13。

47 Kades(1989), p.225.

48 Beate Sirota Gordon於1997年10月7日在哈佛大學的公開演講：「Present at the Creation: Women's Right Under the Japanese Constitution」；Beate Sirota訪談(*GI*)，pp.20-23, 27-28。對Sirota在民政局「憲法制定會議」中角色的詳細考察，參見Ward與Sakamoto前引書中Pharr的論文。相關日語文獻，參見土井たか子、B. Sirota Gordon，《憲法に男女平等起草秘話》(東京：岩波ブックレット(No.400)，1996)。

49 Kades訪談(*GI*), 2:69; Sirota訪談(*GI*), p.34; Richard Poole訪談(*GI*), p.5.

50 Poole訪談(*GI*), p.5-7.

51 Sirota訪談(*GI*), pp.7-8, 20-23, 29-30, 40-42。在前引*PRJ*文獻對民政局觀點的總結中，此種態度十分清晰：他們對「民眾要求更多參政權的壓力」之重視，超出絕大多數主流的亞洲事務專家。

52 民政局憲法起草委員會的整個做法，使人聯想到他們不過是走過場地對待那些所謂的指令。例如，儘管SWNCC 228指導方針是華盛頓官僚政治殫精竭慮的產物，卻遭到GHQ的草率對待；如參見McNelly(1982)，pp.16-17。

53 Kades(1989), pp.227-28。亦參見Kades(1986)，pp.274-75；Kades訪談(*GI*), 1:9-10, 2:23-25。

54 Sirota訪談(*GI*), pp.24-25。亦參見Esman訪談(*GI*), pp.11-12。

55 Poole訪談(*GI*), p.17。民政局草案定稿的第一款為「天皇乃日本國之象徵，亦為日本國民統合之象徵，其地位惟基於國民之主權意志」：*TOT/RP* 1:268。日本國會最終採納的憲法行文為，「天皇乃日本國之象徵，亦為日本國民統合之象徵，其地位是基於主權所存在之日本國民的總意。」對英美「象徵」君主制思想的詳盡考察，參見Nakamura Masanori，*The Japanese Monarchy: Ambassador Joseph Grew and the Making of the「Symbol Emperor System」, 1931-1991*(Armonk, N.Y.: M. E. Sharpe, 1992)。

56 關於婦女權益，參見Ward與Sakamoto前引書中Pharr的論文。

57 1986年，在與竹前榮治的令人矚目的訪談中，Kades談起他起草的修正條款針對麥克阿瑟指令的變化，說假使當時他考慮更為周全的話，「我可能會修正為：『除非抗擊侵略或者鎮壓叛亂。』但是你知道，我們是在極大的壓力下工作的」：Kades(1986)，pp.277-82，尤可參見p.279。亦參見Kades(1989)，pp.236-37：*TOT/RP* 1:272。關於是誰首先提出在新憲法中體現放棄戰爭的理念，眾說紛紜。McNelly(1982)前引文中對此問題有詳盡論述。McNelly令人信服地反駁了此理念是由幣原首相首先提議的觀點。有可能是Kades或者Whitney向麥克阿瑟提出了此類建議，但最終肯定是麥克阿瑟的決定。然而必須謹記，戰爭時期英美方的許多公告，曾以不同的表述方式呼籲，一旦德日戰敗，必須「徹底且永久」解除武裝。這種措辭在包括波茨坦宣言、參謀長聯席會議致麥克阿瑟指令(JCS 1380/15)等在內的對日方針檔中，得到重申。

58 蘆田均《芦田均日記》(東京：岩波書店，1986)，第1卷，pp.78-79：可參照《憲法調査会第七回総会議事録》1957年4月15日蘆田均的證言。

59 Kades訪談(*GI*), 2:76.

60 McNelly(1952), pp.203-6.

61 Esman訪談(*GI*), pp.10-11, 14-15, 21, 47.

62 有關內部爭論，參見*TOT/RP* 1:248-52。

63 *TOT/RP* 1:128, 134-36.

64 *TOT/RP* 1:206.

65 Poole訪談(*GI*)，p.20。此後對憲法的評論狀況，可參閱*JCC/FR*，pp.15-16, 84：*FRUS 1946*，8:267-73, 342-47, 350-53。

66 *TOT/RP* 1:258-60.

67 *TOT/RP* 1:262：McNelly(1952)，p.165。麥克阿瑟所做的修改，得到了憲法制定指導委員會的完全支持。

第十三章　憲法的民主：美國草案的日本化

二月十三日，惠特尼（Whitney）准將與三位隨從造訪了日本外務大臣的官邸，並向松本烝治和吉田茂提交了GHQ的憲法草案，當時在場的有吉田茂的侍從白洲次郎和一名官方翻譯。日本方面確信他們的會見是為討論松本的提案（此提案最終於二月八日提交），當惠特尼以斷然的態度對此置之不理時，日方著實大為驚愕。除了在場的翻譯之外，松本、吉田和白洲也都懂英語。惠特尼字斟句酌而且故意語速很慢。那天他還患了流行性感冒，正發著高燒。這或許使惠特尼在表達自己見解時變得罕見地激烈和銳利。[1]

他開口道，「前幾天，你們提交給我們的憲法修正草案，在最高司令官看來，完全不可能作為一份自由和民主的檔被接受。」隨後他分發了GHQ民政局起草的憲法草案，並解釋說，麥克阿瑟贊成這份「以他的觀點看來體現了日本局勢所要求的諸項原則」的草案。會晤後，立即由惠特尼的三位助手共同完成的詳細會議記錄提到，日本官員「顯然驚呆了」，「此時整個氣氛充滿了戲劇性的張力」。[2]

美國人退到庭園裡，留給他們的對手閱讀英語檔的時間。當白洲走出來加入他們的行列時，惠特尼刺耳地說道：「我們剛才頗為享受了一番你們原子能的陽光」。這句刻薄的閒話，勾起了到底誰是勝利者和戰敗者的令人觸目驚心的記憶。在一九五六年出版的麥克阿瑟傳記中，惠特尼添油加醋地描述了這一插曲，還添加了一個細節：此時，一架B-29轟炸機恰好從他們的頭頂飛過。[3]

惠特尼准將認為自己放的冷箭頗具心理威懾力，而他的箭囊中還另有儲備。在松本和吉田對草案做了大約半小時的文本細讀之後，雙方重新會合，惠特尼再次拉弓放箭。他指出接受GHQ憲法草案的諸項規定，是確保天皇「安泰」的最佳選擇。他聲稱，假使日本政府拒絕此方針，最高司令官準備將草案向日本國民直接公佈。儘管這一宣稱超出了惠特尼本人的許可權，但是麥克阿瑟隨即對這一威脅給予了強力支持。正如美方的會議記錄所示，惠特尼補充說：

> 麥克阿瑟將軍感到，這是許多人認為反動的保守派集團保留權力的最後機會。唯一的辦法是急速向左轉。如果你們接受了這個憲法草案，你們就大可放心，最高司令官將會支持你們的立場。我不可能更過分地強調這一點，你們接受憲法草案是你們殘存下來的唯一可能。最高司令官堅決認為，日本國民應當有權在這一憲法和不體現此諸項原則的任意憲法之間自由取捨。

日本人並未借助翻譯就理解了這些話，他們掩飾不住苦惱之色。惠特尼回憶說，「白洲先生好像坐到了什麼東西上，一下子站了起來。松本博士倒抽一口冷氣。吉田的臉色烏雲密佈。」當這些帶來不幸消息的人準備起身告辭之際，吉田才從滿天陰雲中回過神來，敦促他們一定要對此次會晤完全保密。

「保守派的最後時機」

惠特尼在二月十三日的會見中，為日方提供了一根救命稻草。他明言，儘管草案的基本原則沒有商量的餘地，但是日方無須全盤接受GHQ的憲法草案。松本確實想抓住這根救命稻草，而數日之後他才完全明白，自己已處於絕境之中。私底下，他先前曾嘲諷GHQ草案的「業餘」水準，對國會一院制的不切實際加以指摘。最終他發現，這是美國人作為議價籌碼唯一願意讓步的所在。[4]

日本政府在最高統帥眼中顯而易見地完全喪失信用之前，白洲和松本最後一次嘗試說服惠特尼：日本保守派精英實際上擁有與美國人一樣的民主理念。他們爭辯說，問題只在於二者的方法不同。白洲在致惠特尼的信中說，美國人的方法是「直線的和直接的」，而他們的方法則是「迂迴、曲折而細緻的」。他甚至在信中附上草圖，來解說日本人從起點到達目標的途徑是山間的一條蜿蜒道路，而美國人直達目的就像坐飛機一樣。惠特尼不為這種文化圖解所動，他回復白洲說，最高司令官將允許對草案進行小的改動，但是其「原則和基本形態」不容變更。[5]

松本主張，如果憲法不符合國情，將召致專制和暴政（日本近幾十年的專制和暴政，倒顯然沒讓他在這個問題上有所躊躇）。難以置信的是，即使面對盟軍總司令部的最後通諜，他仍然繼續堅持日本國民在民主方面需要長期、和緩而且慎重的政治監護，而松本委員會的憲法草案正應當照此理解。他致函惠特尼，「比方說」，他的草案是「為了民眾的利益而裹上糖衣的苦藥」。任何更加激進的主張都會嚇壞穩健派、刺激過激份子，使日本國內陷入大混亂。[6]

對GHQ民政局的人來說，這不過是令人厭煩的老調重彈。無論美方提出何種改革提案，保守派都無一例外地回應說，那將誘發「無序、混亂和共產主義」。凱德斯後來評述，他們如此頻繁地拋出赤化危險，使「我們對共產主義的威脅都免疫了」。甚至是忠實的共和黨支持者惠特尼，也表現出對這種末日論調門的不耐煩。他簡潔地向松本交代，如果內閣在四十八小時內不對此採取行動，最高司令官將如約定的那樣，直接將草案公之於日本民眾。[7]當松本最終意識到，儘管其他人或許輸掉了戰爭，而他卻輸掉了明治憲法的時候，顯然是肝腸寸斷。

盟軍總司令部原本期待日方會對二月十三日的會晤立即進行內閣審議。為推動進程，惠特尼及其助手甚至準備了超過十五份的草案副本，發放給吉田和松本認為適當的人選參閱。然而，日本政府並不像美國人想當然地那樣以集體決斷的方式處理重大問題。直到二月十九日，日本內閣才被告知二月十三日的會晤，當時松本蒼白而顫抖地做了首次陳述。他告訴同僚，惠特尼准將發現他的草案無法接受，並代之以GHQ提議的草案。據松本總結，惠特尼的立場認為，美國人並未將此草案強加於日本政府，但是麥克阿瑟將軍確信這是保護天皇「聖體」（顯然松本使用的是英語單詞person）不受反對者攻擊的唯一方法。[8]

數位閣僚的即時反應是，美國人的立場絕對不可接受。幣原首相同意此看法，但蘆田均提出了令人信服的理由贊成接受草案，他後來在國會的審議中成了關鍵人物。蘆田警告說，如果內閣回絕了GHQ的要求，美國人將如威脅所言把草案公之於眾，隨之一系列厄運就會降臨。「奴顏婢膝的」媒體將會支持美國人。內閣將被迫辭職。美國草案的支持者將被期待有所作為，並可能在即將到來的總選舉中獲勝。總之，保守派必須謹防被人氣高漲、支持民主的勢力奪去議席。[9]

他們一致同意此事應當從長計議。二月二十二日，在幣原與麥克阿瑟進行了三個小時的會晤之後，內閣審議重新開始。這次審議，首次配發了GHQ草案前兩章關於天皇與放棄戰爭問題的大致譯文。（由於被打擊得暈頭轉向，日本政府直到二月二十六日才分發全部譯文。）幣原報告說，最高司令官並非不講道理。麥克阿瑟宣稱自己是全心全意地為日本著想，並強調自己「不惜一切代價確保天皇安泰」的內心意願。如幣原所述，麥克阿瑟對蘇聯、澳大利亞這些國家的想法做了可怕的暗示，「其令人不快的程度超出你們的想像」。幣原首相還引述了將軍表達的信念，「日本應當通過聲明拋棄戰爭、擔負起道德上的領導地位」（幣原是用英語moral leadership傳達這個字眼的）。[10]

幣原首相仍然對大幅修改GHQ憲法草案寄予希望，但在當天松本發現，即便想要搶救明治憲法的一小部分也已經不可能。折磨人的美國方面直率地告知他，使用既存的明治憲法作為修改基礎是「不可能的」。當這位自負的學者官僚切齒問道：「你們到底認為新憲法草案中有多少條款是基本的而且不容變更？」惠特尼回答說，「寫成的整部憲法都是基本的……概而言之，我們將此檔看作是一個整體」。羅威爾（Rowell）上校還唯恐對此有所誤解，他補充說：「新憲法的結構相互交織，每章之間相輔相成，因而不能刪削任何章節」。應松本的請求，美方同意國會兩院制，條件是兩院都必須經國民投票選舉產生。[11]

二月二十二日，幣原與數位政府高官，就美方草案向裕仁天皇做了概要說明。這天是民政局給出的日本內閣「原則上」承認GHQ草案的最終期限，據說天皇答覆得很果斷。在這件事情上，可以理解，天皇或許不像他的內閣大臣們那麼猶豫不決。他意識到自己的「聖體」得到了保護，所以他的立場也就更簡潔明瞭。裕仁天皇不像他的忠實臣民，他可以自由地考慮對明治式的天皇制的變更，而不必擔心大不敬。無論如何，天皇對GHQ草案的承認，使得內閣大臣們減輕了良心的歉疚，並且使他們能夠遵從盟軍總司令部的要求。[12]

與此事件相關的排程，多少有點兒愛國主義的迷信色彩。正如惠特尼准將高興地表示，盟軍總司令部完成草案的最終期限二月十二日，正巧是亞伯拉罕．林肯的生日。幣原內閣接受草案的回復期限又與喬治·華盛頓的生日重合。[13]然而，即便在日本政府屈服於最後通諜之後，民政局還是被告知，幣原內閣的閣僚間仍然存在「激烈的鬥爭」。政務大臣兼書記官長楢橋渡，是就這些問題向盟軍總司令部提供消息的主要人物之一。他以嚴峻的語氣描述了這些後臺鬥爭。據楢橋說，舊天皇體制頑固的捍衛者，在官僚、前軍官和財閥領導人當中仍然為數眾多。官僚由於其權力來自於身為天皇忠實僕人的精英地位（而非「公僕」或者人民的僕人），唯恐失掉自身的權威。楢橋還觀察到，更傾向於自由主義的閣僚們真心憂懼，一旦天皇的特權被剝奪，將會引發恐怖活動和暗殺。[14]

翻譯馬拉松

這些事態的發展，與東久邇宮關於天皇應當退位的令人震驚的公然暗示同時發生。「天皇『聖體』」與天皇制，突然間前所未有地岌岌可危。正是在這樣的情形之下，三月四日，日本內閣向盟軍最高統帥正式提出最終被稱為「最初的日本政府草案」的憲法修正草案。[15]從表面上看來，這份草案完全無異於是GHQ草案的日譯本。實際上，松本與助手們用多種方式沖淡了GHQ草案的建議方針，包括玩弄術語變更草案的意圖。

三月四日上午十時，松本及助手佐藤達夫，由兩名翻譯陪同，向GHQ民政局遞交了他們的草案文本。這次他們交給美國人的，是沒有任何相應英文翻譯的日文版草案，就像是二月十三日「原子能的陽光」會見只有英文草案的重演。接下來是三十小時的馬拉松會晤，日美雙方合作將日文草案重新譯為英文。其間，美方不停地參閱日英詞典，並將日本草案新的英譯文與他們的GHQ初版本對照檢查。在此漫長的無眠無休的艱苦奮鬥中，雙方以軍用應急乾糧補充體力，從五加侖的咖啡罐中分倒咖啡提神。在此情形下，對日本人來說，味道不佳的食物，似乎成了被迫接受GHQ憲法草案苦惱的象徵。

無論如何發揮想像力，這都不是令人愉快的場面。儘管如此，頗具戲劇性的場面還是時有所見。松本和凱德斯對天皇與內閣的關係問題起了激烈的爭論。孤立無援的保皇派松本，指控新政擁護者凱德斯企圖不僅將國體甚至是日本語進行重新改造。正午過後，松本怒氣衝衝地離去，將憲法草案的翻譯和修訂工作留給佐藤和兩名翻譯，佐藤他們不得不單獨應付至少十六位美方官員及其日裔翻譯人員。

此後，當凱德斯將自己的兩個拳頭交疊在一起，比劃著說明將內閣明確置於天皇之上的重要性時，佐藤和凱德斯之間也一度劍拔弩張。佐藤倒不甚留意凱德斯闡述的觀念，而是被凱德斯拳擊般的緊張姿態所激怒。隨後凱德斯得出結論，日本人不能想像在政治上任何人比天皇優越，是一種既神秘又矛盾的態度。正如凱德斯所見，一方面，日本人主張在明治憲法下天皇本質上是無權的，這是使天皇與戰爭責任完全分離的重要論據；另一方面，他們又堅持天皇作為最高統治者

380

的特權不可侵犯。[16]

比特·西羅塔(Beate Sirota)的雙語技能，使她在交換意見時發揮了重要作用。她發現自己對日本人古風猶存的善意，竟然能夠推進男女平等的大業。正如凱德斯對她的描述，這位瘦高個的女孩，在許多問題上反而都支持日方的立場。隨後，當商議到西羅塔起草的有關女性權利的條款時，凱德斯不失時機地提議說，既然西羅塔先前對他們很友善，日方現在也應當善待她。通過這種友好的互惠，日本現代憲法中最強有力的男女平等條款被保留了下來。另一個戲劇性的場面，則是吉田外相的助手——受英國教育、沉著穩重的白洲次郎的登場，使美國人經受了一次小小的心理打擊。午夜剛過，馬拉松會議進行到半途，白洲不經意間譯出了每個人都在努力翻譯的日本草案大概的英譯文，因為此前他就一直將日語草案揣在口袋裡。[17]

在這次令人精疲力竭的會議過程中，美國人發現，日本人在GHQ草案的「翻譯」中，摻進了許多實質性的變更。例如，英語的「建議與同意」(advice and consent)，在日文版中變成了「輔弼及協贊」(advice and assistance)。日本政府所謂的翻譯，還將GHQ草案的序言省略，而序言中強調了「人民意志的主權」。他們刪除了廢除華族制度的條款，提出創設限制眾議院權威的參議院，以及改變有關地方自治的條款並加強中央政府的控制。另外，他們削減多項有關人權保障的條款，有時重新插入明治憲法中使用的套話。言論、著作、出版、集會、結社的自由，只有「在不妨害安寧秩序的範圍內」才得以保障。同樣，「除去法律規定的場合外」，禁止書報檢查才能夠實行。勞動者組織、團體交涉和集體行動的權力，同樣受到「依照法律規定」的限制。日本政府的草案還刪除或削弱了許多特定權利，包括外國人的權利，理由是這些權利更適宜在憲法之外進行立法措置。[18]

最後，儘管睡眼惺忪、精疲力竭，頑強的佐藤終於成功說服美國人：特定的權利，最好留待憲法之外的立法解決。他還成功保留了對一些關鍵字翻譯的微妙差別，如「people」(人民)和「sovereignty」(主權)。立足於這些微妙的基點，通過政治、意識形態、語言和文化機能的綜合作用，使得日方憲法草案幾乎不可避免地成為了與美國草案不同的文本。

最明顯的莫過於「the people」(人民)的概念，他是美國人民主權觀念的核心，能夠喚起植根於美國經驗的「we the people」(我們人民)所有的歷史和文化意蘊。日本人沒有可與此相比的人民主權傳統。明治憲法所說的「臣民」(subject)，與「people」(人民)的概念不可同日而語。松本及其助手面臨的問題是，用哪個詞彙來對應翻譯「people」(人民)。一種選擇是翻譯成「人民」，這個詞通常是用來翻譯美國憲法或是亞伯拉罕・林肯的經典表述：「government of the people, by the people, for the people」(民有、民治、民享的政府)。然而，現在「人民」一詞的用法，卻帶有社會主義和共產主義的暗示，並傳達出對抗權力的意味。

儘管外務省準備的ＧＨＱ草案的譯文，當初將「people」譯作「人民」，松本和佐藤卻棄之而採用了本質更為保守的「國民」一詞。以「國」和「民」這兩個漢字表示的詞彙，是個日常用語，其含意是人民與國家的融合，不存在對人民與國家、政府或包括天皇在內的最高權力之間潛在的敵對關係的暗示。相反，正如日本政府隨後的特意說明，「國民」的概念包括天皇本人，從而表明天皇與國民的一體性。戰爭年代，「國民」是個常見的宣傳用語，本質上與「日本人」甚至「大和民族」是同義詞。

佐藤達夫後來坦率地說明，新憲法為何選用約定俗成的、具有民族主義意味的「國民」概念。他陳述他與助手們「採用『國民』一詞是因為：⑴我們想要強調人人是國家的一員的意思；⑵我們想『人民』的說法，可能會造成對天皇加以排斥和敵對的感覺。」儘管民政局顧問提請注意「國民」一詞的保守意味，惠特尼准將和凱德斯上校並不認為此間的差別有多麼嚴重，並且許可了這一譯法。[19]

「sovereignty」合理的對應是「主權」。然而，在幣原首相的勸說下，日本政府草案以另一用語「至高(supreme height)」取代之。與「主權」不同，「至高」是一個含意模糊而古舊的詞語。「至高」這兩個漢字的字面意義是「最高的高度」，但這個詞彙並不具有政治意味。實際上可以說，對於生活在二十世紀中期的日本人而言，這個詞沒有什麼意義。當然，重要的是，通過這種曖昧的詞語，保守派希望能夠鈍化和模糊美國「人民主權」觀念本身激進的推動力。他們一想到與天皇同等甚至於高於天皇的主權形式，就嚇得目瞪口呆。[20]

三月份的第一周，這些故意歪曲的翻譯，能夠歷經美國人三十小時的仔細推敲而過關，對日本政府來說真是令人欣喜的勝利。但就事件的全過程而言，這一勝利則是甘苦參半。因為「至

382

高」的譯法，未能進入日本國會最終採用的憲法草案，取而代之的是「主權」一詞。三月五日下午四點左右，經馬拉松會議誕生的草案，與日方前一日提交的草案有十點以上的實質性差異，而這些差異使這份草案更接近於GHQ草案的原初版本。[21]

三月五日，當佐藤終於步履艱難地挺過馬拉松式的考驗之後，日本政府也迎來了自己的最終結局。其後再未回到盟軍總司令部的松本，於當天早晨向內閣詳細說明了自二月二十二日以來所發生的事情。閣僚們午休之後，於下午二時繼續開會。其間發生了一件小小的象徵事件，簡直就像是某種儀式。十份英文版的GHQ草案，顯而易見是民政局數周前發放的副本，初次呈現在全體閣僚們面前。在這最後時刻做什麼都已經回天乏力，而他們此刻出現在閣僚們中間，成了外國勢力支配內閣大臣們命運的鮮活證明。

大約四點半，幣原和松本前往皇宮，與天皇商討局勢並為翌日日本政府草案和天皇敕語的發佈做準備。他們於傍晚八點返回內閣會議。幣原傳達天皇的話說，「於今形勢之下，一切毫無辦法」。皇室侍從次長木下道雄的日記，清晰表明了當時宮中是如何悲傷乃至混亂的情形。他寫道，天皇正感到巨大的退位壓力，而「全世界的氣氛」都在「反對天皇制」。麥克阿瑟的司令部發了瘋。日記複述了天皇給幣原內閣留下強烈印象的那句話。木下記錄道，如果不接受美方原來的草案，就不可能保全天皇本人。[22]

盟軍總司令部要求日本內閣決定當天是否接受與佐藤達成的憲法草案。經天皇批准，全體閣僚開始進行相關程式。晚上九點許內閣散會之前，幣原做了簡短演說。蘆田均在其日記中有詳細記述。幣原首相說，「接受這樣的憲法草案是極其重大的責任，必將累及子孫後代。當我們發佈這份草案之時，一部分人會拍手喝彩，而另一部分人則會保持沉默。但是在他們的內心深處，無疑會對我們心懷憤恨。然而從大局著眼，今日之場合，我們別無他途」。

聽到這些話，內閣大臣們都悲歎流淚，而首相本人也禁不住擦拭淚水。23

憲法草案的發佈

三月六日，新憲法以天皇與民主和平理念並重的形式，大張旗鼓地向公眾發佈。以天皇的名義，幣原首相發表了憲法修正事項的詳細「概要」，還附帶發表了一篇支持各項新理念的雄辯的短文。很少有人能夠猜到，數小時前首相和他的閣僚們還曾相對涕泣。裕仁天皇同時頒佈敕語，簡明宣佈對國家即存憲章進行「根本性」修正的必要性，並要求政府遵從他的希望。同一天，麥克阿瑟宣佈「天皇和日本政府決定向日本國民提交開明的新憲法……對此我深表滿意」。24

幣原、天皇和麥克阿瑟三位的表態，為創造新的天皇制民主的後續論爭奠定了基調。幣原以對天皇的贊辭套語作為開場白，他對天皇「喜授內閣權力修憲」的敕語表示由衷的敬意。幣原宣佈，「為使我國國民與他國一道向世界人類的理想同一步調進發，天皇陛下非常決斷地命令對現行憲法加以根本的修正，為建設民主和平的日本打下基礎」。

幣原首相隨後令人感動地談起，人類由戰爭步入和平、由殘虐轉向慈悲、由奴役邁向自由、由專制混亂走向秩序的道路。他以暗示性的語言話鋒一轉，表示憲章提案的和平主義本質，將把日本推向世界的前衛地位。「如果日本國民在多國大家庭中占據了榮譽性的位置，我們必須注意日本憲法的意圖在於，在國內確立民主政府的基準，對外領導世界他國廢除戰爭。也就是說，我們必須全面放棄發動戰爭的國家權力，並且向全世界宣佈，我們決心以和平手段解決與他國的一切爭端」。接下來，幣原首相表達了自己對全體日本人將會尊重天皇的慈悲意願的信念。末尾他表示，憲法草案是在「同盟國司令部的緊密聯絡之下」才得以公佈。

憲法草案大綱發表之際，裕仁天皇的敕語全文如下：

> 朕曩受波茨坦宣言之諾，日本國政治之最終形態，依日本國民自由表明之意志而決定。朕顧念日本國民正義之自覺、享有和平生活之熱望、文化向上之希求，及拋棄戰爭、修萬邦之誼之決心。乃依國民總意之基調與尊重人的基本權利之原則，將憲法加以根本之修正，庶幾以定國家再建之基礎。政府當局其體克朕意，必期達成其目的。

事實上，天皇是在命令他的臣民們支持新憲法的推出。天皇的這種姿態，與他從未行使真正權力的說法難免自相矛盾。從此時起，「憲法修正」的公佈過程，沾染了旨在強調天皇慈悲為懷、授予更民主的國民憲章的陳腐敕語的氣息。[25]

像幣原首相一樣，麥克阿瑟將軍也以一種莊嚴的語氣講到和平、民主和文化。他將憲法提案形容為「與人類關係最進步的觀念完全對應……一種折衷的憲法、由知性的正直者提倡的、數種不同政治哲學的切實的結合」。他還決定強調而非弱化法案起草過程中盟軍總司令部的緊密參與。他聲明，「憲法是遵照五個月前我對內閣發佈的命令，經日本政府閣僚與本司令部間的辛苦調查與頻繁會議之後草擬完成的」。顯然，這份聲明並非完全屬實，但關鍵是點明了盟軍最高統帥密切參與了憲法的起草過程。

另一方面，承認憲法草案源自於民政局則是禁忌。不允許日本政府的高官提及GHQ草案，媒體也被嚴禁對此公然揣測。此後的國會審議，也被同樣虛偽的氛圍所籠罩。盟軍總司令部在幕後密切關注國會審議，並且抓緊各種時機解釋憲法的基本原則——改憲後天皇的地位、放棄交戰權、國民主權和理想高遠的憲法序言，都像明治憲法下的天皇一樣，神聖不可侵犯。必要時，總司令部還秘密干預促進或者壓制日本國會的某些議案。正如秘密參與其事的一位美國人所言，民政局的人「仍然是在緊閉的大門後運作的官僚機構的成員」。[26]

這是又一次的暗箱操作。然而，所有的日本人都知道暗箱的存在，憲法取決於美國人的介入是公開的秘密。首先，每個人對二月一日公佈時被嘲笑殆盡的松本草案與日本政府如今號稱親自打造的進步的新草案之間的天壤之別，都大為驚詫。正如《讀賣新聞》所言，「反動的松本草案」已經「被風吹散」。[27]沒人相信幣原的「老人內閣」會經歷如此的集體轉變。這兩份草案出自同一批人之手是難以想像的。

其次，日文版草案無論是基本的原則還是拙劣的文體，到處都有外國人染指的痕跡。扭曲的句法夾雜著古怪的措辭。貴族院議員中有不少學者，但是有的人在翻閱日文版草案時，甚至得參照官方提供的英譯本。英文版與日文版草案的同時發佈洩露了天機。貴族院議員高柳賢三是位哈佛大學培養的專攻憲法的法律學者，他後來評述，「譯文要比（日語的）原文容易理解」。[28]

386

阻止媒體議論新憲章的真正出身的責任，落在了GHQ的民間審閱部肩上。在審查官使用的審閱指南中，「對SCAP起草憲法的批判」正式列入了所謂禁止發表的內容名單，而且明確規定禁止對SCAP角色的一切指涉。[29]然而，新聞記者仍然嘗試引發對草案的「奇特日語」和「可笑用語」的關注。有一句被GHQ審閱官用藍鉛筆刪掉的話直言不諱地說，日語草案的「翻譯不是很好」。[30]可是，操勞過度的審閱官們不可能萬無一失。甚至連一般抱支持態度的刊物，也設法將嘲諷的話語摻雜進社論當中。例如，《朝日新聞》描述政府草案「不大合身，就像是借來的洋服」。《時事新報》將其最初的反應比喻為：有人聞到了從廚房飄來的日本料理的香味，結果發現端上桌的卻是西餐。於是不得不放下筷子，拿起刀叉。[31]

在此情形下，不乏冷嘲熱諷和混亂局面，公眾議論紛紛。但是憲法草案作為遭受戰火洗劫的戰敗國的希望和理想的指路明燈，仍然具有極大的魅力。日本人被告知，他們應當考慮，採用體現二十世紀中葉最先進和開明的「折衷」思想的國家憲章。正如幣原首相所言，只要放棄國家的戰爭權，日本就甚至可能看到自己領導世界。對據說已淪為四等國家的驕傲民族而言，這是值得抱緊的新的民族主義的安慰。

無論如何，公眾對新提案的反應，都與對松本草案壓倒性的否定，形成了強烈的對比。只有日本共產黨表示反對。共產黨的立場直截了當：天皇制的存續是反民主的，儘管共產黨本身在國內曾受到軍國主義份子最嚴酷的鎮壓，但是否定任何國家的自衛權利，是不現實的也是歧視性的。所有其他的主要政黨，都認可三月份的草案。社會黨甚至聲稱，政府新的立場本質上就是他們自身的主張。

構成幣原聯合內閣骨幹的兩大保守政黨，當然沒有立場批判政府發佈的公告。但是他們表明支持的高姿態卻令人驚訝。自由黨讚賞被他們當作草案特徵的三大原則：保存天皇制、尊重基本的人權和民主原則以及通過放棄戰爭建立和平國家。甚至是極端保守的進步黨也戲劇性地變臉，宣稱「衷心」歡迎新憲法草案。進步黨現在主張，歷史上天皇從未直接施行統治，因而新憲章提案下的天皇地位，實際上符合歷史和現實。[32]只要經常重申，這種合理化的藉口就很容易變成新的真理。許多保守主義者心情沉重，不得不承認草案，但是到了三月中旬，大多數的保守派也開始分享麥克阿瑟的信念：危機時期為守護天皇和皇室，新憲章確有必要。[33]

數周過去了，普通公眾對新憲法提案的意義有了更多的理解。三月六日內閣頒佈的詳細「概要」，仍然是以沉悶的、正式的文語體書就。大選一周後的四月十七日，日常口語體的文本取代了文言「概要」。被稱為「政府第四草案」的最終版本，於六月二十一日正式提交國會。

水流走，河還在

由於技術操作上的原因，新憲法被作為明治憲法的「修正案」，由天皇提交國會。無論對麥克阿瑟還是日本的天皇支持者而言，這都是幸運的：憲法的制定與對天皇的拯救合而為一，成了同一項任務的重大使命。因而，天皇參與了憲法制定過程的每一個重要階段。六月二十日，依照既定程式，天皇宣佈臨時國會召開，提交憲法修正草案及其他法案，並且希望國會以「協調的精神」審議這些議案。[34]儘管新憲法規定主權在民，但是這實際上表明了，主權是天皇贈予國民的禮物。「自上而下的革命」與「天皇制的民主」，在這一儀式中融合在了一起。

到憲法草案提交國會之際，最極端民族主義的和最反動的政客已經被追放。新當選的眾議院議員的陣容，是個多樣化的群體，其中包括女性議員。保守派仍然在眾議院占據支配地位，總體

388

上比起前任者更加靈活通融。眾議院同僚中，也不乏相當數量的自由主義者和社會主義者。貴族院由於占領當局的追放政策空出的議席，被新當選的學識豐富、具有世界性視野的傑出人士所填補。既然最喧囂的保守派被強制沉默，那麼應當說，立法機關並不完全具有代表性。但是國會發出的新的聲音，確實與真正的民主熱情的顯現相吻合。

顯而易見，此後的國會審議是充滿活力和實質性的。兩院的全體會議和委員會討論，共計歷時一一四天。國務大臣金森德次郎，繼松本烝治之後擔任有關憲法問題的內閣首席發言人，大約答覆了一千三百個正式質問，有些回答十分詳盡。兩院的國會審議筆錄，最終合計超過三千五百頁篇幅。35

國會議員們最關注的問題是，憲法草案是否變更了「國體」，尤其是他牽涉到了天皇。假使回答是肯定的，那麼國體是如何變更的？其次關注的問題是，令人震驚的憲法第九條「放棄戰爭」之含意。然而，議員們及時將注意轉向了每一項條款。代表日本政府出席馬拉松翻譯會議的佐藤達夫後來承認，總司令部「看來對民意的最高代表國會充滿敬意」。他認為，國會的審議「沒有遺漏草案的任何部分」。佐藤推定，議會提出的修正案（必須經過盟軍最高統帥的認可），其中「80％到90％」都獲准採用。36

日本政府對新憲法是否根本變更了「國體」的問題，其回答是絕對否定的。金森德次郎和新任首相吉田茂，幾乎用上了表演雜耍的精力，來對付這一最敏感的問題。一位帶有傳奇色彩的女權主義者加藤靜江當選為國會議員，她後來絕妙地描述了金森和吉田當時的行為。她說，吉田就會大聲嚷嚷：「國體得以維持！讓國務大臣來說明！」於是金森就會站上講臺，「嘰嘰咕咕地」說些拐彎抹角和令人費解的話。[37]

加藤的說法不夠厚道，但是涉及到天皇和國體，吉田和金森的解釋就被感情的邏輯所支配，而不是基於精密的法律或者正確的歷史認知。吉田總是宣稱，「皇家與國民之間全無區別……天皇與臣民是一家……新憲法不會使國體變更哪怕一絲一毫。新憲法只是用不同的話語，表達日本自古以來的精神和思想」。仿佛連歌頂真的搭檔一般，接著金森通過指出「水流走，但是河還在。這裡蘊涵著我們關於憲法草案的基本觀念」，[38]以此揭示變動不休的題旨。

儘管這種對新憲法不可思議的肯定方式不過是種願望，但是卻引起了民政局內部的驚惶。惠特尼於七月中旬報告麥克阿瑟，日本官方關於新憲法沒有變更國體的主張，貶損了新憲章的民主精神，並為獨裁主義、沙文主義、軍國主義以及日本人「獨特性」和種族優越論的復辟鋪平了道路。凱德斯由此進一步要求金森德次郎澄清憲法人民（國民）主權的純粹性。實際上，就在此時，「主權」這個詞取代了「至高」的譯法。[39]然而，在許多國會議員看來，新憲法可以被接受，僅僅是由於他保留了天皇超凡的地位。由蘆田均任委員長的眾議院憲法修正小組委員會的最終報告，證實並且承認了如下觀點：

憲法修正的第一章明確規定，萬世一系之天皇基於國民至高之總意願，以確保其君主地位，團結統一國民與天地同在，直到永遠。由此以確認儼然之事實：天皇雖處國民之中，然身在實際政治之外，仍保有其作為國民生活之中心及精神指導之源泉的權威。絕大多數之委員以最大之歡喜與意願達成此項目的。40

這些恭恭敬敬的陳述中，情感的流露與民族主義的挑戰勢頭十分明顯。然而，對許多人而言，這些主張使他們能夠問心無愧地轉向他們數月前仍難以想像的立場。一旦考慮明白不可思議的已經成為不可避免的，他們甚至可能說服自己，在新的天皇制民主下，天皇的地位得到了昇華，因為現在他超越了政治。一九四七年在新憲法生效後不久，吉田茂給他的岳父原內大臣牧野伸顯寫了一封私人書簡，提到天皇與政治明確分離的後果，是天皇的「內在地位」——大概是指天皇的精神職能——「將更為擴大，天皇之地位的重要性和微妙性也將增加」。41

即使是在這些皇室崇拜的議論中，一些內閣大臣和國會議員也能保持冷靜而不失幽默的看法。例如，內部人士將新憲法稱為「山吹憲法」。這個笑話是說，在新的憲章下，天皇現在就像山吹之花一樣，儘管花開得漂亮，卻不結果。同樣，在表面上莊嚴肅穆的論爭之際，兩首詠金森的狂歌在國會中流傳。這兩首狂歌都是關於「憲法」和「劍法」諧音的雙關語。一首歌問道，金森用的是什麼奇怪的憲法程式（劍法流派）？另一首答道，金森是二刀流國體派，一刀變一刀不變。金森見招拆招，印證了自己確實是位嫺熟的劍士。金森反擊的方式極有技巧，他自己寫了一首歌作答：名士之一劍看似二刀。無論其政治策略如何，他們的確都是機警聰敏之人。42

民主的「日本化」

當國會審議之際，凱德斯上校訪問了貴族院並告訴議員們，總司令部「很遺憾國會未能提出更多的修正案」。43他說這話是真心誠意的。美國人花費了大量的時間，鼓勵議員們積極參與修憲過程。畢竟，這是民主實踐的樣板，是波茨坦宣言建立反映人民「自由表達之意志」的政府的高邁理想的體現。國會可以自由做出所希望的一切改變，只要不違反GHQ的基本原則。

有關國會審議問題不那麼顯而易見的是，盟軍最高統帥那只看不見的手的長度，以及有時日方的修正案所反映的盟軍總司令部或者經由總司令部反映的遠東委員會（FEC）的秘密指令的程度。那年夏天，遠東委員會對憲法問題相當關注。美方小心掩飾他們對兩院每日活動的介入。指示通常是口頭而非書面下達。由於盟軍最高統帥的堅持，眾議院憲法修正小組委員會的會議秘密進行，以便美方秘密傳達指示。這些秘密會議的記錄，也不准提及美方的干預。原本鼓勵國會和媒體對憲法的自由討論，但是直到一九四九年，所有觸及盟軍最高統帥對新憲章起決定性作用的

391

言論皆被禁止。[44]

盟軍最高統帥無所不在的不容質疑的權威，在占領結束之後被一語道破。按照一九五七至一九六四年間進行調查的權威的日本憲法調查會的說法，即便美方並未直接干預國會審議進程之時，他們也要求日方能夠通過「心靈感應」揣測其意。[45]貴族院議員、原內務省高官沢田牛麿，以異乎尋常的熱情抵抗占領當局的強制做法。沢田對憲法草案的採用投反對票的理由是，憲法修正的適當時機，應當在國家恢復主權之後。他主張，急於採用新憲章根本毫無意義。他借用《朝日新聞》之前的比喻說，「實際上，新憲法不過是借來的洋服，打滿了太多的補丁，而且根本就不合身」。[46]

據說，國會對政府的六月草案做了大約三十項修正。[47]然而，許多重大的實質性變更，多來自於盟軍最高統帥部或者遠東委員會的指示。例如，遠東委員會通過盟軍最高統帥部施壓，導致國會強化了重要的諸項民主條款：普遍選舉權、立法機構優先權以及總理大臣與半數以上的內閣閣僚從國會議員中選舉產生。在遠東委員會的堅持下，國會還附加了一項條款，規定全體內閣成員必須是「文官」。[48]

最終，由日方主導的重要變更數量很少。令人震驚的是，國會表決通過了社會黨的動議，立即廢除華族制（皇室除外）。美方反而只要求停止將來再賦予華族任何特權。社會黨某種程度上受魏瑪憲法和一九三六年蘇聯憲法的影響，還成功引入了如下條款：「所有國民有保持最低限度的健康文明生活之權利」、「所有國民皆有勞動之權利和義務」，勞動條件由法律保障。[49]

草根壓力奏效的一個有意味的事例是，成人教育學校與夜校的教師聯盟，成功地說服國會，取消了六年制初級義務教育的限制規定。教師聯盟直接向文部省、盟軍司令部和政治家們進行遊說，主張教育不能僅僅使精英人士受益。最終的條款保障全體國民「按照法律規定，依其能力接受平等教育的權利」，成為此後立法確立所謂六三制九年義務教育制度的基礎。[50]

憲法最終草案中最為民主的方面之一，也是由草根提議發起的，並且影響到了此後正式官方檔使用的語言性質。此前，包括憲法在內的法令和文書，都是以文語體書就，這種古舊晦澀的文體一般民眾難以理解。四月中旬之後，政府呈交的檔使用口語體書寫。這一變化，具有極大的實踐和象徵意味。他表明法律和全部的公文，不再僅僅屬於特權階層掌控的領域。結果是，隨後民法和刑法的全部文獻也變換為口語體。引入這一影響深遠的變更的決定，完全來自於日方。其動議不是源於日本政府內部，而是源於遊說語言改革的學者和知識階層。[51]

至於反動性的修正案，日本政府和國會成功廢除了在留外國人法為外國人提供平等保護的條款，從而有損於盟軍總司令部的初衷。其基礎工作是由佐藤達夫在馬拉松翻譯之後數小時內完成的，當時他向民政局遞交了一項看似無關緊要的請求，要求以重複累贅為由准許削除有問題的條款，另行在憲法草案之外提供法律保障。美方予以批准，當時並不知曉日方的文字遊戲是將外國人排除出受保護之列。在這裡日方使用的關鍵字是「國民」，故意用這一更具民族主義色彩的詞

394

彙，來翻譯對應憲法草案的「the People」(人民)。實質上，保守派使用「國民」一詞，不僅是要削弱人民主權的含意，而且要將國家保障的權利局限於持有日本國籍者。當美國人試圖肯定在法律面前「人人」平等、GHQ草案明確規定禁止基於人種或國籍的歧視時，佐藤及其同僚卻通過玩弄語言遊戲抹去了這些保障。通過將「國民」解釋成「所有持有國籍的人」，日本政府成功否認了包括臺灣人尤其是朝鮮人在內的數十萬舊殖民地出身的在日外國人的平等公民權。這種露骨的種族主義性質的修正條款，隨後在國會審議中以「用語上的」修正為名加以強化，並為一九五〇年通過有關國籍的歧視性法案打下了基礎。52

也許……放棄戰爭

全方位看來，憲法草案中最具衝擊性的部分，是序言和第九條中提到的「戰爭的放棄」。毫無疑問，這遭到了國會的集中轟擊。最終，議員們對第九條的措辭進行了修正，使得無人能夠理解其確切含意。由此造成的含糊其辭將遺留下去，成為占領期最為複雜困惑的遺產：憲法第九條究竟是允許還是禁止出於自衛目的的限定武裝？

呈交國會的第九條全文如下：

國家主權之發動戰爭，與武力之威嚇或行使，作為解決與他國間紛爭的手段被永久拋棄。陸海空軍及其他戰力的保持，將不被許可。國家的交戰權將不予承認。

這是否意味著日本發誓成為不安定的世界中非武裝的國家？許多國會議員表示憂慮：這將使日本處於危險之中。另外那些被日本可能加盟聯合國的想法所吸引的議員質問，如果日本不能滿足成員國對集團安全做貢獻的要求，是否就不可能加盟聯合國？對「第九條是否禁止甚至是出於自衛目的的武裝？」這一直截質問，日本政府通常回答是，但有時卻回答不。當這些彎彎繞的審議完成之時，任何人都可以回頭找出當日的記錄，徵引一番以支援各自的立場。

四月四日，在憲法草案提交國會之前，松本烝治出席樞密院的秘密會議，並被直截質問放棄「交戰權」是否意味著禁止自衛戰爭。他回答說並非如此。松本聲稱，「『交戰權』指的是宣戰，並不旨在禁止自衛行為」。[53]另一方面，在國會召開之際，吉田首相有相反的表述。六月二十六日，吉田指出憲法第九條放棄交戰權，也隨之放棄自衛權。他評述說，所有的侵略戰爭，包括日本近來自一九三一年開始的侵略戰爭，都是以自衛的名義發動的。

兩天後，當野阪參三質疑這一憲法制約時，吉田首相趁機做出了詳細說明。共產黨領導人宣稱，有必要區分正義戰爭與非正義戰爭，當牢記這一點時，顯然每個國家都有自衛的權利。自詡「現實主義者」的吉田，發現自己在為理想主義的現實態度而辯護。他反駁說，「戰爭有被國家合法的自衛權正當化的可能，但是我認為那種想法是有害的」。日本今後的安全保障，將有賴於國際性的和平組織。此後的數年間，吉田以不同形式重申了對第九條的這一解釋。[54]

在審議的最終階段，眾議院採納了由蘆田均領導的頗具影響力的憲法改正小委員會提出的對第九條文辭的變更。經貴族院認可，以下為新憲法的最終文本：

日本國民出於對正義和秩序為基調的國際和平的誠實希求，永久放棄作為國家權力的戰爭權與以武力威嚇或武力行使作為解決國際紛爭的手段。

為達前項之目的，陸海空軍及其他戰力，將不得保持。國家的交戰權，將不予承認。

因提案的變更須經盟軍司令部的承認，蘆田均事先請求司令部對新措辭的許可。凱德斯上校和惠特尼准將立即予以批准。顯然三人並未討論修正背後的緣由。[55]

在此後的歲月中，所謂的蘆田修正案，被用來論證第九條最終之形式並未禁止自衛目的之再軍備。其主張為，第一款論證了維持國際和平是第九條之目的。既然如此，第二款的導入句（「為達前項之目的」）必須放棄「戰力」，指的是保持侵略戰爭的能力，將會妨害世界和平。蘆田均自己後來聲稱，他從一開始的目的，就是通過這一變更為未來自衛目的之再武裝開道。然而，這種觀點卻從未出現在國會審議當中。而蘆田均率領的小委員會此後多年間仍被視為機密的議事錄，揭示了無論蘆田或是其他委員，從未以容許「自衛」的視角來議決他們的修正案，也沒有任何證據表明有此種暗示或理解。當時大部分的國會審議，意見相當分散，經常不甚連貫。但是有一次，蘆田均的確解釋說，他只想使第九條有關日本不保持戰力的約定，不像是那麼「被動」的承諾。56

國會議決憲法最終草案之時，政府首席發言人確認，第九條禁止保持一切戰力。數度參加眾議院秘密討論的金森德次郎，應邀向貴族院憲法特別委員會說明第九條的新文本。他強調了對武裝的絕對放棄。九月十四日，金森向委員會解說，「第九條的第一款並未放棄自衛權，但此權利在第二款事實上已經放棄」。換言之，他說「第二款的實際宗旨是，即使自衛戰爭也不能進行」。前首相幣原同樣向此委員會毫不含糊地斷言，在第二款下，「日本不能擁有任何戰力與外國開戰的事實是非常明白的」。57

在此時刻，遠東委員會以令許多議員震驚的異乎尋常的方式介入。七月份，遠東委員會敦促麥克阿瑟增加憲法條文，規定只有「civilians」(文官)才能擔任內閣職務。麥克阿瑟將軍無視這一要求，但是九月二十一日在華盛頓參加會議的遠東委員會的中國代表，注意到第九條的新措辭，指責這樣含混曖昧的語言，事實上可能為今後某種形式的再武裝留下缺口。然而，遠東委員會並未敦促嚴密第九條之行文，而是再次要求內閣成員必須限於文官之身份。麥克阿瑟與盟軍總司令部感到，為避免遠東委員會的責難，他們必須遵從其要求。

九月二十六日，在貴族院提出這項遲到的修正案時，當然引起了混亂：因為如果第九條禁止

397

陸海空軍，那麼從邏輯上可以推定，不可能有常設的軍事組織可以選出內閣成員。議員們質問，提案規定的意圖，是否可能是要防止原軍人擔任內閣職務？那麼對近年來曾經為國家服役的年輕人而言，這自然是歧視性的。貴族院特別設立了委員會，以檢討遠東委員會的要求，結論是此項條款沒有必要。這次輪到麥克阿瑟傳話了，他提出務必要使遠東委員會滿意。貴族院議員別無選擇，只得集中精神創造出新詞彙以對應英文詞「civilian」。在新造的複合詞「文官」被採用之前，大約有七個以上的詞彙曾作為候補。[58]

無論遠東委員會用意何在，奇妙的「文官」條款成了新憲法的第六十六條，無意間削弱了第九條禁止保持任何戰力的主張。畢竟，從內閣中排除軍事人員，即是假定軍人的存在是國家機能的一部分。十月二十一日，當金森德次郎向樞密院秘密說明新憲法之時，他提供了與一個月前他在貴族院委員會的版本全然不同的解釋，使得這種曖昧狀況變得更為複雜。特權組織樞密院（新憲法下將予以廢除）的議事錄記載，金森「解釋容許保持軍隊以維持國際和平」。[59] 十一月三日，新憲法公布日刊行的《新憲法解釋》（《新憲法解釈》）讀本中，蘆田均初次公開做了同樣的解釋。他聲明，第九條「實際意圖指的是放棄侵略戰爭。因而，此條款不放棄自衛目的之戰爭與武力的威嚇或武力的行使」。[60] 盟軍司令部對此見解未加駁斥，然而此立場從未得到日本政府的明確支持。

事實上，此後數年間，吉田首相發表的見解與此大不相同。一九五〇年一月，他明確聲稱，「日本的自衛權將是不訴諸軍事力量的自衛權」。同月，在參議院（取代了原先的貴族院）的即席發言中，吉田竟至於表示，「假使我們心中存有以武力自衛的念頭，或是萬一在戰爭中以軍事力量來自衛的念頭，那麼我們自己將會妨害日本的安全保障」。這位年事已高的首相建議，真的安全保障，在於贏得他國的信任。[61]

吉田的這些說法確有討好聽眾的因素。他確信儘早結束占領，使世界各國重新接受日本的最佳途徑，就是強調徹底放棄軍國主義。[62]然而與此同時，第九條對飽受戰爭之苦、在多國間背負軍國主義者和不講信義者惡名的戰敗的日本人民而言，還有難以抗拒的心理魅力。放棄戰爭、成為凱洛格—白里安公約理想純粹的體現者的可能性，在戰敗之後為日本人提供了肯定自身獨特價值的道路。

這些事件發生三十五年之後，查理斯·凱德斯返觀第九條日文解釋的矛盾之處，不由回想起十五世紀一位英國法官的話：「不要以魔鬼的惡意揣測人心，因為那並非人心所想」。[63]就憲法第九條而言，最初的混亂，更多是由於草案措辭的拙劣，而並非出於陰險的企圖。此外，在繼續被占領的狀態下，自衛問題很難成為緊迫性的關注所在，直至一九五〇年六月以朝鮮戰爭爆發為契機開始重新武裝之時。當時保守派和美國人同樣在蘆田修正案的曖昧言辭中找到了漏洞，而再軍備的反對者們捍衛著非武裝中立的理想，他們確信他們的「和平憲法」，堅實地植根於這一理念。憲法第九條，成為其後數十年間使國家深受其害的論爭之試金石。

對既成事實的反應

國會議員可自由投票反對憲法草案，但是最終很少有人這麼做。眾議院投票表決的結果是，四二一票贊成八票反對。對貴族院而言，通過草案意味著華族制本身的立即廢止。結果卻是以全體起立、一致同意的票數，通過了對新憲章的採納。（據GHQ計算，三百票中僅有兩票反對。）在國會投票中，反對憲法草案的主要是共產黨議員。

憤世嫉俗者會說，這種近乎全體一致的對征服者理念的擁護，只能證實高人一等的英美研究者向來的觀點：日本人對追隨權威，具有「根深蒂固的封建主義的傾向」。正如一九四六年初美國國務院的喬治·艾奇遜（George Atcheson）所言，「日本模仿美國——不僅模仿美國的機械還有美國的理念——的時代」正在到來。64

對某些人而言，情況可能確實如此。當時日本的懷疑派和焦慮的自由主義者，都有這樣的說法。然而，當時的政治和思想動態十分複雜，並非如此簡單化的大眾心理認識所能說明。實際在很大程度上，對採取新憲法一致投贊成票，反映出的不是體制順應主義或者封建的「日本的」價值觀，而是任何地方民主的政黨政治通常的特徵：維護政黨的紀律。除共產黨之外，各個黨派的領導者都支持憲法修正，黨員自然保持一致。

許多務實的保守黨領導人還相信，儘管此刻他們少有選擇只得附和征服者，但是以後有可能

400

撤銷已經做出的決定。採用民主的、和平主義的國民憲章，有可能會加速占領的終結。一旦重獲獨立，憲法可以被修正。吉田茂後來後悔地解釋說，這一直是他對付美國改革者議程的哲學。他坦承，「我總是下意識地有這種想法，無論有何修正的必要，等日本重獲獨立後都能修正過來。然而一旦做出決定，再改變就困難了」。65

一九四六年十一月三日，明治天皇誕辰九十四周年之際，裕仁天皇頒佈新憲法，於六個月後施行。（在挑選愛國主義的紀念日方面，戰敗者與勝利者同樣樂此不疲）。全國各地都舉行了慶典。在東京，十萬人聚集在皇居前紀念這一重要事件。作為皇恩浩蕩的又一證據，天皇頒佈大赦，三十三萬服刑者得到恩赦。這是天皇最後一次如此浩大地行使皇權的機會。66

一個月後，日本政府還發佈了將繼續使用天皇紀年的曆法的決定。十二月五日，為回應國會的質問，日本政府聲明維持「元號制」，意味著紀年繼續以現任天皇的元號與其在位年數計算。依此算來，憲法頒佈於昭和二十一年。這是保守派倍感欣慰的勝利。因為這是以冠冕堂皇的日常方式重申，由於他們的天皇制，日本人是獨特的，生活在他人無法分享的王國。當任何人看到出版物上印製的日期，他們就會記起天皇的存在。67

一九四七年五月三日，憲法生效之日，這是一個幾乎誰都可以根據自己選定的方式來紀念的日子。皇居前的廣場上，一支日本銅管樂隊的慶祝方式，是吹奏起《星條旗永不落》。68樞密院的最後一任議長、裕仁天皇的明治憲法個人教授清水澄，如此苦惱於天皇制的民主化，以致於在數月後自殺。[69]而樞密院是最終議決採用新憲法的實施機關。另一方面，天皇的幼弟三笠宮，向東京帝國大學發行的報紙寄去了令人注目的評論，嚴厲批評天皇和政府當日舉行慶典方式的非民主化。三笠宮因染恙未能出席慶典，但是慶典的某些問題使他困惑。為何給他的請柬上只有他的名字，而沒有他妻子的名字？為何請柬只提到了天皇而沒有提到皇后？三笠宮評論說，他感到儘管日本婦女最近首次入選國會，但是她們無疑仍然面臨艱難的鬥爭。

三笠宮收聽了慶典廣播，對繼續使用專為皇室保留的特殊敬語大為震驚。如果要實行真正的民主化，語言也必須民主化。語言的民主化應該就從改革迄今仍為天皇保留的特殊用語開始。三笠宮還震驚於這樣的事實：天皇在慶典開始時並未到場，而是舉行了盛大的入場式。三笠宮被吉田首相迎接天皇入場時三呼「天皇陛下萬歲！」的行為嚇了一跳。據三笠宮評述，如果是天皇的即位儀式，這麼做可能合適，但是對於主權移交國民的慶典而言，就不那麼合適了。

這實在是破壞偶像的有趣評論。裕仁天皇在考慮退位之時，排除將其幼弟作為可能的繼任者或讓他為皇太子攝政，看來確有原因。事實上，三笠宮的反思遠未結束。他口出狂言，而此時讀者很容易聯想到他得意地大笑——假使慶典的策劃者們將高呼「天皇陛下萬歲」改為天皇帶頭歡呼「全日本國民萬歲」，就合適多了，或者由首相率領包括天皇在內的全體人員歡呼萬歲也行。又或者，要求天皇代表熱愛和平的新日本，帶頭為全世界的人民歡呼萬歲。三笠宮總結道，無論如何，皇室的民主化，將是日本真正民主化的開端。[70]

新憲法的採用，迫使盟軍司令部與日本政府都慌忙行動起來。民法、刑法、民事訴訟法、親族法、皇室典範，全部都被迫進行實質性修正，並以口語體重新起草。同時，開始推進大規模的教育運動。新憲法生效當天，政府發行了二千萬冊題為《新的憲法，光明生活》(《新しい憲法 明るい生活》)的袖珍小冊子。這一驚人的發行量，是為保證每個日本家庭都有一冊。

《新的憲法，光明生活》僅有三十頁篇幅：蘆田均(眾議院憲法改正小委員會委員長)的發刊辭一頁，包括幾幅插圖在內的充滿光明的序文十三頁，以及憲法全文。小冊子是應GHQ的堅決要求發行的，與憲法本身同樣是被強制書寫的文本。同時他也傳達出許多日本人真心擁護的理想主義精神。儘管對「麥克阿瑟憲法」的修正，甚至在占領結束之前就已經成為某些保守派集團的民族大業，但是《新的憲法，光明生活》單純、樂觀的語言藝術，在此後的數十年間一直保持著足夠的大眾魅力以挫敗任何修憲的企圖。

蘆田均簡短的發刊辭以平實而動人的陳述開始：「舊的日本被投進陰影之中，新的日本誕生了」。今日之國民將基於人性彼此尊重。他們將實踐民主主義。與他國之關係將以和平的精神踐行。新憲法大膽宣言「我們不再發動戰爭」，表達了人類的崇高理想，而建設和平世界是日本新生的唯一途徑。

序言以一九四七年五月三日為新日本的誕生日開篇，旋即宣佈憲法最大的「贈予」是民主，即意味著「民治、民享、民有的政府」。天皇不再是神，而是國民統一的象徵，正如富士山象徵著

403

日本的風光明媚，櫻花象徵著日本美好的春天。新憲法被描述為絕不再次發動戰爭的誓言（此處配有插圖：一隻垃圾桶裡裝滿了大炮、炸彈、戰車、軍用飛機和軍艦，另外還有一條死魚和兩隻嗡嗡叫的蒼蠅）。平等、人的尊嚴、幸福、「自由的喜悅」得到強調。重要的是人活著要合乎自己的良心。還有男女平等。（此處插入一幅浪漫的素描：一對年輕夫婦手把手跪坐在一起，在他們相握的雙手上方，畫著交疊的愛心和一個驚嘆號。背景中是一對震驚的老夫妻）。官吏如今成了公僕。國會是人民的喉舌。司法機關是憲法的守護者。新憲法的精髓是「國民的政府與國際的和平」。71

這無疑是征服者要求的宣傳，而且是極端單純化的表達。他撥動了國民的心弦。然而，憲法既成事實的強制力之強大，寓於如下事實：即便是起初頑固支持明治憲法的日本政府高官，竟也及時認同起新憲法的許多基本原則。前內閣首席發言人金森德次郎，就是思想產生顯著變化的絕好例證。在GHQ「憲法制定會議」之前，金森協助起草了自由黨保守的憲法修正案草案。作為吉田內閣的憲法問題擔當大臣，他被迫不情願地將GHQ草案作為日本政府自身的提案成果。這些艱鉅的工作完成兩年之後，金森主動寫了一本兒童讀物《少男少女讀憲法故事》（《少年と少女のための憲法のお話》）。他仍然浪漫地美化天皇，但也有力地書寫了和平、國民主權和基本人權等偉大理想。金森告訴他的小讀者們，對於憲法修正，必須極其謹慎。他的結論如下：「我們務必要尊重和保衛憲法。儘管道路漫長，讓我們堅定地、一步一步地，向著理想的光明共同邁進。」這些話可不是他被迫說的。72

404

金森的前任憲法問題擔當大臣松本烝治，卻不能如此安然順應憲法的既成事實。在體味屈辱的十多年之後，松本已是八十高齡，他傲然宣佈自己從未屈尊讀過新憲法的最終版本。[73] 另一方面，前首相幣原曾泣告閣僚，他們只會受到後世子孫的蔑視，後來卻自豪地宣稱，最初是他自己向麥克阿瑟將軍提出放棄戰爭的理想。此事十有八九是這位老者記憶有誤。然而，無論事實還是虛構，幣原真心接受「反戰」的理想，使這樣的主張變得令人信服：終究，新憲法確實反映了日本的理想。[74]

裕仁天皇內心對新憲法做何感想無從知曉，但是凱德斯上校及其數位同僚接到了天皇表達的謝意。他們每位收到了一隻小小的銀盃，杯上飾以皇室紋章十六瓣菊花的金浮雕，而且銘刻著新憲法施行紀念的標記。[75]

1 Kades(1986), pp.282-83.〔本章引文出處沿襲第12章的標示。〕

2 這三位助手是Kades上校、Hussey中校和Rowell中校。官方的會談記錄，參見*TOT/RP* 1:320-36。亦參見Kades(1989)，pp.228-30；Kades interview(*GI*)，pp.34-40。

3 Courtney Whitney, MacArthur: His Rendezvous with History(New York: Knopf, 1956), p.251; *TOT/RP* 1:324.

4 古關彰一《新憲法の誕生》，p.127。

5 *TOT/RP* 1:336-40, 346; *PRJ* 2:624.

6 *TOT/RP* 1:352-64。在方面，松本委員會與盟軍民政局之間的衝突，再次上演了第二次世界大戰末期華盛頓方面「中國派」與「日本派」之間的對決。

7 Kades(1986)，p.288；*TOT/RP* 1:366-70；*PRJ* 1:106。隨後GHQ的最終期限延長到2月22日。

8 有關這些閣議的最重要的日文史料，是蘆田均的日記，直到1986年才發表。參見《芦田均日記》(東京：岩波書店)第一卷，p.77(1946年2月19日)。1954年，松本公然提出對Whitney的立場更為苛刻的說法。他聲稱Whitney將軍曾經說過，如果日本政府不接受GHQ草案，將無法保全天皇的「聖體」。通過這樣的表達，Whitney似乎在恐嚇日方：如果他們不接受GHQ草案，SCAP本身可能會對天皇採取不利行動。這一令人質疑的證言，可能造成對歷史事實的誤解，引發論爭。參見入江俊郎《憲法成立の経緯と憲法上の諸問題》(東京：第一法規，1976)，p.199；*JCC/FR*，pp.75-77；Takayanagi(高柳賢三)，pp.77-78；古關《新憲法の誕生》，pp.129-31；Kades(1989)，pp.229-30；江藤淳《一九四六年憲法》，pp.33-38。

9 《芦田均日記》第一卷，p.77(1946年2月19日)。

10 《芦田均日記》第一卷，pp.78-79(1946年2月22日)。亦參見蘆田均的證言，《憲法調査会第七回総会議事録》，1957年4月5日；*TOT/RP* 2:392(2月22日Whitney對松本的聲明)；McNelly(1982)，p.23。

11 *TOT/RP* 1:380-98.

12 古關《新憲法の誕生》，p.134-35；*TOT/RP* 1:460。至於天皇到底說了些什麼，看法不一；參見畢克斯(Bix)(1995)，p.339。

13 Whitney，pp.250，253。

14 *TOT/RP* 1:402-410.

15 日本政府總共制定了四種草案，均收錄於*PRJ* 2:625-48。

16 Kades interview(*GI*) 1:11-12，2:45-47。佐藤達夫對此事件發生時間的說法稍有出入，參見Inoue，*MacArthur's Japanese Constitution*，pp.172-73。

17 Kades interview(*GI*) 2:34-35, 40-45；古關《新憲法の誕生》，pp.144-46。

18 Williams, pp.115-16；古關《新憲法の誕生》，pp.138-51，尤其參見pp.140-44；McNelly(1952)，pp.171-94；*PRJ* 2:625-36(可對照參

看各草案）。關於外國人的權利，參見古關彰一的日、英文著述：Koseki（1987），pp.11-13；Koseki（1988），pp.235-36；《新憲法の誕生》，pp.148、160。關於地方自治，參見Akira Amakawa，「The Making of the Postwar Local Government System」，Ward與Sakamoto前引書，pp.259-60。

19 Inoue在書中較為詳細地辨析了這些語言問題，並在其分析中援引佐藤達夫：pp.184-205，尤可參照pp.188-90。民政局的三名顧問T. A. Bisson、Cyrus Peake和Kenneth Colegrove，向Whitney和Kades強調了「國民」一詞的可疑性質：參見T. A. Bisson的手稿，「Reform Years in Japan, 1945-1947: An Occupation Memoir」，此手稿出版了日譯本，但未有英文本出版：參見中村政則、三浦陽一譯《ビッソン日本占領回想記》（東京：三省堂，1983），pp.188-93。

20 Inoue的*MacArthur's Japanese Constitution*一書，對隨後有關「國民主權」的國會辯論做了多處摘錄，pp.205-20。亦參見古關《新憲法の誕生》，p.151。

21 這兩份草案收入*PRJ* 2:625-36。對12點差異的概括，參見McNelly（1952），pp.192-93。

22 木下道雄《側近日誌》（東京：文藝春秋，1990），pp.163-64（1946年3月5日）。

23 《芦田均日記》第一卷，p.90（1946年3月5日）。亦參見佐藤達夫的回憶，《ジュリスト》1955年8月15日號，p.34。

24 PRJ 2:657；日本文獻的英譯，參見McNelly（1952），pp.195-99。

25 對憲法修正過程中天皇的　威的影響力的分析，參見磯田進《新憲法的感覚を身につけよ》，《世界》1947年8月號，pp.22-27，尤可參見p.24。

26 「緊閉的門後」的說法，見於Bisson未發表的手稿，p.196。

27 《読売新聞》1946年3月8日；引自Williams，p.134。

28 Takayanagi（高柳賢三），p.77；對照Tatsuo Satō（佐藤達夫），p.385。

29 例如，參見1946年11月25日的審閱日誌，收入Etō Jun，「One Aspect of the Allied Occupation of Japan: The Censorship Operation and Postwar Japanese Literature」，occasional paper of the Wilson Center，Smithsonian Institution（Washington, D.C., 1980），pp.17-20。

30 據GHQ審閱部前官員Robert Spaulding的回憶，參見L. H. Redford編，*The Occupation of Japan: Impact of Legal Reform*（Norfolk: Douglas MacArthur Foundation, 1977），p.58。

31 當日新聞界的反應，參見Williams，pp.133-42；McNelly（1952），p.271。外務省的秘密調查發現，當時公眾的反應多少有些困惑。參見古關彰一《新憲法の誕生》，p.162；江藤淳《一九四六年憲法》，pp.60-61。

32 McNelly（1952），pp.271-76。

33 例如，參見*JCC/FR*，p.78。

34 參見McNelly（1952），p.317。

35 Inoue, pp.32-35; Williams, p.142.

36 Satō，p.384。亦參見佐藤達夫的證言，Tanaka（1987），p.124；Takayanagi，pp.80-81；Yoshida Shigeru（吉田茂），The Yoshida Memoirs（Boston: Houghton Mifflin, 1962），p.143。

37 1996年1月25日，99歲高齡的加藤靜江接受《朝日新聞》採訪時，發表了此番評論。時過境遷，當這篇訪談提到「國體」一詞時，《朝日新聞》不得不附加說明，向今日的讀者解釋何謂「國體」。半個世紀過去了，這一戰爭年代最具意識形態意味的詞彙，曾經動員了整個國家、此後保守派又曾經為之鬥爭哭泣的概念，在當今語言中早已消亡。1946年的國會辯論，是「國體」作為公認的核心概念的迴光返照，研究此後這一概念的邊緣化，將是一個有趣的題目。最終「國體」成了只與極端右翼的思想家相關聯的語彙。

38 對議會中「國體」質詢的論述，參見Dower（1979），pp.318-29；亦參見*PRJ* 1:93。

39 Dower（1979），p.327；Inoue，p.206；古關《新憲法の誕生》，pp.213-21；McNelly（1987），pp.90-91。

40 Dower（1979），p.326.

41 Dower（1979），p.329.

42 古關《新憲法の誕生》，pp.210，212。

43 Takayanagi，p.80；對照Kades interview（*GI*），1:15；Kades（1986），p.277。

44 McNelly（1987），pp.84, 89-90, 96-97；Etō Jun，「The Constraints of the 1946 Constitution」，*Japan Echo* 8.1（1981), pp.44-50；Satō，p.384。1949年SCAP的記錄*Political Reorientation of Japan*公刊，坦率承認了占領軍對籌備日本憲法草案的作用，使許多人大為震驚。眾議院憲法改正小委員會（即所謂蘆田委員會）的議事錄，直到1995年才披露，此時速記記錄已有六處脫漏。參見眾議院第九〇回帝國議會《帝国憲法改正案委員小委員会速記録》（眾議院事務局，大藏省印刷局，1995）。但當時新聞報導並未將脫漏原因斷定為占領軍的干涉；參見《朝日新聞》1995年10月1日。

45 *JCC/FR*，p.81。領導憲法調查委員會的高柳賢三，儘管強力支持日本憲法是日美合作產生的理論，但是提出了重要的兩點：一是，日方對憲法制定的直接和間接輸入，比通常所承認的更具實質性；二是，憲法確切地反映了日本人的希望。參見*JCC/FR*，pp.224-25；Takayanagi，pp.71-88。

46 參見Satō，p.387。澤田對明治憲法的激情辯護的英譯文，見Inoue，pp.199-200。貴族院議員、法學者佐佐木惣一也反對新憲法；McNelly（1952），p.364。

47 這些修正僅為列舉，未加評論。參見*U.S. Department of State*，*Foreign Relations of the United States*[下引為*FRUS*]，*1946*，vol. 8，pp.359-64。

48 《朝日新聞》1996年1月22日（p.12）；此報導披露了有關「文民」問題新公開的史料，以及新解密的金森德次郎的陳述，內容是GHQ要求日本國會所做的修改。亦參見McNelly（1952），第7章（尤其是pp.267-69）。與2、3月份憂慮遠東委員會將對天皇制形成「國際性」的威脅的預期相違背，遠東委員會並未對天皇制採取批判立場。與此相反，1946年4月4日，遠東委員會免除對裕仁天皇進行戰爭罪行的起訴。

49 比較McNelly（1987），p.92；Koseki（1987），p.15；古關《新憲法の誕生》，pp.225，233；Kades（1986），pp.284-85。社會黨的片山哲（曾參與眾議院的憲法制定審議，1947-1948年日本首相），對那些主張憲法是外國強加給日本的人進行了簡練的反駁。他說，憲法是強加給反動派的，而非強加給民眾；引自McNelly，「The New Constitution and Induced Revolution」，p.159。

50 古關《新憲法の誕生》，pp.228-33；《朝日新聞》1995年10月1日，p.17。當1995年眾議院憲法改正小委員會（蘆田委員會）的秘密議事錄（本章注44）公開之時，有關教育的條款，被評價為憲法中最直接反映「民眾之聲」的規定。

51 Koseki Shōichi，「Japanizing the Constitution」，*Japan Quarterly* 35.3 (July-September 1988)，pp.239-40。憲法轉換為口語體的主張的推動力，來自遊說團體「國民的國語運動聯盟」（國民の國語運動聯盟），其成員包括小說家山本有三、原法官三宅正太郎，後者曾遭SCAP開除公職。

52 Koseki（1988），pp.235-36；古關《新憲法の誕生》，pp.160-61；《朝日新聞》1996年1月22日（p.12）。古川敦提示，佐藤達夫「非同尋常的」關注日本憲法平等對待外國人的可能性問題；參見袖井林二郎、竹前榮治編，《戰後日本の原點—占領史の現在》（東京：悠思社，1992），上卷，p.168。

53 1946年4月24日，樞密院審議委員會第二次會議記錄：關於向帝國議會提交憲法修正草案的議題；引自Charles Kades，「Discussion of Professor Theodore McNelly's Paper, 'General Douglas MacArthur and the Constitutional Disarmament of Japan'」，*Transactions of the Asiatic Society of Japan*, third series, vol. 17 (1982), pp.35-52；尤可參見p.39。

54 吉田茂對第九條的態度，參見Dower（1979），pp.378-83。

55 Kades (1982), pp.39-41; Kades (1989), pp.236-37; Kades interview (*GI*), 2:66-68.

56 1995年9月30日、10月1日，《朝日新聞》曾對解密的蘆田委員會議事錄做過詳細報導。蘆田委員會的議事內容，自1983年起就為日本學界所瞭解，因為當時在美國的檔案中發現了大多數秘密聽證會的英譯。蘆田均本人當日並未明確意識到，修正案將為自衛目的之再軍備提供可能性，這一印象可從記述翔實的《芦田均日記》（1986）中得到印證，蘆田的日記中並沒有這樣的說法。還可參見Koseki（1988），pp.237-38。

57 貴族院憲法特別委員會議事錄，1946年9月14日，第12號，pp.36, 78-82；參見Kades（1982），pp.41-42。

58 貴族院憲法特別委員會的聽證會，在第66條的「文民」規定問題上達到白熱化程度，相關議事內容直到1996年1月21日才解密。1996年1月22日的《朝日新聞》有詳細報導。

59 1946年10月21日，樞密院審議委員會第二次會議的記錄；參見Kades（1982），p.45。

60 Koseki (1988), p.237.

61 Dower (1979), pp.382-83.

62 古關彰一指出，早在1947年4月新憲法實施之前，吉田茂的親信朝海浩一郎就曾私下向加拿大和澳大利亞的外交官談起，重新組建一支約10萬人的日本軍隊。Koseki (1987)，pp.19-20。

63 Kades (1982), p.46.

64 *FRUS 1946*, 8:92.

65 吉田茂《大磯随想》(東京：雪華社，1962)，pp.42-43；亦參見吉田茂《十年の歩み》，《毎日新聞》1955年8月9日。

66 *SNNZ* 7:312.

67 *SNNZ* 7:324.

68 Mark Gayn, *Japan Diary* (New York: William Sloane, 1948), p.488.

69 Koseki (1987), pp.20-21; *SNNZ* 8:109.

70 三笠宮的反思，載《帝國大學新聞》1947年5月8日。收入《帝國大學新聞〔復刻版〕》(東京：不二出版，1985)，第十七卷，p.354。

71 憲法普及会編《新しい憲法 明るい生活》(1947年5月3日發行)。這本小冊子分發到了各家各戶，參見大阪府編《大阪百年史》(大阪：1968)，p.912。

72 金森德次郎《少年と少女のための憲法のお話》(東京：世界社，1949)。

73 Koseki (1987)，p.20.

74 McNelly (1982)，pp.1-7。高柳賢三對幣原主張的考證，參見*JCC/FR*，pp.74-75；Takayanagi，pp.79, 86-88。

75 Kades interview (GI)，2:72.

第十四章　審閱的民主：新禁忌的管制

一九四六年四月，ＧＨＱ獲悉，東京的劇場有位藝人自彈自唱具有顛覆意味的歌曲。偵探們 405 前去觀看演出，結果大為震驚。他們聽到了這樣的歌詞：「引誘日本女人很容易，只要巧克力和口香糖」。更令人震驚的歌詞是：「每個人都在講民主，但是有兩個天皇我們怎麼可能有民主？」一句歌詞竟然同時愚弄了民主、裕仁天皇和麥克阿瑟！美國人取締了這個節目。[1]

身處演藝劇場圈外的無數日本人都可以證實，這絕不是占領當局偶然的舉措。他們以審查機關審閱這個國家新的自由，深入到了公眾表達的方方面面。在此過程中，日本人很快學會了識別新的禁忌，並且相應地採取自我約束。人們知道向終極權力挑戰，沒有什麼好結果。

通過一九四六年十月的所謂「權力者崇拜」事件，作者和編輯們清楚地認識到了這個國家的第二位天皇——麥克阿瑟將軍的神聖不可侵犯。 406 《時事新報》針對麥克阿瑟受到的阿諛奉承發表了一篇溫和的社論，警告「過去兩千年來一直浸染日本人心理的統治者崇拜」。社論因麥克阿瑟傳記的出版暢銷，以及麥克阿瑟的崇拜者向報刊雜誌洶湧投書而起。在這些來信中，人們以裕仁天皇的專用語來形容麥克阿瑟，將他描繪成「活生生的神」、「密雲衝破」現「天日」，乃至「神武天皇再生」。《時事新報》的評論，隨後在英文版的《日本時報》(*Nippon Times*)上發表，其部分章節如下：

> 政府是由卓越的神、偉人或者領袖強加於國民的，如果這個觀念不加以糾正的話，民主政治遲早會破滅。我們擔憂，在麥克阿瑟引退之後，我們還會找到某位活著的神，為我們帶來曾經引發太平洋戰爭的獨裁政治……日本國民感激麥克阿瑟戰後在日本的賢明統治以及對日本民主化的努力之方式，並非是將他作為神來禮拜，而是應當拋棄奴性心理，獲得不向任何人低頭的自尊。

儘管這一不同尋常的合情合理的議論，在發表前得到了GHQ當局的認可，但是其英譯轉載卻立即被美國憲兵隊扣押。命令是民間諜報局局長查理斯·威洛比(Charles Willoughby)少將發出的，理由是「很不得體」，而且有損於占領軍與最高司令官的聲望。[2] 這是極端保守派威洛比罕見的公開的權力展示。同時，他以高壓手段的介入，暴露了審閱制度的日常控制狀態，顯示出占領軍對所謂「左翼」言論乃至對美國政策極微小批判的控制的強化，成為民主化議程嚴密計畫與調控本質的象徵。

幽靈官僚機構

從一九四五年九月到一九四九年九月，審閱制度通過GHQ內部精心設置的機構執行，並且繼續變相實施直到日本恢復主權。占領初期曾預定，實行此項控制直到確保外國駐軍安全以及改革政策成功貫徹之際。一九四五年九月十日，SCAP首次發佈關於「言論及新聞自由」的正式指令，明確宣佈「應當對言論自由施行絕對最小的限制」，只要言論表達堅持「真實」，不妨害「公共治安」。[3]

實際上，審查機構很快有了自己獨立的生命。在民間諜報局內的民間審閱部（CCD）名下產生了交錯蔓延的官僚機構。民間審閱部的審閱官們受到民間情報教育局（CI&E）內「積極的」民主推進派的強力支持。[4] 審查範圍覆蓋各種媒體形態與表演形式：報紙、雜誌、普通書籍、教科書、廣播、電影以及包括古典藝術在內的各種戲劇。[5] 巔峰時期，民間審閱部在全國各地的審閱官超過六千人，絕大多數是會講英語的日本人，他們識別可疑的資料並且加以翻譯或者概括，然後提交給上司。直到一九四七年末，許多出版物，包括近七十份主要日報和所有的書籍雜誌，在正式出版之前都要接受審查。僅民間審閱部的出版·演藝·播送處（PPB），月平均審查材料數量之巨，高達「報紙二萬六千號，通訊社刊物三千八百份，廣播稿二萬三千本，印刷快報五千七百份，雜誌四千期，書籍和小冊子一千八百種。」在四年的監控過程中，CCD審閱官還抽查了三億三千萬件郵件，監控了八十萬次的私人電話通話。[6]

被審查的對象，既包括日語資訊也包括外文資訊。對外文資訊的審查，意味著日本人不被准許閱讀勝利者掌握的所有資訊。美聯社與合眾國際社的電訊，有時在翻譯成日語之前，都要經審查確認是否「安全」。譬如沃爾特・李普曼（Walter Lippman）這樣的專欄作家的文章，被美國各大報業辛迪加爭相採用，但是在橫渡太平洋之後也遇到了同樣的障礙。全面的審閱活動，最終產生了關於禁止事項的一長串清單。而最具極權主義色彩的是，這些事項包括禁止公開承認審查制度的存在。審查制度確立伊始，編輯和出版者就都接到了如下秘密通告：

1. 此通告之目的，在於確認本審閱局管轄區域內之全體出版者達成共識，不得公開有關審閱手續。
2. 全體出版者應當明瞭編輯出版物時，不得出現任何關於審閱的具體暗示（例如塗黑、空白、粘貼覆蓋、文句不完整、使用○○、××等），以及其他不易明確理解的符號。
3. 不得發表涉及審閱人員或者行動的評論。此規定不僅適用於有關新聞出版物的審閱，亦適用於有關廣播、電影和演劇的審閱。
4. 不得出現例如「通過審閱」、「占領軍出版許可」或者任何其他提及、暗示CCD審閱的字樣。

408

既然審查制度的存在從未被公開承認，因而在一九四九年末，審查制度隨民間審閱部的解體，也就悄無聲息地終止。正如幽靈一樣，民間審閱部的官僚組織，在「不得發表有關民間審閱終止之報導」的秘密告別方針下，從歷史的舞臺上消失。[7]

與當初審查制度將很快逐步停止的期待相反，隨著時間的推移，民間審閱部的監控，反而變得更加嚴厲而瑣細。在這一點上，投降約一年後對刊載「權力者崇拜」評論報紙的扣押事件，昭示了盟軍司令部審查政策的強硬，以及對旨在排除軍國主義和極端民族主義思想的初衷之背離。在民間審閱部歷任數份要職的羅伯特．斯伯爾丁（Robert Spaulding），後來談到威洛比的行為帶來了三重後果：他導致了ＣＣＤ審閱官的增員；在審閱官中培育出了極端謹小慎微的心理；並且導致煩雜的「檢查」手續蔓延，使得ＧＨＱ各個部門的人員，加緊了對新聞言論的控制。[8]

儘管占領當局的審閱，絕不像日本投降前十五年間實行的審查制度那麼普及和壓抑，但是許多傑出的文學家，從太宰治（《斜陽》的作者，一九四八年自殺引發轟動）到後來的諾貝爾獎獲得者川端康成，都嘗過作品被審閱官藍鉛筆刪改的滋味。令小說家谷崎潤一郎震驚的是，他的一篇短篇小說徹底被查禁，查禁理由竟然是因為作品是「軍國主義的」。谷崎應當感到與有榮焉的是，托爾斯泰《戰爭與和平》的日譯本，也受到了ＣＣＤ審閱官的質疑。然而，即便是中村光夫這樣辛辣的文藝評論家，也在占領終結之後得出結論，儘管戰後日本的文學大多沒有什麼價值（中村認為性的描寫過多），但是總體上作家享有了與戰前不可同日而語的大得多的自由。[9]

對戰敗前和戰敗後不同的審查制度都有體驗的新聞記者，對戰後的「自由」不那麼樂天派，但是通常也承認征服者較為手下留情。穩健派月刊《文藝春秋》的原編輯池島信平，表達了被甚至不懂日語的人審閱的反感。但是他也承認，GHQ的監控比起日本軍部的高壓還差得遠，彼時一旦越界就可能性命攸關。[10]左翼雜誌《改造》的編輯者松浦總三，是民間審閱部注意的目標。他寫過一部有名的關於占領時期審閱制度的著作。松浦覺得，即使是在嚴酷的「赤狩」後期，美國人吹毛求疵的審閱，也絕不像帝國主義的日本「天皇制專制主義」那樣壓迫深重。同時，他將一九四八年到一九五一年視為曾經受到占領當局鼓舞而又希望幻滅的進步和左翼作家的黑暗時代。[11]廣播節目的製片人間或說起美國人監督下漫長的間隔時期，「依然是言論不自由的時代」，某些方面比戰時管制「更加麻煩」，至少在自家思想員警的審查下，他們不必為接受審閱官審查而將廣播腳本翻譯成英語！[12]

盟軍總司令部高官敏銳地認識到，他們達成民主化的討價還價的手段，要講求微妙的平衡。起初，審閱政策更積極強調言論自由和解除政府對媒體的控制。十月四日盟軍最高統帥頒佈《人權指令》之後，編輯和出版者受民間情報教育局召集，被鼓勵積極進取地闡釋這一「基本法」。他們被告知，與過去相反，現在允許批評政府、議論天皇制甚至支持馬克思主義。[13]然而，這將是一個精神分裂的世界。因為勝利者的審閱制度，有時就是以離奇的方式複製先前帝國政府鎮壓「危險思想」的行為，從一開始就殘害著戰後的民主。實際上，在向作者和出版者傳達《人權指

410

令》的同時，新聞界就被逐漸置於民間審閱部的出版物審閱制度之下，並且完全明白了現在需要遵守的新禁忌。

禁止披露審查制度自身存在的審閱政策，反映出美國人的偽善，並且使之在與軍國主義者、極端民族主義者的舊制度對比中相形見絀。直到二十世紀三〇年代末，仍然允許文本的刪除部分，在發表時以〇〇或××標示。至少戰前的讀者知道某些內容被刪除了。他們甚至可以通過計算〇〇或者××的數目推測其意。因而有些經歷過這兩種審查制度的作者，在評價盟軍最高統帥部的「表達自由」時大加嘲諷，顯然不足為奇。有一位引用古老的成語，比喻最高統帥部的伎倆為「作繭自縛」；另一位則不計前嫌地評論說，至少戰時日本內閣情報局的審閱官，還會給被審查者倒杯茶喝。[14]

不容許的表達

對出版、廣播、新聞報導、電影和文學創作的從業者而言，最高統帥部審查的實際操作並不透明，使得如何把握不觸怒新思想員警的界限十分具有挑戰性。這部分是由於民間審閱部審閱官的操作，基於從未公佈過的有關禁止事項的秘密議事錄。換句話說，不容許表達的確切標準，並未傳達給那些受審閱者。結果是，參與任何形式的公開交流者，不得不依靠兩種模糊曖昧的指標，來判斷什麼內容不被允許。一是，占領之初數月間最高統帥部發佈的有關出版、廣播和電影的相當概括的「法規」：「新聞必須嚴守真實原則。不得發表有可能直接或間接妨害公共治安的報導。不得對同盟國進行虛假或者破壞的批評」，等等。二是，借助經驗的想像。就是說，在審閱官迄今所准許表達的內容基礎上，推測什麼內容可能通過審查。[15]這不僅容易誤入歧途，而且一旦錯誤地估計審閱官的容忍限度，還會遭受慘重的經濟損失。這種狀況培育出了令人不安的流言氛圍，很容易使人陷入病態的自我審查。

民間審閱部作為月度清單的秘密記錄，隨政治動向的變化而改變。初期，他們包括三十多件禁止事項。一九四六年六月，民間審閱部的秘密記錄中全部的「刪除和禁止出版的物件類別」，包括如下事項：

批判SCAP

批判軍事裁判（即東京戰犯審判）

批判SCAP起草憲法（包括任何涉及SCAP擔當的角色）

言及審閱制度

批判美國

411

批判蘇聯
批判英國
批判朝鮮人
批判中國
批判其他同盟國
對同盟國的全部批判
批判日本人在滿洲的待遇（指日本投降後，蘇聯人和中國人對日本戰俘或者平民的處置）
批判同盟國的戰前政策
言及第三次世界大戰
評論蘇聯與西方各國的對立
擁護戰爭的宣傳（表現為「任何直接或間接為日本的戰爭行為和戰爭中的行為辯護的宣傳」）
神聖國家的宣傳
軍國主義的宣傳
民族主義的宣傳
讚美封建的價值觀念
宣傳大東亞共榮圈

全部的（日本）宣傳
對戰爭罪犯的正當化或擁護
親善（尤其是指同盟國士兵和日本女性間的性交往）
黑市活動
批判占領軍
對饑餓的誇大
煽動暴力或社會不安（在實際審閱的材料上，常記作「擾亂公共治安」）
虛假報導
不適當地言及SCAP（或地方軍政部）
發表尚未解禁的報導[16]

當審查印刷校樣時，審閱官用藍鉛筆刪改有關章節，同時附上一張標準表格，簡單提示這些章節有違數十項出版規定中的哪些項目，然後將塗改得令人心煩的材料交還給出版者。[17]這樣一來，琢磨被刪除內容的具體性質，成了日本人揣測占領當局不明確的法規指令之真實意圖的主要手段。回顧起來，有些脫離常軌甚至荒唐可笑的審閱官審查過度的事例，竟然成了受審閱的一方判斷戰勝國容許表達的界限的標準。

412

正如這些內部清單所示，不容許表達的內容範圍十分廣泛。不得批評戰勝的同盟國（當初包括蘇聯在內）或者最高統帥及其政策。這意味著在六年多的時間裡，最高權力機構一直超越責任而存在。敏感的社會問題，比如日本女性與占領軍士兵的性交往、涉及占領軍的賣淫、混血兒，更不用說包括強姦在內的美軍士兵的犯罪行為，都不得談論。公開評論冷戰的緊張氣氛，起初也是被禁止的。甚至對黑市嚴肅的批評分析，大致也在被禁之列。不得對「封建的」價值觀表示讚賞。任何類似於戰爭年代宣傳的觀點表述，皆為禁忌。

占領伊始，對勝利者而言，控制對剛剛結束的戰爭的議論，自然極其重要。他們認為，關鍵是要壓制任何可能重燃日本人戰時暴力熱情的煽動言論，以防危及占領軍人員安全或者動搖占領當局的改革計畫。美國人還主動出擊，認為有必要教育一般國民認識日本的侵略行為和暴行的方方面面，而此前，這一直被日本本國的審查機構所壓制。

這是一項合乎情理的使命，一項艱鉅的挑戰，也是一件微妙的任務。因為他有將被征服者的宣傳簡單置換為勝利者的宣傳的危險，實際上最終也未能倖免。之前所有談論戰爭的方式，都成了不正確和不可接受的。對戰勝的同盟國戰前政策的批判，被全面禁止。所有過去的宣傳，似乎都有違新聞報導的規則。即便見仁見智而又完全在情理之中的、對日本發動戰爭之時世界局勢的議論（大蕭條的衝擊、世界資本主義的崩潰、保護主義與獨裁政治的世界趨勢、歐美帝國主義的榜樣和壓力以及對抗種族主義和反殖民地主義的泛亞主義思想），也被視為既煽動社會不安定因素，又有悖於「真實」，更惶論對占領軍政策及諸戰勝國

413

的批判。

當然，現在的「真實」，是同盟國一方的戰爭見解。新聞報導不得不以遵命發言或者保持沉默來予以回應。出版者和廣播電臺，被要求按照總司令部尤其是民間情報教育局（CI&E）的授意發表看法。不得對戰犯審判進行批判。這意味著，正如機密目錄所示，不得公然「正當化或擁護」被作為戰爭罪犯起訴的人物。與此相反，儘管東京審判的被告有指定的辯護律師，實際上媒體被要求不加批判地支持檢方主張和法官的最終判決。

最高統帥部的戰犯審判活動，對日本人心理的去軍事化，起到了重要作用。尤其是同盟國的A級戰犯審判，以卷帙浩繁的證據和口頭證言，最有效地揭露了隱藏陰謀與暴行的歷史。這些是絕好的反面教材，但是透過審閱機構，他們也給予了媒體和一般大眾一些不那麼值得肯定的教訓：例如，不得質疑法庭的構成和操作，而且被告將被推定有罪除非被判無罪。在法庭之內，被告的辯護人被允許申辯日本的領導人是在追求合法的國家利益，而「勝利者的正義」對這些行為有根本的偏見。而在法庭之外，媒體既不被准許支持這樣的主張，也不被允許批判審判未能在更大範圍內起訴更多的戰爭領導人。同樣自相矛盾的是，日本國民從對戰爭的瞭解中獲益非淺：他們認識到，審閱制度和自己國家政府的機密都是不允許民眾參與的，同時也都不許民眾自由議論。

然而，有關戰爭的不容許表達的內容範圍更廣。不用說戰時泛亞主義和針對「支那匪賊」、「鬼畜美英」的聖戰宣傳都不可容忍，與此相伴的對「大和民族」優越性的贊辭也不得出現。至於公開談論死、破壞、敗北也大有問題。在這裡，審閱制度甚至妨害了合理的、有治癒作用的對悲傷的表達。公開面對廣島和長崎之意味的困難，最為生動地揭示了這一點。

書寫原爆體驗並未被明確禁止。投降後一、兩年間，尤其是廣島周邊的地方刊物，發表了許多作家關於原爆的散文和詩作。然而與此同時，像永井隆這樣的倖存者發現，他們初期的著作被查禁，許多與原子彈爆炸有關聯的作品，被大幅刪削。有關原子彈爆炸最動人的英文作品，是約翰·赫西(John Hersey)的《廣島》(*Hiroshima*)對六位倖存者的素描，在一九四六年八月的《紐約客》(*The New Yorker*)上發表時，曾產生過深遠影響。雖然日本媒體對此有所提及，但是直到一九四九年之前，其日文譯本都未能出版。原爆體驗是禁忌主題的說法傳播開來，直接的審閱制度和廣泛的自我審查的聯合作用，導致了原爆體驗書寫的完全消失。直到一九四八年末，永井隆的著作出版，標誌著原爆文學的姍姍來遲。在這樣的狀況下，原爆的倖存者發現，想尋求彼此的安慰或是告訴他人核戰爭對於人性的意味，都極度困難。除此之外，公然的審查延伸到了科學著作。許多關於原子彈爆炸和後繼的核輻射影響的報告，直到占領終結之際才得以公開。在六年多的時間裡，日本的科學家和醫生，甚至包括一些在廣島和長崎從事放射性影響研究的美國科學家，竟然無權使用他們所需的檔案資料，從而無法與原爆受害者溝通並且幫助他們。[18]

原爆破壞的視覺記錄，甚至被更為徹底地遮罩。一九四五年八到十月間，大約三十位日本攝影師組團在廣島和長崎拍攝的紀錄片，於一九四六年二月被美國人沒收並送往華盛頓，而且被嚴令不得將一個拷貝留在日本。[19]直到一九五〇年，才首次有繪畫呈現原子彈爆炸對人的影響。畫家丸木位里和丸木俊夫婦，當時出版了一本小畫冊，收集了他們對廣島見聞的描繪（標題為《ピカドン》，是特指原爆的術語，字面意義為「閃光爆炸」）。同年，丸木夫婦還獲准展出了令人悚然動容的題為《幽靈》的繪畫，此畫作成為丸木夫婦合作、強力描繪原爆受害者的系列壁畫（《原爆之圖》）的首幅作品。丸木位裡後來解釋說，他們夫婦作畫的動機，是擔心對原爆破壞的恐怖經驗，永遠不再會有本土的視覺記錄。[20]直到占領終結之後，一九五二年八月原子彈爆炸七周年之際，一般國民才有機會看到有關廣島和長崎災難照片的展示。正因如此，唯一的核戰爭體驗國的國民，在核時代的早期歲月裡，比起其他國家的人民對原爆的後果更為無知，也更少有自由公開討論他們的意義。[21]

在同盟國看來，日本人完全是自食其果。以廣島和長崎的原子彈爆炸為頂點對日本城市的恐怖轟炸，被視為對日本在亞洲和太平洋地區向他國所施暴行的正當報復。一九四九年初，當占領當局最終緩和對原爆感受的個人敘述的出版限制，他們的確流露出「正當懲罰」的意識。在威洛比准將的堅持下，永井隆的《長崎之鐘》初版本，被迫附錄了美方提供的有關一九四五年日本軍隊「馬尼拉大屠殺」的長文。這樣的勝利者邏輯是愚蠢的。因為這很容易被當作暗示，揭示出長崎和馬尼拉暴行的相似性，這可不是美國人的初衷。對絕大多數普通民眾而言，感情上無論如何也難以接受：家人親友的死亡和他們自身所受的苦楚，都是應得的報應。[22]

公開表達悲痛之情、哀悼和稱揚死者的要求，有時會超越審閱官容許的界限，這也不足為奇。最有名的例子，是前帝國海軍少尉吉田滿寫的哀婉的散文詩作。吉田從東京帝國大學應徵入伍，在註定毀滅的超級戰艦「大和」號上服役。一九四五年十月中旬，受痛苦靈感的強烈激發，吉田詳細敘述了一九四五年四月駛往沖繩途中，「大和」號與近三千官兵葬身海底的記憶。吉田百感交集，他希望從記憶中抹去對戰友們無謂的犧牲的印象，將他們從恥辱中解救出來，紀念他們的忠誠和勇氣，哀悼死者，而且像任何國家的海軍士兵一樣，向偉大戰艦的沉沒默哀。

二十三歲的吉田也陷入痛苦的思想鬥爭：為何死亡奪去了如此眾多戰友的生命卻沒有選擇他。作為大和號上的少數倖存者之一，此外還作為船橋上最後戰鬥始終的目擊者，吉田以寫作此文為己任，實際上是在同時書寫戰鬥報告、訃告和悼文。其結束語如下：

> 乘員數三千餘名，生還者僅二百數十名。至烈之鬥魂、至高之煉度，其死也天下愧之。23

吉田滿的《戰艦大和之末日》(《戰艦大和ノ最期》)，現在被公認為日本戰爭體驗產生的少數重要的文學記錄之一。當時的審閱官承認其感人的品質，卻擔心這種對「日本軍人精神」的個人召喚，可能誘發讀者悔恨和報復之念。結果，此書在一九四六年和一九四八年兩度被禁，只在一九四九年中出版過刪節版，直到占領結束後才發表全文。

比《大和》更為溫和審慎、將戰死者作為悲劇的犧牲者公開悼念的行為，也遭到非難。

416

一九四八年中，審閱官從長與善郎的一篇小說中刪除了如下句子：（據審閱官譯文）「目前的狀況，她不可能為失去唯一的寶貝兒子而公然哭泣或是表達哀思，她的兒子在所羅門群島的海戰中光榮戰死。」審閱官舉出的理由是「對占領軍進行批判」。[24]同年早些時候，詩矢野又吉題獻給他孩子們的歌集，其中多數詩歌未能獲得審閱官的許可。矢野很晚才知道，他出嫁的女兒戰後在滿洲餓死，他的兒子則被扣留在西伯利亞死於蘇聯人之手。他的許多詩歌都因「反蘇」情緒被查禁。他的一首俳句，提到將兒子的生命「獻給勝利，絕非是獻給戰敗」，結果被認為是「右翼宣傳」。在另一首俳句中，他感歎「戰敗之鞭太嚴酷」，質問這些年輕人何罪之有，則被審查為「煽動社會的不安」。[25]

著名詩人壺井繁治，引起了審閱官們更為複雜困惑的反應。審閱官們用藍鉛筆刪削壺井出版的詩集。除了刪除描寫孤獨、饑餓的人們在日本資本主義的「蜂窩」中呻吟以及戰士戰鬥、死於「純血色的旗幟」之下的詩句外，審閱官還面臨一首題為《歷史》的詩作帶來的尷尬，原詩未加標點，譯文如下：

旗墜地
從收音機中
神的聲音傳來——

417

空洞、顫抖、哀傷
此刻必定被記入歷史

虛假創造的神話之頁
今日閉合
人民的眼睛重新睜開
直視周圍的現實

慘澹的廢墟之街
屍體已被移走無跡可尋
只有怨恨殘留
懷抱業火中斃命之人的怨恨
雜草在廢墟上蔓延

八月十五日之上重疊起八月十五日
亡國者

與將重新建國者
一年間的激戰
三百六十五日的歷史
流入明日的時間
明日的二十四小時
充實歷史的時間
（後略）

這或許既是詩人本人也是審閱官不能確定的象徵，審閱官們只否決了詩作第三段的「歷史」，而保留了開頭將天皇呼為神的提法，以及第四段對「亡國者」的曖昧的暗示。[26]

另一方面，審閱官們在完全否定有才華的女詩人栗原貞子的《握手》時，卻毫不遲疑：

「哈囉，美國兵」
小軍國主義者們大聲叫道
扔掉了他們的玩具槍
直到昨天

他們還在忙著玩戰爭的遊戲
「哈囉，美國兵」他們叫道
在他們小小的心中
突然湧出
對未知民族的渴望

「哈囉，美國兵！
昨天是你們在跟我們的父親打仗嗎
但是你們朝我們笑得多燦爛啊
你們一點也不像是
大人教我們相信的魔鬼」

我們想摸摸你們的大手
我們想跟你們握手[27]

有時，審閱官對觸及戰爭之語的反應異常過敏，簡直缺乏頭腦。川端康成小說中，偶爾提到一位特攻隊員之死的部分被查禁。同樣，廣受歡迎的坂口安吾的一篇短文，讚賞自願為國捐軀者的愛國熱情，希望受挫沉淪的老兵們現在把這種無私的精神轉化為和平的動力，也被以「軍國主義的」理由查禁。審閱官以「民族主義宣傳」為由，將下面這段樸素、自然的話從英語教科書中刪除：「如果戰爭教會了我們和平的價值，那些我們今天懷念的人就沒有白死。」下面這首俳句，歌詠的是在遭受轟炸的都市地區人們種植蔬菜的常見景象，被以「批判美國」的罪名查禁：

燒毀的菜園
街邊雨水敲打著
嫩綠的菜葉

一本少年雜誌的文章，以長崎土地上萌芽的植物，來比喻年輕人投身於廢墟之上新日本的建設，基於同樣的理由被刪除。

下面的這首詩也被認為是越軌之作：

就像是一個遙遠的，遙遠的夢

一九四七年，一位美國記者在天主教雜誌《Commonweal》（《コモンウィール》）上發表文章，認為這首短歌被查禁的具體事例，是最高統帥部審查過敏的典型例證，認為實際上這些謹慎適度的詩句，恰好反映了「現在的日本人嘲弄自身政治和軍事不成熟的傾向，從常識和人性的觀點看來，這都是值得表揚的態度」。這一批判，激起了民間情報教育局新聞出版處主任丹尼爾・伊伯頓（Daniel Imboden）的猛烈反擊。他認為，日本人是「莫名其妙不可理解的國民」，並疾呼「感謝上帝，麥克阿瑟將軍建立了審閱制度」。[28]

關於戰爭的最重要的審閱政策之一，不過是所用術語的變更：日本人被禁止將其在亞洲的戰爭稱為「大東亞戰爭」，而代之以「太平洋戰爭」的稱謂。此項變更由最高統帥部於一九四五年十二月中旬引入，是旨在消除宗教和民族主義教化的廣泛命令之一環。這種相當於語義學帝國主義的行為，卻產生了預料不到的後果：「大東亞戰爭」的提法，具有其侵略主義的排外性，明確地將戰爭中心置於中國和東南亞；「太平洋戰爭」的新名稱，則將戰爭的重心轉移到太平洋地區，明白無誤其首要所指是日美之間的衝突。對此事件的更名並非出自任何陰謀，而只是征服者自發的種族中心主義的反映。他們根本將日本在亞洲的對手排除在占領格局中任何有意義的角色之外，現在又直接將他們從戰爭命名的字面上刪除。這種不得要領的更名，非但不能提醒日本人對戰爭罪行的自覺，反而推動他們逐漸淡忘對亞洲鄰居們所犯下的罪行。

淨化勝利者

一旦涉及到對占領當局和同盟國的批判，審閱官們有不少事例是接近荒唐可笑的。拍攝占領軍行進的照片要刪去畫面中的一隻小狗，理由是有損於部隊的尊嚴。更常見的是，軍隊本身以及一切軍隊的象徵物（吉普車、英語標識之類）都被從視覺記錄中刪除，似乎從影像資料中消去占領的印記，就能以某種方式說明日本人忘記他們失去主權的事實。[29]由於被查禁，公眾無緣看到一幅描繪美國大兵占領東京的驚人效率的漫畫，作為這小小壓制行為的後果，他們也無緣得見那驚人的評論標題「口香糖的無窮威力」。審閱官甚至也不允許公眾閱讀這樣機智詼諧的川柳（一種詼諧諷刺的俳諧詩）：

只有吉普車
似乎沐浴著五月

明媚的陽光[30]

另一層面上的壓制，是數年來禁止媒體直接提及日本政府必須支付的巨額占領軍維持經費，此項經費通常高達國家預算的三分之一。一九四六年，新聞界一旦須言及占領軍經費，即被要求以「終戰處理費」呼之。翌年，遵審閱官之命，此項支出，更被輕描淡寫地稱為預算中的「其他」費用。[31]「不許批評占領軍」的可笑禁忌，還意味著日本人不得嘮叨和探究此類矛盾：一面是民主自由的高談闊論，另一面則是痛苦地忍饑挨餓。下面這首原定發表於《改造》一九四八年二月號上的詩，由審閱官英譯後旋即遭到查禁：

每當時間到了
「飯做好了，爺爺
飯做好了，奶奶」我們說
變味的飯菜端到了他們的面前
只有那麼一點「定量配給」
一旦有任何反對的表示
他們被告知閉上嘴只管吃

這樣一來
他們的生存正如國家的生存
國家在享受自由的盛宴
好像他在試試看
不管怎麼說到底能撐多久
這就是「定量配給」
一天清晨
吃飯還太早
庭院裡的桃花開了
爺爺奶奶進了院子
他們伸展著彎曲的腰背
向天上打著哈欠[32]

這並不能算是不朽的文學作品。但在戰敗兩年半之後，作家竟仍被禁止表達如此觀點的事實，正如文藝評論家江藤淳所言，的確對占領時代「封閉的言說空間」揭示良多。那些對昨日的軍國主義和極端民族主義者迅速變身為今日熱愛和平的國際主義者提出諷刺疑問看法的人，不時（絕

421

非總是）感覺到審閱官設下的圈套；那些指摘政治在占領下被閹割的人往往被迫保持沉默。投降三年後，日本著名報人馬場恒吾，仍然無法發表如下內容的評論文章：戰後內閣凡庸，因為歷任首相不得不唯唯諾諾。33

這種軟性獨裁的一個微小受害者，是尖銳的政治漫畫。十九、二十世紀之交，出現了一群幹練的社會和政治漫畫家，以深受西方影響、頗有才氣的插圖畫家北澤樂天為首。北澤一夥常在題為《パック》（Puck，意為惡作劇的小精靈）的幽默雜誌上發表漫畫，對日本文化的弱點、社會的不公與政治的腐敗和弊端進行尖銳的諷刺。二十世紀三〇年代以來，對世相的辛辣諷刺遭到禁止，新世代的漫畫家紛紛登場。為首的近藤日出造富於才華、風格多變，在政治潮流中乘機而起，卻從未停止特立獨行地貫徹自己的目標。在近藤的領導下，漫畫家們起初宣佈政治中立，聲稱不過是受到「一種健全的虛無主義」的激發。他們誇耀只製作「無意義的漫畫」，但是不久之後，他們幾乎毫無例外地成了日本對外戰爭熱切的宣傳者。34

與電影工業（映畫產業）的情形相同，漫畫家們事實上安然無恙地逃脫了投降後的追放，並且宣稱自己一貫是民主的宣導者。作為這種迅速轉變的表徵，戰時宣傳的主要媒介——《漫畫》月刊於一九四六年一月復刊。封面是近藤日出造的漫畫，描繪倒楣的東條英機被關在監獄的鐵柵欄後面。近藤他們還在《民報》等新的左翼出版物上發表了不少作品。然而，這些漫畫家很快明白了民主是有界限的。近藤為《漫畫》戰後的創刊號描繪的穿和服的女子與大塊頭美國兵跳舞的漫畫，被不准付印。兩個月後的三月號，審閱官又禁止了另一位有名的漫畫家杉浦幸雄的作品發表。在杉浦的漫畫中，一位做美國兵生意的、抽煙的妓女，站在一位無家可歸者的旁邊。相比之下妓女更走運的原因一目了然：她身穿和服，披著一件有星條旗標誌的羽織。「找份工作」，妓女教訓那位流浪者。在她身後的牆上貼著左翼的標語：「打倒天皇制」。

杉浦的諧謔犯了民間審閱部的三重禁忌：攻擊天皇、凸現了經濟危機並且喚起對美國兵與日本女性「親善」的注意。勝利者們也不能容忍另一本雜誌上的巧妙漫畫，嘲諷日益迫近的戰犯審判將天皇排除在外：畫面上，一位大個頭軍警將日本戰時的領導人都逮進了監牢，漫畫有一行冷嘲熱諷的說明文字：「只留下了天皇，其他人都進去了」。[35]

天皇並非正式禁止諷刺的對象。實際上有些雜誌，尤其是左翼月刊《真相》，的確敢於將他作為漫畫的題目。[36]然而，一九四七年之後，即使是對天皇溫和的諷刺，也在很大程度上消失了。關於諷刺權威的更為重大的官方限制，涉及實際統治這個國家的外國人。麥克阿瑟將軍神聖不可侵犯，正如降臨人間之前的裕仁天皇。一位擔任CCD審閱官的歐洲人，私下將SPCD部門解釋為「道格拉斯批判防止協會」(Society for the Prevention of Criticism of Douglas)的縮略語以自娛。[37]道格拉斯·麥克阿瑟麾下的占領軍，從最高級的將校到最下級的士兵或文員，實際上同樣與贊辭之外的批評絕緣。原則上，占領軍將校也不接受媒體採訪。最高統帥部的政策方針，主要通過記者招待會和散發檔來傳達，要求媒體對此進行順從的報導。這種權威式的「導向新聞」，被外國記者們認為是開創了危險的先例。[38]

嘲諷麥克阿瑟統治下日本的民主前景或其本質，是一項冒險的企圖。當一九四七年十月號的幾幅漫畫遭命令刪除時，幽默雜誌《VAN》學到了這樣的教訓。其中一幅漫畫，小麥克阿瑟面對著一隻龐大而友善的龍，龍身上寫著「日本」，龍的脖子上拴著韁繩，背鞍上寫著「民主」。麥克阿瑟低聲咕噥道，「唔，不知怎地我已經馴服他了」。對當時任何的美國報刊而言，這無疑是對占領軍面臨的棘手挑戰以及麥克阿瑟仍未完全做好準備的平常寫照。然而，民間審閱部的審查官們將此漫畫解釋為對麥克阿瑟的批評，通過描繪他無法騎上龍鞍，從而「在日本民主化的過程中度日艱難」。[39]

這並非表示，占領時期沒有機智有趣的漫畫。戰後最偉大的連環漫畫，長谷川町子的《海螺小姐》（《サザエさん》），於一九四六年初次登場。連環漫畫以女性主義的視角，機智、動人地描繪了一位具有超凡勇氣的女性海螺小姐，作為妻子—母親—女兒—姐妹，在日常家庭生活中的喜怒哀樂。在《甜蜜公主》（《あんみつ姫》）中，年輕女孩們見識了一位中世的活潑開朗的漫畫公主，她傻乎乎的名字說明，她非常喜歡吃甜豆餡。日本最有創造力、最受崇拜的漫畫家手塚治蟲，於一九四六年在戰後初次亮相，超越日本的現實局限，創造出一個人形機器人和類人生物的想像世界，對科學、人性、個人的身份以及善與惡提出了挑戰性的問題。[40]

正如這些例證所揭示，最好的漫畫往往在政治領域之外才能發現。報紙漫畫家，比如在《朝

423

日新聞》連載作品的清水崑等人，的確由於他們對政治家（如吉田茂首相）滑稽言行出神入化的描摹戲仿而聲名大著。儘管如此，據清水崑自己所言，即便是他和像他這樣的漫畫家，創作的也不是真正的政治漫畫，而僅僅是「政界漫畫」41。鮮有例外，他們沒有特定的政治觀念，沒有對濫用權力和權威的尖銳批判，也沒有世界性的視野。占領當局的手法，使這樣的批判視野的公開發展幾乎沒有可能。假使我們僅依據漫畫留下的視覺記錄來判斷的話，占領期看上去就像是沒有占領者在場的占領。

對占領政策的根本性批判遭到禁止，基於同理，此禁令亦適用於對同盟國的全面批判，因為說勝利者的壞話，會貶損他們的道德權威。這意味著，日本人所消費的外部世界也必須被淨化。有關評論勝利的同盟國及其世界會被視為違反新聞出版法的問題，左翼月刊《改造》提供了一個小小的研究個案。根據古川純教授對《改造》月刊的研究，《改造》曾被要求刪除以下內容：提及西方同盟國內部對有色人種的歧視；言及日本軍隊向中國國民黨而非共產黨軍隊投降；對美國黑人被剝奪選舉權的影射；將蘇聯描述為「社會主義的」，將美國和英國描述為「資本主義的」，將中國描述為「半殖民地的」；提及「民主的」蘇聯和「反動的帝國主義的」美國之間的緊張關係；表達對日本可能從屬於國際資本的擔憂；將法西斯主義描述為「資本主義矛盾」的表現；對資本主義的全面批判（譬如，著名的馬克思主義學者羽仁五郎等人的批判）。

《改造》的違規事例還不止於此。一九四六年中，《改造》還被要求從美國記者愛德格·斯

424

諾(Edgar Snow)關於朝鮮的文章的譯文中，刪除如下字句：「某位美軍高官私下向我透露，『現在朝鮮是新的美國前線的一部分』，而這反映了統帥部大多數人的思考。」審閱官的理由為「所言不實」。在占領當局新的歷史邏輯下，「對同盟國的全面批判」，甚至追溯到了中世和近世。一九四七年八月，《改造》上一篇題為《但丁與哥倫布》的隨筆，被命令刪去相關段落。這篇隨筆述稱，在歐洲國家如西班牙、葡萄牙、荷蘭和英國的歷史發展中，有一種獲取新的土地作為殖民地的支配性傾向。一九四八年十月，《改造》正式被列入民間審閱部關注名單上的「極左」刊物，當時《改造》被禁止提及日本計畫仿照美國眾議院「非美活動調查委員會」(House Un-American Activities Committee)，設立「反日活動」調查委員會。儘管這一委員會最終並未付諸實施，但是當時的確是在醞釀之中。[42]

其他刊物也遭到類似的嚴格審查。世紀之交著名的基督徒內村鑒三，其自傳體作品於身後再版時，亦遭到了審查處分。所謂冒犯性的內容，不過是提到了他早期在美國時，紐約的兇殺案和酗酒者比東京的多。對此CCD的審閱官回答，儘管這可能是實情，但是讓日本人知道這一點現在太早了。[43]甚至連順道提及前美國國務卿科德爾．赫爾(Cordell Hull)牌技不佳這類的瑣事，也被命令刪除。一位被扣留在威斯康辛州麥考伊兵營(Camp McCoy)的前日本戰俘的自傳體記錄，通過了審閱官的詳細審查，僅刪除了如下字句：「美國人給人的印象頗有教養，但是卻驚人地無知。他們真的相信從報上讀到的新聞。即便日本人這麼容易被愚弄，我們當中也沒人相信現在的新聞

425

了。」一本日英辭典的編纂者，未能將如下例句，偷偷添加到動詞denounce（譴責）名下：「今天美帝國主義比任何帝國主義更應受到譴責。」[44]

這些異常綿密而神經質的審查，延伸到了偶而提及的對之前戰爭中美國的同盟國的批評。禁止「對中國的批判」包括：涉及中國國共內戰中對日本投降軍隊的利用，言及對日本殘留人員的虐待，以及將中國描述為「半殖民地或殖民地狀態」的國家。談論國共內戰本身並非禁忌，但是生動細緻地描繪中國的動亂局面，則有可能被視為超越了適當的界限。[45]

有段時間，這樣的壓制連對蘇聯的否定性評論也包括在內。一九四六年一月，哲學家田邊元因表達對占領軍中蘇聯角色的憂慮而遭到審查。一九四六年四月，國會元老尾崎行雄在《創造》發文，因順便提及蘇聯國內的壓制，也遭禁止。關於雷恩霍德．尼布林（Reinhold Niebuhr）的著作《光明之子，黑暗之子》的一篇文章，發表於一九四六年十一月號的《思想的科學》，因為批評史達林的專制獨裁，遭到大幅刪節。甚至到了一九四八年九月，冷戰的緊張氛圍在被占領的日本已然確鑿無疑，《世界》月刊上的這段文字還因「批判蘇聯」而遭到刪除：「蘇聯以絕對的獨裁的政策統治自己的國家，因而她以同樣高壓的獨裁態度對待其他小國。」[46]

這種不容許同盟國有任何污點的神秘氛圍，促進了非現實的、有時幾乎是超現實的公共世界的形成。與外部世界相隔離，戰敗的日本人被假定無視戰勝國同盟的崩潰、中國的國內分裂、亞洲對西方帝國主義和殖民主義鬥爭的復活、冷戰緊張的決定性的出現，以及核軍備競賽的開始。

可以說，他們被置於了扭曲的時間經度之內，儘管往昔的戰勝國已經開始新的鬥爭與論戰，在這裡勝利方的二戰宣傳仍然被一再重申。

在此世界中，日本人不能表達對戰勝國之間「有關原子能的競賽從確立世界和平的立場來看，並不是值得歡迎的現象」的顧慮（一九四六年五月以「對同盟國的全面批判」為由被查禁）；在此世界中，不允許警告「今日之朝鮮成了美國和蘇聯之間的連接點，與美蘇兩國的國際命運關係深重」（一九四七年一月被查禁）；在此世界中，儘管西方久已採信鐵幕之說，但是日本作者仍然被禁止報導「美蘇之間的意見衝突現在廣為人知」，或者表達希望這不會導致未來的公開對抗（一九四七年十二月以「擾亂公共治安」為由被查禁）。47

426

電影管制

在六年半的占領期，日本電影攝影所製作了大約一千部長片。直到一九四九年，每部電影劇本都得事先向最高統帥部的「顧問們」提交兩份英語文本。在數不清的場合，在劇本使美國人滿意之前，會有大量的意見交換和妥協發生。有些電影導演，譬如黑澤明，無視這些限制的存在而創作活躍；而其他導演，如龜井文夫，則在戰後始終未能獲得穩固的立足之地。48

對於黑澤明而言，總司令部的控制，與戰時審閱官的壓制比較起來微不足道。他將那些戰時的審閱官視為天皇崇拜與性幻想壓抑所導致的變態白癡。黑澤明在戰時執導了自己的首部影片，而他所有的四部戰時影片——《姿三四郎》及其續編，《最美》（《一番美しく》）以及未完成作品《踏虎尾的男人》（《虎の尾を踏む男達》），均被列入一九四五年十一月盟軍統帥部命令銷毀的二三六部「封建的與軍國主義的」電影。[49] 這並未阻止黑澤明迅速成為新日本最有影響力的電影革新者。一九四六年到一九五二年占領期間，他製作了八部影片。開篇是純真的理想主義的「民主電影」《我於青春無悔》（《わが青春に悔いなし》，一九四六），第二部則是在廢墟中逆境生存與委婉紓徐的浪漫故事《美好的星期天》（《素晴らしき日曜日》，一九四七）。

隨著占領的推進，黑澤明繼續演繹時代的主題，但是一種更為陰鬱的視角，取代了他早期電影中的希望與理想主義。他的電影的主人公也由《我於青春無悔》和《最美》中的女性，轉為了男性角色——通常是具有人文主義精神的個人，不時被過去所詛咒，而且幾乎總是身陷拜金主義的、奸險的社會困境。在一部又一部影片中，這位男主人公總是一成不變地由三船敏郎所扮演，穿越於日趨陰暗的境遇之中：黑社會（《酩酊天使（酔いどれ天使）》，一九四八），復員兵的犯罪者（《野良犬》，一九四八），貪贓枉法的新聞記者（《醜聞》，一九五〇）以及絕望的、錯亂的無辜者（《白癡》，改編自杜斯妥也夫斯基的同名小說，一九五一）。即便他一九五〇年上映的傑作《羅生門》，雖然故事的發生背景是在中世，卻通過描摹性、犯罪、曖昧的雙關性以及人們講故事的相對性，成為同時代場景的鏡像寫照。[50]

龜井文夫的體驗與黑澤明形成對照。當黑澤明對總司令部的監督一笑置之，並在容許的範圍內馳騁發揮豐富的想像力之時，更為理想主義和意識形態化的龜井文夫，則生動地體現了新的審閱民主的禁區地帶。這一點顯而易見：一九四六年，龜井發現無法上映一部題為《日本的悲劇》的記錄短片。此後又被迫對他與山本薩夫共同執導的野心勃勃的長片《戰爭與和平》做大幅刪節。

《日本的悲劇》主要利用戰時拍攝的電影膠片，呈現對導致日本陷入侵略和災難性戰爭的日本統治勢力的痛徹分析。龜井簡潔俐落的蒙太奇風格，來自對日本政府宣傳片嫻熟的剪輯技巧，也與戰時美軍宣傳影片的首席執導弗蘭克・卡普拉（Frank Capra）的剪輯手法相似。這的確有些諷刺。卡普拉剪輯藝術的代表作，是反日影片《瞭解你的敵人——日本》（*Know Your Enemy—Japan*），比龜井的《日本的悲劇》早近一年上映。儘管《日本的悲劇》相當忠實於日本共產黨認可的馬克思主義路線（即所謂的講座派路線）分析，強調封建的因襲與天皇制下統治者集團的軍國主義及其鎮壓，但是他與卡普拉的戰時宣傳影片並無根本的不同。

迄今為止，龜井的紀錄片中最令人難忘的鏡頭（此處卡普拉肯定會為之喝彩），是一組疊映畫面：在觀眾眼前，裕仁天皇從嚴肅的、身著戎裝的國家司令官，變身為仁慈和藹、略帶佝僂，穿著樸素的外套、系領帶戴呢帽的文官形象。主要的電影公司東寶、松竹與日活映畫，都拒絕這部紀錄片在他們的電影館上映，顯而易見更多的是由於財政問題，而非出於意識形態的考慮。龜井後來回憶說，起初上映時有些觀眾起哄，有一位還將木屐扔向銀幕。這是部非主流影片，但是吸引了一些好奇心強的觀眾——大約日均二千五百人次觀影。一九四六年八月中旬，影片突然被總司令部禁映。

龜井是位左翼電影人，但不是共產主義者。二十世紀二〇年代末，他在蘇聯學習過紀錄片的製作技法。他遭受過帝國陸軍和麥克阿瑟將軍司令部先後禁映的獨特經歷。一九三九年，他拍攝的在中國戰爭的陰郁記錄《戰鬥的士兵》(《戦う兵隊》)，曾經得到軍部的正式援助，但是旋即因影片的「失敗主義」遭撤回贊助。此片被內部人士戲稱為《疲憊的士兵》(《疲れた兵隊》)。與此略有相似，在籌拍紀錄片《日本的悲劇》時，龜井得到了民間情報教育局的美國官員的強力支持，直到放映約三周後，威洛比少將親自干預並且命令沒收所有的拷貝和底片。[51]

威洛比是應吉田茂首相的請求介入的。吉田認為龜井的影片對天皇的處理是大不敬，並成功說服威洛比的兩位助手與他同觀這部冒瀆天皇的作品。處在自身的立場，威洛比陣營更煩惱的是，影片對占領當局開脫裕仁戰爭責任的政策暗含批判。正如龜井以及其他人後來的評述，對這部紀錄片的禁映，實質上標誌著有關天皇戰爭責任的嚴肅討論消失的時刻。查禁這部紀錄片的公開理由，正如與吉田茂同觀影片的一位美國人所言，「這樣極端地對待天皇，將誘發暴動和騷亂」。[52]

《日本的悲劇》的禁映，至少向那些努力揣測最高統帥部的「民主」實際上意味著什麼的人傳達出三項教訓。第一，他不僅揭示出絕對權力的固執己見，還有其專橫性。畢竟，總司令部審查的作品，純粹是對投降前日本的軍國主義和濫用權力的日本人自身的批判，正是占領當局聲稱希望推進的自由與批評之議論的典型。龜井及其同仁受民間情報教育局官員的鼓勵承擔此片的拍攝，而且忠實地履行了審查手續並獲得了官方的上映許可。當被告知影片將被查禁之時，製片人岩崎昶真如五雷轟頂。而威洛比本人私下也承認，這部紀錄片並沒有真正違反審閱方針。龜井本人漠然的反應則是，自從七年前在帝國陸軍那裡遇到麻煩以來，他自己沒有什麼變化，顯然社會情勢也沒有多少改觀。[53]

傳媒界人士謹慎吸取的第二個教訓是，嚴肅認真的批判，可能會導致付出過分沉重的代價。儘管主要是利用現成的電影膠片，但是製作《日本的悲劇》對日映公司來說仍然所費不貲。影片的禁映使日映公司瀕於破產，並且嚴重警告了其他任何企圖抗爭的人。對印刷業人士而言，延遲發行與直接的禁止出版都會導致財務困難，他們同樣敏銳地調整了自己說真話的會計成本。[54]

從這一影片的突然禁映得到的第三個教訓，則關乎意識形態：審閱制度的審查目標在改變，正緩慢然而不可動搖地從軍國主義的、極端民族主義的目標轉向左翼的目標。如果說這種關注焦點的變化在一九四六年還不易認清的話，那麼到了龜井文夫與山本薩夫完成他們雄心萬丈的長片《戰爭與和平》時，已經頗為明瞭。

民間審閱部的下級審閱官們展示了他們的博學多識，他們在《戰爭與和平》的電影劇本上做了批註，大意是：這部電影的題目，「顯然是來自於杜斯妥也夫斯基的著名小說」。儘管這題目是來自托爾斯泰，但是故事情節——一位早已被認定死亡的士兵在戰後回到家鄉，發現妻子嫁給了他的好友，實際上是來源於戴．沃．格里菲思（D.W. Griffith）一九一一年革新性的電影《伊諾克．阿登》（*Enoch Arden*）。[55] 像《日本的悲劇》一樣，一九四七年的《戰爭與和平》，起初也受到官方的鼓勵。這一次是由日本政府獎勵、總司令部主張，以紀念新憲法的理想。主要的電影公司，皆被敦促製作電影以體現新的國家憲章的理念。東寶映畫選定龜井和山本執導一部故事片，以傳達憲法第九條的反戰理念。在民間情報教育局指導下完成製作後，影片於五月中旬提交民間審閱部，立即受到傳播「共產主義宣傳路線」的嚴厲批判。六月中旬的一份秘密備忘錄，將此描述為「讚賞示威運動，將天皇與不名譽的集團等同視之，過度暴露投降後日本的饑餓和道德的墮落」。此備忘錄接著記錄道，這部影片陷入了與《日本的悲劇》同樣「需要敏感關注的」類型。

其他幾份備忘錄，更具體地說明瞭這些所謂的「共產主義路線」。例如，勞動者罷工和示威的場面，被以「煽動社會不安和批判最高統帥部」的理由刪去。正如審閱官所言，「示威者舉著『言論自由』、『讓我們勞動者有飯吃』等橫幅標語，以及群眾歡呼並加入遊行隊伍等等，使人聯想到批判最高統帥部的審閱制度和鼓動勞工鬥爭。」一段涉及兇暴的破壞罷工者的情節被徹底刪除，理由是容易將右翼的破壞罷工者與支持天皇制的極端民族主義者聯繫起來（實際上，這樣的聯想也並非不合情理）。據稱，這些鏡頭還通過展示一位主角被破壞罷工者痛打的場面，以「暗示美國人的『強盜』邏輯」，「巧妙地蘊涵著對美國的批判」。

430

審閱官們還在下面的鏡頭中，察覺出對戰勝國的批判和對道德頹廢的「共產主義的」強調：一個男人背對鏡頭與街邊妓女討價還價的一閃而過的鏡頭；酒吧間場景中，牆上裝飾著好萊塢女明星的海報和白人的裸體照。儘管民間情報教育局官員向日本人打包票，銀幕上的接吻鏡頭是開放和民主的表現，但是此處混亂的接吻、熱舞及其他的夜生活場景，被認為是「對美國的批判，暗示了這些公開場合的情愛表現是由於美國的影響」。

儘管使審閱官惱怒的許多場景，涉及占領下社會和政治狀況的真實描繪，然而《戰爭與和平》自始至終，仍然是部令人心酸落淚的反戰情節劇：被宣佈陣亡多年後從中國歸來的主人公，發現妻子嫁給了自己過去最好的朋友。他的好友受到在中國的戰爭經歷刺激而精神失常，成了主人公的兒子現實生活中的父親。在悲慘的生活條件下，妻子通過做計件的零活支持這個重新拼湊起來的家庭。影片的許多場景使觀眾難以釋懷：戰鬥的恐怖、中國人的苦難與寬容、東京的空襲、戰後髒亂的生活環境、頑強的流浪兒和年輕的賣春婦、舊軍官的腐敗、生活在邊緣者享樂主義的逃避。誰該為這所有的不幸和墮落負責？

影片的答案使審閱官們驚惶失措：責任在於那些利用以天皇為中心的社會教化為戰爭服務的「貪欲者」。受到戰爭刺激的復員兵，發現自身的困境而陷入瘋狂，呼喊「天皇萬歲」、想像自己重新回到戰場上的場景，被審閱官當作「批判最高統帥部」，理由竟然是「最高統帥部承認了天皇制，而這一場景是通過暗示只有發瘋的復員兵才想到他們的天皇，來試圖輕視天皇制」。這一鏡

431

頭最終被保留了下來，但是那句讓人不舒服的話被刪除了。

最終，民間審閱部撤回了當初審閱官的多項批判，但是要求從五月份民間情報教育局批准的樣片中剪掉十七個鏡頭，共計達三十分鐘。即便經過這些刪削，《戰爭與和平》仍然是投降後描繪日本的電影中最有勇氣的作品之一，是傳達出那個時代的苦惱、破敗、緊張、希望和熱情的內心深處感覺的稀有之作。儘管有審閱官的干涉，這部電影主要由理想主義而非意識形態推動的左翼視野，仍然十分清晰。影片對受日本侵害的中國人的同情描繪，在當時的日本殊為罕見。此片的三位主人公，他們被戰爭荒誕扭曲的命運，最終成為簡直難以置信的最高層次的寬恕與愛的體現。在孩子們玩耍的校園背景下，影片的結束語既凝練樸素又意味深長，喚起了教育新的一代珍視和平與民主的夢想。儘管如此，觀眾仍然願意觀看這部電影。評論家讚揚《戰爭與和平》是當年最好的影片之一，而且有大批觀眾蜂擁而來。然而，龜井將沒有機會再重複這樣的輝煌，因為此後他發現，找到導演的工作越來越困難。

儘管《戰爭與和平》如此野心勃勃，相比許多鏡頭在剪輯室裡被迫剪掉更令人遺憾的是，影片最終未能真正傳達時代的政治和社會氛圍。原因很簡單，影片中沒有美國人，沒有占領，看不見外國權威的存在。這是迫不得已的。尤其在占領初期，電影製作者和其他攝影者、視覺藝術家，被命令要避開美國人的存在。禁令也有例外，但是僅限於反映征服者仁慈和藹形象的場合。占領期結束後，導演山本嘉次郎曾經回想起，當初在東京拍電影是多麼困難。導演不得拍攝美軍大

432

兵、吉普車、英語標識以及被占領軍接收的建築物，更別提拍攝被燒毀的地區了。就連山本的一部電影劇本中口頭提到了「被燒毀」，臺詞竟然也被刪除。他的另一部電影中有飛機的聲音，也被命令消掉了。既然當時沒有日本飛機飛行，這種音響效果代表的只能是美國軍用飛機的聲音，這同樣被解釋為對占領當局的批判。56

「被占領的」銀幕不僅呈現出一個新的想像的世界。他也讓真實的事物消失無蹤。

對政治左翼的壓制

正式說來，最高統帥部的審閱制度從一九四七年開始趨緩，並於一九四九年十月民間審閱部解散時終止。一九四七年中期，傳統戲劇的事先審查被解除，五月份首先是文樂木偶戲、六月是歌舞伎緊隨其後，九月份則是能樂。十一月古典歌舞伎《假名手本忠臣藏》（《仮名手本忠臣蔵》），以全明星陣容重返舞臺。（此前唯恐這些封建忠義與復仇的故事，可能引發對新到來的占領軍的猛烈報復。）一九四七年八月後，多數廣播稿無須再經事先的批准，三個月後，唱片也無須再在發售前接受審查。十月，除了十四家出版社之外，其他所有出版社由事前審查變更為事後審查，而到了一九四八年九月，剩下的出版社也從初校（版面內允許檢查和改正錯誤之前在活版盤內所選出的校樣）階段就得接受檢查中解脫出來。到一九四七年十二月，除了二十八家雜誌以外，其他所有雜誌都被變更為事後檢查的物件，剩下的二十八家雜誌繼續接受發行前檢查，直到一九四九年十月。到一九四八年七月底，所有主要報紙和通訊社，都解除了發行前的檢查。

然而，這種正式控制的緩和容易令人誤解，因為審查制度在一九四七年後採取了新的形式，而且直到一九四九年都未終結。民間審閱部無限蔓延的官僚機構，實際上於一九四八年才在人數上達到巔峰，恰好是在美國國務院抱怨審閱活動造成了「延續日本獨裁主義傳統的影響」之後。由於越來越多的自由主義官員離開了總司令部，並且由更為保守的技術官僚接替，審閱制度變得更為嚴格、專斷和不可預料。尤其是在印刷業，檢查制度更加隱蔽而陰險，由事先審查改變為事後審查，對許多出版社、編輯和作家來說，更給人以恐怖感而非解脫感。因為一旦占領當局發現他們的出版物不合要求而下令召回報紙、雜誌或者書籍，就更會使他們遭到慘痛的經濟打擊。在經濟不安定的狀況下，審查的曖昧和肆意，對達成最高統帥部的目的尤為適宜，因為少有出版者敢冒出版物上市之後被查禁的風險。結果是，隨著占領進程的發展，謹小慎微和自我審查的傾向愈加明顯。[57]

這種威嚇戰術還有其他的形式。當執行事前審查制度時，總司令部的高官有時只是「扣留」或者故意忘記技術上並不違反出版法規但是仍然不合要求的文章放在了哪裡，以此造成文章錯過發稿日期。這樣的情形多次發生在日共機關報《紅旗》呈交給民間審閱部的有爭議的文章上。據說這

433

是CI&E（民間情報教育局）的權勢人物——情報處長唐·布朗（Don Brown）的拿手好戲，民間審閱部常將有爭議的材料提交他處置。總司令部官員還可以通過操縱占領時期一貫短缺的紙張配給，對出版社非正式地實行賞罰。左右出版市場的另一陰險形式，則是GHQ掌控外國書籍的翻譯特許權，譯書必須獲得民間情報教育局情報處的認可。58

還有一種更為強硬的手段。GHQ官員有權要求觸怒他們的作家和編輯立即解職。SCAP初期的追放指令（一九四五年十二月），只包括少量的媒體高層人士，而正式全面清除珍珠港襲擊之前與軍國主義、極端民族主義宣傳相關的有影響的媒體人員，直到一九四七年末才開始。當一九四八年五月一再拖延的媒體大清洗終於結束之時，約有一二九五人被審查，一〇六六人被清除（其中八五七人早已辭職或引退）。59

與「昔日戰爭」相關的清除行動幾乎尚未停止，GHQ官員就開始非正式地要求管理層開除他們由於冷戰原因而不能容忍的記者和編輯。例如，一九四八年十月，《日本評論》的發行人鈴木利貞被民間情報教育局的丹尼爾·伊伯頓（Daniel Imboden）少校吩咐開除他的副主編，罪名包括：企圖發表加拿大進步的歷史學家和外交官諾曼（E. H. Norman）有關言論自由以及著名的共產主義者伊藤律關於新「法西斯主義」的文章。鈴木被告知，如果他不這麼做，他自己就可能遭到軍事法庭審判，並且將被送往沖繩服刑。副主編於當月辭職。此後不久，在所謂的十二月事件中，《改造》的四位編輯被迫在類似的情形下辭職，他們甚至招致一位GHQ日裔官員的到訪，向他們提出到沖繩「做苦工」的相同威脅。這種露骨的威脅，因為審閱活動的另一側面而頗具分量：沖繩，在美國人將這個戰略地位重要的島嶼打造成主要的冷戰軍事基地的過程中，一直被秘密遮蔽於美國的嚴酷統治之下。貫穿整個占領期，實際上直到一九五五年，沒有關於沖繩的新聞報導或者評論在媒體發表，將這個實際上看不見的省份，想像成一處發配服刑的殖民地，似乎完全合乎情理。[60]

威脅那些持不同政見者，要將他們送上軍事法庭並且判處勞役，這是一個有些極端但是並非全然無謂的懲戒。濫用審閱權力更為極端的事例，發生於一九四八年九月，當時這齣極其荒誕的事件涉及一家娛樂報紙。事件的起因是一九四八年五月二十七日的《日刊體育》（《日刊スポーツ》）發表了一篇題為《湯普森先生介紹大都劇場美國裸體舞表演》的文章。GHQ主管娛樂表演的一位官員在觀看了淺草歡樂街的脫衣舞後，向日本記者評論說，那裡的脫衣舞娘並不怎麼吸引人，他樂於介紹他們看一場真正的美國脫衣舞滑稽表演。

儘管此報導屬實，而且通過了民間審閱部的審查，但是被事後追認為攻擊SCAP的權威，並且開始遭到正式的追訴。九月一日，美國軍事法庭宣判，主編服勞役一年，《日刊體育》發行暫停六個月，並處高額罰金七萬五千日元，正式的判決理由為違反出版法規第二條（擾亂公安）。經上訴，主編的判刑和報紙的停刊被推翻，但是不合理的罰金依舊執行。一年後，經過貌似稍為嚴肅的訴訟程式，三位共產主義者編輯以發表煽動宣傳的罪名，遭到審訊並被判處服勞役。[61]

乍看之下，湯普森事件本身可能就像是一齣滑稽表演。然而，在試探言論表達限度的新聞

434

界人士看來，將這樣的事件詮釋為GHQ有意圖的、有組織的專橫跋扈合乎情理。畢竟，這樁歷經數月、令人憤慨的脫衣舞案的性質，遠遠超出了GHQ某些下屬的個人癖好或者偶爾過分的舉止，而是戲劇性地揭示了：哪怕是細微或者無心地越出了最高軍事權力認為適當的界限，都要付出慘重的代價。

另一方面，《日本評論》和《改造》的案例，則在意識形態上十分清晰：他們表明，審閱制度現在的主要審查目標是左翼而非右翼思想。這在媒體圈中已非秘密。事實上，在從起初的事先審查程式轉為事後審查的過程中，清楚地將左翼視為民主的新的敵人。一九四七年十二月，這實際成了公開的方針，當時在二十八份留待事先審查的期刊中，只有兩份是「極右」刊物（大約總共擁有四千名讀者）。剩餘的二十六份雜誌，全部是進步和左翼的出版物，發行量共計超出六十萬份。其中，有些雜誌是日本最有影響的刊物，包括《中央公論》（發行量八萬份）和《改造》（發行量五萬份），二者在戰爭年代都曾經受到帝國政府禁止發行的處分。每日新聞社發行的周刊《世界的動向》（《世界の動き》）（發行量五萬份）與另一份刊物《世界經濟評論》（發行量五萬份），被審閱官描述為「將精力放在挑資本主義制度的『毛病』上」，並且預言了蘇聯社會主義的最終勝利。而《世界》（發行量三萬份）則被認為在國內問題上溫和節制，但是在對美國、英國和資本主義的批判中，「通常採取共產主義路線」。

這二十六份雜誌代表的，僅是當時存在的進步和左翼出版物的一小部分。而民間審閱部策略的本質，是要通過刁難和審查這些最有影響、最有聲望的傳播者，殺雞儆猴地削弱社會主義、共

435

產主義和馬克思主義的影響。譬如，審閱官曾在秘密文件中闡明，他們為何決定將《潮流》月刊（發行量三萬份）留在事前審查的名單上。他們認為，《潮流》，「被評價為最重要的左翼出版物。執筆者多為左翼學者，他們對於世界的工業、農業、經濟、社會和政治問題的分析頭頭是道，但是結論的反資本主義和破壞性卻一成不變。他們大多數的論述，在狂熱的共產主義評論家中罕見地平實，卻以如此博學多識和徹底詳盡的方式呈現出來，其宣傳目的十分見效」。62 對於其他目標刊物的一些經常享有盛譽的執筆人，也可以這麼說。他們的論述，遠遠超出對馬克思主義教條的簡單重複。岩波書店出版《世界》的編輯們發現，通常審閱官傾向於以比其他出版社更為嚴格的反馬克思主義標準來要求他們，理由是他們應當受到約束，以免被政治左派借勢。63

民間審閱部（CCD）出版・演藝・播送處處長羅伯特・斯伯爾丁（Robert Spaulding）後來承認，實際上在一九四五年十月四日《人權指令》頒佈之時，審閱官就開始既注意右翼也注意左翼對SCAP和美國的「反民主」批判。由民間情報教育局協議的最早的一檔廣播節目，擁有《愛國者宣言》（《愛国者にきく》）與《出獄者的時間》（《出獄者の時間》）的雙重標題，設計構思是給新進釋放的政治犯一個機會，表達他們對罪惡的過去和新日本前景的見解。然而十二月節目被停播，因為事情變得顯而易見，大多數政治犯都是馬克思主義者和共產主義者。一九四六年底之前，民間審閱部開始準備對日本媒體的蘇聯影響和左翼、共產主義傾向，徹底進行國內調查，儘管直到一九四七年中期，「左翼宣傳」才作為明確類別出現在民間審閱部的秘密清單上。64

436

的確有數量巨大的左翼分析文章通過了審查之網，有些深刻尖銳，有些不過是無關痛癢的教條套語。另一方面，即便是名士派的「溫和的」馬克思主義經濟學者和勞資關係專家，如有澤廣巳、大內兵衛、大河內一男等人，雖然被許可擁有大規模的讀者，但是都不時受到小的審查刁難。[65]如平野義太郎、信夫清三郎等傑出的歷史學家，在一九四七年中期面臨更為徹底的壓制。在東京大學贊助叢書的第一卷《日本民主革命の課題》中，平野的《日本資產階級民主運動的歷史》和信夫的《明治維新中的革命與反革命》被全文刪除。[66]

從美國人的觀點看來，正式的審查制度逐漸廢止，造成了進退兩難的困境：因為他正與占領政策保守主義的「逆轉」，以及預見中的左翼批判的增強同時發生。一九四八年四月三十日，民間審閱部的核心部門出版·演藝·播送處，受命對共產主義媒體執行「百分之百的監督」，主要是出於情報收集的初衷，而非直接管制的目的。一九四九年初，日本的保守政權經SCAP同意，將正式的共產黨出版物新聞用紙的配給量，從每月八萬六千磅削減為二萬磅。[67]吉田茂政府在GHQ的積極協助下，於一九四九年末開始實行「赤狩」(赤色清洗)，起初並沒有嚴重影響到新聞媒體，因為追放是以「削減」、「合理化」或者諸如此類的委婉表示為藉口，針對公共部門的激進員工實施的。然而一九五〇年六月二十五日朝鮮戰爭爆發後，赤狩波及到了民間部門以及其他許多活動領域，橫掃出版、電影和公共廣播界。

儘管朝鮮戰爭的爆發，是媒體領域清除「極左」的契機，但是在戰爭開始數周之前就已經準備停當。六月六日，麥克阿瑟將軍下令對日本共產黨中央委員會全體開除公職。翌日，清洗波及到日共機關報《赤旗》(しんぶん赤旗)的十七位編輯骨幹。日本共產黨本身，則作為合法的政治組織殘存下來。為了將追放日本共產黨中央委員會的行為正當化，麥克阿瑟宣佈，共產主義者近期的煽動言論和不法行動，「與過去軍國主義領導人欺騙和誤導日本人民的做法驚人相似，而他們的目的一旦達到，必然將日本引向更加深重的災難。假使允許這種無法無天的煽動不加遏制地繼續下去，即便現在看起來尚處於萌芽狀態，也將冒著根本壓制日本的民主制度、直接否定同盟國政策方針之目的和意圖、喪失日本政治獨立的機會、並且毀滅日本民族的風險。」[68]

六月二十六日，朝鮮戰爭開始翌日，《赤旗》被命令停刊(起初為停刊三十日，但是後來修正為無限期停刊)。三周之內，約有七百種共產主義和左翼報紙停刊，到一九五〇年十月，據SCAP的官方資料，這種無限期停刊擴大到一三八七種出版物，(另據統計約為一千七百種)。儘管麥克阿瑟將軍和貫徹其指令的日本保守政府，通過將共產黨領導人與戰前日本的軍國主義者等同起來，為這些追放行動正名，但是對許多人而言，歷史上更為明顯的前車之鑒，則是戰前軍國主義對左翼反抗壓迫的鎮壓。既然媒體被置於強大的壓力之下，以順應美國對朝鮮戰爭的官方立場，那麼倒更像是先前日本帝國強制「一億一心」的單一口徑時的情形。[69]

與左翼刊物停刊並行的，是赤狩在公共部門的擴大化以及向民間部門的擴展。這些開除行動的首要目的，是削弱左翼在勞工組織中的影響，但是這種政治迫害也改變了從大眾媒體上所獲見聞的面貌。超過七百人被清除出新聞界，其中廣播界一〇四人至一一九人（統計數字各有不同），電影界一三七人。到九月份時，其中大多數人已經被解雇。儘管起初GHQ的停刊處分，針對的是「極左」出版物，他們大多僅有很小的發行量，但是赤狩卻打擊了主流媒體。例如，對公共放送（廣播）局的清洗，於一九五〇年六月二十八日在各個城市同時執行，包括張貼各放送（廣播）局即將開除的職員名單。在一些城市（如大阪），據報告依照麥克阿瑟的指令，美國軍警參與了對指定人員的排除行動。[70]

對主流新聞的第一波赤狩，於同日展開。當涉及民間部門時，解雇的方式真是五花八門。在朝日新聞社，指定的開除人員被依次召喚到一位面色蒼白、明顯顫抖著的高層經理的辦公室裡。在讀賣新聞，自一九四六年以來，經營者與職員之間始終激烈對立，是由一位身旁護衛著便衣員警和公司警衛的幹部宣讀解雇決定，並且聲稱是依照麥克阿瑟六月六日的信函行事。在共同通訊社，在宣佈被解雇之後企圖滯留的職員，被管理層召來的武裝員警架出。在電影產業界，排除行動於九月份實施，是在GHQ勞動處高官召集各製片公司的高層，命令他們從公司中排除所有的共產主義者，但是必須自擔責任之後。[71]

儘管GHQ從未訴諸日本帝國政府《治安維持法》的手段，對左翼表現進行有組織的鎮壓，但是他停止活動的處分、不斷侵擾和政治迫害的手法，也確實達到了預期的目的。許多進步和左翼的出版物停刊，其他刊物的編輯方針也趨於保守。[72]然而在此之上，不少真正理想主義的民主支

438

持者幡然省悟，由早期熱心支持美國轉變為懷疑派或者徹底的反美派。清洗運動還證明了教條的左翼對資產階級偽善原本自以為是的非難的正確性。

與占領期的巨大發展和成就相對照，SCAP審閱民主的統治真的那麼問題嚴重麼？答案是肯定的。自然，從數量上講，被審查刪改的案例數量與印刷出版業繁榮的洪流相比極其微小。不可否認，媒體在占領期終結時比戰爭時期要大為活躍。然而與此同時，隨著占領期的延續，他們變得逐漸喪失多樣性和活力。當然，對於那些深受戰時壓制之苦而驚喜於投降後初期改革活力的自由主義者和左翼而言，目擊美國人樂於行使絕對權力的姿態是令人沮喪的，而眼熟地發現他們很快展示出對持不同政見者的敵意，則更加令人灰心。

岩崎昶，曾經參與拍攝被美國人沒收的有關廣島和長崎原爆破壞的紀錄片，後來又成為龜井文夫命運多舛的《日本的悲劇》一片的製片人，他狡黠地將占領當局呼為「軍閥」。岩崎昶回憶起當他發現無法反抗《日本的悲劇》遭禁映時的感受，「我厭惡地意識到，非民主的美國軍閥現在將日本抓得是多麼緊」。左藤忠男，這位尖銳辛辣、自學成才的戰後電影的資深批評家，回想占領期是由「鼓勵的民主」時代與隨後「壓迫的民主」時代兩個階段構成。對松浦總三而言，作為《改造》的編輯者，他親眼目睹了GHQ日益狂暴的反左翼運動，直到一九五二年占領當局實際從日本撤離，「民主的新聞界的復興」才有了轉機。事實上，當時出現了堪與占領初期匹敵的開放的、春天般的氛圍。[73]直到那時，坦率地討論占領本身等問題才成為可能。

439

這種審閱的民主更深層的遺產，超越意識形態保存了下來。是否有人真正相信，這種以「自由表達」為名實行的秘密審閱和思想統治，無損於戰後的政治意識？事實上，一方面高高地揮舞著「自由表達」的旗幟，一方面卻嚴厲地限制對麥克阿瑟將軍、SCAP當局、龐大的占領軍全體、全部的占領政策、美國和其他戰勝的同盟國、戰犯審判的訴訟和判決，以及勝利者出於實利的考慮否認天皇個人的戰爭責任等問題的任何批判。審閱的民主，並非如官方所宣稱的是清除民主威脅的篩網，不過是默許不合理的權力並且強求輿論一致的古老教訓的新篇章而已。

依照這一觀點，「自上而下的革命」的遺產，使得認同權力成為一種普遍的社會態度，強化了與政治的、社會的權力相關的集體宿命論，以及一種普通人的確無法左右事態發展的意識。儘管不斷地談論民主，征服者卻致力於控制輿論。在許多重要問題上，他們讓人明白了沉默地順應大勢才是真正的政治智慧。征服者如此成功地鞏固了這種意識，以至於在他們離去之後，隨著時間的推移，日本之外的許多人，包括美國人，開始將這種意識當成是日本人原本獨有的態度。

1 引自平野共余子對前SCAP高官Seymour Palestin的訪談，Kyoko Hirano（平野共余子），*Mr. Smith Goes to Tokyo: Japanese Cinema under the American Occupation, 1945-1952*（Washington, D.C.: Smithsonian Institution Press, 1992），pp.72-73。

2 關於「權力者崇拜」事件，參見Robert M. Spaulding，「CCD Censorship of Japan's Daily Press」，收入Thomas W. Burkman編，*The Occupation of Japan: Arts and Culture*（Norfolk, Va.: Douglas MacArthur Foundation, 1988），pp.6-7；William J. Coughlin，*Conquered Press: The MacArthur Era in Japanese Journalism*（Palo Alto: Pacific Books, 1952），pp.51-52。

3 這份重要指令（SCAPIN 16）收入Coughlin前引書，p.147-49。

4 民間情報教育局對媒體「積極的」管制的個案研究，參見Malene Mayo，「The War of Words Continues: American Radio Guidance in Occupied Japan」，Burkman（1988），pp.45-83。

5 到1945年12月，SCAP的審查官們審閱了518部「古典或新古典」戲劇，禁止其中322出戲上演，絕大多數為歌舞伎劇碼。參見General Headquarters, Supreme Commander for the Allied Powers，*Theater and Motion Pictures*（*1945 through December 1951*）, monograph 16 in *History of the Nonmilitary Activeties of the Occupation of Japan*（1952: National Archives microfilm）, pp.4-5。還可參見同一文獻系列中的monograph 15（*Freeedom of the Press*）和monograph 33（*Radio Broadcasting*）。

6 CCD審閱活動的詳細年表，參見古川純《年表：占領下の出版・演芸・放送検閲》，《東京経大学会誌》118（1980年12月）號，pp.231-51。包羅詳盡的被審閱出版物的總覽，參見奥泉榮三郎《占領軍検閲雑誌目録・解題》（東京：雄松堂，1982）。這一指南是對占領結束後，美國馬里蘭（Maryland）大學東亞圖書部收存的大量CCD檔案的日英雙語解說。遺憾的是，由於這些文獻年久易損，20世紀90年代以來查閱受到了限制。Burkman（1988）一書，收錄了有關占領下的文化藝術的論文和討論，提供了在不同領域對審閱意義的觀點和看法。原始資料研究代表性的英文成果，是Marlene Mayo的著述。除了Mayo（1988）一書外，還有她的論文「Civil Censorship and Media Control in Early Occupied Japan」，收入Robert Wolfe編，*Americans As Proconsuls: Untied States Military Government in Germany and Japan, 1944-1952*（Carbondale: Southern Illinois University Press, 1984），pp.263-320, 498-515；亦參見Mayo，「Literary Reorientation in Occupied Japan: Incidents of Civil Censorship」，收入Ernestine Schlant與J. Thomas Rimer編，*Legacies and Ambiguities: Postwar Fiction and Culture in West Germany and Japan*（Washington, D.C. and Baltimore: Woodrow Wilson Center Press and Johns Hopkins University Press, 1991），pp.135-61。
江藤淳基於對原始文獻的研究，對占領期的審閱制度發表了犀利的評論。參見Etō Jun「One Aspect of the Allied Occupation of Japan: The Censorship Operation and Postwar Japanese Literaure」，occasional paper of the Wilson Center, Smithsonian Institution（Washington, D.C., 1980）；「The Civil Censorship in Occupied Japan」，《比較文化雜誌一》（東京工業大學，1982），pp.1-21；以及「The Sealed Linguistic Space: The Occupation Censorship and Post-War Japan」，《比較文化雜誌二》（1984），pp.1-42。江藤淳關於審閱制度的許多有影響的論文，包括前述論文的日文版，收入江藤淳《落葉の掃き寄せ 一九四六年憲法-その拘束》（東京：文藝春秋，1988）。江藤認為審閱制度

有害於敗戰後日本文學的發展的觀點，受到了Jay Rubin的質疑。參見Jay Rubin，「From Wholesomeness to Decadence: The Censorship of Literature under the Allied Occupation」，*Journal of Japanese Studies* 11.1(1985), pp.71-103。亦可參見Burkman(1988)一書中Rubin的論文，pp.167-74，以及Yoshiko Yokochi Samuel對審閱制度的良性遺產的更為客觀的評述，pp.175-80。對受審查的許多文學作品的引用實例，還見於Samuel「Momotarō Condemned: Literary Censorship in Occupied Japan」，此論文未發表，為1982年New England regional conference of the Association of Asian Studies上提交的會議論文。

日本學界關於新聞出版業的審閱制度的先驅性研究，是松浦總三《占領下の言論弾圧増補決定版》(東京：現代ジャーナリズム出版会，1969年初版，1974年修訂版)。亦參見春原昭彦《占領検閲の意図と実態》，《新聞研究》395、397(1984年6月、8月)號，pp.80-101，88-96。Haruhara(春原昭彦)，「The Impact of the Occupation on the Japanese Press」，Burkman(1988)，pp.21-31；Jim Hopewell，「Pess Censorship: A Case Study」，*Argus* 6.6(University of Maryland, May 1971): 19-20, 58-64；福島鑄郎《戦後雑誌発掘》(東京：洋泉社，1985)，pp.122-53。PPB的月度審閱量，見Spaulding前引文，p.5。郵件和電話監控，占CCD審查的日文資訊的相當比重，參見U.S. Army, *Reports of General MacArthur: MacArthur in Japan: The Occupation, Military Phase*, vol. 1, Supplement(Washington, D.C.: U.S. Government Printing Office， 1966), pp.238-39。據估計，總共約有11000篇雜誌文章遭到審查；Mayo(1984)，p.512。

7 有關非日文資訊的審查，參見Coughlin前引書，pp.47-49；關於秘密通告，見前引之《占領軍検閲雑誌目録・解題》，pp.33-39；有關秘密告別的方針，參見Rubin前引文，p.85。

8 Spaulding前引文，pp.7-8。

9 對著名作家的審閱，參見Mayo(1991)；Rubin(1985)；Samuel(1982)；木本至《雑誌で読む戦後史》(東京：新潮選書，1985)，pp.19, 56, 116-18；松浦《占領下の言論弾圧》，pp.21-25, 185。谷崎潤一郎的短篇小說是《A夫人的信》。關於托爾斯泰，參見Hopewell前引文，p.63(引用了1947年7月13日*St. Louis Post Dispatch*報上發表的前CI&E官員David Conde的文章)。Hopewell這篇默默無聞的文章，是最早全面研究CCD檔案的論文之一，文中大量引用了審閱官的真實報告。中村光夫的說法，引自Rubin(1985)，pp.75-76。

10 松浦《占領下の言論弾圧》，pp.130-31。GHQ的翻譯多有賴於第二代的日裔美國人，對這些日裔而言，日語只是第二語言。日本方面不少涉及與征服者溝通的不正確、不完全的怨言，成了直接針對這些第二代的日裔美國人。這些種族間的緊張，構成了占領時期微妙的、有待考察的次主題。例如，參見日本放送協會編《続・放送夜話》(東京：日本放送協會，1970)，p.17；Akira Iwasaki，「The Occupied Screen」，*Japan Quarterly* 25.3(July-September 1978): 308, 315；Kiyoko Hirano，「The Occupation and Japanese Cinema」，Burkman(1988)，pp.146, 148，以及Frank S. Baba對這些批評的回應，Burkman(1988)，p.164。

11 這是松浦總三的基本觀點；參見《占領下の言論弾圧》，pp.5-6, 17-18, 57-58, 323-24, 349, 354-55, 403。

12 日本放送協會編《続・放送夜話》，pp.13-18。這些批評者也承認，美國的廣播方針有其積極的方面。

13 Haruhara（1988），p.28.

14 參照松浦《占領下の言論弾圧》，pp.5-7, 64-73；朝日日誌（朝日ジャーナル）編《ベストセラー物語》（東京：朝日新聞社，1967），第一卷，p.146。伏字的使用（通常以XX或OO之類逐字替代被刪除的文字），始於1925年左右，1937到1938年廢止。理由是思想員警斷定，讓敵國悟到日本國內對戰爭政策可能有批判或反對意見，是失策之舉。

15 出版法規多處均有轉載，可參見Coughlin前引書，pp.149-50。

16 見載於古川純《雑誌『改造』にみる占領下検閲の実態》，《東京経大學会誌》116-117（1980年9月）號，pp.136-37。1946年11月25日詳細的、附有原評注的審閱日誌，參見Etō（1980），pp.17-20；Etō（1982），pp.5-6。括弧內的說明，為本人所添加，參照了11月的審閱日誌和實際的審閱官評注。有關電影的禁止事項（1945年11月的規定），參見Hirano（1992），pp.44-45，49，52-58，75，78。

17 表格樣例，參見《占領軍検閲雑誌目録・解題》，pp.41-42。

18 關於原爆文學與科學資料的審閱，參見松浦《占領下の言論弾圧》，pp.167-212；堀場清子《原爆 表現と検閲—日本人はどう対したか》（東京：朝日選書，1995）；Committee for the Compilation of Materials on Damage Caused by the Atomic Bombs in Hiroshima and Nagasaki編輯，Eisei Ishikawa與David Swain譯，*Hiroshima and Nagasaki: The Physical, Medical, and Social Effects of the Atomic Bombings*（New York: Basic Books, 1981），pp.5, 503-13, 564, 585；Glenn D. Hook，「Roots of Nuclearism: Censorship and Reportage of Atomic Damage and Casualties in Hiroshima and Nagasaki」，*Bulletin of Concerned Asian Scholars* 23（January-March 1991）:13-25；Monica Braw, The Atomic Bomb Suppressed: American Censorship in Occupied Japan（Armonk, N.Y.: M. E. Sharpe, 1991），尤可參見第8章；Mayo（1991），pp.150-52。James Yamazaki醫生是1949年—1951年被派往長崎研究放射性影響的美國科學家，尤其是調查原子彈爆炸對胎兒的影響。他實際上在離日前夕才發現，有人刻意向他隱瞞了美國之前的相關報告書與調查結果；他在著作中曾多次提到這一點，參見*Children of the Atomic Bombs: An American Physician's Memoir of Nagasaki, Hiroshima, and the Marshall Islands*（Durham, N.C.: Duke University Press, 1995）。有關原爆的電影的審閱，參見Hirano（1992），pp.59-66。1945-1946出版了相當數量的涉及原爆的著作，見歴史學研究會編《日本同時代史　第一卷　敗戦と占領》（東京：青木書店，1990），pp.237-38。詳細的縱覽，參見《中國新聞》1986年7月30日到8月12日間關於占領期原爆文學的30回連載。廣島原子彈爆炸後果的目擊者堀場清子強調，作者的自我審查，在很大程度上與當局審閱制度的強制規定是分不開的。例如，參見堀場《原爆 表現と検閲》，pp.32-35, 54, 164-72。亦參見《朝日新聞》1994年5月16日（對原CCD審閱官回憶的報導）。

19 映畫製作會社日映藏匿了一份這部被禁影片的拷貝，在占領結束時上映了其中的一部分，但拒絕公開影片的全部內容。參見岩崎昶《映画史（日本現代史大系）》（東京：東洋經濟新報社，1961），pp.226-27；岩崎是廣島・長崎拍攝影片的聯合製片人。1966年此片被美國政府解禁後，根據其中的一些剪輯片斷製作了英文記錄短片*Hiroshima-Nagasaki, August 1945*。短片於1970年上映，監製為Eric Barnouw。參見Barnouw，「Iwasaki and the Occupied Screen」，*Film History* 2（1988）：337-57；松浦《占領下の言論弾圧》，pp.192-95。

20 丸木夫婦的作品集，收入John W. Dower與John Junkerman編，*The Hiroshima Murals: The Art of Iri Maruki and Toshi Maruki*(New York: Kodansha International, 1985)。

21 原爆災難的照片，最初主要發表於1952年8月6日的《朝日畫刊》(アサヒグラフ)。日本政府報導部的攝影師山端庸介，對長崎原子彈爆炸之後的慘狀進行了全方位拍攝。山端秘密保存了上百張底片。占領結束不久後在日本出版，直到1995年才出版英文版。參見Rupert Jenkins編，*Nagasaki Journey: The Photographs of Yosuke Yamahata, August 10, 1945*(San Francisco: Pomegranate Artbooks, 1995)。亦可參見John W. Dower，「The Bombed: Hiroshimas and Nagasakis in Japanese Memory」，收入Michael J. Hogan編，*Hiroshima in History and Memory*(Cambridge: Cambridge University Press, 1996)，pp.116-42。

22 Braw, pp.94-100；松浦《占領下の言論弾圧》，p.189。對於將長崎與馬尼拉暴行相提並論的事實，Robert Spaulding注意到，這極易使日本人得出如下結論：「我們的行為與他們的罪行彼此抵消。」Mayo(1991)，pp.151-52。

23 吉田滿曾數次修改自己的作品。這裡引用的是審閱官對日文原文的翻譯，引自Etō(1982)，pp.9-10。對占領期結束後吉田作品最終版本的上佳譯本，參見Richard Minear譯介的Yoshida Mitsuru，*Requiem for Battleship Yamato*(Seattle: University of Washington Press, 1985)。江藤淳曾將對吉田文本的審查作為主要的例證，以闡釋他所謂的占領期的「封閉的言說空間」；參見Etō(1984)。另一位寫到「大和」號的作者，在企圖表達「當許多兄弟捐軀而我們活了下來的深重的恥辱感」時，也同樣遭禁；Mayo(1991)，p.149。

24 這些字句被從1948年8月號的《改造》上　除；參見古川《雑誌『改造』にみる占領下検閲の実態》，pp.176-77。

25 矢野又吉檔案，《敗戦のしもと》，見Prange文庫中有關占領當局審查的文獻，現藏於美國馬里蘭大學McKeldin圖書館。

26 《壷井繁治詩集》(東京：真理社，1948)；引自Prange文庫中的標注本。遵照要求修改之後，1948年7月詩作得以出版。

27 轉引自Samuel(1988)，p.177。審查官還查禁了栗原貞子的一首譴責「所有戰爭」的歡行的力作；參見Samuel(1982)，pp.11-12。

28 木本《雑誌で読む戦後史》，pp.52, 116, 118, 140；Hopewell前引文，p.20；Mayo(1984)，p.301。關於1947年的交鋒，參見Paul Vincent Miller，「Censorship in Japan」，*Commonweal*，vol.46(April 25, 1947)，pp.35-38，以及Imboden在6月13日那一期雜誌上的回應(pp.213-15)。Miller還列舉了審查私人通信的例子，並引述了日本人的譴責：「自由與和平」的說教者卻做這樣的審查是偽善。

29 Spaulding前引文，p.9；松浦《占領下の言論弾圧》，p.196。實際的審查多有疏忽，對電影和照片的審閱中也有漏網之魚。在影像資料中的確可以發現吉普車、英文標記和占領軍人員，但是極為罕見。

30 此漫畫在木本《雑誌で読む戦後史》中有提及，p.52。這首川柳引自Prange文庫。

31 Coughlin前引書，pp.52-53。

32 收入古川《雑誌『改造』にみる占領下検閲の実態》，pp.168-69。詩的作者是山之口貘。

33 參見木本《雑誌で読む戦後史》，p.51；馬場恒吾的文章受命從1948年8月的《中央公論》上　除，參見松浦《占領下の言論弾圧》，p.21。

34 參見Rinjirō Sodei，「Satire under the Occupation: The Case of Political Cartoons」，Burkman (1988)，pp.93-106，以及筆者對此文的評注，pp.107-23。

35 對這三幅遭審查漫畫的描述，參見木本《雑誌で読む戦後史》，pp.137-39。

36 這四幅天皇題材的漫畫，收錄於Sodei，pp.104-5。

37 Klaus H. Pringsheim，「Wartime Experience in Japan」，1995年10月National Archives 與University of Maryland舉辦的「Violent Endings, New Begiinings」會議上提交的論文，未發表。

38 Russel Brines, *MacArthur's Japan* (Philadelphia: Lippincott, 1948), pp.246-49.

39 Sodei, pp.96-97；從《VAN》雜誌上刪除的三幅漫畫收入該論文，p.103。

40 《サザエさん》於1946年4月22日的《夕刊フクニチ》上初次登場，1949年12月轉移到《朝日新聞》的夕刊上發表。《あんみつ姫》是《少女》雜誌的連載漫画。亦可參照1990年11月23日《朝日畫刊》（アサヒグラフ）的短評。手塚治蟲極其多樣性的全部作品，皆收錄於製作精美的展覽目錄《手塚治蟲展カタログ》（東京：國立近代美術館．朝日新聞社，1990），並附有詳細介紹和日英雙語的分析評論。占領初期最受歡迎的連環漫畫是日文版的*Blondie*（《金髮女郎》），作者為美國漫畫家Chip Young。1946年6月2日開始在《週刊朝日》上刊載，後來轉移到《朝日新聞》朝刊上發表。*Blondie*漫畫與好萊塢的電影一起，對日本民眾的「美國」想像產生了巨大的影響力。日本民眾想像的「美國」，是一個冰箱裡塞滿食物、住宅裡滿是神奇的家用電器的富足國家，家庭主婦們為了購買迷人的帽子一擲千金，賺薪水的丈夫們儘管可能不太走運，但照樣開得起汽車、買得起房子，甚至連孩子們和寵物也不必承受家長權威的壓迫。占領期間，出版了六冊*Blondie*漫畫集單行本。這扇可以窺見美式消費生活的誘人視窗，也成了學習英語會話的頗具魅力的啟蒙讀本。漫畫的對話方塊中換上了日文，並在下方標注英文原文。研究政治的象徵符號的學者，可能會發現以下事實的重要意義：1951年麥克阿瑟被召回之後，《朝日新聞》幾乎立即停止在朝刊上刊登*Blondie*，而替換上了《サザエさん》，後者此前一直連載在地位較為次要的夕刊上。

41 引自Sodei，p.99。清水崑描摹吉田茂的漫畫，收入其《清水崑畫 吉田茂諷刺漫畫集》（東京：原書房，1989）。

42 古川純的重要論文《雑誌『改造』にみる占領下検閲の実態》，收錄了1946年1月至1949年末正式的審閱制度　束期　《改造》雜誌受審查的部分。

43 木本《雑誌で読む戦後史》，p.14；松浦《占領下の言論弾圧》，p.103。

44 Hopewell前引文，pp.61, 63；Rubin前引文，pp.87-88（引述大日向葵對麥考伊兵營的回憶，初次發表於1946年8月的《新潮》）。

45 Hopewell前引文，p.59；亦參見古川《雑誌『改造』にみる占領下検閲の実態》，pp.143, 151, 153, 177。

46 木本《雑誌で読む戦後史》，pp.16-17；古川《雑誌『改造』にみる占領下検閲の実態》，p.143；Hopewell前引文，p.58。

47 皆引自Hopewell前引文，pp.60-63。

48 Hirano，*Mr. Smith Goes to Tokyo*是關於占領期電影的基本參考文獻。她（平野共余子）對占領下電影自由化的條分縷析而又基本肯定的評價，在Hirano（1988）一書中有準確表述，pp.141-53。亦參見岩崎昶《日本現代史大系・映畫史》，第7章；Iwasaki（1978），pp.302-22；今村昌平等編《戦後映画の展開～講座日本映画（5）》（東京：岩波書店，1987）；佐藤忠男《日本の映画・裸の日本人》（東京：評論社，1978）；佐藤忠男《黒沢明の世界》（東京：朝日文庫，1986）；Joseph L. Anderson與Donald Ritchie，*The Japanese Film: Art and Industry*（Princetion, N.J.: Princeton University Press, 1984），增訂版，第9章。

49 被銷毀的日本電影清單，參見前引之General Headquarters，*Theater and Motion Pictures,*「Annex No.　」。

50 黑澤明對戰爭年代及戰後初期極其簡短的回顧，見黑澤明著、Audie Bock譯，*Something Like an Autobiography*（New York: Knopf, 1982）。對黑澤明全部電影的縝密分析，參見Donald Richie的權威著述，*The Films of Akira Kurosawa*（Berkeley: University of California Press, 1984），修訂版。

51 這一插曲，在Hirano（1992）一書的第三章中有詳細記載；Hirano，「The Japanese Tragedy: Censorship and the American Occupation」，*Radical History Review* 41（May 1988）:67-92；古川純，《占領下のマスメディア統制——〈日本の悲劇〉の上映禁止をめぐって》，《東京経大學会誌》122號（東京經濟大學，1981年10月），pp.200-38。有關親歷者的觀點，參見Iwasaki（1978），pp.314-22。龜井文夫身後有簡短的「自傳」出版，主要是其生平材料的輯錄，見《たたかう映畫　ドキユメンタリストの昭和史》（東京：岩波新書，1989）。

52 Hirano（1992）, p.135.

53 古川《占領下のマスメディア統制》，pp.236-37；Hirano（1992），p.136；Iwasaki（1978），pp.314-18；龜井《たたかう（原稿中為「ぅ」）映画》，p.117。

54 日映　制《日本の悲劇》的　用為557000日元，在當　是一笔巨資。參見Etō（1982），p.15；Hirano（1992），pp.140, 143。

55 今村等編《戦後映画の展開～講座日本映画（5）》，p.101。《戦争と平和》的片名，標準的英文譯法為*Between War and Peace*；按照字面的翻譯更為簡單，正如托爾斯泰的名作：「War and Peace」。對審查《戦争と平和》一片的詳盡研究，參見Hirano（1992），pp.54-55, 172-75；岩崎昶《映画史（日本現代史大系）》，pp.228-31；Etō（1982），pp.12-16。江藤的論文也引述了此處所引用的CCD的一些重要的備忘錄，但有時卻未能發現備忘錄中提議的某些刪節，實際上並未強制執行。Griffith的*Enoch Arden*是具有開創意義的電影，膠片長度為雙片盤（two reels），而在此之前的美國電影皆為單片盤（single reel）影片。

56 1952年6月山本嘉次郎的回憶，引自松浦《占領下の言論弾圧》，p.196。Hirano（1988），p.145。小津安二郎的影片《晚春》中，有一句臺詞抱怨東京「到處都是燒毀的遺跡」，被改成了「到處都是這麼髒」。儘管《戦争と平和》遭受到審查，但是令人吃驚的是，竟然有那麼多美軍空襲東京的場景被保留了下來。

57 例如，參見Mayo（1984），pp.308-10, 313-14；Coughlin前引書，pp.81-84；松浦《占領下の言論弾圧》，p.13, 125-28。

58 關於《赤旗》，參見Spaulding前引文，p.8；Coughlin前引書，p.106；Mayo（1984），p.315；松浦《占領下の言論弾圧》，p.274。Brown

玩弄審查手法的例證，參見Prange文庫所藏《思想の科学》1947年4月號上有關審閱制度的對談。

59 Mayo (1984)，pp.307, 318-19.

60 松浦《占領下の言論弾圧》，pp.253-57；Hidetoshi Katō，*Japanese Research on Mass Communication: Selected Abstracts* (Honolulu: University Press of Hawaii, 1974), pp.95-96，書中概述了《新聞研究》215號(1969年6月)上新崎盛暉的文章。有關被占有領下的沖繩的審閱制度，參見門奈直樹《沖　言論統制史》(東京：現代ジャーナリズム出版会，1970)。由於美國對沖繩的隔離統治，本章(或者所有關於「被占領日本」的審閱制度的日方研究)所舉實例或統計資料，皆未涉及在沖繩本土發生的更為嚴酷的壓制情形。參照奧泉《占領軍検閲雑誌目録・解題》，p.529。

61 春原《占領検閲の意図と実態》，pp.94-95；General Headquarters，*Freedom of the Press*, pp.27-28。1949年8月，大阪的一位朝鮮人編輯Kim Won Kyun被判服5年勞役後被驅逐出境，原因是他控告美軍在朝鮮的偽大選前殺害反對派政黨成員。1949年9月，另一位朝鮮人編輯Euan Muam以同樣的罪名被判入獄兩年。第三起案例最為著名，也是發生在同年9月，案件涉及一位日本編輯。東京的通信社編集局長森岡七郎被判服兩年勞役，罪名是轉載蘇聯電訊社對英國在馬來亞的暴行、美國迫害共產主義者以及美國將日本變為在遠東的軍事侵略基地的報導。

62 「Magazines To Be Retained on Precensorship」，1947年11月26日。CCD的這一基本文件提到，這28份刊物仍舊被指定為事前審查的對象。此文件收錄入奧泉《占領軍検閲雑誌目録・解題》，pp.512-25。

63 松浦《占領下の言論弾圧》，pp.101-2, 104。

64 Spaulding前引文，pp.3-4；Mayo (1988)，p.61；古川《年表：占領下の出版・演芸・放送検閲》，pp.242-46；古川《雑誌『改造』にみる占領下検閲の実態》，pp.154-55。亦可參見Coughlin前引書，第7、8章；Hirano前引書，第六章。1947年12月被指認為「極左」刊物的26份期刊，在占領期的頭兩年，曾經遭到至少1280處的刪節，70篇文章被查禁；資料來源自CCD「Magazines To Be Retained on Precensorship」，奧泉《占領軍検閲雑誌目録・解題》，pp.512-25。

65 松浦《占領下の言論弾圧》，p.18。

66 平野和信夫的論文，被從平野義太郎、信夫清三郎、木村健康、飯塚浩二《日本民主革命の課題》一書中刪去。此書是東京帝國大學東洋文化研究所預定出版的《東洋文化講座》的第一卷。關於農地改革的左翼批判不被容許的例證是，1847年6月，須鄉登世治的《農村はどうなるか——農村改革法の解決》(中央大學出版部)一書，被要求進行多處　節。這兩份注有審閱標記的文本，皆收藏於Prange文庫。

67 古川《年表：占領下の出版・演芸・放送検閲》，p.250；Coughlin前引書，p.106。

68 Rodger Swearingen與Paul Langer，*Red Flag in Japan: Internatioanl Communism in Action 1919-1951* (New York: Greenwood, 1968), pp.209-12。

69 關於GHQ向日本新聞界施壓，要求無條件支持美國朝鮮戰爭立場的代表性回顧，參見長谷部忠《占領下の朝日新聞》，《「週刊朝日」の昭和史》（東京：朝日新聞社，1989），第二卷，pp.43-44。

70 General Headquarters, *Freedom of the Press*, pp.151-57；GHQ, *Theater and Motion Pictures*, p.51；GHQ, *Radio Broadcasting*, p.49；松浦《占領下の言論弾圧》，pp.301, 315, 335；Mayo（1984），p.317。

71 松浦《占領下の言論弾圧》，pp.302, 309-11；今村等編，《戦後映画の展開～講座日本映画（5）》，pp.21, 83-84。

72 例如，參見松浦《占領下の言論弾圧》，pp.323-24。

73 Iwasaki（1978），pp.304, 317-18；佐藤《日本の映画．裸の日本人》，p.116；松浦《占領下の言論弾圧》，pp.349, 354-55。

第五部　罪行

第十五章　勝者的審判，敗者的審判

第二次世界大戰在亞洲結束時，勝利的同盟國滿懷著憎恨與希望交織的情緒。這兩種情感的糾纏不清，在勝者執行的戰犯審判中表現得最為明顯。日本軍隊在所有戰區犯下的暴行，激起了強烈的報復欲望，與此同時，向那些違反戰爭行為的既定規則和慣例的罪人施以嚴懲，被視為理所當然。按照正式規定，這種「常規」的暴行或曰「反人道罪」定義更為寬泛，被認定為「B級」戰爭犯罪；在指揮系統中處於較高地位的策劃、命令、授權以及對此種罪行的不作為，被歸入「C級」犯罪。在實際操作中，這兩種罪行經常混淆，通常統稱為「B/C級」戰爭犯罪。最終數千名日本人被指控犯有此類罪行，並被帶到戰勝國在各地召集的軍事法庭接受審判。

在菲律賓的美國軍事法庭，對山下奉文和本間雅晴兩位司令官倉卒進行了訴訟，山下和本間在被判決應為麾下軍隊所犯暴行負責後被處決。除了這兩起案例之外，各地施行的這些並無先例的BC級戰犯審判，並未引起大的注意，也沒有在日本之外的公眾記憶中留下持久的印記。真正在法律意義上和人們的記憶中產生重大影響的戰犯起訴，是遠東國際軍事法庭對少數日本領導人空前的戰爭罪行的起訴和有罪宣判，這一審判更為人熟知的名稱是：東京戰犯審判或曰東京審判。

像同盟國在紐倫堡對納粹領導人的審判一樣，東京審判以對「反人道罪」的擴充解釋和更為大膽地引入嶄新的概念——「反和平罪」，把握住了當初厭倦戰爭的世界的脈搏。在勝利者理想主義的言說中，儘管同盟國在各個層次的審判都會提供公平與公正的範例，但是東京和紐倫堡示範性的「A級」戰犯審判，確實代表著意義重大的發展。用東京審判的荷蘭法官洛林（B.V.A.Röling）的話來說，這是「國際法開始踏上禁止戰爭、將戰爭當作刑事犯罪的道路」的時刻。

對洛林法官和無數其他人而言，讓領導者個人為國家的極端行為負責，為核時代的「法律進展」樹立了一塊至關重要的「里程碑」。東京審判的審判長澳大利亞的威廉．韋伯爵士（Sir William Webb），以「在整個歷史上再沒有比這更重要的刑事審判了」的發言宣佈審判開始時，正是心存此念。首席檢察官美國人約瑟夫．基南（Joseph Keenan）的開篇陳詞給許多日本人留下了深刻印象，他特意強調了最終的原告是「文明」，假使這些司法行為不能防止將來再發生戰爭，那麼文明本身很可能將被毀滅。[1] 然而事實上，這些希望與理想不可避免地被參與審判者的雙重標準所玷污，正如同盟國陣營的某些成員私下所承認的那樣。對日本而言，司法正義的理想與勝利者理所當然的制裁之間的矛盾，為戰後新的民族主義的抬頭提供了溫床。

嚴厲的審判

戰爭之後進行大的戰犯審判，甚至是史無前例的重大審判，並非必然。一九四五年，許多英美官員開始設想對敵方陣營的「主要罪犯」進行立即裁決。美國國務卿科德爾·赫爾（Cordell Hull）曾經告訴英國和蘇聯兩國的高官，如果能夠辦得到，他「將讓希特勒、墨索里尼、東條英機以及他們主要的幫兇，接受戰地軍事裁決。只要到第二天的日出時分，就會發生歷史性的事件。」美國財政部長亨利·摩根索（Henry Morgenthau）首先考慮的是德國，他建議同盟國列出一張清單，標明被捕和指認之後應立即「被聯合國士兵組成的行刑隊」處決的最高領導人。直到一九四五年四月，德國投降之前數周，英國人還敦促美國人批准「不經審判處死」德國的最高領導人。數年後，一些官員仍然相信這對日本也將是適宜的方針。[2]

這種鼓吹戰地裁決的主張，受到了陸軍部長亨利·斯廷森（Henry Stimson）的帶頭抨擊。斯廷森認為，基於公正的法律程式的即時審判，「符合文明的進步」，並將「對子孫後代產生更大的影響」。斯廷森解釋說，他傾向於軍事委員會的審判，軍事委員會將被授權，通過建立自身的「基本」規則迅速有效地實施訴訟程式，可以避免一般的法庭、甚至是通常的軍事法庭可能引起的法律技術問題。這位陸軍部長表示，除了將實現「歷史的審判」之外，這些審判還將保留敵人的罪行記錄，發揮教育的和歷史的功用。在戰後不久出版的回憶錄中，斯廷森斷言，侵略「是如此嚴重和十惡不赦的犯罪，我們不能容忍其重複發生。」參與東京審判的法官菲律賓的德爾芬．哈那尼拉（Delfin Jaranilla）對此深有同感，他個人在對日本A級戰犯被告提出的嚴厲的判決意見書中，引用了上述的話作為結論。[3]

在日本投降之際，同盟國對於日本戰爭罪行的方針的主要聲明，仍然堅持波茨坦宣言中的闡釋：

必須永久消除那些欺騙和誤導日本國民去征服世界者的權力與影響，因為我們堅信，只有不負責任的軍國主義被從世界中驅除出去，方能產生和平、安全與正義的新秩序……我們並無意奴役整個日本民族或是將日本國毀滅，但是對所有的戰爭罪犯，包括那些殘忍虐待我方俘虜的人，將會處以嚴厲的懲罰。

這些聲明是高度概括化的，也不得不如此，因為直到戰爭終結，勝利者仍然在對如何處置日本的戰爭罪行進行慎重考慮。波茨坦宣言傳達得最為清晰的是，同盟國陣營對日本虐待俘虜的憤怒之情。戰爭結束後許久，儘管披露了納粹駭人聽聞的暴行，大多數美國人、英國人和澳大利亞人仍然相信，他們在亞洲的敵人，甚至要比德國人更為可憎。審判過程中形成的統計資料，更強化了這樣的印象。據估計，被德國和義大利俘虜的英美軍人，只有4％在囚禁期間死亡，而日本俘虜的美國和英聯邦軍人的死亡率，則達到約27%。[4]

日本投降後不久，據推測，因虐囚或在日軍占領地區對平民施暴而被起訴的日本人，可能多達五萬名。一年之後，據估計大約有一萬名這樣的嫌疑犯，被驗明正身等待受審。最終，亞洲各地約五十處軍事法庭開庭，由荷蘭召集開庭十二處、英國十一處、中國十處、澳大利亞九處、美國五處，以及法國、菲律賓各一處。[5] 其他審判由蘇聯及許久之後在中國開始掌權的共產黨政府的法庭執行。

在蘇聯和共產黨執政的中國以外的大多數審判，於一九四五年至一九四九年間實施，最後的審判於一九五一年結束。由於多種原因，不可能提供有關這些訴訟結果的精確資料。這些審判在廣為分散的地點、在各個國家的管轄範圍內發生，因而並不總是能夠保留或者得到準確資料。尤其在涉及死刑判決的場合，有時會發生再審或改判。有些被告在等待審判時死於監禁。刑期未滿就被釋放的情形時常發生。然而，這些地方性審判的整體規模十分明瞭。據最權威的日本統計資料，總計五千七百人因「B級」或「C級」戰爭罪行被起訴。其中，最初被判死刑者九八四人；無期徒刑四七五人；有期徒刑二九四四人；無罪釋放一〇一八人。另有二七九人因為某種原因沒有宣判或者根本未進行審判。被判死刑者中有五十人在上訴時被減刑，多數是法國法庭實施的減刑。除蘇聯外，各國批准的死刑判決數依次遞減：荷蘭（二三六人）和英國（二二三人），其後是澳大利亞（一五三人）、中國（一四九人）、美國（一四〇人）、法國（二十六人），以及菲律賓（十七人）。按照一般公認的說法，

447

實際處以極刑的人數為九百二十人。[6]

許多被起訴者是軍官，有些職位還相對較高。然而，除了山下奉文和本間雅晴之外，他們很少為人所知。大多數被告是處於軍事命令系統末端的下級軍人，包括被徵募充當審訊人員和監獄看守的日本的各殖民地人。被起訴的嫌疑犯包括一七三名臺灣人和一四八名朝鮮人，其中超過四十人被處死。[7] 一些地方的審判涉案者為個人，而在另一些審判中，被告受到集體訴訟。最大規模的集體審判由澳大利亞法庭開庭審理，被告共九十三人。美國法庭集體審判了前日本帝國海軍軍官和士兵四十六人，其中四十一人被判死刑。在這些「BC級」戰犯的審判中，約有四分之三的被告因虐待俘虜被起訴。無論被指控的理由如何，這些嫌疑罪行無一例外地殘忍，而且經常是駭人聽聞。雖然有些嫌疑犯在審判之前已被羈押數年，然而一旦開庭，審判通常十分迅速。儘管存在不同語言間的障礙，這些審理通常只需兩天左右

一九四七年，關島，日本前海軍中將阿部孝壯在關島接受戰爭罪行審判。一九四五年到一九五〇年間，全亞洲地區近六千人因殘虐行為罪被起訴，在戰勝的同盟國(不包括蘇聯)軍事法庭受審。超過九百人被處以死刑。(Photo by © CORBIS/Corbis via Getty Images)

的時間。[8]

與此同時，蘇聯對在滿洲、朝鮮北部和庫頁島（薩哈林島）逮捕的日本人，實行了秘密的戰犯審判。其中，一九四九年十二月在哈巴羅夫斯克（Khabarovsk，伯力）進行的審判，包括十二名與「731部隊」相關的人員。「731部隊」曾在滿洲對三千名俘虜實施了致命的人體醫學試驗。此法庭議事錄於一九五〇年以英文出版。蘇聯有可能在迅速裁決後，將多達三千名日本人作為戰爭罪犯秘密處死。[9]在中國方面，十次正式的「同盟國」軍事審判，由當時飽受共產黨困擾的國民黨政權的法庭宣判了一四九名被告死刑。中國共產黨在戰時和戰後，對大約一千名日本俘虜進行了集中的「再教育」，並在日本戰敗十一年之後，對四十五名日本戰犯嫌疑人進行了審判。儘管他們全部被判刑，但是到一九六四年為止，最後一名戰犯也被遣返回了日本。[10]

展示性的審判——東京審判

在經歷了奪去數百萬日本軍人和平民生命的長期戰爭之後，遠在異國的這數千名戰爭犯罪嫌疑人的命運，起初並未引起日本國內多大的關注。儘管對日本人在各地犯下的暴行的披露，的確在一般公眾中留下了印象，但許多人將這些遙遠的、依照同盟國的正義進行的審判，視為無論戰時還是平時，權力底層的人不得不償還真正有權勢者的罪行的另一例證。當一切塵埃落定，顯然只有一小撮陸海軍軍官、極少數高級官僚為前線軍人犯下的恐怖罪行進行償還。實際上，根本沒有戰爭經濟的巨頭，也沒有在政治、學術和新聞界煽動民族的傲慢與狂信的軍國主義的理論指導者被包括在內。

勝利者將民眾對終極責任的關心，引入了「日本的紐倫堡」——對日本最高領導人的示範性的東京審判。儘管東京審判被證明只是紐倫堡審判陰暗曖昧的倒影，然而單純就數量而言，卻是給人留下深刻印象的事業。紐倫堡審判始於一九四五年十一月二十日，歷時約十個月。而東京審判經過數月的籌備期之後，於一九四六年五月三日開庭，歷時三十一個月。這種長期拖延的審判的必然結果，是民眾對於戰爭罪行與戰爭責任問題的日益厭倦。一九四八年十一月，在即將宣判之際，一家日本報紙發表評論，「老實說，普通公眾的興趣不在於訴訟的過程，而僅是關注判決結果這一點而已。」11

紐倫堡審判負責審理的法官四人，而東京審判則有十一人。在高峰時期，東京審判的檢察團有大約一百名檢察官，配備了一百多名同盟國人員和近二百名日本人組成的輔助團隊。在歷時四一七天的八一八次開庭中，法庭聽取了四一九位證人的證言，受理了另外七七九人的宣誓證詞和宣誓口述書，數量比紐倫堡審判大得多。在法庭的授權下，收集了數千份迄今為止仍屬機密的檔，提供了在其他情況下不可能彙集到的日本發動戰爭的決策記錄。此外還有數十份對前文職或

450

軍人領導者的審訊記錄。法庭採用證據四三三六項，合計篇幅三萬頁左右。法庭的審訊記錄，除證據與判決文書之外，篇幅達到四八二八八頁。正如加拿大外交官與歷史學家諾曼(E. H. Norman)所指出的：這次審判最永久的遺產，可能就是卷帙浩繁的寶貴檔案了。[12]

按照東京審判的規章，單純多數的裁決即足以判定有罪。事實上，當一九四八年末這些龐雜的審判程式終於完結之時，審判席發生了內部分裂。十一月四日到十一日間，由七位法官裁決的多數意見書的長文被當庭宣讀。五位法官提交了個別意見書但未被宣讀。一位是哈那尼拉法官，他雖然在多數意見的判決書上簽了名，但卻趁機提交了認定多項判決過於寬容的意見書。審判長韋伯法官的意見，雖然表面上與多數意見同調，但卻對審訊與判決的某些方面進行了激烈的批判。代表法國、印度與荷蘭的法官提交了反對意見書。印度法官拉達賓諾德·巴爾(Radhabinod Pal)提交的個別意見書，與長達一千二百頁的多數意見判決書篇幅相當。

經多數判決，日本的七名前領導人被判處絞刑。十六人被判處無期徒刑，另有兩人分別被判處有期徒刑二十年和七年。被判刑的「A級」戰犯中，有五人病死獄中，但其他人皆未服滿刑期。前外務大臣重光葵於一九五〇年被釋放，在占領結束後即重返政壇。餘下十二人在一九五四年至一九五六年間被假釋。一九五八年，當時仍然健在的十人，依據戰勝國協議被赦免。[13]

洛林法官與威洛比(Willoughby)少將的私下談話，揭示出這一「里程碑式的法律進展」的曖昧性質。儘管兩人個性對比鮮明，隨著審判進程的發展，理想主義的荷蘭法學家與警覺的、保守的

451

遠東國際軍事法庭審判官席，代表十一個戰勝國的法官們對「A級戰犯」被告實行裁決。（Photo by Carl Mydans/The LIFE Picture Collection/Getty Images）

總司令部諜報活動頭目卻成了朋友。他們經常在一起打網球。當洛林離開日本時，他去向威洛比辭行。儘管對判決有保留意見，並遞交了個別意見書（贊成對二十五名被告中的五人無罪釋放，卻支持對三名判處無期徒刑的被告執行死刑），洛林從未質疑過紐倫堡和東京審判的全部理念。自認是和平活動家的洛林，終其一生都對這兩次審判的全部目的和公正性保持「贊許的態度」。而威洛比則不然。他坦率地告訴朋友，「這次審判，是有史以來最大的偽善。」[14]

戰勝國陣營的其他人也贊同威洛比的觀點，儘管從來無法公開承認這一點。即使是決定將哪些日本高官作為戰犯逮捕的主要人物美國准將艾略特・索普（Elliott Thorpe），也私下將東京審判消極地解釋為

一九四八年十一月，東京審判中，被告們帶著耳機收聽宣讀的多數判決書的日語譯文。二十五位被告全體被判決有罪。其中七人，包括前首相東條英機（前排右起第二人），被宣判死刑並於翌月執行。（Photo by Carl Mydans/The LIFE Picture Collection/Getty Images）

「迷惑人的做法」。多年後他解釋說，他「做了揀選戰犯受審的工作——不是揀選獸性的惡者、傷害罪和殺人罪的罪犯，而是揀選政治性的戰爭罪犯，那些人被冠以令人嫌惡的名目，即利用戰爭作為國策之手段者。現在我仍然不相信那是正確的做法。我仍然認定那是一種事後法。那是在遊戲結束之後再制定的規則。我們是以他們利用戰爭作為國策的手段的理由，絞死了他們。」

如索普所見，「A級」戰犯審判根本上就是復仇的行動。（「我們想要以血還血，感謝上帝，讓我們得以復仇。」）然而，反對這些新的遊戲規則的真正原因在於，他們建立起了一種令人擔憂而非令人欽敬的先例。由此，將來任何曾經支持本國發動戰爭而失敗的身居高位者，都可能發現自己被勝利者追訴為戰爭罪犯。另一位曾經服務於占領軍的美國將軍後來寫道，他「多次前往法庭，每次離開時都強烈感到，審判一個在戰時為國家和政府遂行職責的人是錯誤的……我對此百分之百地反對。」他相信在他的美軍同僚中間，這種情緒是普遍的。[15]

私底下，並非只有職業軍人對這一展示性的審判持有深刻的懷疑態度。一九四八年三月，美國國務院的喬治·肯南（George Kennan）訪日，在他寫給美國國務院政策研究辦公室的絕密報告中，對此進行了辛辣甚至過於尖酸的評論。肯南評述說，戰犯審判從總體上「被當作國際司法的極致而得到讚賞。但是單憑這樣的事實證據：這些審判依照我們的司法概念在法律程式上完全正確，而且征服者史無前例地給予了被征服者公開答辯和為其軍事行動辯護的良機，並不能說明任何問題。」然後，他嚴厲批評東京審判「從一開始就被深深地誤解」。對敵方領導人的懲罰被「掩蓋其本質的司法程式的故弄玄虛所環繞」。無休止的拖延（「無盡的、屈辱的折磨」）使問題更加複雜。肯南將東京審判消解為「政治的審判……而非法律的」審判。在稍後與英方的會談中，肯南在審判「構想欠穩妥，心理不健全」這一觀點上，得到了英方的附和。[16]

453

到東京「A級」戰犯審判終結時，世界局勢已經發生了變化。戰勝的同盟國由於冷戰分崩離析；東京審判席上代表的各國之間正在發生內部衝突，並在亞洲的許多地區進行著殖民戰爭；美國的占領政策正逐漸偏離起初的「非軍事化與民主化」的理念。被起訴的日本前領導人，因試圖辯解他們的海外侵略行為的部分動機是由於對共產主義的恐懼而受到斥責；而當此辯解被壓制之時，美國卻致力於為在全球遏制共產主義而創建自身的國家安全保障體制。正如一位檢察方人員所言，由於「時事問題漸趨濃重的陰影」，東京審判很快變得黯然失色。到一九四八年，已經沒有人還相信，紐倫堡和東京審判能夠為建立國際法和正義的新秩序之上的和平世界提供什麼依據了。[17]

這種懷疑傾向，在兩起象徵性的不作為中表露無疑。儘管紐倫堡審判出版了全部四十二卷的雙語（英語與法語）法庭議事錄，東京審判卻從未有正式記錄刊行。就連詳盡概括檢察方主張的多數判決意見書，也不易讀到。全部審理記錄的速記筆錄被隨意分發，甚至沒有哪個同盟國的政府獲取了權威完整的資料。儘管日本政府收集有東京審判的資料，但並不輕易對公眾開放。實際上，審判記錄已被埋葬。[18]

同時，由美國人先導，戰勝國方面迅速轉向，表明同盟國不再關心先前戰爭的最終責任問題。曾被作為A級戰犯嫌疑人逮捕並監禁在巢鴨拘置所的人，要比實際接受審判的人多得多。當初的說法是，一旦最初的展示性審判結束，嫌疑犯們將被依次起訴。然而這樣的起訴從未發生。隨著時間的推移，監禁的嫌疑犯數量下降，主要是由於放棄起訴所致。一九四七年六月，拘禁人數為五十人。到東京審判結束時，拘禁人數減少到十九人。其中包括兩位影響力極大的右翼頭子兒玉譽士夫和笹川良一，還有精明毒辣的前官僚（後來的首相）岸信介。岸信介曾是傀儡滿洲國的經濟沙皇，在對他的指控中有一項，是對奴役成千上萬的中國人進行強制勞動負有罪責。一九四八年十二月二十四日，七名被告在巢鴨被處以絞刑的翌日，所有十九名剩餘嫌疑犯被釋放，理由是證據不足。不精通國際法之微妙解釋的普通人，未能精確理解司法正義在何處罷手而政治的反覆無常又始於何處，顯然是有情可原的。[19]

東京與紐倫堡

儘管日本的領導人明白，他們將為戰爭罪行負責，但他們絕不可能預見得到同盟國在這一方面的野心。波茨坦宣言並未表示，勝利者可以提出國際法的新規範。在這一點上，東京審判與改革主義的占領政策總體上看來十分相似，都是史無前例的新舉。即便是麥克阿瑟將軍，也吃驚於這一法律工程的規模與創新程度，覺得有些過分。他私下表示，他原以為東京審判是集中於突襲珍珠港罪行的簡短的軍事訴訟審判。[20]

紐倫堡審判的先例，使得日方根本不可能有所預見。儘管一九四五年六月，在德國投降一個月之後，勝利者們在歐洲苦心推敲出了對德戰爭罪行追訴政策的總體構架，但是直到八月八日，即蘇聯對日宣戰當天、廣島原子彈爆炸之後兩天、長崎原爆的前一天，確立審判納粹領導人基本原則的《紐倫堡國際軍事法庭章程》才得以發佈。日本方面根本沒有時間對此進行分析，而且他們

455

也無法預見到，明確為審判納粹領導人設置的原則，僅作最小限度的更改就將移用於日本。

事實上，同盟國明確他們處置日本戰犯的方針，花費了數月時間。一方面，多國委員會就此問題準備提議、美國各部局委員會醞釀內部提案，另一方面，日本人正由於戰爭罪行受到逮捕，最終方針一直沒有確定。十一月初，麥克阿瑟將軍簽署了一份簡略的備忘錄呈交華盛頓方面，抱怨儘管涉及納粹戰犯的定義「比較簡單」，而在日本卻「沒有這樣的明確界定」。[21]直到一九四五年末，任命約瑟夫·基南為首席檢察官一個月之後，華盛頓方面才通知他的同盟國，東京審判將「在適用於遠東戰區的前提下，沿用紐倫堡審判的模式。」麥克阿瑟將軍直到一九四六年一月十九日，才宣佈遠東國際軍事法庭的許可權和職責。同時他還發佈了《東京憲章》。這些與紐倫堡憲章相對應的指導方針，由美國檢察方人員與最高統帥部的法務部起草，僅在公佈之後徵求其他同盟國的意見，並於審判開庭之前稍加修正。[22]

四月二十九日，檢察方向東京法庭正式提出起訴書。依照法庭規則的規定，先前已經將起訴書依法向被告進行宣讀。儘管起訴書指控被告犯有「反和平罪、常規的戰爭罪行與反人道罪」等五十五項控罪，而且法庭照此審理達兩年之久。但是多數判決意見最終以不必要、多餘或僅僅不明確為由，駁回了其中四十五項指控，充分表明了審判的複雜與難以操控的程度。[23]

在紐倫堡和東京審判中，檢察方花費了相當的時間與技術進行論證，試圖在既存的國際法和條約中，為「反和平罪」與「反人道罪」確立先在的法律基礎。拋開這些論證不提，事實上沒有人否認這兩次審判開創先例的本質。《東京憲章》第五條規定東京審判管轄權的重要定義如下：

以下之一項或數項行為，在本法庭管轄範圍內屬犯罪，對此應負個人責任：

a. 反和平罪：即策劃、準備、開始或發動公開宣戰的或未經宣戰的侵略戰爭，或是違反國際法、條約、協定或誓約的戰爭，或是參與達成任何前述行為的共同計畫或共謀；

b. 常規的戰爭犯罪：即違反戰爭法規或慣例；

c. 反人道罪：即戰前或戰時犯有殺人、滅絕、奴役、驅逐和其他非人道的行為，或是任何基於政治或種族理由實施與之相關的迫害行為，無論是否違反所犯行為發生地的國內法，皆屬本法庭管轄範圍內的犯罪行為。參與規劃或施行共同計畫或共謀，以犯有任何上述罪行的領導者、組織者、煽動者和同謀者，為任何人在執行上述計畫中所犯有的一切行為負責。

對反和平罪的規定性論述，在起訴書的第一款中展開。此條款指控被告參與「共同計畫或共謀」，以確保「對東亞並太平洋及印度洋地區軍事的、政治的及經濟的支配」，而且為達成此目的向反對國家發動「侵略戰爭」。這種看似簡單明瞭的指控，是建立在三種大膽的前提之上的。第一，他假設在純粹的侵略戰爭與出於真正的擔心（卻被誤導）而進行防衛合法的國家利益的戰爭之間，存在明確的區分基準，而日本的戰爭都屬於前一類；第二，他假定為發動這樣的侵略戰爭，必有廣泛的、持續的「同謀」存在；第三，要求確立有效的法律機制與心理威懾，以防範將來「反和平罪」的發生。這一理想的核心是，他主張在國際法領域，個體的領導者為先前被視為國家行為的行動負個人責任。

儘管作為審判開頭的公訴（因襲波茨坦宣言的說法），起訴被告們已經著手征服世界的計畫，但是東京審判的多數判決意見，明確駁回了「同謀者曾經認真決議，企圖確保對南北美洲的控制」的觀點。然而多數判決書，的確認可檢察方擴大化的解釋意見，即日本的最高領導人早就參與了罪惡的「發動侵略戰爭的共同謀劃」，不是始於襲擊珍珠港的稍早之前（如麥克阿瑟所言）；也不是始於一九三七年，當日本發動大規模的侵華戰爭之時；甚至也不是始於一九三一年，當時日本借「九一八事變」，強占了中國的滿洲地區。被告人被起訴參與了上溯至一九二八年一月一日的共同謀劃，據檢察方申述，當時日本正開始著手占領亞洲大陸的計畫。[24]最終檢察方指控，在亞洲地區混亂和紛爭的這十八年間，被告的七五六項獨立行為構成了「反和平罪」。檢察方大量的時間與多數判決書的數百頁篇幅，皆用來詳細論述一九二八年至一九四五年間日本制定決策的秘密細節，論證事實上所有這些作為，的確與發動侵略戰爭的「共同計畫」相符。

儘管「反和平罪」得到了如此詳盡的考察，但是「反人道罪」，作為一個法律概念，卻沒有細緻地展開論述。「反人道罪」的概念是在紐倫堡審判中引入的，主要的目的，是同盟國以此懲罰納粹領導人廣為人知的大屠殺式的種族滅絕政策。與此相對照，東京審判的起訴書並未包含獨立

457

的「反人道罪」指控。在審判過程中，他們根本就是與「常規的戰爭犯罪」以及純粹的「殺人」罪關聯處理的。[25] 檢察方出示的日本人對戰爭俘虜和平民的暴行的證詞，其詳實程度通常令人毛骨悚然，並由此主張，這樣廣泛的、持續的、形態相近的殘暴行為，反映了最高領導層做出的、至少是容許的共同方針和計畫。在此，東京法庭起訴了《紐倫堡憲章》所不包含的一項指控：消極責任或曰替代責任，即忽略行為的罪責勝於實施行為的罪責。在法庭支持的指控當中，不僅有以命令或授權的形式直接參與的戰爭犯罪（第五十四項指控），而且有「故意或粗心大意無視其法律義務，未採取適當措施確保遵守和防止破壞」戰爭準則的犯罪行為（第五十五項指控）。[26]

其他方面的差別，也使東京審判與紐倫堡審判迥異。紐倫堡審判的四位首席審判官每位都有一名替補，而東京審判的十一位審判官並沒有替補。這導致在不少場合下，東京審判席常有人缺勤。在紐倫堡審判中，檢察團由代表四個戰勝國的四位「首席檢察官」率領，在起訴中有明確分工，各自負責。而東京審判中只有一位首席檢察官——約瑟夫．基南。儘管他由十位陪同檢察官輔佐，每位代表除美國之外參與審判的其他十個國家之一，但是美國人仍然近乎絕對地控制著檢察方針和策略。

紐倫堡審判中，英語、德語、法語和俄語四種語言同時並用。東京審判的基本工作語言是英語和日語，至少還需適應其他六種語言。溝通交流非常複雜。正如當時的日本刊物《每日年鑑》所言，「言語上的困難簡直無法與德國的審判相比較」，不僅動用了大量的筆譯和口譯人員，而且還

458

有語言監督官、協調官。在東京審判中根本不可能進行同步口譯，結果是證人和辯護團陳述的每一句話都需要停頓，以待翻譯完成。檢察團的不少人員估計，「當證人被詢問時，審判速度就會降到標準進度的五分之一。」27

據許多觀察者看來，東京審判和紐倫堡審判的主要差別，在於被告人及其被控罪行的性質不同。日本不存在與希特勒及其親信黨羽相當的領導人陰謀小集團。（事實上，在整個的所謂「共謀」過程中，裕仁天皇是日本唯一一個始終處於權力中心的人物。）日本也不存在像德國納粹（國社黨）及其下屬的罪惡機構，如蓋世太保和黨衛軍那樣的組織（在紐倫堡審判中，他們使得共謀的指控更具有說服力）。而且除了在東京審判中揭露出的對包括南京和馬尼拉大屠殺在內的恐怖暴行的反覆陳述，日本並沒有真正堪與德國匹敵的、有計劃地實行種族滅絕的行為。這種差異被巴爾法官所強調，他坦率宣稱「我們面前的這件被告案，無論如何都不能與希特勒的案子相比。」韋伯法官同意「德國人被指控的罪行比日本人的更為殘暴、更為多樣和廣泛。」28儘管被指控犯有極端兇殘的罪行，東京審判的被告們，也未能流露出納粹份子在被審訊時所散發出的那種令法庭全體窒息的惡魔般的氣息。

紐倫堡審判的二十二位被告中，三人被宣告無罪，十二人（其中一人缺席）被判處死刑。東京審判中沒有人被宣判無罪，二十五名被告中的二十三人被判參與了反和平的「全部共謀」而宣告有罪（第一項指控）。在七名被判死刑者中，對其中兩人的指控，包括授權或許可殘虐行為（第五十四項指控）與未能防止這種對戰爭準則的破壞（第五十五項指控）；其中三人因第五十四項指控獲罪。被告原日本陸軍大將松井石根，因怠忽職守未能防止麾下部隊在南京的大屠殺暴行，單獨以負有「消極責任」的理由被判死刑。對一般公眾而言，最令人吃驚和受衝擊的是對前外務大臣和首相廣田弘毅的死刑判決。他因三項指控被判有罪，包括參與全部共謀和未能防止在中國的暴行。廣田弘毅竟然是以十一名審判官中六人贊成的判決被送上了絞刑架。[29]

公眾在審判遠未結束之前，也許就已經厭煩了。但是當一九四八年十一月十二日陪審團裁決公佈之時，還是頗有值得議論之處的。其中包括完全始料未及的四份個別意見書的提出，他們皆以某種方式對法庭的審理和裁決提出了批判。關於這一點，紐倫堡審判可並無先例。儘管個別意見書並未在法庭上宣讀，但是他們的旨趣依然被媒體所關注。巴爾法官判決全體被告無罪，而洛林法官也判決五人（其中包括廣田弘毅）無罪。韋伯法官與法國的亨利・伯納德（Henri Bernard）法官認為不起訴天皇的決定對審判造成了損傷和危害。[30]

聯想到將裕仁作為和平擁護者強力推出的行動計畫正在展開，這種高層人士對天皇戰爭責任的喚起令人震驚。兩年來，全體A級戰犯被告人小心翼翼避免牽涉到他們的主君的努力，於瞬間坍塌。現在，韋伯法官和伯納德法官揭露出了他們這種提心吊膽的忠君行為並不得力。韋伯不同尋常地直接譴責「犯罪的領導者儘管可以到庭卻被免責」的事實。他評述，「天皇的權力使他必須對戰爭負責。假使他不希望開戰，他早就應當不予准許。」雖然如此，韋伯還是支持多數判決意見，儘管他的確不甚有說服力地建議，死刑判決也許可以複審減刑。[31]

460

伯納德法官認為審判程式如此不公而且技術缺陷嚴重，以至於他相信根本不可能下任何判決。他痛責日本人犯下的「可憎罪行」，承認至少有一些被告為這些罪行應該承擔重大的責任。然而，天皇的缺席對他來說是如此醒目的不公正，使他不可能對被告們進行宣判。日本的反和平罪行「有一位首要的發起人逃避了一切追訴。跟他相比，本案的被告無論如何只能算是共犯。」以「不一樣的標準」衡量天皇，不僅不利於對本案被告的訴訟，而且有損於國際司法的正義。[32]

這些意見令人不安，然而天皇與他的日本和美國跟班們，馬上著手平息這些言論。陪審團判決宣佈當日，天皇寫信給麥克阿瑟將軍，向他保證自己沒有退位的打算。[33]八天後，首席檢察官基南重申，將天皇當作戰犯審判是沒有根據的。十一月二十五日，新聞報導了頭一天發生的三起引人注目的事件：儘管有數個戰勝國的代表提出減刑請求，麥克阿瑟仍然對多數判決意見予以認可；基南得到了罕見的待遇，被邀請到日本皇宮與天皇共進私人午餐；面臨死刑的東條英機，發表了他被報紙稱之為「東條最後的告白」的絕命書。

這些事件合起來看，就是一幅令人印象深刻的三條屏。假使麥克阿瑟對有異議的死刑判決減刑的話，那他就是相信了韋伯的主張：作為「犯罪的領導者」，天皇應當被起訴。而這將是不可思議的。[34]天皇在他的忠臣們被判決之日，熱誠邀請首席檢察官赴宴，或許滋味不甚美妙，然而時光短暫。基南要離開日本了。兩人進行了三小時的私下會談，引得媒體禁不住猜測，天皇是想要表達對基南確認他無罪的謝意。

而東條英機呢？東條可不像他的主君那樣滿懷悔恨之情，並未像他的主君那樣屈服。他「最後的告白」，對日本未受挑釁、並非出於國家安全保障的合法考慮而走上戰爭之路的判決結果的根本前提提出了挑戰。據東條所言：「世界諸民族，絕不應當放棄發動自衛戰爭的權力。」[35]

東京審判的死刑判決向美國最高法院提起上訴，十二月二十日，美國最高法院裁定對此案無管轄權。三日後，七名受到死刑宣判的被告被執行絞刑。依據盟軍最高統帥部發佈的新聞稿，「他們身穿美國陸軍廢棄的作業服，摘除了所有的標記」。[36]他們臨終之際感到欣慰的是，他們至死都是保衛天皇的盾牌，而在他們身後則留下了無盡的爭議。

勝利者的審判及其批判

像紐倫堡審判一樣，東京審判集法律、政治和作秀於一身。與紐倫堡不同的是，正如洛林法官多年後指出的，他「是地道的美國表演」。這位荷蘭法學家評述說，「他就像是鴻篇巨製的戲劇作品，我當時並不這麼認為，而且我也沒有意識到，當時周圍竟有那麼多的『好萊塢式』的東西。」[37]

其他人的確看出了這一點。在有關東京審判開庭的報導中，《時代》雜誌對審判舞臺的佈置印象深刻：「黝暗的、胡桃木色調的鑲板，威嚴的講壇，為新聞界和電影攝影師準備的便利的看臺。強烈的弧光燈讓人聯想起好萊塢的首次公演。」燈光讓每個人眼花繚亂，甚至於簡直要令人失明，其強烈程度與其說是電影首演，或許不如說是電影拍攝現場。實際上，大多數時間審理程式都在被拍攝之中。日本人也談論「好萊塢水準的照明」，雖然比《時代》雜誌多了點嘲弄的意味。38

作為東京審判所在地的東京市谷區的這幢建築，傳達出了某種戲劇性的諷刺意味。作為日本的「西點軍校」——帝國陸軍士官學校原先的講堂，到終戰時這座建築正是日本陸軍省與參謀本部的臨時所在地。依照盟軍最高統帥的指令，日本政府花費了近一百萬日元的巨額經費對此建築進行了翻新：安裝了空調和中央供暖系統，設置了五百人的旁聽席，其中三百個座位預留給各同盟國的普通公民，餘者由日本人使用。

旁聽席的視線對著一個廣闊的區域：其中一側是被告席，另一側是審判官席，而由各職能人員如法庭職員、翻譯官、檢察官以及為每位被告指定的辯護律師組成的隊伍，則占據他們前方的席位。通常頭戴白盔的美國憲兵，檢查人員出入並擔任警戒。他們偉岸的身姿俯視著被告，展示出強勢者與失敗者對比鮮明的構圖，提供了難以抗拒的拍照良機。通過舞臺佈局的設計，被告們被充分矮小化了。這些站在被告席上身形瘦小的上了年紀的人，和他們被控犯有的彌天大罪之間的關係，有時看起來近乎超現實（這一點與占領中的其他事件是如此相象）。

被告們不僅可以有日本辯護律師，而且還在他們自己遲來的要求下，獲准配備了美國辯護律師。美國的辯護律師於五月中旬審判開始前不久到任。一個月後審判剛剛開庭，六位美國律師包括首席辯護律師在內，以對本案準備時間不足為由突然辭職。其他堅持到底的律師們，最終為他們的當事人辯護得相當出色。一旦考慮到當時的情感傾向於立即處決這些「主要犯罪人」時，被告們獲得的辯護機會真是令人驚歎。與紐倫堡的先例不同，東京憲章沒有禁止被告方對審判表示異議，而在兩位傑出的日本律師高柳賢三和清瀨一郎的率領下，被告利用這一點質疑了審判的合法性以及起訴書中最基本的罪狀的有效性。儘管可以預見到這些異議皆被駁回，但是被告方律師的論證，仍然是此後對「勝利者的審判」進行批判的基礎。隨後，在檢察方花費約七個月的時間對本案提起訴訟之後，辯方得到了更多的時間（包括在法庭上的一八七天）予以回應。[39]

指派美國律師反映出審判頗具爭議的一個方面：他是以英美式的審判程式為準則，而非以培養大多數日本法律專家的歐陸傳統的法理體系為基礎。審判使用的基本語言是英語，而且十一位首席審判官中的七位，包括審判長本人基本上都是英美法實踐的專家。這種狀況使日本辯護律師處於極其不利的地位。[40]起訴書中一項醒目的美國化表現是，檢察方陳述的核心概念「共謀」。大約在一九四四年末，陸軍部長斯廷森及其副手們得出結論，在戰爭罪行的罪狀中加入共謀一項，將有利於像對納粹組織的下級成員一樣，對納粹領導人進行迅速有效的追訴。從那時起，法學家與歷史學家們就一直對此爭論不休。[41]無論共謀的說法在納粹案中如何正當，但是他在解釋日本

463

帝國為何及如何走向戰爭時，卻是十分不自然的根據。巴爾法官舉出無數看似真實的例證，證實日本領導人對他們所認為的國家安全威脅，採取的是當機立斷的決定。關於這一點，後來的研究者普遍支持巴爾的懷疑態度。聲稱法庭所提供的記錄資料揭示出為發動侵略戰爭進行了十八年的「共同謀劃」，更像是宣傳而不是認真嚴肅的歷史分析。[42]

對共謀的指控更有技術含量的批駁是，在一九四五年之前的國際法中這一罪名並不存在。韋伯法官在其個別意見書中對此有明確表述。他評述說，「國際法，與多個國家的國內法不同，並未確切包括單純的共謀罪……同樣，戰爭的法規和慣例也未將單純的共謀列為罪行。」韋伯承認，主張國際法應當將共同謀劃重大的國際違法行為定為犯罪，是完全正當合理的。然而，這樣的主張並不能改變事實，東京審判「無權基於英美概念制定單純的共謀罪；也無權基於各國的國內法所認定的共謀罪的共同特徵而創設此項罪行。」按照韋伯的說法，如果這樣做，「無異於法庭行使立法權」。[43] 儘管如此，東京法庭仍然批准了作為起訴書第一項提出的共謀罪指控。

僅通過提出「法庭立法」的問題，韋伯就含蓄地質疑了確立戰後新的國際法秩序的設想。試圖創設所謂的「反和平罪」，造成了可怕的自相矛盾的困境：如果對納粹和日本領導人的審判確屬先例的話，那豈不意味著這些領導人被指控的罪行並未事先在國際法中得到確立？如何才能像洛林法官在他的個別意見書中開篇所言，合法地讓被告「對世界歷史中的特定事件、對這次戰爭之前幾乎不為人所知的罪狀」擔負起罪責？一項為所有參與審判者所熟知的神聖原則成了問題：「無法可依則不能定罪，無法可依則不可處罰。」(*nullum crimen sine lege, nulla poena sine lege*)[44]

有時檢察方也承認這是一項先驅性的議程。在其開篇陳述中，首席檢察官約瑟夫・基南坦承，在國際法下由個人承擔國家行為的罪責方面，審判「尚屬先例」。[45]但是更廣泛而言，如同紐倫堡審判，檢察方不過是試圖在起訴書中對既存法律和條約中內在的概念與責任義務進行大膽的重新表述。據稱，禁止「侵略戰爭」，已經在一九二八年的凱洛格—白里安公約(Kellogg-Briand Pact)中確立，當時日本也是締約國之一。此外，正如基南在其開篇陳述中所言，「被告的不法行為，其結果是對人的生命的不法或不當的奪取，構成了最古老的犯罪——殺人，而且我們要求給予的，是與這些不法行為相應的處罰。」[46]

被告方的初始抗辯，重點放在了「追訴的」或「事後法的」犯罪問題上。辯方主張，「侵略戰爭本身並不違法，而且一九二八年巴黎和會宣佈放棄戰爭作為國家政策的手段，既沒有擴大戰爭犯罪的內涵，也沒有將戰爭等同於犯罪。」可以想見，辯方還質疑了讓領導者個人承擔國家行為的罪責的合法性。其抗辯聲稱，「戰爭是國家行為，對此國際法中不存在個人責任。」由此可以斷定，《東京憲章》的規定是「『事後』立法，從而不合法」。這些可不是無關緊要的議論。巴爾法官的反對意見書中相當部分，即關乎對既存的國際法與國家主權以及國內法的界限的嚴密解釋。要言之，他斷定在這一點上被告方是正確的。被告是因軸心國戰敗之前國際法上並不存在的「罪行」而受審。[47]

464

東京審判在其他問題上也頗易受到批判。在決定誰將作為「A級」戰犯被起訴時，包含了一定的政治的任意性。（在檢察方的開篇陳述中，約瑟夫．基南本人令人吃驚地坦率承認，「我們對任何個人及其處罰並沒有特別的興趣。被告在某種意義上只是一個階級或集團的代表。」）即使依照這是啟示性或展示性的審判、「代表性的」領導者該為他們的戰爭責任負責的觀點來看，某些集團及其罪行的缺席仍然十分顯著：沒有令人膽寒的憲兵隊頭目被起訴；沒有極端民族主義的秘密團體的領導人被起訴；也沒有因侵略中飽私囊並密切參與鋪平「戰爭之路」的實業家被起訴。[48] 對日本殖民地的朝鮮人和臺灣人的強制動員，並未作為反人道罪行被追訴；同樣未被追訴的，還有驅集成千上萬名非日籍年輕女子並且強迫她們當「慰安婦」，為帝國軍隊提供性服務。控制檢察團的美國人，還決定對一個罪惡昭彰的日本集團秘密准予全面免責。這一集團就是在「滿洲」對數千名俘虜實行致命的人體試驗的731部隊的軍官和科學研究者。（他們被免於起訴的交換條件，是與美國人共用其研究成果。）檢察方也沒有認真追究有關日本在中國使用化學武器的證據。[49]

東京審判對審判官人選的選拔，顯然有些異想天開，至少是相當隨意。最敏銳犀利且令人印象深刻的兩位審判官是洛林和巴爾，他們是兩份主要的反對意見判決書的出具者。東京審判的十一位審判官，無一堪稱國際法方面的專家。最初任命的美國審判官在聽說自己的資歷被輕視之後，於一九四六年七月倉皇離去。他的繼任者乏善可陳。蘇聯審判官，先前是列寧領導下的司法長官，曾參與二十世紀三〇年代中期史達林主義的偽審判。他不懂東京審判的任何一種基本的工

465

作語言。（據說，他只懂兩個英文單詞「Bottoms up !」〔乾杯!〕）法國審判官在兩次大戰之間在西非為殖民地統治服務，據洛林所言，他也不懂英語。中國審判官是在美國接受的教育，曾出版過有關憲法的著作，但此前並沒有做法官的經驗。菲律賓法官是巴丹死亡行軍的倖存者，如果是在常規法庭，他根本就不具備做法官的資格。審判長先前曾在新幾內亞的澳大利亞軍事法庭參與過對日本人戰爭犯罪的起訴。被告方對後兩位審判官資格的質疑遭到了法庭的駁回。[50]

巴爾與哈那尼拉兩位審判官在最後時刻才被任命，而在被任命之前他們都明白自己被指望做出何種判決。他們就是相互間的鏡子，都是做擺設的「亞洲人」。[51]在審判過程中，巴爾和韋伯兩位審判官對部分審理顯著缺席。然而，審判席的行動中最令人吃驚的事實是，十一位法官從未全體集會認真商討最終的判決，以及應當如何論證和提出判決。取而代之的是，正如洛林所描述的那樣，只有七位法官「內部決定起草判決文書……他們七位組織起草，並將既成事實的結果擺在其他四人面前。」[52]

關於審判是否「公正」的意見分歧，反映出對軍事法庭適當程式認識的不一致。即便是美國陸軍部長斯廷森也從未料想到，東京法庭會以一般法庭乃至是軍法會議現行的一切訴訟程式的規則和保障來執行審判。採用軍事法庭或「軍事委員會」的手法，正是因為他許可檢察方運用在其他審判場合所不允許的程式，尤其是當涉及對可取證據與不可取證據的裁奪之時。[53]

在當時的時代背景下，這看起來全然合理。本來，勝利者有一切理由料想，敵人會試圖毀壞或偽造證據，事實也的確如此。[54]勝利者還害怕被告有可能企圖利用審判作為其宣傳的講壇，重申其行為的正當性。為防止這一點，對他們以自我辯護之名可能提出的證言或「證據」進行限制，被認為是有必要的。《東京憲章》明確宣佈，「法庭將不受有關證據的技術規則之約束。本法庭將最大限度地採取和應用迅速且非技術性的程式，受理任何本庭認為具有證明價值的證據。」戰爭罪犯審判不是民事訴訟程式，而且憲章的起草者顯然並不對這些「主要犯罪人」被告實行無罪推定。

事實證明，使用勝利者界定的寬鬆的證據規則，為審判的任意性和不公正性開了方便之門。法庭允許檢察方引入可能會被更嚴格的聽證駁回的材料，包括傳聞、日記摘錄、未宣誓證言、丟失原件的檔副本以及無法出庭接受訊問之人的供述。有一次，韋伯法官對不受「關於證據的技術規則」限制之意味的說法近乎嘲諷。他解釋說，無法預測每天什麼證據會被採納，因為無法預測每天哪些法官會出現在審判席上。這位審判長評述說，「有時我們有十一位成員，而有時我們只有七個人。而你不可能預料，對於任何特定證據是否具有證明價值，七位法官的裁定都跟十一位法官的裁定一樣……你無法確定法庭對於任何特定證據將如何裁定。」[55]

然而可以確定的是，檢察方比被告方掌握的資源大得多，而且在任何爭議中，檢方通常可以指望審判官有所偏袒。[56]例如，在以英語作為基本語言對日本被告進行的審理中，擁有能幹的翻譯至關重要。據一項統計，審判開始之初，檢察方有一〇二名翻譯供其差遣，而被告方僅有三名翻譯。[57]檢察方在很大程度上握有對日語檔翻譯提交的決定權，而且僅在特別的要求之下，這些譯件才會被檢查。據洛林法官回憶，有一次，一份譯文看上去有些奇怪，經重新核對證明是翻譯有誤。當他要求將正確文本存檔時，卻被以重新打開檔案太麻煩為由拒絕。被告的證言完全是通過翻譯向審判官傳達，而譯成英語後往往比原有陳述更為隱秘難懂。沒有人認為翻譯和口譯是有意歪曲或是根本錯誤，但是勝利者一方也無人費心思量，依據辭不達意的譯文來進行裁決（而且其中七人還是死刑判決）到底意味著什麼。[58]

正如韋伯法官和伯納德法官在他們的意見書中所強調，關於證據的最公然的操縱，莫過於檢察方一心一意開脫天皇的舉動。法庭的顯著特徵是，除了天皇本人缺席而且被小心翼翼地避免提及之外，其證言亦告闕如。[59]操縱「勝者的證據」以挽救天皇的做法，使紐倫堡審判甘拜下風，即便天皇的證言可能對某些被告有利，這種做法在東京審判中也並未受到辯護方的反對。[60]相反，從被監禁之刻起，被告們就在獄中緊密聯絡，決計盡其所能保護天皇，正如前外交官重光葵所言，「為日本民族的將來」。一九四六年六月十八日，當基南宣佈天皇將不會受審之時，巢鴨監獄內天皇的忠臣們毫不掩飾地哭了。重光葵寫了一首賀詩，大意是因為他的主君是神，因而不可能被敵人所傷害。曾經盡力向基南和檢方工作人員開脫天皇的木戶幸一，欣喜地表示「至此，我的使命完成了。」[61]

事實上，被告們的忠君使命尚未完成。此後數年間，辯方和檢方共同致力於使天皇保持隱形。辯護方的警惕性僅有一次出現疏忽：一九四七年十二月三十一日，當時東條英機坦率證實，對於他或是任何臣民來說，採取與天皇意向相反的行動都是不可想像的。為回應這一坦誠然而危害甚大的無心之過，基南立即通過天皇的近臣安排，與在獄中的木戶幸一進行接觸，並敦促他通告其他被告同僚，儘早糾正有可能牽連天皇獲罪的證言。其他中間人也被派上了用場。東條英機自是樂於聽命。一周之後，在法庭上機會終於來了。一月六日，在接受基南訊問的過程中，東條英機撤回了他先前的發言。62

儘管被告們樂於串通起來、達成默契保護天皇，法庭仍然採取其他措施，以防與被告意願有悖的證言出現。辯方不被准許追溯大多數被告認為對案情至關重要的某些推理路線，因為在勝利者和法庭看來，這些主張只是「宣傳」。任何被告都從未接受他們曾經陰謀策劃十八年發動「侵略戰爭」的指控。相反，他們始終全心全意地相信，他們的政策儘管結果是災難性的，但動機卻是對日本在亞洲大陸的根本權益的合法關注。在被告席上的人們看來，他們的國家安全被一系列真正令人擔憂的事態發展所危及：中國的政治動亂和經濟上的極端抵制日貨；蘇聯領導下的共產主義叛亂和顛覆活動；美國和歐洲的保護主義貿易政策；獨裁的「集團經濟」的世界性趨勢以及珍珠港襲擊之前數月強迫性的西方經濟政策。這些利害關係不可能不提，但法庭卻不准許辯方詳細展開論述。譬如，戰時泛亞主義宣傳，歸根結底是由於日本及亞洲面臨歐美帝國主義「白禍」（White Peril）。當然，被告也不得引入證言或證據，以期展示勝利者也有與被告所控「罪行」相當的行為，比如撕毀條約或是違反戰爭準則。[63]

阻攔被告的這些抗辯，是與斯廷森的合理願望完全一致的：處罰戰爭犯罪要嚴厲，而且不許將審判蛻變為被告進行宣傳的講臺。依據紐倫堡審判的先例，這是與《東京憲章》授予法庭可取「證據」的裁奪權完全一致的。帶著隨之而來的一切荒謬成分，東京審判成為了占領期檢閱制度的總體方針在司法方面的相應表現。東京審判開庭之前，溫斯頓·邱吉爾早已公然抨擊在歐洲豎起「鐵幕」。東京審判還未進行到中途，美國業已引入其反共產主義的馬歇爾計畫。東京的審判程式接近尾聲時，其代表還坐在審判席上的中國國民黨政權正逃向臺灣，而美國的政客們正處在即將「失去」中國的近乎歇斯底里的恐慌之中。儘管處在共產主義與反共力量全球對決與日俱增的氛圍之中，往日的二戰「同盟國」仍然坐在東京的審判席上，拒絕被告們抗辯他們對亞洲大陸政策的動機，在很大程度上是出於對中國的混亂和共產主義的擔憂。[64]

在意識形態上，這種極其複雜的事態，使毫不相干的人結成了奇特的同盟軍。由此，反動保守的威洛比(Willoughby)將軍與印度民族主義者巴爾法官，都認識到了審判的虛偽性。他們兩位共有的對東京審判的蔑視是出於其反共思想，儘管事實上，蘇聯法官就安詳地端坐在審判席上。[65]這僅是勝利者審判的變態之一端。

469

種族、權力與無力

儘管善意的說法是建立國際秩序而不使侵略逍遙法外，但是東京審判自身的司法程式，仍然反映出被種族與權力左右的嚴酷現實所歪曲的世界。這一點在法庭組成的「國際」性質上一目了然。儘管日本侵略和占領的全是亞洲國家，儘管日本劫掠的後果致使亞洲人民死傷無數，但是十一位審判官中僅有三人來自亞洲。即便如此也已然超出了勝利者原先的預計。起初的預想是九位審判官，其中只有一位亞洲人，即中國代表。追加巴爾和哈那尼拉兩位審判官是他們本國運動的結果。東京審判基本上是白人的審判。66

勉強追加兩位亞洲審判官，反映了特殊的殖民狀況。菲律賓，自一八九八年起成為美國殖民地，被允諾於一九四六年獨立。印度，長期以來是大英帝國皇冠上的明珠，將於一九四七年獲得獨立。在東京審判初期，巴爾法官實際上代表的是一個仍然未獲得自由的國家。印尼人則沒有那麼受關照，儘管在日本人占領「荷蘭的東印度」之後，他們可能有多達一百萬人死於殘酷統治下的強迫勞動。荷蘭大致上在東京審判中代表印尼。在日本人手中飽受苦難的越南、馬來亞和緬甸的亞洲人民也沒有自己的代表。法國在名義上代表「印度支那」發言。理論上，英國人也同樣代表緬甸、馬來亞人民和他們在香港的殖民地居民。

尤其違背常理的是，沒有朝鮮人出任審判官或檢察官，儘管數十萬被殖民的朝鮮人被日本的戰爭機器所殘害。他們充當「慰安婦」、在日本最繁重艱苦的礦井和重工業部門被迫做苦工、或被強迫成為日本軍隊中的下級徵募兵。朝鮮當時並非真正的主權國家，也不清楚何時才能成為主權國家。在東京審判期間，朝鮮人，這些日本先前的殖民地臣民，其國家仍然處於被外來的美國和蘇聯分割占領的狀態。他們不被獲准審判他們原先的統治者和壓迫者，或是參與準備對他們的起訴。

朝鮮人的境遇，以自身的方式，如實反映出東京勝者審判嚴重的反常狀態。他喚起了對以下事實的注意：亞洲近代的戰爭，並非發生於自由獨立的國家之間，而是發生在由不同的殖民宗主國瓜分的版圖上。殖民主義與更為普遍的帝國主義劃分了二十世紀的亞洲疆域，而身處其中的日本卻被控告謀劃發動侵略戰爭。日本的殖民地與新的殖民領地（臺灣、朝鮮與滿洲），與如今坐在審判席上的四大列強：英國、法國、荷蘭和美國在亞洲的海外領土並存。而中國，雖然名義上是獨立的主權國家，卻被日本、歐洲和美國的「特殊權益」所瓜分，甚至直到戰爭臨近結束，仍然沒有正式擺脫與美國的「不平等條約」。

東京審判通過無視殖民主義和帝國主義的世界與追訴反和平和人道罪的正義理想之間的矛盾的方式，使這一衝突得到了根本解決。日本的侵略，被作為沒有肇發事端、沒有對比、而且幾乎完全沒有背景的罪行提出。有時檢察方看起來，對大多數人所瞭解的亞洲甚至毫無所知。在其開篇陳述中，首席檢察官基南竟然聲稱，日本人曾經「決心毀壞民主及其根本——自由，也就是

471

對人性的尊重，他們決意根除民有、民治、民享的政治制度，而以他們所謂的『新秩序』取而代之。」[67]

這是美國人的輕浮說法，只會令戰勝國陣營中更多的有識之士感到厭煩。然而對巴爾法官而言，他突顯出構成審判的基礎的雙重標準。巴爾在提及日本占領滿洲時說，「這使我們回想起作為本審判追訴國的西方列強，他們在包括中國在內的東半球所主張的大多數權益，都是依靠這樣的侵略手段獲得的」，正如日本人被指控使用的侵略手段一樣。他還將歐美帝國主義和殖民主義的粉飾之辭與日本聯繫起來，造成奇特的變形效果，他充滿譏諷地評論：「對於一個我們不喜歡的國家的擴張政策，我們可以拒絕稱之為『上天的使命』、『保護重大權益』、『國家的榮譽』，或是依據『白人的責任』的說法造出個新名目來稱呼他，而是簡單明瞭地將其命名為『侵略擴張』」。[68]

印度審判官顯然十分快意於指出勝利者審判的偽善。例如，他詳細引述了英國權威的皇家國際事務研究所（Royal Institute of International Affairs）關於日本幾乎是以「學究式的精確性」效仿歐洲帝國主義先例的說法。同樣，在討論一九三四年日本宣稱在中國擁有特殊權益的《天羽聲明》時，巴爾評論說，這種對國家利益的定義「在美國奉行門羅主義的行為中，可以找到明確的先例。」[69]檢察方企圖指控日本人陰謀通過教育體系強化「種族的優越性」意識，在巴爾看來也不以為然，因為這並不能作為日本人獨有的罪行被譴責。在這一問題上，他的態度悲哀而非嘲諷。他引用歷史學家阿諾德・湯因比（Arnold Toynbee）關於「種族情感」是現代西方社會基礎之一的論述，指出了日本人和其他亞洲人近年來在白人列強手中遭受的歧視。不過，最終他還是將種族優越感的灌輸，視為「自人類歷史的發端起，就是陰謀者手中危險的武器。」[70]

儘管巴爾法官的反對意見書直到一九五二年占領期結束才有日譯本出現，但他讓許多日本人產生了深刻的共鳴。[71] 巴爾並未寬宥日本的行為，而且大多數日本人事後也未容忍這樣的罪行。但是除了坦承對「常規」戰爭犯罪與暴行的厭憎、除了感歎戰爭的愚蠢之外，許多日本人，就像這位印度法官一樣，發現很難將他們自己國家的行為看作是獨特的現象。毫不奇怪，他們比勝利者更傾向於將戰爭看作是不穩定的帝國主義世界中強權政治的表現。

無力者終究無能為力，或者至少，勝利的「列強」們會讓他們保持無力的現狀。這一點不僅在朝鮮，而且在近些年來曾被日本占領的東南亞都顯而易見。在東南亞，歐洲的諸戰勝國正忙於重新控制其舊殖民地的軍事行動。基南在開篇陳述中譴責日本人推翻了亞洲人民「民有、民治、民享政治」的拙劣昏聵，不僅在於事實上這種政治從未存在於舊時的歐美統治之下，而且在於當時的事實是，法國人正奮力奪回印度支那、荷蘭人攫取印尼以及英國人爭奪馬來亞的事實。沒有哪位美國的首席檢察官打算論證，這些血腥的侵略構成了反和平與反人道罪，尤其是既然美國政府一直在扶持這些老牌帝國主義的苟延殘喘。

按照日本人的觀點，蘇聯出現在審判席上，構成了勝者的審判極端惡劣的一面。畢竟，蘇聯並非完全是和平與正義的典範（儘管許多左翼人士對此有不同認識）。說到底，蘇聯犯有最拙劣的偽善罪行。

日本被控違反莊嚴的條約承諾，但蘇聯有資格坐上東京的審判席，完全是由於在戰爭的最後一個星期，他無視與日本訂立的雙邊中立協定。而且儘管東京審判最令人痛心的披露是，日本人對平民與俘虜的殘虐行為，但是蘇聯紅軍在中國東北對平民普遍的虐待行為則廣為人知。此外，在整個審判期間，數十萬日本俘虜仍然在蘇聯手上，他們的景況並不為人所知。事實將會表明，死於蘇聯之手的日本俘虜的數量，要遠遠大於作為日本的俘虜而悲慘死去的美國和英聯邦國家戰俘的數量。

對美國人最為不利的是，意料之中的譴責審判的雙重標準的理由，就是美國對日本多個城市的恐怖轟炸，尤其是使用原子彈，也構成了反人道的罪行。巴爾審判官對此進行的論證，在他本人來說也是異常辛辣。他先是提到了一戰期間德意志皇帝威廉二世（Wilhelm II）寫給哈布斯堡王朝（Hapsburg）奧匈帝國皇帝弗朗茨·約瑟夫（Franz Joseph）的惡名昭著的信件（一切都要燒殺淨盡；男人、女人、孩童和老人都必須被屠殺，一棵樹或是一座房子也不留」），然後將下面這段話加入了他的反對意見書中：

在我們的考察之下，如果說太平洋戰爭中有任何事情近似德國皇帝在上述書簡中所言，那就是來自同盟國使用原子彈的決定。後世將會對這一可怕的決定做出判決。歷史將判定世人反抗使用這一新式武器的情感爆發是否喪失理性或是感情用事；通過如此不分青紅皂白的殺戮粉碎全體國民繼續戰鬥的意志以贏得勝利是否合法……據此足以說明本法官現在的目的，即如果任何無差別地損毀平民的生

473

命和財產在戰爭中仍屬違法的話，那麼在太平洋戰爭中，使用原子彈的決定，是唯一近似德國皇帝在一戰中及納粹領導人在二戰中的指令的指示。而本案被告所為絕無可與之相提並論者。

哈那尼拉審判官在其個別意見書中強烈反對這種主張。他寫道，「如果手段是由目的決定其正當性，則使用原子彈是正當的。因為他使日本屈服並終止了可怕的戰爭。假使戰爭繼續，不使用原子彈，還會有多少千千萬萬的無助男女和兒童白白送死和受苦？還將會造成多少幾乎無法挽回的破壞和毀滅？」巴爾和哈那尼拉的意見加起來，涵蓋了此後數十年間有關使用原子彈的論爭的基本要素。[72]

巴爾的意見是異常嚴厲的譴責，因為這等於說，在亞洲的戰爭中，唯一可與納粹暴行匹敵的行為是由美國領導人犯下的。其他法官的意見沒有達到如此深入程度，但是洛林法官也認為，以原子彈爆炸為頂點的空襲，違反了戰爭法。洛林推斷，許多日本人也有同感。他回想起與研究者們的接觸，「他們問的第一件事總是：『當同盟國轟炸了所有的日本城市，有時，比如在東京，一夜之間造成十萬人死亡，而對廣島和長崎的破壞更是登峰造極時，你在道義上有資格坐在裁決日本領導人的審判席上麼？這些都是戰爭犯罪』」。[73]

勝利者的偽善將很快成為新民族主義者的重要思路，而巴爾的反對意見成了「東京審判史觀」批判者時常翻弄的金科玉律。在共同的反共事業中，美國政府不久即接納了許多往昔的戰犯。

此處僅舉三例，重光葵和右翼教父兒玉譽士夫是在占領期間復出，岸信介則出任了一九五七至一九六〇年的首相。這為否定東京審判的裁決，更渲染了兩國關係反覆複雜的色調。[74]

然而，對許多日本人而言，罪行被審判所暴露，也帶來了對瘋狂的暴力世界的認知以及對此種反和平與反人道的罪行並非日本所獨有的領悟，增強了隨戰敗而來的對窮兵黷武和戰爭的深刻厭惡。那些持有如此立場的人對審判的嘲諷，與新民族主義者們的認識又有不同。正如一位左翼知識份子在占領結束不久寫道，以歷史上最偉大的「革命性審判」開場的東京審判，結局卻變成了對正義的「諷刺性漫畫」。他成了徹頭徹尾的「技術性的審判」，蛻變成了對二十多個被告人的報復行為，這一失敗與美國人推行徹底的民主革命的大失敗是分不開的。他詫異於「很少有人可以從中找出真正的行為準則。」然而，他又補充說，這並非意味著和平與正義的理想現在無關緊要。相反，現在珍視他們更加重要，因為這次審判恰恰表明了和平與正義是多麼的脆弱。[75]當然，只有在新憲法「放棄戰爭」的規定中，這些理想才能夠得到珍視。

敗者的審判：指名

日本人本身就是被排除參與戰犯起訴的亞洲民族之一。同盟國對此有清晰的邏輯：被告無權裁判自身，只能進行辯護。當然，前提是假定事實上所有的日本人都對戰爭多少負有一些責任，從而不能相信他們能夠嚴正地追究其同胞的戰爭責任。在當時群情激憤的氛圍中，這種推理是可以理解的。尤其是事實上，除少數共產主義者之外，在日本的確缺乏對戰爭體制的真正抵抗。儘管如此，在對戰犯的調查和起訴中，拒絕日本人擔當任何的正式角色，仍然可能是欠缺遠見的行為。

在此我們進入了對歷史假定性的危險討論。儘管在這種情形下，我們至少可以求助於當時事件的一些參與者，他們的確考慮過讓日本人在起訴戰犯的過程中擔當更為積極的角色。日本人的正式參與——乃至在審判席上占有一席之地（至少這是洛林法官曾經考慮過的，儘管只是在事後）——可以消除一些勝者審判的印記。[76]他還有助於滲透日本民眾的意識，即日本人比任何人都更需要承擔他們的罪責。未能推進這一做法，與占領當局不能認識到他們的專權獨斷可能取得反效果的更大敗筆不無關係。

戰敗之後，積極揭露國家的戰爭罪行的活動，得到了日本民間的強大支持。早在一九四五年九月中旬，震驚於日本軍隊所犯暴行的披露，《朝日新聞》等報紙倡議，日本人應當收集自己的戰犯嫌疑者名單。既然這些名單有可能比同盟國提出的要長，那麼還可以執行日本人自己的審判。[77]許多讀者都強烈贊成。到十月中旬，檢舉「戰爭責任者」的來函數量急遽上升，不僅檢舉軍閥，還包括官僚、員警與大企業和金融機構的領導人。《朝日新聞》的編輯對如此之多的日本人敦促懲

475

治自己的戰犯表示驚訝。早在近衛文麿公爵與內大臣木戶幸一被逮捕之前，《朝日新聞》就發表社論表示，像他們這樣的文官，而不只是所謂的軍閥，都應當在起訴之列。十二月初，當同盟國公佈的主要戰犯嫌疑人名單達到二一八人時，《朝日新聞》最具人氣的專欄《天聲人語》認為，這一數字還差得太遠。[78]十二月中旬，美國國務院駐東京代表喬治·艾哲遜（George Atcheson）的秘密報告書中，記錄了這一動向。艾哲遜在拍給華盛頓的電報中說，「日本國民的普遍心態，是將戰爭責任強烈地歸罪於主要嫌疑人。戰敗帶來的痛苦以及對日本不應該發動侵略戰爭的明顯提高的認識，使他們對日本的領導者產生了強烈的憤恨。」[79]

這種情緒得到了政治左翼的普遍贊同。馬克思主義者和共產主義者欣然同意對日本的「侵略戰爭」至少要追溯到一九三一年的「滿洲事變」（九·一八事變），而在投降後初期，他們呼籲「人民」在社會各階層開展清查戰爭罪犯及其合作者的活動。儘管對人民審判的宣導並沒有成為共產黨綱領的一部分，但是細川嘉六等傑出的左翼知識份子，最早考慮推進「由日本國民自身審判和懲處戰爭責任者。」（細川嘉六竟然是在因思想罪入獄、等待盟軍勝利者解放之時，預見到了這一點。）東京審判前夜，一些日本人在告誡將這一審判拱手讓給同盟國方面確實取得了成功，他們強烈要求這一審判「也應當由日本人民親手進行」。而另一些人在將此消息公佈出去時卻不那麼成功。一九四六年十二月，在一次公開的研討會上，法學家戒能通孝批判東京審判將反對戰爭的日本人排除於檢察團和審判團之外，結果發現他的演講在送交出版社後被盟軍司令部的檢閱官全文查禁。一九四八年，當審判漸近尾聲，一些進步的知識份子重新提倡「人民法庭」和日本人的審判，到此時卻發現無論如何再也喚不起公眾的關注。80

政治立場的另一翼，日本政府也在考慮實施審判。儘管從未有過使勝利者接受的可能性，然而戰敗前後這種設想仍然得到了上層的關注。八月九日，在關乎是否投降的內閣內部鬥爭中，這一設想首次浮現。當時軍部徒勞地主張獨自行使審判的權力，作為接受波茨坦宣言之條件。81 九月十一日，當最高統帥公佈首批逮捕的「A級」戰犯嫌疑人名單時，日本政府立即重新考慮這一設想。九月十二日，東久邇內閣投票通過調查戰爭罪行並實施獨自審判而無視同盟國方面之行動的決定。與此相關並且受被捕近在眉睫的打擊，東條英機企圖通過自殺逃避起訴。外務大臣重光葵（此後他自己也遭到逮捕及審判）向總司令部傳達了日本政府的意向，並於次日被告知此路不通。

內閣的提案，暴露出包括天皇在內的多位當局者進退兩難的困境。據木戶幸一的日記記載，天皇說「己方的所謂戰爭犯罪人，尤其是所謂負責任者，盡皆忠於職守之人。以天皇之名處置他們，實在是於心不忍。」應天皇之請內閣重新考慮這一決定，並且再一次確認了這一決定，最終在向總司令部呈交提案之前，得到了裕仁的勉強認可。木戶幸一本人對以天皇之名發動戰爭，又以天皇之名接受審判完全難以接受。他還擔憂此舉可能引來共產主義者並導致國民審判，發生「我們自己之間的相互血洗」。

即使在盟軍司令部否決其提案之後，日本內閣也沒有放棄這一企圖。九月十八日，東久邇首

477

相告訴外國記者，日本政府打算調查和懲罰虐待戰俘及其他戰爭犯罪者。這一聲明被日本新聞界大加報導。有的報紙標題為《審判戰犯：從我們自己手中開始》。一九四五年九月至一九四六年三月間，日本政府的確在四次獨立的審判中，以常規戰爭罪行嫌疑審判了八位下級軍人，直至最高統帥正式頒令宣佈審判無效。其推斷顯然是，一旦被審訊並判刑，這些人將不可能被雙復位罪再接受同盟國審判。這種推斷的根據大有問題。此八人皆被同盟國的下級法庭重新審判，並受到了更為嚴厲的裁決。假使日本政府被授予追訴高層戰犯的權力，他們確曾預想將這幾起審判相對寬大的判決作為適當的樣例。[82]

日本官方對這些問題的考慮，如實展示在敗戰之初數月間起草的《緊急敕令》草案中。這一秘密敕令從未公開，卻是我們可能找到的日本統治集團對戰爭責任問題願意主動進行調查的鮮明詳實的例證。當然其前提是，只要這樣的審查能夠再次證實天皇的德行與清白。敕令的全稱結構複雜——《為安定民心並確立自主的國民道義以維持國家秩序之緊急敕令》。敕令的忠君邏輯是其基本框架：損失慘重的戰爭，是對天皇信賴的背叛以及對天皇不變的和平承諾的悲劇性歪曲。正如戰勝國想當然地認定，在歷史上和文化上他們體現著尊重和平與人道的「文明」理想，敕令草案的起草者則描述了天皇制的傳統核心也體現著同樣的理想。西式法學家在紐倫堡及稍後的東京審判中苦心孤詣所定義的「反和平罪」與「反人道罪」，在此草案中則被稱為「叛逆罪」。

敕令草案起訴的核心，在十二項條款的前三項中進行了繁複的規定：

478

第一條　本令旨在安定民心並確立自主的國民道義以維持國家秩序，為達此目的，凡紊逆國體、謬輔天皇、未能順隨天皇之大和平精神，指導或輔助指導政治行政及國民風潮以推行侵略的軍國主義，因而違背明治天皇之敕諭、招來軍閥政治且朋黨比周以蓄意助長支持，以挑發誘導滿洲事變、支那事變與大東亞戰爭，破壞內外諸國民之生命財產且陷國體於危殆者或機構設施及社會組織，均予以懲處、除卻及解散。

第二條　下列人等該當以叛逆罪判處死刑或無期監禁：

一、無天皇之命令動兵，妄然惹起軍事行動與指揮侵略行動，造成滿洲事變、支那事變、大東亞戰爭不可避免者；

二、違背明治十五年軍人敕諭並招來軍閥政治之情勢，拋卻國體之真髓實行專橫政治或類似之政治行動，以違逆天皇之和平精神，使大東亞戰爭必然發生者。

第三條　下列人等該當以叛逆罪共犯判處十年以下有期徒刑至無期徒刑：

一、直接參與前條第一號之謀劃者；

二、與前條第二號之軍閥政治共鳴，共謀以強化或蓄意支援者；

三、對軍人政治家或其他人好戰的策劃宣傳蓄意支持並協力運作者，違背天皇的和平精神造成主戰的輿論，從而使開戰無法避免者。

草案接下來指出，在特定場合下，這些處罰可以減刑為開除公職以及剝奪臣民通常自然發生之權力。對個人提出的訴狀如有一百人以上簽名，將由檢事總長（即司法部長）指揮對其進行調查、起訴和審判。[83]

乍看之下，這份仍然使用戰時天皇崇拜格式的修辭起草的草案，與《東京憲章》所闡述的理想之間形成了異常強烈的對比。然而，儘管具有鮮明的日本色彩，《緊急敕令》所提出由日本人行使的審判，並非與遠東國際軍事法庭實際發生的審判完全背馳。與實際中的A級戰犯審判一樣，這些審判將會是展示性的審判。少數曾經頗有權勢的人物將會被起訴，多數是與東條英機有關聯的軍官，但也會包含幾位文職官僚，如前外務大臣松岡洋右（他被同盟國起訴，但在東京審判中死亡）。文獻記錄也會建立起來，用以證明一九三一年滿洲事變以來日本的軍國主義和侵略，是「軍閥政治」而非天皇政策的反映。與同盟國所謂的「反和平罪」與「反人道罪」相當的含糊概念也會投入使用。

本質上，敕令草案是「敗者的審判」的闡述大綱，這一審判也會把東京審判中審訊及宣判的同一批人中的許多人作為替罪羊送上被告席。這並非只是臆測，因為在準備起訴書時，東京審判的檢察方十分依賴天皇近旁的指認者，他們即使不是敕令草案的直接起草者，也是敕令草案宗旨與策略的支持者。日本人預想的審判的主要目的，與東京審判基本的次要目的一致，即將天皇確立為熱愛和平、純潔無暇、超越政治的存在。敗者的審判，像勝者的審判一樣，最終必將主張，是一小撮不負責任的軍部的陰謀主導者，將日本引向了「侵略的軍國主義」。實際上，必定也會出現日本自製的「共同陰謀」論。

儘管這種想像饒有趣味，但是對勝利者來說，將高級戰犯的審判權留給日本人是難以想像的。最終，美國人拒絕了讓日本人加入東京審判檢察方的較為謹慎的提案。[84]可以想見，這一提案曾經被海外輿論認為是「黃鼠狼給雞拜年」，引發了強烈抗議。儘管如此，這一提案仍然是一個真正值得期待的錯失之良機。日本方面可以立即派出能幹而且負責的法律專家組成輔助檢察團，深受戰爭之苦並渴望新的開始的大多數日本國民，也將會支持這一使命。這樣的檢察團甚至還可以為正在德國進行的戰爭犯罪調查提供骨幹力量。

儘管在起訴戰犯中無法擔當任何正式的角色，日本的精英人士卻對戰勝國決定起訴逮捕的人選行使著非正式的影響力。與戰時「一億一心」的宣傳再次相違背，日本的戰爭機器已經被內部紛爭所破壞。黨派之爭不僅在軍部官僚與文職官僚之間展開，即使在官僚機構內部也司空見慣。例如，陸軍與海軍之間，甚至是各軍種內部都有派系鬥爭。一九四五年初，甚至是在同盟國對各城市的定向轟炸之前，日本最高領導層就已經認真開始為日本的即將戰敗指認責任人。勝利者可能會想像自己踏入了守口如瓶的武士歃血為盟的國土，然而他們發現的真相更接近於被謠言蠱惑分裂反目的拜占庭帝國。

在「共同陰謀論」泛起的派系爭鬥環境裡，最簡便實用的莫過於「軍閥政治」的概念。一九四五年二月，前總理大臣近衛文麿向天皇上奏秘折，對「軍閥政治」進行了異乎尋常的強有力的解釋。此後被稱為《近衛上奏文》的這份富於啟示性的檔，基本上將所有罪責都歸之於近衛的後任首相東條英機及其追隨者。在近衛文麿及其追隨者看來，國家被邪惡的軍閥與非法的共產主義者推到了革命的邊緣。而且近衛文麿認為，軍閥與左翼都侮蔑資本主義，企圖在日本國內與全亞洲發起社會的、政治的革命。85

近衛文麿的陰謀論，實際上是局內人對二十世紀三〇年代以及四〇年代初日本政界與軍部中激烈的派系鬥爭的敘述。他的主張相當程度上反映了受一九三六年二·二六政變事件牽連、在陸軍失利的皇道派路線。皇道派對攻擊歐美列強在東南亞的殖民地、與其對抗態度慎重，更傾向於鼓吹日本「向北進擊」與蘇聯對抗。皇道派與近衛文麿的強硬對手是東條英機率領的統制派。牆倒眾人推，在戰敗的瓦礫中，曾經如日中天的東條英機成了全日本最弱勢的人，幾乎成了每個人樂於攻擊的目標。

在投降後的數月間，近衛文麿花費了大量的時間和精力，向戰勝國方面傳播他的「軍閥政治」觀念。有一次，他基本上將謁見天皇的情形向麥克阿瑟重新演示了一遍。近衛公爵於十二月自殺之後，他的同僚與同謀者繼承其遺志繼續謀劃運動，使同盟國的調查主要集中於與統制派有關的人士。近衛的前侍從與私人秘書牛場友彥的交遊極為廣泛，他立即將屬於近衛公爵的七十五冊手記及其他檔提交給了盟軍司令部的國際檢察局（IPS），並敦促勝利者追究東條英機與其贊同者，以及近衛內閣的外務大臣松岡洋右，此人曾是推進日本與德國、義大利結盟的主要人物。牛場友彥還向ＩＰＳ推薦利用岩淵辰雄提供情報。岩淵是著名記者，曾參與《近衛上奏文》的秘密起草。岩淵孜孜不倦地撰寫新聞稿和剪報，向勝利者推廣和舉薦皇道派。他還指認天皇的近臣木戶幸一，負有與軍國主義者同調並向主君進讒言的重大責任。另一位起草《近衛上奏文》的合作者吉田茂，也樂於將木戶幸一納入他自發向戰勝國通報的主要戰犯嫌疑者名單。[86]

《近衛上奏文》的其他參與者，也與國際檢察局以及總司令部的反間諜要員密切合作。這一集團中最執著於「共產主義者的陰謀」論的殖田俊吉，最終提交了他認為應當為日本的愚行和災難負主要責任的七十八人的名單。[87]退役大將真崎甚三郎同樣熱心協力。他是前教育總監和皇道派的思想指導者。作為A級戰犯嫌疑人被捕後，真崎基本上迷住了他的審訊者。他尤其熱衷於批判木戶幸一。他告訴美國人，假使遇到木戶幸一，他會向木戶的臉上唾口水。儘管二十世紀三〇年代中期，皇道派對推進軍隊內部的極端民族主義訓育起了主要作用，審訊真崎的檢察官仍然感動於他「親美」且極端反共的思想，將其從指定立即審判的嫌疑人名單中剔除。[88]

許多其他的人也加入了向ＩＰＳ與總司令部調查官合唱進言的隊伍。可以想見他們反覆吟唱的主題是：排除天皇，集中調查東條及其周圍的人，並將少數顯眼的文職高官包括在內，如輕薄無禮的松岡洋右與老謀深算的木戶幸一。有些通風報信者本身就是宮內人士。一九四六年二月，天皇與ＩＰＳ和總司令部之間任勞任怨的聯絡員寺崎英成，交給檢察方一份他聲稱對災難性的戰爭負有主要責任的四十五人（當時健在者四十二人）的名單，提供了關於其中多位的具體情報。寺崎毫不猶豫地暗示，有些情報直接來自天皇。一次，他告知他在IPS的美方聯絡人，裕仁本人表示反對松岡洋右在日蘇中立條約簽訂僅數月之後就攻擊蘇聯的提案。國際檢察局的檔中有一條記錄顯然是基於與寺崎英成的秘密會談，其內容竟然是，天皇問起為何前中將有末精三未被逮捕。89

對檢察方影響最大的兩位日本人，一位是前少將田中隆吉，另一位則是天皇原先的內大臣木戶幸一。一九四六年一月，國際檢察局盯上了前少將田中隆吉，並發現他熟知包括在中國的犯罪行為以及軍部秘密輸送鴉片在內的許多軍隊上層活動的內部情報，且非常樂於坦白。審判過去多年之後，當初曾為檢察方充當主要證人的田中隆吉，解釋他使如此之多的同僚負罪的根本目的在於，「不使天皇受審以證明天皇無罪，從而護持國體。」90

比田中隆吉更為有名、且在指認問題上影響力更大的是木戶幸一。木戶的祖父是明治維新的元勳之一。一九四〇年至一九四五年，木戶幸一擔當天皇的內大臣，不僅協調天皇的日程、充當天皇的心腹，而且還是情報的傳送者、流言的加工者和狡猾的陰謀家。他樹敵無數。十二月六日，木戶幸一被宣佈將作為A級戰犯嫌疑人受到逮捕。起初他企圖包攬天皇認可戰爭決策的全部責任，以保護他的君主。然而，十二月十日，在木戶感人地拜別天皇之後，他被人說服採取其他的方式。他戰術上的變化，是因為與都留重人交談後得到了新的啟發。都留重人出身名門、是位年輕的、名義上的馬克思主義者（後來成為傑出的經濟學者和教育者）。他是木戶幸一的姻親，曾在美國接受高等教育並於一九四〇年獲哈佛大學經濟學博士學位。都留解釋說，照美國人的思維方式，木戶

定自由卻是不爭的事實。」親鸞的「還相」說，提供了闡釋新的社會理想的基礎：「民眾以綜合了資本主義市民社會的自由與社會主義的平等的兄弟性(友愛)相互結合。」向世界展示「使我們能夠克服以美蘇兩國為代表的對立原理的具體原理」，完全是「命運授予我國的歷史使命」。[32]

這是為新的意識形態目的對古老的宗教教義大膽創新的利用。田邊元以親鸞的「自由與平等的統一」為出發點，擁護「社會民主主義」的創造，這一主題在田邊其他的著作中亦曾展開論述。同樣，他將佛教對利己的批判，作為攻擊發達資本主義的「個人享樂主義」的立足點，並將親鸞「超個人的」對他人之宥和，與敗北之際超越一切的大目標「絕對和平」相融合。[33]田邊向許多讀者提供了從內部批判自己國家的道路。「懺悔道」逃脫了「西方」思想的霸權，並把批判之光投向了其他的國家和民族。甚至對征服者堅信要強制實行自上而下的根本性改革，田邊也深表懷疑，設法在其論述中摻進蔑視性的評論，他評述說「他者強制的自由主義既無意義又自相矛盾。」[34]此外，儘管田邊元先前對皇權深表敬意，他的新的懺悔道立場，卻使他與政府宣導國民對天皇的戰敗的罪惡感、進行「一億總懺悔」的運動完全對立。依照田邊的見解，天皇比任何其他人都更應當表示懺悔，並在其他國家和自己的國民面前切實承擔起戰爭責任。這種對天皇的立場，與占領當局的立場相比，與對日本人的民族性格觀念僵化的戰勝國所承認的日本人可能達到的批判立場相比，遠遠更具有批判性。田邊甚至敦促將皇室保有的莫大財產劃撥國家，分發給窮人。[35]

田邊在日本當代被認為是戰後初期最具影響力的思想家，而且其魅力之源清晰可辨。他告白式的文風格調高尚，他宣揚懺悔與新生，並復活了日本歷史上的文化英雄。當戰勝國譴責日本是失敗的文化和侵略的禍首國家時，田邊承認日本的惡行與罪，但是否認這些罪惡為日本所獨有，並且駁斥本國的傳統文化毫無可采之處的觀點。他寫道，「我們被誤導的民族主義，的確有必要進行懺悔道的清算，但是與此同時，被民族主義所沾染的民主國家和社會主義國家，也當然需要懺悔」。他於一九四六年出版的力作，在結尾處昂然得出同樣的結論：「顯然我國不是唯一有必要懺悔的國家。其他國家也應當對自己的矛盾過失罪惡，進行正直而謙虛之懺悔。懺悔是世界歷史中今日諸國國民之任務。」[36]

南原繁與田邊元等著名知識人所提示的對懺悔和贖罪的思考方式，其遺產得到了持久的繼承。一九四七年末到一九五〇年間，當時東京審判臨近終結，審閱制度漸趨緩和，反對冷戰期軍事化的國內和平運動彙集壯大，受到南原繁讚美、田邊元哀悼的戰沒學生，通過他們戰時動人的書簡而復生。一九四七年十二月，東京帝國大學戰沒學生的手記集《在遠方的山河》（《はるかなる山河に》）出版，引起了爭議。兩年後，《聽，海神之聲》（《きけ わだつみのこえ》）發表，收錄了東京大學及其他大學七十五名戰沒學生的戰時書信、詩與日記。這部暢銷文集的編者承認，他們小心排除了極端民族主義的文章，更優先入選質疑者和夢想家的真情告白。文集的襯頁上，印製了一位在太平洋島嶼餓死的學生兵的日記本上的素描，飽含感情的卷首《感想》與卷末《解說》，則提出了對這些文章有可能被利用「再次招來戰爭者」的危懼。

時代的悲觀氣氛在這本文集中有濃重的體現，與戰敗之後南原繁祭奠戰沒學生呼喚光明和平未來的夢想形成鮮明對比。東京大學教授渡邊一夫，在卷首簡短的《感想》中，請讀者們想像一片遍佈浸透著鮮血的白木十字架的原野，並且宣告「再也不要豎立這樣的十字架。一個也不。」同校的小田切秀雄所作卷末的《解說》，描繪了一幅荒涼的景象：真的民主革命已經被挫敗，戰爭的臭氣重新在空中彌漫。小田切解釋說，正如《聽，海神之聲》收錄的沉痛手記所預示的那樣，對人性與理性的追求，必須靠不惜一切代價地守衛和平來保障。他總結說，「流灑的鮮血，除了保證這些鮮血決不再流之外，是永遠無法彌補的。」如今可以確定無疑地說，文集的編者在提到「再次招來戰爭者」之時，心裡想到的主要是美國人。本質上，純真高貴的死者是被重新召喚起來，以對抗美國人的。[37]

東京審判終結前後出版的其他著作，同樣鞏固著這種對戰爭意味的重新構築。其中最有名的是竹山道雄的《緬甸的豎琴》（《ビルマの竪琴》），一部博得極大人氣的小說。（與《聽，海神之聲》一樣，他很快被拍成了電影。）竹山道雄試圖以小說完成田邊元在哲學上的冒險之旅：通過佛教傳達出戰爭的意味——苦惱、內疚，尤其是贖罪的主題。小說的主人公復員兵水島安彥，成了想像中的對本國戰沒者莫大的靈魂安慰。水島目睹了戰爭末期絕望的悲慘戰鬥，從而拒絕回歸日本並成為了一名僧侶，決意在密林中搜尋並埋葬餓死以及在戰鬥中被殺的戰友的遺骨。水島擁有一副美妙歌喉，他的歌聲時常給戰友們帶來歡樂。優雅的他隨身攜帶著一把樂器，即小說題目中所提到的豎琴。在這裡，一個日本兵以別樣的面目出現，近乎聖人。在小說結尾的一封信中，水島這樣解釋自己的行為：

> 我想學習佛教的教義，思考並汲取他們。的確，我們，我們的同胞，飽受痛苦。許多無辜的人成了無意義的犧牲者。那些像年輕的樹木一樣的人，純淨而貞潔，[38]離開家鄉、辭別職場，步出學校，最終將屍骨　灑在異國的土地。我一想到這些，就感到無比痛恨。

水島被為什麼世上有如此多的痛苦和悲傷的問題所折磨，而這正是佛教的核心問題。水島總結說，對此人也許永遠不能完全知曉。儘管如此，日本近來的痛苦是由自身所招致：

> 我們國家發動了戰爭，被打敗，現在又經受痛苦。這是因為我們的欲望脫離了控制。因為我們自以為是而且忘記了做人的根本。因為我們的文明在某些方面異常淺陋。

水島說，這些不僅是日本的問題，而且是全人類的問題。對他自身而言，他打算用一生來研究思考這些問題，幫助別人，像拯救者那樣努力踐行。

儘管《緬甸的豎琴》是一部嚴肅的文學作品，但他幾乎立即被收入了流行的兒童讀物（在較為難懂的文字旁邊，用語音進行標注）文庫中。竹山道雄還為少兒讀者寫了簡短的附言，提到了《在遠方的山河》，

503

並表示希望他自己的書，能像學生們的書簡一樣，使某些戰死者重生。[39]《在遠方的山河》也在《聽，海神之聲》初版後再版，並以一九四六年三月南原繁的《告戰沒學生》作為序文。[40]如此一來，各種關於戰爭與贖罪的著作和講演交相輝映，成為大眾文化較為經典的存在。很快，包括原爆倖存者回憶在內的有特色的流派——「犧牲者」文學形成，不僅是以反軍國主義與和平的名義，而且以懺悔與贖罪的名義出現。

一九五〇年，十大暢銷書排行榜上出現了翻譯小說諾曼．梅勒的《裸者與死者》。這部小說通常被認為是描繪太平洋戰爭最優秀的美國文學作品。梅勒通過對一場殘酷的海島之戰的再現，再次確認了戰爭總體上是無意義與無以言喻的殘酷行徑，以及美國人也可以有自己的暴行的印象。好萊塢電影版的《裸者與死者》在日本上映之後，小說家椎名麟三評論說，梅勒的描繪證實，即便是基督徒，也不能誠實面對戰爭殺戮帶來的罪的問題。[41]幾位優秀的日本文學家，都以個人的軍隊體驗寫出了傑出的反戰小說。一九五二年出版的野間宏的《真空地帶》，對帝國陸軍的墮落與殘忍的描摹震撼了讀者，並作為當時的經典受到廣泛讚譽。同年發表的大岡昇平的傑作《野火》，描述一名掉隊士兵在菲律賓遭遇日本士兵相殘而人吃人的場面，最終發了瘋。[42]

504

對暴行的反應

各種文化和各個時代的人都神化己方的戰死者，而很快忘卻他們的受害者——假使他們曾經真正想到過那些受害者的話。許多日本人對這種狹隘意識的危險性十分敏感，即使是當他們稱頌因自己無法控制的力量而悲慘犧牲的同胞之時。一九四八年，自由主義與左翼知識份子開始組織正式的和平運動，他們承認這種狹隘的犧牲者意識是一大難題。儘管如此，他們仍然強調，犧牲者意識是最終建立更普遍的和平意識的唯一基礎。他們主張，在心理上和意識形態上，動員反軍國主義的情緒的切實之道，就是保持對身邊的傷亡與苦難鮮活的記憶。反戰意識就像是一組由個人到國家、再到國際逐漸向外擴展的同心圓。超越國民意識和種族意識的內向性需要時間。[43]

實際上，犧牲者意識從未被最終克服，而這些想像的同心圓的外側圓也從未被描畫出明確的輪廓。儘管如此，那麼多人採取「無辜的旁觀者」的態度，依然受到了來自四面八方的攻擊。有時，這些批評是高度理論化的，如知識階層對日本文化中個人責任的「主體」意識的薄弱進行的激烈論爭。[44]有時，這些批評則單刀直入。一九四六年中，保守的教育家津田左右吉承認，國民被法的強壓與軍部宣傳所共同蒙蔽，但他指出了如下事實，即日本在此期間一直存在經由選舉產生的議會。津田主張，「國民」自身負有責任，「因為知性脆弱被欺騙，而且沒有勇氣反對和抵抗壓迫」。[45]評論家阿部真之助對東京審判終結的反應，同樣是「大多數的日本人」被軍部的指導者所欺騙，「必須為自身如此愚蠢而擔負責任。」[46]

多數左翼人士迴避「民眾」的責任問題。他們當中的教條主義者，熱心於將民眾描繪成被國家及其統治者榨取的犧牲者。一些進步人士還主張，過分追究普通國民的戰爭責任，容易與政府只考慮自身利益的「一億總懺悔」以及戰時領導者極力宣導的日本單一民族論相混同。[47]然而，不少國民在此問題上吐露過心聲。長野縣的一位年輕的女性，在當地青年團體的月報上評論說，「敗戰後，報紙一致聲討軍部的罪行。……政府欺騙我們自然是惡行，但是我們被欺騙的國民就沒有罪嗎？我認為愚蠢也是一種犯罪」。[48]東京審判臨近結束時，一位農民向報社寫信說，這是所有日本人對戰爭中自己的思想與行動反省的機會，而並非只是作為協力廠商旁觀審判。他主張「我們必須清楚自己對權威太懦弱和盲從，我們也在接受審判。」當七名戰犯被執行死刑之時，大阪的一位師範大學的教授同樣敦促同胞要認識到，這決不意味著戰爭責任的問題已經打上休止符。他指出「領導者自身不可能打這麼大規模的一場戰爭，國民被操縱並且踴躍追隨邁入錯誤的侵略戰爭，由此招致悲慘的戰敗。有罪的並非只是指導者本身，全體國民都必須承擔責任。」他接著說，今後，國民必須自我裁判，永遠繼續反省自己的戰爭責任。為達此目的，他提倡將戰犯的死刑行刑日定為國民反省日。[49]

這些普通人的意見，有時還附帶著對日本人暴行的認知。當大規模的、長時間的野蠻行徑，如南京大屠殺，被日本的隨軍記者目擊並在國際上公開之時，日本國內卻並無揭露報導。南京大屠殺在東京審判開始時被提出，《朝日新聞》的「天聲人語」欄目悔罪地表示，「報紙上沒有一行真實的報導，真是可恥」[50]。一九四五年初包括馬尼拉大屠殺在內的其他集體屠殺行為，也被隱瞞報導。圍繞在菲律賓和中國的暴行進行的最初的詳實報導，使日本人受到了猛烈衝擊。其震撼效果如此強烈，以至於使其他暴行相形見絀。（唯一的例外，大概就是東京審判過程中揭露的日本兵嗜食人肉的報導）。對白人的常規的戰爭犯罪，遠非如此令人不安。毫無疑問，至少在某種程度上，由於戰勝國的白人在被占領下的日本成群出場，才使自身的受害者形象變得清晰可見。對日本前殖民地臣民朝鮮人與臺灣人的罪行，無論對戰勝國或是戰敗國而言，其受關注程度都相對薄弱。至於被日本皇軍殘酷役使導致死亡的數量龐大的印尼「勞工」，則幾乎根本未被提及。[51]

無論如何，從一九四五年九月到東京審判終結，日本軍隊的暴行得到了廣泛報導，不少人表示出真心的厭惡。當馬尼拉平民大屠殺曝光時，一位士兵的母親向全國性的報紙寄去一封驚人的信件，聲明「如此殘暴的士兵即便是我的兒子，我也不可能讓他回家，就地射殺就是了。」一位年輕女性，在回應事實真相的信中宣言，「當我聽到這件事時，第一次明白了『總懺悔』的意義」，從而為政府只考慮自身的「一億總懺悔」運動賦予了個人的含義。一些從菲律賓復員回來的士兵，即便當回想起自己的戰友在那裡地獄般的死亡時，也公開表明了對自己罪行的悔意。[52]羽仁說子等女性改革家，以馬尼拉大屠殺的揭露，來表明這種不同尋常的暴行決非特殊行為。羽仁說，戰爭反映出一個國家各個方面的文化水準。她自從在北京經營學校起，就見識到了類似的暴行。據她看來，這些對平民的暴行，暴露出日本男性心理中女子地位的低下，以及日本人對他人之子普遍的漠視。[53]

這些認識將「戰爭責任」的問題，推向了文化考察的中心地帶。左翼雜誌《太平》，以「國民的道義低下嗎？」為題發表文章，提出對施加於其他民族的暴行的鈍感，來源於建立在個人的自由、平等人格基礎上的「共同生活的道德」的缺失。[54]政治學者丸山真男，將這些行為歸因於不平等的、高度階層化的社會中可以想見的「壓抑的轉移」。《朝日新聞》的社論作者與專欄作者，將此看作是一種社會病態，不僅反映出民族的傲慢，還有教育與道德的根本缺陷，甚至是日本人宗教信仰核心部分的缺失，導致了欠缺嚴格的道德行為規範。[55]在中西功這樣的馬克思主義者看來，對受壓迫的亞洲民族的野蠻行為，暴露出「源自我們心底的封建的、資本主義的排他主義與利己主義。」[56]

其他人對暴行披露的反響，大多沒有如此深入的分析。東京審判開始後不久，一份石油會社的雜誌刊登投稿，用同音字的雙關語，辛辣地將皇軍稱為「蝗軍」。投稿者稱，「這次戰爭的責任，實在於全體之國民」。[57]另一位作者回應南京大屠殺的披露，寫道「過去我們吃的每份食物、我們穿的每件衣服當中，都浸透著一滴中國民眾的血。這是我們國民的罪惡，必須由全體國民負責。」[58]並不習慣公開發表意見的家庭主婦、農民等普通民眾，也寄信給報社，表示向中國人謝罪，並詢問日本人如何才能補償這些恐怖的行徑。[59]龜井文夫在他一九四七年的影片《戰爭與和

507

平》的開頭數分鐘，對中國的悲哀進行了細緻入微的描繪，是這種罪的意識的電影表現。這種感受不同尋常，但是沒有人覺得古怪或者不合適。

一些男女詩人借助傳統的詩歌，來表達他們知曉同胞暴行後的心情。東京審判終結後發行的一本詩歌雜誌，發表了下面這首激起廣泛反響的短歌：

歷歷在目地
日本軍隊的暴行
被揭露出來
使人在不意之間
不由得大吃一驚

一九四七年初，一份鄉村的詩歌雜誌發表了如下短歌：

日本兵的罪
在南京和馬尼拉
他們犯下了

難以言喻的暴行
一定要進行償還

小有名氣的詩人佐伯仁三郎，以此為題寫了兩首詩。一首寫的是，他知道在中國的暴行後的心情：[508]

如此的悲傷
在今天的日子裡
竟然使得我
忘記了今天就是
我們戰敗的日子

第二首寫的是：

在孩子面前
侵犯他們的母親

哪管夫與妻
強占已婚的婦人
這就是帝國軍隊

事實上，日本公眾從未看到第一首詩的發表。這首詩被GHQ所查禁，因為審閱官顯然對任何的日本人感歎敗戰的公開表達都神經過敏。[60]這可真夠倒楣，因為佐伯此詩顯然不是悲悼戰敗，而是忠實有效地傳達出當國人的罪行暴露之時，他如何睜開雙眼以及他的良心所受到的衝擊。佐伯的詩屬於為數不多卻極其珍貴的聲音。在此後的歲月中，隨著冷戰氛圍的加強，占領軍將新生的共產黨中國視為大敵。阻止日本人的暴行記憶，成了美國政策的重要組成部分。對天皇臣下直接造成的慘劇暴露的這些敏銳反應，從一開始就是脆弱而破碎的，從未能發展成對日本是施害者而非受害者的真正廣泛的大眾認識。

記住犯罪者，忘記他們的罪行

一九四七年十二月，在東京審判判決下達前一年，大眾月刊《VAN》痛烈諷刺輿論的世事無常，悲歎說「當年那些戰爭煽動者即今天所謂的「戰犯」登場之時，我們拍手喝彩歡迎他們，等他們失事之後，我們追著他們唾罵。而現在，我們實際上已經將他們遺忘。」此雜誌譴責這是「對戰犯的怠惰」。其他刊物也有同樣的批判。面向知識份子的雜誌《世界》的編輯者認為，對東京審判乃至判決的漠不關心，只能看作是「國民的頹廢」令人寒心的又一例證。「頹廢」一詞則是當時流行的文化批判用語。《每日新聞》的視角稍有不同，悲歎隨著審判的拖延公眾越來越超然，但同時指出，對紐倫堡審判，德國人也有類似的漠不關心的反應。61

當東京審判臨近結束時，媒體使用如今已經具有魔力的「和平」與「民主」的語彙對審判的意義進行評價。《每日新聞》警告說，懲罰戰爭領導者，並不意味著日本人全體「洗清」了反和平的罪責。面向實業界的《日本經濟新聞》呼籲「反省」，並強調國民現在負有確保國家的領導者遵守和平與民主的原則的責任。《朝日新聞》對國民未能積極抵抗獨裁統治表示遺憾，並對《朝日新聞》本身曾屈從於軍國主義者感到羞恥。現在的任務是從過去的失敗中學習，在這種自知之明的基礎上決意「建設和平的民主國家」。日本經營者團體聯盟的周刊《日經連時報》（《日經連タイムス》）發表社論稱，「日本人必須信奉民主主義，切實理解『反和平罪』的意義，像積極愛好和平的國民那樣生活。」62

然而，認為正義得到了真正行使的人卻不多。儘管一些評論者真誠歡迎「反和平罪」的法律概念的出現，但是通過選擇「有代表性的」戰時領導者集團並處死其中少數人以創設先例，在當時

509

並不能感動多少人。就連馬克思主義批評家羽仁五郎也回應說，絞刑是種不該濫用的「嚴重的犧牲」。63

這些反應中深刻的矛盾情緒——期待感與宿命論的奇妙混合——反映在一些小型刊物在東京審判的宣判與死刑處決之際發表的短歌中。一首應景詩，提到了判決帶來了如釋重負之感，甚至是為創造新的國家重續承諾。例如，靜岡的地方月刊《靜岡展望》於一九四九年初刊載了如下的短歌：

自從聽到了
七名戰犯被判處
死刑的消息
從內心深處湧出
重建日本的力量64

然而，更具代表性的是認命與無常的情緒。在日本發行的無數詩歌雜誌中，一首女性詩作絕妙地捕捉到了這種感受：

眼下暫接受
嚴厲的審判
然而內心裡
仍然感覺到
小小的躊躇[65]

其他一些詩作提及聽聞執行死刑的消息，默默地回到宿地，或是無味地咀嚼著午餐，或是說起妻子納悶為何判處死刑者中包括前首相與外相廣田弘毅在內。[66]

一九四九年五月，GHQ審閱制度接近終了。一位札幌的居民發表的短歌，使人想到即便是「A級」戰犯禍首東條英機，也能喚起同情：

我既贊同也反對
兄長的看法
他小聲地說起
東條畢竟是偉大的[67]

公眾對東條英機的評價相對上升，可以看作是當時社會情緒的一種晴雨錶：這並非是對戰爭時代的懷舊表示，而是對同盟國的雙重標準含蓄的批判。然而，東條英機人氣的小幅回升，似乎還有更為深遠的意義，極端隱秘且具有反諷意味：在被占領受奴役的世界中，東條是公然反對美國人的最著名的日本人。這是勝者與敗者馬拉松式的舞蹈中又一種離奇的舞姿。在同盟國「最高司令部」、尤其是美國人的統治之下，日本的知名人士無人敢對占領政策公然表示異議。在此情形下，最自由的人莫過於在東京審判中主張自己無罪的戰犯被告人。他們至少被允許對勝者的立場公開表示異議。在法庭之外，所有其他社會名流只得隱忍不言。基本上，其他人都在奉承討好。[68]

像他為之盡忠的君主裕仁一樣，東條英機在其他方面也有著指向標的作用。通過挑選東條英機作為侵略與敗北最顯著的標誌，美國人與日本人共同將美日之間的衝突，設置成了這場亞洲戰爭的中心維度。儘管東條英機發跡於關東軍，而且在推進亞洲戰爭的過程中擔任了主要角色，但是他被指認為「共同謀議」首謀者的理由，主要與他參與決策對美國以及歐洲列強的開戰有關。在東京審判期間，GHQ的審閱官壓制了認為東條的角色被誇大以及「戰爭責任問題」的真正核心是對中國的侵略的批判聲音。甚至在審判結束之後，這種批判的見解仍屬禁忌。法學家戒能通孝在文章中提出這一主張，並發表在學術雜誌的一九四九年六月號上，結果遭到全文查禁。[69]

一九四八年末，東條英機等七人被執行死刑，美國人和他們在日本統治層中的反共支持者，有了對中國之苦難輕描淡寫的新理由：中國將要「共產化」，並將代替日本成為美國人眼中在亞洲的主要敵人。到一九四九年秋，據可靠情報，約五百名前日本飛行員在SCAP的支持下，被臺灣的國民黨政權所雇傭，以期協助奪回中國大陸。[70]秘密的徵募事件被揭露，讓人憶起中國正被遺忘的曾遭受的劫掠，日本軍人曾經如何恐怖與訓練有素，他們受到的反共教導是如何強烈，以及他們對在亞洲大陸作戰擁有多麼豐富的直接經驗。美國第八軍司令官羅伯特·艾克爾伯格（Robert Eichelberger）中將在東京審判期間曾公開吐露一句駭人聽聞的評語：日本兵是軍官們夢想擁有的士兵。[71]可以想見，東條英機在走上絞架之前留下的遺書，也是強調反共。東條在退出歷史舞臺時，仍然站在時代的前端。

巢鴨拘置所內東條的一些幸運的未被起訴的同伴，在東京審判結束以及中止對他們的戰爭犯罪指控之後，幾乎立即得到機會重新在反共潮流中乘風破浪。右翼教父笹川良一與兒玉譽士夫，在東條及六位同僚被處絞刑的第二天獲釋，給人的印象是利用他們坐監牢獲得的名人資格，直接從監獄大門走進了出版社的大門。笹川於一九四九年五月出版了回憶錄《笹川良一所見 巢鴨的表情》（《笹川良一の見た巣鴨の表情—戦犯獄中秘話》）。兒玉譽士夫的回憶錄《命運之門》（《運命の門》），封面是巢鴨監獄的特寫，則於一九五〇年十月面世。[72]

有一位日本戰犯，前陸軍大佐辻政信，甚至未經在巢鴨的停留過渡，就直接從惡名昭彰者變身為著名人士並且獲得了商業的成功。辻政信是狂熱的理論家與殘暴病態的參謀官。他對新加坡和菲律賓的大屠殺事件（包括巴丹死亡行軍）皆負有重大責任，他還參與了幾起殘虐行為，甚至包括處死美國俘虜之後的噬食人肉的行徑。辻政信名義上作為日本最聲名狼藉的逃亡戰犯，在一九五〇年現身公眾之前，實際上先是得到中國人後來又得到美國人的庇護。戰敗後，他逃脫了英軍的逮捕並從東南亞潛入中國，由於豐富的軍事諜報知識和激烈的反共思想，得到蔣介石手下國民黨軍的重用。一九四六年中期，辻政信假扮成中國的大學教授秘密回國，得到以前軍中同仁的支持潛伏下來。對此威洛比（Willoughby）少將完全知情，而支持辻政信的軍中同仁們，就是威洛比集合在麾下以資將來作為反共日本軍的核心集團。一九五〇年元旦，美國指名通緝辻政信為戰犯，他的秘密逃亡生涯才告終結。同年，辻政信的潛伏生活結出了兩本暢銷書的碩果。一冊講述他的「地下逃亡生活」，另一冊敘述瓜達爾卡納爾島（Guadalcanal）戰役。一九五二年初，關於新加坡攻略的第三本書，從這位舊日殺人犯的手中問世。就在同一年，占領終結之後不久，辻政信當選為故鄉石川縣的眾議院議員。[73]

辻政信的書受追捧的主要原因，在於他大放異彩的軍國主義者的邪惡魅力：他智鬥勝者，像幽靈般地消失，從未蹲過一日牢獄。日本在屈從於美國人統治四年之後，仍然看不到占領終結的跡象。辻政信、笹川良一、兒玉譽士夫與東條英機等反叛形象，難免會對即使不支持他們政見的國民產生一定的吸引力。他們的政治姿態已然成為笑柄。先前敵對的日本人與美國人，戰爭罪犯與他們的審判者，現在已經站到了同一陣線。即便審閱制度的解除，使這些日本聖戰的擁護者可以公開發言，他們的見解也只能是邊緣化的聲音。日本投降四周年時，一位普通的公司職員向報社致函，說他意識到，幾乎沒有人還在真正為戰敗悲傷。這不僅是人們在公開場合的真實表示，而且他耳聞親友間私下的談話也莫不如此。他認為戰爭比任何其他事物更能打碎個人的尊嚴。這反映出一般人的普遍意識。[74]事實上，沒有日本人仍然幻想辻政信的大東亞共榮圈之舊夢，然而基於同樣的理由，也沒有人再想記住帝國「蝗軍」在短命的征服圈中確曾做過的一切。

在這種存心遺忘的氛圍中，此後的歲月目睹了公眾意識中A級戰犯與BC級戰犯大規模的名譽恢復。被認定有罪並判刑的被告，開始被公認為是受害者而非加害者。他們在日本國內監獄的服刑，極盡愉快舒適之能事。那些多是在異國他鄉被處以極刑的人，通過他們辭世的遺言而復甦。人們記住了罪犯，卻忘記了他們的罪行。

巢鴨監獄服刑者的待遇，是早期最為明目張膽的例證。巢鴨監獄的在押犯總數約四千人，其中的數百名戰犯被給予了許多便利。起初他們就被允許發行自己的報紙《巢鴨新聞》，隨著時間的推移，他們還獲得了堪稱第一流的現場娛樂。被稱為「巢鴨禮堂」的小劇場為他們修葺一新。從一九五〇年十一月石井芭蕾舞團的演出開始，確實有一連串的明星登上過巢鴨的舞臺。當從監獄外面來的藝人們排好隊伍為這些有名的觀眾演出時，這些表演彷彿帶有某種御前演出的氣氛。

占領結束後的數年間，這些表演節目繼續進行，既不保密也不偷偷摸摸。藝人們高興地為拍照擺好姿勢，最受歡迎的背景是巢鴨獨具特色的高牆和瞭望塔。來訪藝人的數量和節目的豐富，

514

給人留下了深刻印象。據統計，僅一九五二年全年至少就有一一四次演出，參演藝人近二千九百人。著名的喜劇俳優橫山エンタツ與柳家金語樓都曾在巢鴨的禮堂演出。小提琴家諏訪根自子也曾在此演奏，參加演出的還有當時日本最著名的一些流行歌手，包括童星美空雲雀、以爵士樂聞名的笠置靜子、灰田勝彥、赤阪小梅和藤山一郎。大名鼎鼎的日劇舞蹈團與鮮為人知的藝伎團體、各縣的民謠舞蹈家等，都曾為在押戰犯登臺獻藝。這裡還上演過傳統的劍道表演。從留下的照片資料判斷，娛樂款待在押犯們的年輕女性，衣著暴露、造型奇異，遠遠超出了那些陰沉頑固的軍國主義份子當初作為皇道道義的裁判者所允許在公眾面前展示的尺度。還有些娛樂活動是在監獄外進行的。一九五二年三月二十八日，專業棒球隊讀賣巨人隊與每日獵戶星隊，以一場表演賽為在押犯們歡慶占領即將結束。巢鴨運動場還曾因「日本女子棒球聯盟」(日本女子野球リーグ)比賽和西式摔跤比賽而增輝。馬術團隊表演完畢，曾經像士兵一樣在觀眾面前排齊佇列合影留念。女子體操選手也在鏡頭中向巢鴨的觀眾微笑。75

一九五二年夏，由於一首感傷歌曲的發表，服刑戰犯的戰爭受害者形象達到了新的高度。歌曲的詞作者代田銀太郎與曲作者伊東正康，因戰爭罪行在菲律賓被宣判死刑，但實際未被處死。代田宣稱他是遭人構陷，並在菲律賓蒙特魯帕(Monten Lupa)監獄的多位獄友被處以死刑之後，於一九五二年初寫出了這首讓人流淚的歌。歌曲的題目是《啊，蒙特魯帕夜深沉》，這首歌完美展現了日本式的感傷，據說曲調是如此具有感染力，就連監獄的菲律賓看守也禁不住哼唱他。

這首歌曲於四月二十九日（日本恢復獨立翌日）在蒙特魯帕監獄首次推出，當時還齊唱了日本國歌《君之代》，並集體向遙遠的東京皇宮的方向鞠躬，這是皇軍在亞洲大陸橫衝直撞之時，向天皇日常敬禮的儀式。通過獄中的日本懺悔牧師，代田與伊東成功地讓著名歌手渡邊浜子將這首歌介紹到了日本，並在那裡轟動一時。

歌曲展現了夜深人靜之時，囚人對「遙遠故鄉」的「難耐的思念」之情。舉頭望月，淚眼朦朧，夢中見到了「慈母」的身影，看到她悲歎「愛兒何時回還」；想像母親的心「一直向著南方的天空飛來」，像「呼子鳥」（即杜鵑鳥，子規）尋子般哀鳴。歌曲的最後一段唱到，當清晨終於來到蒙特魯帕，囚人的心中也升起太陽，給他們以希望和勇氣「堅強地活下去……直到再次踏上日本的土地」。

對於「初升的太陽」所寄託的民族主義和鄉愁，再也沒有比這更樸素的表現了。此後不久，蒙特魯帕的戰犯死囚們絕望的心願成為了現實。一九五三年七月，他們全體被遣返日本，一部份恢復了自由之身，其他人則被移送巢鴨監獄。當他們的遣返船到港時，大約有二萬八千人迎接他們回國，卻無一人提及天皇的陸海軍士兵在菲律賓殺害的母親、孩子和俘虜。76

當生還的戰犯受縱容之時，緬懷榮耀已經處死的戰犯並恢復他們因統一的「戰犯」標籤而失去的個性的工程，也在進行之中。經過效果出色的保守派的出版活動，這些死刑犯的遺囑、最後的家書、辭世詩和臨終遺言被輯錄發表。一九五〇年到一九五四年間，編輯出版此類書籍十五本以上。日本人以最為有效的方式為這些死刑犯蓋棺定論，讓他們彷彿由墓中走出，自己開口說話。[77]

這些出版物中內容包羅最廣泛、最廣為人知的，是一九五三年十二月出版的大部頭文集《世紀的遺書》（《世紀の遺書》，三欄式，七四二頁）。文集收錄了因戰爭罪被處以死刑的六九二人的譯作，他們個性與見解的豐富多樣給人留下了深刻印象。這些文字正如學生兵的書簡、永井隆對長崎的思考，乃至太宰治的傑作《斜陽》一樣，具有強大的說服力，因為他們反映了面臨死亡之人的思想與情感。[78]

有名的或曰惡名昭著的人，在此對自身所受的審判進行了評價。在這些遺書中，東條英機的遺言占有永久性的地位。東條為戰敗向國民與天皇道歉，同時斷言自己並無國際上的犯罪行為。他申述，東京審判是政治審判，而且美國人和英國人犯了三大錯誤。他們破壞了日本這一反共堡壘；容許了滿洲（東條舊日的關東軍根據地）的赤化；並將朝鮮一分為二，為將來的糾紛種下禍根（這是東條英機在朝鮮戰爭爆發一年半之前的預言）。像竹山道雄的小說《緬甸的豎琴》中的僧人一樣，東條認為，要永久根絕戰爭，必須排除人的貪婪和欲望。然而，與那位樂觀的托缽僧不同，東條相信，人的本質不可能改變，並由此推測第三次世界大戰不可避免。他要求美國人不要讓日本赤化。在遺言的結尾，東條為軍部可能犯下的「錯誤」謝罪，但同時要求美國對使用原子彈與轟炸平民的行為進行反省。[79]

對巴丹死亡行軍負有「命令責任」而被問罪的本間雅晴陸軍中將，在最後的家書中，對勝者的審判有類似的評價。他斷言，「說美國是公正的國家，這是赤裸裸的謊言」。提到數十萬被空襲與原子彈奪去生命的日本人，他憂鬱地評論，「宇宙上國際間的關係根本不存在所謂的正義」。[80] 一些死刑犯承認了對其罪行的指控，但更多的死刑犯的反應是，對他們的審判基本上是雙重標準和報復行為，根本沒有確保真正公平的審理。包括本間雅晴在內的幾位死刑犯，還引用明治維新時代的諺語諷刺說，「勝則官軍，負則賊軍」。[81]

這些死刑犯的臨終遺言，幾乎無一例外都透露出對身後家人的深切關注，以及迫切希望消除所愛的人和社會全體心目中真正將他們視為「罪犯」、而不只是戰敗悲劇的犧牲者的印象。不能對臨終「私人」書簡中的這些想法評價過於認真。為人子者得勸慰雙親，為人夫者要安慰妻子，為人父者得撫慰兒女：他們不是兇手和畜生；對他們已經被證實的任何罪行，他們都有解釋的理由；他們所愛的人仍然可以昂首做人。大部分書簡都是私下的通信，不必保證所說的話都真實可信，並不像編纂者們想讓讀者們相信的那樣。不過安慰的假話從哪裡開始又在哪裡結束通常難以說清，有時無疑對書寫者本人來說也是如此。

日本文化中最為珍視的家族關係的紐帶，最使人落淚、最感傷的當然是母子間的親情。多愁善感的歌曲《啊，蒙特魯帕夜深沉》之大受歡迎即為明證。《世紀遺書》中相當數量的信簡，同樣流露出這些死刑犯對母親深深的依戀。其中數封信都引用了吉田松陰著名的絕命詩。吉田松陰是十九世紀中期以天皇之名集結顛覆幕府封建體制的魅力非凡的年輕武士。一八五二年，年僅

517

二十九歲的吉田松陰因計畫暗殺幕府閣老而被處以死刑。在斬首當日，吉田寫下了以下詩行：

母親的思念
甚至遠勝過我們
對她的思念
我不知母親今日
聞此消息又如何[82]

此後不久，「叛逆者」與「罪人」吉田松陰被神化為近代日本的英雄，成為目的純粹與悲劇性犧牲的完美象徵。近一個世紀之後，對這些將要作為明顯的失敗者甚至是惡人死去的囚犯而言，吉田身後的清名，成了他們希望與慰藉的源泉。同時，吉田對西洋「夷狄」的帝國主義侵略直言不諱的批判，並不會減損他的魅力。然而，吉田的絕命詩為人珍愛的原因，主要還在於面臨滅頂之災時，他流露出對母親最後的思念和牽掛。他由此成為了有情有義的好男兒。

在較低級別的審判中被判死刑者的書信，時常提到的是「犧牲」二字。這樣的人，可能是將自己視為「國家的尊貴的犧牲」或者國家「以血付出」的犧牲，或是「戰敗的犧牲者」，「日本再建」、「民族的」的犧牲者，乃至更加充滿希望的「世界和平」的犧牲者。[83]對於犧牲的原因，他們之間並沒有一致性的認定。對有些人來說事情簡單明瞭，就是因為同盟國。在新加坡被判死刑的一位軍官，將自身簡單概括為「英軍復仇的犧牲品」。[84] 然而，還有許多人將自己描繪為上級的犧牲品，是上級命令他們執行了現在被認定有罪的行動，然後又以同樣不負責任的邏輯予以否認。[85] 其他人則將自己視為戰爭本身隨意的犧牲者。一九四六年在緬甸被執行死刑的一位日本憲兵隊軍官，在遺言中對義務與個人責任進行了哲學性的思考，並得出結論，像他們這樣的人只是「戰爭帶來的曖昧的犧牲品」。[86]

像其他多數由這樣的文章匯編成的文集一樣，《世紀的遺書》中所附的意義難明的作者簡歷，反映出用心頗深的保守性。簡歷中只提到了作者在哪裡被執行死刑，卻並未提及處決的緣由。其實，許多人的遺書中都談到了他們被控告的罪行，有的還頗為詳細。然而，這些出版物的意圖，基本上是為這些顯然不名譽的死者賦予人性的色彩，並赦免他們（至少是赦免他們當中的許多人）的戰爭罪行。以一種奇妙的方式，這種寬恕成了天皇所受美國人的包庇自然的、鏡像般的映照。正如裕仁被赦免所做的惡事或曰戰爭責任一樣，現在無論被訴戰犯曾在戰爭的大熔爐裡做過什麼，他們也得到了暗中寬宥——當然是被那些沒有受過他們行為傷害的人。戰犯們柔情的話語被引述，然而他們真實的所為卻被忽略。他們被描繪成對參與事件完全無力左右的人。天皇著名的《人間宣言》是一種降格，從「現人神」降到了人間。與此相反，這些戰犯也從魔域被引領提升到了同一個人間。但是無論是活著的神還是已經處死的戰犯被賦予了人性，最終給人的印象都是昔日日本帝國的上上下下，無人真正為恐怖的戰爭以及隨之遍佈各地的暴行負責。

這種對歷史與記憶的改寫、對全體帝國陸海軍的人性面目的恢復，是修復國民心理的環節。假使這些最可恥的軍人無論缺陷多麼嚴重，都能被展現為複雜而敏感的人，那麼即便不能完全消除至少也能弱化掠奪成性的「蝗軍」的惡名。因而這種出版物的反動力量不可小視，因為這些遺囑容易被解讀為日本的犧牲者文學的另一亞種。他們還可能被看作至少在某種程度上是反白人的文本。因為儘管這些死刑犯在召集戰犯審判的每個戰區都主張自己無罪，但是他們辛辣地表現了荷蘭人、英國人和美國人的嚴酷與雙重標準。[87]僅在個別情形下，這些遺書才使人想到日本人曾經多麼嚴重而且無謂地犧牲了其他亞洲人民。

不管如此，《世紀的遺書》這樣的遺文集給人的總體印象，既不是憤怒甚至也不是辯解，而是壓倒一切的徒勞感、悔意和悲傷。戰犯們的遺言，與自由主義和左翼學者匯輯出版的戰沒學生兵的遺書，並沒有想像中那麼大的差異。事實上，《聽，海神之聲》中最動人的遺書，是東京帝國大學的經濟學部學生木村久夫所寫。木村久夫於一九四六年五月在新加坡因虐待俘虜罪被作為戰犯處決。一九四八年木村久夫的評傳出版，他不尋常的遺言，就潦草地寫在田邊元的哲學書的書頁空白處，與他獄中的詩作一道收入《聽，海神之聲》。《世紀的遺書》在木村久夫的條目之下，除了同樣的詩作之外，還收錄了他給父親最後的書簡。[88]木村寫於絞刑前一日的兩首絕命詩，其中一首傳達出二十六歲的他面對死亡時的了然心境：

風止雨停歇
朝陽何清新
明日我將去

另一首可能會讓日本讀者聯想到吉田松陰：

既不害怕也不悲傷
我將走向絞首架
心中珍藏母親的笑臉

除了少數的例外，被處決戰犯寫下遺書並非是為了日後的出版。這些遺書是向當事人的遺屬和友人廣泛呼籲後搜集出版的。他們產生的社會影響具有矛盾的兩面性：他們一方面削弱了戰爭責任的意識，另一方面卻強化了人們為軍國主義和戰爭所付出的可怕代價的記憶。像戰沒學生兵的書信與原爆犧牲者的回憶錄一樣，這些遺書成了人生被戰爭所毀的日本人的個人肖像集之一。他們通常是美化了的自畫像，以一種奇特的、至少是未曾預料的方式，協助奏響了數年前大佛次郎提到的日本戰死者的「安魂曲」。這些遺書的語言像是哀怨的挽歌。這些作者可能是因為「常規

520

的」戰爭犯罪而被處決，但其中許多人的文筆卻很不尋常。此外，出版時的版式與體裁也突出了哀歌體的風格。

例如，《世紀的遺書》的序文中，加進了大慈大悲的觀音菩薩的銅像照片。依照同盟國戰犯審判的開庭地點對遺書進行分類，每一部分從所收遺書中選取動人的詞彙作為小標題。在中國接受死刑判決者的遺書條目，其小標題為《日支之楔》；在緬甸接受英國人審判者，其遺書分類標題為《命運》；香港的則是《迎春》。巢鴨監獄收押的死刑犯的遺書，標題為《紫羅蘭》；關島死刑犯的遺書，標題就叫《人間》。

每個人的作品，也由編者從遺書文本中擷取隻言片語作為標題，這些題目也充滿悲傷、沉思和人性的基調，傳達著此書出版者的意圖。如在中國受審者的題目有：《來自黑暗的世界》、《中國兵之淚》、《深愛的日本》、《虛無與忘卻》、《日日是好日》。在荷屬東印度群島受審者的題目有：《生命的餘白》、《彼岸的友情》、《百人之顏》。澳大利亞的則是《善與惡》。馬來亞與北婆羅洲的有《告英國》、《回到母親身旁》(作者的母親去世了)。緬甸的有《給晴子(或春子)》(《はる子さんへ》)，這是一封寫給幼小女兒的信，沒有文字，完全以表示語音的假名寫成。印度支那的是《不同的人們》。關島的是《科學者的思慮》。巢鴨監獄則有《獨來又獨去》、《背負十字架》(作者在獄中學習了基督教的讚美詩)、《哭牆》、《白雲》、《永遠的和平》、《別》。[89] 對敵人而言他們是殘暴邪惡的罪犯，對許多國人而言，他們現在成了哲學家和詩人。

521

《世紀的遺書》在一本月刊上摘錄發表，其簡短的序言提到，這些遺書是能鼓舞整個日本民族並幫助全人類淨化的「偉大的聖書」。編輯呼籲讀者振作起來，記住這是黎明前的黑暗（發表遺書的雜誌名《曙》，本身就是「黎明」的意思），並獻身於確立永久之和平。[90] 這是戰爭年代經常聽到的有關純潔與和平的說教。這是寬恕不名譽的死者的民族主義的辯解。這是遮蔽日本的戰爭罪犯與暴行的可怕現實的煙幕。但這也是在這個極端內向性的世界裡的反戰聲明。被判死刑的戰犯的許多書信，以深深打動讀者的方式，強化了這一宣言。一位軍醫寫給年幼的女兒最後的一封家書，頗具代表性。他告訴女兒，在一生中儘量不要殺害任何生命，即便是一隻蜻蜓。

這名軍醫因虐待同盟國俘虜的罪行，被處以死刑。[91]

1 《朝日新聞》1945年8月16日。高村光太郎的詩作題目為《一億の号泣》，參見《朝日新聞》8月15、17日。

2 《朝日新聞》1945年8月21日。此文及其後還有三篇文章，皆以《英靈に詫びる》為題：一位朝日新聞記者對神風特攻隊飛行員的回憶（8月22日）；暢銷歷史小說家吉川英治的訪談（8月23日）；京都第三高等學校的一位教師狂亂的情感宣洩（8月24日）。

3 與德國的猶太人不同，日本的受害物件，即便與日本人產生了切身的關聯，如朝鮮和中國的勞工或者「慰安婦」，也從未被認為是日本社會的一員。除了少有的例外，「泛亞」說辭純粹是宣傳而已。

4 南原繁，《南原繁著作集》（東京：岩波書店，1973），第6卷，pp.46-57，尤可參見p.55。此文原載1945年9月1日《帝國大學新聞》，開篇也是首先表達對天皇終結戰爭的感謝。關於南原熱心支持戰爭的言論，參見他1945年4月1日對入學新生的演講，《南原繁著作集》第6卷，pp.38-45。

5 《南原繁著作集》，第6卷，pp.57-66。

6 收入文藝春秋編，《「文芸春秋」にみる昭和史》（東京：文藝春秋，1988），第2卷，pp.15-18。戰後初期，對死者的哀悼多關注於戰死的年輕人，但是這種情緒也投射到了空襲遇難的一般市民身上。1945年9月23日，在東京空襲遇難者的追悼儀式上，亡者被告知「你們是為國家失去生命，我們永志不忘」。這些犧牲，誓將成為「和平日本建設的基礎」；《朝日新聞》，1945年9月24日。

7 《家の光》1946年6月號；引自吉田裕《占領期における戦争責任論》，《一橋論叢》105卷2號（1991年2月），p.123。吉田裕的論文（pp.121-38），充分利用了當時呈交GHQ審閱的大量日文報刊資料，這些資料現存於美國馬里蘭大學McKeldin圖書館。從本文以下的注釋可以看出，筆者十分倚重吉田教授發掘的史料。本人也借重於吉見義明基於這些文獻所做的同樣頗有價值的研究，參見吉見義明《占領期日本の民衆意識-戦争責任論をめぐって》，《思想》811號（1992年1月），pp.73-99。

8 菊池寬《話の屑籠》，《キング》22卷1號（1946年1月）；引自吉田《占領期における戦争責任論》，p.123。

9 森正藏《旋風二十年 解禁昭和裏面史》（東京：鱒書房，1945，1946），全二卷。森是實際上寫作這本書的每日新聞團隊的統籌編輯。對這本著名暢銷書的最佳評析，是尾崎秀樹的《旋風二十年》，收入《朝日日誌》編，《ベストセラー物語》（東京：朝日新聞社，1967），第1卷，pp.7-15。亦參見鹽澤實信《昭和ベストセラー世相史》（東京：第三文明社，1988），pp.100-2。1946年的版本有多處修訂，可能是遭受GHQ審查的緣故；前引尾崎之論析，p.14。

10 森《旋風二十年》，上卷，p.42；典型的有關敗戰責任的成見的其他例證，亦可參見森前引書下卷pp.88, 121, 151-52, 189。

11 森《旋風二十年》，上卷，p.142；亦參見森前引書上卷，pp.18, 120, 136-37, 167；下卷pp.32-33, 58, 62。一度實業家與軍閥曖昧勾結，為非作惡，同書下卷，p.129。

12 《朝日新聞》1945年9月12、13、15日；朝日新聞社編，《聲》（東京：朝日文庫，1984），第1卷，pp.35-36（對《戰陣訓》的典型援引）；保阪正康《敗戦前後の日本人》（東京：朝日文庫，1989），pp.246-50（高見順的記述與東條的病房會見）；渡邊一夫《敗戰日記》（東京：博文館新館，1995），p.85。東條的自殺事件是根據B. V. A. Röling的記述，引自Anotonio Cassese編，*The Tokyo Trial and Beyond:*

Reflections of a Peacemonger (Cambridge: Polity Press, in association with Blackwell Publishers, 1993), p.34。東條被作為首犯的例證，參見森《旋風二十年》，上卷p.102；下卷p.88, 114, 121。據1945年末在東芝工廠的調查，80%的白領和藍領雇員表示對東條抱有敵意；參見吉見《占領期日本の民衆意識》，p.90（其他批評觀點，參見pp.78-79, 81, 82）。多年後，東條之妻回憶起她的家族當時遭受的屈辱。她和孩子們逃到了她的家鄉，但仍然收到許多來信。有的信是表示同情，但是很多信都充滿了仇恨。她回憶說，有位寫信者揚言要給她和每個孩子都寄來棺材。她的一位女婿也是軍官，自殺了。她的長子從公司辭了職。兩個最小的女兒改換了姓氏，以免在學校引起注意和嘲笑。參見東條勝子，《戰後の道は遠かった》，《文芸春秋》1964年6月；收入《「文芸春秋」にみる昭和史》，下卷，pp.99-111。

13 森《旋風二十年》，上卷，p.149, 161。

14 《朝日新聞》1945年8月23、25日。從8月8日到9月2日，涉及原子彈爆炸的新聞報導，僅在《朝日新聞》上出現過5天（8月10、24、26、28日，9月2日）。從9月3日到16日審閱制度開始生效的14天裡，涉及原子彈爆炸的報導，一共出現在9期日報上（除了9月4、9、10、13、15日）。

15 《朝日新聞》1945年8月14日。清瀨一郎敏感於人種問題的另一例證，參見吉田《占領期における戦争責任論》，p.132。

16 日本人描述美國投放原子彈的標準形容詞，是「殘暴」、「非人道」。筆者曾在其他著述中探討過日本人對原子彈的反應，參見：Michihiko Hachiya，*Hiroshima Diary: The Journal of a Japanese Physician, August 6-September 30, 1945*（Chapel Hill: University of North Carolina Press, 1995）一書中，本人所作的序言，pp.v-xvii；「The Bombed: Hiroshimas and Nagasakis in Japanese Memory」，收入Michael J. Hogan編，*Hiroshima in History and Memory*（Cambridge: Cambridge University Press, 1996），pp.116-42；「Three Naratives of Our Humanity」，收入Edward T. Linenthal與Tom Engelhardt編，*History Wars: The 'Enola Gay' and Other Battles for the American Past*（New York: Metropolitan Books, 1996），pp.63-96。

17 《朝日新聞》1945年8月27日。亦可參照《朝日新聞》1945年8月18、9月12、16日。

18 《朝日新聞》1945年8月17、18、19、20、22日；可參照《朝日新聞》1945年8月26、28日。

19 《朝日新聞》1945年9月5、10、21日；10月23日。

20 《朝日新聞》1945年10月11日。戰敗後的數周，有關科學與「理性」的其他的新聞評論，參見《朝日新聞》1945年9月12、14、15日，10月1、2、18、26、29日。

21 《朝日新聞》1945年9月14日。

22 那份曾貼在東京帝國大學相模海洋研究所的通知原件，現展示於Woods Hole（Massachusetts）Marine Biological Laboratory的圖書館中。通知為日本著名的生物學家團勝磨所寫。感謝Tom Benjamin向我推薦了這一文獻。

23 有關記者招待會，參見1945年8月30日《每日新聞》，收入日高六郎編《戰後思想の出発》（東京：筑摩書房，1968），pp.53-58。著名的

「一億總懺悔」的說法，其實並未出現在《朝日新聞》的首相記者招待會記錄中（會議記錄的說法是「全體國民的總懺悔」），而是出現在當日報紙的社論中。還可參見9月5日東久邇首相的施政演說，載9月6日《朝日新聞》。

24 丸山真男《思想の言葉》，《思想》381號（1956年3月），p.322。

25 《朝日新聞》1945年10月19日；這些信件見載於朝日新聞社投降後兩月內收到的讀者來信的摘錄中。亦可參見9月27日《朝日新聞》刊登的讀者來信，收入朝日新聞社編《聲》，第1卷，pp.39-40。

26 引自James W. Heisig，「The Self that Is Not a Self：Tanabe's Dialectics of Self-Awareness」，收入Taitetsu Unno與James W. Heisig編，*The Religious Philosophy of Tanabe Hajime*（Berkeley: Asian Humanities Press, 1990），p.284。此書是關於田邊元哲學思想的重要的英文論文集。對田邊元頗有興味的分析，見久山康《戰後日本精神史》（東京：創文社，1961），pp.170-201；此分析曾摘引於「Postwar Japanese Thought: 1940-1960」，*Japan Christian Quarterly* 47.3（Summer 1981）: 132-44。20世紀30年代後期，田邊元竟然將日本國家表述為真的佛性的顯現，是大慈大悲的菩薩理想的化身，個人對國家的順從實質上就是對佛的皈依。這是佛教的流俗化與哲學的墮落，是後來田邊的恥辱感與罪孽感的真正緣由；參見Kiyoshi Himi，「Tanabe's Theory of the State」，收入Unno與Heisig前引書，pp.309-10。1943年，也就是田邊思想轉變的前一年，他還寫道，「危難時國家與個人是一體的；民眾須竭力奉仕國家。個人與國家的疏離，同時也意味著毀滅個人本身」；引自Heisig前引書，p.283；可對比同書之pp.281-84。甚至1946年在其盧梭式的懺悔論述中，田邊也未真正涉及他對戰爭遂行重要的理論貢獻。例如，1934年他曾提出了影響極大的「種的論理」（種の論理）的概念，完全服務於日本軍國主義者與極端民族主義者推行由神聖天皇統治的單一種族國家的意識形態；參見前引之Himi，pp.303-15。1940年，田邊元在京都帝國大學的傑出前輩西田幾多郎，曾私下坦率評論說，田邊的著述完全是法西斯主義的。這是中肯的評價。田邊本人哪怕是在最為自我否定的時刻，也未能對此進行懺悔；西田的評論，見Heisig前引書，p.283。在1945-1946年懺悔與轉變的著述中，田邊仍然對他的「種的論理」的洞見進行了再次的確認。田邊元的戰後思想究竟在何種程度上脫胎於他的戰前思想、可以如何被獨裁統治所利用，仍然是有待研究的課題。

27 田邊元《懺悔道としての哲学》，（東京：岩波書店，1946）。此書由Yoshimori Takeuchi譯為英文，James Heisig作序，*Philosophy as Metanoetics*（Berkeley: University of California Press, 1986）。此譯本下引為*PM*。

28 *PM*, pp. xlix-lx, 3, 26.

29 *PM*，p. lx；亦參見p. xxxvii。

30 *PM*，pp. lvii-lviii, 20, 265, 270；亦參見p.281, 295。田邊元的著述，力圖闡明他基於親鸞的思想，與諸如康德、黑格爾、謝林、海德格、齊克果等西方哲學相比之優越性。戰敗後日本知識階層這種抵制西方文化霸權的嘗試，值得進一步研究。1945年8月20日，田邊「京都學派」的同僚高阪正顯，在《每日新聞》上發表文章讚揚西方的「客觀性」與「現實」，批判日本的「主觀性」，但仍堅持認為日本具有對世界文化做出重大貢獻的潛力。高阪抨擊知識精英與普通民眾間的文化鴻溝；頌揚日本人對家國的道義，但認為日本「社會設計的戰術有重大缺陷。假使他聲稱有罪，美國人會將此作為天皇同樣有罪的解釋。他必須辯稱自己無罪，才能加強天皇無罪的印象。聽聞此言，木戶在他的日記中寫道，「我感覺心裡有了著落。」[91]

都留重人的此番建議，顯然受到了他的老熟人保羅．巴蘭（Paul Baran）的慫恿。巴蘭是一位進步的經濟學家，當時是在日本的美國戰略轟炸調查團的一員。十二月十二日，國際檢察局首次訊問木戶幸一（由都留重人任翻譯）。木戶幸一透露，他自一九三〇年以來都保留有詳細的日記，並同意將日記交給檢察方。十二月二十四日至翌年一月二十三日間，木戶分三次交出日記，日記的截止日期為一九四一年。彼時正是珍珠港襲擊前後，是美方檢察官最感興趣的部分。木戶幸一的日記，很快成了檢察方的「寶典」。[92]

木戶幸一可能對日記略做了刪改，以便不給他的主君造成麻煩。[93]當然，這位前內大臣確信，他那含義隱晦難懂的日記，再輔以他向檢察方的直接「說明」，能夠證明天皇一貫希求和平，訴諸戰爭的責任完全在於日本政府和軍部。他對這一賭注的豐厚回報，計算得很妥帖。儘管檢察方在準備對各位被告的訴狀時，對木戶幸一的日記進行了細心梳理，但是那些作為證據提交法庭的日記部分卻被謹慎篩選，以避免對裕仁的言行有任何意味深長的提及。檢察方對木戶進行了異乎尋常的長時間訊問，三十次審訊共產生了大約八百頁的列印記錄，卻從未被作為直接證據提出。這是因為，即便是高度警惕的木戶幸一，偶爾也會有發言可以被解釋為，天皇是對日本的一連串列動負有責任的領導者。94

一九四六年三月，A級戰犯嫌疑人受審名單最終確定，國際檢察局決定在全體被告的起訴書中，最大限度地引用田中隆吉的審問記錄與木戶幸一日記的摘錄。在東京法庭的最初審判中，與木戶幸一同時受審的二十七位被告，其中十五人是由木戶幸一本人指認的日本戰爭的主要責任人。95

1 關於Röling，參見B.V.A.Röling，「The Tokyo Trial and the Quest for Peace」，C.Hosoya，N.Andō，Y.Ōnuma與R.Minear編，*The Tokyo War Crimes and Beyond:An International Symposium*(New York: Kodansha International, 1986)，p.130；Röling，*The Tokyo Trial and Beyond: Reflections of a Peacemonger*，Antonio Cassese編，Cambridge: Polity Press聯合Blackwell Publishers, 1993，著重參見pp.65-68,86-91。關於Webb的發言，參見B.V.A.Röling與C.F.Ruter合編*The Tokyo Judgment: The International Military Tribunal for the Far East (I.M.T.F.E.)*, 1946年4月29日—1948年11月12日(Amsterdam: APA—University Press, 1977)，vol.1, p.xi及vol.2, p.1045；此文獻下引為*TJ*，此兩卷本收錄東京審判的全部判決，包括多數判決書，2份連帶的批評意見以及3份反對意見書。1946年6月4日Keenan在東京審判中的主要陳辭，收入多卷本的審判重要證詞記錄：*The Tokyo War Crimes Trial*，R.John Pritchard與Sonia Magbanua Zaide編(New York and London: Garland,1981)，vol.1, pp.383-475；著重參見384,392,459。此文獻下引為*TWCT*。有關日本方面將審判視為「文明」的事業的積極反響，參見《読売新聞》1946年5月15日、6月5日，《毎日新聞》1946年6月6日；還可參見法庭宣判時，《毎日新聞》1948年11月13日發表的國會議員和馬克思主義學者羽仁五郎的談話。

2 有關戰爭審判的戰時背景，在Richard L. Lael的*The Yamashita Precedent: War Crimes and Command Responsibility*(Wilmington, Del.: Scholarly Resources, 1982)一書中，有簡要概括及評注，尤其可參考此書第2、3章。關於同盟國早期的想法，包括支援立即處決納粹主要領導人的表示，還可參見Telford Taylor，The Anatomy of the Nuremberg Trials(New York: Knopf, 1992)，尤其是pp.28-40；Michael R. Marrus編，*The Nuremberg War Crimes Trial, 1945-1946: A Documentary History*(Boston: Bedford Books, 1997)，pp.18-38。

3 Stimson在戰爭時期的考慮，主要闡述的是針對納粹戰犯的政策，在Lael的前引書中有概述。Jaranilla法官對Stimson的引述參見*TJ* 1:514-15.

4 東京審判採用檢察方統計結果：歐洲戰場被德國和義大利俘虜的英美人總數為235473人，其中9348人在押期間死亡。太平洋戰場相應的數字為：被日本俘虜的總人數132134人中有35756人死亡；*TJ* 1:385. 對死於日本人之手的亞洲俘虜的情況沒有相應的估算，這些俘虜受到了同樣的苦難，而且數量巨大。死於德國人之手的蘇聯俘虜數目龐大，但是軸心國成員之間進行情況比較時，這一點很少被提及。此外，大屠殺通常被作為異常情形進行個別處理。

5 參見珍貴資料1989年冬號《未公開写真に見る東京裁判　別冊歴史読本特別増刊1989冬号》。《歴史読本》本期為日本戰爭犯罪審判專題，其中有關於各地審判的資料，還收錄有各審判地點的地圖，pp.114-21。

6 日本的官方資料由法務省統計，以方便的統計表格形式收入講談社編《昭和二万日の全記録》(東京：講談社，1989)，vol.7，pp.220-21；此文獻下引為*SNNZ*. 還可參見粟屋憲太郎《東京裁判論》(東京：大月書店，1989)，p.288；粟屋憲太郎在前書中簡明概括了有關這一問題的日本文獻，pp.282-97. 其他表格資料有所出入，參見*Bessatsu Rekishi Tokuhon*(1989).有關各地審判的主要英語文獻是Philip R. Piccigallo，*The Japanese on Trial: Allied War Crimes Operations in the East, 1945-1951*(Austin: University of Texas Press, 1979)。對此問題的簡要論述參見Stephen Large，「Far East War Crimes Trials」，I.C.B.Dear所編*The Oxford Companion to World War II*(New York:

Oxford University Press, 1995），pp.347-51。關於山下奉文的審判，典範性的重要論述（出自山下的一位辯護律師之手），是A. Frank Reel，The Case of General Yamashita（Chicago: University of Chicago Press, 1949）；Lael（1982）對Reel的觀點提出異議。日本人戰爭犯罪個案研究的重大成果，參見Yuki Tanaka，*Hidden Horrors: Japanese War Crimes in World War II*（Boulder: Westview, 1996）；Gavan McCormack與Hank Nelson編，*The Burma-Thailand Railway: Memory and History*（St.Leonards, Australia: Allen&Unwin, 1993）；Gavan Dawes，*Prisoners of the Japanese: POWs of World War II in the Pacific*（New York: William Morrow，1994）；以及Robert La Forte，Ronald Marcello和Richard Himmerl所編*With Only the Will to Live: Accounts of Americans in Japanese Prison Camps, 1941-1945*（Wilmington, Del.: SR Books, 1994）。

7 *SNNZ* 7:221. 粟屋憲太郎合計朝鮮人與臺灣人受審326人，其中42人被處死刑。粟屋憲太郎《東京裁判論》（1989），p.291。Yuki Tanaka提出，需注意1945年9月17日帝國軍隊指示軍官將虐待戰俘的罪行歸咎於朝鮮人和臺灣人的監獄看守；參見他的*Hidden Horrors*, p.71. 關於朝鮮人和中國臺灣人為日軍服役而受審的問題，參見內海愛子《朝鮮人BC級戦犯の記録》（東京：勁草書房，1982）。

8 共計有5700名B/C級戰犯在2244處法庭受審。澳大利亞審判以其規模之大而聞名。美國的審判參見美國國務院，Foreign Relations of the United States, 1948, vol.6, p.873; 此文獻下引為*FRUS*。平均審理時間約為2天，見*SNNZ* 7:221。許多B/C級戰犯，包括被判終生監禁者，在20世紀50年代均獲釋放。

9 535頁篇幅的Khabarovsk英文審判記錄以*Materials on the Trial of Former Servicemen of the Japanese Army Charged with Manufacturing and Employing Bacteriological Weapons*為題出版，（Moscow: Foreign Language Publishing House, 1950）。粟屋憲太郎利用日本法務省資料，在一篇1978年蘇聯關於東京審判的研究文章*Sud v Tokio*的譯後記中，推測日本人因戰爭犯罪在蘇聯被處死刑人數約為3000人。參見L.N.Smirnov與E.B.Zaitsev（川上洸、直野敦譯），《東京裁判》（東京：大月書店，1980），p.517。

10 粟屋憲太郎《東京裁判論》（1989），p.293。

11 《每日新聞》1948年11月5日。

12 累計資料，參見*TJ* 1: xii, 22; 還可參見Solis Horowitz，「The Tokyo Trial」，*International Conciliation*, no. 465, 1950年11月，p.542。Horowitz是東京審判的檢察官之一，其長文（pp.473-584）是有關東京審判少有的詳盡的英文論述。有關檢察團的規模，參見Arnold C. Brackman，*The Other Nuremberg: The Untold Story of the Tokyo War Crimes Trials*（New York: Morrow, 1987），p.56；Brackman 作為記者報導東京審判檢方（而非辯方）的陳述情況。Norman1948年的評論，發表於其日文版的文集；參見E. H. Norman, *Herbert Norman zenshū*，大窪愿二譯（東京：岩波書店，1977），vol.2，p.391。

13 最初有28名日本人被作為「A級戰犯」起訴，其中2人在審判過程中死亡，1人因精神障礙原因免於起訴。參見Horowitz前引文的判決圖表，p.584；添加了死亡與假釋日期資料的圖表，參見Richard Minear，「War Crimes Trials」，*Encyclopedia of Japan*（Tokyo: Kōdansha,1983），8:223-25。1958年的赦免情況，參見Minear，*Victors' Justice: The Tokyo War Crimes Trial*（Princeton, N.J.: Princeton

University Press, 1971)，p.175。

14 Röling(1993)，pp.54, 85-86, 90. 亦可參見Röling的序言，*TJ* 1:xiii-xvii。

15 「Oral Reminiscences of Brigadier General Elliott R. Thorpe」, 1977年5月29日, RG49, box 6, MacArthur Memorial, Norfolk, Va., pp.10-12. Wm. C. Chase, Front Line General: The Commands of Maj. Gen. Wm. C. Chase(Houston: Pacesetter Press, 1975), p.144。Chase 接下來評論到：「我們過去經常在東京說，美國最好別在下次戰爭中打敗，不然我們的將軍們都會不經任何審訊，就在天亮時被槍斃。」

16 *FRUS 1948*，6:717-19, 794. Kennan的抨擊並非像職業軍人Willoughby，Thorpe和Chase一樣，是出於對日方的任何同情。更確切地說，他輕視日本人對作為審判基礎的公正與公平概念的理解能力。Kennan屬於認為即刻處罰更為合適者的陣營。他在其絕密報告中寫道，「如果我們在日本投降時立即將這些人處死，可能會被更好地理解和接受。」

17 例如，參見Horowitz前引文，pp.574-75。

18 1953年Pal法官個人在印度出版了他的反對意見書。多數判決書、連帶意見書以及反對意見書的完整版本最初由個人名義於1977年出版：參見*TJ*。審判的全部程式於1981年公開出版了22卷館藏本：參見*TWCT*。

19 有關釋放未被起訴的「A級戰犯」嫌疑人的解密史料，1987年在日本受到了媒體的關注。例如可參見1987年12月27日的《朝日新聞》，12月28日的*Japan Times*。被釋放的「A級戰犯」嫌疑人並不能夠立即恢復任職，而是成為各種清除處分的對象。然而，兒玉譽士夫由於在戰時囤積了大量珍稀商品，很快成為與美國中央情報局勾結交易的政界黑幕的中間人；有關兒玉譽士夫在朝鮮戰爭 向美國供應囤積的鎢金屬中所担當的角色，參見Howard Schonberger著、袖井林二郎譯，《ジャパニーズ・コネクション―海運王K・スガハラ外伝》(東京：文藝春秋，1995)，pp.214-28。亦可參照粟屋憲太郎的評論，收入Hosoya編，*The Tokyo War Crimes and Beyond:An International Symposium*，pp.82-84。

20 這是麥克阿瑟告訴Röling法官的：參見Röling(1993)，p.80，以及Hosoya前引書，p.128。

21 *FRUS 1945*, 6:591-92, 962-63. 有關這一問題的拖延情況出處同前，6:898-989。

22 *FRUS 1945*, 6:988-89。麥克阿瑟的1月19日宣言與東京憲章(最終版本，正式簽署日期為1946年4月26日)皆收錄於Minear(1971)，pp.183-92。

23 *TJ* 1：19-22, 439-42。有關兩次審判法律的簡明比較，參見*The Charter and Judgment of the Nurnberg Tribunal: History and Analysis*(Lake Success, N.Y.: International Law Commission, General Assembly, United Nations, 1949), pp.81-86。

24 *TJ* 1: 31-32; 439-42; 出處同前2:527-30. Keenan在法庭的開篇陳述中，頻繁提到日本「統治世界」的陰謀：參見*TWCT* 1:386, 392, 435, 449。

25 這一點經常被忽略，或許是因為《東京憲章》像《紐倫堡憲章》一樣，同等詳細地論述了反人道罪與反和平罪。儘管如此，請參見*The Charter and Judgment of the Nurnberg Tribunal*, p.82；Röling(1993), pp.55-58；Horowitz, pp.498-501, 551-52。最初的55項指控，第

37-52項指控分類為「殺人」，第53-55項指控為「常規戰爭罪行與反人道罪」。

26 關於「命令責任」的基本觀點，實際上是在對山下奉文的審判中首次提出的；參見Lael(1982)。

27 Horowitz前引文, p.538. 日方評述參見《每日年鑑》1949年版，p.101。

28 Webb法官的見解，參見*TJ* 1:477，Pal法官的觀點見前引書2:1036。亦參見Röling(1993), pp.46-47。

29 廣田弘毅被判死刑的主要理由是，1937年作為外相，他「疏於職守，未向內閣堅決要求採取立即措施終止(南京大屠殺)暴行」；*TJ* 1:446-48. 據Röling法官透露，廣田弘毅死刑判決的投票結果是6票贊成，5票反對，他指責這是「達成絞刑判決的可恥方式」；Röling(1993), p.64. Röling本人宣判廣田弘毅無罪。

30 例如，可參見1948年11月13日《朝日新聞》、《日本経済新聞》、《每日新聞》的報導，以及《每日新聞》11月14日的報導。在有關東京審判最著名的日本文獻中，兒島襄評述4份個別意見書的提出，引發了日本輿論的紛爭；參見兒島襄，全二卷《東京裁判》(東京：中公文庫，中央公論社，1982)，下卷，p.202. Jaranilla法官的補充陳述，支持法庭判決並建議對一些被告從重量刑的主張，並未得到同等關注。

31 *TJ* 1:477-79.

32 *TJ* 1:494-96.

33 *FRUS 1948*, 6:896; 鶴見俊輔、中川六平編，《天皇百話》(東京：筑摩書房，1989)，下卷，pp.671-672。

34 麥克阿瑟接受多數判決的引經據典的聲明，見於*FRUS 1948*, 6:908。11月23日，即麥克阿瑟發佈聲明前一日，他會見了遠東委員會的11國代表，當時有5國代表(澳大利亞、加拿大、法國、印度與荷蘭)表示對減刑採取歡迎姿態。11月29日，羅馬教皇Pius七世關於減免死刑的呼籲遞交美國國務卿；*FRUS 1948*, 6:897-98. Röling法官親自將他的反對意見書副本交給了麥克阿瑟的一位副官，卻未能引起麥克阿瑟的「任何關注」；Röling(1993), p.82。

35 比如參見1948年11月25日《日本経済新聞》，對11月24日三起事件的報導。

36 引自Minear(1971)，p.172。

37 Röling(1993), pp.20, 31.

38 *Times*，1946年5月20日，p.24；前引《歴史読本 別冊，未公開寫真に見る東京裁判》，pp.10, 46。

39 *TJ* 1:22；Horowitz前引文，pp.502, 534。

40 *FRUS 1946*, 8:429; Röling(1993), pp.36-38, 51-52,58; *TJ* 1:xi-xii; Horowitz, p.565。在最高司令部要求修訂憲法之際，也出現過同樣的情形。受歐洲法體系訓練的日本法律專家，面對的是基於英美法原則的憲法文本。

41 Lael前引書，pp.48-50。

42 參見Pal法官對檢方與辯方有關「共同謀議說」主張的概述，*TJ* 2:657-66。Pal的反對意見的大部分篇幅(2:657-950)，都是對檢方提出的

「全面陰謀」指控的全方位批判分析。Pal並不否認日方出現的「用心險惡的」事件與「非法所得」的存在（參見2:717, 728），也不否認當時日本正在進行戰爭動員，而是主張法庭面臨的問題，並不在於這些行為是否「正當」，而在於他們是否可以被解釋為進行侵略戰爭的全面陰謀的一部分，正如起訴書中指控的那樣（參見2:734, 750, 824-26, 873-80, 893, 938-40）。至於珍珠港襲擊的特殊事件，Pal認為，儘管日本的立場「可能不理智、侵略性而且無禮，」但是與美國談判破裂以及襲擊本身，並不構成背叛或是陰謀。相反，日本「是被形勢所推動，逐漸走上了不歸之路」（2:893-935, 尤其可參見pp.903, 935）。

43 對「勝利者審判」論的簡要概括，包括對簡單化的共謀指控的批判，參見Minear (1983)與Large (1995)。有關這一論點的深入論述，最有名的是Minear的*Victors' Justice*，總結了Pal法官的反對意見中的許多觀點。對審判最詳實、最具辨析性的學術著作是大沼保昭的《戰爭責任論序說》（東京：東京大學出版會，1975）與粟屋憲太郎的許多著述，尤其是他的《東京裁判論》，以及1984、1985年在*Asahi Janaru*雜誌上連載的系列論文「Tokyo Saiban e no Michi」。還可參見大沼保昭與粟屋憲太郎在Hosoya前引書中的論文。Brackman的*The Other Nuremberg*提供了對檢方觀點不加批判的全面概括，傳達出了當時的一些觀念和色彩。與紐倫堡審判形成對照，有關東京審判的英文著述相對缺乏，這也是東京審判未能實現當初期待的又一反映。

44 *TJ* 1:475. 東京審判中，與勝利者審判的指控相關的許多問題，包括共謀指控的合法性問題，也在紐倫堡審判中提出過。例如，可參照Michael Biddiss，「Nuremberg Trials」，見Dear前引書，pp.824-28。

45 *TJ* 2:1045. 亦參見Hosoya前引書，pp.41, 43, 47。

46 *TWCT* 1:459.

47 關於反和平罪起訴先例的法律論據，以及國際法中有關「侵略戰爭」的規定，在多數判決書（*TJ* 1:35-52）以及Pal法官（*TJ* 2:551-627）與Röling法官（*TJ* 2:1048-61）的個別意見書中皆有相當詳盡的概括。Keenan關於「殺人」罪行的論述，參見*TWCT* 1:473-74。有關這一問題的辯方質疑與法庭駁回，參見*TJ* 1:27-28。除了文中引述的要點之外，辯方還主張，同盟國「無權將『反和平罪』納入審判的憲章並認定為法庭可裁決的罪行；依據波茨坦宣言，投降條款規定『在宣言之日[原文如此]（1945年7月26日）國際法認定的常規戰爭罪行，將成為唯一被起訴的罪行』；交戰中的殺害行為，除非違反戰爭法規與慣例，不能被認定為起訴書中所指控的『殺人』行為；有些被告人，如戰俘，應當交由1929年日內瓦公約規定的軍事法庭而不是東京法庭予以審判。

檢方的論據凱洛格—白里安公約宣佈「侵略戰爭」為不合法，是站不住腳的，並且受到了多方質疑。經常被指出的一點是，1944年同盟國本身經內部商榷得出結論：「侵略戰爭」並無一致的定義，而且在現行的國際法下並非犯罪，也沒有先例讓個人為國家的行為受審。法學家Knut Ipsen主張，「反和平罪」及其對個人責任的相關指控，其實是「事後立法」，從而與東京審判自身明確認定的審判原則『沒有法律就不可能有犯罪』的原理不相容。」他認為，情形較好的是「反人道罪」的立法。參見Ipsen在Hosoya前引書中的論文，pp.37-45。

48 有關Keenan的陳述，參見*TWCT* 1:463。美方最初的主要戰犯嫌疑人名單，的確包括秘密團體的領導人以及數位實業領袖，如著名的鮎川義介、中島知久平與藤原銀次郎，他們雖被捕卻未被起訴；可參見*FRUS 1945*，6:968, 978。「A級」戰犯審判中頗有意味的一點是，蘇聯未能堅持起訴天皇以及至少一名「有代表性的」財閥領導人。自20世紀20年代起，蘇聯的對日政策（明顯地反映在日本共產黨的宣言中），認為日本對內鎮壓、對外侵略擴張的關鍵所在，就是罪惡的天皇制與財閥控制的壟斷資本主義。然而，在向東京審判施加影響時，蘇聯迅速靈活地無視這種看來難以打破的意識形態爭論，轉而要求起訴當時仍未被起訴的兩人：前外相重光葵（一個令人吃驚的選擇）與前關東軍司令官梅津美治郎。很難看出此舉到底有何意義。據俄羅斯學者研究，蘇聯起初確實打算起訴三位已經被捕的財閥領導人（鮎川義介、中島知久平與藤原銀次郎），卻被Keenan告知這絕不可能。到此時，蘇聯只得罷手，美國及其他資本主義的同盟國已經對紐倫堡審判包括實業家公開表示遺憾；參見Smirnov與Zaitsev，pp.31-32,122。事實上，蘇聯在此問題上的讓步，與他最初對美國控制占領局勢的調和政策相一致。本質上，史達林似乎希望能夠以默認美國控制日本（以及在中國的低姿態），作為獲得美國默許蘇聯在東歐的「安全地帶」的交換。關於確定被起訴者的標準，亦可參見Horowitz前引文，pp.495-97。

49 揭露被掩蓋的731部隊活動的開拓性研究，是由John W. Powell進行的。參見他的「Japan's Germ Warfare: The U.S. Cover-up of a War Crime，」*Bulletin of Concerned Asian Scholars* 12.2（1980）: 2-17，以及「Japan's Biological Weapons, 1930-1945: A Hidden Chapter in History，」*Bulletin of the Atomic Scientists* 37.8（October 1981）:43-53。粟屋憲太郎注意到，檢察方還掌握有1644部隊在中國進行化學戰的情報；參見粟屋在Hosoya前引書中的論文，pp.85-86、116，以及粟屋在*Asahi Jānaru*雜誌上發表的文章，1985年3月1日號，pp.39-40。

50 Brackman，pp.63-71（此處是有關「乾杯！」的軼聞）；Röling（1993），pp.28-31；Minear（1971），pp.75-86。

51 由於Pal法官的堅持，東京審判才承認反對意見，起初預計只宣佈單一的判決；參見Röling（1993），pp.28-29。

52 Röling（1993），pp.62-63. 亦參見*TJ* 1:494-96（Bernard）。

53 Lael前引書，p.48。

54 遠東國際軍事法庭知悉日方在投降後的數周內銷毀證據檔的事實；參見*TJ* 1:437。

55 *TJ* 2:654-55.

56 可參見Röling（1993），pp.51-52。

57 Brackman, p.112.

58 Röling（1993）, pp.53; *FRUS 1946*, 8:445; 兒島襄《東京裁判》，上卷，pp.270-77。兒島襄注意到，經法庭翻譯的辯方證詞普遍變短，他引用了Webb法官不尋常的說法，大意是「如果日本辯護律師的英語更好或者翻譯更得力的話，判決結果可能會有不同」；出處同前，上卷，p.272。兒島襄的書並未注明出處，但其資料來源之一是與Webb的訪談。

59 兒島襄用整章篇幅來探討開脫天皇的問題，兒島襄《東京裁判》，下卷，p.91-134。

60 在1946年3、4月份秘密口授的獨白錄中，天皇實際上對大部分輔佐他的文武官員都是嚴厲無情的，與精心標榜的關切臣下命運的仁慈君主形象大相徑庭。頗有興味的是，得到裕仁顯著的肯定評價的兩位是木戶幸一與同盟國眼中最大的戰犯東條英機。可參見賀伯特・畢克斯(Herbert Bix)，「The Shōwa Emperor's 'Monologue' and the Problem of War Responsibility」，*Journal of Japanese Studies* 18.2 (summer 1992)，pp.299, 303, 349, 351-52。

61 參見重光葵關於這些事件的手記，《天皇百話》，下卷，p.123-30。

62 高橋與鈴木，《天皇家の密使たち——占領と皇室》，p.45-50；《天皇百⊠》中亦有摘錄(下卷，p.122)；這可參見兒島襄《東京裁判》下卷，p.122-34。在關於東京審判的日本文學作品中，這一事件被稱為「*Keenan—Kido kōsaku*」。Keenan利用來接近東條的第二中間人，是原陸軍少將田中隆吉。田中隆吉曾在《文芸春秋》1965年8月號上發表了《かくて天皇は無罪になった》一文，詳述這一插曲。收入文藝春秋編，《「文芸春秋」にみる昭和史》(東京：文藝春秋，1988)，第二卷，pp.84-91。原陸軍大將畑俊六的辯護律師A. G. Lazarus，在*Far Eastern Economic Review* (July 6，1989)上發表的信函稱，東京審判期間，他被一位代表杜魯門總統的不知名的高官授意，通過畑俊六，教導所有被告「在證詞中盡力證實，裕仁在依例出席的有關軍事行動和作戰的會議中，只起到了有益的作用」。Lazarus聲稱他照此辦理，並「找了個藉口」，與東條聯絡。此信函錯誤百出，或許是因為Lazarus寫信時年事已高。然而聯想到利用東京審判開脫天皇無罪的整齣賣力表演，這一聲明也有可能是真實的。

63 紐倫堡審判的情形也是如此；對照Röling (1993)，pp.54-55, 59-60；Biddiss在Dear前引書中的論文，pp.826-27。

64 1947年4月29日，法庭明確駁回這些辯方「證據」與此案無關：*TJ* 2:752。

65 Pal法官對東京審判多數判決意見徹底而詳盡的批判，極易於而且通常被歸因於他作為亞洲民族主義者的反殖民主義立場。這種描述是有偏見的。同時，Pal的反對意見強大而持久的重要性在於另外的兩大原因。他是東京法庭對國際法解釋的嚴密性最熱心的維護者，最為雄辯的是其對「法庭立法」的批判。在這點上，美國國務院駐東京代表對法庭判決的概括很有意味。這一結論認為，Pal法官的觀點「似乎拘泥於國際法的實證主義理論，堅持國際法關於國家主權是國際關係之基礎的嚴格解釋，這種解釋認為國家的主權資格不容假定」：*FRUS 1948*，6:907。對於這位印度法官的民族主義與國際法解釋的「實證主義」之間的關聯，就本人所知，從未做過仔細探討。

同時，儘管Pal法官激烈地反對殖民主義，他還猛烈地反對共產主義。在這點上，他與許多反殖民主義的亞洲同胞不同，而後者發現馬克思主義或者共產主義是為爭取獨立的鬥爭中最犀利、最具吸引力的手段。Pal的反對意見書，反覆批評東京審判拒絕認真考慮日本對中國共產主義勢力抬頭的擔憂。然而他也著意指出，問題不在於反共觀點「正確」與否，而在於事實上反共情緒正在全世界蔓延。他認為，「當全世界都表示出對共產主義的憂懼，當四面八方都嚴陣以待之時，我相信無需第1到第5項指控所宣稱的陰謀論幫忙，日本對這一假定威脅的恐懼以及隨後的準備和動作也是可以理解的」：*TJ* 2:685. 還可參見*TJ* 2:617-18, 642, 645-48, 685-86, 746, 752-55, 836, 864-65。家永三郎提醒要注意Pal有害的反共思想，參見Hosoya前引書，pp.169-70。

66 關於要求擴大審判席以納入印度與菲律賓的壓力，參見*FRUS 1946*，8:383, 390, 393-94, 399-400, 418-20。「白人的正義」的問題，在各地的B/C級戰犯審判中同樣存在。除中國和菲律賓外，B/C級戰犯審判都由歐美國家主持，並且主要審判針對白人戰俘的罪行。這一點常被日本的研究著述所強調；例如參見前引之粟屋憲太郎《東京裁判論》，p.288。

67 *TWCT* 1:385.

68 *TJ* 2:680, 727.

69 *TJ* 2:728-29, 741-42.

70 *TJ* 2:759-64.

71 日方文獻指出，占領軍當局不准許翻譯Pal的反對意見；參見前引之《別冊歷史読本》，p.48。

72 *TJ* 2:982 (Pal); *TJ* 1:510-11 (Jaranilla). Pal法官對使用原子彈的罪行非常憤怒，當1953年他個人在印度出版其反對意見書時，作為附錄轉載了《朝日グラフ》(朝日畫刊)1952年8月6日刊登的25幅廣島和長崎受害者的照片。參見*International Military Tribunal for the Far East: Dissentient Judgment of Justice R. B. Pal* (Calcutta: Sanyal, 1953)。

73 Röling (1993), pp.84.

74 Pal法官的反對意見由田中正明譯編為《日本無罪論—全訳》(東京：日本書房，1952)。同年，田中正明這出版了其修訂版《日本無罪論—真理の裁き》(東京：太平洋出版，1952)。20世紀80年代中期，他還公開主張「整個審判只是一齣鬧劇」；參見Hosoya前引書，pp.153-54。日本戰後的歷任保守派政府不對二戰中所犯戰爭罪行明確謝罪，源於對東京審判雙重標準的深刻感受。具體而言，就是要抵制關於日本帝國政府的政策與日本人的暴行是獨一無二的罪行的譴責。在此後的歲月中，勝利者並未以此標準審判自身的行動，自然加深了日方的不滿情緒。這不僅是指蘇聯和歐洲殖民主義而言，也包括美國在越南的戰爭。著名的「家永訴訟案」質疑日本文部省對教科書的審定，官司拖延了30年，就與「東京審判史觀」的爭議有很深的淵源。1995年，二戰結束50周年之際，日本政府是否應為戰爭罪行「道歉」的爭論再起。參見John W. Dower，「Japan Addresses Its War Responsibility」，*ii: The Journal of the International Institute* (newsletter of the International Institute, University of Michigan)，3.1 (Fall 1995)：8-11。

75 戒能通孝《極東裁判——その後》，《思想》348號(1953年6月)，pp.23-31。

76 Röling後來述及，增設一名日本審判官，有助於在法庭討論時澄清觀點、糾正偏見，「可以預防許多失誤」：Röling (1993)，p.87。Röling還確信，假使任命中立國的法官進行審判效果會更好，但他並未具體建議哪些中立國可以勝任。

77 參見《朝日新聞》，1945年9月17、18、22日。

78 《朝日新聞》1945年10月19、27日；《天声人語》(《天聲人語》)1:40-41 (1945年12月6日)。到1946年初，日本方面推測，約有500到2000名高層領導人將被逮捕。參見山川直夫《戰爭犯罪論》(東京：東京新報社，1946年2月)，pp.11-12；這本小冊子積極追隨勝利者對戰爭罪行的「全新」解釋，頗能代表當時許多出版物的觀點。

79 *FRUS 1945*, 6:952-53, 984-85. 同時Atcheson警告說，這種狀態可能很快就會改變。

80 參見吉田裕《占領期における戦爭責任論》中的引述，《一橋論叢》105卷2號（1991年2月），pp.127、132-33。家永三郎所引細川嘉六的觀點，參見Hosoya前引書，pp.166-67。

81 這一點眾所周知：參見《木戸幸一日記》（東京：東京大學出版會，1966），1945年8月9日的日記，2:1223。

82 《木戸幸一日記》2:1234，1945年9月12日的日記；兒島襄《東京裁判》，1:46-47；粟屋憲太郎《東京裁判論》，pp.67、152-54、189。此新聞標題出自《朝日新聞》1945年9月21日。

83 這份有意思的檔案，是粟屋憲太郎教授在日本國會圖書館有關牧野伸　的文獻中發現的，參見粟屋《東京裁判論》，pp.160-62。英文譯本參見Hosoya前引書中粟屋論文的附錄，pp.87-88。敕令草案的原始出處與日期不詳，但是粟屋經文本考證認為，此檔可能誕生於1945年10月到1946年4月的幣原喜重郎內閣時期。

84 粟屋憲太郎《東京裁判への道》，《朝日日誌》（朝日ジャーナル），1984年11月23日號（連載7），p.40。

85 近衛上奏文的譯文與分析，參見John W. Dower，*Empire and Aftermath: Yoshida Shigeru and Japanese Experience, 1878-1954*(Cambridge, Mass.: Council on East Asia Studies, Harvard University, 1979)，第8章。近衛於1946年出版兩本戰後文集：《失はれし政治　近衛文麿公の手記》（朝日新聞社）與《平和への努力　近衛文麿手記》（日本電報通信社）。近衛留下的檔案，在他自殺後立即移交給了國際檢察團：參見畢克斯（Bix）(1992)，pp.296、313，以及粟屋憲太郎的論證，《朝日日誌》（朝日ジャーナル）1984年12月7日號（連載9），pp.37-40。

86 關於岩淵辰雄，參見粟屋憲太郎《朝日日誌》，1984年12月14日（連載10），pp.32-33；亦參見粟屋前引之《東京裁判論》，pp.312-13。有關吉田茂擔任的角色，參見畢克斯（Bix）(1992)，p.322。

87 粟屋憲太郎《朝日日誌》，1984年12月14日（連載10），pp.34。

88 粟屋《朝日日誌》，1985年3月22日（連載23），pp.44、46。粟屋《東京裁判論》，p.100。真崎甚三郎與前陸軍大將、原首相阿部信行被從起訴名單中撤下，換上了蘇聯堅持要求審判的重光葵和梅津美治郎：參見Smirnov與Zaitsev，p.122。

89 粟屋《東京裁判論》，pp.93-95；粟屋《朝日日誌》，1985年2月15日（連載18），pp.41-42；畢克斯（Bix）(1992)，pp.357-58。

90 粟屋《朝日日誌》，1985年2月22日、3月1日（連載19、20）；粟屋《東京裁判論》，pp.87-88；田中隆吉《かくて天皇は無罪になった》，p.85。在日方的文獻中，田中看起來往往狡猾而擅長權謀，甚至有些瘋狂。

91 《木戸幸一日記》，2:1252-57，1945年11月24日，12月十日和15日的日記。

92 粟屋《東京裁判論》，pp.202-8。亦參見兒島襄《東京裁判》，1:100-2。作為當事人，Horowitz認為，木戶的日記「成了檢察方的寶典以及此後調查取證的主要材料」：Horowitz前引文，p.494。

93 關於木戶日記進行　改的可能性問題，參見粟屋憲太郎的論文《東京裁判と天皇》，收入日本現代史研究會編《象徵天皇制とは何か》

（東京：大月書店，1988），p.35；粟屋在《東京裁判論》中的論述更為謹慎，p.205。

94 參見粟屋《東京裁判と天皇》，p.36；粟屋《東京裁判論》，pp.207-8；《朝日日誌》，1985年1月18日（連載14），p.30，以及1985年1月25日（連載15），p.45。國際檢察團的政策，一般避免審訊內容涉及天皇。木戶幸一的主要審問者H. D. Sackett，出於私人的興趣，顯然偶爾會問到這樣的問題。木戶冗長的審訊記錄被粟屋憲太郎等人譯成日文，出版為《東京裁判資料 木戶幸一尋問調書》（東京：大月書店，1987）。關於木戶日記發言踴躍、見解犀利的座談，參見《木戶日記をめぐっ》一文，載《評論》1948年2月號，pp.48-64。

95 粟屋《東京裁判論》，pp.91、207；粟屋《朝日日誌》，1985年2月1日（連載16），p.41；還可參照前引之連載14、15，1985年1月18日、25日。

第十六章　戰敗之後，如何告慰亡靈？

日本人得知敗北之後，最初的正式反應，可以借用古代希臘或是中國的說法來表達。報紙的社論寫的是「一億相哭之秋」，詩人則吟詠「國土遍起無聲的號泣」。心被痛苦的憤怒燃燒，被淚水所侵蝕。戰死者之魂最後的憩息之所靖國神社屬下的一位將軍，則提及「刀折矢盡」這一傳統的喻指戰敗（實際上也指性的無能）的成語，描繪死者的眼淚紛紜落在他的身前身後，死者的面龐壓迫著他的背脊。1

485

在首批占領軍到達前一周，作家大佛次郎在《朝日新聞》上以《向英靈謝罪》（《英　に詫びる》）為題發表的記事，是寫給死者的心裡話。述說自己在聽到天皇廣播之後的無眠之夜，戰爭中死去的熟人的面龐在眼前浮現：出版社的友人，偶爾一起飲酒的同伴，自己喜愛的餐館中沉默寡言的大廚，僅在大學棒球賽上見過的男子，擅長寫和歌的醫生……。大佛說他們是拂曉時天空隱去的星辰，想像他們隨著地平線上光影的推移而消失，並追問他們在此後的歲月中時刻縈繞許多日本人心頭的問題：「如何才能告慰你們的亡靈？」當時大佛的答案看起來相當明瞭：能夠做的一切就是信賴天皇的決定，「抖落過去的塵垢」，期盼黎明的到來，建立新的日本。只有到那時，才有可能

486

超越屈辱為英靈們「獻上安魂曲」。或許只有那時，才能讓死者「含笑九泉」。[2]

獻給英靈的安魂曲

戰敗之後，如何告慰亡靈？當大多數日本人盡力去理解和接受戰爭責任、罪行、懺悔和贖罪時，是這一問題，而非勝利者將會從道德和法律方面如何處置他們，占據了他們的內心。這種想法是真實自然的，不是因為文化的差異，而是戰敗之後，世界變了。當勝利者質問誰為天皇軍隊的侵略和暴行負責時，在日本人看來，更為緊迫的問題是，誰為戰敗負責？勝利者關注的是日本對其他國家和民族犯下的罪行，而日本人首先是被對自己死去同胞的悲痛和內疚所壓倒。勝利者可以通過報告戰果輝煌，來告慰死者的靈魂並安慰自身。正如勝方的每一位戰士都成為了英雄，因而在勝利的戰爭中最後的犧牲並非徒勞。勝利有助於撫平悲傷。戰敗則使親人、友人、廣大的同胞戰死的意義，變為血肉淋漓的傷口。

終戰時的日本人，當然是指大多數日本男人，無人不對帝國軍隊的劫掠暴行有所瞭解。數百萬人曾赴海外服役，即便自身沒有殘虐行為，至少也對這些戰爭罪行有所見聞。而對於那些不知道這些殘暴行為的人，或者至少不清楚其規模和極惡程度的人，戰勝國的宣傳機構很快就會提供具體可怕的證據。這一切聽上去是如此難以置信，事實證明卻更加難以接受。正如大佛次郎在他苦惱的記事中所言，對死去的日本人的無盡行列中的每一個幽靈而言，「都有一位父親、姊妹和兄弟。」人們可能會詛咒遣返士兵或者蔑視他們，但是對死去的日本人，仍然需要一些哀悼。另一方面，天皇的陸海軍士兵殺死的數百萬人，仍然是抽象的數字，難以將他們想像成活生生的人。日本人以外的死者仍然面目不清，身份不詳。他們當中沒有熟悉的形象。[3]

在勝利者眼中，日本沒有什麼「英靈」。東京審判清楚地表明，對一個自一九二八年以來每一次軍事行動都是侵略行為和事實上的「殺人」行為，而且對俘虜與平民的殘虐行為如此普遍，幾乎可以看作是其國民性的表現的國家而言，使用這樣的概念是一種褻瀆。日本戰敗後，可以為戰爭中死去的軍人和平民舉行追悼儀式，但是不可頌揚他們的犧牲。正如查禁吉田滿對大和戰艦末日的描寫所揭示的，不可能向為國戰死者的勇氣和光榮高唱挽歌。然而對吉田滿、大佛次郎，乃至擺脫了對天皇的最後一絲崇拜的憤怒的年輕復員兵渡邊清而言，不把死去的同胞看成是本質善良的人也是不可能的。數百萬的普通人，他們也是通過家人、友人、鄰人和死去的熟人來理解自己國家的戰敗的，同樣有著切膚之痛。

當大佛次郎和渡邊清這樣的人愈加洞察事實真相時，他們毫不猶豫地對戰爭和日本社會進行更為廣泛的批判。戰敗後社會精英們顯而易見的貪污、腐敗和無能，本身就足以破壞對權威的敬意，以及對往日的「聖戰」神話的信仰。此外，勝利者的宣傳和「再教育」，包括東京審判的證言在內，在很大程度上是基於先前受到壓制的資訊，這些資訊所顯示的日本人在海外有組織的劫掠破壞，是無可否認的。然而，儘管許多人開始承認戰爭是錯誤的而且涉嫌犯罪行為，但是並未抑制國民在懺悔和贖罪的共同行為中，以肯定的方式安慰己方死者的迫切需求。大佛次郎的隨筆指出了對這一困境通常的回應：可以通過拋棄「過去的塵垢」、建設新的社會和文化，賦予死去國民的犧牲以意義。事實證明，這些通往死者靈堂的新的道路，將是迂迴而曲折的。

基督徒教育家南原繁在戰後不久成為東京帝國大學校長，他悼念戰爭中死去的同胞的曲折方式，在許多受尊敬的人物中頗為典型。像許多教育者一樣，南原繁為曾經鼓舞學生支持戰時「光輝的日本」使命的個人之罪，背上了沉重的精神負擔。南原繁轉變為戰爭批判的先導者與和平的傳道者，經歷了理論和信仰上大的飛躍。正如常見的情形，這是一次「轉向」體驗。南原對於新的發現的熱情和真誠，早在一九四五年九月一日《帝國大學新聞》的評論中表露無疑。南原繁開篇談到，自從這次大戰將戰爭的不人道和慘狀以空前的方式呈現出來，教育面臨的重大課題，就是要實現與世界宗教的普遍原理基本一致的根本的「人性的理想」（文章中附有「人性的理想」一詞的德語原文Humanitätsideal）。這涉及一場「新的戰鬥」，戰死學生的歸魂將參與其中：

我們的「同仁」即將從大陸和南洋諸島歸來。他們重新埋頭講堂、學業精進、燃起再建祖國的理想和熱情的日子，已經為期不遠。然而，想到幾多俊秀再也無法回還，我感到無盡的悲哀。他們皆作為

488

軍人勇敢地戰鬥和犧牲。但是在身為軍人的同時，直到最終之日他們也沒有丟棄學生的矜持。他們無疑堅信，最終與國者乃真理與正義。今天，他們的靈魂已經歸來與我們同在。我將祝福並引導諸君從此投入新的戰鬥。

南原繁向「英魂們」莊嚴稟告，大學在戰爭中奮力保全了寶貴的學術書籍。他確信，英魂聞此將倍感欣慰。[4]

十一月，在歡迎復員學生的集會上，南原繁率直地告訴學生們，戰爭的真正勝利者是「理性和真理」，而且這些偉大理想的擔負者不是日本，而是美英。這是值得慶祝的勝利，應當以這樣的觀點來看待戰敗和死去同胞的極大犧牲。從悲劇中將誕生新的國家的生命，儘管不經奮鬥是不行的。南原繁引用齊克果(Kierkegaard)的話，談到了一場對手是自我的新的「和平之戰」，在民主的方向上發展並對普遍的自由做出貢獻的大挑戰。最後南原繁進行了富於戲劇性的總結：他不僅歡迎他面前的學生，而且還有他們死去的「戰友」的歸來。從此刻起，戰爭的倖存者將與留存在他們心中的死去的戰友一道，投身新的「真理之戰」。[5]

一九四六年三月，由南原繁主持舉行了東京大學戰沒學生職員慰靈祭。南原繁校長以《告戰沒學生書》為題的追悼辭，在《文藝春秋》全文發表。他指出，慰靈祭基本上是以非宗教的「精神的」方式，對戰死同胞進行追悼，並喚起對罪惡、懺悔和贖罪的思考。他的確也談到了天皇所說的忍耐，以及像基督徒那樣背負「現實的十字架」。他率直正告戰沒者之魂，是少數無知無謀的軍閥和極端民族主義者將日本引向戰爭。包括來自大學者在內的國民，因為相信是為真理和正義而戰追隨其後。不幸的是，真理和正義是在英美一方。對此，歷史與理性自有其儼然的審判。他還指出，這並非是說，戰勝者一定是正義的。

他繼續指出，戰沒者已經無需目睹戰敗之日，以及此後生活的悲慘與精神的痛苦。然而，他們應當知曉，日本人現在感到的憤恨，不是針對戰時的敵手而是自身。日本有史以來最偉大的政治、社會和精神的變革正在發生，建設「真理與正義」的日本真正成為可能。南原繁哀悼亡故的眾多學生才俊，稱他們是「為國民的罪惡而贖罪的犧牲」。[6]

在戰敗初期的發言中，南原繁有許多問題尚未提及。他沒有談到日本侵略的受害者，也完全沒有言及其他的亞洲民族。對他現在譴責的東京帝國大學積極參與推進軍國主義和極端民族主義的行為，也未加詳述。此外，他對學生「才俊」的稱頌，有精英主義的危險和浪漫化之嫌，似乎表明，可以而且應當對戰爭的犧牲者進行社會價值的測算。儘管有這些局限，南原繁仍然提示了如下的方法：當譴責非正義戰爭之時，仍然可以給予戰死者以敬意，並告慰（或者，至少使活著的人感到安心）他們沒有白白送死。這是勝利者無需面對的道德與心理上的巨大困境，而對此他們少有耐心和寬容。無論如何，南原繁的悼念方式，成為許多日本人非宗教的「祈禱文」。只有那些獻身於建設致力和平與正義的新日本的人，才能夠懺悔和贖罪，而追求這些理想就是榮耀死者，因為他們是死者確信曾為之戰鬥的理想。

非理性、科學與「戰敗的責任」

南原繁的轉向基於這樣的確信，即他像他所追悼的尋求真理的學生們一樣，被日本的領導者欺騙和誤導。在這一點上，南原的感情與國民普遍的感情完全同調。戰敗後，最常見的受動態的動詞就是「受騙」。甚至連最惡名昭著的戰時宣傳者，也利用這一含糊的說法，洗脫個人的責任。有才能的政治漫畫家近藤日出造的經歷具有普遍意義。近藤以奔放的熱情乘軍國主義的戰馬直達破滅之門，在戰後又以同樣的熱情諷刺鐵窗後的東條英機。一九四六年初近藤寫道，在戰爭開始前生活是安樂的，而無論何時想到這一點，他都感到「對A級戰爭罪犯的憎恨。我們全體國民被他們利用和欺騙，並且不知真相地在戰爭中協力。現在回想起來，這是由於無知和被蒙蔽。」[7]著名作家菊池寬，曾是文學界戰爭動員的主要人物。通過在題為《雜談字紙簍》（《話の屑籠》）的隨想中主張慘敗是由壓制國民言論自由的有勇無謀的國家領導者所引發的，菊池寬也設法洗脫自身戰爭協力的汙點。[8]

從這一視點看來，不僅是死去的「英靈」，全體國民都是戰爭的犧牲者。早在東京審判開庭之前，對這一命題的詳細闡述已經成為媒體的一大賣點。由一幫記者以「秘史」的形式編纂的《旋風二十年：解禁昭和內幕史》急遽出版。這部暢銷書的上卷（一九二六至一九三六），於一九四五年十二月十五日發表。上市第一周就售出十萬部。據說書店內的新書堆成了小山，熱心的購書者則在店門外排起長龍等待書店開門。到戰爭結束為止的下卷，於一九四六年三月一日發售，很快售出七十萬到八十萬部。同年末，稍加修訂的上下卷合訂本出版。《旋風二十年》在整個一九四七年都名列「十大」暢銷書排行榜，以日本人自製的共同陰謀論，向A級戰犯審判友好送別。[9]

此書的創意源自東京一家小出版社的經營者增永善吉。增永是在去鄉下的途中，聽到了天皇八月十五日的廣播。他被悲劇性的事態轉變所潛藏的商業機會打動，於同一天乘火車返回首都。（風靡一時的《日美會話手帳》，也是在幾乎相同的情形下構思出來的。）增永善吉很快從每日新聞社招募了一批記者，這些人大部分隸屬於報社的東亞部。他們以報社的檔案資料為基礎，再加上自己和同僚們的個人知識，編纂出了所謂的「內部史」。他們揭密的方式真實生動，並未受到深思熟慮的束縛。他們並非關注於揭露日本侵略的本質或是對其他民族造成的犧牲（南京大屠殺甚至根本未被提及），也未探討更廣泛的「戰爭責任」問題。記者們主要基於既存的資料和以前未曾發表的個人素材寫出了即席的「揭露」事實，並未促使他們對自己當下所譴責的戰時媒體的共謀行為進行認真的自我反省。《每日新聞》記者們的念頭，只是想指出應為慘澹敗北的大「罪行」負主要責任的領導人。[10]

他們搜集了通常的犯罪嫌疑人：與某些右翼頭子和充當理論指導者的學者沆瀣一氣的「軍

閥」，這些軍閥主要與陸軍而非海軍有關，再加上少數實業家和政治家。11追隨當時的流行看法，他們指認東條英機為禍首。前陸軍大臣兼首相東條英機因未能在戰敗後通過自身的舉動切實提高威信，從而在所難免地成為了替罪羊。九月十一日逮捕令發出之後，東條英機向自己的胸部開了四槍。美國記者將他抱扶到椅子上，將手槍塞回他手中，告訴他「東條，拿著他」，並為他拍照。等待救護車時，東條英機將「遺言」交給了記者。隨後多虧姓氏不詳的美國大兵為東條輸血，美國的醫護人員才救了東條一命。在他送往急救的軍醫院中，東條被醫護人員的親切和效率所感，不禁向前來看望他的外務省高官褒揚「美國民主之強大」。在經歷這一連串不名譽的事件之後，他贈予了美國第八軍司令羅伯特·艾克爾伯格(Robert Eichelberger)將軍一把貴重的日本刀。此後，順利康復的東條，繼續在東京審判中宣稱自己無罪。

起先人們普遍認為東條英機應當並且將會毫不遲疑地自殺。畢竟，一九四一年時東條英機擔任陸軍大臣，陸軍正是在他的支持下發佈了有名的《戰陣訓》，訓諭軍人「不可生受囚虜之辱」。東條收到些敦促他「立即自殺」的信函，據說還有人送了他一口棺材。當他終於猶豫不決地鼓起勇氣赴死時，卻選擇了外國人的方式，使用子彈而不是用武士的刀自裁。甚至連他沒有死成這一點，都超出了悲傷的愛國者們忍耐的限度。作家高見順在日記中簡潔地表達了這種嫌惡感：「苟且偷生，隨後又像外國人那樣用手槍自殺，還沒有死成。日本人不禁只有苦笑。為何東條大將不能像阿南陸相那樣連夜自殺？為何東條大將不能像阿南陸相那樣用日本刀自殺？」另一方面，以如釋重負之感迎來戰爭終結的法國文學研究者渡邊一夫，發現這場輕喜劇很有趣，並在日記中幸災樂禍地記錄，倒楣的東條大將現在「成了混血兒」。[12]無論進行何種闡釋，單憑東條英機從一國之首相到一國之首犯加替罪羊的華麗轉身，就幫助《旋風二十年》獲得了可觀的讀者。

然而，記者們的共同陰謀論，與其說仰仗對惡魔般的毒辣陰謀家的肖像描寫，不如說有賴於對舉國領導者的集體癡呆症的診斷記述。這是以粗製濫造的文體，對南原繁所謂普通人被無知的缺乏「理性與真實」的軍閥所蒙蔽的說法的添油加醋的描繪。正如《旋風二十年》所言，到二十世紀三〇年代中期，「基於畸形的精神主義教育的非合理、非理性的暴力衝動」滲透日本軍部上下，與現實的乖離使他們的策劃能力成了笑柄。這種非理性「露骨地體現了大東亞戰爭指導上的極度的非科學性」。如今可以說，整個軍隊司令部或許都應該關進精神病院。[13]事實表明，東條英機是巨大的愚者之船的船長。

集體非理性的命題，很容易導致非常有說服力的關於科技進步的推論。也就是說，領導者們無能的最終證據，在於未能意識到日本科學和應用技術的落後。到《旋風二十年》擺進書店之時，這種科學與「戰敗責任」之間的關聯已經成為固定的觀念。在最廣泛的象徵意義上，這通常與空投原子彈聯繫在一起。從八月八日首次報導廣島被「新式武器」摧毀，到九月中旬占領當局禁止言及核破壞期間，在頭幾天過後，廣島和長崎日益高漲的恐怖氣氛在單張的新聞日報中，根本未被提及。在占領軍抵達之前，公開發表了最初的詳細調查的摘要，稱廣島和長崎為「活地獄」。核輻射的致命影響——使看似生還的人突然死去，在短短兩周內估計死亡人數竟然翻番——被描述為「惡靈」占據了廣島。[14]當地到處彌漫著對可怕的、超現實的新的生存維度的體驗感，是其他人所絕不希望瞭解的。這種核破壞意識，即便不是最顯著的因素，也是此後嘗試誠實面對戰爭意味的必要因素。他強化了普遍滲透的無力感，並為或許無謂的戰敗賦予了奇異的特殊性。

戰敗的前一天，後來成為東京戰犯審判主要辯護人的清瀨一郎，公然推測美國人對日本而不對德國使用原子彈的緣由，是因為對日本「猿人」的種族蔑視。[15]然而，儘管戰後普遍譴責美國空投原子彈的「殘暴」與「非人道」，深刻的反美仇恨卻並未持久延續下來。甚至在審閱制度實施之前，大多數關於核破壞的見解，就已經轉向哲學性的基調：主要是武器本身而不是使用他的人，承擔了殘暴與非人道的特性。從這一點出發，譴責的是戰爭總體的殘酷。戰敗、犧牲、壓倒一切的無力感，面對夢想不到的破壞性武器，很快熔合為新的反軍事化民族主義的基礎。[16]

日本通過原爆體驗而成為非軍事化、非核世界的宣導者，在一定程度上彌補過去的失誤（或曰罪行、罪惡、罪孽）的想法，最終將成為和平運動的主要宗旨。但是這種以「懺悔」的語言方式清晰表達的想法，甚至在占領開始之前就已經出現。八月二十七日，內閣情報局總裁向國民發出指示，如何應對外國的占領。他說，戰爭是相對的，總是要由敗者而非勝者進行深刻的反省。這是必要的，也是符合期望的。「一億總『懺悔』」應當徹底進行，或許通過承擔禁止未來使用核武器的領導角色，日本人可以從「戰爭的失敗者」，轉變為「和平的勝利者」。[17]

然而，核武器的駭人力量被證明既恐怖又魅惑，因為沒有什麼比他更能具體展示美國優越的科學、技術和組織能力。因此，原子彈以其特有的方式，在成為未來戰爭的警鐘的同時，也成為照亮日本將來實力恢復之路的烽火。八月十五日辭職的首相鈴木貫太郎，於同日傍晚解釋說，「這次戰爭的最大欠缺是科學技術」。退任的文部大臣同日發表聲明，感謝學生們在戰爭時期的艱辛努力，並激勵說從此以往，他們的任務就是提升日本的「科學力與精神力」到最高水準。三天後，報紙新聞登載了新就任的文部大臣前田多門關於戰後教育體系將「盡力關注基礎科學」的說法。八月二十日《朝日新聞》的一篇文章直率地斷言，「我們敗給了敵人的科學，向廣島投下一顆原子彈的事實就可以證明。」這篇題為《科學立國》的文章，特意強調了必須在最廣泛的意義上理解「科學」，包括在各級組織和社會的各個層面講求「理性」和「合理性」。這正是南原繁和其他無數人所要持有和發展的觀念。數日後，《朝日新聞》再度強調了政治、經濟和社會領域的非理性與非科學的態度是如何普遍，正是這種態度決定了戰敗。18

「科學」很快成了幾乎人人喜歡的概念，用以解答為何戰敗以及未來的出路在哪裡的雙重疑問。前首相若槻禮次郎男爵激勵國人拿出勇氣，並列舉了一系列令人壓抑的理由，以說明為何必須鼓起勇氣：因為舊日的敵國擁有優越的物質財富、機械力和工業技術，此外還在應用科學上領先，正如原子彈所見證。東京灣投降儀式兩天之後，文部省宣佈將設立新的科學教育局。在對青年學生的講話中，文部大臣前田多門解釋說，「養成科學的思考能力」是「建設文化日本」的關鍵。據公佈，改訂後的教科書將更重視科學精神的形成。日本政府宣佈，從戰時國防獻金的剩餘資金中劃撥五億日元，用於促進一般日常生活的科學化。[19] 即將在菲律賓接受審判的山下奉文大將，也毫不掩飾地重申了這一熟悉的主題。據從美國刊物翻譯過來的一篇文章稱，當被問及他所認為的日本敗北的根本理由時，山下大將以整個訪談中唯一使用的英語單詞回答說：「科學」。[20]

這種只關注「戰敗責任」的實用主義做法，本質上無疑是保守的和以自我為中心的。然而，正如能拆開織物的鬆脫的線頭一樣，此時這正是拆開日本帝國結構的線索。首要的欺騙國民者不再是「鬼畜美英」，而是造成本質上落後、非理性和壓抑的體制的不負責任的領導者。從而，上當受騙的意識與「戰敗的責任」問題，不免使人傾向於更加多元、平等、民主、負責任而且理性的社會，即占領軍改革者們所期望建立的社會。正是在此背景之下，當杜魯門總統聲稱，原子彈的發明反映了自由的民眾所能達到的成就之時，他發現日本的聽眾竟然樂於接受。科學只有在「自由的精神」之下才能繁榮發展。[21]

日本的科學家中有許多人學成於歐美，他們拍手歡迎這一新的信念。戰敗之後首批派遣到日本的美國科學家，實地遭遇了這種情緒的絕妙表達。那是用英語寫在粗糙的包裝紙上的一份臨時通知，就貼在東京近郊一所大的海洋研究所的玄關門上：

這是一所具有六十年以上歷史的海洋生物研究所。

如果你是從東海岸來，你可能知道Woods Hole、Mt. Desert或者Tortugas。
如果你是從西海岸來，你可能知道Pacific Grove或是Puget Sound生物研究所。
這裡是像他們一樣的場所。
細心照料這個地方，保護我們繼續和平研究的可能性免遭破壞。
你可以毀掉武器和戰爭設施
但請為日本的研究者保留民間的設備
當你在這裡完成了工作
請通知大學，讓我們回到我們的科學之家

這份通知署名為「最後離開的人」。[22]

懺悔之佛教與民族主義之懺悔

八月二十八日，美國人的第一支先遣部隊抵達厚木航空基地，「懺悔」的概念被置於了公眾議論的中心。當被日本記者問及「戰敗的原因」時，東久邇首相仔細地解釋說，許多因素都起了作用，包括許多規則的制約，軍部和政府當局的錯誤，以及國民道義素質的低下，比如說顯而易見的黑市行為。隨後，他借用前一日內閣情報局總裁聲明中的說法，斷言「軍、官、民全體國民必須徹底反省和懺悔。我相信一億總懺悔是我國再建的第一步，也是國內團結的第一步。」23

此前兩周，軍部和文官官僚一直忙於銷毀表明其罪行的證據檔。就在那一刻，關於「責任」的均一化、集團化的說法成了某種墮落的真實。沒有人想要負責任，也沒有人自己要求負責任。數年後，政治學者丸山真男詼諧地將政府的「總懺悔」，比喻為烏賊遭遇緊急情況拼命逃生時噴出的黑色煙霧。24 儘管一些團體和個人認真對待個人的責任並且進行嚴厲的自我批判，但是官方版的「總懺悔」，事實上就像烏賊魚的墨汁基本上煙消雲散。很少有人真的相信，一般國民與軍部和文官官僚負有同等的戰爭責任。一位鄉下男子激憤地呼喊，「這場戰爭在我們農民一無所知時開始，又在我們相信將要獲勝時敗北。我們不需要為自己沒有參與的事情懺悔。那些背信和欺騙國民的人才有懺悔的必要。」一億人中的另一位更是單刀直入。他向報社投書，「如果一億總懺悔意味著戰爭當局者如今企圖向國民分配責任的話，那就太卑怯了。」25

當政府提倡其總懺悔之時，日本最具影響力的思想家田邊元，正在就同一題目完成一部書稿。田邊元的著作，是一位嚴格而孤高得頗具傳奇色彩、長期以來以信念堅韌著稱的知識份子，對於懷疑、精神危機和思想轉變的激烈的個人告白。儘管晦澀難懂的文體反映出田邊所受到的德國哲學的專門訓練，但他的文字時時流露出對親鸞有關救濟的睿智的一種法悅。親鸞是一位十三世紀的日本思想家和佛教佈道者，他的預言是對苦難與虛無、絕望與否定、轉換與新生的共鳴，似乎與戰敗的國家氛圍神秘相符。

很難想像還有比田邊元關於懺悔的縝密論證與政府在同一問題上的陳腐論調更為鮮明的對比了。然而有一點事實除外，即田邊元的「懺悔」也具有強烈的民族主義傾向。他對親鸞教義滿懷激情的再考察，強調的不僅是自我批判或者對日本的批判，而是對所有當代國家和文化的批判。田邊元接受戰敗，承認惡行與絕望，請求懺悔，展望新生，所有這一切都是以強調日本獨特甚至優越的傳統智慧的方式進行的。他主張要照亮日本獨有的贖罪之路，展示出比任何西方思想更偉大的超凡智慧。對許多有思想因而深受苦惱的愛國者而言，這是頗為奧妙的悔悟哲學，是從敗北中得來的精神勝利法。面對世界歷史上最具破壞性的戰爭遺留的廢墟，日本人無可否認地負有巨大責任，贖罪之道乃至拯救全世界的道路，就存在於一位日本先知的預言當中。

田邊元的這些思想並非為回應戰敗而展開。他的「懺悔道」是由他在一九四四年最後數月的經歷而來，當時他正準備從京都帝國大學榮譽哲學教授的職位上退休的最後講稿。田邊元長久以來一直是熱情洋溢的民族主義者，他「非政治的」哲學理論，正適於支持軍國主義者種族的與國家中心的意識形態。嚴於律己的田邊元意想不到地發現自己跌得粉碎：國家面臨破滅與恥辱，而許多學生的戰死，使他承認了自身的責任甚至是罪孽的深重。數年後他懺悔說，「我這樣意志薄弱的人，發現自己不能積極抵抗（戰時的思想統治），多少受到時勢風潮的支配。這使我深感自慚。已經盲目的軍國主義倉卒地將許多畢業生、在校生驅上戰場，犧牲者中有十數名學哲學的學生，令我自責痛悔至極。我只能垂下頭認真悔悟自己的罪過。」[26]

一九四五年二月田邊元幾乎完全隱居。在崩潰巨變的數月間，他奮筆疾書。他的著作《作為懺悔道的哲學》(《懺悔道としての哲学》)於一九四六年四月出版，正是東京審判開庭之前。[27]在他註明寫於昭和二十年十月的《序》中，田邊元描述自己戰爭結束時的精神狀態，頗類於臨床心理學或宗教之回心的研究者的描述。他談到了深刻的不安、苦惱和折磨，談到悲傷與痛苦、優柔寡斷與絕望，以及壓倒一切的慚愧與挫折感，談到陷入知性的危機與「精疲力竭的境地」。在其著作的開篇，田邊元沉浸在自我否定的發作之中，認定自己「罪惡深重且性多虛偽」、「浮誇虛榮」、「愚癡顛倒」、「不正直不誠實乃至無恥無慚」。[28]

日本的自責傳統中最具魅力的代表人物當屬親鸞，他是自我憎惡與法悅回心的先達，日本最大眾化的佛教宗派淨土真宗的鼻祖。田邊元對邪惡的自身的譴責，其實讀來有點兒像是對這位先達的剽竊，因為親鸞也曾同樣如此責罵自己。親鸞還超越自我憎惡，在他所生活的時代，似乎盡其所能地預言了一九四四至一九四五年的危機。這位偉大的中世的傳道者，為一時迷失方向的現代哲學者，指明了通過否定與轉換超越現世(往相)，並實現向現世肯定的回歸(還相)的道路，恢復了田邊元對自身的信心，並帶給他以驚喜。田邊元感受到自己的新生，並重獲以前的哲學的自信。而現在田邊重新審視世界。他寫道，懺悔不可能沒有痛苦，然而「懺悔的核心是轉換的體驗。痛苦轉為歡喜，慚愧換作感謝，是為其本質。當今我國除懺悔外別無他途……此非單止絕望之意，同時還有轉換復活的希望意味。」[29]

田邊論文中的許多佛教隱喻，無論是否有意為之，在占領下的日本讀者看來，無疑具有雙重意義。田邊談到「自我拋棄」，談到力與無力，談到他力對自力，都是親鸞的佛教流派的基本思想，同時也是對美國作為他力的思考的迴響。他談到超越錯誤的教義和「過去的邪惡傳統」，古典的親鸞思想就像是在敗北的熔爐中新鑄造出來那樣閃亮。

考慮到田邊先前是以康德哲學與黑格爾哲學的主要研究者而聞名，他的「懺悔道」就更令人印象深刻。他曾在德國與海德格及其他學者一同求學，他的聲望主要來自於對歐洲思想的認同。據說田邊從來不笑，從不隨便交談，從不因瑣事走出家門，從不在他優美的故鄉京都遊山玩水，從未屈尊出遊，哪怕是到臨近的大阪。而且，除了他的民族主義和一些先在的佛教思想，他從未背叛過他的歐洲哲學之神。現在，在自己國家歷史上最大的危機與屈辱的時刻，田邊以新發現的懺悔理論宣佈了西方哲學傳統的劣勢。

在此重大問題上，田邊戲劇性地乖離了將懺悔等同於接納西方思想的「理性與真實」的南原繁等知識人。他寫道，正如親鸞為他指明了穿越個人危機的道路，這位偉大的導師也可以為日本指明走出疑惑與淚水之低谷的道路。因為親鸞的睿智超越了康德、黑格爾或是海德格的智慧，事實上超越了西方哲學或宗教的任何提示。親鸞的教義著述，提供了「從西洋哲學的諸體系不易求得的積極原理」。他們使「以西洋哲學的指導無法得出的社會性發展」成為可能。實際上，親鸞指明了「對康德理性批判的最終歸結」之路。30

當其他許多人頌揚「科學」與「理性」是國家贖罪的關鍵所在時，田邊元認為西方理性陷入了二律背反、無法調和的矛盾困境，是走進了死胡同。正如一朵花歷經了七開七落，然而最後的凋落或曰否定，可能是邁向親鸞式的往生的最後之死，從而進入超越西方論理僵局的世界。田邊著重闡釋親鸞的教義不僅提示法悅的否定與超越的轉換體驗（往相），還強調「向現世的回歸」（還相），將其視為發生轉換的個人有能力向他人指示睿智與慈悲之道的體現。正如向親鸞的淨土真宗皈依而重獲新生的中世的改宗者那樣，他們會繼續其俗世生活，只是多了一顆覺悟之心；一九四六年的日本的懺悔者同樣經歷了精神的覺醒，同樣能夠以新的活力與洞見致力於社會、政治之緊要任務。田邊極力期待「在當今民主主義與社會主義對立之際」，他個人的體驗與論理能夠「從超越雙方的立場指出具體的中間道路。」31

田邊元以獨立的知性宣言，肯定了日本具有這樣一種傳統：不僅能夠為日本戰時的愚行贖罪，而且孕育著救贖世界的潛力。正是通過戰敗與懺悔的體驗，日本或許能夠向已經分裂為資本主義和社會主義陣營的戰勝國，展示通向健全世界的適宜的中間道路。田邊時常行文壓抑，但卻無所顧忌。他對勝利者的批判異常直率。他主張「民主與自由主義，無疑正在製造今日資本主義社會的不平等。同時，社會主義將平等作為目標，但是社會主義體制限制自由，並在此意義上否

道義」缺失，而「社會道義」本質上是調停國與家關係的中間力量；他提到貫穿日本歷史的特殊的「神聖力量」；具有象徵意味地總結說，新日本將會反映日本之傳統的再生與變容。此文收入日高六郎編《戦後思想の出発》，pp.60-63。

31 *PM*，p. lvii, lxi-lxii, 281。花的比喻，引自*Japan Christian Quarterly*，見前引書，pp.137, 142。

32 *PM*, pp.261, 278-79.

33 例如，參見*PM*，pp.lxii, 263-65, 291。1946年3月，田邊在一篇題為《政治哲学の急務》的重要文章中，對「社會民主主義」做了論述。時值《懺悔道としての哲学》出版前一個月。

34 *PM*，p.296。在此書的序言中，田邊元對占領軍「自上而下的革命」做了精闢的批判：「然而一個被迫投降、受到外來的自由主義所迫使以及內在的文化發展所催促的國家，只是因為排除了以往的壓制就能被指望拿出創造新文化的精神資源嗎？真正的自由不是別人贈與的，而是自己爭取得來的。在我們這樣的環境中即便新文化之花能夠開放，那也只是溫室的花朵，看上去很美但是根基淺弱，不可能在戶外生長」；*PM*, p.lxi。令人震驚的是，類似這樣的一些段落，竟然通過了GHQ審閱官的審查。也許是因為這些論述，隱藏在如此長篇大論的一部書中，才未引起注意。

35 田邊元在1946年3月的《政治哲学の急務》一文中，號召劃分皇室財產。此時恰為SCAP鞏固其天皇保衛戰之際。

36 *PM*，pp.287, 296；亦參見pp.lxi-lxii, 260-62。田邊元在《懺悔道としての哲学》出版後數年間著述頗豐。1947-1950年，田邊除了發表許多有影響的論文之外，還出版了四部著作：《種の論理の弁証法》(秋田屋，1947)；通過存在主義的分析對懺悔與愛的探討《実存と愛と実践》(筑摩書房，1947)；對福音書中基督教之愛的研究《キリスト教の弁証》(筑摩書房，1948)；以及廣受歡迎的《哲學入門》(筑摩書房，1949)。

37 日本戰沒學生手記編集委員會編，《きけ わだつみのこえ―日本戦没学生の手記》(東京：東大協同組合出版部，1949)；尤可參見pp.307-23的附言。對這部學生書信集肯定的反應的例子，參見朝日新聞社編《天声人語》(東京：朝日文庫，1981)，第1卷，pp.261-62(1949年10月24日)；亦參見《聲》，第2卷，p.216(1949年11月4日)。《きけ わだつみのこえ》很快賣出近20萬部，成為1950年的暢銷書，並在此後的歲月中暢銷不衰。到1992年，此書共售出約180萬部；《朝日新聞》1992年8月15日。

38 意即「未被骯髒醜惡沾染」的人。

39 竹山道雄《ビルマの竪琴》(東京：中央公論社ともだち文庫版，1948)，pp.270-75。此兒童讀物版，在其後的兩年間重印了6版。這部小說由Howard Hibbett譯為*Harp of Burma* (Rutland, Vt.: Tuttle, 1996)。

40 《はるかなる山河に》於1951年12月再版，新版附記生動地傳達出倖存者對死者的罪的意識。在初版前言中，法國文學研究者辰野隆也曾深情吐露，許多年輕的學生死去而自己卻殘存下來的恥辱與痛苦。他認為戰敗是對日本在珍珠港事件後因暫時勝利而狂妄自大的神聖懲罰，並認定懲罰日本的手段是「對方的物力與科學」。參見《はるかなる山河に―東大戦没学生の手記》(東京：東京大學出版會，1951年版)。

41 椎名麟三的評論，見久山《戰後日本精神史》，p.96。

42 《野火》與《ビルマの竪琴》在20世紀50年代末期被搬上銀幕。表現無辜的日本平民遭受戰爭戕害的最著名的電影，是占領結束後兩年上映的《二十四の瞳》。影片描述了戰前偏僻的鄉村中，一位理想主義的、年輕的小學女教師與十二個學生的命運（這就是片名的由來）。正如影評家佐藤忠男所敏銳指出的，影片感人的魅力主要源自他一分為二的結構：起初觀眾見到的是年輕的女教師和她可愛的學生們；然後又看到上了年紀的她，在戰後回到自己曾經短暫待過一年的村子，給以前的幾位學生掃墓。從而影片傳達出的印象是，那些在戰爭中死去的人，永遠擁有他們孩童時代的純真。觀眾們並未見證這些少年如何成長、如何參與海外的侵略和殺戮。如此一來，孩童的純真，就成為了表達戰死者純潔性的手段。避過那鶴見俊輔等編《戰後映画の展開 ～講座日本映画（5）》（東京：岩波書店，1987），pp.46-47。

43 例如，可參見「和平問題談話會」早期頗有影響的聲明，收入《世界》1985年7月關於戰後和平問題的特別號。

44 對戰爭責任的旁觀者態度，是個人責任的「主體」意識薄弱的表現。這一觀點，是戰後日本的研究者在強調日本戰爭責任問題時的共同見解。這在吉田《占領期における戦争責任論》（尤可參見pp.122-23, 135, 137）與吉見《占領期日本の民眾意識》（尤可參見pp.76-78關於民眾意識「被欺騙」的論述）等重要論文中，皆有強力闡述。

45 《暁鐘》1946年6、7月合併號；引自吉田《占領期における戦争責任論》，pp.129-130。

46 《家の光》1949年1月號；見吉田《占領期における戦争責任論》，p.135。

47 吉田《占領期における戦争責任論》，pp.129-31, 137-38。

48 見前引之吉見《占領期日本の民眾意識》，p.77。

49 收錄於朝日新聞社編《聲》，第2卷，p.100（1948年11月13日）以及p.113-14（1948年12月24日）。

50 《天声人語》，第1卷，p.97（1946年7月27日）。

51 當論及戰爭責任問題時，朝鮮人與臺灣人所受的戰爭苦難相對被較少提及，參見吉田《占領期における戦争責任論》，p.134。日本人對慘絕人寰的戰爭罪行的震驚反映，與南京大屠殺以及日本軍隊吃人等行為有關，參見《聲》第2卷，pp.107-8（1948年12月6日）。一般而言，除了最初揭露1945年馬尼拉大屠殺引起了強烈反響，日本人似乎並未有意關注東南亞的受害民眾。此種傾向，即便是在戰後進步的研究者和活動家深入調查日軍戰爭暴行時仍然存在。他們的著述，首先傾向於關注中國受害者，其次是朝鮮受害者。儘管這兩個亞洲民族受日本傷害最大，但是這種傾向不是僅以數量問題就能解釋的，還與地理的、歷史的、文化的、種族的、心理的距離感有關。

52 參見《朝日新聞》1945年9月16、17、18日的新聞報導；1945年10月19日刊登的讀者來信，以及《聲》第1卷，pp.103-4（1945年12月13日），p.152（1946年2月15日）。

53 《朝日新聞》1945年9月18日。戰後日本人的戰爭責任意識令人困惑之一例，就是為何揭露非日裔隨軍慰安婦這樣厚顏無恥的「隱蔽的戰爭犯罪」，費時如此之久。具體而言，比如說為何日本女性這麼久才注意到這一問題？對這一點的解釋，至少應當考慮種族和階級的因素。充當隨軍看護婦的日本女性對外國慰安婦的存在心知肚明，她們通常像日本男性一樣，歧視慰安婦，將她們當作外國妓女來看待。

54 《太平》1946年11月號；見吉田《占領期における戦争責任論》，p.126。

55 例如，參見《朝日新聞》1945年9月17日；《天声人語》，第1卷，p.95（1946年7月8日），p.97（1946年7月27日）。

56 《アジアの新生》，《言論》第1卷1號（1946年）；見吉田《占領期における戦争責任論》，p.126。

57 吉見《占領期日本の民衆意識》，p.76。這種文字遊戲，實際上在戰時中國人（以及協助中方製作抗日傳單的美方心理戰專家）的反日宣傳中也得到了應用。

58 《天皇の軍隊》，《人民評論》第2卷3號（1946年）；見吉田《占領期における戦争責任論》，p.126。

59 例如，參見《聲》第1卷，pp.144-146（1946年2月2日），pp.211-12（1946年8月8日）。

60 四首短歌皆收入吉見《占領期日本の民衆意識》，pp.82, 86。

61 《毎日新聞》1948年11月5日。《VAN》（1947年12月號）與《世界》（1949年2月號）的評論報導，參見吉田《占領期における戦争責任論》，p.135。

62 《毎日新聞》1948年11月13日；《日本経済新聞》1948年11月13日；《朝日新聞》1948年11月5日、13日；《日經連タイムス》1948年12月25日，引用於吉田《占領期における戦争責任論》，p.124（吉田批評這種反應，典型是在逃避正視國民對戰爭協力的問題）。關於東京審判的新聞評論被審查的實例，參見吉見《占領期日本の民衆意識》，pp.83-84。

63 《毎日新聞》1948年11月13日。

64 《静岡展望》1949年2月號；引用於吉見《占領期日本の民衆意識》，p.82。

65 村田芳留子《水甕》，1949年3月；收入吉見《占領期日本の民衆意識》，pp.83-84。

66 收錄於吉見《占領期日本の民衆意識》，p.84。

67 《青垣》1949年5月號。收入吉見《占領期日本の民衆意識》，p.84。對東條被判死刑的矛盾反應的例子，參見鶴見俊輔等編，《日本の百年》（東京：筑摩書房，1967），第1卷，pp.54-55, 61-62。

68 Röling 法官等人就認為，東條英機在法庭上的證詞，頑強主張戰爭是維護日本本國生死攸關之利益，「在日本人眼中獲得了自身的尊嚴」：Röling（1993），p.34。

69 吉田《占領期における戦争責任論》，p.134。在1948年的一場討論會中，戒能通孝提出了一個類似的問題，即「東條審判」這樣的戰爭審判是否有誤？同樣遭到了查禁。

70 《天声人語》第1卷，pp.256-57（1949年9月16日）。使許多日本人震驚的是，威洛比少將公開表示，這些報導可能有一定的真實性。

71 Eichelberger中將臭名昭著的評論，參見Kazuo Kawai，*Pacific Affairs*，June 1950， p.119。

72 例如，參見《歷史読本 別冊．未公開寫真に見る東京裁判》1989年冬號，pp.158, 159。兒玉譽士夫的回憶錄，後來有英譯本。

73 對辻政信生平的細緻研究，參見Ian Ward，The Killer They Called a God(Singapore: Media Masters, 1992)，尤可參見第18-20章有關辻政信敗戰後的活動。關於1946-1950年間Willoughby將軍對辻政信的庇護問題，在新聞界未公開發表的材料中有所提及，參見Keyes Beech的評注，Thomas W. Burkman編，*The Occupation of Japan: Art and Culture*(Norfolk, Va.: Douglas MacArthur Foundaion, 1984)，p.43。非常感謝James Zobel提示我關注這些文獻。1950年辻政信的兩本暢銷書是《潛行三千里》(每日新聞社)與《十五対一》(酣燈社)。

74 朝日新聞社編《聲》，第2卷，pp.200-1(1949年8月15日)。

75 這些活動被攝影鏡頭巧妙地記錄了下來，參見前引之《歷史読本 別冊》，pp.24-38。

76 《歷史読本 別冊》，pp.68-73, 87-101。杜鵑鳥，日語稱為「呼子鳥」。日文中的一些幽微的含義，自然會使聽到這首歌的所有日本人浮想聯翩。

77 參見《思想》1984年5月號上刊載的有關戰爭犯罪與戰爭責任的參考書目，其中既有學術著述也有暢銷書，頗值得玩味。在「戰爭罪犯的遺著與遺囑」條目下，列有1950-1954年出版的書16本，1982年則是31本。到1954年，至少出版了9本巢鴨戰犯與嫌疑犯的自述，一本關於美國主持的橫濱B、C級戰犯審判的書，有6本書則是關於亞洲各地的B/C級戰犯審判。1956年—1983年，又有29本關於亞洲各地B/C級戰犯審判的書出版。A. Frank Reel的著作*The Case of General Yamashita*是對那次審判不公的強烈質疑，日譯本出版於1952年，同年Pal法官的個別意見書翻譯出版。

78 巢鴨遺書編纂會編《世紀の遺書》(東京：巢鴨遺書編纂刊行事務所，1953)。1984年講談社發行的新版，應作者遺屬的要求，刪除遺書39篇；修訂版的頁碼保持不變。

79 《世紀の遺書》，pp.683-85。

80 《世紀の遺書》，pp.579-83。

81 《世紀の遺書》，pp.77-78, 101-2, 447-51, 579-83。

82 見《世紀の遺書》，pp.66, 322, 483, 568, 630-33。

83 例如，參見《世紀の遺書》，pp.38-39, 63-64, 88, 90-91, 407, 468, 520, 637。

84 《世紀の遺書》，p.311。

85 在後來出版的坂 邦康編《横浜法廷〈第1〉B．C級—戦争裁判 史実記録》(東潮社，1967)一書中提及，強迫下屬為實際上反映了日本官方政策(如帝國海軍殺死敵船全體船員的政策)的暴行負責任的策略，其實是掩飾官方政策，找藉口替天皇開脫。參見pp.102-4。

86 《世紀の遺書》，pp.285-90，尤其是p.286。

87 例如，對荷蘭人和英國人的殘酷與復仇的無情評價，參見《世紀の遺書》pp.113-18, 168 -71, 183-86, 311-15, 332-33, 453-61, 483-87。許多戰犯稱揚在中國國民黨監獄中得到善待，哪怕是在感到對自己審判不公之時。蔣介石溫和對待日本戰犯自有其政治的計算（從而在反共行動中得到日本的支持），結果使日本人在戰後對「中國人」普遍懷有友善之情。例如，可參見《世紀の遺書》pp.8-9, 108-9；《天声人語》第1卷，pp.33-34（1945年11月十日）。本書其他章節也曾述及，中國共產黨遲至20世紀50年代初期對許多日本人進行了戰犯改造，但未施加任何死刑判決。

88 木村久夫的傳記，參見鹽尻公明《或る遺書について》（東京：新潮社，1948；社會思想研究會重印，1951）。亦參見前引之《きけ わだつみのこえ》，pp.281-304；《世紀の遺書》，p.433。木村遺書簡略的英譯本，見Michiko Aoki與Margaret Dardess編，*As the Japanese See It: Past and Present* (Honolulu: University of Hawaii Press, 1981), pp.297-303。

89 文中提到的這些遺書，皆收入《曙》1954年1月特別號，這一期雜誌為《世紀の遺書》的精選集。

90 《曙》1954年1月特別號，p.8。

91 《世紀の遺書》，pp.407-8。這位軍醫的遺書，是一份典型的主張自己無罪的遺書。他在戰俘營擔任軍醫，聲稱自己在決定誰應當上工勞動時，嚴格按照規定辦事，對戰俘和日本士兵（他們中的許多人也同樣虛弱）一視同仁。（1984年版的《世紀の遺書》，應作者遺屬的要求，此遺書也在刪除之列）。

一般而言，在戰後關於戰爭與「戰爭犧牲者」的思考方面，不能過分强調《世紀の遺書》所喚起的情感的影響。他們體現了對戰爭理想化的、保守的重構，顯然對右翼的新民族主義者具有吸引力。同時，他們還使許多普通的日本人感到寬慰，他們的親友參與了戰爭，不能只是作為「戰爭罪犯」、為「侵略戰爭」送命的人而被記住。因此，當1995年二戰結束50周年之際，日本最大的民眾團體之一「遺族會」，主張向死於二戰的日本人表明敬意，並且反對為日本的侵略和暴行「無條件地」、「明確地」謝罪。他們中的一些人可能自認為和平主義者，許多人更自認為反軍國主義者。他們對戰死者的紀念活動，必然包括和平的祈願，祈禱將來不會再有如此的日本人的「犧牲」。寡廉鮮恥的右翼政客照例對此進行操縱利用，而日本以外的民眾也照例進行聲討。

第六部　重建

第十七章　設計成長

占領開始時，大多數美國人，包括麥克阿瑟在內，都認為占領期將不會且不應超過三年。可是三年過後，占領期才過了一半，而當時很多日本人顯然已經厭倦了外國的統治。最高司令官依然收到仰慕者的來信，「和平」的理想依然可貴，「民主」依然是判斷良性社會的試金石，然而征服者，儘管還握有非凡的權力，卻已經成為日本擁擠的政治版圖上的利益集團之一而已。

這種轉變，並非只是發生在被征服者的意識當中。出於冷戰的考慮，美國人開始放棄當初的許多「非軍事化與民主化」的理想。然而在一九四五年，這些理想在戰敗的日本民眾看來，曾經是那麼的超乎預期而又鼓舞人心。在此轉變的過程中，美國人日益公然與日本社會中的保守勢力甚至是右翼勢力結盟，其中包括那些與這場失敗的戰爭切身相關者。曾因戰犯嫌疑被捕的人士被撤銷起訴。經濟大權重新回到大資本家和中央官僚的掌握之中。禁止擔任公職的政治家和其他戰時的領導人逐步得到「赦免」。而與此相反，激進的左翼遭到「赤狩」。無論是自上而下、自下而上，或是源於任何其他地方的真正的民主改革的想法，就如同老話說的那樣，看上去越來越像是一場夢。在占領結束之前，日本媒體已將這一戲劇性的方針變化稱為「逆流」[1]。

525

526

過去的輿論曾經歡呼美國人對「草根」民主的貢獻，現在的民意測驗則傳達出國民顯著的失望情緒。一九四八年，當被問及是否相信國家正朝「好的方向」前進時，大多數日本人的回答是肯定的。到了一九四九年，大多數人的回答則是否定的。一九四九年初，確實有超過半數的受訪者，表達了對日本可能重新陷入戰爭的不安。[2]

曾經被勝利者和戰敗者如此小心翼翼地共同培育的和平夢想，突如其來地，在這個前同盟國之間、乃至同盟國與世界其他各國之間相互紛爭較量的世界上，看上去其實如此不堪一擊。儘管書報檢查制度經常過濾公眾新聞，但這種做法只會使對冷戰現實的覺醒更具衝擊力。歐洲國家對東南亞重新實行殖民統治的野蠻企圖，蘇聯在東歐的暴力鎮壓，共產黨在中國內戰中的驚人勝利，恐怖的核軍備競賽的開場，所有這些都不是夢，而是夢魘般的現實。

「喔，出錯了！」

一九五〇年六月二十五日，戰爭在鄰近的朝鮮戰場爆發。而美國，僅僅在強制日本實施「和平憲法」四年之後，遽然強行對日進行再軍備，同時美國購置戰爭關聯物資為日本貧血的經濟輸血。突然之間，一切都以意料不到的、令人心力交瘁的方式好轉——和惡化。占領期還將要持續近兩年，但是先前征服者和戰敗者所理解的意義上的「占領」已經結束。朝鮮戰爭宣告了一個新世界的到來。而日本，無論願意與否，自從戰敗後第一次成了這個世界明確的組成部分。

在這個逐漸展現的不祥的氛圍中，有時細小的事件呈現出極大的象徵意味。一九四八年，名校東京大學的一名學生因盜竊罪被捕。這樁罪行本身並沒有什麼出奇之處，但犯罪人憤世嫉俗的自我辯護卻引人注目。他說，「在當今社會中，無法判定什麼是犯罪。」此時正是東京審判漸近尾聲之際。對當時流行的《現代用語的基礎知識》詞典的編者而言，這看來正是詮釋「混亂與虛無」的絕佳例證。[3]對於這種玩世不恭，很快就會出現更多深刻洗練的表達。譬如黑澤明導演的與日俱增的幽暗曖昧的影片，其巔峰之作是一九五〇年結構精妙的「相對的真實」的《羅生門》。

一九五〇年九月，一對莽撞的年輕人向新聞界說了一句簡單的話，引發了一場更為轟動的事件。當時一名在日本大學當司機的年輕男子，因偷竊大學基金被捕。他將偷來的錢與他十八歲的女友（一位教授的女兒）揮霍一空。當被捕之時，他的回答「喔，出錯了！」（Oh，Mistake！），很快成為占領期最著名的一句英語。原來，這個竊賊和他的情人都是好萊塢黑幫片的狂熱愛好者，他們說著混雜日語和蹩腳英語的古怪語言，除了物質消費和性的快樂之外，對任何事都不感興趣，對自己輕率的犯罪也毫無悔恨之意。社會評論家爭相將他們作為戰後年輕人無道德意識的象徵，然而這句使人難忘的話卻引起了更為廣泛的共鳴。在一個人人都爭著改弦易轍的世界裡，近些年來的往事，無論戰爭還是占領，都越來越容易被看作只是個錯誤而已。[4]

對傲慢自負的美國人存在的厭煩，隨著書報檢查的趨緩，引發了大眾文化中溫和的反革命潮流。在流行歌曲中，輕浮絮叨的歌詞盛行，曾與新的喜悅感和活力結合在一起的喧鬧的美國搖擺舞音樂風格，讓位給了傳統的感傷格調。從一九四九年起，詞曲中的支配情緒是徘徊、孤寂、放浪以及滿溢無可慰藉的渴望的鄉愁。這種苦樂參半的放縱情緒的魅力偶像，是早熟的少女歌手美空雲雀。美空生於一九三七年，由演唱爵士樂一躍成名，卻成了占領結束前「本土」感傷情緒的代表歌手。[5]

在此時，傳統的武打劇（チャンバラ）重新回到了舞臺。同時中世紀的傳奇武士物語和小說開始重新出現在書店裡，以吉川英治自一九四八年開始的四部大熱的暢銷書為代表。甚至是進入暢銷書排行榜的翻譯作品，也反映出新的保守主義傾向，其中包括諾曼・梅勒（Norman Mailer）的《裸者與死者》（*The Naked and the Dead*）對美國太平洋戰鬥灼人的、批判性的描繪。瑪格麗特・蜜雪兒（Margaret Mitchell）一九三六年發表的空前的流行佳作《飄》（*Gone with the Wind*），自一九四九年起的兩年間，位居「十大」排行榜之列。不需要多少想像力，讀者就能夠在對戰敗的南部邦聯的描繪中讀出日本自身的命運。與優雅時代「隨風而逝」的浪漫追憶相對照的，是戰爭蹂躪的土地的興衰、被入侵的北方佬荼毒並重新探索定位的戰後社會。甚至是蜜雪兒小說中對照鮮明的兩位女主人公，也可以看作是日本鏡像中的人物：貞潔、順從、家庭型的韓媚蘭與務實、投機、物欲的郝思嘉。犧牲、生存的奮鬥，以及郝思嘉反抗的誓言「我永遠不要再挨餓」，這一切的確使蜜雪兒的美國南方傳奇看起來十分眼熟。[6]

真的解放和草根民主之夢的終結，在一本少兒讀本的流行小冊子的命運中有更為直接的反映。慶應大學教授淺井清在熱情與理想主義的衝動之下，寫了這本《新憲法的故事》（《あたらしい憲法のはなし》），於一九四七年出版，並被廣泛使用為中學一年級社會課的教科書。這冊課本上說，新憲法與明治憲法不同，反映的是日本國民的意志。憲法的三大基本原則是：國際和平主義、民主主義和主權在民，三者相互關聯。日本放棄戰爭意味著，今後日本決不再擁有陸、海、空軍。課本所附的全頁插圖，描繪了軍備物資在「放棄戰爭」的大釜中銷熔，從中產出的是和平國家的奇妙建築、列車、商船、消防車和通信塔。這本小冊子還強調自由和平等的基本權利，包括男女之間的平等。

儘管教育制度仍然是在美國名義上的監督之下，淺井的小冊子仍然於一九五〇年被文部省降格為輔助讀本，到一九五一年被徹底棄用。他也不可能有別的命運。此時的日本，不僅在美國鷹的卵翼下組織新的軍隊，而且終於開始著手經濟復興，但這是全面依附於為美國軍隊在朝鮮戰場提供「特需」服務的軍需繁榮。[7]

有形之手與無形之手

「喔，出錯了」哲學最熱心的信奉者，實際上是那些華盛頓和東京的政策制定者們。因為經濟政策中優先考慮事項的轉換，意味著對占領開始時向麥克阿瑟將軍發佈的一項最基本指令的否定。這項指令規定，將軍的最高許可權延伸「到經濟領域的所有事項」，SCAP將「不承擔日本經濟復興或增強日本經濟的任何責任」。這一方針背後的秘密計畫檔確實包含懲罰的意圖。國務—陸軍—海軍三部協調委員會的一份早期檔明言，「日本的困境是其自身行動的直接結果，同盟國將不承擔修復損失的責任。」[8]直到一九四八年，與這些指示相一致，將軍屬下的經濟官僚，其職能主要限定於懲罰的、改革的任務，如指定擔當賠償的工廠、指導財閥持株會社的解體，制定財經界領導人的肅清名單，確定需要分割的「過度集中的經濟力量」以確保經濟民主，以及組織農地改革並廢除地主制度。儘管美國最終提供了大約二十億美元的經濟援助，但大部分的援助都是為防範經濟困境和社會不安定所必需的糧食和物資。[9]

在被占領的德國，盟軍司令部將勞動、金融和經濟職責分散到不同的部門。在日本，這三大領域的指揮監督權以及科學與技術領域的控制，都合併在單獨的經濟科學局(E.S.S)治下。經濟科學局雇傭有大約五百名經濟學家、工程師和原工商經營者，並監督大藏、勞動和商工三省以及具有強大影響力的日本銀行和日本政府新設立的經濟安定本部。占領當局保留了日本「總力戰」戰時

529

總動員過程中引入的大部分經濟統治機制。必要時，他們甚至推進或認可比戰時政策更激進的控制。直到占領臨近終結，E.S.S還對日本的通商實行「中央集權的與獨裁的」控制。華盛頓派來的高層顧問使團的建議，對強化這種上意下達的決策的制度化發揮了影響力。[10]

日本長期的戰時動員體制的一個驚人後果，是資本高度集中於一小撮財閥手中。占領當局挑選了十個企業共同體作為詳細審查的對象。其中四個有名的「舊財閥」(三井、三菱、住友、安田)，加上六個與軍部密切合作獲得支配地位的「新興財閥」(淺野、古河、日產、大倉、野村、中島)。到戰爭結束時，「四大財閥」的投資份額從一九三七年的10%增長到25%。一九四五年，十大企業共同體總共控制礦業、機械、造船和化學領域49%的投資資本，銀行業的50%，保險業的60%以及航運業的61%。[11]

儘管戰爭導致了資本集中和成長，大企業的領導者卻普遍樂於看到戰爭的終結。他們失去了海外的投資，國內資產的大部分埋在了瓦礫之中，而這只是他們歡迎終戰的一半原因。多數大資本家已經將戰爭視為對抗內敵的生存鬥爭，也就是說，對抗軍國主義者和經濟官僚對民間部門實行完全的國家控制的「國家社會主義」主張。於是，被資本主義的真正擁護者所占領，乍看起來是有利的形勢變化，尤其是對戰前與英美人有私人和生意往來的許多經營者而言。

這樣的情緒在工商界是得到公開承認的。天皇玉音放送兩天之後，最大的財閥三井的管理層集會，對在美國人的統治下轉入和平生產的前景信心十足。正如他們中的一位，江戶英雄所說，大家一致同意「美國人和英國人不會惡劣地對待我們，一切都會好起來。」他們感到慶幸，畢竟軍國主義者和極端民族主義者不是曾經批判三井「和平主義、自由主義和親美主義」麼？在占領軍登陸之前不久，實業界首腦的秘密會議也表達了同樣的見解。一家巨型鋼鐵企業的社長，哈佛大學畢業生淺野良三竟然以英語失口說出：「我們的朋友就要來了。」他叫嚷說，由美國人率隊占領是日本的幸運，這甚至可能為日本提供機會「奮鬥以達到美國的生活水準」。多數工商界首腦都具有這種天真的樂觀。另一位與會的經營者回憶，「我們從未夢想到財閥會被解體或是我們的領導者將被追放。」[12]

儘管資本家比經濟官僚可能更歡迎征服者的到來，二者卻都沒有為逼近的戰敗準備好具體的計畫。在這點上，日本人退出戰爭與他們的宣戰同樣茫然失措。一九四一年當日本襲擊珍珠港時，軍部和文官領導人都沒有對美國的工業生產力或是眼前迫近的巨大衝突的可能性進程進行認真的長期預測。當時，東條首相借矗立在斷崖絕壁上的京都清水寺設譬說，「有時候，人不得不跳下清水的舞臺」。而當戰爭結束時，精英人士暴露出對未來也同樣缺乏計劃性。只有少數幾人認真考慮過如何從戰時經濟轉向和平經濟，或是和平經濟將會是如何面目。官僚、實業家和政治家似乎仍然處於「清水的舞臺」的妄想之中：就像是倒放的影片，他們將會重新躍上清水的舞臺。無論如何，事情將會自行解決。

實際上迎接天皇敗戰廣播的大多數行動是狂亂而破壞性的。私人承包商手中的軍用儲備和生產資料，要麼被隱匿起來，要麼直接運到了黑市。陸軍、海軍和軍需省官員立即開始提出鉅款，

531

支付承包商或是充實自己和親朋好友的腰包。大藏省和日本中央銀行成了印鈔機，巨量發行油墨未乾的新紙幣，為數百萬失業工人和復員軍人提供遣散費。同時，為緩解民眾焦慮，戰時的個人儲蓄帳戶提款限制解除。認真的簿記制度被放棄，記錄被故意銷毀。結果是財政和經濟混亂與極端的通貨膨脹開始，最終導致經濟枯竭。13

對於大企業的領導者，這樣的沉痛打擊似乎並不嚴重。瓦解他們士氣的衝擊，不是戰敗的混亂，而是戰勝國存心懲罰和改革的經濟政策。當淺野良三這樣的經營者自信地談起他們的美國「朋友」時，他們想到的是戰前認識的保守商人和喜好社交的外交官。對當初占領政策影響如此之大的羅斯福新政式的改革主義和反托拉斯熱情，則完全超乎他們的想像。譬如，為迎接占領當局的到來，三井雄心勃勃地計畫設立「三井復興事業會社」。他們解釋說，這項新事業通過開展住宅建設和旨在擴大耕地的農地開墾，確保三井員工和子公司維持繼續工作，必要時赤字經營也在所不惜。當ＳＣＡＰ官員將其作為混淆財閥戰爭責任的企圖加以拒絕時，他們受到了很大的衝擊。經濟科學局的第一任局長——一位前百貨商店的經營者，他坦承自己既弄不懂日本人的心理又不明白日本的「商業結構」，當他命令解散三井持株會社時，日本方面則感到無以言表的委屈憤恨。14

正式投降後的第二周，由經濟團體的主要代表提交給商工省的申報書同樣有著一廂情願的意味。無視無條件投降的嚴酷事實，申報書強調「日本以完全自主的態度」履行波茨坦宣言的條

532

款，並敦促政府與戰勝國堅決「交涉」，確保日本人對經濟發展的主導權。這些寫申報書的財經首腦們假定，為支付戰爭賠償金，日本將被鼓勵再建重工業和化學工業，並恢復在全亞洲的海外事業與貿易。這是他們最大的失算之一。[15]同樣樂觀的工廠軍轉民生產的提案持續推出，直到十二月初，美國賠償事務發言人愛德溫．鮑萊（Edwin Pauley）發表了令人心寒的聲明，明確指出美國人對處理掉這些工廠作為賠償，比讓他們轉產日本國內消費物資更為關注。基於美國當初的這些勸告，約一千一百個大企業被指定賠償，主要集中於化學和重工業領域。其中的一些企業被允許繼續民需生產，但必須隨時準備按照指示停業。另外的企業被迫閒置停產。直到一九五〇年底，多數指定企業一直處於這種不明確的狀態之中。[16]

至於反壟斷任務，SCAP迅速行動，確定了解散財閥持株會社和排除財閥家族成員任主要股東和公務員職位的政策。另一方面，拖延實施更廣泛的「排除經濟集中」政策，將大規模的生產設施置於不確定狀態達三四年之久。對戰時企業幹部的「經濟追放」一直延遲到一九四七年的一月，最終導致超過一千五百人辭職或被驅逐。同年七月，三井物業和三菱商事兩大商事會社被指令解體。直到十二月，國會受理並通過了基本的《過度經濟力集中排除法》。投降兩年半之後，一九四八年二月，依照此法律可能被解體的三二五個大公司的名單終於公佈。此時，經濟政策的「逆流」已經占據優勢，此後數月間大多數指定公司被從此名單排除。「排除集中」行動結束於一九四九年八月，最終只有十一家企業被命令解體。正如戰後關於企業經營的一份大規模調查報

533

告指出，這些狀況毫不意外地導致了大企業經營者「生產意願」的急劇減退。[17]

經濟混亂的確以某種未曾預料的方式，支援著改革並激勵創新精神。惡性通貨膨脹大幅減少了企業和個人的債務，並使SCAP能以實際上近乎沒收的方式，剝奪大地主的土地和解散家族保有的持株會社。[18]同時，大企業被悲觀主義和消極氣氛所籠罩，為中小型企業帶來了創業的意願。由於經營靈活和被指定賠償或解體的危險不大，中小企業能夠創造性地應對戰後的危機。

在戰敗的廢墟中繁榮崛起的多數中小企業，迎合了消費者的需求。他們中一些企業的創新產品，其成功頗具傳奇色彩。投降一年後，《東京新聞》發表了一篇題為《炸彈再生變火缽》的文章，詳述了以前的軍需生產者如何改造生產線滿足和平時期要求的事蹟。標題中的火缽指的是傳統的燒木炭的火缽，現在是由除去彈頭的炮彈外殼架在尾翼上製成。報上這類轉換利用的長目錄中還包括，彈藥箱製成的米櫃、小口徑炮彈殼製成的茶筒。先前用於探照燈的反射鏡製造商，現在生產窗玻璃和玻璃燈罩。一位生產戰鬥機活塞的分包商，改裝其產品用於灌溉型抽水機。[19]

類似的例子數不勝數，不時閃現出戰後經濟中標誌性的企業名字。坦克部件和戰艦船錨的生產者小松製作所社長，由看到美國推土機平整機場場地獲得靈感，就將推土機作為重建公司的產品。戰後成功的相機製造商佳能（Canon）和尼康（Nikon）曾是軍用光學儀器製造商。一九四六年，戰時曾為豐田供應活塞環的小分包商本田宗一郎，開始將軍用通訊設備使用的小型發動機裝到自行車上。這種輕型摩托在小賣店老闆和黑市小商販中間大受歡迎，導致了一九四九年名為「夢幻號」的摩托車上市，並標誌著本田技研工業帝國的發端。戰後許多成功的電子工業會社，其前身多為製造軍用通訊設備的中等規模的公司。投降後數周內，此類公司的一位前雇員井深大，與幾位同事合作生產一種受歡迎的裝置，將短波廣播轉換為常規頻率的廣播，為索尼（Sony）公司奠定了基石。[20]

SCAP以有意和無意的方式，激勵著特定領域的創業意願。他們優先考慮的是生產紡織品、化肥、電氣產品的部門。美國兵的需求，不僅推進了三得利（Suntory）威士卡公司的成長，還促進了佳能與後來的尼康公司的銷售和聲譽。占領軍還偶然幫助了建築和陶瓷產業的再生。SCAP要求日本政府支付維持占領軍所需的巨額「終戰處理費」，約有50%成了建設費用（包括抽水馬桶、洗滌槽、瓷磚等等），為一大群承包商提供了職業。日本人很快開始在全國各地談判獲取SCAP的建築合同，他們善於將外語拿來為我所用，因為合同主要靠「三P」獲得：請願（petitions）、宴會（parties）和禮物（presents）。[21]

然而，這種革新的創業活動對恢復經濟活力還遠遠不夠，於是政府很快感到有必要確立和促進特定的戰略優先產業。SCAP對此的支持值得注目。一九四七年初，麥克阿瑟本人竟然告訴日本首相，執行「全面經濟陣線的統一行動」至關重要。正如在東京的同盟國對日理事會的澳大利亞代表W．麥克馬洪．鮑爾（W. Macmahon Ball）所解釋，這意味著「SCAP明確聲明，現狀下『自由企業』應當被管制經濟所取代是至關重要的。」到最高司令官發佈此命令之時，日本政府早已致力於一項名為「傾斜生產方式」的干涉計畫。[22]

傾斜生產方式作為不同思想信念的經濟學者的思想產物，得到了超越黨派的廣泛支援。本質上，他基於三足鼎立的措施：將勞動力和稀少的原材料分配到主要的產業部門；這些部門由政府直接補助；通過新設立的復興金融金庫（RFB）發放政策誘導貸款。這樣的產業目標設定為通過引導資源流向最基礎的能源生產（煤炭以及隨後的電力）和最關鍵的重工業和化學工業（鋼鐵以及次要一些的化肥），刺激經濟的全面復甦。造船和紡織由於對未來的出口恢復至關重要，也受到了優先對待。到一九四九年，這六大指標部門約四分之一的外部資金，都通過復興金融金庫由政府供給，僅九十七家公司就獲得了87%的RFB貸款。[23]

這為貪污受賄提供了便利之機。實業家、官僚、政治家毫不遲疑地濫用職權。賄賂帶來資金，部分資金反過來又成為禮金和將來的賄賂。從大煤礦經營者流向保守系政治家的大筆資金尤其顯著，違法資金流向四面八方，甚至沾染了GHQ本身。一九四八年「昭和電工事件」的曝光，使這一問題以聳人聽聞的方式引起了國民的關注。事件揭露出一家化肥公司在獲得RFB巨額融資的過程中打造的巨大的貪污網。這一醜聞最初於一九四八年四月被新聞界曝光，導致了十月蘆田均內閣的垮臺。到年底，事件導致六十四位權勢人物被捕，包括前首相蘆田均本人、前大藏相（現任經濟穩定本部長官）、商工省和農林省高官、主要銀行經營者、兩大保守黨有名的政治家以及一位社會黨高級幹部（因接受賄賂平息國會對此事件的調查被捕）。這件醜聞內幕如此黑暗，以至難以完全查明，訴訟過程拖延了十三年之久。但他具有黑幕故事愛好者期盼的一切因素：派系鬥爭、黑市交易、藝伎情婦、周旋於企業幹部和GHQ高官之間的上流夫人以及洩露GHQ高官「招待費」曖昧帳目的雙重帳簿。實質上，復興金融金庫的濫用職權，繼終戰時的掠奪和隱匿物資之後，成為大規模貪污腐敗的新舞臺。[24]

然而，瀆職腐敗只是傾斜生產方式的副產品而已。到一九四九年，指定產業的生產得到了相當充分的提高，而在此更為明確的狀況之下，隱匿物資開始重新回流到生產環節。但是「偏重」方針的代價也顯而易見。通貨膨脹毫無衰退跡象，當日本銀行成為復興金融金庫債券的主要承買人，從而增加了日元鈔票的發行時，「復金通貨膨脹」成了令人生厭的新名詞。同時，未受傾斜的產業遭受資金枯竭的困擾。各種瓶頸突現，甚至是對煤炭、鋼鐵運輸具有決定重要性的鐵路運輸部門也不例外。中小型企業遭遇顯著困境，失去了某些競爭優勢。庶民繼續經受薪金——物價上漲的惡性循環，因而勞動爭議大增。到一九四八年中期，傾斜生產方式的前提受到質疑。此意見認為，「通過增加生產抑止通貨膨脹的計畫，應當變更為通過抑止通貨膨脹增加生產的計畫。」[25]

隨著方針政策的變動，傾斜生產方式很快相應地淡出了歷史舞臺，僅持續了兩年多的時間。雖然如此，但他作為戰後最初的宏觀政策，其遺產卻影響深遠。他集中關注基礎重工業和化學工業，開創了戰後對制定最高產業政策的崇拜，嫁接和熔合了多種經濟思想體系，促進了政府和大企業更加緊密的結合。[26]他為巨額資金的再整合與經濟計畫的新舞臺奠定了基礎。

536

最尖端的經濟計畫

在傾斜生產方式完成其歷史使命之前，日本決策者對日本經濟將來的設想與戰勝國的設計形成鮮明的對照。美國人，即使在轉而關注促進日本再建之時，也有考慮將原有的日本經濟去勢化的傾向。也就是說，是一個切斷龐大的軍需生產，轉而生產出口廉價雜貨物品（陶器、玻璃器皿、雕塑和玩具等）、「東方」特產（絲綢和茶葉），由進口原材料生產勞動密集型產品（紡織品、紙製品、簡單的電氣製品等）的貿易國。依照這種見解，新的日本，應當類似於二十世紀二〇年代和三〇年代初的經濟情形，而非驅動經濟為全面戰爭服務的時代。

當然，情況會有變化。戰前能夠使日本滲透和擾亂外國市場的廉價出口商品的「社會傾銷」，將會被消除。事實上，這一直是占領當局經濟改革政策的目標之一，包括土地改革和勞動改革。這種觀點認為，通過推行高工資、高收入和更為公平的財富分配來提高就業人口的生活水準，將會產生更大的國內市場並抑止低價商品的海外傾銷。無論美國人如何積極將重點移到復興日本經濟，甚至發佈宣言稱日本的命運是成為非共產亞洲的「工廠」，他們對日本經濟的設想，一直充其量不過是根本上的二流經濟。他們想當然地認為，日本的未來市場主要是亞洲的欠發達國家，而非歐美國家。朝鮮戰爭開戰前幾天，在東京的一次雞尾酒會上，杜魯門總統的特使約翰·福斯特·杜勒斯（John Foster Dulles）輕率卻有代表性地告訴大藏省的一位高官，日本應當考慮向美國出口雞

537

尾酒會餐巾紙這類的東西。四年後，當占領結束，日本由於朝鮮戰爭帶來經濟繁榮時，時任艾森豪維爾政府國務卿的杜勒斯，仍然私下「坦率」告知日本領導人，日本「不應當期望開發出大的美國市場，因為日本人不製造我們需要的東西。日本必須另外尋找出口市場。」[27]

儘管日本的決策者經受了歲月的煎熬，他們從未真正認為日本是技術劣質產品的生產國。沒人能夠否認這次的戰爭是一場災難。然而與美國人不同，日本分析者傾向於不以戰前的經濟而以戰爭中的進步為基準設計今後的規劃。在他們眼中，始於一九三一年侵略滿洲的「十五年戰爭」之最為顯著的遺產，是在戰時壓力下重化學工業發生的的革命，而龐大的技術人員、中層管理者和熟練工人集團的誕生，將會繼續推進革命。未來繁榮的關鍵在於科學的推進、先進技術和管理技術的掌握以及高附加值產業的生產。日本方面是沒有人會關心雞尾酒餐巾紙的。

在第一批美國人到來的前日，三菱財閥強有力的當家人岩崎小彌太，在致一位管理幹部的信中對這一前景做了展望。他寫道，重要的是要有「百年大計」(這是一句古老的中國成語)，而不被暫時的困難所嚇倒。關於這一點，他自己最近正在考慮的是，日本戰爭中在技術領域取得的顯著進步。未來「與他國競爭」的唯一途徑，其重點將在於「徹底的研究、生產技術的提高以及管理效率的提升」。九月初，全國最大的經營者團體的首腦們，在向商工省提交諮詢申報書時，也表明了類似的見解。[28]

對基於先進技術的經濟設想最直接的早期表述，出現在一九四六年三月外務省特別諮詢委員會題為《日本經濟戰後重建的基本問題》報告的油印本草案中。這個委員會由包括經濟學者和財經界首腦在內的二十位委員組成，在起草此報告之前集會討論了約四十次，並在翌年九月發表了足有一本書篇幅的最終版本。儘管從未被提升到官方政策的高度，這部長篇大論的研究成果對隨後的決策而言，非常接近於長期的規劃藍圖。[29]

雖然這份報告強力支持占領軍當局反封建、反軍國主義的政策，但當談到政治經濟的基本問題時，報告仍然提出了有特色的獨立道路主張。他承認戰後民主將不可避免地帶有某種「美國色彩」，但強調日本條件的特殊性，使任何對於經濟民主化的外國模式的「機械套用」都不適宜。創造適合日本國情和亞洲特色的「新型民主」十分必要。[30]

據諮詢委員會的見解，世界趨勢表明，自由放任的資本主義時代已經終結，世界「終於進入了國家資本主義的時代或是控制的、有組織的資本主義時期」。美國人和英國人可能希望繼續強調自由競爭，但即使是他們理想化的經濟自由，實際上也「被計畫所限制」。事實上，中央計畫的重要性不僅可以在英國、蘇聯和美國的羅斯福新政中見出，就連身邊的SCAP，對於糧食、貿易、失業救濟和公共財政的各類事務，也要求「接二連三」地進行政府計畫。[31]

戰敗後，日本的全部生產結構「就像巨大的車輪停止轉動」而處於靜止狀態。難題在於通過以最合理的方式調動巨額資本讓車輪重新轉動。儘管諮詢委員會批判財閥，支持占領當局解散「壟斷資本」的經濟障礙的計畫，但他指出財閥曾在積累資本、擴大貿易、推進技術革新和促進重化工業成長等方面，起到了決定性的作用。在財閥衰敗的今天，顯而易見「民主政府本身可能不得不承擔起同樣的使命。」[32]

諮詢委員會認為，在戰後的世界經濟中日本別無選擇，只有接受美國的支配地位。實際上，日本將從這裡獲益良多。但是一旦日本恢復主權，避免「經濟殖民地化」就變得至關緊要。在新的世界秩序中，可以料想中國和印度這樣的國家將會成為紡織品和其他輕工業產品的生產國和出口國，奪走日本的傳統市場。於是，日本別無選擇，只有另覓出口領域。也就是說，從事高附加值同時又需要勞動密集型產業的生產。隨著時間的推移，日本相對廉價的勞動力優勢（與發達的西方國家相比）將會減少，需要增加更多的技術優勢。[33]

對此中心議題，報告書闡釋得相當明確。儘管像茶、生絲、紡織品等傳統的出口產品仍舊重要，將來日本不得不「很大程度上依賴機械和化學產品的輸出」，包括電氣和通訊設備、採礦機械和農業機械、鐵路車輛、儀錶和其他精密儀器、科學和光學機器、鐘錶、自行車和機動車以及各種化學製品。報告帶點兒諷刺意味地宣稱，這些產業是戰爭經濟遺贈給日本的「許多寶貴的教訓和紀念」。[34]

中央決策者的責任是使這一切成為可能，因而其重要性被大大強調。新官僚們將確保為全國的利益服務而進行生產，承擔迄今為止由財閥履行的多種職責，為有價值的企業提供貸款，促進中小企業的出口競爭力，採取政策防範基礎工業被外國資本所控制，並最大限度地維持就業穩定（尤其是在因全球競爭而可能喪失工作機會的行業）。對外貿易將由國家計畫和引導，公務員的「現代科學的管理」將取代舊體制下官僚的「封建」慣例。教育體制將被動員起來，培育具有統計才能和各種技能的學生，以滿足高度工業化的社會的需求。[35]

540

提交報告的諮詢委員會中有名的幾位委員，曾在戰爭期間由於公然同情左翼被大學免職，而且委員會的每個人都十分敏銳地感受到了當時思想動向、專家政治和科技進步的時代大趨勢。他們致力於國內安定、國家繁榮和創造非軍國主義經濟的決心表露無疑。他們對「資本主義」本身的信奉則是另外的問題。報告坦率地表示，對日本將來會採用資本主義或是社會主義制度的問題未有定論。無論如何，「漸進的社會化的經濟」看來不僅不可避免，而且值得期待。[36]

尚待觀察的，是這一切將如何成為現實。

超出預期的發展與天助神佑

一九四八年十二月，華盛頓發佈將在日本實施的經濟安定九原則，而在兩個月後，向東京派遣了引起廣泛關注的使團，旨在恢復日本市場經濟的活力。使團由獨裁的「經濟沙皇」約瑟夫・道奇(Joseph Dodge)率領，直到朝鮮戰爭之前，他保守的「道奇路線」一直在日本推行得力。在道奇嚴格的指揮監督之下，九原則很快被定為「九戒」。在這種近乎宗教的氛圍中，可怕的底特律銀行家道奇先生實質上與麥克阿瑟一起，成了被占領日本的另一位上帝。至少起碼日本現在發覺自己有了第三位統治者，就像希歐多爾・科恩(Theodore Cohen)所挖苦的「帝國的會計師」。在道奇路線下，復興金融金庫貸款的龍頭被關閉了，政府的財政補助(至少在理論上)得到抑止，而內閣和國會不得不採取竟然實現盈餘的「超均衡」預算。

在「帝國會計師」的眼中，安定、經濟復興、自給自足這些新口號，都依賴於抑止通貨膨脹和國內消費並促進出口活躍。為此，一九四九年四月道奇實際一手建立了三百六十日元兌換一美元的固定匯率，低估日元通過使世界市場上日本產品更廉價來刺激出口。一個月後，商工省與貿易廳合併，產生了前所未有地強大的通商產業省(MITI)。反壟斷法被修訂，以放鬆企業間互相持股、合併、兼任管理職務的限制。一九四九、一九五〇年期間國會通過了基本法，賦予政府對貿易、通貨和投資的強大控制權。與此同時，通過「赤狩」削弱了勞工運動，裁減了勞動法，企業的「合理化」導致數萬名工人被解雇。

到一九五〇年，道奇路線在遏制通貨膨脹方面取得了成功，但代價是無論持何種政治立場的日本人，都日益感到不滿。公共事業、福利和教育預算被削減，失業率上升，國內消費低迷，小型企業的破產增加，媒體開始集中關注小企業經營者自殺事件。而經濟仍然處於停滯狀態。部分

541

是由於不利的國際形勢，出口並未大幅增加。作為新的投資指標，耐用品的生產實際有所下降。股市下跌，人心更加惶惶不安。日本政府經濟安定本部當初就批判過於緊縮的經濟計畫，現在則發出警告：「緊縮的惡性循環」正在侵蝕國家的產業基礎並威脅到了社會安定。「安定恐慌」成了新的經濟流行語。一九五〇年四月末，《美國新聞與世界報導》(*U.S News and World Report*)描述日本正處於「經濟蕭條的邊緣」，並且稱通貨緊縮政策無異於「經濟的自殺」。37

道奇的政策是否會真的以經濟蕭條而告終已經不再重要了，因為六月二十五日爆發的朝鮮戰爭終結了安定恐慌，代之以美國的「特需」採購刺激出現的軍需繁榮。現在正蹂躪日本前殖民地朝鮮的戰爭，正如吉田茂首相以及其他許多人樂於提到的那樣，是「天佑神助」。考慮到僅在數年前和平和民主還被形容為「天賜的禮物」，這樣的說法確實具有反諷意味。無論如何，至少這些禮物都是美國人所賜，而且深入到了日本社會的各個角落。38

多數產業部門受到了戰爭特需的刺激，先是金屬製品，逐漸擴展到（大致順序按支出額依次遞減）石油和機油、織物和纖維製品、醫藥用品、車輛、初級金屬製品、原材料（除糧食和能源之外）、非金屬礦產、電氣機械和設備零件、服裝鞋帽、建築材料（包括管道設備和暖氣裝置）、木材和軟木製品、非電氣機械、飲料與煙草、紙張及紙製品、糧食以及橡膠製品。此外，美國人向日本求購彈藥、輕武器和燃燒彈，儘管理論上這些產業仍在禁止之列。「特需」採購還擴展到向交戰中的美軍提供服務，其中修理坦克、飛機和軍用車輛是最有利可圖的工作。當然，此前日本工人被嚴格命令，不得將他

542

們的技能再次用於此類直接的軍事目的。日本人還為新湧入的美國軍事人員及其家屬建造、擴建設施並供應食品。美國人的私人消費和娛樂費用超出一般水準，也能帶來一筆小小的財富。

據說，一九五〇年六月到一九五三年底，「特需」採購為日本帶來約二十三億美元，超過一九四五到一九五一年間美國的援助總額，而且由於大多數以美元支付所以更具價值。即使是在一九五三年朝鮮戰爭結束後，與軍事相關的採購仍然以「新特需」的名義繼續進行，一九五四到一九五六年間又額外帶來十七．五億美元，約占這些年日本「出口」收入的一大半。這種長期延續的意外之財，使日本的進口能夠大幅增加並使基礎產業的生產規模倍增。

然而即便如此，也難以傳達出軍需繁榮的規模和本質，因為引發全球經濟變化的朝鮮戰爭對日本十分有利。貿易方式被打亂、各國經濟不景氣的終結，都刺激了外國對日本產品的購買。此時，日本是唯一工業技術能力過剩的工業國家，購買機械製品的訂單大量湧入。由於西歐的造船廠已經達到擴展限制，日本面臨黃金契機發展自己的造船業成為最重要的出口部門。甚至是朝鮮戰爭的終結也有正面效應，因為日本被允許參與並受益於美國領導下的南朝鮮(韓國)的重建。

各種指標都顯示出經濟的猛烈復興。停滯的股市從朝鮮戰爭爆發到一九五一年十二月間上漲了80%。朝鮮戰爭的前八個月，日本鋼產量增長了約38%，而鋼材出口增長了三倍。汽車工業復興受益於美國大批購買卡車和其他車輛。例如，豐田汽車的產量增加了40%。豐田會社的社長後來回憶說，「這些訂單救了豐田的命。我既為我的公司感到高興，又對我欣喜於別國的戰爭而懷有罪惡感。」39

許多公司利用這次天佑良機不僅進口了更多的原材料和半成品，而且升級改良設備並獲取外國的先進技術。這是日本系統獲得美國商業許可和專利權的開端。這是獲取巨大利益的交易，這是美國政府對其冷戰盟友仍然脆弱的經濟之健康發展至關重要的強力支持。軍需景氣還促進了W．愛德華茲．戴明（W. Edwards Deming）提倡的「品質管理」方法在日本的普及。戴明是一位美國統計學者，曾於第二次世界大戰中擔任美國政府的顧問，在美國本土的聽眾正日見稀少。一九四九年，由於對道奇路線效果的悲觀，日本中堅階層的科學者和技術者為探索在世界貿易中的競爭「優勢」，邀請戴明前往東京主持召開研討班。戴明同意赴日演講的條件是，確保能夠左右有關生產過程的企業方針的管理者參與研討。此後正如命運的安排，一九五〇年七月，就在朝鮮戰爭爆發之際，戴明對一群日本的企業管理者發表了最初的講演。如果沒有戰爭的發生，戴明關於品質管理的福音也不可能會有如此影響，原因很簡單：因為如果沒有對日本製品的外國需求，也就沒有可以適用其品質管理技術的大批量生產。這種絕望與機遇的偶然結合，使得戴明的日本崇拜者們將其有關品質管理的理念，整合到了新的生產迴圈和新的企業冒險的創始階段，其影響力將持續此後的數十年之久。40

這是長期經濟停滯之後的猛烈成長，但上層的許多經濟策劃者仍然將軍需景氣只不過看作是喜憂參半的天佑神助。他們為經濟重新陷入軍需依賴的前景而驚恐不安。他們警告說，由於主要是大規模的現代化企業受益，從而加劇了經濟的「二重構造」，使經濟景氣受到威脅。新設立的經濟審議廳發表的一九五三年《經濟白皮書》，竟然提到了「特需之罪」。同時，普遍景氣的積極影響無可否認。許多中小企業繁榮興盛。製造業的實際工資顯著上漲。到一九五二年，普通民眾開始感受到《白皮書》所謂的「消費景氣」。糧食消費恢復到了戰前的水準，廉價服裝隨處可以買到。基本的家用設施如冰箱和縫紉機更為普及，奢侈品如收音機和照相機也是如此。個人儲蓄上升，從而使可用於產業投資的資金也增加了。[41] 544

這確實是個新世界。「生產疲弊」和「筍式生活」似乎屬於另一個時代。甚至連道奇路線的苛酷記憶也幾乎已經消失。然而道奇的遺產依然可觀，無論是在有意識或無意識的層面。崇拜道奇的希歐多爾・科恩（Theodore Cohen），將道奇強迫性的緊縮政策坦率地描述為「無情的實施，無視戰後三年半、歷經兩次民主選舉的日本人的意願」。當軍需景氣將無情的實施者推離中心舞臺，其經濟沙皇的角色實質上被日本官僚機構集體繼承。通商產業省就是此遺產的繼承機構之一，達成了比日本戰時總動員體制為頂點的經濟獨裁更加強力的經濟權力集中化。大藏省是另一繼承者，道奇通過他推行了大多數的指令。道奇與大藏大臣池田勇人的合作尤為緊密。池田是吉田的左膀右臂，後來也曾擔任首相。在此後的數十年間，大藏省繼續行使相對於其他省廳和國會的非凡特權，控制著預算和金融政策。正如科恩所指出，道奇也「在日本保守的大企業集團及其官界和政界同盟者與美國政府的高官之間，締結了戰後最初的溝通管道。從那時起，日本的保守主義者就跟美國的權利頂層接上了頭。」日本大企業的領導者當然等待了不止三年，但是他們曾經期待的美國朋友終於到來了。42

戰後日本經濟的「特質」，主要是在道奇路線的動盪歲月和軍需景氣時期形成的。資本主義旗開得勝，解決了一九四六年外務省諮問委員會遺留的問題。這是以資本高度集中（這令決策者們懸心不已）並高度容忍官僚政治干預（這是他們樂於見到的）為特徵的資本主義。對這些發展至關重要的是，少數幾家在第二次世界大戰中得到巨大成長的民間「都市銀行」，通常與各種財閥關聯緊密。儘管美國的反托拉斯人士認定這些巨大的銀行造成了「異乎尋常的嚴重問題」，但是由於金融部門逃避了初期的改革，實際上未被觸及。當道奇停止經由復興金融金庫對重點產業的融資時，這些商業銀行轉而成為投資資本的主要來源，很快發放了超出自身保證金額的貸款，並主要通過向日本銀行借款彌補差額。「過剩融資」及時成為了標準程式，得到各種財政手段的支持，增強了中央對銀行的影響力。同時，過剩融資加速重新鞏固了產業與金融間的親密關係，有時是延續敗戰前建立起來的家族關係，有時則是新的結合。43

在軍需景氣歸於沉寂後不久，經濟科學部以前的一位敏銳的經濟學者馬丁·布朗芬布倫納（Martin Bronfenbrenner）觀察到，主要都市銀行取代解體的持株會社，「成為財閥的神經中樞」。44這種發展預告了由所謂「系列」支配的獨特的戰後體系的出現。「系列」這一古老的詞彙，突然之間獲得了特定的、強力的經濟內涵。系列是商業和製造業企業的強大集團，實質上取代了（而非廢除了）以

545

前長期支配經濟的以財閥為中心的工業・金融資本集結。到一九五〇年代初，六大主要經濟集團出現，皆以都市銀行為中心：三井、三菱、住友、富士、第一、三和。除三和之外的系列，都是舊財閥的再編和重新集合。[45]

這並非是戰前日本的復歸。經濟的大部分保留在這些集團之外。這些系列本身也與敗戰前家族支配的持株會社控制的財閥帝國具有顯著的不同。與以前財閥儼然的金字塔構造不同，系列內的關係更加橫向、開放，更具內部競爭性。家族世襲的影響力在很大程度上被消除，股份持有更加多樣化。系列內的銀行與外界做生意，系列所屬的企業也可以與外間的銀行往來。通常，這樣的戰後企業比過去更加依賴國有資金（和國家的指令）。[46]

在此後的數十年間，這種新的資本主義將被證明比先前財閥支配的經濟更加靈活和具有競爭力，並在應對全球經濟和技術挑戰的能力方面超乎任何人的想像。然而在當時，戰敗、占領與得自鄰國戰爭的有污點的「天助神佑」的結合，似乎誕生的是奇妙的異形生物，即經濟企劃廳擔憂地指出的「日本產業構造的畸形化」。[47]這個生物既熟悉又陌生，既出乎意料又在計畫之中，既脆弱又強大。他的問世，既是由日美兩國間的合作產生，又是日本所獨有的產物，可以說，他是在特定的歷史時刻不期而遇的結果。

此後數十年，當有關「日本威脅」的警報在美國和其他各國拉響，這種國家主導、系列支配的經濟，其起源的兩國性幾乎已被遺忘。許多初期改革政策，諸如農地改革、鼓勵勞工組織、財

546

閥的持株會社解體等，被恰切地認為對活躍日本國內經濟做出了貢獻。然而與此同時，占領軍的一些被忽略的行徑，如未能推進銀行組織分散化的不作為，也具有巨大的長期後果。再者，經濟的「逆流」，其背後政治和意識形態的根本原因，是確保日本成為強大的反共堡壘，而這必然導致對日本社會最為保守的、集團主義因素的扶持，以及美國人對這種「畸形」市場經濟的持續培育。

美國人對這個新興的重商主義國家最為顯著的貢獻，還遠遠未被覺察。他既非來自初期的改革政策，也非來自「逆流」進程本身，而是來自於占領軍統治的運行機制。當占領軍的政策目標從改革向重建急遽轉變時，經濟仍然受到上層的嚴密控制。不少先前的改革推進派從中體味到了苦澀的後果。利昂．霍勒曼（Leon Hollerman），一位受雇於經濟科學部的經濟學者，沮喪地總結說，儘管占領本身的任務是推進民主，但「他實際上部分地推進了官僚主義」，而且「其官僚主義的遺產主要在於經濟方面」。這種占領時代的官僚構造，草率地建立在敗戰前日本固有的戰時官僚制度之上，在一九五二年之後被日本人精明地延續下來，以守護他們新的資本主義。如此一來，正如霍勒曼所指出的，「SCAP通過向日本人『返還』管理統治權對占領進行了消解，不僅天真地委讓了自身的許可權，而且無可奈何地目睹了對於自由主義的大國而言限制最為嚴格的外貿與外匯控制體系的制度化。」48

1 筆者曾在「Occupied Japan and the Cold War in Asia」一文中，詳述美方的逆流政策，參見Dower，*Japan in War and Peace: Selected Essays*(New York: The New Press, 1993)，pp.155-207。亦參見Howard B. Schonberger，*Aftermath of War: Americans and the Remaking of Japan, 1945-1952*(Kent，Ohio: Kent State University Press, 1989)；William S. Borden，*The Pacific Alliance: United States Foreign Economic Policy and Japanese Trade Recovery, 1947-1955*(Madison: University of Wisconsin Press, 1984)；以及Michael Schaller，*The American Occupation of Japan: The Origins of the Cold War in Asia*(New York: Oxford University Press, 1985)。

2 歷史學研究會編《日本同時代史(2) 占領政策の　換と講和》(東京：青木書店，1990)，pp.194-95。

3 《現代用語の基礎知識》(1948年版，《自由国民》特別號14號)，東京：時局月報社，p.131。

4 永澤道雄、刀禰館正久、雜喉潤《昭和のことば》(東京：朝日ソノラマ，1989)，pp.318-20；鷹橋信夫《昭和世相流行語辭典》(東京：旺文社，1986)，pp.122-23。

5 鷹橋《昭和世相流行語辭典》，pp.195-97。亦可參見1951年10月有關美空雲雀的有趣文章，收入「*Shūkan Asahi*」*no Shōwa Shi*(Tokyo: Asahi Shimbunsha, 1989)，vol. 2(*Shōwa 20-nendai*)，pp.239-56。直到1989年去世，美空雲雀一直是日本戰後傑出的女歌手。她的個人魅力或曰風格，堪比Judy Garland或是Edith Piaf。

6 鹽澤實信《昭和ベストセラー世相史》(東京：第三文明社，1988)，pp.265-66。吉川英治在1948年有兩本書進入「十大」暢銷書排行榜：《親鸞》與《新書太閤記》。《親鸞》一書是對13世紀的佛教佈道者親鸞的研究(親鸞也是啟迪哲學家田邊元進行本土性的「懺悔」思考的先哲)。《新書太閤記》則是對14世紀著名的戰爭記事新的再現。1949年，吉川英治的《宮本武蔵》，一部富於傳奇色彩的17世紀武士的傳記，也登上了暢銷書排行榜。到1950年這部書仍然持續暢銷。《親鸞》與《宮本武蔵》都是吉川英治在20世紀30年連載的歷史小說的再版。1951年，勤力筆耕的吉川英治又出版了一部暢銷書《新・平家物語》。這部著作是對日本經典戰爭記事的全新演繹，記述了12世紀後期引領日本進入封建時代的南北朝內亂。1951年的「十大」暢銷書，還包括谷崎潤一郎以現代日語譯出的11世紀的經典之作《源氏物語》。

7 文部省《あたらしい憲法のはなし》(東京：文部省，1947)。這本小冊子於1972年由日本平和委員會再版，作為占領初期的理想主義的例證，受到公眾的關注。還可參見1994年5月2日《朝日新聞》登載的有關淺井與這本小冊子的由來的文章。

8 「Basic Initial Post-Surrender Directive to Supreme Commander for the Allied Powers for the Occupation and Control of Japan」, November 3, 1945; Edwin M. Martin, *The Allied Occupation of Japan*(New York: Stanford University Press for the Institute of Pacific Relations, 1948), pp.113, 115.

9 關於美國的對日援助，參見本書第三章注12。

10 「中央集權的與獨裁的」說法，來自於經濟科學局的經濟學家Martin Bronfenbrenner；他對於占領時期經濟政策的簡要概括，參見*Kodansha Encyclopedia of Japan*(Tokyo: Kōdansha, 1983)，vol. 2, pp.154-58。如前所述，SCAP過分大權獨攬的情形，由另一位當事者切實地傳達出來。參見Theodore Cohen，*Remaking Japan: The American Occupation as New Deal*（New York: Free Press, 1987）。日方對占領軍通商管理的看法，參見野田一夫編《戦後経営史》（東京：生產性本部，1965），pp.294-302：這部大型文獻提供了有關戰後經營管理的許多切身的觀察和體悟。

11 Mitsubishi Economic Research Institute, ed., *Mitsui-Mitsubishi-Sumitomo: Present Status of the Former Zaibatsu Enterprises*（Tokyo: Mitsubishi Economic Research Institute, 1955）, p.6：亦可參見Dower，*Japan in War and Peace*書中的圖表，p.120。

12 安藤良雄編《昭和政治経済史への証言》（東京：毎日新聞社，1966），第3卷，p.144：Kazuo Shibagaki,「Dissolution of Zaibatsu and Deconcentration of Economic Power」, *Social Science Abstracts* 20（Tokyo: Shakai Kagaku Kenkyūjo, Tokyo University, 1979）, p.21：Masahiro Hosoya,「Selected Aspects of the Zaibatsu Dissolution in Occupied Japan,1945-1952: The Thought and Behavior of Zaibatsu Leaders, Japanese Government Officials and SCAP Officials」, Ph.D. dissertation, Yale University（December 1982）, pp.17-18. 這篇博士論文的前兩章，分析日本企業高層對投降和SCAP早期要求財閥解體、經濟分散的政策的反應，頗有見地。

13 有關內部資料，參見大藏省官房調查會金融財政實情研究會《戦後財政史口述資料》，第1卷，第3、9條：此文獻為大藏省彙編的占領期官員談話錄，未公開刊行。關於濫印紙幣、物價飛漲之情形，參見Fuji Bank（富士銀行）編，*Banking in Modern Japan*，*Fuji Bank Bulletin* special issue, vol. 11, no. 4（1961; 紀念富士銀行成立80周年特別號），p.187：以及經濟企畫廳戰後經濟史編集室編《戦後経済史 経済政策編》（東京：大藏省印刷局，1960），pp.33。

14 Hosoya, pp.19-23, 50-54. 經濟科學局（E.S.S.）首任局長Raymond C. Kramer上校此舉令三井會社高層大為震驚，對日本人恭聆天皇教誨投降、配合美國占領軍到來的「盲目順從」態度造成重挫。

15 參見堀越禎三編《経済団体連合会十年史》（東京：經團連，1962），第1卷，pp.4-11：Hosoya前引文中亦有概括，pp.27-32。這一提出諮問的團體發展為「經團連」，成為日本最強有力的大企業聯合組織。

16 據野田編《戦後経営史》（pp.59-66），1950年5月1日共有844處工廠被指定賠償（其中524家處於生產狀態，320家被閒置），到1950年底莫名增加到930處。關於賠償問題，參見Borden前引書，pp.71-83。占領期間，日本實際的賠償從1947年5月開始，共有14000台工業機械被輸送到亞洲各國。1952年占領終結。日本恢復主權後與各國交涉，達成以生產物方式進行賠償的協定。

17 野田編《戦後経営史》，p116。亦參見通產大臣官房調查課編《戦後経済十年史》（東京：商工會館出版部，1954），p.14。有關財閥政策的基本英語文獻，出自參與制定相關政策的E.S.S.前官員Eleanor Hadley之手，*Antitrust in Japan*（Princeton: Princeton University Press, 1970）。亦可參見Hadley關於「Zaibatsu」（財閥）和「Zaibatsu Dissolution」（財閥解體）的簡明釋義，*Kodansha Encyclopedia of Japan*（Tokyo: Kodansha, 1983），vol.8, pp.361-66：Hadley，「From Deconcentration to Reverse Course」，收入Robert Wolfe編，*Americans as Proconsuls: United States Military Government iin Germany and Japan, 1944-1952*（Carbondale: Southern Illinois University Press, 1984）, pp.138-54：Shibagaki（1979）, pp.1-60：Kozo Yamamura, *Economic Policy in Postwar Japan: Growth Versus Economic Democracy*（Berkeley:

University of California Press, 1967）；Holding Company Liquidation Commission, *Final Report on Zaibatsu Dissolution*（Tokyo: July 10, 1951）；以及Office of the Chief of Military History, GHQ, SCAP,「Deconcentration of Economic Power」, Part B of Reform of Business Enterprise, vol. 10，見SCAP未公開發表之*History of the Nonmilitary Activities of the Occupation of Japan*（1952；美國國家檔案館提供此文獻之縮微膠片）。

18 兩位前SCAP內部人員對「沒收」的評論，參見Cohen前引書，pp.176-178；Hadley（1983），p.364。

19 野田編《戦後経営史》，p.162。

20 前引之《戦後経営史》，pp42-44, 173-74, 192-95, 199-201。

21 前引之《戦後経営史》，pp113, 120-22, 175-81, 185, 193-95。

22 參見W. Macmahon Ball, Japan: Enemy or Ally?（New York: John Day, 1949），書中引用了麥克阿瑟1947年3月22日致吉田茂的長信，pp.60-63；亦參見Leon Hollerman,「International Economic Controls in Occupied Japan」, *Journal of Asia Studies* 38.4（August 1979）: 708。

23 Laura Hein在其書中對這些經濟計畫有精到的分析,參見 *Fueling Growth: The Energy Revolution and Economic Policy in Postwar Japan*（Cambridge, Mass.: Council on East Asian Studies, Harvard University, 1990），尤可參見pp.107-28。僅有少數公司獲得RFB貸款的統計，參見Dick K. Nanto,「The United States' Role in the Postwar Economic Recovery of Japan」, p.236。此文為哈佛大學博士論文（1976年12月）。有關RFB的貸款資料，參見有澤廣巳、稲葉秀三編，《資料・戦後二十年史》（東京：日本評論社，1966），第二卷「經濟」，pp.60-61；及Fuji Bank，*Banking in Modern Japan*，pp.193-94。

24 *SNNZ* 8:208-9; 野田編《戦後経営史》，pp.350-51；《戦後史大事典》（東京：三省堂，1991），p.435。當時日本各方猜測，「昭和電工事件」的曝光，是由Illoughby將軍在SCAP參謀二部首先發難的，其明確目的是敗壞民政局的「激進」份子之聲譽。

25 Fuji Bank，*Banking in Modern Japan*，p.194；1948年7月9日*Tokyo Times*，引自Jerome B. Cohen，*Japan's Economy in War and Reconstruction*（Minneapolis: University of Minnesota Press, 1949），p.447。關於傾斜生產方式的半官方的批判，參見經濟企畫廳編《戦後経済氏（経済政策編）》，pp.44-47。

26 Hein前引書中對這一點十分強調，pp.124-28。

27 美國國務院，*Foreign Relations of the United States, 1952-1954*（Washington, 1985），第14卷，第2部分，pp.1724-25，亦見於p.1693。「Workshop」（工廠）一詞，是由美國國務卿Dean Acheson在1947年5月鼓吹日德重建的著名演講中提出的。Dulles有關「cocktail napkin」（雞尾酒會用的餐巾紙）的言辭是向渡邊武說的，參見渡邊武的回憶錄《占領下の日本財政覚え書き》（東京：日本經濟新聞社，1966）。

28 岩崎小彌太傳編集委員會編，《岩崎小弥太伝》（東京，1957），pp.382-83；野田書中有所引用，pp.23, 49。

29 此報告書於1977年出版英譯本：Japan Economic Research Center, *Basic Problems for Postwar Reconstruction of Japanese Economy:*

Translation of a Report of Ministry of Foreign Affairs Special Survey Committee, September 1946。此報告書起源於大來佐武郎（一位成為經濟學家的年輕工程師，後來擔任過日本外相）的個人研究。報告書最終的定稿由大來佐武郎、後藤譽之助、小田寬及並木正吉4位年輕幹事執筆，並木因為資歷不足，甚至未能列名委員。本書對此報告的概述，皆以英譯本為準，並且對照日文原稿做了少許編輯改動。Laura Hein對包括此報告書在內的日本戰後規劃有著詳細研究：除*Fueling Growth*（尤其是第5、6章）一書外，還可參見她的論文，「In Search of Peace and Democracy: Japanese Economic Debate in Political Context」，*Journal of Asian Studies 53.3*（August 1994）: 752-78，以及「Growth Versus Success: Japan's Economic Policy in Historical Perspective」，收入Andrew Gordon編，*Postwar Japan As History*（Berkeley: University of California Press, 1993），pp.99-122。

30 *Basic Problems*，pp.53-59，尤其是pp.54, 56。

31 *Basic Problems*，pp.2-6, 64-65.

32 *Basic Problems*，pp.43-44, 56-57.

33 *Basic Problems*，pp.7, 52-53, 60-61.

34 *Basic Problems*，pp.48, 60, 96-100。報告書提到，在戰爭動員過程中，日本「有了自己製造精密機械、軸承、光學儀器、短波電信設備以及其他各種現代機械的經驗。此外，國家在真實需求的壓力下，培養了大批技術人員、服兵役者和重工業勞動者。現在即便是在最偏遠的鄉村，也能找到從大城市學習了車床操作技術回來的年輕人。只要今後竭盡努力，這些條件將對建設和平的日本經濟做出寶貴貢獻。」

35 *Basic Problems*，pp.56-59, 65-66, 89, 91-93, 133-34.

36 *Basic Problems*，pp.58, 65。諮詢委員會中，學識卓越的經濟學家包括：有澤廣巳、稻葉秀三、大內兵衛、東畑精一、中山伊知郎。

37 「九戒」（經濟安定九原則）包含稅制、金融、抑制賃金、抑制物價、外貿匯兌、產業分配與輸出獎勵、國內原料的開發、糧食徵收、緊縮均衡預算等內容。關於道奇路線及其影響，參見Borden，pp.92-102；Hein（1990），pp.153-72；Theodore Cohen，第23章；Fuji Bank編，pp.199-206；Nanto（1976）；以及Tsuru Shigeto，*Japan's Capitalism: Creative Defeat and Beyond*（Cambridge: Cambridge University Press, 1993），pp.48-56。道奇與日本政府之間的緊張關係，在Dower的*Empire and Aftermath*一書中有所論述，pp.274-75, 416-28。

38 日本流行的說法是「天助神佑」。有關朝鮮戰爭的另一流行語是「復甦靈藥」。

39 1950年6月到1953年的特需採購明細，參見通產大臣官房調查課編，《戦後経済十年史》pp.78-79之附錄；此明細亦可用於比較不同部門之間的受益情形，此文獻中的估值資料極為保守。亦可參見小林義雄《戦後日本経済史》（東京：日本評論社，1963），pp.72-80；G. C. Allen, *Japan's Economic Recovery*（London: Oxford University Press, 1958），pp.19-22, 95, 98, 203；Takafusa Nakamura，*The Postwar Japanese Economy: Its Development and Structure*（Tokyo: University of Tokyo Press, 1981），pp.41-48；Tatsurō Uchino, *Japan's Postwar*

Economy: An Insider's View of Its History and Its Future（Tokyo: Kodansha International, 1983），pp.55-62。豐田會社社長所言，見Asahi Shimbun編，*The Pacific Rivals*（Tokyo: Weatherhill, 1972），p.193。

40 參見W. Edwards Deming，「What Happened in Japan?」，*Industrial Quality Control* 24.2（August 1967）: 89-93。Deming，「My View of Quality Control in Japan」，*Reports of Statistical Application Research* 22.2（June 1975）:73-80。後一期刊由日本科學技術聯盟（日本科学技術連盟）創辦。日科技連於1950年7月邀請Deming主辦了具有決定性影響的、為期8天的研討班，並於翌年12月設立了著名的戴明獎（Deming Prize）；亦可參見日科技連出版的一本小冊子：小柳賢一，*The Deming Prize*（1960）。Deming曾是SCAP抽樣檢查技術顧問；繼1950年的品質管理研討班之後，Deming於1951、1952、1955、1960以及1965年又相繼舉辦了類似的研討。此外，還可參見前引書Hein（1993），pp.109-10。

41 Uchino前引書，pp.73-75；通產大臣官房調查課編，《戦後経済十年史》，pp.74, 422-34；Nakamura前引書，p.42。

42 Cohen前引書，pp.432, 441-42。經濟學家與參與決策者都留重人，同樣認為道奇的緊縮預算是最終強迫日本政府和國會接受的；參見Tsuru Shigeto（都留重人）前引書，p.48。Schonberger前引書對在幕後支持美方政界及新聞界政策逆轉的日本民間遊說團體進行了透徹分析，pp.134-60。中池田勇人作為20世紀60年代初期的日本首相，是著名的「所得倍增計畫」的設計者。

43 從通商產業省1954年的戰後經濟調查可以大致瞭解，日本政府和日本銀行為改良道奇路線、刺激私營經濟採取的各項財政措施，以及日本銀行在推進過剩融資政策方面所扮演的關鍵角色；參見通產大臣官房調查課編，《戦後経済十年史》，pp.22-23, 59-60, 315-22。商業銀行向日本銀行融資實際始於1942年，當時日本向同盟國開戰後中央銀行的許可權大增。Fuji Bank編，pp.157-61, 167。這是在SCAP統治下，戰時行為得到延續的又一例證。關於過剩融資政策，參見通產大臣官房調查課編，《戦後経済十年史》，pp.203-5, 208, 213-14, 220-24。亦可參見Nakamura前引書，p.39。

44 Martin Bronfenbrenner,「Monopoly and Inflation in Contemporary Japan」, *Osaka Economic Papers* 3.2（March 1995）: 42-43.

45 Shibigaki前引書，pp.42-50。Teiichi Wada,「Zaibatsu Dissolution and Business Groupings」, *Waseda Journal of Asia Studies* 2（1980）, pp.13-17。三井、三菱、住友「系列」顯然產生於舊有的「四大財閥」。富士銀行集團屬下的公司，不僅與舊日的安田財閥（「四大」中最小的財閥）、而且與先前的淺野、日產和日立等財閥相關。第一集團除了擁有獨立的企業商號之外，還接收了從前古河、川崎與藤山財閥名下的公司。在這些「系列」定名之前，曾經多次改換名稱。

46 Shibigaki（柴垣和夫）前引書中對此問題有尖銳而有趣的論述，pp.42-55。

47 小林《戦後日本経済史》，p.75。

48 參見前引之Hollerman,「International Economic Controls」, pp.707-19。Chalmers Johnson開創性的研究*MITI and the Japanese Miracle: The Growth of Industrial Policy, 1925-1975*（Palo Alto: Stanford University Press, 1982），對這些課題進行了深入詳實的研究。

結語

遺產・幻影・希望

在鄰近的朝鮮半島發生的那場戰爭期間，日本獲得了一支軍隊，但卻失去了一位最高統帥。美國迅速著手，重新武裝往昔的敵人。日本的再軍備，沒有經過修改憲法的認可，沒有取得保守的吉田內閣的熱情協力，沒有引起商界的歡迎喜悅(儘管確曾出現過推進再軍備的財團遊說活動)，甚至也沒有獲得民眾的足夠支持，所以不可能光明正大、直言不諱。組建於一九五〇年七月的地面部隊，僅僅被稱作「員警預備隊」(NPR)，而在其軍事操典上隆隆駛過的坦克，也只是被稱為「特種車輛」。預備隊草創期的訓練指導弗蘭克・科瓦爾斯基(Frank Kowalski)上校曾經形容：在組織方面和裝備方面，員警預備隊就是「一支小美軍」。在科瓦爾斯基看來，吉田茂拒絕公開承認日本正著手進行再軍備，使日本處於「曖昧的再軍備黎明期」。一方面首相承認必須修改憲法之後，國家才能夠擁有『戰力』；但與此同時，員警預備隊卻在繼續裝備大炮、坦克和飛機。」在一九五二年二月舉行的民意調查中，48%的被調查者認為，否認再軍備，是吉田首相在撒謊；40%的人表示不能確定；只有12%的人相信吉田茂的話。

在重整軍備問題上，吉田茂祭出了詭辯態度作為其官方策略，但他的立場是可以理解的。吉田茂的小心謹慎，實際上起到了替美國人的狂熱態度　車減速的作用。美國人在激烈的朝鮮戰爭所帶來的恐慌之中，秘密敦促日方領導人加緊籌建一支三十萬到三十五萬人的軍隊。這是一個魯莽的、幾乎是愚蠢瘋狂的要求。吉田茂辯駁說，這種驟然再軍備的做法，將會顛覆整個經濟基礎、扭曲整個經濟結構，激起全國的強烈抗議，並將刺激亞洲許多國家的人民——他們與美國人不同，並未遽然忘卻日本在上次戰爭中的恐怖行徑。

548

吉田茂還有理由相信，如果日本迅速重建軍隊，則要甘冒與美方在朝鮮共同作戰的巨大風險。吉田茂對於美方強求日本赴朝參戰的極端要求異常警戒，以至於當約翰·福斯特·杜勒斯(John Foster Dulles)訪問東京敦促日方加緊再軍備之時，吉田茂派使者秘密照會兩位社會黨領導人，敦促他們在首相官衙外舉行示威活動，向來訪的美國使團施壓。這種政治上的小把戲表明，吉田茂希望外界理解他真正憂懼竭力再軍備，將會使日本的社會組織分崩離析。在吉田政權統治下，整個占領期間，日本員警預備隊的規模始終控制在七萬五千人。[1]

一九五一年四月十一日，一條公告如晴天霹靂震驚了整個日本：杜魯門總統以不服從命令為由，免去了道格拉斯．麥克阿瑟朝鮮聯合國軍總司令的職務。由於公然鼓吹比總統更為強硬的對華軍事政策（中華人民共和國已於前一年十月援朝參戰），麥克阿瑟將軍被解除了一切職務，包括剝奪他在日本占領期的指揮權。在簡明扼要的廣播演說中，杜魯門聲明，他已經為避免第三次世界大戰採取了行動。理論上，罷免這位最高司令官是文官治軍的絕佳例證。而實際上，麥克阿瑟的屈辱，被普遍理解為令人意外的悲劇事件。民眾的遺憾之情發自內心而且迅即溢於言表。在總統聲明的翌日，自由主義派報紙《朝日新聞》，就發表了題為《惜麥克阿瑟將軍》的社論，觸動了許多日本人的心弦：

> 自戰爭結束至今，我們一直與麥克阿瑟將軍生活在一起……當日本人民面臨空前的戰敗困境，而且陷入疲憊絕望的虛脫狀態的時候，是麥克阿瑟將軍教導我們民主與和平的真諦，並慈愛地指引我們走上這條光明之路。如同為自己孩子的成長感到喜悅一般，他樂於接納日本人民——昨天的敵人，一步步走向民主，並繼續鼓舞我們前進。

四月十六日，麥克阿瑟離日赴美之際，享盡了英雄般的待遇。吉田茂首相拜訪了他，以感謝他的巨大貢獻，並私下致函表達「難以言喻的震驚和難過」。天皇本人不顧宮內廳高官們的阻撓，最後一次誠摯地拜訪了麥克阿瑟的官邸。本來宮內廳強調，既然將軍被罷免了官職，理應前來拜會天皇陛下才對。這是兩位領導人的第十一次會見——而在天皇離去的時候，麥克阿瑟第一次陪同天皇陛下走到了他的轎車旁邊。頗具勢力的日本經團連，作為日本大企業復興的代言人，發表了致謝公告。國會參眾兩院的議長，也同樣讚揚將軍的「公正、同情的理解和英明的指導」，並尤其感謝他使國會成為了國家的最高權力機關。東京都議會則以「六百三十萬東京居民」的名義，表達了感恩之情，媒體報導說，將制定法律條例授予將軍「名譽都民」稱號。有人建議設立「麥克阿瑟紀念碑」，甚至要在東京灣為他樹立銅像。

麥克阿瑟將軍的啟程，由日本放送協會（NHK）實況轉播，當背景音樂《過去的好時光》(Auld Lang Syne)旋律響起，一位廣播員哀傷地重複著「再見了，麥克阿瑟將軍」。連小學生們都停課了。按照麥克阿瑟的說法，有兩百萬人沿街為他送行，有些人眼裡還噙著淚水。據東京警視廳統計，送行的人數接近二十萬。這一數位仍然可觀，也更為可信——麥克阿瑟將軍一貫傾向於成十倍地誇大事實。吉田茂和其他內閣成員前往羽田機場為他送行，天皇陛下派出自己的侍從長，國會也派出參眾兩院的議長作為代表送行。麥克阿瑟乘坐其專機「巴丹號」向藍天白雲間起飛的鏡頭，觸動得《每日新聞》大發感慨：「啊，麥克阿瑟將軍——將軍，將軍，他把日本從混亂和饑餓中拯救了出來，」這份報紙哀泣道，「你看到窗外青青的小麥在風中顫動了嗎？今年將會有個好收成。那是將軍五年又八個月辛勞的碩果，也是日本人民感恩的象徵。」

在美國，麥克阿瑟也受到了英雄般的禮遇，儘管他狂熱擁護共和黨執政。而日本人也密切關

550

注著他的回國之行。四月十九日，麥克阿瑟在國會聯合聽證會上發表演說，以他西點軍校學員時代流行的一句軍歌作為結語，這句話後來被廣泛引用：「老兵不死，只是凋零」。日本的感傷主義者們發現，他們與愛國的美國感傷主義者們一樣，為此感動不已。但是五月五日，麥克阿瑟在參議院聯合委員會所作的發言，在日本感傷主義者們聽來，就不會那麼令人感動了，或者應當說是令他們震動才對。五月五日，歷時三天、令人精疲力竭的聽證會就要結束了。在此期間，麥克阿瑟不僅順便高度評價了日本人民令人欽佩的素質和他們經歷的「偉大的社會革命」，而且稱讚了日本戰士在二戰中的高超的戰鬥精神。麥克阿瑟的意圖在於，強調日本人比德國人更可信任。當被問及是否可以指望日本人維護他們在占領期獲得的自由成果時，麥克阿瑟以這樣的方式作答：

當然，德國的問題與日本的問題大相徑庭。德國人是成熟的民族。如果說盎格魯—薩克遜人在其發展程度上，在科學、藝術、宗教和文化方面正如四十五歲的中年人的話，德國人也完全同樣成熟。然而，日本人除了時間上的古老之外，仍然處於受指導的狀態。以現代文明的標準衡量，與我們四十五歲的成熟相比，他們還像是十二歲的孩子。

正如任何處於受指導期的兒童，他們易於學習新的規範、新的觀念。你能夠在他們那兒灌輸基本的概念。他們還來得及從頭開始，足夠靈活並能夠接受新的觀念。

德國人像我們一樣成熟。無論德國人做什麼無視現代道德標準、國際規範的事情，他都是有意為之。他不是由於缺乏對世界的常識而犯錯誤，他不像日本人在一定程度上犯的是無心之錯，他是將其作為深思熟慮的策略，他堅信自己的軍事實力，他確信其措施將是通往他所渴望的權力和經濟控制的捷徑……

但日本的情況完全不同。他們之間沒有相似性。我們已經犯下的最大錯誤之一，就是試圖將在日本如此成功的策略應用於德國，在德國至少他們不太成功。因為他們是在不同的層次上進行運作。[2]

551

麥克阿瑟三天聽證會的全部記錄，長達十七萬四千字，而這些評論在美國幾乎沒有引起任何反響。在日本，僅僅這段話中的幾個字就引起了強烈關注：像十二歲的孩子。這句話就像一記耳光打在了日本人的臉上，同時標誌著麥克阿瑟神秘光環的消失。正如麥克阿瑟的傳記作者袖井林二郎所言，這些赤裸裸的話使日本人民清醒地認識到，他們曾經如何蜷縮偎依在征服者的膝下。突然之間，許多人感到難以言喻的恥辱。自此刻起，從前的最高統帥開始從記憶中被抹去，就像戰時的暴行被抹去一樣。設立紀念碑的計畫被丟棄了。再也不會豎立什麼銅像了。「名譽都民」的授予儀式永遠也不會舉行了。幾家大公司甚至發佈了聯合廣告作為回應，以大字標題寫下「我們不是十二歲的孩子！日本產品被全世界所尊敬。」——當然，與其說這是事實，不如說這是願望。然而，這些企業家確乎迅速捕捉到了問題的關鍵所在：麥克阿瑟有關日本進化落後的演說，恰恰契合了他國對日本不成熟經濟居高臨下的、輕蔑的評價。[3]

儘管老戰士本人可能會在日本人的意識中逐漸凋零，甚至比他自己料想的要快得多也不光彩得多，但他無意中輕率地標舉出來的問題，卻不會也不可能消散。畢竟，一向是日本人將自己當作麥克阿瑟的孩子，這也正是四月十二日《朝日新聞》感情衝動的社論的精髓所在。[4] 整個占領就建立在默許美國壓倒性的家長式權威的前提之下；甚至當日本恢復主權臨近，甚至當日本重新成為冷戰夥伴，美國人也從未期望與日本建立平等關係。日本的新軍隊是「小美軍」，顯然註定要繼續處於美國的掌控之下。日本的新經濟，則過度依賴美國的援助和庇護。世界上的許多其他國家，無論身處冷戰陣營的哪一方，實際上都對日本如此急速地拋棄民主議程，復興保守派勢力和促進再軍備而感到震驚和警惕。在此氛圍之下，在可以預見的將來，日本即便是在名義上恢復了主權，除了不得不仰仗和服從美國，做其實質上的附庸國之外，實在難以想像還會有任何其他出路。

自麥克阿瑟解職到占領期正式結束，一整年的時間過去了。就絕大多數方面而言，這一年中對即將到來的國家獨立，人們缺乏喜悅興奮的期待之情。儘管最終和平條約的簽訂將涉及許多國家，但卻是美國人控制著和平的進程；同時日本為將要併入美國強權控制下的世界和平版圖所付出的真實代價，正在逐漸顯現。在美國「核保護傘」下進行的再軍備，僅是這代價的一部分而已。繼續維持遍佈全國的美軍基地及設施，則是另一項代價。沖繩被排除在恢復主權的範圍之外（正如他被排除在占領期的改革措施之外一樣），作為主要的美軍核基地被託管，無限期地處於新殖民主義的統治

552

之下。由於蘇聯未參與和平談判，北海道以北島嶼的歸屬爭端依然懸而未決。

和平條約本身由四十八個國家的代表簽署，對於日本而言是少限制而多寬容的。然而，事實早就清楚，共產主義國家將會拒絕參加這項將日本如此緊密地捆綁於美國的遏制政策的和解計畫。按照當日的說法，擺在日本面前的選擇只有兩條路：要麼「單獨和談」，要麼根本就沒有什麼和談。儘管日本的進步人士和左翼竭力呼籲「全面講和」以及日本保持非武裝中立，但在當時嚴峻的冷戰氛圍下，這並非現實的選擇。直到日本接受單獨和談，一九五一年九月參加了在美國三藩市舉行的正式和談的盛典之後，吉田政府才真正明白獨立的代價會有多高。果不其然，美國參議院拒絕批准和平條約生效，除非日本同意與在臺灣的中國國民黨政府簽署一份平行條約。除此之外，還要堅守美國對中華人民共和國實行孤立和經濟封鎖的強硬政策。這一點使日本企業家和經濟計畫專家大為震動，因為他們向來將進軍中國市場視為理所當然，而這一點也成了他們贊成國家主導、上意下達的產業政策的另一條重要理由。《日美安保條約》及相關的《日美行政協定》，也被證實是美國戰後簽署的最不平等的雙邊協議。美國人保留了過多的治外法權，他們要求的軍事設施數量，也大大超出任何人的預期。《紐約時報》高明的軍事評論員漢森．鮑德溫（Hanson Baldwin）準確地宣告了一個時代的到來，即「當日本自由時卻仍然不自由的時代」。[5]

對於保守派而言，這是保證日本在分裂的世界中獨立與安全所付出的高昂而不可避免的代價。對大多數民眾來說，軍事占領狀態與過渡性的「從屬獨立」狀態之間並沒有多大區別，當然也就沒有什麼好慶賀的。據官方宣佈，日本於一九五二年四月二十八日晚十點三十分恢復行使主權。但每個人都報告說，所有街巷都異常安靜。大概只有二十人左右聚集在皇宮前歡呼萬歲。銀座的一家百貨商店，售出了大約一百面太陽旗。SCAP與GHQ的標識和徽記被撤銷，但美軍人員並沒有大規模撤離，幾乎所有人都繼續駐留日本。第二天是裕仁天皇的五十一歲生日。一早，天皇陛下宣諭了兩首自壽詩。一首是為和平祈願；另一首，天皇則欣喜於日本經受了痛苦的戰敗而根基不變：

冬風已吹過，
八重櫻正在盛開，
春天到來了。6

在稍後進行的民意調查中，針對日本現在是否獨立國家的設問，只有41%的人的答覆是肯定的。

這是一個分裂的國家，從領土上來說，沖繩仍然處於被占領狀態。同時，日本人對於自己國家新的世界地位的感受，也處於分裂而不安定的狀態。然而，最富戲劇性的分裂，還在於意識形態的分崩離析。對於這種狀況，吉田茂後來曾借朝鮮的分割局面加以描述。他說，美國對日本的占領，在日本人民心上劃下了一條「三八線」。這指的是自由主義和左翼反政府陣營的出現，他們忠實擁護占領軍當局「非軍事化和民主化」的初衷，反對日本併入美國強權下的世界和平格局，激烈批評美國政府現在扶持的保守派政客、官僚和大商人群體。許多著名知識份子持這種批判立場，與大眾媒體以及工會組織中仍然強大的左翼力量並肩作戰。戰鬥性日益增強的共產黨支持者們也是如此，儘管一再被政府彈壓，領導層被清洗，共產黨仍然作為合法組織存續了下來。

和平條約生效三天之後，超過一百萬人參加了全國各地舉行的三百三十多起「五一國際勞動節」集會。六年前的一九四六年，在舉行這樣的「五一」慶祝活動時，顯然參與者們都滿懷希望，甚至歡欣鼓舞。但是不久之後，五月十九日，一場為獲取糧食的空前的群眾大遊行，在皇宮前的廣場上發生了。而一九五二年的五月一日，則最終以「五一流血事件」的名目進入了歷史。由於吉田政府禁止使用皇宮廣場，並且無視取消此禁令的法令，由日本工會總評議會發起的東京「五一」節大集會，只好在著名的明治神宮前的開闊地舉行。早上，大約四十萬人聚集在那裡，口頭表決通過了諸如「反對再軍備——為民族獨立而戰」等決議。集會人群舉著密密麻麻的標語旗幟，支持勞動者的經濟要求，反對軍國主義復活、反對戰爭、反對美軍基地和美國強占沖繩，並要求將四月二十八日定為國恥日。遊行隊伍中還有手繪的標語牌，畫著史達林、毛澤東或是遭到清洗的日本共產黨領導人的肖像；有幾幅標語牌上用英文寫著「滾回家去，美國佬」。

集會就要結束的時候，有人呼籲到被禁入的皇宮前廣場上去，自一九四六年示威運動以來，

554

他就一直被稱為「人民的廣場」。幾支遊行隊伍形成了，大約共有一萬人，由共產黨人、朝鮮人和學生等激進派領導。白領職員跟藍領工人一起加入了遊行隊伍，女人與男人一道並肩行進。他們一路行進到皇宮，呼喊著反美和反政府口號。當一隊示威者大約六千人奮力突破員警強大的封鎖線，在皇居護城河著名的「二重橋」前停頓下來整理隊伍時，暴力衝突發生了。在沒有任何預警的情況下，員警用催淚瓦斯和手槍向人群發動襲擊。一位市政府雇員和一名大學生在隨後的混戰中被打死，共有二十二名示威者被子彈擊中。在人們紛紛逃離到邊道上的同時，暴力衝突和破壞行為持續發生，雙方的負傷情況都觸目驚心。最終共有五千名員警捲入暴力衝突，超過八百名員警負傷。示威者的受傷人數幾乎是警方的兩倍，許多人在試圖逃離時因後面的推擠而負傷。大約二十輛美國人的汽車被掀翻和焚毀，他們大多數都停在護城河邊。三個美國大兵被扔進了護城河，在被別的日本人救上來之前還遭到了石塊襲擊。有幾個美國士兵受了輕傷。「五一流血事件」，在日本的民族意識中烙下了國家分裂的印記。[7]

五月二日，裕仁天皇和良子皇后在新宿御苑主持了緬懷全國戰死者的追悼式。這是日本自被占領以來，第一次舉行這樣的公開儀式。政府試圖將五月三日的「憲法紀念日」作為一九四七年憲法頒佈和本年度主權回歸的雙重慶賀日。出席儀式的人數比較稀少。約有一萬五千人聚集在皇宮廣場，在那裡天皇發表了簡短聲明。他回顧自己七年前本著「為萬世開太平」的初衷，允諾接受了波茨坦宣言的條款，並表達了對戰爭中「無數犧牲者」最深切的同情和哀悼。他告誡不要重複過去的錯誤，號召以新憲法的民主精神「建設新日本」，勸誡他的臣民團結一致，致力於「綜合東西方的文化」。最後天皇宣佈，儘管感到負荷沉重，但他並無退位的打算。

一個月後，裕仁天皇前往伊勢神宮參拜，向皇室的創始者和太陽女神天照大神，報告日本恢復主權的消息。[8]

在日本戰敗和被占領的數年之間，裕仁天皇和麥克阿瑟將軍作為雙重統治者統治著日本。他們有許多相似之處，但正如磁場的正負兩極，他們也擔負著不同的角色和使命。而這磁場本身，即全體日本人民，則充滿著創造的張力。隨著時間的推移，這一點現在看來更加清晰。而在占領期結束時，這一點還並不明顯。

儘管天皇對和平與憲法的民主多有讚揚，但他仍然是日本歷史、文化與民族延續，以及等級社會、父權社會理想的首要象徵。無論戰爭還是戰敗時期，天皇一直是政治神壇上的偉大祭司。他對日本恢復獨立的賀詩，進一步證明了他的巧妙手腕和他新的「象徵的君主制」的保守本質：占領期曾經暗淡淒涼，只有現在，真實純粹的日本才會再現，正如寒風過後八重櫻永遠會綻放一般。一九七五年，當記者問到日本的價值觀有否轉變時，天皇以更為平實的語言表達了同樣的思緒。他回答說：「我知道，自戰爭結束以來，人們已經表達過各式各樣的觀點。但是，從更為廣闊的前景看來，我並不認為戰前和戰後有任何變化。」而且事實上，裕仁繼續在位直到一九八九年逝世。他自己令人難以置信的長壽是否也證明了這一點呢？[9]

在日本以外的世界，麥克阿瑟將軍在外交方面的奇才比裕仁天皇更為人所知。他對日本人民的印象也與裕仁有顯著差異。的確，他喜歡下「東方思維」式的大判斷，而他關於「十二歲孩子」的論斷是由於殖民心理作祟，這種心理通常會抹殺非西方人民徹底自新的能力。然而，這並不是他發表言辭的初衷。相反，當天皇一貫津津樂道於持續性的時候，麥克阿瑟從來就沒有停止過頌揚日本人經歷的革命性的變革。在他著名的「老戰士永不死」的講演中，他告訴美國國會的議員們，「日本人民自戰爭以來經歷了現代歷史上最偉大的變革」，並繼續以誇張的說法修飾這一斷言。他這些話不僅只是對美國人說說而已，他在東京的講壇上也多次發表同樣的看法。通過強調在他任期之內令人鄙視的敵人變化之巨，麥克阿瑟在明顯地為自己的臉上貼金。然而我們必須指出，他確實由衷地相信這些話。10

在日本之外，很少有人將這些意見當真。《紐約時報》上有關日本恢復主權的一篇評論，其副標題是《日本沒有變化》。文章解釋說，畢竟「一個國家不可能在六年之內改變其民族性。」與天皇發表類似觀點不同的是，這裡表達了傲慢輕視的意思。與此精神相一致，《泰晤士報》以漫畫的形式這樣描繪占領期的結束：勝利者巨神一般的雙手將一個標著「日本」的小人釋放到了「獨立」的道路上。這個小人身著傳統勞動者的短衫木屐，而他前面的道路曲折蜿蜒，消逝在黑暗之中。11

當然，這個步履蹣跚的小人，是麥克阿瑟關於「十二歲男孩」的更為普遍的圖解，這是令許多西方人心安理得的日本先天落後、發育不良的寫真，保證既不可能在軍事上也不可能在經濟上構成任何威脅。直到二十世紀六〇年代末，日本這個孩子般的小玩意兒和廉價器具的製造者，才進入美國和歐洲人想像的視野。一切好像是在突然之間發生，日本的汽車和優質電子產品湧入了西方市場。幾乎一夜之間，小人們被置換成了經濟「奇人」和「超人」。這種反應很像是二十五年前，當日本帝國宣戰並震驚西方列強的時代：妖怪再次從瓶子中跑了出來，只是這一次他穿的是西裝，而不是黃卡其布軍服。

此後整整二十年，這個前所未有的經濟超級大國的奇蹟，將會風靡和震驚大半個世界，掀起大規模的所謂日本模式的論潮。一九七九年，一位哈佛大學的教授寫了一本名叫《日本第一》的書，「日本第一」的觀念，使人們目瞪口呆。震驚一部分來自於這樣的暗示：西方人統治世界的全盛時期結束了；同樣令人震驚的是這樣的事實：「第一」的評價，被授予了一個不久之前還一片廢墟、被當作「四流國家」不予考慮的國度。專家們質詢如何解釋這種轉變，通常的回答是，必須從日本深層的歷史和傳統價值中尋找根源。評論家們生造了像「民族經濟學」這樣的新詞來說明問題。歐洲中心主義的文化決定論者，則重新打磨「文明的衝突」的老調來進行闡釋。[12]

「新生」成為日本戰敗初期最受歡迎的詞彙。然而在往昔的蔑視者眼中，在一代人的時間裡竟然如此壯觀地復興，簡直是遠遠超出了任何日本人的想像。這是復仇的償還，而且他引起了日本人的語言快感，有關戰爭年代「領導民族」的觀念，乃至「大東亞共榮圈」初期狂妄自大的言論，開始重新登場。陶醉於自己國家的突然崛起，學者和文化批評者們陷入了關於「作為日本人」到底意味著什麼的無休止的討論之中。二十世紀七、八十年代廣為流行的這種「日本人論」，很快成為了某種反義詞遊戲：將「原日本的」定義為與「原西方的」的價值取向完全相反的兩極。如群體和諧對應個人主義，特殊主義對應普遍主義，重視主觀直覺對應極端理性推論，重視調解對應重視訴訟，垂直型人際關係對應平行型人際關係，等等。戰爭時代產生的獨一無二的「大和魂」的偏激氛圍，再次變得濃厚起來。

這種對血統和文化固執而誇張的態度需要引起注意，部分原因是由於，在眾多的現代社會中，血統和文化的因素已經被過度關注。在日本和其他地方一樣，種族、文化和歷史，就是發明集體身份和意識形態的素材。然而，要瞭解日本站在二十一世紀起點的現狀，與其去瞭解日本在歷史長河中漫長演變的民族經驗，不如去瞭解日本從二十世紀二〇年代末開始到一九八九年實際結束的近階段的歷史週期。當仔細審視這個短暫、暴力、創新的時代的時候，被當作戰後的「日本模式」，在很大程度上被證明是一種混血的「日本—美國模式」：鍛造於戰爭年代，加強於戰敗和被占領時期，由於對國家虛弱的長期懼怕以及日本需要頂級計畫及保護以實現最大經濟增長的廣泛信仰，得以在接下來的年代中繼續維持。如果不瞭解勝利者和戰敗者如何共同擁抱日本的戰敗，這種官僚資本主義就無法被理解。借用戰敗初期流傳的幽默新詞彙來說，所謂的「日本模式」，可以更恰切地描述為「占領軍模式」。

日本現代經驗的短暫週期，幾乎與裕仁天皇的統治時期完全一致。天皇是這些年來一直存在

558

的意識形態的試金石，是從肆無忌憚的軍國主義了無痕跡地過渡到帝制民主的象徵。無論在戰爭還是和平時期，對那些希望強調種族和文化的「國民統合」者而言，天皇都是最顯而易見的圖騰號召。對於他的臣民們而言，一九八九年裕仁天皇駕崩，的確是一個時代結束的信號：昭和時代結束了，舊符得換成新桃了。然而，使這一年真正成為一個大時代的終結的，是其他一些重要事件的匯合。柏林牆倒掉了，標誌著冷戰時代的結束。日本的經濟泡沫破裂了。一切變得昭然若揭：當日本一心一意地追求在經濟和技術上「趕超」西方的時候，忽略了制定新的規劃所需要的遠見和彈性。曾經產生出日本這一超級大國的體制，正在坍塌。天皇裕仁以其一貫典型的好運氣，避開了這一切。他去世的正是時候。

這些年來，有些日期被當代的編年史家揀選出來，作為日本戰後時代終結的標記。一九五五年，日本經濟企畫廳如釋重負地宣佈「『戰後時期』結束」，其為時過早的宣告，是建立在全部的生產指標終於恢復到戰前水準的事實基礎之上。一九六〇年，當日本政府鎮壓了激進的勞工主義者最後一次大規模的抗議活動，池田勇人首相開創了他頗為自負的「所得倍增」計畫，使得這一年被指定為另一個進入新時期的標誌。[13] 一九七九年亦復如此，當時「日本第一」的狂潮正在襲來。當所有這一切平息之後，一九八九年仍然會成為「漫長的戰後時代」真正終結的年份，這一時代從天皇的聲音第一次被他的臣民們聽到開始。他歷時四十四年。

一九四五年無疑是個分水嶺，正如一八六八年一樣關係重大——當時封建統治被推翻，新的明治政府建立起來。在日本，總有讀者關注那些聚焦於一九四五年的書籍，有些書實際上只聚焦於一九四五年八月，甚至是只關注八月十五日的事件。而現在已經很清楚，日本戰時直到戰後年代的建構性遺產是龐大的。日本帝國在大蕭條初始，即著手動員全國的資源用於可能爆發的戰爭；自二十世紀三〇年代初起，建設「全面戰爭」能力的觀念（即一旦發生戰爭，有能力發動國家的各個部門全力投入），在軍事和官僚政治的圈子裡得到了大大推進；而產業與金融的一體化則較晚，最終在所謂的「一九四〇年體制」中得以實現。這就是盟軍占領日本時的事實基礎，而這也是美國人賴以維持長期統治的體系。

從戰爭體系中繼承而來的各種制度，並非本質上就是軍國主義的。例如，產業訂單下包制度，就是這個體系的一部分，同時還有對少數民間銀行的金融依存度的增長。所有這些成為了戰後經濟「系列」組織結構的核心。大企業強調員工保障，實行「終身雇用制」，將員工穩定問題置於股東利益之前，通常被作為戰後日本體系的突出特徵，而其真正起源也是在戰爭年代。同樣，政府向商業和工業提供「行政管理」的「密切指導」也是如此。面對戰敗的無底洞，遭遇令人心驚的戰後危機，對絕大多數日本人來說，維持這樣的安排是合乎邏輯的；而且承蒙他們美國領主的恩賜，也的確是如此實行的。後來許多所謂的「日本模式」，被籠罩於儒家倫理的光環之下，其實只不過是延續了戰時萌生的方略；而戰後的規劃者保留繼承這些，並非因為他們是隱匿下來的軍國主義份子，而是因為他們相信，這是在不利的世界中，最大限度推進經濟增長的合理道路。[14]

在這個體系中的領導者是保守派官僚。正是在這一點上，占領軍的舉措產生了重大失誤：未能抑制官僚政治的影響，尤其是在經濟事務方面。美國改革者的確相當顯著地改變了日本的政治經濟，最為著名的是農地改革、財閥持株會社的解體以及立法保障工會勞動者前所未有的權益。他們還強制實施了一些具有長期影響的官僚體制的具體改革，取消軍事組織並拆分了支配員警機關和地方政府的強大的內務省。但為了方便起見，他們的確保留了剩餘的官僚機構，以及更廣泛的「一九四〇年體制」。通過現有管道實施工作，使得貫徹占領方針更為容易；而從根本上改變這一體系，則會在本已混亂的情勢下發生騷亂。

但這僅僅是事實的一個方面，因為勝利者也應該為這一點負責——他們鞏固了業已十分強大的官僚政治體系本身，而從這裡，就可看出「戰後模式」本質上的混血特性。自他們到來的那一刻起，美國人就以其保護姿態加強了官僚機構的職責和權威。當冷戰的考慮占了上風，占領方針的「逆流」正式啟動。是美國人推進了行政的「合理化」，導致了官僚政治權威的進一步集中。創設於占領期結束前三年的強有力的通商產業省，就是日本官僚組織強化最鮮明的例證。

此外，處於這一切之上的，是盟軍總司令部以自己的慣有方式形成的官僚政治模式。美國人真的是作為「解放軍」到來的，正如共產黨人也曾經一度承認的那樣。他們的確啟動了一項令人印象深刻的改革議程。而他們自己卻像官僚一樣施行統治。麥克阿瑟將軍的權威「至高無上」。從他的總司令部發出的指令不容更改。甚至總部裡下級官僚們的建議，也能對非正式命令施加影響。座落於東京的「小美國」朝廷，整個統治結構等級森嚴。在這一超級政府中，沒有「透明度」可言，他不必對日本的任何人負責。有日本記者想要報導自己國家首相們的懦弱，因為他們只能對美國人應聲附和。但由於總司令部的審閱官大筆一揮，記者的願望終成泡影。事實表明，一個國家不必繼承儒家文化，就能推行獨裁政治、權威崇拜、和合第一、輿論一致以及自我束縛。

盟軍總司令部自上而下的新殖民主義改革不同尋常，因為他是柄雙刃劍：既真誠地推動了進步變革，也重新強化了獨裁統治結構。談到戰時體系和戰後體系的環環相扣，就會使人聯想到盟軍總司令部正是癥結所在：征服者賦予日本國會以新的權威，但卻選擇以官僚政治的方式起草和提交法案。他們促進了負責任的文官內閣的產生，然後又以自己的規則閹割了他。人們往往能夠正確指出：自二十世紀三〇年代初期直到一九四五年，日本都處於徹底的獨裁和軍國主義統治之下，但事實上，日本繼續處於軍事控制之中直到一九五二年。

這是進退維谷的民主政治，麥克阿瑟將軍對裕仁天皇的格外體恤，使得問題更為複雜：延遲而非促進了社會的真正多元化、公眾參與和行政負責制理想的實現。然而，儘管存在日美合作的官僚政治崇拜、從戰爭時期一直延續到和平時期的大政翼贊會的古老體制，還有以天皇為代表的迴避責任的神秘做法，以及新的帝制民主的不健全之處，但麥克阿瑟在肯定這個社會所經歷的重大變革時，他還是相當正確的。相比於日本的帝國時代，戰後的日本是個極其自由和主張人人平等的國家。他的人民已經變得對軍國主義和戰爭極為謹慎，世界上少有其他國家堪與匹敵。一種健全的搞笑的荒誕感彌漫於流行文化之中，儘管很少有外國人欣賞這一點。當中立派和保守派仍然牢牢控制大權，公眾輿論卻以在美國都不可思議的寬容方式，繼續支援社會主義者和共產主義者發言。

這也是一種日美混血的遺產，充滿了矛盾和混亂的訊息。這些對立而複雜情形最好的例證，莫過於圍繞引人矚目的新憲法繼續展開的爭論。如果沒有征服者，就不會產生這樣的國家憲章，而一旦占領期結束，沒有什麼可以阻止日本國會修改憲法。事實上，美國人自己很快就希冀並遊說這樣的修正了：憲法第九條如此妨礙日本的再軍事化，使得盟軍總司令部在指揮召開小型的秘密「憲法制定會議」後的一周內就感到後悔了。然而，當一九九七年慶祝憲法施行五十周年時，他一字一句也未曾更動。保守派從未能夠超出修憲必須的三分之二的國會議席，而且他們也沒有勇氣面對即將到來的民眾的怒吼。

在不久的將來，憲法很有可能被修改，但是其中涉及的問題，仍然可以反映出當今日本民眾的政治意識。儘管憲法第九條已經被扭曲變形，以維持「自衛」能力的名義被不斷擴充闡釋，但他畢竟仍然作為具有強制效力的不戰理想的宣言，與憲法導言中強烈反戰的言辭一同留存了下來。二戰後「杜絕戰爭」的夢想打動了全世界人民的心，但卻從未載入其他國家的憲法或法律。任何有關再軍備的事件，在日本都必須受制於對戰爭與和平基本問題的承諾，由法律和憲法加以保障，這種方式在其他國家是難以想像的。占領初期的「非軍事化和民主化」理想，以這種意料不到的方式，超越半個世紀鮮活地留存在了日本民眾的意識之中。

日本的和平夢想實際上無所慰藉，因為他們首先是停留在有關二戰的恐怖記憶之中——數百萬日本人白白地付出了性命；戰爭第一次以大規模空襲的方式向日本本土襲來，當然接下來還有廣島和長崎的原爆；戰敗數年後日本人民還經常三餐不繼，甚至無法公然哀悼戰爭中的死者：他們的父親、丈夫、兄弟，仍然被全世界人民視為殺人兇手而責罵。這種深深的痛楚和受騙的感覺，被一種日益增長的、而且不完全是毫無道理的想法所強化：日本正在被其他國家以並不施之於自身的標準評判著。日本人感受到的雙重標準和勝利者的正義觀，曾經使東京戰犯審判變得黯淡，而且由於受到其他國家的殘虐行為、否認事實和虛偽證詞的刺激，這種感覺正與日俱增。甚至那些認可紐倫堡和東京審判的日本和平活動家，和那些致力於證實和公佈日軍暴行的人，都無法為審判戰犯的方式辯護；他們也無從為美國在免除天皇戰爭責任的決定之後，又在冷戰的寒流中，釋放並隨即公開接納被控的右翼戰犯（如後來的首相岸信介等人）而辯護。

在漫長的戰後時期，那些掌控日本迅猛復甦的精英們，幾乎全都出自親身體驗過戰爭和戰敗的那幾代人。由於日本在科學、技術方面的相對落後和物質資源的相對匱乏，他們將過去的戰爭看成是愚蠢之舉。他們著力避免這種災難的重演。而且他們對日本一旦成為真正的軍事強國，易於製造核武器而將引發全球抗議極端敏感。他們中的一些人與戰後作為「悔恨共同體」出現的進步的左翼學者持有相同的自我批判觀點。有些人則屬於懊悔戰敗的「後悔共同體」。頗有幾位將記憶中的「大東亞戰爭」，當作反對中國的共產主義者和軍閥，驅逐在東南亞的歐美帝國主義者而發動的戰爭。當談到日本的極端暴行時，許多人都堅持否認。事實上，所有的人都真誠地悲慟那些為國捐軀的親友和熟人。他們也還記得戰敗後數年間，白人勝利者輕蔑地將他們看作「小男人」而引起的迷茫困惑。

這些領導層中的主要人物，現在幾乎都淡出了歷史舞臺。對於裕仁統治的前二十年間日本所犯下的掠奪罪行，此時正當需要明確承認和道歉的歷史時刻，而在他們身後卻只留下了糟糕的記錄。在他們心目中，承認這個，就包括必須咽下「東京審判史觀」，而那對他們來說是不可想像的。他們的愛國心，為他們的國家招來了多數外部世界的輕蔑和不信任。同時，這些精英們也為他們的繼任者遺留下了懸而未決的問題：不具備嚴重打擊報復他國的獨立軍事力量的日本，是否值得其他國家和人民嚴肅對待？這是「憲法第九條」的遺留問題，這是「單獨講和」的遺留問題，也是《美日安保條約》的遺留問題。這是在附庸於美國的獨立之下結束被占領狀態、恢復名義上的主權所遺留的問題。日本忠於憲法第九條的精神，卻招來了世界的奚落。一九九一年波灣戰爭期間突襲伊拉克時，日本因只提供金錢援助而拒絕派軍受到嘲笑，對日本來說這是顯而易見的傷痛。毫無疑問，如果捐棄憲法第九條，將會引發對日本復仇主義者的強烈抗議；因為除了日本保守派，沒有人會忘記南京大屠殺。日本獨特的和平夢想已經陷入了令人苦惱的進退兩難的境地。

這些戰敗和占領期錯綜交織的遺留問題，以循環往復的方式展開。既然已經被軍事託管，並由此導致對華盛頓的外交從屬，那麼留給日本領導層保住戰後日本民族自尊的，就唯有經濟一途。敏感、受傷，而又十分脆弱的日本民族自尊心，只能表現在全心全意地追求經濟增長之中。由此，在屈辱戰敗的二十五年後，日本崛起成為一時的經濟強國。這種追求的特徵，表現為重商主義心態和近乎病態的保護主義的經濟防衛策略體系，其實是不出所料的。或許最終，真正能夠信任的只有自己？

所有這一切現在都懸而未決。沒有人能夠確定日本將走向何方，而且也沒有人再念叨「日本第一」了。不確定性令人憂慮，但降低期望值肯定有益無害——然而，這實在又令人悲哀。為什麼？因為隨著日本模式（「占領軍模式」）而變得不那麼光彩的事物，其實正反映了占領初期「非軍事化和民主化」方針那些特定的理想。日本經濟學家和官僚為計劃經濟起草了一九四六年的藍圖，對於這些目標極其明確。當然，他們尋求急速的經濟復興和最大限度的經濟成長，只關注實現經濟的非軍事化和經濟民主的目標。而在相當大的程度上，他們推行的這種有導向性的資本主義，在實現這些目標方面是成功的。日本變得富裕了。每個社會階層的生活水準都飛速提高。收入分配比美國要公平得多。經濟成長的達成，無需過度依賴軍事產業體系或者繁榮旺盛的武器貿易。

這些都不是無足輕重的目標，但是目前，「非軍事化和民主化」的理想正隨著戰後體系各個方面的必然崩潰而被丟棄。戰敗的教訓和遺產，確實已經很多而且也千差萬別；然而他們的終結還遠未到來。

564

1 筆者曾在*Empire and Aftermath: Yoshida Shigeru and the Japanese Experience*，*1878-1954*（Cambridge: Council on East Asian Studies, 1979）pp.373-400與論文集*Japan in War and Peace: Selected Essays*（New York: The New Press, 1993）pp.155-207的「Occupied Japan and the Cold War in Asia」一文中，涉及日本的再軍備以及日本作為美國的冷戰同盟國重新出現的問題。關於日本的再軍備問題，還可參見秦郁彥《史録日本再軍備》（東京：文藝春秋，1976）。科瓦爾斯基（Kowalski）上校有趣的回憶，見於日文版的《日本再軍備：米軍事顧問団幕僚長の記録》（東京：サイマル出版会，1969）一書，但從未出過英文版。吉田茂敦促社會黨組織示威一事見於Takeshi Igarashi，「Peace –making and Party Politics: The Formation of the Domestic Foreign-Policy System in Postwar Japan」一文，*Journal of Japanese Studies* 11.2（1985），p.350。在朝鮮戰爭中，美國確曾秘密部署日本掃雷艦，而在1952年10月，吉田茂也贊同將員警預備隊擴充至11萬人。

2 儘管這些聽證會不是公開進行的，但會議筆錄隨即公佈面世，僅僅出於安全原因進行了少許刪節，並全文發表於諸如《紐約時報》等報刊上。正式記錄，參見U.S. Senate, Hearings before the Committee on Armed Services & Committee on Foreign Relations，*Military Situation in the Far East*, May 1951, part 1，尤其是p.312。

3 講談社編《昭和二万日の全記録》（東京：講談社，1989），第九卷，pp.142-46；此文獻下引為*SNNZ*。這可參見袖井林二郎《マッカーサーの二千日》（東京：中央公論社，1974）。把日本人（和東方人）比喻為「孩童」，是西方人非常普遍的看法。例如，當聽說許多日本人對麥克阿瑟的解職感到焦慮不安時，4月15號的《紐約時報》周日版評論說，「這種看法可能挺傻，甚至孩子氣，但毫無疑問真的存在。」

4 關於占領期題材，最有名的日本電影是篠田正浩導演的《麥克阿瑟的孩子》（《MacArthur's Children》，日文原名《瀬戸内少年野球団》），於1984年上映。

5 《紐約時報》，1952年4月19日。

6 《天皇陛下の昭和史》（東京：双葉社，1987），p.131。天皇詩作的其他英譯，參見《紐約時報》，1952年4月29日，以及*Facts on File 1952*，p.132。

7 *SNNZ* 9: 249-51；大河内一男編《資料・戦後二十年史》（東京：日本評論社，1966），第四卷（勞動），pp.198-200。另參見《紐約時報》1952年5月2日。當時超過1200人被捕，其中261人以引發公眾騷亂為由被起訴，約100人被判有罪。令人驚奇的是，這一訴訟案一直拖延了20年。

8 當時，天皇的聲明文件再版於日本新聞研究會編《昭和「発言」の記録》（東京：東急エージェンシー，1989），p.134。天皇的伊勢神宮之行見於*SNNZ* 9: 262。

9 高橋紘，《陛下、お尋ね申し上げます》（東京：文春文庫，1988），pp.212，217。

10 麥克阿瑟關於當時朝鮮戰爭狀況的演說，其有關部分全文如下：

自戰爭以來，日本人民經歷了現代歷史上最偉大的變革。他們以值得讚賞的意志、學習意願和顯著的理解能力，在日本戰後的廢墟上建立起致力於個人自由、人格尊嚴的大廈，而且在隨後的進程中，創立了真正典型的忠於政治道德進步、經濟活動自由和向社會正義邁進的民主政府。

無論是在政治、經濟和社會方面，現在日本都與地球上的許多自由國家並肩站在了一起，而且將不會再辜負世界的信任。可以仰賴日本在亞洲事務進程中發揮深遠的有益影響，這一點業已被日本人民在遭遇最近的外部戰爭、動盪和混亂危機時的高尚姿態，以及日本在絲毫不延緩前進步伐的前提下，有效抑制國內的共產主義的做法所證明。

我將我們占領軍的全部四個師都派往了朝鮮戰場，絲毫不必顧慮由此導致的日本後防空虛。結果證明我的信任完全正確。

我覺得沒有比日本更加安寧平靜、有秩序和勤奮向上的民族了，在對人類的未來做出建設性貢獻方面，也沒有國家比日本更值得寄予厚望。

11 《紐約時報》，1952年4月29日，5月4日。

12 Ezra Vogel, *Japan as Number one: Lessons for America*(Cambridge, Mass.: Harvard University Press, 1979)；Samuel P. Huntington, *The Clash of Civilizations and the Remaking of World Order*(New York: Simon and Schuster, 1996)。「ethno-economics」(民族經濟學)一詞在Murray Sayle發表於*JPRI Working Paper No. 43*(Japan Policy Research Institute，March 1998)上的「How Rich Japan Misled Poor Asia」一文中有詳細闡釋。近來對於日本根深蒂固的「島國根性」最為尖銳的批評，是Ivan P. Hall的*Cartels of the Mind: Japan's Intellectual Closed Shop*(New York: Norton, 1998)。

13 1960年，在日本發生激烈的示威遊行之後，美日之間極端不平等的《安保條約》被加以修訂，似乎構成了確保那一年成為戰後時代結束標誌的第三項事件。

14 關於戰爭遺產問題，參見Dower，*Japan in War and Peace: Selected Essays*(New York: The New Press, 1993)中「The Useful War」一文，pp.9-32；還可參見Jun Sakudo與Takao Shiba編，*World War II and the Transformation of Business System*(Tokyo: Tokyo University Press, 1994)，尤其是其中的Takeo Kikkawa，「The Relationship between the Government and Companies in Japan during and after World War II」，Satoshi Sasaki，「The Rationalization of Production Management Systems in Japan during World War II」以及Takao Shiba，「Business Activities of Japanese Manufacturing Industries during World War II」等論文。經濟學家、前大藏省官員野口悠紀雄與牛尾治朗在「Reforming Japan's 'War-Footing' conomic System」的對談中，強調「1940年體制」的持續論，見載於*Japan Echo* 21.2(summer 1994)，pp.13-18。

索引

（索引條目後數位為原書頁碼，即本書邊碼）

U.S. Constitution compared to 與美國憲法的比較 26, 244, 369
war renounced in 宣佈放棄戰爭 82-83, 244, 347, 361, 369, 384, 386-87, 394-98, 399, 402-3, 528, 561-62
Constitution, U.S. 美國憲法 26, 244, 355, 370, 381
「constitutional convention」(Government Section)「憲法制定會議」(民政局) 360-73, 403, 561-62
secrecy of 保密性 371, 385-86, 391-92, 403
timetable of 時間表 361-64, 371
Constitutional Problem Investigation Committee 憲法問題調查委員會 351-55
Consumer culture 消費文化 136-38, 252, 527-28, 543-44
Conversation books 會話手冊 187-88, 491
corn meal 玉米粉 169-70
corruption 貪污腐敗 90-91, 97-98, 100, 113-119, 143-44, 337-38, 531
denunciation of 譴責・告發 231-32, 242
investigation of 調查 114, 116-119, 535
cosmetics 化妝品 137, 343
crime 犯罪・罪行 56, 60-61, 63, 108-10, 143
American 美國人的 211, 412
Food-related 與食物有關的 90-91, 96-97
Sarcastic perspectives on 對犯罪的嘲諷 67-68, 139, 170-72, 526-27
Crime and Punishment(Dostoyevsky)《罪與罰》(杜斯妥也夫斯基) 196
「crimes against humanity」 反人道罪 443, 455-57, 473-74, 478-79
亦見war crimes trials 戰犯審判
「crimes against peace」 反和平罪 444, 455-57, 463-64, 474, 478-79, 509
亦見war crimes trials 戰犯審判
culture 文化 63, 120, 177, 178, 182-83, 187, 249, 313, 342, 494, 557-58
Curie family 居裡一家 195
currency 貨幣 101, 113, 540
Daida Gintarō 代田銀太郎 514-15
Daiichi keiretsu 第一系列 545
damasareta(「to have been deceived」) 騙された(受騙) 490
dancing 舞蹈 153
daylight savings time 夏令時 105
Dazai Osamu 太宰治 155, 158-61, 159, 196, 408, 516
decadence 頹廢 26, 108, 120, 148, 158-62, 168, 172, 509
亦見「kasutori culture」「粕取文化」
December Incident 433-34
亦見purges 追放(開除公職)・清洗
「declaration of humanity」(imperial) 「人間宣言」 305, 308-14, 322, 342-43
Declaration of Independence, U.S. 獨立宣言・美國 370
「deconcentration」law「集中排除」法 532-33, 546
defeat 戰敗：
collective irrationality theory of 集體非理性論 492, 494-95
despair over 絕望 88-89, 88, 98, 104-5, 118-19, 121, 122-23, 158, 172, 255, 339-45
ironic responses to 對戰敗的嘲諷 119, 170-72, 419
language of 戰敗的語言 36, 44, 104, 168, 170-72, 183, 485, 490
literary responses to 文學作品的反應 160, 195-200, 413-19, 485-96
search for meaning in 尋找意義 485-95

Sirota, Beate 比特・西羅塔 365-67, 369, 380
slogans 標語口號 175-78, 203, 261, 270, 284, 554
Snow, Edgar 愛德格・斯諾 424
socialism 社會主義 26, 500
Socialist Party 社會黨 67, 254, 255, 257, 261, 268, 273, 304, 535, 548, 561
in constitutional debate 在憲法辯論中 356-57, 387, 392
Sodei Rinjirō 袖井林二郎 228, 232, 551
Sōdōmei (All Japan General Federation of Trade Unions) 日本勞動組合總同盟 268
Sōhyō labor federation 日本工會總評議會 554
Solution in Asia (Lattimore)《亞洲的解決》(歐文・拉鐵摩爾) 222
songs 歌曲 116, 168, 172-74, 338, 341, 527
antiwar 反戰歌曲 198
parody lyrics for 歌詞的戲仿 170-71
patriotic 愛國歌曲 208, 515
sentimental 感傷歌曲 123, 125, 139, 514-15, 527, 549, 550
Sony corporation 索尼公司 534
Sorekara (And Then), (Sōseki)《從此以後》(夏目漱石) 189
Sorge, Richard 理查・佐爾格 192
Sōseki, Natsume 夏目漱石 189-90
Southeast Asia 東南亞 21, 49, 51, 526
Soeit Union 蘇聯 233, 236, 266, 300, 328, 378, 428, 470, 538, 552
constitutions of 憲法 357, 392
Japanese prisoners in 日本人戰俘 51-52, 53, 58, 416, 472-73
repression by 鎮壓 526
in war crimes trials 在戰犯審判中 447, 449
Spaulding, Robert 羅伯特・斯伯爾丁 408, 436
Special Committee for Investigation of Concealed and Hoarded Goods 隱匿物資相關特別委員會 117-19, 337
Special Higher Police 特別高等員警・見「thought police」思想員警
speech, freedom of 言論自由 74, 75, 81, 119-22, 240, 406-7, 409-10
sports 運動 165, 514
Springtime at Twenty (film)《はたちの青春》(《二十歲的青春》)(電影) 150-51
Stalin, Joseph 約瑟夫・史達林 425
State Department, U.S. 美國國務院 74, 221-22, 309, 327
censorship opposed by 反對審閱制度 432
war crimes trials observed by 對戰犯審判的評述 453, 475-76
stealing 偷竊 56, 60-61
of food 食物 90-91, 96
stigmatization 誣衊・汙名化 60, 61-64, 103-4, 124, 211, 356, 519
of leftists 左翼 434-38
Stimson, Henry 亨利・斯廷森 445, 462-63, 466, 468-69
Story of the Constitution for Boys and Girls (Kanamori)《少年と少女のための憲法のお話》(《少男少女讀憲法故事》)(金森德次郎) 403-4
Story of the New Constitution (booklet)《あたらしい憲法のはなし》《新憲法的故事》(小冊子) 399, 528
Strategic Bombing Survey, U.S. 美國戰略轟炸調查團 44, 129, 305, 483
Stray Dog (film)《野良犬》(電影) 427
strikes 罷工 255, 257, 258, 268-70
outlawing of 宣佈罷工非法 271-72

國家圖書館出版品預行編目 (CIP) 資料

擁抱戰敗：第二次世界大戰後的日本 / 約翰 . 道爾 (John W.Dower) 著；胡博譯 . ——初版 . —— 新北市：遠足文化，2017.07 ——（大河；15）
譯自：Embracing defeat : Japan in the wake of World War II
ISBN 978-986-94845-6-5(平裝)
1. 日本史

731.279 106009215

大河 15

擁抱戰敗

第二次世界大戰後的日本

Embracing Defeat: Japan in the Wake of World War II

作者——— 約翰・道爾 (John W. Dower)
譯者——— 胡博
總編輯—— 郭昕詠
副主編—— 賴虹伶
編輯——— 王凱林、徐昉驊、陳柔君
通路行銷— 何冠龍
封面設計— 廖韡
排版——— 簡單瑛設

社長——— 郭重興
發行人兼
出版總監— 曾大福
出版者—— 遠足文化事業股份有限公司
地址——— 231 新北市新店區民權路 108-2 號 9 樓
電話——— (02)2218-1417
傳真——— (02)2218-1142
電郵——— service@bookrep.com.tw
郵撥帳號— 19504465
客服專線— 0800-221-029
部落格—— http://777walkers.blogspot.com/
網址——— http://www.bookrep.com.tw
法律顧問— 華洋法律事務所 蘇文生律師
印製——— 呈靖彩藝有限公司

初版一刷 西元 2017 年 07 月
Printed in Taiwan